Lehr- und Handbücher der Politikwissenschaft
Herausgegeben von Dr. Arno Mohr

Bisher erschienene Titel:

Barrios, Stefes: Einführung in die Comparative Politics
Bellers, Benner, Gerke: Handbuch der Außenpolitik
Bellers, Frey, Rosenthal: Einführung in die Kommunalpolitik
Bellers, Kipke: Einführung in die Politikwissenschaft
Bellers: Politische Kultur und Außenpolitik im Vergleich
Benz: Der moderne Staat
Bierling: Die Außenpolitik der Bundesrepublik Deutschland
Bötticher, Mareši: Extremismus
Braun, Fuchs, Lemke, Toens: Feministische Perspektiven der Politikwissenschaft
Croissant, Kühn: Militär und zivile Politik
Czerwick: Politik als System
Deichmann: Lehrbuch Politikdidaktik
Detjen: Politische Bildung
Detterbeck, Renzsch, Schieren: Föderalismus in Deutschland
Freistein, Leininger: Handbuch Internationale Organisationen
Gabriel, Holtmann: Handbuch Politisches System der Bundesrepublik Deutschland
Glöckler-Fuchs: Institutionalisierung der europäischen Außenpolitik
Gu: Theorien der internationalen Beziehungen
Jäger, Haas, Welz: Regierungssystem der USA
Kempf: Chinas Außenpolitik
Krumm, Noetzel: Das Regierungssystem Großbritanniens
Lehmkuhl: Theorien internationaler Politik
Lemke: Internationale Beziehungen
Lenz, Ruchlak: Kleines Politik-Lexikon
Lietzmann, Bleek: Politikwissenschaft
Llanque: Politische Ideengeschichte – Ein Gewebe politischer Diskurse

Maier, Rattinger: Methoden der sozialwissenschaftlichen Datenanalyse
Mohr: Grundzüge der Politikwissenschaft
Naßmacher: Politikwissenschaft
Pilz, Ortwein: Das politische System Deutschlands
Rattinger: Einführung in die Politische Soziologie
Reese-Schäfer: Klassiker der politischen Ideengeschichte
Reese-Schäfer: Politisches Denken heute
Reese-Schäfer: Politische Theorie der Gegenwart in achtzehn Modellen
Riescher, Ruß, Haas: Zweite Kammern
Rupp: Politische Geschichte der Bundesrepublik Deutschland
Schmid: Verbände – Interessensvermittlung und Interessensorganisation
Schubert, Bandelow: Lehrbuch der Politikfeldanalyse 2.0
Schumann: Persönlichkeitsbedingte Einstellungen zu Parteien
Schumann: Repräsentative Umfrage
Schwinger: Angewandte Ethik
Sommer: Institutionelle Verantwortung
Stockmann, Menzel, Nuscheler: Entwicklungspolitik
Tömmel: Das politische System der EU
Waschkuhn: Demokratietheorien
Waschkuhn: Kritischer Rationalismus
Waschkuhn: Kritische Theorie
Waschkuhn, Thumfart: Politik in Ostdeutschland
Waschkuhn: Grundlegung der Politikwissenschaft
Waschkuhn: Politische Utopien
Waschkuhn: Pragmatismus
Westphalen: Deutsches Regierungssystem
Wilhelm: Außenpolitik
Woyke, Varwick: Europäische Union

Politische Theorie der Gegenwart in achtzehn Modellen

von
Prof. Dr. Walter Reese-Schäfer
Georg-August-Universität Göttingen

2., überarbeitete und erweiterte Auflage

Oldenbourg Verlag München

Bibliografische Information der Deutschen Nationalbibliothek

Die Deutsche Nationalbibliothek verzeichnet diese Publikation in der Deutschen
Nationalbibliografie; detaillierte bibliografische Daten sind im Internet über
http://dnb.d-nb.de abrufbar.

© 2012 Oldenbourg Wissenschaftsverlag GmbH
Rosenheimer Straße 145, D-81671 München
Telefon: (089) 45051-0
www.oldenbourg-verlag.de

Das Werk einschließlich aller Abbildungen ist urheberrechtlich geschützt. Jede Verwertung
außerhalb der Grenzen des Urheberrechtsgesetzes ist ohne Zustimmung des Verlages unzulässig
und strafbar. Das gilt insbesondere für Vervielfältigungen, Übersetzungen, Mikroverfilmungen
und die Einspeicherung und Bearbeitung in elektronischen Systemen.

Lektorat: Anne Lennartz
Herstellung: Constanze Müller
Titelbild: thinkstockphotos.de
Einbandgestaltung: hauser lacour
Gesamtherstellung: Grafik & Druck GmbH, München

Dieses Papier ist alterungsbeständig nach DIN/ISO 9706.

ISBN   978-3-486-71346-6
eISBN 978-3-486-71774-7

Inhaltsverzeichnis

Einleitung		**1**
1	**Grundbegriffe, Wertfreiheit und der Geist des Kapitalismus: Max Weber**	**7**
1.1	Grundbegriffe der Sozialwissenschaften	7
1.2	Die drei reinen Typen der legitimen Herrschaft	12
1.3	Der Sinn der Wertfreiheit in den Sozialwissenschaften	14
1.4	Die protestantische Ethik und der Geist des Kapitalismus	18
1.5	Zu den Weber-Editionen	21
1.6	Fazit	21
2	**Carl Schmitt, Chantal Mouffe und der Begriff des Politischen**	**25**
3	**Eine moderne sozialliberale Vertragstheorie: John Rawls**	**39**
3.1	Von der Theorie der Gerechtigkeit zum politischen Liberalismus	39
3.2	Das Recht der Völker (Law of Peoples)	44
4	**Systemtheorie: Niklas Luhmann**	**53**
5	**Kritische Theorie: Horkheimer und Adorno**	**65**
5.1	Die Ursprünge der Kritischen Theorie	65
5.2	Die Dialektik der Aufklärung	70
5.3	Adornos große Vorlesungen an der Frankfurter Universität	76
5.4	Fortschritt und Freiheit	84
5.5	Was bedeutet: Aufarbeitung der Vergangenheit	89
5.6	Probleme der Moralphilosophie	91
6	**Handlungs- und Totalitarismustheorie: Hannah Arendt**	**97**
6.1	Handlungstheorie	97
6.2	Totalitarismustheorie	108
7	**Holocaust und Moderne: Zygmunt Bauman zwischen Arendt und Adorno**	**115**

8	**Deliberative Demokratie, Zivilgesellschaft und postsäkulares Denken: Jürgen Habermas**	**123**
8.1	Von der Diskursethik zur deliberativen Politik	123
8.2	Habermas und das postsäkulare Denken	133
8.3	Zur Verfassung Europas	138
9	**Kommunitarische Politiktheorien: Etzioni und Walzer**	**143**
9.1	Kritik am Liberalismus	143
9.2	Das kommunitarische Gegenkonzept	145
9.3	Die faire Gesellschaft: Die Wirtschaftsethik der Kommunitarier	151
10	**Neoliberale und marktradikale Theoriekonzepte: Hayek, Mises und Rothbard**	**161**
10.1	Etatistisch-evolutionärer Marktliberalismus: F. A. v. Hayek	161
10.2	Radikaler Marktliberalismus: Ludwig von Mises	168
10.3	Anarchistischer Marktliberalismus: Murray Rothbard	176
11	**Die Gouvernementalität des Neoliberalismus: Michel Foucault**	**183**
12	**Postmodernisierungstheorie: Jean-François Lyotard**	**193**
13	**Transkulturelle und postkoloniale politische Theorie**	**203**
14	**Theorie der Postdemokratie: Colin Crouch**	**215**
15	**Politischer Pragmatismus: Richard Rorty**	**227**
16	**Democratic Peace Theory: Kant, Doyle und Lake**	**237**
17	**Rational Choice Theory: Downs und Olson**	**249**
18	**Kritischer Rationalismus: Karl Popper und Hans Albert**	**257**
18.1	Das Elend des Historizismus	257
18.2	Die offene Gesellschaft und ihre Feinde	259
18.3	Hans Albert	264

Schluss	**267**
Studienpraktische Hinweise	**273**
Literaturverzeichnis	**277**
Personenregister	**293**
Sachregister	**295**

Einleitung

Die Grundbegriffe Max Webers und sein Konzept der wissenschaftlichen Wertzurückhaltung sind für die Sozialwissenschaften der Gegenwart zum Ausgangs- und Bezugspunkt geworden – auch dort, wo sie normativ argumentieren. Seine Analysen zum Geist des Kapitalismus setzen zugleich einen bedeutsamen Akzent: Politik- und Kulturanalysen werden erst dann fruchtbar und stark, wenn sie fundiert sind im und einen Bezug haben auf das ökonomische System der Gesellschaft. Bei Carl Schmitt finden wir dann eine für die erste Hälfte des 20. Jahrhunderts paradigmatische Radikalisierung und Zuspitzung des klassischen Machtstaatsrealismus zu einem übergreifenden Freund-/Feind-Denken, das aufgrund seiner formalen Schematisierung allerdings auch von Autorinnen der Linken wie der Belgierin Chantal Mouffe aufgegriffen und zu einer Lehre vom Lagerdenken und der ideologischen Hegemonie fortgeführt werden konnte.

Mit dem politischen Liberalismus von John Rawls wird der Versuch unternommen, jenseits des Radikalismus ideologischer Spaltungen und jenseits der Divergenz der Weltanschauungen festen Boden in einer rein politisch gedachten Lehre vom Zusammenleben und der Kooperation zu finden. Die großen umfassenden Lehren, auf die angesichts des Faktums des Pluralismus ohnehin keine Einigung der unterschiedlichsten Menschengruppen und Individuen möglich wäre, sollen aus politischen Begründungszusammenhängen möglichst konsequent ausgeklammert werden. Bei genauerem Hinsehen steht sich allerdings heraus, dass auch Max Weber und Carl Schmitt auf ihre Art schon die Sphäre des Politischen als besonderen Bereich identifiziert und methodisch von den übrigen gesellschaftlichen Polarisierungen und Divergenzen abgelöst hatten. Zu einem tieferen Verständnis politischer Theorie gehört es, das Reich des Politischen in seinen eigenständigen Strukturierungen klar zu erkennen und die dort gültigen Regeln unabhängig von denen anderer Felder formulieren zu können.

Ideen haben Konsequenzen. Die Anwendung falscher Theorien hat ganze Erdteile in Unfreiheit und Armut gestürzt. Es gibt daher eine Verpflichtung zur Kritik, die von der sogenannten Kritischen Theorie sogar zum eigenen Theorieprogramm erhoben worden ist. Die Totalitarismustheorie Hannah Arendts und die Analysen von Zygmunt Bauman zu den Zusammenhängen von Holocaust und Moderne sind auch zu lesen als Warnzeichen vor gefährlichen und bedrohlichen Weltwahrnehmungskonzeptionen.

Beinahe alle in diesem Band vorgestellten Theorien verstehen sich als Gesellschaftskritik, und diejenigen, die sich in ihrem Selbstverständnis zu verschiedenen Formen von Affirmativität bekennen, wie Luhmanns Systemtheorie, Richard Rortys politischer Pragmatismus, Foucaults Ausklammerung der Parteinahme durch seinen Imperativ: „Niemals Politik machen"[1] und Jean-François Lyotards Postmodernismus, kritisieren ihrerseits die Kritik und versuchen, deren Fundamentalismus durch theoretische Widerlegung, durch Grenzziehung und Einhegung zu entschärfen.

---

[1] Foucault, Michel: Geschichte der Gouvernementalität Bd. I: Sicherheit, Territorium, Bevölkerung, Frankfurt 2004, S. 17.

Michel Foucault hat mit großer Wahrscheinlichkeit recht, wenn er das Verständnis des gegenwärtigen Liberalismus als den Schlüssel zu allen weiteren Aussagen über unsere Regierungs- und Gesellschaftssysteme ansieht.[2] Wir haben es dabei jedoch keineswegs mit einem einheitlichen Konzept zu tun. Die vertragstheoretische Variante des liberalen Denkens argumentiert fundamental anders als der evolutionär-institutionalistische Ansatz von F. A. von Hayek. Viele liberale Sozialtheoretiker, die zunächst nur von einem methodologisch gedachten Prinzip des Individualismus ausgehen, haben diesen in einem zweiten Schritt durchaus konsequent zu einer Art von anarchistischem Marktliberalismus radikalisiert, wie er sich bei Ludwig von Mises andeutet und von den Anarchokapitalisten ausgeführt worden ist. Foucaults Analysen treten kühl beobachtend hinter diese Richtungskämpfe innerhalb der verschiedenen Spielarten liberalen Denkens einen Schritt zurück und erlauben es, sie in ihrem systematischen und politischen Zusammenhang zu interpretieren.

In diesem Band kommt es mir darauf an, in sehr konzentrierter Form wesentliche Theoriemodelle vorzustellen und sie in einen übergreifenden Spannungsbogen zu versetzen, den ich im Schlusskapitel auch graphisch darzustellen versuche.[3] Es geht nicht darum, in additiver oder lexikalischer Weise möglichst viele unterschiedliche Konzeptionen aneinander zu reihen. Wenn man das gut macht, würde man allenfalls ein Nachschlagewerk hervorbringen; schlecht gemacht würde es sich nicht einmal dazu eignen. Es hilft wenig, wenn man erfährt, dass auch noch dieser oder jener zu irgendeinem Problem etwas gesagt habe, wenn man deren Beiträge nicht auf die großen Grundfragen des Politischen zurückführen kann und wenn man sie nicht in das Spektrum der gegenwärtigen Ideenkämpfe einzuordnen vermag. Es gilt das hermeneutische Prinzip: man versteht eine Theorie erst dann, wenn man rekonstruiert hat, auf welche Frage sie die Antwort darstellen soll. Und darüber hinaus ist es hilfreich, die unterschiedlichen Denkrichtungen und Schulen dadurch, dass sie aus verschiedenen Perspektiven ähnliche Grundfragen berühren, in einen möglichst konstruktiven Dialog zu bringen. Wenn man an die möglichen Anregungs- und Synergieeffekte denkt, ist es bis heute erschütternd, sich vor Augen zu führen, dass sozialwissenschaftliche Klassiker wie Max Weber, Emile Durkheim und Vilfredo Pareto einander gegenseitig nicht zur Kenntnis genommen haben. Foucault hat die Arbeiten der Frankfurter Schule erst kurz vor seinem Tode entdeckt und dazu bemerkt, dass ihm eine frühere Kenntnis wohl einiges an Arbeit erspart hätte. Die Ignoranz gerade gegenüber den philosophisch und sozialwissenschaftlich argumentierenden Theoretikern des modernen Liberalismus prägt einen großen Teil gegenwärtiger Geistes- und Sozialwissenschaften. Da die gesellschaftlichen und politischen Grundprobleme trotz oftmals radikal verschiedener methodologischer und theoretischer Perspektiven aber in einem erstaunlichen Ausmaß die gleichen sind, halte ich es für produktiv, diese Theorieansätze in einen interdisziplinären Diskurs zu stellen.[4]

Ein wichtiges Auswahlprinzip für die in diesem Band behandelten Autoren war deshalb, auch und gerade die Denkmodelle darzustellen, die im *Mainstream* der Politikwissenschaft und Gegenwartsphilosophie regelmäßig zu kurz kommen, obwohl sie mehr und Klügeres zu sagen haben als die Standardlektüre. Autoren wie Lyotard, Foucault, Arendt und Rorty werden häufig nur in autonomen Lesezirkeln ohne akademische Anbindung erarbeitet. Die

---

[2] Foucault, Michel: Geschichte der Gouvernementalität Bd. II. Die Geburt der Biopolitik, Frankfurt 2004, S. 43.
[3] Siehe im Schlusskapitel dieses Bandes.
[4] Ein solcher Diskurs wird jedes Jahr neu in vorbildlicher Weise vorangetrieben von Ingo Pies und Martin Leschke, die Ökonomen und Sozialwissenschaftler in einer gründlichen Auseinandersetzung mit den wichtigsten Theoretikern zusammenführen.

Theoretikerinnen der Transkulturalität und des Postkolonialismus nehmen ihren Ausgangspunkt sogar in einer zwar hochpolitischen, von der Politikwissenschaft aber noch kaum zur Kenntnis genommenen Welt der literaturwissenschaftlichen Komparatistik. Die vielfältigen Modelle liberalen politischen Denkens von Rawls über Hayek bis zum anarchistischen Marktliberalismus kalifornischen Typs werden unter dem zu ungenauen und zu wenig differenzierten Oberbegriff des Neoliberalismus in ihren interessanten Differenzen eher verschüttet, was geradezu zu einer Verwüstung politischen Denkens geführt hat, nämlich zu einer politischen Abqualifizierung statt einer theoretischen Auseinandersetzung. Man kann das kommunitarische Denken der Gegenwart von Amitai Etzioni über Michael Walzer bis hin zu Hans Joas in Deutschland nur dann verstehen, wenn man den Liberalismus, von dem die Kommunitarier sich absetzen und den sie verändern und weiterentwickeln wollen, als Theoriemodell zur Kenntnis nimmt. Das liberale Friedensmodell, einst von Immanuel Kant mit noch vorsichtiger Ironie in „Zum ewigen Frieden" skizziert und heute in die *Democratic Peace Theory* eingegangen, ist außerhalb der engeren Welt der Theorie internationaler Beziehungen immer noch weitgehend unbekannt. Ohne dieses Modell bleiben die gegenwärtigen Diskussionen um die amerikanische Außenpolitik, um Unilateralismus oder Multilateralismus aber weitgehend an der Oberfläche bloßen politischen Meinens, welches für den Moment die Befriedigung bieten mag, auf Gleichgesinnte gestoßen zu sein oder Gegner zu finden, gegen die man polemisieren kann. Theoriequalität lässt sich so jedoch nicht erzielen. John Rawls immerhin hat sich in seinem letzten großen Werk „Das Recht der Völker" der demokratischen Friedenstheorie angeschlossen.

Bei der Auswahl habe ich mich daher von dem Prinzip leiten lassen, solche Theorien darzulegen, die zu den wichtigsten Grundfragen der Gegenwart in fundierter Weise Position beziehen. Sie stehen nicht als Solitäre nebeneinander wie in jenen lexikalischen Gemischtwarenläden, die ich anfangs kritisierte, sondern werden in ihrer spezifischen Schwerpunktsetzung und Ausrichtung an vielen Stellen nachvollziehbar gemacht gerade auch in ihrer Differenz zu ihren Konkurrenten. Die Systemtheorie möchte zum Beispiel Strukturen und Entwicklungen erklären, die mit einer individualistischen Handlungstheorie nicht zu erfassen sind. Die Lehre von der *Gouvernementalität* nimmt, ähnlich wie die evolutionären Erklärungsversuche Hayeks, die ideenmäßigen Voraussetzungen moderner Politik ins Blickfeld, die unter den Konstruktionen der Vertragstheorien ausgeblendet waren. Man muss die Lehren Foucaults wie Hayeks als antikontraktualistische Denkhaltungen dechiffrieren. Die *Democratic Peace Theory* ist eine Antwort auf die durch die beiden Weltkriege scheinbar widerlegte altliberale Lehre, dass freier Welthandel Frieden voraussetzt und erzeugt. Die Theorie musste an diesem Punkt neu ansetzen und bessere Argumente vortragen als der Altliberalismus. Die *Rational Choice Theory* schließlich ist bedeutsam als Widerlegung des allzu harmlosen Weltverständnisses einer pluralismustheoretisch argumentierenden Politikwissenschaft, die glaubte, das Gemeinwohl werde sich schon aus dem Parallelogramm der Gruppeninteressen ergeben.

Nicht nur unter wissenschaftstheoretischen, sondern auch unter methodischen Gesichtspunkten des Politischen selbst ist der kritische Rationalismus Karl Poppers und Hans Alberts immer wieder wichtig als Korrektiv allzu stabiler Glaubensüberzeugungen, seien sie demokratischer oder undemokratischer Art. Aus der Gegenüberstellung der verschiedenen Modelle soll sich also ein Gesamtbild einer untereinander verflochtenen Gegenwartsdiskussion ergeben – teilweise, das ist der innovative Anspruch dieses Bandes, werden die Strukturen und begrifflichen Anknüpfungspunkte einer solchen Diskussion überhaupt erst aufgezeigt. Das gilt insbesondere für die liberalen Lehren, die sich aus den Geistes- und Sozialwissenschaften zu sehr in das engere Umfeld der Ökonomie zurückgezogen haben und die deshalb gerade noch John Rawls zur Kenntnis nehmen, nicht aber jenes breite Denkspektrum von Habermas über Hannah Arendt bis Foucault und Luhmann. Liberale, die ungern lesen, sind intellektuell stagnationsgefährdet.

Das Konzept dieses Bandes, Theorien als Modelle zu verstehen, verlangt die Konzentration auf wesentliche Grundzüge. Deshalb steht bei Luhmann der Grundansatz der Systemtheorie selbst im Vordergrund, denn wenn man diesen verstanden hat, kann man sich seine vielfältigen politischen Schriften selbst erschließen.

Nicht nur das theoretische, sondern auch das politische Spektrum der hier vorgestellten Ansätze ist bewusst breit gefächert: ein kulturkritischer Spätmarxismus westlichen Typs wird ebenso behandelt wie der radikale Marktliberalismus; die Betonung starker Institutionen und eines starken Staates bei Hayek steht gegen einen ausgeprägt staatskritischen, wenn nicht sogar gezielt staatsfeindlichen Liberalismus bei von Mises. Sich selbst als sozialdemokratisch verstehende Positionen wie bei Michael Walzer und Richard Rorty stehen neben liberalen. Affirmative Ansätze wie die Luhmanns und Lyotards stehen neben radikalen, die den Wohlfahrtsstaat umstürzen wollen. Auffällig ist, dass die meisten Theoretiker mit der Attitüde auftreten, aus einer Minderheitsposition gegen den *Mainstream* zu argumentieren: von Mises und Hayek beklagen das allgemein vorherrschende sozialistische Bewusstsein in allen Parteien, gegen das sie sich mit Mühe Gehör verschaffen müssten. Die Kritische Theorie präsentiert sich, als sei sie die einzige Bastion der Kritik in einer vollends verwalteten Welt, ganz ähnlich wie der kritische Rationalismus, der in allen anderen Positionen Dogmatismus am Werk sieht. Das hängt vermutlich mit dem Status von Theorie zusammen: Theoriebildung erscheint vor allen Dingen dort erforderlich, wo die eigene Position nicht ungefragt ohnehin allgemein akzeptiert wird. Wenn einem alles theorielos geglaubt würde, könnte man die Anstrengung einer Systematisierung und Verkünstlichung der Argumentation einsparen.

Deshalb fehlen in diesem Spektrum im eigentlichen Sinne konservative Positionen, denn im Grunde sind konservative Haltungen und Attitüden nach Edmund Burke nicht mehr ernsthaft theoretisiert worden. Wenn konservatives Handeln und Denken sich vor allem auszeichnet durch kunstvolle Anpassung an Gegebenheiten, kann es keine Theorie in irgendeinem anspruchsvollen Sinne hervorbringen, denn Theorie wirkt auch fixierend und erschwert so die Anpassungsprozesse an eine sich wandelnde Wirklichkeit. Das ist einer der Gründe dafür, dass die Sozialdemokratie sich nach einer gewissen Zeit immer wieder von ihren Theoretikern verabschieden musste. Bis heute hat niemand, trotz aller Rhetorik von offenen Systemen, von offener Gesellschaft oder vom Verzicht auf alle essentialistischen Begründungsformen eine Theorie entwickeln können, die mit den Wandlungsprozessen der Wirklichkeit Schritt halten konnte. Im politischen Diskurs wird der Begriff „konservativ" gelegentlich auch polemisch gegen Hayek gewendet, der aber gerade nicht am herkömmlichen Ideenpotential festhält, sondern mit seinen Argumenten eine grundlegende Umstrukturierung der Gesellschaft in Richtung auf die Öffnung von Märkten durchzusetzen versucht und aus diesem Grunde eindeutig als Liberaler anzusehen ist.

Dieser Band ist gedacht als Überblickswerk, das es ermöglichen soll, die Grundbegriffe in ihren theoretischen und philosophischen Grundlagen und in ihrem Spannungsverhältnis zueinander zu verstehen. Der Entwurf eines Kanons ist nicht beabsichtigt. Ein derartiger Band zur modernen Politiktheorie muss wandlungsoffen sein und auch neue Ideen, Texte, Anregungen und Autoren aufnehmen können, andere dagegen hinter sich lassen. Dennoch lässt es sich bei dieser Textsorte einer modellhaften Gesamtdarstellung nicht vermeiden, dass meine Modelle als Kanonisierungsangebot aufgefasst werden können und diese sich so als – wenn auch unbeabsichtigter – Nebeneffekt ergibt. Möglicherweise liegt darin sogar ein Vorzug, weil die Herauskristallisierung von Texten und Autoren, auf die der Diskussionsprozess sich dann vorrangig bezieht, im akademischen Milieu oft ein Produkt impliziten Wissens und impliziter Standards ist, welche häufig den Effekt haben, diejenigen als unwissend bloßzustellen, die kein feines Organ für die heimlichen Codes universitärer Wissensvermittlung haben. Trotz der Öffnung der Hochschulen hat das akademische Milieu, in Frankreich mehr noch als in Deutschland, es geschafft, sich gegenüber sozialen Aufsteigern so sehr abzuschirmen, dass Pierre Bourdieu von den „Erben des Bildungskapitals" gesprochen hat. Vieles davon hat mit den impliziten Standards zu tun, anderes mit den karrierefördernden Kontaktnetzen der Eltern. Wenigstens diese Standards und auch die Bezugstexte können explizit benannt und dadurch für jeden transparent gemacht werden. Dieses Buch hat also auch in diesem hochschuldidaktisch-praktischen Sinn eine aufklärerische Absicht – so wie einst der Aufklärer Adolph von Knigge die Regeln des Benehmens in der feineren Gesellschaft offen legte, damit die sozialen Aufsteiger nicht mehr so leicht von den Etablierten blamiert und lächerlich gemacht werden konnten.

Die Erstausgabe wurde stark erweitert durch die Hinzufügung der Kapitel über Max Weber, Carl Schmitt, über Zygmunt Baumans Interpretation des Holocaust, durch die transkulturelle und postkoloniale politische Theorie sowie durch die Theorie der Postdemokratie. Dafür wurden die neoliberalen und marktradikalen Theoriekonzepte zusammengefasst. Das Rawls-Kapitel wurde um einen Abschnitt über sein letztes großes Werk, das „Recht der Völker" erweitert und das Hannah-Arendt-Kapitel wurde erheblich ausgedehnt. Der Abschnitt über die Kritische Theorie wurden im Umfang verdreifacht, weil die Veröffentlichung der Vorlesungen Adornos aus den letzten zehn Jahren seiner Lehre in Frankfurt den lebendigen Eindruck seines Denkens vor dem Publikum in einer Offenheit zu vermitteln vermag, die mir attraktiver erscheint als die durchformulierte Geschlossenheit seiner großen Werke.

Die Literaturangaben am Ende der einzelnen Abschnitte sind gedacht als gezielte Hinweise zum Weiterlesen und Vertiefen und erheben ausdrücklich keinen Vollständigkeitsanspruch. Sie wurden im Gegenteil bewusst knapp gehalten und sind als Empfehlungen zu verstehen. Am Schluss des Bandes findet sich zusätzlich ein zusammenfassendes alphabetisches Literaturverzeichnis. Die im Anschluss an die einzelnen Kapitel formulierten Fragen gehen auf vielfältigen studentischen Wunsch zurück und können als Leitfaden der Selbstvergewisserung für diejenigen dienen, die sich gerne auf diese Weise anregen lassen. Alle übrigen mögen sie überspringen. Nicht alle dieser Fragen können aus der Lektüre des vorliegenden Textes allein beantwortet werden, sondern erfordern zusätzliche eigene Recherchen.

Die Durchsicht und Korrektur des Manuskripts hat Lino Klevesath durchgeführt, wofür ich ihm herzlich danke.

1 Grundbegriffe, Wertfreiheit und der Geist des Kapitalismus: Max Weber

Max Weber (1864–1920) ist für die Politikwissenschaft in mehreren Hinsichten wichtig. Er hat erstens Grundbegriffe wie Macht, Herrschaft oder Handlung in einer bis heute maßgeblichen und prägenden Weise definiert, er hat zweitens für die Sozialwissenschaften eine Verfahrensweise der idealtypischen Begriffsbildung vorgeschlagen, drittens hat er mit seinem Kampf gegen das Eindringen von Werturteilen verlangt, dass die klassische Politik sich von einer praktischen Disziplin zu einer strikt theoretischen Sozialwissenschaft umwandelt, und er hat schließlich viertens mit seinen Forschungshypothesen zur Wirtschaftsethik der Weltreligionen die Sozialwissenschaften dazu angeregt, nicht bloß auf die ökonomischen und materiellen Ursachen von Ereignissen zu schauen, sondern ebenso auch politische, religiöse und andere kulturelle Faktoren als ideenmäßige Ursachen in Betracht ziehen.

1.1 Grundbegriffe der Sozialwissenschaften

Für einen vom Verlag Paul Siebeck geplanten „Grundriss der Sozialökonomik" hat Max Weber fast lexikonartig seine Grundbegrifflichkeit dargelegt. Diese in den Jahren 1918–1920 verfassten „Soziologischen Grundbegriffe" hat Marianne Weber dann am Anfang von „Wirtschaft und Gesellschaft" sozusagen als Handwerkszeug abgedruckt. Es lohnt sich, diesem Abriss der Grundbegrifflichkeit zu folgen. Ich werde ihn allerdings durch einige Erläuterungen und aktuellere Bezüge und Beispiele versuchen, etwas gegenwartsnäher zu machen, zugleich aber die Darstellung auf das Wesentliche verknappen und konzentrieren.

Handeln heißt bei Weber ein menschliches Verhalten, mit dem der Handelnde einen subjektiven Sinn verbindet. **Soziales Handeln** ist ein Handeln, das vom gemeinten Sinn her auf das Verhalten anderer bezogen ist.[5]

Sinn ist immer der subjektiv gemeinte Sinn (im Unterschied zu normativen Disziplinen wie Jura oder Ethik, Logik, Ästhetik, die den richtigen oder gültigen Sinn zu bestimmen versuchen). Sinndeutung strebt nach **Evidenz**, entweder rational oder einfühlend.[6]

Die Konstruktion streng zweckrationalen Handelns dient dazu, einen Typus (**Idealtypus**) zu bilden, um das reale, von Irrationalitäten aller Art (Affekte, Irrtümer) beeinflusste Handeln als Abweichung vom dem bei rationalem Verhalten zu gewärtigendem Verlauf zu verstehen. Die Rationalität der verstehenden Soziologie ist also die Rationalität einer Methode, unterstellt aber nicht, dass im Leben selbst unbedingt rational gehandelt würde.[7]

---

[5] Hier wird zitiert nach der ungekürzten Ausgabe: Weber, Max: Wirtschaft und Gesellschaft. Grundriss der verstehenden Soziologie, Hg. Johannes Winckelmann, 5. Aufl. Tübingen 1921, Halbband I, S. 1–30, hier S. 1.
[6] Ebenda S. 2. vgl. S. 4.
[7] Ebenda S. 3.

Auch **Artefakte** (Maschinen etc.) sind dem Sinn nach deutbar und verständlich, wenn sie vom menschlichen Handeln ausgehen, das ihnen bei der Herstellung oder Verwendung einen solchen verlieh (oder verleihen wollte). Verständlich ist immer das auf menschliche Handlungen Bezogene. Zellen, Berge etc. z.B. lassen sich nicht im soziologischen Sinne verstehen.[8]

Verstehen heißt das deutende Erfassung des entweder im Einzelfall gemeinten Sinnes oder des durchschnittlich oder annäherungsweise gemeinten (bei soziologischer Massenbetrachtung) oder des für den reinen Typus einer häufigen Erscheinung wissenschaftlich (idealtypisch) konstruierten Sinnes.[9] Auch subjektiv aufrichtige Selbstzeugnisse von Handelnden haben nicht unbedingt den Rang einer kausal gültigen Deutung, weil verborgene Motive und Verdrängungen am Werke sein können, oder die Menschen in gegebenen Situationen widerstreitenden Antrieben ausgesetzt sind, bei denen sie selbst in der Situation noch nicht wissen, welcher den Ausschlag geben wird, so dass letztlich vom Ergebnis her gedeutet werden muss. Alle widerstreitenden Antriebe sind natürlich jeweils für sich verständlich. Daraus wird deutlich, dass Sinnverstehen ein komplexer Prozess der Hypothesenbildung sein muss. Eine relativ genaue oder gültige Sinndeutung kann im Grunde nur in einer psychologischen Experimentalsituation erreicht werden. Das gedankliche Experiment ist demgegenüber ein unsicheres Mittel.[10]

Die Soziologie konzentriert sich auf die verstehende Deutung des **Handelns einzelner Menschen**. Es kann für andere Erkenntniszwecke z.B. im Bereich der juristischen Deutung durchaus sinnvoll sein, auch soziale Gebilde (Staat, Genossenschaft, Aktiengesellschaft, Stiftung) wie Einzelindividuen zu behandeln. Doch die Soziologie muss auch solche Gebilde als Abläufe und Zusammenhänge des spezifischen Zusammenwirkens von Handlungen einzelner zu verstehen suchen. Für die Soziologie gibt es, jedenfalls nach Max Weber, keine „handelnde" Kollektivpersönlichkeit.[11]

Sogenannte soziologische **Gesetzmäßigkeiten** oder auch **Gesetze** sind keine juristischen Gesetze, sondern Lehrsätze, welche „durch Beobachtung erhärtete typische Chancen eines bei Vorliegen gewisser Tatbestände zu gewärtigenden Ablaufes von sozialem Handeln" beschreiben, die aus typischen Motiven und typischem Handlungssinn verständlich sind. Am verständlichsten sind solche Lehrsätze, in denen rein zweckrationale Motive den Ausschlag geben. Diese können zu einer Wenn-dann-Aussage führen: wenn streng zweckrational gehandelt wird, dann würde so und nicht anders gehandelt werden.[12] Dementsprechend ist tatsächliches Handeln meist eine durch andere Einflüsse und Motive bedingte und auf solche Weise auch häufig erklärbare Abweichung von dieser reinen Form.

Die **Soziologie** sucht also nach *generellen* Regeln und arbeitet dazu mit Typen-Begriffen. Weber grenzt sie zur **Geschichte** ab, wo die kausale Analyse und Zurechnung *individueller* Handlungen, Gebilde und Persönlichkeiten versucht wird.[13] Es handelt sich also um eine generalisierende Wissenschaft, die sich dementsprechend um eine gesteigerte Eindeutigkeit der Begriffe bemühen muss, während die Geschichte als Lehre vom Einzelfall durchaus auch mit Ad-hoc-Begrifflichkeiten operieren kann. Solche vereindeutigten Begriffe bekommen

---

[8] Ebenda.
[9] Ebenda.
[10] Ebenda S. 4.
[11] Ebenda S. 6.
[12] Ebenda S. 7.
[13] Ebenda S. 9, vgl. auch S. 14.

dadurch einen gewissermaßen verkünstlichten Charakter und entfernen sich auf jeden Fall ein Stück weit von der Wirklichkeit, denn sie sollen vor allem der Erkenntnis dienen. Eine soziologische Analyse soll also vom **reinen Idealtypus** aus vorgenommen werden. Dieser kann seinerseits rational oder irrational sein, während er in den Wirtschaftswissenschaften immer rational ist. Auf jeden Fall muss er aber sinnadäquat konstruiert sein.[14] Dies ist zugegebenermaßen und durchaus gewollt wirklichkeitsfremd, insofern die Frage lautet, wie im Idealfall der reinen Zweckrationalität gehandelt werden würde. Der Abstand vom realen Verhalten ist dann methodisch beschreibbar. Weber geht sogar so weit zu sagen, je weltfremder, desto besser in einem dreifachen Sinn, weil sie dann nämlich terminologisch, klassifikatorisch und heuristisch die besten Dienste leisten können.

Diese bewusst angestrebte Wirklichkeitsferne der **idealtypisierenden Begrifflichkeit** gilt nicht nur äußerlich, sondern auch innerlich, weil das reale Handeln der großen Masse nach Weber „in dumpfer Halbbewusstheit oder Unbewusstheit seines gemeinten Sinns"[15] verläuft, d.h. das voll bewusste, klare, sinnhafte Handeln ist in der Realität nur ein Grenzfall. Wenn man die Wahl hat zwischen unklaren und klaren, dann aber irrealen und idealtypischen Begriffen, sollte die Wissenschaft die letzteren vorziehen.

Es gibt vier **Handlungstypen**: zweckrational, wertrational, affektuell und traditional. Rein wertrationales Handelt sieht ab von den Folgen und orientiert sich an Überzeugungen, Geboten oder Forderungen, die der Handelnde hat oder die er an sich gestellt glaubt. **Zweckrationales Handeln** orientiert sich nach Zweck, Mittel und Nebenfolgen, also nicht, wie man meinen könnte, ausschließlich nach dem Zweck. Diese Elemente werden gegeneinander rational abgewogen. Auf einer anderen Ebene kann die Zweckrationalität sich auf die Wahl der Mittel beziehen, während Zwecke oder Folgen ihrerseits wertrational bestimmt sein können. Hier liegt eine gewisse Unschärfe und Unklarheit auch in der letzten Formulierung Webers vor. Ich meine, man müsste es so auffassen: Zweckrationales Handeln lässt sich seinen letzten Zweck immer durch andere Letztmotive vorgeben, sei es der Wille zum Leben, zur Macht oder durch irgendeine Ethik welcher Art auch immer. Auch eine utilitaristische Ethik müsste einen seinerseits nicht wieder zweckrational bestimmbaren Glücksbegriff voraussetzen. Aus der Sicht der Zweckrationalität ist wertrationales Handeln immer irrational, für Weber verkörpert die Wertrationalität allerdings durchaus eine eigenständige Rationalitätsform.[16]

Soziales Handeln ist nur sehr selten ausschließlich an der einen oder anderen Konzeption orientiert. Auch der Selbstmordattentäter, ein besonders reiner Typus außerrationaler Motivation, wird zweckrational handeln müssen, um überhaupt zur erfolgreichen Ausführung seiner Tat kommen zu können. Nur für romantisch Liebende scheint zu gelten, dass sie aus dieser Motivation heraus gern auch ungeeignete und nicht zielführende Schritte unternehmen.

Soziale Beziehungen bestehen in einem Mindestmaß von aufeinander gerichteten Handlungen verschiedener Individuen. Es ist durchaus möglich, dass die Beteiligten dabei mit ihren Handlungen einen verschiedenen Sinn verbinden, selbst in so intimen Gemeinschaften wie der Ehe: der eine Partner heiratet aus Liebe, der andere aus Sehnsucht nach dem Status oder nach dem Geld. Soziale Beziehungen können sehr flüchtig oder aber auch dauerhaft sein, denn ob in soziologischer Sicht eine Freundschaft oder ein Staat besteht oder nicht, hängt allein davon ab, ob eine Chance vorliegt, dass die Beteiligten in einer nach einem durch-

---

[14] Ebenda S. 10.
[15] Ebenda S. 10.
[16] Ebenda S. 13.

schnittlich angebbaren Sinn und auf angebbare Art handeln bzw. eben nicht.[17] Hier liegt der Unterschied zum juristischen Begriff des Staates, der auch nach dessen soziologischer Auflösung fortdauern kann bis zu dessen formeller, juristisch korrekter Auflösung.

Von der **Geltung** einer Ordnung spricht man dann, wenn Menschen sich an ihr in einem stärkeren Sinn als an Sitten, Bräuchen oder Moden orientieren, wo unangepasstes Handeln zwar auch kleinere oder größere Unbequemlichkeiten und Unzuträglichkeiten nach sich ziehen kann, aber doch nicht in dem Maße wie z.B. beim Strafgesetz, an dem sich ja auch der Dieb orientiert, indem er heimlich handelt.[18] Es ist durchaus möglich, dass verschiedene einander widersprechende Ordnungen zu gleicher Zeit innerhalb des gleichen Menschenkreises existieren, und auch einzelne Menschen können damit durchaus umgehen (allerdings am Widerstreit von Ordnungen auch zerbrechen). Für die Geltung eines Rechts ist die Existenz eines Erzwingungs-Stabes, welcher Art auch immer, entscheidend. In Grenzfällen kann dies auch die Sippe sein, die Blutrache übt, oder, wie im Völkerrecht, einfach eine Koalition der Willigen. Im Unterschied zum Recht heißen Konventionen solche Regeln, die in einem bestimmten Menschenkreis gebilligt sind und wie Sitten durch Missbilligung unterschiedlicher Stärke und Intensität gegen Abweichungen garantiert werden.

Menschliches Kämpfen und Konkurrieren tendiert immer zu einer Art **Auslese** derjenigen, die jene persönlichen Qualitäten am stärksten besitzen, die für den Sieg im Kampf erforderlich sind. „Welches diese Qualitäten sind, ob mehr physische Kraft oder skrupelfreie Verschlagenheit, mehr Intensität geistiger Leistungs- oder Lungenkraft und Demagogentechnik, mehr Devotion gegen Vorgesetzte oder gegen umschmeichelte Massen, mehr originale Leistungsfähigkeit oder mehr soziale Anpassungsfähigkeit, mehr Qualitäten, die als außergewöhnlich oder solche, die als nicht über dem Massendurchschnitt stehend gelten: – darüber entscheiden die Kampf- und Konkurrenzbedingungen",[19] also die jeweiligen Ordnungen. Auch eine pazifistische Ordnung bedeutet nur, dass andere Kampfmittel zum Sieg in der offenen oder verdeckten Konkurrenz führen werden. Nicht jede soziale Auslese muss notwendigerweise klassischer Kampf sein, und vor allem sagt ein Erfolg in der sozialen Auslese nicht unbedingt auch etwas über die biologischen Überlebenschancen eines bestimmten Typus aus. Soziale und biologische Auslese müssen als unterschiedliche Prozesse mit unterschiedlichen Faktorenbedingtheiten betrachtet werden.

Gemeinschaften sind solche Beziehungen, die auf der Basis gefühlter affektueller oder traditionaler Zusammengehörigkeit bestehen, wie z.B. Familien, erotische Beziehungen, Brüdergemeinden etc. **Gesellschaften** dagegen basieren auf wert- oder zweckrationalen Interessen, wie z.B. der streng zweckrationale, frei praktizierte Austausch auf dem Markt, aber auch der Zweckverein und die wertrational motivierte rationale Sekte, also z.B. eine ideologisch motivierte Organisation vom Typus eines Naturschutzbundes. Am Beispiel dieser beiden Begriffe kann man die außerordentliche, geradezu apodiktische Verknappung von Webers Text erkennen. Ferdinand Tönnies hatte die Gegenüberstellung von Gemeinschaft und Gesellschaft in seinem berühmten Buch mit diesem Titel sehr viel umfassender sowohl analytisch wie beschreibend entwickelt.[20]

---

[17] Ebenda S. 14.
[18] Ebenda S. 16.
[19] Ebenda S. 21.
[20] Tönnies, Ferdinand: Gemeinschaft und Gesellschaft. Grundbegriffe der reinen Soziologie, Darmstadt 1988 (zuerst 1887).

1 Grundbegriffe, Wertfreiheit und der Geist des Kapitalismus: Max Weber

Soziale Beziehungen können nach außen offen oder geschlossen sein, je nachdem, ob im Prinzip jeder, der dazu geneigt und geeignet ist, an ihrem gemeinsamen sozialen Handeln teilnehmen kann oder aber dies nur einem bestimmten inneren Kreis möglich ist. Traditionell geschlossen sind solche Gemeinschaften, die auf Familien- bzw. Geburtsbeziehungen beruhen, es gibt aber auch affektuell geschlossene persönliche Gefühlsbeziehungen erotischer und pietätsmäßiger Art, wertrational relativ geschlossene Gemeinschaften wie vor allem Glaubensgemeinschaften und zweckrational geschlossene Gemeinschaften wie ökonomische Verbände mit monopolistischem Charakter, die gerade aus dem Ausschluss von möglichen Konkurrenten ihre Rendite beziehen.

Wenn ein Leiter oder ein Verwaltungsstab die Ordnung in einer sozialen Beziehung organisiert, spricht man von einem **Verband**. Ob es sich dabei um eine Gemeinschaft oder Gesellschaft handelt, spielt zunächst keine Rolle. Entscheidend ist das Vorhandensein eines Leiters, sei es das Familienoberhaupt, der Geschäftsführer, Fürst oder Kanzler. Hier kommt der Begriff des **Verbandshandelns** ins Spiel. In einem Verband sind viele Handlungen durch diesen geregelt. Eigentliches Verbandshandeln liegt für Weber aber nur dann vor, wenn der Verwaltungsstab oder Vereinsvorstand diese durchführt. Das wäre z.B. ein Krieg, den ein Staat führt, oder ein Vertrag, den der Vorstand schließt. Dieser Begriff des Verbandshandelns, der ja staatliches Handeln einschließt, stellt sicherlich einen Grenzfall für den methodologischen Individualismus Webers dar. Es bleibt aber deutlich, dass es auch hier, wo Personen als Funktionäre für Gruppen handeln, um die persönliche, individuelle Zurechnung der Handlung und also auch um die soziologische Beobachtung des jeweiligen Interesses und der besonderen Motivation der Leitungspersönlichkeit geht.

Verbände können als **Vereine** oder aber als **Anstalten** organisiert sein. Dieser polare, aber nicht vollständige Gegensatz ist zweifellos relativ, beleuchtet aber interessante Aspekte.

Die meistzitierte Formel aus den soziologischen Grundbegriffen ist Max Webers **Machtdefinition**, die hier dementsprechend auch im Wortlaut wiedergegeben wird: „Macht bedeutet jede Chance, innerhalb einer sozialen Beziehung den eigenen Willen auch gegen Widerstreben durchzusetzen, gleichviel worauf diese Chance beruht."[21] Sie kann also auf Gewaltandrohung, aber auch auf bloßer diskussionsmäßiger Überlegenheit beruhen. Macht hat aus diesem Grund einen durchaus amorphen, oftmals situativen Charakter. Ein engerer Begriff ist die **Herrschaft** als Chance, für einen Befehl bestimmten Inhalts bei angebbaren Personen Gehorsam zu finden. Dazu gehört die **Disziplin** als Chance, durch eingeübte Einstellung für einen Befehl prompten, automatischen und schematischen Gehorsam zu finden.

Von einem **politischen Verband** spricht Weber dann, gar nicht so weit entfernt von der klassischen juristischen Staatsdefinition, als Einheit von Volk, Gebiet und Staatsgewalt, wenn innerhalb eines angebbaren Gebietes durch Anwendung oder Androhung von physischem Zwang seitens eines Verwaltungsstabes der Bestand und die Geltung der Ordnung eines Herrschaftsverbandes garantiert wird.[22] Der Staat wird von ihm etwas maniriert als politischer Anstaltsbetrieb aufgefasst, dessen Verwaltungsstab das Monopol der legitimen physischen Zwangsanwendung für die Durchführung der Ordnung in Anspruch nimmt. Die **legitime Gewaltsamkeit** ist bei politischen Verbänden weder das einzige, noch auch das normale Verwaltungsmittel, ist aber das für sie typische Mittel und zugleich die immer durch

---

[21] Weber, Soziologische Grundbegriffe, in Wirtschaft und Gesellschaft, a.a.O. S. 1–30, hier S. 28.
[22] Ebenda S. 29.

ihre bloße Potentialität präsente *ultima ratio*, das letzte Mittel, wenn alle anderen Mittel versagen.[23]

Diese Staatsdefinition ist insofern bemerkenswert und typisch sozialwissenschaftlich, als sie nicht vom Zweck her argumentiert, denn Weber weist zu Recht darauf hin, dass es von der Nahrungsfürsorge bis zur Kunstprotektion, von der persönlichen Sicherheitsgarantie bis zur Rechtsprechung keinen Zweck gegeben hat, den politische Verbände nicht gelegentlich übernehmen, und ebenso keinen, den alle politischen Verbände verfolgen würden. Das unterscheidende Merkmal von anderen Verbänden ist stattdessen das spezifische Mittel der Gewaltsamkeit, das dann sogar unter Umständen zum Selbstzweck gesteigert werden kann, wenn der Staat, um als Staat sich zu beweisen, gewaltsam agiert, wo auch andere Mittel hätten zielführend sein können.

Neben den Staat stellt Weber den hierokratischen, also priesterlichen Verband, der zur Garantie seiner Ordnung psychischen Zwang durch Spendung oder Versagung von Heilsgütern ausüben kann. Wenn innerhalb eines solchen Verbandes der Verwaltungsstab den legitimen hierokratischen Zwang monopolisiert, handelt es sich um eine **Kirche**. Auch hier spielt die Art der Heilsgüter oder ihr diesseitiger bzw. jenseitiger Charakter keine Rolle, sondern allein die Tatsache, dass ihre Spendung oder Verweigerung Grundlage geistlicher Herrschaft über Menschen bilden kann.

Es handelt sich bei Webers Definitionen um Kaskaden der Begrifflichkeit, bei denen von allgemeinen Begriffe wie dem Handeln als sinnhaftes Verhalten über das soziale Handeln zur Geltung von Ordnungen in Verbänden, damit zu Macht und Herrschaft und schließlich zu politischen Verbänden wie dem Staat vorangegangen wird. Auf allen Ebenen kann der Sozialwissenschaftler zum Verständnis des subjektiven Sinns einer Handlung oder auch des Motivs einer Regelbefolgung die vier Idealtypen des Handelns verwenden, nämlich die beiden rational nachvollziehbaren Handlungsmotivationen der Zweck- und Wertrationalität und die beiden eher einfühlend nachzuvollziehenden des affektuellen oder des traditionalen Handelns.

1.2 Die drei reinen Typen der legitimen Herrschaft

Die gesamte Begriffskaskade läuft auf den politischen Herrschaftsverband, den Staat zu. Es liegt deshalb nahe, einen weiteren zentralen Text Webers zum Thema der politischen Herrschaft hinzuzuziehen, nämlich „Die drei reinen Typen der legitimen Herrschaft".[24] Dies sind die folgenden:

- Legale Herrschaft kraft Satzung
- Traditionale Herrschaft
- Charismatische Herrschaft.

Der erste Typus liegt am ausgeprägtesten in der bürokratischen Herrschaft vor. Der Herrschaftsverband ist ein „Betrieb", der auf der Grundlage von Betriebsdisziplin funktioniert, d.h. auch der moderne kapitalistische Betrieb und überhaupt jeder Zweckverband und Ver-

---

[23] Ebenda.
[24] In Weber, Max: Schriften 1894–1922, ausgewählt von Dirk Kaesler, Stuttgart 2002, S. 717–733. In ungekürzter Fassung in Weber, Max: Gesammelte Aufsätze zur Wissenschaftslehre, Hg. Johannes Winckelmann, Tübingen, 6. Aufl. 1982 (1. Aufl. 1922), S. 475–488. Die 1. bis 4. Auflage von „Wirtschaft und Gesellschaft" haben diesen Text enthalten, die 5. von Johannes Winckelmann revidierte nicht mehr.

ein, der über einen ausgiebig hierarchisch organisierten Verwaltungsstab verfügt. Aber keine Herrschaft ist ausschließlich bürokratisch, also nur durch ernannte oder durch Arbeitsvertrag verpflichtete Beamte geführt. An den Spitzen stehen normalerweise „Monarchen", also erbcharismatische Herrscher, oder vom Volk gewählte Präsidenten (plebiszitär-charismatische Herren), oder solche, die von parlamentarischen Körperschaften gewählt werden, also die entweder mehr charismatischen oder mehr honoratiorenhaften Parteiführer.[25] Interessenten und andere wirken oftmals in vielfachen Formen mit. Dies ist ein gutes Beispiel für das typische Ineinandergreifen der drei Idealtypen. Die Hauptarbeit lastet allerdings auf den bürokratischen Kräften.

Neben dem bürokratischen Typus gibt es noch weitere Formen legaler Herrschaft, insbesondere das Turnus-, Los oder Wahlbeamtentum und überhaupt alle Arten von kollegialen Verwaltungskörpern, soweit sie nach gesatzten Regeln vorgehen. Gerade auch in der Vorgeschichte der modernen Beamtenverwaltung spielen Wahlbeamte eine große Rolle.

Bemerkenswert ist, dass Max Weber in der legal-bürokratischen Herrschaftsform mit ihrem Leittypus des „Vorgesetzten" eine enge Beziehung sieht zu den durchbürokratisierten Betriebsformen des damaligen Kapitalismus. Heute würde man gerade die Differenz zwischen eher dem politisch-staatlichen Bereich zuzurechnenden Bürokratien und dem privaten, als deutlich dynamischer aufgefassten Unternehmensbereich betonen, damals aber sprach man von den Angestellten z.B. in der Personalabteilung und in den Kontoren der großen Betriebe vielfach als „Beamten", obwohl diese nur vertraglich und zumindest formal nicht auf Lebenszeit engagiert waren.

Die zweite von Weber beschriebene Form, die traditionale Herrschaft, beruht auf dem „Glauben an die Heiligkeit der von jeher vorhandenen Ordnungen und Herrengewalten. Reinster Typus ist die patriarchalische Herrschaft."[26] Es handelt sich um vergemeinschaftete, quasi familienähnliche Formen der Herrschaft mit Kategorien wie Herr – Diener – Untertan. Sie klingt noch nach in dem heute ironischen Begriff des „Landesvaters", der durch das Land reist und Wohltaten verteilt. Innerhalb dieser Form kann man noch unterscheiden zwischen einer despotischen Zentralstruktur mit völliger Abhängigkeit der Dienenden, wie sie z.B. in der sultanischen Herrschaft vorliegt, und einer ständischen Struktur, in der es eigenständige Lehnsherren gibt, denen keineswegs jeder beliebige Befehl erteilt werden kann. Hier findet sich so etwas wie eine ständische Gewaltenteilung, geregelt durch Herkommen, ständische Ehre und die Erteilung von Privilegien. Da vieles durch die Tradition geregelt ist, stehen gerade diese gewaltenteiligen Formen der legalen Herrschaft näher.

Die dritte Form schließlich, die charismatische Herrschaft, beruht auf affektueller Hingabe. Beispiele dafür sind die Herrschaft des Propheten, des Kriegshelden oder des Demagogen. Weber betont das „ewig Neue, Außerwerktägliche, Niedagewesene und die emotionale Hingenommenheit"[27] „Der Typus des Befehlenden ist der Führer. Der Typus des Gehorchenden ist der ‚Jünger'."[28] Der Verwaltungsstab wird ausgelesen nach Charisma und persönlicher Hingabe, und der „Verwaltung – soweit dieser Name adäquat ist – fehlt jede Orientierung an Regeln, sei es gesatzten, sei es traditionalen."[29] Die Entscheidungen werden von Fall zu Fall

---

[25] Ebenda S. 477.
[26] Ebenda S. 478.
[27] Ebenda S. 481.
[28] Ebenda S. 482.
[29] Ebenda S. 482.

und damit in der Perspektive legaler Herrschaft irrational getroffen. Es ist Weber wichtig, den Charisma-Begriff wertfrei zu gebrauchen, so dass er auf sehr verschiedene, allgemein gelobte wie allgemein verurteilte Charismatiker angewandt werden kann. Dies wird recht drastisch illustriert: „Der manische Wutanfall des nordischen ‚Berserkers', die Mirakel und Offenbarungen irgendeiner Winkelprophetie, die demagogischen Gaben des Kleon sind der Soziologie genauso gut ‚Charisma' wie die Qualitäten eines Napoleon, Jesus, Perikles. Denn für uns entscheidend ist nur, ob sie als Charisma galten und w i r k t e n, d.h. Anerkennung fanden. Dafür ist ‚Bewährung' die Grundvoraussetzung: durch Wunder, Erfolge, Wohlergehen der Gefolgschaft oder der Untertanen muss sich der charismatische Herr als ‚von Gottes Gnaden' bewähren."[30] In der Grundstruktur handelt es sich um eine rein persönliche, außeralltägliche soziale Beziehung. Wenn dieses Herrschaftsverhältnis aber nicht erlischt, sondern auf Dauer gestellt, z.B. auf Nachfolger übertragen werden soll, muss sich das Charisma veralltäglichen. Die Suche nach dem Nachfolger des Dalai Lama ist ein ziemlich reiner Typus. Selbstverständlich sind bestimmte Formen des gewählten Anführers demokratieverträglich, Weber spricht in diesem Sinne von einer Führerdemokratie, in der es aber charakteristisch ist, dass nicht nach einer Art imperativem Mandat, sondern nach dem eigenen Ermessen gehandelt wird.

1.3   Der Sinn der Wertfreiheit in den Sozialwissenschaften

Der von Max Weber um 1904 in Gang gesetzte Werturteilsstreit hat die Sozialwissenschaften seitdem immer wieder beschäftigt, zuletzt im zwischen Theodor W. Adorno, Karl Popper und anderen 1961 bis 1969 ausgetragenen **Positivismusstreit**. Weber selbst hat schon 1917 festgestellt: „Unendliches Missverständnis und vor allem terminologischer, daher gänzlich steriler Streit hat sich an das Wort ‚Werturteil' geknüpft, welches zur Sache offenbar gar nichts austrägt."[31] Diese Formulierung ist auch und gerade in ihrem gereizten Tonfall charakteristisch für die Debatte: Weber und seine Anhänger sind bis heute absolut davon überzeugt, dass Gegenmeinungen und Gegenpositionen ausschließlich darauf beruhen können, dass Weber nicht verstanden oder missverstanden worden sei, also auf der Dummheit seiner Gegner. Zumindest der Anscheinsbeweis lässt diese Haltung als fragwürdig erscheinen, gehören doch so brillante Intellektuelle aus dem gesamten politischen und theoretischen Spektrum wie Leo Strauss, Eric Voegelin, Theodor W. Adorno, Jürgen Habermas zu diesen Gegenspielern. Doch selbst wenn man diese allesamt der Irrationalität zeihen wollte, ist doch nicht zu übersehen, dass auch ein kritischer Rationalist wie Hans Albert, der Webers methodische Grundabsichten teilt, zu dem Ergebnis kommt, dass die entstandene Verwirrung auf einem inadäquaten, nämlich unkritischen Rationalitätsmodell beruht, welches Webers Ansatz zugrunde liegt, und dass Webers Dogmatik „unnötig restriktiv" sei.[32] Das Auftreten Webers selbst und vieler Weberianer im Werturteilsstreit war und ist bis heute von einem sektenhaften, dogmatischen Zug gekennzeichnet, weil den Gegenspielern die Ebenbürtigkeit und Rationalität abgesprochen wird. Das kommt in dem Weber-Zitat von 1917 prägnant zum Ausdruck.

---

[30] Ebenda S. 483f.

[31] Weber, Max: Der Sinn der ‚Wertfreiheit' der soziologische und ökonomischen Wissenschaften (1917), in ders., Gesammelte Aufsätze zur Wissenschaftslehre, Hg. Johannes Winckelmann, 6. Aufl. Tübingen 1982 (zuerst 1922), S. 489–540, hier S. 499.

[32] Albert, Hans: Theorie und Praxis, in ders. und Ernst Topitsch (Hg.), Werturteilsstreit, Darmstadt 1979, S. 200–237, hier bes. S. 212 und 236f.

Doch versuchen wir zunächst, Webers Grundüberlegungen zu folgen. Sein Ziel ist es, die Sozialwissenschaft aus ihrer Tradition praktischer Wissenschaften, politische oder ökonomische Empfehlungen auf der Basis einer Vorstellung von allgemeiner Wohlfahrt zu geben, wie es für die klassische politische Wissenschaft, die Policywissenschaft und Kameralistik typisch war, zu lösen und an ihre Stelle eine theoretische Wissenschaft zu setzen, die „auf praktische Bewertungen einer durch unser Handeln beeinflussbaren Erscheinung als verwerflich oder billigenswert" verzichten sollte.[33] Diese, und nur diese Werturteile sollen als vorwissenschaftlich ausgeklammert werden, weil sie auf Grundhaltungen und Wertungen zurückgehen, die ihrerseits nicht wissenschaftlich begründbar sind, sondern als Glaubens- oder Entscheidungsfragen zu gelten haben. Weber verlangt von den Wissenschaftlern die Reflexionsleistung, ihre scheinbar in der Sache selbst begründeten Werturteile auf solche persönlichen Letztwertungen gedanklich und logisch zurückzuführen, diese offenzulegen und als politisch-praktische Empfehlung zu vermeiden. Insbesondere wendet er sich dagegen, in suggestiver Weise „die Sache selbst" sprechen zu lassen und hält diesen sogenannten Realismus für eine besonders subtile Form der Kathederbeeinflussung.

Weber verlangt also, dass die Wissenschaftler ihre eigene Person hinter die Sache zurückstellen und vor allem Tatsachen, insbesondere persönlich unbequeme Tatsachen, die möglicherweise der eigenen Theorie entgegenstehen, bereitwillig zur Kenntnis nehmen. Weber vertritt hier eine Art Pathos der Sachlichkeit und besteht auf methodischer Selbstkontrolle als Weg dazu, sich, luhmannianisch gesprochen, auch von seinen eigenen Forschungen überraschen zu lassen, während derjenige, der von vornherein normativ festgelegt ist, dazu neigen wird, entgegenstehende Argumente und Tatsachen zu übersehen oder einpassend umzudeuten.

Webers Position wird kompliziert dadurch, dass er den Wertbegriff in einem anderen Sinn als den der Wertung sozialer Tatsachen als praktisch wünschenswert oder unerwünscht, doch wieder in seine Grundkonzeption hineinnimmt. Denn seine Wissenschaft soll selbstverständlich wertvolle im Sinne von richtigen oder zutreffenden Ergebnissen hervorbringen. Dieser Wertmaßstab ist aber kein praktischer, sondern ein theoretischer, wissenschaftsimmanenter der formalen oder sachlichen Richtigkeit. Und zweitens soll die Wissenschaft auch wertvolle im Sinne von wichtigen Ergebnissen erzielen. Das heißt, die Auswahl des Stoffes impliziert ebenfalls ein Werturteil über die Relevanz des zu erforschenden Bereichs. Drittens können Werte und Wertungen ihrerseits Forschungsgegenstand, also Objekt der Forschung werden. An diesem dritten Fall zeigt sich besonders deutlich der Sinn der Wertfreiheit: denn gerade dann sollte die persönliche Wertung und Haltung des Wissenschaftlers aus der Analyse herausgehalten werden, weil sonst ein besonders undurchsichtiges Gemisch von Privatauffassungen und Forschungsergebnissen entstehen würde. Da auf beiden Seiten der Wertbegriff vorkommt, hat sich Weber und ihm folgend die Weberianistik bemüht, hier eine begriffliche Differenzierung vorzunehmen und nennt die zugelassenen bzw. von ihm in seinem üblichen gereizten Ton gar als trivial und selbstverständlich angesehenen Umgangsformen mit Werten „Wertbeziehung" im Gegensatz zum unerlaubten Werturteil.[34]

Kernbotschaft Webers ist immer, dass die Frage, ob bestimmte praktische Wertungen ethische bzw. normative Dignität beanspruchen können, nicht Gegenstand der empirischen Sozialwissenschaften sein darf, sondern dass solche Aussagen allenfalls aus der Perspektive der Wertphilosophie getroffen werden können, weil die Geltung eines praktischen Imperativs

---

[33] Weber, Der Sinn der Wertfreiheit, a.a.O. S. 489.
[34] Ebenda S. 511, in Berufung auf den Neukantianer Heinrich Rickert.

und die Wahrheitsgeltung einer empirischen Tatsachenfeststellung „in absolut heterogenen Ebenen der Problematik liegen."[35] Es geht ihm also um die Ebenendifferenz, um das Auseinanderhalten von Urteilen und Tatsachenfeststellungen.

Wer die **Wertbeziehung** von praktischen Urteilen analysiert, wird dann oftmals in der Lage sein, solche Urteile auf Letztwertungen zurückzuführen. Sind diese sehr unterschiedlich, wird man sich nicht einigen können, d.h. das Wahrheitsergebnis einer Wertungsdiskussion kann darin bestehen, dass unterschiedliche Grundwertungen als Ausgangspunkte genommen worden sind. Es ist aber nicht zu erwarten, dass eine solche Diskussion zu einer normativen Ethik oder zur Begründung der Verbindlichkeit irgendeines Imperativs führt, weil die realistische Erforschung der ethischen Impulse, wie sie auf Menschen wirken, nichts über das Geltensollen der real vorhandenen moralischen Sätze aussagen kann, sondern nur ihre faktische Existenz, ihre Wirksamkeit oder Unwirksamkeit festgestellt werden kann.

Werte, wie Weber sie versteht, müssen keineswegs nur ethische Wertvorstellung oder dergleichen sein. Er betont, dass daneben andere Wertsphären bestehen, z.B. die politische, in der oftmals nur handeln kann, wer eine moralische Schuld auf sich zu nehmen bereit ist.[36] Weber gehört zu den Autoren, die über eine besonders tiefe Einsicht in das grundsätzliche Spannungsverhältnis zwischen postulierender Moralphilosophie und praktisch handelnder Politik verfügen.[37] Wenn man gar radikal gegensätzliche politische Positionen betrachtet, z.B. die Haltung der Realpolitik gegen eine radikalrevolutionäre Gesinnung stellt, wird man auf beiden Seiten ethische Maximen finden, deren ewiger Streit „mit den Mitteln einer rein in sich selbst beruhenden Ethik schlechthin unaustragbar ist".[38] Weber sieht hier einen Polytheismus der Werte, der immer wieder in einen tödlichen Kampf münden kann, weil es zwischen „Gott" und „Teufel" letztlich keine Relativierungen und Kompromisse geben kann. Diese Entscheidung ist Sache der eigenen Wahl und Ergebnis einer Kette letzter Entscheidungen. Für Weber ist es übrigens vollkommen offen, für welche dieser ironisch-metaphorisch so bezeichneten Seiten man sich entscheiden wird, denn die Frucht vom Baum der Erkenntnis war ja so etwas wie eine teuflische Versuchung. Die modernen Sozialwissenschaften mit ihrer nüchtern wertfreien Beobachtung der Wirklichkeit und ihrer kritischen Haltung gegenüber allem Gegebenen liegen durchaus nicht falsch, wenn sie sich in dieser ironisch-allegorischen Polarität selbst als eine Art teuflisches Projekt verorten. Max Weber war der Auffassung, dass keine Wissenschaft den Menschen diese radikale Grundentscheidung abnehmen kann. „Es gibt keinerlei (rationales oder empirisches) wissenschaftliches Verfahren irgendwelcher Art, welches hier eine Entscheidung geben könnte. Am allerwenigsten kann diese Wahl *unsere* streng empirische Wissenschaft dem Einzelnen zu ersparen sich anmaßen, und sie sollte daher auch nicht den Anschein erwecken, es zu können."[39]

So zieht Weber die Folgerung, dass Diskussionen über praktische Wertungen im Sinn der von ihm so genannten „Wertbeziehung" immerhin einen vierfachen Sinn haben können: 1) Sie können dazu dienen, die letzten Wertaxiome herauszuarbeiten, auf denen entgegengesetzte Meinungen, auf die man in einer Diskussion stößt, sich zurückbeziehen. 2) Sie können dazu dienen, die Konsequenzen aus einer wertenden Zusammenfügung dieser letzten Wert-

---

[35] Ebenda S. 501.
[36] Ebenda S. 504.
[37] Vgl. dazu Reese-Schäfer, Walter und Christian Mönter: Politische Ethik, Wiesbaden 2012.
[38] Ebenda S. 505.
[39] Ebenda S. 508f.

axiome und bestimmter faktischer Ergebnisse der Forschung zu ziehen, also zu fragen, was aus bestimmten Tatsachen folgen würde, wenn man die eigenen Wertaxiome an sie anlegen würde. 3) Sie können helfen, die faktischen Folgen zu bewerten, die sich aus der Durchführung bestimmter praktisch wertender Stellungnahmen zu einem Problem ergeben würden, insbesondere aufgrund der Unvermeidlichkeit bestimmter, nicht direkt gewollter Nebenfolgen. 4) Es können sich dabei neue Wertaxiome ergeben, die bislang nicht beachtet wurden. Dieser vierte Punkt ist natürlich kein eigenständiger Aspekt, sondern ergibt sich als abgeleitete Möglichkeit aus den vorigen.[40]

Die empirischen Disziplinen sind also einerseits wertfrei, stehen aber immer unter dem Einfluss der Beziehung von Realitäten auf Werte. Diese **Wertbeziehung** ist nach Weber im Grunde nichts anderes als das spezifisch wissenschaftliche „Interesse", „welches die Auslese und Formung des Objektes einer empirischen Untersuchung beherrscht."[41] Nach Weber sind es Wertinteressen, „welche auch der rein empirisch-wissenschaftlichen Arbeit die Richtung weisen."[42] Jürgen Habermas hat an diese Überlegungen eine eigenständige Theorie des „Erkenntnisinteresses" angeschlossen und, deutlich weniger polemisch als Weber, damit die Forderung verknüpft, dass dieses vom Wissenschaftler grundsätzlich zu benennen und zu reflektieren sei, um auf diese Weise tendenziöse Forschung und Selbsttäuschung in der Wissenschaft zu vermeiden.[43] Gegen Weber beharrt Habermas auf einem reflexiven Wissenschaftstypus, der diese Überlegungen nicht auslagert, sondern zur Sache und Aufgabe der wissenschaftlichen Arbeit selbst macht.

Weber argumentiert weiter: Jede wissenschaftlich neu entdeckte Tatsache kann die Konsequenz haben, dass die Abwägung zwischen Zweck und Mittel, also die Abwägung der Nebenfolgen einer Handlung, neu vorgenommen werden muss. Diese Abwägung aber und die Frage, welche praktischen Schlussfolgerungen nunmehr zu ziehen seien, „ist nicht nur keine Frage einer empirischen, sondern, wie gesagt, überhaupt keiner wie immer gearteten Wissenschaft."[44] Weber denkt hier an die alte Kameralistik und an die Denkschriften altchinesischer Beamter, die er beide aus dem Bereich der von ihm definierten Wissenschaftlichkeit ausgrenzt.

Weber wendet sich an dieser Stelle gegen zwei diametral entgegengesetzte Wertungsformen, die er beide aus dem Reich der Wissenschaft ausschließen möchte: auf der einen Seite insbesondere gegen die Lehre von den „Entwicklungstendenzen" und die sogenannte Realpolitik, auf der anderen Seite gegen die Welt der Gesinnungsethik, in der nicht der Erfolg, sondern nur die gute Absicht einer Handlung zählt. Es sei nicht einzusehen, dass man unter dem Deckmantel der Wissenschaftlichkeit die sich angeblich ohnehin vollziehende Entwicklungstendenz unterstützen müsse, und es sei ebenso wenig einzusehen, dass allein der Gesinnungswert einer Handlung zur Richtschnur genommen werden sollte. All dies scheint ihm wegen der Unübersichtlichkeit der Wirkungen und Nebenwirkungen unaustragbar.[45] Er macht nur eine Einschränkung: „Nur wo bei einem absolut eindeutig gegebenen Zweck nach

---

[40] Ebenda S. 510f.
[41] Ebenda S. 511.
[42] Ebenda S. 512.
[43] Habermas, Jürgen: Erkenntnis und Interesse, Frankfurt 1968.
[44] Weber, Der Sinn der Wertfreiheit, a.a.O. S. 513.
[45] Diese Gedanken hat Weber dann in seinen beiden Vorträgen „Wissenschaft als Beruf" und „Politik als Beruf" zur Leitlinie der Argumentation gemacht: Weber, Max: Politik als Beruf, Nachwort von Ralf Dahrendorf, Stuttgart 1997; ders., Wissenschaft als Beruf, Nachwort von Friedrich Tenbruck, Stuttgart 1995.

dem dafür geeigneten Mittel gefragt wird, handelt es sich um eine wirklich empirisch entscheidbare Frage."[46] Dies war auch der Punkt, an dem Ludwig von Mises, der Weber 1918 noch in Wien getroffen und sich mit ihm, nach allem, was wir wissen, sehr gut verstanden hat, in seiner Sozialismus-Kritik einsetzt: die Planwirtschaft könne das von ihr selbst gesetzte Ziel der Wohlfahrt und des Wohlstandes aus technischen Gründen des Verzichts auf die Preisinformationen des Marktes nicht erreichen.

1.4 Die protestantische Ethik und der Geist des Kapitalismus

Webers Aufsatz über die protestantische Ethik und den Geist des Kapitalismus war bahnbrechend und hat bis heute andauernde religionssoziologische Diskussionen ausgelöst. Seine Grundthese war, dass es neben materiellen auch ideelle Ursachen und Auslösefaktoren von Prozessen geben kann. Diese These basierte auf der Beobachtung, dass sowohl die Kapitalbesitzer und Unternehmer als auch die höheren technischen und kaufmännischen Angestellten in Deutschland und anderen Ländern um 1900 vorwiegend protestantisch waren und dass die geringere Beteiligung von Katholiken am Erwerbsleben damals auffällig war.[47] Die Erklärung sucht er darin, dass ein bestimmter Typ calvinistischer und pietistischer Ethik, weniger dagegen lutherischer Haltungen, den Gedanken einer Berufspflicht und damit verbunden eines göttlichen Gnadenbeweises entwickelt habe und auf diese Weise die von religiöser Seite normalerweise distanziert bis ablehnend betrachtete aktive Wirtschaftstätigkeit entscheidend befördert habe. Weber spricht sehr anschaulich von den irrationalen Momenten dieser Berufsethik, denn der traditionelle Mensch will nicht Geld und mehr Geld verdienen, sondern leben, wie er zu leben gewohnt ist, und im Grunde nur so viel erwerben, wie dazu erforderlich ist. Auf Seiten der Arbeiter wird eine Arbeitszeitverkürzung immer eine hohe Attraktivität aufweisen. Der Geist der Askese, der konzentrierten täglichen Anstrengung, um immer mehr zu erwerben, ist aber durch religiöse Motivationsformen deutlich bestärkt worden. Vor allem in bestimmten Regionen Deutschlands, in Holland und England lasse sich das beobachten. Weber ist der Ansicht, dass dies die Entstehung des modernen Kapitalismus entscheidend gefördert habe, und dass hierin vermutlich auch der Grund dafür liegt, dass diese Entwicklung in westlichen Ländern, und nur hier, stattgefunden habe.

Die Daten, auf die Weber sich stützte, waren für die damalige Zeit deutlich. Er begab sich aber auf methodisch schwieriges Terrain bei dem Versuch, den Zusammenhang darzulegen zwischen religiösen Konzeptionen wie puritanischer Berufsethik, Askese und dem kapitalistischen Geist der konzentrierten Mehrung und der akkumulationsintensiven Reinvestition statt des Konsums. Seine Beweisführung basiert auf der Interpretationen praktisch theologischer bzw. quasitheologischer Texte von Benjamin Franklin (Time is Money) bis zu dem berühmten Prediger Richard Baxter und anderer die praktische Lebensführung betreffenden Traktaten. Innerweltliche Askese und kapitalistischer Sparzwang weisen in der Tat bemerkenswerte Übereinstimmungen mit religiösen Motivationen auf. Weber selbst hat zugestanden, dass der Übergang von Traktaten zur praktischen Lebensführung hochproblematisch ist und in einer Anmerkung festgehalten: „Es kommt natürlich hier für uns nicht sowohl darauf

---

[46] Weber, Wertfreiheit, a.a.O. S. 517.

[47] Weber, Max: Die protestantische Ethik und der Geist des Kapitalismus, in ders., Gesammelte Aufsätze zur Religionssoziologie I, Tübingen 1988 (zuerst 1905/1920), S. 17–205, siehe insbesondere S. 18 und S. 23–30.

1 Grundbegriffe, Wertfreiheit und der Geist des Kapitalismus: Max Weber

an, was die theologische ethische Theorie begrifflich entwickelte, sondern darauf, was im praktischen Leben der Gläubigen geltende Moral war, wie also die religiöse Orientierung der Berufsethik praktisch wirkte."[48] Nur ist das methodische Problem mit diese Einräumung nicht behoben und auch nicht mit seiner Forschungsempfehlung, durchaus auch die umgekehrte Kausalität bzw. Wechselwirkung allgemeiner Kulturbedingungen, besonders solcher ökonomischer Art, auf die Entwicklung der religiösen Haltungen zu studieren. Weber war methodenbewusst genug, genau dies zu sehen. Berühmt geworden allerdings ist er gerade wegen des radikal einseitigen und deshalb damals innovativen Blicks von der Seite der Ideen her. Er hat jedoch auch deutlich gesehen, dass es sich um eine Verkettung von Umständen und Haltungen handelte, die ausschließlich für die Anfangszeit der kapitalistischen Dynamik relevant war, während schon zu seiner Zeit die berufsethischen Haltungen sich zu einem Gehäuse der Hörigkeit verfestigt hätten und deshalb eines religiösen Antriebs und einer religiösen Stützung nicht mehr bedurften. Der Kapitalismus hat sich automatisiert und bringt inzwischen seine eigenen Motivationsformen hervor. Deshalb trifft ihn der Einwand auch nur bedingt, dass nunmehr ja die katholischen Regionen massiv wirtschaftlich aufgeholt haben.

Webers weitreichender kulturvergleichende Gedanke, dass „nur hier", nur im Westen, moderner Kapitalismus und moderne Wissenschaft haben entstehen können,[49] ließ sich natürlich nur belegen, wenn man einen Blick auf andere religiöse Wirtschaftsethiken werfen konnte. Weber startete ein umfassendes Projekt des Vergleichs der großen Weltreligionen unter ökonomischen Gesichtspunkten, seine „Wirtschaftsethik der Weltreligionen", die sich zunächst mit dem Konfuzianismus und Taoismus, dann mit dem Hinduismus und Buddhismus sowie schließlich mit dem antiken Judentum befasste. Es gehört sich, Respekt zu zeigen vor dieser Pionierleistung einer interkulturellen Analyse. Aus heutiger Sicht jedoch haben seine Forschungsergebnisse angesichts der enormen wirtschaftlichen Dynamik vieler asiatischer Länder keinen Bestand mehr. Doch schon 1923 hat der Sinologe Arthur von Rosthorn in einer gründlichen Weber-Kritik dargelegt, dass der Konfuzianismus durchaus weltlich, wirtschaftsorientiert und rationalistisch war. „Für die Entfaltung der Wirtschaft ist ein günstigerer Boden kaum denkbar. Wenn sich China in wirtschaftlicher Hinsicht anders entwickelt hat als Europa und hinter diesem derzeit noch zurücksteht, so sind hierfür ganz andere Gründe entscheidend gewesen als die Ethik seiner Staatsreligion."[50]

Webers methodischer Zugang, mit idealtypischen begrifflichen Dichotomien wie Traditionalismus, Rationalismus, Tradition und Moderne, Weltanpassung und Weltbeherrschung zu operieren, hat ihn dazu verführt, hier zu starke Gegensätzlichkeiten auszuspannen. Die Texte der chinesischen Klassiker waren schon damals in zuverlässigen deutschen Übersetzungen (im wesentlich von Richard Wilhelm) zugänglich, wie heutige China-Kenner urteilen. Seine angesichts der Stoffmassen möglicherweise unvermeidliche Idealtypisierung allerdings hat Weber zu grundlegenden Fehlurteilen und eigenwilligen Interpretationen gebracht, die von Eun-Jeung Lee in ihrer umfassenden Studie „Anti-Europa. Die Geschichte der Rezeption des Konfuzianismus und der konfuzianischen Gesellschaft seit der frühen Aufklärung" detailliert

---

[48] Ebenda S. 176, Anmerkung 3.
[49] Weber, Max: Gesammelte Aufsätze zur Religionssoziologie I, Tübingen 1988, S. 1: „Nur im Okzident gibt es ‚Wissenschaft', welche wir heute als ‚gültig' anerkennen."
[50] Rosthorn, Arthur von: Religion und Wirtschaft in China, in Melchior Palyi (Hg.), Hauptprobleme der Soziologie, Erinnerungsgabe für Max Weber, Bd. 2, München und Leipzig 1923, S. 221–233, hier S. 233.

dargelegt hat.[51] Insbesondere hat Weber die konfuzianische Kulturtraditionen rigoros vereinheitlicht und die vielfältigen divergierenden, oppositionellen Strömungen und Ansätze nicht zur Kenntnis genommen, die schon in der konfuzianischen Gelehrtentradition selbst angelegt waren, da das Ansehen der Gelehrten-Beamten nicht zuletzt auch darauf zurückzuführen war, dass einige von ihnen in bestimmten Situationen sich unethischen Anweisungen der Fürsten und Kaiser auch widersetzten und dafür Verfolgung und Tod in Kauf zu nehmen bereit waren. Weber beurteilte China bei aller Weltläufigkeit und Transkulturalität doch im engen Rahmen des imperialen Weltbildes seiner Zeit als potentielle Beute westlicher Außenpolitik. Die These von den religiösen Ursachen der mangelhaften kapitalistischen Entwicklung passte in dieses Schema, das Weber wissenschaftlich und geschichtsphilosophisch so formulierte, dass „gerade auf dem Boden des Okzidents, und nur hier, Kulturerscheinungen auftreten, welche doch – wie wenigstens wir uns gern vorstellen – in einer Entwicklungsrichtung von universeller Bedeutung und Gültigkeit lagen".[52] In seinen politischen Schriften hat er ganz im Sinne der hegelianischen Redeweise von den ungeschichtlichen Völkern aus diesem Grundansatz die deutliche Konsequenz gezogen: Nur ein Herrenvolk „kann und darf überhaupt ‚Weltpolitik' betreiben".[53]

Max Webers Texte enthalten kraftvolle, prägnante, zitathafte Formulierungen und Definitionen, aber auch so vielfältige Verschachtelungen, Relativierungen und Problematisierungen, dass schon er selbst ständig die Missverständnisse beklagte, denen er sich ausgesetzt fühlte. Wenn ein Autor permanent einen Kometenschweif von Missverständnissen hinter sich her zieht, ist es sinnvoll, die Ursachen nicht nur bei den Rezipienten, sondern auch in widersprüchlichen Elementen der Textstruktur selbst zu vermuten. Dazu habe ich im methodologischen Teil einige Hinweise gegeben, während ich den Abschnitt über die protestantische Ethik nicht durch die Behandlung auch nur der häufigsten Missverständnisse unnötig ausdehnen wollte. Soweit es sich um tatsächliche Missverständnisse und nicht um innere Widersprüche handelt, basieren sie meist auf dem Auseinanderklaffen von steiler, zugespitzter Ausgangsthese, die den Ruhm Webers ausmacht, und den vielfältigen Differenzierungen, Einschränkungen und Abschattierungen, zu denen dieser bei aller Flamboyanz doch gründliche Gelehrte im Ausarbeitungs- und Überarbeitungsprozess seiner Überlegungen gekommen ist. Er selbst war sich besonders in seinem Gedanken zur Wirtschaftsethik der Weltreligionen bewusst, dass er der Forschung eine Hypothese lieferte, die durchaus nicht notwendigerweise würde dauerhaft standhalten müssen. Als Lehrer der Sozialwissenschaften hat er eine entscheidende Botschaft vermittelt: Soziologen wie Politikwissenschaftler, aber auch die Ökonominnen sollen nicht bloß nach materiellen Ursachen, sondern immer auch nach ideenmäßigen Anstößen und Verkettungen Ausschau halten und Ideen als Ursachen genauso ernst nehmen wie materielle Prozesse.

---

[51] Lee, Eun-Jeung: Anti-Europa. Die Geschichte der Rezeption des Konfuzianismus und der konfuzianischen Gesellschaft seit der frühen Aufklärung, Münster 2003.
[52] Weber, Max: Gesammelte Aufsätze zur Religionssoziologie I, Tübingen 1988, S. 1.
[53] Ebenda S. 291, vgl. auch S. 441.

1.5 Zu den Weber-Editionen

Das Werk Max Webers ist außerordentlich umfangreich, allerdings – teils ohne sein Verschulden, sondern bedingt durch die Vorgehensweise der früheren Herausgeber – auch reich an Wiederholungen. Dirk Kaesler hat es geschafft, die für die Sozialwissenschaften wichtigen Texte in einem einzigen Band zusammenzufassen, und wenn man damit leben kann, dass diese Texte in einigen Punkten gekürzt und Max Webers Literaturverweise und Anmerkungen weitgehend weggelassen sind, kann diese Ausgabe als recht nützlicher Zugang verwendet werden.[54] Sie hat allerdings ihre Grenzen. Wenn man z.B. die Passagen über „Gemeinschaft und Gesellschaft" in den Soziologischen Grundbegriffen liest, wird man sich wundern, dass Ferdinand Tönnies nicht vorkommt. In der um die Anmerkungen verkürzten Ausgabe könnte man den Eindruck bekommen, Weber habe auch diese Begriffe selbst entworfen. In der Kaesler-Ausgabe liest sich Weber wie ein dekretierender Apodiktiker der Definitionen, im vollständigen Text von „Wirtschaft und Gesellschaft" dagegen als gründlicher, fast pedantischer Gelehrter. Im Originaltext beruft Weber sich sehr wohlwollend auf Tönnies und arbeitet darüber hinaus genau heraus, in welchen Punkten sich sein Gemeinschaftsbegriff von dem seines Kollegen unterscheidet. Aus solchen Gründen bleibt deshalb der Blick in eine Ausgabe, die wissenschaftlichen Ansprüchen genügt, unverzichtbar. Zugespitzt könnte man sagen: das scheinbar rein pragmatische Weglassen der Fußnoten hat den Charakter und die Rhetorik des Textes sehr stark verändert.

Seit 1990 existiert eine siebenbändige nach Themenbereichen gruppierte Taschenbuchausgabe der meisten Aufsätze, die recht verlässliche Texte bietet und zitierfähig ist. Daneben gibt es eine Studienausgabe von „Wirtschaft und Gesellschaft", eine Textsammlung, die Marianne Weber nach seinem Tod aus dem Nachlass als Buch zusammengestellt hat, ohne dass es sich wirklich um ein stringent aufgebautes Buch handeln würde. In der Zeit des Kalten Kriegs hat man zudem begonnen, eine umfassende Max-Weber Gesamtausgabe in sehr vielen Bänden inklusive der Briefe, Notizen und Reden herauszugeben, die zwar noch lange nicht vollständig ist, aber doch einige Fortschritte macht. Diese Ausgabe ist außerordentlich wertvoll durch gründliche editorische Berichte, die den einzelnen Texten beigefügt sind.

1.6 Fazit

Weber hatte nicht weniger vor als den begrifflichen Neuaufbau einer ganzen wissenschaftlichen Disziplin, nämlich der Soziologie. Er hat ihr sozusagen ein wichtiges erstes Programm geschrieben, ganz in dem Sinne, wie man später Computerprogramme schreiben würde, auf dessen Basis sie dann disziplinär sollte funktionieren können. Für jedes hinreichend komplexe System gilt, das hat der Computererfinder John von Neumann klar gemacht, dass es einige unentscheidbare Fälle geben wird, an dem das System sich dann, in unserer heutigen Sprache, „aufhängt", also die berühmten „bugs", die nicht notwendigerweise banale Programmierfehler sind, sondern einfach unvermeidlich, weil es immer mehr faktische und nicht vorausgesehene oder gar voraussehbare Fälle gibt als Reaktionsmöglichkeiten darauf. Computerprogramme sollen ja der Reduktion von Komplexität dienen, um die rechnerische Verarbeitung zu ermöglichen. Sie müssen andererseits selber hinreichende Komplexität auf-

---

[54] Weber, Max: Schriften 1894–1922 (a.a.O.).

bauen, um wichtige Aspekte der Realität auch tatsächlich bearbeiten zu können, und der permanente Widerstreit zwischen diesen beiden Polen wird immer wieder zu solchen *bugs* führen. Und genau solche Unentscheidbarkeiten oder auch Widersprüchlichkeiten (in Gegenwart von Weberianern darf man dieses Wort allerdings nicht verwenden, ohne eine barsche Zurechtweisung fürchten zu müssen) sind natürlich in Webers Werk aufgetreten und müssen durch geduldige Programmierer und Versionsschreiber bearbeitet werden.

Fragen
1. Wie definiert Max Weber den Begriff „Macht" und wie setzt er ihn von „Herrschaft" ab?
2. Weber nennt sein Hauptwerk „Grundriss der verstehenden Soziologie". Was ist mit „Verstehen" gemeint?
3. Wozu dient die Bildung von Idealtypen in der Forschung?
4. Was ist Wertfreiheit, was Wertbeziehung?
5. Meinte Weber, dass Sozialwissenschaftler sich nicht politisch betätigen sollten?
6. Sollte nach Weber die Analyse von Werten und Wertungen aus den Sozialwissenschaften ausgeschlossen sein?
7. Was ist die Grundthese der protestantischen Ethik?
8. Welches ist die Forschungsfrage von Webers Wirtschaftsethik der Weltreligionen?
9. Wie unterscheiden sich nach Weber die Sozialwissenschaften von der Geschichtsschreibung?
10. Was ist wertrationales, was zweckrationales Handeln?
11. Welche drei reinen Typen legitimer Herrschaft gibt es nach Weber?
12. Welche Textsorten legt Max Weber seiner Analyse der Wirtschaftsethik der Weltreligionen zu Grunde?

Einführungstexte
Weber, Max: Politik als Beruf, Nachwort von Ralf Dahrendorf, Stuttgart 1997.
Weber, Max: Wissenschaft als Beruf, Nachwort von Friedrich Tenbruck, Stuttgart 1995.

Literatur
Weber, Max: Schriften 1894–1922, ausgewählt von Dirk Kaesler, Stuttgart 2002 (vielfach gekürzte Texte).
Weber, Max: Gesammelte Aufsätze, 7 Bände, Tübingen 1998 (seit 1922 in der gleichen Struktur immer wieder aufgelegt).
Weber, Max: Wirtschaft und Gesellschaft, Grundriss der verstehenden Soziologie, 5. revidierte Auflage 2002 (auch als Studienausgabe erhältlich).
Weber, Max: Gesamtausgabe, (MWG), 41 Bände, Tübingen 1984ff. (noch nicht alle erschienen. Diese Ausgabe ist hilfreich, um die Entstehungsprozesse und verschiedenen Varianten von Webers Texten nachvollziehen zu können Besonders interessant ist Bd. 24 mit der Dokumentation der Entstehungsgeschichte von Wirtschaft und Gesellschaft, Hg. von Wolfgang Schluchter, Tübingen 2009).

Sekundärliteratur

Albert, Hans und Ernst Topitsch (Hg.): Werturteilsstreit, Darmstadt 1979.

Hennis, Wilhelm: Max Webers Fragestellung, Tübingen 1987.

Hennis, Wilhelm: Max Webers Wissenschaft vom Menschen, Tübingen 1996.

Kaesler, Dirk: Einführung in das Studium Max Webers, München 1990.

Palonen, Kari: Das „Webersche Moment". Zur Kontingenz des Politischen, Opladen und Wiesbaden 1998.

2 Carl Schmitt, Chantal Mouffe und der Begriff des Politischen

Carl Schmitt (1888–1985) galt in der Weimarer Republik als einer der prominentesten Staatsrechtslehrer. Er war ein Vertreter des autoritären Etatismus. In brillanten Aufsätzen polemisierte er gegen die Weimarer Demokratie, gegen den Genfer Völkerbund und gegen den Versailler Vertrag. Im Prozess um die Absetzung der sozialdemokratischen preußischen Regierung durch die Reichsregierung unter Franz von Papen vertrat er diesen damals so genannten „Preußenschlag" des Jahres 1932 vor dem Staatsgerichtshof. Dies war wohl der Höhepunkt seiner politischen Wirksamkeit. Später hat er diese Aktivitäten stilisiert als Versuch, die Machtergreifung Hitlers aufzuhalten. Schon 1933 trat er jedoch in die NSDAP ein, auf die er zunächst, ähnlich wie Martin Heidegger oder Gottfried Benn, große Hoffnungen richtete. Schon 1934 wurde er allerdings Ziel von Angriffen in verschiedenen NS-Zeitungen. Als jemand, der zu den Zuarbeitern des letzten vorhitlerschen Reichskanzlers Kurt von Schleicher gehört hatte, fürchtete er sehr bald um sein Leben. Zum sogenannten „Röhm-Putsch", einer Mordaktion der SS gegen die SA-Führung, bei der aber auch andere missliebige Personen, wie Kurt von Schleicher und dessen Referent Edgar Jung umgebracht wurden, schrieb er seinen wohl unglaublichsten Text mit dem Titel „Der Führer schützt das Recht" in der Deutschen Juristen-Zeitung, dem „Organ der Reichsfachgruppe Hochschullehrer des Bundes Nationalsozialistischer Deutscher Juristen".[55] Zu diesem Text ist festzustellen: „Mit diesem Aufsatz rechtfertigte er als einziger Rechtswissenschaftler von Rang eine Tat, die juristisch nicht zu rechtfertigen war. Er hatte sich öffentlich zu Hitlers Mordbefehlen bekannt, als alle anderen Lehrstuhlinhaber schwiegen."[56] Schmitt firmierte als Reichsfachgruppenleiter, Staatsrat und Professor sowie als Organisator einer antisemitischen Konferenz im Jahre 1936. Aus dem Umfeld Schmitts wurden nach 1945 gelegentlich Rechtfertigungsversuche unternommen mit dem Hinweis, der Staatsrat habe damit Hitler und die NSDAP wieder an die nötige Rechtsstaatlichkeit erinnern wollen, eine These, die sich durch die Lektüre des Textes allerdings selbst widerlegt, da dort der Führerbefehl als unmittelbare Rechtsquelle angesehen wird. Schmitt fordert die entschiedene Bestrafung solcher Morde, die im Zusammenhang dieser Aktion über diesen Befehl hinausgegangen seien. Er meinte damit vor allem die Ermordung von Kurt von Schleicher und dessen Frau – aber schon 1934 konnte jedem klar sein, dass hier keine Befehlsüberschreitung vorlag, sondern genau die Morde durchgeführt wurden, die von oben angeordnet waren.

Schmitt war, wie wir aus seinen inzwischen entzifferten Tagebüchern wissen, ein ausgesprochen ängstlicher Mensch, der sich vor den harmlosesten Zeitgenossen, aber auch vor seiner Steuererklärung fürchtete. Er identifizierte sich sein Leben lang mit Thomas Hobbes, der ja

---

[55] Nr. 15, Jg. 39, 1.8.1934, S. 946–950. Der Artikel wurde wieder abgedruckt: Schmitt, Carl: Positionen und Begriffe im Kampf mit Weimar – Genf – Versailles 1923–1939, Berlin 1988 (zuerst Hamburg 1940), S. 199–203.

[56] Quaritsch, Helmut: Positionen und Begriffe Carl Schmitts, 2. Aufl. Berlin 1991, S. 84.

die Angst vor dem Kampf aller gegen alle als die Grundvoraussetzung aller politischen Philosophie erklärt hatte.[57] Ob aber allein Angst das Motiv war oder aber schneidiges Auftreten des Berufsjuristen als Berufsrevolutionär,[58] würde ich dahingestellt sein lassen. Auch andere prominente Staatsrechtslehrer wie Ernst Rudolf Huber haben sich im gleichen Heft der Deutschen Juristen-Zeitung zum **totalen Staat** bekannt.

Die Angriffe gegen Schmitt aus dem Umfeld konkurrierender nationalsozialistischer Gruppen gingen bis 1936 weiter und führten dazu, dass er seine Ehrenämter als Reichsfachgruppenleiter der nationalsozialistischen Juristen und als Herausgeber der Deutschen Juristen-Zeitung verlor, aber unangefochten bis zum Kriegsende preußischer Staatsrat und Professor blieb. Heute sieht man die Angriffe als Äußerungen erboster langjähriger Parteimitglieder, die den Eindruck hatten, ein geschickter, erst 1933 in die Partei eingetretener Opportunist mache den Versuch, sie karrieremäßig zu überholen und zum NS-Spitzenjuristen zu werden. Die Angriffe wurden 1936 durch einen Brief von Göring an den Herausgeber des SS-Blattes „Das Schwarze Korps" unterbunden.[59] In den Folgejahren veröffentlichte Carl Schmitt vor allem Arbeiten zum totalen Staat und zur europäischen Großraumordnung, die nationalsozialistischen Eroberungen vorwegnehmend und begleitend.

Schmitt hat seinen Lehrstuhl 1945 verloren und nie wieder eine öffentliche Anstellung gefunden, allerdings nach der Gründung der Bundesrepublik eine Beamtenpension erhalten. Nach 1945 hat er nur noch wenig veröffentlicht. Der einzig wirklich lesenswerte Text ist eine **Theorie des Partisanen** von 1963.[60] Weitere Texte, so der 2. Band der Politischen Theologie, sind Bruchstücke voller esoterischer Anspielungen, die, wie wir heute wissen, von seinem engsten Verehrer und Schüler Ernst Wolfgang Böckenförde zu lesbaren Texten zusammengefügt worden sind.[61] Doch die Texte der Weimarer Zeit haben wegen ihrer Brillanz und Apodiktik weitergewirkt und immer wieder Neuauflagen erfahren. Sehr gezielt hat Schmitt alte Beziehungen zu jüdischen oder linken Wissenschaftlern wie Walter Benjamin und Leo Strauss, später auch neue zu Jacob Taubes, instrumentalisiert, um auch über den Kreis der engeren nationalistischen und der neuen Bundesrepublik skeptisch gegenüberstehenden Rechten hinaus neue Anhänger zu finden. Schon in der Vor-68er Zeit war die Bundesrepublik auch auf der Linken massiver Ablehnung ausgesetzt, so dass eine Wiederauflage der Weimarer Positionen und Begriffe hier auf fruchtbaren Boden fiel. Es konnte sogar die Rede von einem „Links-Schmittianismus" aufkommen.[62]

Der Schlüsseltext für die moderne Carl-Schmitt-Rezeption ist sicherlich „**Der Begriff des Politischen**" aus dem Jahre 1932. Wie Jahrzehnte später die Systemtheorie Niklas Luhmanns

---

[57] Dazu vor allem Schmitt, Carl: Der Leviathan in der Staatslehre des Thomas Hobbes, Köln 1982 (zuerst Hamburg 1938). Noch widerwärtiger ist übrigens Schmitts Artikel „Die deutsche Rechtswissenschaft im Kampf gegen den jüdischen Geist", in Deutsche Juristen Zeitung Nr. 20, Jg. 41, 1936, S. 1194–1199. Hiervon gibt es keinen Wiederabdruck.

[58] Vgl. Lauermann, Manfred: Versuch über Carl Schmitt im Nationalsozialismus, in Klaus Hansen und Hans Lietzmann (Hg.), Carl Schmitt und die Liberalismuskritik, Opladen 1988, S. 37–53, hier S. 44.

[59] Vgl. Bendersky, Joseph W.: Carl Schmitt. Theorist for the Reich, Princeton 1983, S. 241. Dort wird der Brief von Göring an d'Alquen, den Redakteur des Schwarzen Korps vom 21.12.1936 zusammengefasst.

[60] Schmitt, Carl: Theorie des Partisanen. Zwischenbemerkung zum Begriff des Politischen, 2. Aufl. Berlin 1975.

[61] Schmitt, Carl: Politische Theologie II. Die Legende von der Erledigung jeder Politischen Theologie, 2. Aufl. Berlin 1984. Dazu Mehring, Reinhard: Carl Schmitt. Aufstieg und Fall. Eine Biographie, München 2009, S. 523–548, dort die These: Böckenförde als Lektor des Spätwerks.

[62] So Greven, Michael Th.: Der Begriff des Politischen, in Sven Papcke und Georg W. Oesterdiekhoff (Hg.), Schlüsselwerke der Soziologie, Opladen 2001, S. 432.

2 Carl Schmitt, Chantal Mouffe und der Begriff des Politischen

sucht Schmitt nach der Unterscheidung, die in der Lage wäre, einen eigenständigen Bereich des Politischen neben dem Moralischen, dem Ökonomischen und dem Ästhetischen zu bestimmen. Die moralische Unterscheidung ist die von Gut und Böse, die ökonomische die von Gewinn oder Verlust, die ästhetische die von schön und hässlich. An diese Differenzen anknüpfend setzt nun Schmitt die These der spezifisch politischen Unterscheidung von **Freund und Feind**, die für ihn Gültigkeit hat über die klassische Einheit von Staat und Politik hinaus, daher die Rede von „dem" Politischen in Unterschied zu „der" Politik, was französische Rezipienten schließlich dazu verführt hat, neben „la politique" den Neologismus „le politique" zu setzen, um dies grammatisch gewagt, aber durchaus sinnentsprechend wiederzugeben.

In Vorwegnahme systemtheoretischer Überlegungen und damit seiner Zeit um 30 Jahre voraus konstatiert Schmitt: „Der politische Feind braucht nicht moralisch böse, er braucht nicht ästhetisch hässlich zu sein; er muß nicht als wirtschaftlicher Konkurrent auftreten, und es kann vielleicht sogar vorteilhaft scheinen, mit ihm Geschäfte zu machen. Er ist eben der andere, der Fremde, und es genügt zu seinem Wesen, dass er in einem besonders intensiven Sinne existenziell etwas anderes und Fremdes ist, so dass im extremen Fall Konflikte mit ihm möglich sind, die weder durch eine im Voraus getroffene generelle Normierung, noch durch den Spruch eines ‚unbeteiligten' und daher ‚unparteiischen' Dritten entschieden werden können."[63] Die Unterscheidung von Freund und Feind bezeichnet also den äußersten Intensitätsgrad einer Assoziation oder Dissoziation. Es ist zentral, dass der Jurist Schmitt für diesen Konflikt jede rechtliche, jede gerichtliche oder schiedsmäßige Regelung ablehnt und erklärt: „Den extremen Konfliktfall könne nur die Beteiligten selbst unter sich ausmachen."[64] Dies blieb Schmitts konstante Lehre auch für das Verfassungsrecht und für das Völkerrecht. Noch lange nach 1945 fand er es bedenklich, die Entscheidung über die Verfassungsmäßigkeit politischer Entscheidungen einem obersten Gericht, einem Supreme Court zu übertragen. Seine Kampfschrift aus dem Jahre 1929, „Der Hüter der Verfassung", hat entsprechend auch den Reichspräsidenten zu diesem Hüter erklärt und damit die Verfassungsfrage als Gegenstand einer souveränen politischen Einzelentscheidung, nicht jedoch eines vom Verfassungsrecht geleiteten richterlichen Urteils definiert. Das entsprach schon zu jener Zeit keineswegs dem juristischen Diskussionsstand. Heute wird rechtfertigend gern darauf verwiesen, dass Schmitt damit der Weimarer Präsidialdiktatur nach Art. 48 der Weimarer Reichsverfassung das Wort geredet habe, also im Grunde versucht habe, auf diese Weise den weiteren Aufstieg der Nationalsozialisten aufzuhalten. In seiner esoterischen Altersphase hat Schmitt sich in dieser Hinsicht sogar zum **Katechon** stilisiert, jener Gestalt aus dem 2. Brief des Paulus an die Thessaloniker, die – natürlich vergeblich – versuchen muss, den Antichrist aufzuhalten.[65] Ein dunkles Murmeln, das seine theologischen Freunde entzückte, aber doch vor allem dazu dienen sollte, seine eigenen antidemokratischen Spuren zu verwischen.

Die Feinderklärung sollte sich nur auf den öffentlichen, den politischen Feind (lat. hostis, griech. *polemos*) beziehen, nicht auf den privaten (inimicus, griech. *echthros*). Die berühmte Bibelstelle „Liebet eure Feinde" aber heißt in der lateinischen Übersetzung „diligite inimicos vestros", nicht „hostes vestros."[66] Mit dieser Unterscheidung des Öffentlichen und des Privaten wehrt Schmitt eine mögliche Übertragung neutestamentlicher Feindesliebe auf die Politik

---

[63] Schmitt, Carl: Der Begriff des Politischen. Text von 1932 mit einem Vorwort und drei Corollarien, Berlin 1979 (unveränderter Nachdruck der Auflage von 1963), S. 27.
[64] Ebenda S. 27.
[65] 2. Thess. 2,6 im Neutrum und 2,7 im Maskulinum.
[66] Matth. 5, 44 und Lukas 6, 27.

ab. Ihm geht es, um einen weiteren Leitbegriff des Politischen im Unterschied zum Privaten zu benennen, um den „Ernstfall".[67]

In Schmitts Sicht sind alle politischen Begriffe an eine konkrete Situation gebunden. Der Freund-Feind-Begriff meint also eine konkrete Gegensätzlichkeit z.B. in einer Situation des Kriegs oder der Revolution und verliert sich zu einer Abstraktion, wenn dieser Gegensatz entfällt. Immer steht hinter dem Begriff des Feindes „die im Bereich des Realen liegende Eventualität eines Kampfes" und damit auch „die reale Möglichkeit der physischen Tötung."[68] Ausdrücklich sind bloße Konkurrenz oder ein rein intellektueller Kampf in der Diskussion nicht gemeint. Schmitt schränkt dann ein, dass er dies nicht bellizistisch oder militaristisch meine, weil, sobald die politische Entscheidung klar ist, wer der Feind sein soll, auch ausgleichende oder diplomatische Lösungen möglich sind. Der Ernstfall tritt nur ausnahmsweise auf, aber gerade die Ausnahmesituation hat in Schmitts politisch-existentialistischer Sicht die entscheidende, weil „den Kern der Dinge enthüllende Bedeutung."[69] Der Krieg ist das extremste politische Mittel, zu dem tatsächlich nur im äußersten Falle gegriffen wird. Schmitt hält seine Lehre für übergreifend richtig, d.h. sie gilt auch für Pazifisten. Kaum ironisch folgert er: „Würde die pazifistische Gegnerschaft gegen den Krieg so stark, dass sie die Pazifisten gegen die Nicht-Pazifisten in den Krieg treiben könnte, in einen ‚Krieg gegen den Krieg', so wäre damit bewiesen, dass sie wirklich politische Kraft hat, weil sie stark genug ist, die Menschen nach Freund und Feind zu gruppieren. Ist der Wille, den Krieg zu verhindern, so stark, dass er den Krieg selbst nicht mehr scheut, so ist er eben ein politisches Motiv geworden, d.h. er bejaht, wenn auch nur als extreme Eventualität, den Krieg und sogar den Sinn des Krieges. Gegenwärtig scheint das eine besonders aussichtsreiche Art der Rechtfertigung von Kriegen zu sein."[70] Schmitts Dialektik, die noch Pazifisten zu Kriegern macht, entfaltet an solchen Stellen ihren Schwung, welcher vielfach eben auch seine politischen Gegner in den Bann gezogen hat. Aus einer solchen Argumentationswendung folgt, dass letzten Endes jeder Gegensatz, sei er nun religiös, moralisch, ökonomisch, ideologisch, ethnisch oder auf andere Weise begründet, sobald er nur genügend intensiv wird, funktional zur Freund-Feind-Bestimmung dienen kann. Nicht der Krieg ist dann das Politische (dieser hat nach Schmitt seine eigenen militärischen, technischen, psychologischen etc. Gesetzmäßigkeiten), sondern das permanente Bewusstsein, wie Freund und Feind richtig zu unterscheiden seien, welcher Gegensatz also maßgeblich sein soll.[71] Das gilt auch und gerade dann, wenn einem Gegenspieler die Feindrolle abgesprochen wird und dadurch Krieg verhindert wird. Auf der anderen Seite kann eine marxistische Konzeption des Klassenkampfes, wenn sie diesen ursprünglich ökonomischen Gegensatz entsprechend zuspitzt, daraus Ernst machen und den Krieg Staat gegen Staat oder als Bürgerkrieg begründen.

Das Politische, wie Schmitt es versteht, ist also kein eigenständiges Sachgebiet, sondern bezeichnet „nur den Intensitätsgrad einer Assoziation oder Dissoziation von Menschen"[72]. Auch wenn der „Ernstfall" immer die Ausnahme bleibt, so ist er doch jederzeit bestimmend dafür, wo sich die Orientierungslinien einer Gruppe oder Gruppierung befinden. Die militäri-

---

[67] Schmitt, Begriff des Politischen, a.a.O. S. 30.
[68] Ebenda, S. 33.
[69] Ebenda S. 35.
[70] Ebenda S. 37.
[71] Ebenda S. 37 unten.
[72] Ebenda S .38.

2 Carl Schmitt, Chantal Mouffe und der Begriff des Politischen

sche Redeweise vom Ernstfall hat sich über das Umfeld Schmitts von der Weimarer Zeit bis in die Bundesrepublik weitergezogen, gerade auch in ihrer knappen und drängenden Apodiktik: „Das, worauf es ankommt, ist immer nur der Konfliktfall."[73] Dementsprechend weist Schmitt die pluralistische Politiktheorie von Harold Laski und anderen entschieden zurück, weil diese die souveräne Einheit des Staates leugne und stattdessen die verschiedenen sozialen Bindungen der Menschen hervorhebt. Vom Konfliktfall her betrachtet wird sich immer nur eine einzige durchsetzen und die Grenzlinien ziehen. Die pluralistische Staatstheorie hat kein eigenes Zentrum, sondern ignoriert den nach Schmitt zentralen Begriff jeder Staatslehre, den des Politischen. War die konservative und reaktionäre politische Theorie seit dem 19. Jahrhundert vor allem etatistisch, also staatsfixiert, während die linken und liberalen Theorien sich eher auf die Gesellschaft orientierten, so erhöht Schmitt mit seiner Polemogenisierung des Politikbegriffs die Flexibilität des rechten Denkens über die engeren staatlichen Institutionen hinaus. Auch deshalb konnte eine linke Schmitt-Rezeption stattfinden. Die belgische Linkstheoretikerin Chantal Mouffe schreibt zum Beispiel in der Einführung ihres Suhrkamp-Buches „Über das Politische": „Aufgrund des im liberalen politischen Diskurs vorherrschenden Rationalismus habe ich wesentliche Einsichten für ein angemessenes Verständnis des Politischen unter konservativen Theoretikern gefunden. (...) Aus diesem Grund habe ich mich entschieden, meine Kritik des liberalen Denkens unter der Ägide eines so kontroversen Denkers wie Carl Schmitt vorzunehmen. Ich bin überzeugt, wir können von ihm als einem der brillantesten und unversöhnlichsten Gegner des Liberalismus viel lernen."[74] Mouffe und andere verbinden Carl Schmitt und den Zwischenkriegstheoretiker der italienischen Kommunisten, Antonio Gramsci zu einer modernen antiliberalen Ideologie. In ihrem Text „Exodus und Stellungskrieg" zeigt Mouffe sehr genau, dass Gramscis Politikmodell der zivilgesellschaflichen Hegemonie orientiert ist am Stellungskrieg der Schützengräben des Ersten Weltkriegs. Viele hatten Gramscis diesbezügliche Notizen lediglich als militärische Metaphorik gelesen. In der Verbindung mit Schmitts Lehren wird daraus aber die Fundamentalbestimmung eines am Polemos orientierten Begriffs des Politischen als Ernstfall und Bürgerkriegsmodell. Dadurch, dass Mouffe dies als angemessene Strategie der Antiglobalisierungsbewegung propagiert, wird daraus die Propaganda eines weltweiten Bürgerkriegs.[75] Dazu gehört, dass jeder gesprächsbereite „Krypto-Habermasianismus", „demzufolge Diskussion und Deliberation ausreiche", bei anderen Linken entschieden zurückgewiesen wird.[76] Für Chantal Mouffe ist klar, dass die polemogene Linie als Links-Rechts-Unterscheidung verlaufen soll. Deshalb weist sie alle Versuche linker Theoretiker, den traditionellen Dogmatismus durch ein Denken jenseits von links und rechts aufzulösen, weit von sich, ebenso die liberale Denkweise, die archaischen Leidenschaften der Konfrontation würden mit der Stärkung von Individualismus und Rationalismus verschwinden.[77] Ganz im Sinne von Carl Schmitts Vorstellung einer Großraumordnung wendet sie sich gegen jede Vorstellung von einer kosmopo-

---

[73] Ebenda S. 38.

[74] Mouffe, Chantal: Über das Politische. Wider die kosmopolitische Illusion. Frankfurt 2007, S. 11. Natürlich verharmlost sie sein faschistisches Engagement: „Aufgrund des Kompromisses, den Schmitt mit dem Nationalsozialismus eingegangen ist, werde ich mir mit dieser Wahl nicht nur Freunde machen, das ist klar." (S. 11)

[75] Mouffe, Chantal: Exodus und Stellungskrieg. Die Zukunft radikaler Politik, Wien 2005, S. 25–63. Vgl. zur Redeweise vom Stellungskrieg Gramsci, Antonio: Gefängnishefte, Bd. 7 (Hefte 12–15), Hamburg 1996, Heft 13, § 7, S. 1594.

[76] Mouffe, Exodus, a.a.O. S. 29.

[77] Mouffe, Über das Politische, a.a.O. S. 12f. Das richtet sich u.a. gegen Anthony Giddens. Vgl. Giddens, Anthony: Jenseits von Links und Rechts. Die Zukunft radikaler Demokratie, Frankfurt 1997.

litischen Demokratie und zielt auf eine Welt des Gleichgewichts mehrerer regionaler Machtblöcke, weil sie darin die einzige Möglichkeit sieht, die Hegemonie einer einzigen Hypermacht zu vermeiden.[78] Am Beispiel dieses in der Globalisierungskritik aktuellen radikalen Links-Schmittianismus zeigt sich, dass die Ausstrahlungskraft von Schmitts Polemos-Begriff des Politischen noch nicht nachgelassen hat.

Doch folgen wir seiner Argumentation zunächst weiter. Die Souveränität eines Staats besteht darin, selbst über die Kriegführung zu entscheiden, während kleinere und schwächere Staaten notgedrungen auf dieses Recht verzichten müssen. „Der Staat als die maßgebende politische Einheit hat eine ungeheure Befugnis bei sich konzentriert: die Möglichkeit Krieg zu führen und damit offen über das Leben von Menschen zu verfügen."[79] Dazu ist die innere vollständige Befriedung erforderlich, damit, wiederum in der schon bekannten Schmittschen Dialektik, die innerstaatliche Feinderklärung durch Ächtung, Bann, Proskription etc. gegen alle störenden Elemente.[80] All dies ist nicht als rationale oder moralische Argumentation gemeint, sondern als eine Art existentielle Feststellung: „Der Krieg, die Todesbereitschaft kämpfender Menschen, die physische Tötung von anderen Menschen, die auf der Seite des Feindes stehen, alles das hat keinen normativen, sondern nur einen existentiellen Sinn, und zwar in der Realität einer Situation des wirklichen Kampfes gegen einen wirklichen Feind, nicht in irgendwelchen Idealen, Programmen oder Normativitäten. Es gibt keinen rationalen Zweck, keine noch so richtige Norm, kein noch so vorbildliches Programm, kein noch so schönes soziales Ideal, keine Legitimität oder Legalität, die es rechtfertigen könnte, dass Menschen sich gegenseitig dafür töten."[81] Jede Vorstellung eines gerechten Kriegs wird konsequent zurückgewiesen. Es hängt vom Willen und der Fähigkeit eines Landes ab, die Entscheidung über Freund und Feind „auf eigene Gefahr" zu treffen. Ist sie nicht mehr dazu in der Lage, impliziert das die Aufgabe der eigenen Existenz. „Entfällt diese Unterscheidung, so entfällt das politische Leben überhaupt. (...) Erklärt ein Teil des Volkes, keinen Feind mehr zu kennen, so stellt er sich nach der Lage der Sache auf die Seite der Feinde und hilft ihnen, aber die Unterscheidung von Freund und Feind ist damit nicht aufgehoben."[82] Man versteht rasch, weshalb Anhängerinnen einer radikalen Links-Rechts-Unterscheidung wie Chantal Mouffe solche Formulierungen schätzen, denn mit dieser Wendung wird es möglich, jemanden, der sich „Jenseits von links und rechts" zu stellen versucht, auszugrenzen als einen, der in Wirklichkeit schon zum Gegner übergelaufen sei.

Schmitt setzt sich mit kosmopolitischen Utopien einer einheitlichen Weltgesellschaft durchaus auseinander. Er kommt zu dem Ergebnis, eine endgültig geeinte Menschheit würde keinen Krieg mehr führen können, auch keinen Bürgerkrieg, aber vorläufig sei es noch nicht so weit. Bis dahin gilt: „Wer Menschheit sagt, will betrügen". Die Begründung: „‚Menschheit' ist ein besonders brauchbares ideologisches Instrument imperialistischer Expansionen und in ihrer ethisch-humanitären Form ein spezifisches Vehikel des ökonomischen Imperialismus."[83] Auch dies sind attraktive Vorlagen für die Globalisierungskritikerin Mouffe.

---

[78] Mouffe, Über das Politische, a.a.O. S. 13f. Dazu Schmitt, Carl: Großraum gegen Universalismus (1939), in ders. Positionen und Begriffe im Kampf mit Weimar – Genf – Versailles, a.a.O., S. 335–343.
[79] Schmitt, Begriff des Politischen, a.a.O. S. 46.
[80] Ebenda S. 47.
[81] Ebenda S. 49f.
[82] Ebenda S. 52.
[83] Ebenda S. 55.

2 Carl Schmitt, Chantal Mouffe und der Begriff des Politischen

Die existentielle Zuspitzung wird bei Schmitt zudem auf die politische Ideengeschichte zurückgespiegelt: „Man könnte alle Staatstheorien und politischen Ideen auf ihre Anthropologie prüfen und danach einteilen, ob sie, bewußt oder unbewußt, einen ‚von Natur bösen' oder einen ‚von Natur guten' Menschen voraussetzen."[84] Echte politische Theorien gehen natürlich vom „Bösen" aus und haben pessimistische Erwartungen an das Verhalten von Menschen. Schmitt situiert sich hier in der Linie Machiavelli-Hobbes, um von den moderneren zwei eher unbedeutende reaktionäre Theoretiker des 19. Jahrhundert anzufügen: Joseph de Maistre und Donoso Cortes. So folgert er: „Politisches Denken und politischer Instinkt bewähren sich also theoretisch und praktisch an der Fähigkeit, Freund und Feind zu unterscheiden. Die Höhepunkte der großen Politik sind zugleich die Augenblicke, in denen der Feind in konkreter Deutlichkeit als Feind erblickt wird."[85] Umgekehrt ist die Unfähigkeit oder Unwilligkeit zu dieser Unterscheidung Symptom des politischen Endes.

Die Gegenposition zur Feindbestimmung der Politik ist die klassische aristotelische der **Freundschaft** (*philia*): „Uns erscheint die Freundschaft als das höchste der Güter für die Staaten – denn wo sie herrscht, werden am wenigsten Aufstände vorkommen."[86] Jacques Derrida hat diese aristotelische Konzeption in seiner „Politik der Freundschaft" in eine Linie mit der „Brüderlichkeit" der französischen Revolution gestellt.[87] Noch entschlossener hat sich Dolf Sternberger, einer der Gründer der deutschen Politikwissenschaft nach 1945, mit seiner Evokation der „Staatsfreundschaft" in seiner Rede zur Hundertjahrfeier der SPD im Jahre 1963 vom Schmittianismus abgesetzt.[88] Liberalismus und Sozialdemokratie können als die Fundamentalalternativen zu Carl Schmitts Denken gelten.

In seinem Spätwerk ist Schmitt erneut auf den Begriff des Politischen zurückgekommen, denn gerade dadurch, dass er das Politische vor dem Staat und nicht als dessen Resultat analysierte, war Schmitt zu einer erhellenden Theorie des Guerilla- und **Partisanenkriegs** in der Lage. Ausgangspunkt seiner Analyse ist – wie bei Clausewitz – der Guerillakrieg, der sich zwischen 1808 und 1813 in Spanien gegen die napoleonische Besetzung entwickelte. Schmitt hat einen offenen Blick für die sozialstrukturellen Grundelemente dieses Krieges, weil hier „zum ersten Male Volk – vorbürgerliches, vorindustrielles, vorkonventionelles Volk – mit einer modernen, aus den Erfahrungen der französischen Revolution hervorgegangenen, gut organisierten, regulären Armee" zusammenstieß. „Dadurch öffneten sich neue Räume des Krieges, entwickelten sich neue Begriffe der Kriegführung und entstand eine neue Lehre von Krieg und Politik."[89] Die französische Armee wurde mit dieser Herausforderung nicht fertig, so dass deutsche und österreichische Intellektuelle wie Clausewitz, Friedrich von Gentz und Heinrich von Kleist die Chancen und Möglichkeiten einer Nachahmung in Mitteleuropa zu erwägen begannen. So bemerkt Schmitt, Kleists Drama „Die Herrmannsschlacht" sei „die größte Partisanendichtung aller Zeiten."[90] Nur in Tirol wurde mit Andreas Hofer ein entsprechender, rasch gescheiterter Versuch unternommen. Eine gewisse Rolle spielten russische Partisanen im Sommer und Winter 1812, deren Rolle in Tolstois „Krieg

---

[84] Ebenda S. 59.
[85] Ebenda S. 67.
[86] Aristoteles, Politik, Übers. von Egon Rolfes, Hamburg 1981, IV. Kap., 1262b6-8. Vgl. Aristoteles, Nikomachische Ethik, Gr.-Dt., Hg. Olof Gigon, neu Hg. Von Rainer Nickel, Düsseldorf und Zürich 2001, VIII,1 – IX,12.
[87] Derrida, Jacques: Politik der Freundschaft, Frankfurt 2002, bes. S. 162ff. zu Carl Schmitt.
[88] Sternbeger, Dolf: Staatsfreundschaft, Frankfurt 1980, bes. S. 209–231.
[89] Schmitt, Carl: Theorie des Partisanen, a.a.O. S. 11.
[90] Ebenda S. 13.

und Frieden" verherrlicht wurde. Schmitt zieht eine durchgehende Linie von Tolstois Mythisierung des Partisanenkriegs als elementare Erhebung des ungebildeten, analphabetischen russischen Bauern, der sich als stärker und intelligenter erweist als alle Strategen und Taktiker des regulären Kriegs, zu Stalins Einsatz des bodenständigen nationalen Partisanentums gegen die deutsche Eroberung und zu Mao Tse-Tungs und Ho Chi-Minhs neuer Konzeption des Partisanenkriegs. Doch rechnet er auch die berühmte schweizerische „Kleinkriegsanleitung für jedermann" von Hans von Dach mit dem schönen Titel „Der totale Widerstand" aus dem Jahre 1957 dazu.[91]

Schmitt begreift den Partisanen als irregulären Kämpfer, dessen Handeln einen intensiv politischen Charakter hat und, wie schon der ursprüngliche Sinn des Wortes als „Parteigänger" aussagt, an eine Partei gebunden ist. „Im revolutionären Krieg impliziert die Zugehörigkeit zu einer revolutionären Partei nicht weniger als die totale Erfassung."[92] Weniger der Staat als vielmehr die Partei ist die totalitäre Organisation. Allerdings betont er, mit Mao Tse-Tung und Ernesto Che Guevara, dass es auch immer wieder Übergänge zur Zusammenarbeit mit regulären Organisationen gibt und dass dies zur letztlichen politischen Machteroberung auch unerlässlich ist. Dies ist ein Punkt, der bis heute in der Diskussion nicht recht geklärt ist. Einige Autoren behelfen sich mit der Unterscheidung von Terrorismus und Guerilakrieg, wobei der erstere nur auf spektakuläre, propagandistisch-kommunikativ relevante Akte und nicht auf Machteroberung ausgerichtet sei. Klassische Terrorakte kommen aber auch in nationalen Befreiungskriegen immer wieder vor, man denke an die den Abzug der britischen Besatzungstruppen einleitende Sprengung des King-David-Hotels in Jerusalem am 22. Juni 1946 durch die Irgun Menachim Begins oder an die Bombenanschläge algerischer Unabhängigkeitskämpfer, die schließlich trotz angeblicher militärischer Erfolge der regulären Truppen in der Partisanenbekämpfung den Abzug der Franzosen herbeiführten.

Bemerkenswert ist die agrarische Herkunft der meisten Partisanen, so dass „die Verbindung mit dem Boden, mit der autochthonen Bevölkerung und der geographischen Eigenart des Landes – Gebirge, Wald, Dschungel oder Wüste – unvermindert aktuell bleibt."[93] Dennoch werden diese Partisanen „in das Kraftfeld des unwiderstehlichen, technisch-industriellen Fortschritts hineingerissen".[94] Insgesamt sind es also vier Merkmale, nämlich Irregularität, gesteigerte Mobilität, Intensität des politischen Engagements und der tellurische Charakter, ergänzt durch den Hinweis auf die möglichen Auswirkungen von Technisierung, Industrialisierung und Ent-Agrarisierung, die Schmitts Bild des Partisanen ausmachen und eine Betrachtung von den Guerilleros der napoleonischen Zeit bis hin zu Mao Tse-Tung, Ho Chi-Minh und Fidel Castro erlauben.[95]

Völkerrechtlich wurden die Partisanen immer mehr regulären Kämpfern gleichgestellt. An bestimmten Voraussetzungen wird aber festgehalten, so an den vier klassischen Bedingungen für eine Gleichstellung mit der regulären Truppe: verantwortliche Vorgesetzte, festes sichtbares Zeichen, offenes Tragen der Waffen sowie Einhaltung der Regeln und Grundsätze des Kriegsrechts. Gegen eine solche Verrechtlichung und Einhegung polemisiert Schmitt ganz entschlossen: „Partisan ist doch gerade derjenige, der es vermeidet, die Waffen offen zu

---

[91] Dach, Hans von: Der totale Widerstand. Kleinkriegsanleitung für jedermann, Bern 2. Aufl. 1958.
[92] Schmitt, Theorie des Partisanen, a.a.O. S. 21.
[93] Ebenda S. 26
[94] Ebenda S. 27
[95] Ebenda S. 28.

tragen, der aus dem Hinterhalt kämpft, der sowohl die Uniform des Feindes als auch feste oder lose Abzeichen und jede Art von Zivilkleidung als Tarnung benutzt. Heimlichkeit und Dunkel sind seine stärksten Waffen (…)".[96] Wenn also Partisanen unter den Schutz des Völkerrechts gestellt werden, werden sie das gern als zusätzliche Waffe akzeptieren, dieses selber aber keineswegs beachten können, wenn sie nicht der regulären Armee auf dem Weg regulärer Kriegführung entgegentreten und dabei geschlagen werden wollen. Lenin im schneidigen Schmitt-Stil resümierend, spitzt er diese Überlegung noch weiter zu: „Der Krieg der absoluten Feindschaft kennt keine Hegung. (…) Die Frage ist also nur: gibt es einen absoluten Feind und wer ist es in concreto? Für Lenin war die Antwort keinen Augenblick zweifelhaft, und seine Überlegenheit über alle anderen Sozialisten und Marxisten bestand darin, dass er mit der absoluten Feindschaft Ernst machte. (…) Die Kenntnis des Feindes war das Geheimnis von Lenins ungeheuerlicher Schlagkraft."[97] An diesem Punkt allerdings bleibt Schmitt nicht stehen, weil die totale Feindbekämpfung ja auch eine völlige Zerstörung aller Strukturen und sozialen Verhältnisse bedeuten würde. Der Jurist muss immer auch schon an das neue Recht nach dem Guerillakrieg denken: „Auf längere Sicht muß sich das Irreguläre am Regulären legitimieren; und dafür stehen ihm nur zwei Möglichkeiten offen: die Anerkennung durch ein bestehendes Reguläres, oder die Durchsetzung einer neuen Regularität aus eigener Kraft. Das ist eine harte Alternative."[98] Denn das Irreguläre kann nicht institutionalisiert werden. Schmitts Partisanentheorie ist auf der Höhe ihrer Zeit, nicht zuletzt auch mit der Kategorie des „interessierten Dritten", jeder Macht oder Gruppierung, die den Partisanen Waffen, Medikamente, Munition, Geld und politische Anerkennung jeglicher Art vermittelt, damit die Kampfaktivitäten nicht ins radikal Unpolitische, also Kriminelle absinken.[99] An der Entwicklung einiger lateinamerikanischer Guerillabewegungen zur Drogenkriminalität, nachdem das öffentliche Ansehen und die Sympathien von Unterstützern verschwunden waren, lässt sich die Bedeutung dieses Aspektes erkennen. Oft sind es auswärtige Mächte, interessierte andere Länder, deren Nichtregierungsorganisationen oder geheimdienstliche Apparate Unterstützung gewähren. Bei den deutschen Terroristen der Rote-Armee-Fraktion waren dies Palästinensergruppen, in zurückhaltender Weise auch die DDR, welche die Ein- und Ausreise über den Berliner Flughafen Schönefeld ermöglichte und auch Rückzugsräume für ausstiegswillige Terroristen eröffnete, und die Sympathisantengruppen, die als politischer Arm und gleichzeitig als Rekrutierungsfeld für den Nachwuchs dienten. In diesem Text hat sich der zur Zeit der Abfassung 72-jährige Schmitt noch ein letztes Mal auf der Höhe seiner Analysekompetenz gezeigt.

Einer der wirksamsten Texte Schmitts war „Die geistesgeschichtliche Lage des heutigen Parlamentarismus" aus dem Jahre 1923, dem gleichen Jahr, in dem Georg Lukács' „Geschichte und Klassenbewußtsein" erschienen ist. In der 1926 geschriebenen Vorbemerkung zur 2. Auflage hebt Carl Schmitt seine zentrale These hervor: die vom Gegensatz zwischen Parlamentarismus und Demokratie. Der Parlamentarismus sei eine liberale Sonderform, während eine wirkliche demokratische Identität im rousseauschen Sinne auf einer substanziellen Gleichheit und Homogenität beruhen müsse. Diese würde parlamentarische Formen hinwegfegen. Schmitt vertritt eine totalitären Begriff von Demokratie, den er so zuspitzt: „Bolschewismus und Fascismus dagegen sind wie jede Diktatur zwar antiliberal, aber nicht

---

[96] Ebenda S. 42. Vgl. auch die noch unpolemische Darstellung auf Sachebene (S. 28).
[97] Ebenda S. 56.
[98] Ebenda S. 78.
[99] Ebenda S. 78.

notwendig antidemokratisch."[100] Der Wille des Volkes könne schließlich auch durch Akklamation zum Ausdruck kommen. Eine im vitalen Sinn unmittelbare Demokratie lasse das liberale Parlament als blasse Diskussions- und Abstimmungsmaschinerie erscheinen. Die Krise des zeitgenössischen Parlamentarismus bestand für Schmitt also darin, dass ein liberaler Individualismus des 19. Jahrhunderts den Konsequenzen der modernen Massendemokratie nicht mehr gerecht werde. Die demokratische Homogenität lässt sich gegen den liberalen Individualismus nur durch illiberale Maßnahmen durchsetzen.[101]

Ideengeschichtlich vermag Schmitt zu zeigen, dass Diktatur und Demokratie keineswegs einander ausschließende Gegensätze sind. „Die Situation, dass die Demokraten in der Minderheit sind, tritt doch sehr oft ein. (...) Dann entwickelt sich jenes alte Programm der Volkserziehung. (...) Die Konsequenz dieser Erziehungslehre ist die Diktatur, die Suspendierung der Demokratie im Namen der wahren, erst noch zu schaffenden Demokratie. Das hebt die Demokratie theoretisch nicht auf. Es ist aber wichtig, darauf zu achten, weil es zeigt, dass Diktatur nicht der Gegensatz zu Demokratie ist."[102] Zwar erscheint der Gedanke des Parlamentarismus als etwas wesentlich Demokratisches, ist es aber nach Schmitt keineswegs. „Wenn aus praktischen und technischen Gründen statt des Volkes Vertrauensleute des Volkes entscheiden, kann ja auch in Namen desselben Volkes ein einziger Vertrauensmann entscheiden, und die Argumentation würde, ohne aufzuhören demokratisch zu sein, einen antiparlamentarischen Cäsarismus rechtfertigen."[103] Die wirkliche Rechtfertigung des Parlamentarismus liegt daher auch im öffentlichen Verhandeln von Argument und Gegenargument, wozu eine Demokratie nicht notwendig erforderlich sein muss. Der Liberalismus ist vielmehr eine Art metaphysisches System, in dem aus dem freien Kampf der Meinungen die Wahrheit entsteht – wie in der Wirtschaft der freie Wettbewerb eine sich selbst ergebene Harmonie hervorbringen soll. Aber: sobald absolut kontradiktorische Positionen ins Spiel kommen, führt dies zu einer Aufhebung der parlamentarischen Wahrheitsfindung, da diese, wie Schmitt richtig erkennt, auf einem Grundkonsens basiert.[104] Die üblichen Methoden, damit zurechtzukommen, insbesondere die Verlagerung der Entscheidung in Verhandlungen und Koalitionen, die hinter verschlossenen Türen nach Lösungen suchen, um das Parlament selbst dann nur noch als Bühne der Verkündigung zu benutzen, diskreditieren die parlamentarische Grundidee und nehmen dem Parlamentarismus dadurch seine geistige Basis. Der Glaube an die diskutierende Öffentlichkeit wird so desillusioniert. Zwei von Schmitts Formulierungen seien hier zitiert, weil sie auch in der späteren linken, ebenfalls basisdemokratisch argumentierenden Parlamentarismuskritik immer wiederkehren und auch heute in der Kritik an der repräsentativen Demokratie eine wichtige Rolle spielen. „Engere und engste Ausschüsse von Parteien oder Parteikoalitionen beschließen hinter verschlossenen Türen, und was die Vertreter großkapitalistischer Interessenverbände im engsten Komitee abmachen, ist für das tägliche Leben und Schicksal von Millionen Menschen vielleicht noch wichtiger als jene politischen Entscheidungen."[105] Schmitt folgert: „Sind Öffentlichkeit und Diskussion in der tatsächlichen Wirklichkeit des parlamentarisches Betriebes zu einer leeren und nichtigen Formalität geworden, so hat auch das Parlament, wie es sich im 19. Jahrhundert

---

[100] Schmitt, Carl: Die geistesgeschichtliche Lage des heutigen Parlamentarismus, 6. Aufl. Berlin 1985, S. 22.
[101] So S. 23.
[102] Ebenda S. 37
[103] Ebenda S. 42.
[104] Ebenda S. 58.
[105] Ebenda S. 62

entwickelt hat, seine bisherige Grundlage und seinen Sinn verloren."[106] Schmitt argumentiert von hier aus aber nicht hin zu Formen direkter Bürgerbeteiligung, sondern schließt seine 90-seitige Broschüre mit einer Darlegung des Mythos der Gewalt von Georges Sorel. An die Stelle des liberalen Parlamentarismus tritt bei Sorel die schöpferische Gewalt, die revolutionäre Gewaltanwendung der Massen, nicht die Diktatur, die einem solchen Denken selber noch als bürokratisch-militärisch-polizeiliche Maschinerie erscheinen muss.[107] Schmitt hält diesen mythischen Vitalismus für eine starke Theorie, allerdings ist in seiner Sicht die Energie des Nationalen größer als die des Klassenkampfmythos. In der direkten Konfrontation beider Mythen, wie in Italien, habe bis heute (1923) der nationale Mythos gesiegt. Ein ausführliches Mussolini-Zitat schließt sich an, durch das Schmitt mehr als deutlich Position bezieht für den damals erst seinen Erfolgsweg beginnenden europäischen Faschismus.

Schmitt hat in der für ihn charakteristischen Zuspitzung deutlich gemacht, wie die antiliberale linke wie rechte Parlamentarismuskritik mit strukturell ganz ähnlichen Argumenten operieren können. Johannes Agnoli, der als junger Mann ebenfalls eine Phase faschistischer Begeisterung durchlebte, hat 1968 in seiner berühmten „Transformation der Demokratie" mit ganz parallelen Argumenten der antiparlamentarischen Opposition ihre Stichworte geliefert und sich ganz sorelianisch zur Gewalt bekannt: „Nicht Brot und Spiele noch Wahlzettel, sondern die Gewalt hat im Laufe der bisherigen Geschichte soziale Kräfte der Manipulation entzogen und Freiheit verwirklicht."[108]

Schmitt hat seine außerordentliche Wirkung vor allem aufgrund seiner markanten Thesen wie z.B. „Souverän ist, wer über den Ausnahmezustand entscheidet"[109] oder „alle prägnanten Begriffe der modernen Staatslehre sind säkularisierte theologische Begriffe"[110] und dank seiner Antithesen entwickelt: Freund und Feind, Legalität und Legitimität. Der Feind konnte oft auch als der Antichrist in Erscheinung treten, so dass bei Schmitt von einer bewussten Verrätselung und esoterisch theologisierenden Aufladung der Begrifflichkeit gesprochen werden kann. Bewußt umgab er sich mit einer Aura des Geheimnisvollen, wozu sein konsequentes Schweigen über sein nationalsozialistisches Engagement und seine antisemitischen Bestrebungen zur Austreibung jüdischen Geistes aus der Rechtswissenschaft gepasst haben. Raphael Gross formuliert das so: „Die Aura, welche für viele Leser von Schmitts Werk und Person ausgeht, speist sich dabei keineswegs aus der vermeintlichen Eindeutigkeit seiner Gedanken. Im Gegenteil, die besondere Anziehung beruht weit stärker auf der geradezu provozierenden Scheinklarheit der für allerlei Interpretationen offenen Begriffe und auf der Undurchsichtigkeit seiner Person."[111] Er verstand es, auf eine verschwörerisch-sektiererische Art gewinnend aufzutreten und einen Anhängerkreis zu versammeln, aus dem aber jeder, selbst Ernst Jünger schon beim kleinsten kritischen Anklang auch sehr schnell wieder ausgegrenzt werden konnte. Schmitt hat seine antisemitischen Aktivitäten, insbesondere in der Organisation der Tagung „Das Judentum in der Rechtswissenschaft" 1936 nie selbstkritisch aufgearbeitet, achtete nach 1945 aber sehr darauf, an ihn gerichtete Briefe von Walter Ben-

---

[106] Ebenda S. 63.
[107] Ebenda S. 84. Vgl. auch Sorel, Georges: Über die Gewalt. Mit einem Nachwort von George Lichtheim, Frankfurt 1981.
[108] Agnoli, Johannes: Die Transformation der Demokratie, in Johannes Agnoli und Peter Brückner, Die Transformation der Demokratie, Frankfurt 1968, S. 30
[109] Schmitt, Carl: Politische Theologie. Vier Kapitel zur Lehre von der Souveränität, 4. Aufl. Berlin 1985, S. 11.
[110] Ebenda S. 49.
[111] Gross, Raphael: Carl Schmitt und die Juden. Eine deutsche Rechtslehre, Frankfurt 2005, S. 7f.

jamin und Leo Strauss breit zu veröffentlichen und nahm seinerseits einen Briefwechsel und Gedankenaustausch mit Jacob Taubes auf, um strategisch entlastend auf „jüdische Freunde" verweisen zu können. Wer, wie der Politikwissenschaftler Kurt Sontheimer, auch nur Jacob Taubes auf Schmitts Antisemitismus ansprach, hatte nach Meinung der Schmitt-Adepten schon eine unverzeihliche Anstandsverletzung begangen.[112] Schmitt hat umfangreiche Tagebücher geführt, die heute nach und nach aus der in einer schwer lesbaren Stenographie verfassten handschriftlichen Form ediert werden. Sie sind voll von antisemitischen Tiraden. Nun könnte man einwenden, dass diese Tagebücher sicherlich niemals zu Veröffentlichung bestimmt waren, aber die Tagebuchtexte bestätigen ja nur den Eindruck der öffentlichen Wirksamkeit Schmitts in der NS-Zeit.[113] Sein Antisemitismus war keine plötzliche Anpassung, kein bloß angsterzeugter Opportunismus, sondern eine tief verwurzelte Grundhaltung, die durchaus das Befreundetsein mit Einzelnen nicht ausschloss und die auch nicht als traditionell katholischer Antijudaismus verharmlost werden darf, zumal jener bei genauerer Betrachtung alles andere als harmlos war.

Das Werk von Carl Schmitt ist wesentlich umfangreicher als die hier behandelten Werke. Charakteristisch sind apodiktische, politisch pointierte und juristisch zugespitzte Formulierungen, die sich durchweg gegen die Weimarer Demokratie gerichtet haben. Besonders in seinem Band „Positionen und Begriffe" stellt Schmitt sich als politischer Kampfautor mit direkter Wirkungsabsicht dar.

Fragen
1. Was ist das Besondere und Eigene an Carl Schmitts Begriff „des Politischen"?
2. In welche ideengeschichtliche Vorgängerlinie würden Sie Schmitt einordnen?
3. Legen Sie seine politisch-theoretischen Positionen in der Schlussphase der Weimarer Republik dar.
4. Würden Sie ihn als überzeugten Nationalsozialisten oder eher als politischen Opportunisten einschätzen?
5. Worauf würden Sie seine starke Nachwirkung nach 1945 zurückführen?
6. Haben Sie eine Erklärung dafür, warum Schmitt nicht nur in der politischen Rechten, sondern auch auf der Linken starke Wirkungen ausgeübt hat?
7. Welche Kritik bringt Schmitt gegen den liberalen Parlamentarismus vor?
8. Was meint Schmitt genau mit der Gegenüberstellung von Freund und Feind als Grundlage des Politischen?
9. Wie definiert Schmitt den Begriff der Souveränität?
10. Was wäre eine klassische Gegenposition zu Carl Schmitts polemogenen Begriff des Politischen?
11. Welche Einwände können Sie nennen gegen Schmitts These, alle prägnanten Begriffe der modernen Staatslehre seien säkularisierte theologische Begriffe?

---

[112] Gross, a.a.O. S. 14, Anm. 24. Dazu Quaritsch, Helmut: Einleitung: Über den Umgang mit Person und Werk Carl Schmitts, in ders. (Hg.), Complexio Oppositorum, Berlin 1988, S. 13–21, hier S. 13.

[113] Besonders Schmitt, Carl: Tagebücher 1930–1934, Hg. Wolfgang Schuller in Zusammenarbeit mit Gerd Giesler, Berlin 2010.

Einführungstext

Schmitt, Carl: Der Begriff des Politischen. Text von 1932 mit einem Vorwort und drei Corollarien, Berlin 2009 (Neusatz auf Basis der Ausgabe von 1963).

Literatur

Schmitt, Carl: Die geistesgeschichtliche Lage des heutigen Parlamentarismus, 6. Aufl. Berlin 1985.

Schmitt, Carl: Politische Theologie. Vier Kapitel zur Lehre von der Souveränität, 4. Aufl. Berlin 1985.

Schmitt, Carl: Theorie des Partisanen. Zwischenbemerkung zum Begriff des Politischen, 2. Aufl. Berlin 1975.

Schmitt, Carl: Positionen und Begriffe im Kampf mit Weimar – Genf – Versailles 1923–1939, Berlin 1988 (zuerst 1940).

Schmitt, Carl: Tagebücher 1930–1934, Hg. Wolfgang Schuller, Berlin 2010.

Sekundärliteratur

Agnoli, Johannes: Die Transformation der Demokratie, in Johannes Agnoli und Peter Brückner, Die Transformation der Demokratie, Frankfurt 1968.

Bendersky, Joseph W.: Carl Schmitt. Theorist for the Reich, Princeton 1983.

Gross, Raphael: Carl Schmitt und die Juden. Eine deutsche Rechtslehre, Frankfurt 2005.

Meier, Heinrich: Die Lehre Carl Schmitts. Vier Kapitel zur Unterscheidung Politischer Theologie und Politischer Philosophie, Stuttgart und Weimar 1994.

Mehring, Reinhard: Carl Schmitt. Aufstieg und Fall. Eine Biographie, München 2009.

Mehring, Reinhard (Hg.): Carl Schmitt. Der Begriff des Politischen. Ein kooperativer Kommentar, München 2003.

Mehring, Reinhard: Carl Schmitt zur Einführung, Hamburg 1992.

Mouffe, Chantal: Exodus und Stellungskrieg. Die Zukunft radikaler Politik, Wien 2005.

Mouffe, Chantal: Über das Politische. Wider die kosmopolitische Illusion, Frankfurt 2007.

Quaritsch, Helmut: Positionen und Begriffe Carl Schmitts, 2. Aufl. Berlin 1991.

Taubes, Jacob (Hg.): Der Fürst dieser Welt. Carl Schmitt und die Folgen, München, Paderborn, Wien, Zürich 1983.

3 Eine moderne sozialliberale Vertragstheorie: John Rawls

3.1 Von der Theorie der Gerechtigkeit zum politischen Liberalismus

John Rawls (1921–2002) hat durch eine originelle Wiederbelebung der Vertragstheorie der politischen Philosophie jenseits von Utilitarismus und Pragmatismus zu einer neuen Geltung verholfen. Sein 1971 vorgelegtes Hauptwerk „Eine Theorie der Gerechtigkeit" enthielt eine Neufassung des klassischen Kontraktualismus. Er hat allerdings die Behauptung eines historisch zu irgendeinem Zeitpunkt zustande gekommenen oder in Zukunft zu schließenden Gesellschaftsvertrags aufgegeben und benutzt seine Vertragsidee ausschließlich als Darstellungsmittel, um auch bildhaft zeigen zu können, was unter „gerecht" zu verstehen ist. Er hat sein Gedankengebäude auf die Kurzformel „**Gerechtigkeit als Fairness**" gebracht. Diese besteht genau dann, wenn die Verteilungsgrundsätze einer Gesellschaft mit Prinzipien übereinstimmen, die von freien und vernünftigen Personen in ihrem eigenen Interesse in einer fairen Entscheidungssituation anerkannt werden würden. Die Entscheidungssituation muss demnach so aufgebaut sein, dass jeder Entscheider zwar über ein allgemeines politisches Wissen verfügt, ihm oder ihr aber die eigene zukünftige Position hinter einem **Schleier des Nichtwissens** („*veil of ignorance*") verborgen ist.

Rawls vermutet, dass jeder dann so entscheiden wird, dass er diese Entscheidung auch für den Fall, später auf einer sozial ungünstigen gesellschaftlichen Position zu landen, als gerecht und fair akzeptieren wird. Die Regel, die ein vernünftiges Individuum im eigenen Interesse in einer solchen Situation der Ungewissheit bevorzugen würde, lautet nach Rawls, dass man auch für die späteren Armen und Ärmsten das Bestmögliche erreichen müsse. Vernünftige Individuen würden in dieser konstruierten Ausgangssituation („*original position*") das Minimum zu maximieren suchen (Maximin-Regel), d.h. sie würden versuchen, das Bestmögliche für sich selbst dann zu erreichen, wenn sie am unteren Ende der sozialen Skala stehen würden.

Dieser Ausgangszustand (häufig mit „**Urzustand**" übersetzt) ist also zur gleichen Zeit sowohl ein Gedankenexperiment als auch ein anschauliches Modell davon, wie man sich Gerechtigkeit vorzustellen hat. Rawls meint nun, dass in diesem Zustand zwei Grundregeln gewählt würden, die er so formuliert:

1. „Jedermann soll gleiches Recht auf das umfangreichste System gleicher Grundfreiheiten haben, das mit dem gleichen System für alle anderen verträglich ist.

2. Soziale und wirtschaftliche Ungleichheiten sind so zu gestalten, dass a) vernünftigerweise zu erwarten ist, dass sie zu jedermanns Vorteil dienen, und b) sie mit Positionen und Ämtern verbunden sind, die jedem offen stehen."[114]

Ich zitiere die erste Formulierung in Rawls' Text, die sozusagen noch die Rohfassung darstellt, welche er später noch um einiges verfeinert hat. Der erste Grundsatz hat einen eindeutigen Vorrang vor dem zweiten. Der Grund für die Bevorzugung der sogenannten formalen Freiheiten ist folgender: Im Urzustand können die Menschen noch nichts Genaueres über ihre jeweiligen Glücksvorstellungen wissen, die unauslöschbar pluralistisch sein werden. Es kommt aber darauf an, formale Bedingungen zu begründen, innerhalb derer sich möglichst viele unterschiedliche Glückskonzeptionen frei entfalten könnten. Jede inhaltliche Beschränkung muss vermieden werden. Nicht eine bestimmte Konzeption des Guten, sondern vielmehr die Freiheit und Befähigung, sich als Person für die eine oder andere Option entscheiden zu können, ist auf der Ebene des ersten Gerechtigkeitsgrundsatzes maßgeblich.

Rawls vertritt also den Vorrang der individuellen Freiheit vor den sozialen Umverteilungsprinzipien, die aus dem zweiten Gerechtigkeitsgrundsatz folgen. Genau aus diesem Grunde kann sich die Theorie der Gerechtigkeit zu Recht als liberale Konzeption bezeichnen. **Freiheit** darf, wenn überhaupt, nur um ihrer selbst willen eingeschränkt werden, also nur, um die Freiheit anderer zu schützen, nicht aber, um größere **soziale Gerechtigkeit** herzustellen. Die Grundfreiheiten, vor allem die politische Freiheit, die im Wahlrecht und im Recht, öffentliche Ämter zu bekleiden, besteht, sowie die Rede- und Versammlungsfreiheit, die Gewissens- und Gedankenfreiheit und die persönliche Freiheit, ebenso das Recht auf persönliches Eigentum und der Schutz vor willkürlicher Festnahme und Verhaftung, sollen für jeden gleich sein.

Diese Vorrangregel macht den entscheidenden Unterschied der Gerechtigkeitstheorie von Rawls gegenüber dem klassischen Utilitarismus aus, der das größte Glück der größten Zahl als Ziel hatte. Rawls wandte gegen diese Formel ein, dass sie es nahe legt, die Rechte von Minderheiten oder einzelnen dann zu opfern, wenn dadurch der Gesamtnutzen vergrößert werden könne. Rawls nennt seinen eigenen Ansatz kantianisch, weil das Recht auf gleiche Freiheit jedem zustehen soll und jeder als Zweck, niemand aber als Mittel betrachtet werden darf. Im Utilitarismus dagegen, wie übrigens auch in bestimmten Versionen des Pragmatismus, können Menschen durchaus als Mittel betrachtet werden.

Der zweite Gerechtigkeitsgrundsatz, das sogenannte **Differenzprinzip**, gehört allerdings eindeutig nicht zu den klassischen Inhalten des Liberalismus, sondern ergänzt diesen um eine soziale Dimension, so dass die Gerechtigkeitstheorie von Rawls zutreffender als „**Sozialliberalismus**" gekennzeichnet werden sollte, auch wenn er selbst nachdrücklich auf dem Etikett des „**politischen Liberalismus**" beharrt. „Die Verteilung des Einkommens und Vermögens muss nicht gleichmäßig sein, aber zu jedermanns Vorteil, und gleichzeitig müssen mit Macht und Verantwortung ausgestattete Positionen jedermann zugänglich sein."[115] Ungerechtigkeit

---

[114] Rawls, John: Eine Theorie der Gerechtigkeit, Frankfurt 1998 (Neuauflage der deutschen Erstausgabe von 1979, der eine überarbeitete Version der Originalausgabe: A Theory of Justice, 1971 zugrunde liegt), S. 81. Im zweiten Grundsatz gibt es zwei mehrdeutige Ausdrücke, nämlich „jedermanns Vorteil" und „jedem offen". Die genauere Festlegung ihres Sinns erfolgt durch die zweite Formulierung des Grundsatzes in Abschnitt 13. Klammern bei Literaturangaben einfügen. Die endgültige Fassung der beiden Grundsätze wird in Abschnitt 46 angegeben. Abschnitt 39 beschäftigt sich mit dem ersten Grundsatz. In „Die Idee des politischen Liberalismus", Aufsätze 1978–1989, Frankfurt 1992, S. 100 ersetzt er „das umfangreichste System" durch „ein völlig adäquates System" aus Gründen, die an dieser Stelle nicht interessieren müssen.

[115] Ebenda S. 82.

ist nach dem zweiten Gerechtigkeitsgrundsatz also jede Form von Ungleichheit, sofern sie nicht jedermann Nutzen bringt. Soziale Ungleichheit ist dann zulässig, wenn jeder etwas davon hat. Dieser Gedanke erlaubt die Versöhnung des politischen Egalitarismus mit den in einer kapitalistischen Wirtschaftsordnung im Selbstlauf entstehenden unterschiedlichen Einkommen. Solange der Wettbewerb dem allgemeinen Wohlstand dient, gilt er für Rawls als gerechtfertigt und sogar einer Gleichverteilung, die zu Stagnation und allgemeiner Armut führt, als überlegen. Der größte Teil der Rawls-Literatur hat sich mit diesem zweiten Gerechtigkeitsgrundsatz auseinandergesetzt, weil hier eine zwar sehr theoretische, doch auch recht ingeniöse philosophische Rechtfertigung des liberal-demokratischen Wohlfahrtsstaats der 1960er Jahre geliefert wurde.

Rawls selbst hat sein Denken sehr beharrlich nach seinen inneren Motiven weiterentwickelt und große theoretische Diskussionen, wie die zwischen Liberalen und Kommunitariern, nur am Rande zur Kenntnis genommen. Dennoch enthält seine Theorie der Gerechtigkeit eine umfassende Auseinandersetzung mit den politischen Institutionen einer gerechten Gesellschaft und behandelt zum Beispiel auch die Frage nach der Zulässigkeit von zivilem Ungehorsam und zivilem Widerstand. Rawls hält diesen gegenüber demokratischen Institutionen dann für gerechtfertigt, wenn eine Minderheit auf die Ernsthaftigkeit ihrer Absichten hinweisen will und dafür dann auch bereitwillig – und um diese Ernsthaftigkeit zu unterstreichen – die Bußen und Strafen, wie sie im Gesetz vorgesehen sind, in Kauf nimmt.

Vordergründig betrachtet sind die beiden Gerechtigkeitsgrundsätze das Ergebnis zweckrationaler Überlegungen von Individuen und lassen sich mit den Mitteln der *„Rational Choice"-Theorie*, also des methodologischen Individualismus der modernen ökonomischen Theorie der Gesellschaft herleiten. Bei genauerer Betrachtung allerdings handelt es sich um rationale Entscheidungen unter den Fairnessbedingungen des Urzustandes, die im Wesentlichen in der Unkenntnis der eigenen zukünftigen Situation bestehen. Gerechtigkeit besteht im gezielten Mangel an Information. Die uralte symbolische Intuition, dass Justitia nur mit verbundenen Augen gerechte Urteile fällen könne, wird mit dem Schleier des Nichtwissens in ein neues Bild gefasst, das diesmal auf jeden Entscheidungsbeteiligten passt. Spieltheoretisch wird man in einer solchen Situation sich so entscheiden, dass man sich auch dann gerecht behandelt fühlen kann, wenn einem der Feind einen Platz zuweisen kann.

Umstritten ist, ob die Individuen wirklich die Regel wählen würden, das Minimum zu maximieren (Maximin-Regel). So kann es durchaus auch als rational angesehen werden, eine Regel zu wählen, nach der 10% extrem reich und der Rest vollkommen arm und machtlos sein würden – weil die zehnprozentige Chance, unter den glücklichen Siegern zu sein, ein hinreichender Anreiz für dieses Risiko sei. Risikoadverses Verhalten dagegen erlebt meist nur mäßige Belohnungen, während die Bereitschaft zu höchstem Risiko entsprechend auch mit höchsten Gewinnen belohnt werden kann. Würde man antworten, dass die Menschen unter dem Schleier des Nichtwissens am besten auch nicht wissen sollen, ob sie risikogeneigt oder eher ängstlich sein werden, also ihre Identität nicht kennen, würde dies philosophisch gesehen nichts nützen, denn es kommt allein auf die Vorstellung von rationaler Entscheidung unter Ungewissheit an, und diese kann offenbar auf einer ganzen Bandbreite von sehr riskant bis sehr vorsichtig stattfinden, so dass die Vermutung, es müsse eine einheitliche und dann auch als gerecht anzusehende Entscheidung herauskommen, dadurch widerlegt ist. Selbst wenn der einzelne nicht wissen darf, welches Risiko er eingehen würde, so würde es doch schon reichen, wenn jeder zugesteht, dass mehrere unterschiedliche Formen von Risikobereitschaft als rational angesehen werden können. John Harsanyi hat argumentiert, dass man

Risikoabschätzungen und Wahrscheinlichkeitsargumente aus der *original position* nicht ausschließen kann, selbst wenn Rawls das gerne möchte.[116]

Rawls „Theorie der Gerechtigkeit" hat vor allem deshalb einen so großen Eindruck hinterlassen, weil er in diesem Buch die Anstrengung unternimmt, aus den beiden Gerechtigkeitsprinzipien eine Fülle von inhaltlichen Konkretisierungen abzuleiten, um auf diese Weise die grundlegenden Institutionen einer gerechten Gesellschaft zu entwickeln. Offenbar brauchte die Philosophie sich nicht, wie viele Sprachanalytiker nahegelegt hatten, auf die Klärung von Begriffen, Sätzen und Argumentationsstrukturen zu beschränken, sondern konnte reichhaltige inhaltliche und normative Aussagen machen, die sich darüber hinaus sogar noch wegweisend für die großen politischen Debatten der 1960er Jahre, also die Debatte um die Bürgerrechte, die Gleichstellung der Schwarzen, den Wohlfahrtsstaat und die Formen des zivilen Ungehorsams gegen Rassendiskriminierung und gegen den Vietnamkrieg erwiesen. Rawls wurde mit seiner Gerechtigkeitstheorie eine singuläre Erscheinung in der Geschichte der politischen Philosophie, denn es gibt nicht einmal bei Spinoza, Rousseau oder Kant, sondern allenfalls bei dem radikal anders argumentierenden Thomas Hobbes (und vielleicht noch bei dem sehr bald als Exzentriker aufgegebenen Fichte) eine derart stringente Verbindung von anspruchsvoller philosophischer Deduktion und gegenwartsbezogener politischer Argumentation.

Ganz anders als in seinem argumentativ deutlich zurückhaltenderen Spätwerk **„Politischer Liberalismus"** erweckt die Gerechtigkeitstheorie zumindest den Anschein, hier würde nach dem Ideal von Hobbes und Spinozas *„more geometrico"* aus wenigen klar und jedermann einsichtigen Prinzipien eine vollständige Deduktion geleistet. In Wirklichkeit hat Rawls allerdings von Anfang an von einem ergänzenden Prinzip Gebrauch gemacht, nämlich vom reflexiven Gleichgewicht (*reflective equilibrium*), demzufolge alle aus den Grundprinzipien deduzierten Richtlinien in einem zweiten Schritt daran überprüft werden müssen, ob sie auch mit unseren wohlerwogenen moralischen Überzeugungen übereinstimmen, damit wir auf keinen Fall, nur weil sie aus den Grundsätzen abgeleitet werden können, irgendwelche Regeln einführen müssen, die dem *Common Sense* radikal entgegenstehen. Die Regeln einer wohlgeordneten Gesellschaft müssen also in ein reflexives Gleichgewicht mit den allgemein gültigen Regeln gebracht werden. Modifikationen sind auf beiden Seiten möglich und wünschenswert, weil die Ableitungen mitunter fehlerhaft und starr sind, und unsere generell gültigen Vormeinungen sich als überholt oder unbegründet erweisen können, wenn sie im Lichte der Gerechtigkeitstheorie überprüft werden. Das Prinzip des reflexiven Gleichgewichts ist ein sehr moderates Modell zur doppelten Überprüfung sowohl der Prinzipien wie auch der Realität. Rawls ist ganz offensichtlich alles andere als ein radikaler Aufklärer und Utopist, sondern schon im theoretischen Grundansatz, nicht erst in der politischen Praxis, ein moderater Sozialreformer, der allen radikalen Ideen abgeneigt ist und dennoch nicht darauf verzichten will, aus philosophischen Prinzipien heraus zu argumentieren.

In der klassischen Vertragstheorie von Hobbes bis Kant war es immer um die Rechtfertigung staatlicher Herrschaft gegangen. Der **Neokontraktualismus** von Rawls dagegen begründet die normativen Prinzipien gesellschaftlicher Gerechtigkeit, die für ihn in dieser Reihenfolge in der Verbindung von liberalen Freiheitsrechten mit der Legitimierung von sozialen Diffe-

---

[116] Hierzu und zu weiteren fundamentalen Einwänden gegen das Maximin-Kriterium: Harsanyi, John: Can the Maximin Principle serve as a basis for morality? A Critique of John Rawls's Theory, in ders., Essays on Ethics, Social Behavior and Scientific Explanation, Dordrecht 1976, S. 37–63.

renzen bestand, sofern und solange diese auch noch für die am meisten Benachteiligten irgendeinen Vorteil bringen würden. Rawls hat damit, von egalitären Voraussetzungen ausgehend, argumentativ entwickelt, unter welchen Bedingungen soziale Ungleichheit als gerecht gelten kann und somit akzeptiert werden sollte. Es war immer als eine Schwäche des klassischen Liberalismus angesehen worden, dass er überkommene Ungleichheiten einfach als soziale Tatsachen hingenommen hatte und damit argumentativ auf schwachen Füßen stand. Der Sozialliberalismus von Rawls stellt hierfür eine wesentliche theoretische Innovation dar.

Die Praktikabilität einer Gerechtigkeitskonzeption unter dem „Schleier des Nichtwissens" ist in jüngster Zeit in Zweifel geraten. So hat zum Beispiel der zweite Senat des Bundesverfassungsgerichts in seinem Urteil vom 11.11.1999 zum Länderfinanzausgleich festgeschrieben, „dass die Maßstäbe der Steuerzuteilung und des Finanzausgleichs bereits gebildet sind, bevor deren spätere Wirkungen konkret bekannt werden."[117] Dies entspricht ziemlich genau der Rawlsschen *original position*. Die Finanzminister, die aufgrund dieses Urteils bindend verpflichtet waren, so vorzugehen, haben dies sofort für absurd erklärt: Sie könnten doch keiner Regelung zustimmen und diese zu Hause vertreten, bei der sie nicht sofort sagen und berechnen könnten, ob dies für ihr Bundesland eine Einbuße oder einen Zugewinn bedeutet, und wie hoch diese Differenz sei. Der unter dem Einfluss des damaligen Verfassungsrichters Paul Kirchhof festgeschriebene Rawlssche Grundsatz erscheint damit in der politischen Praxis als vollkommen realitätsfern. Es gibt eben keine Ausgangssituation, in der alle gleich sind, sondern immer einen konkreten Zustand, von dem ausgehend sich zumindest niemand schlechter stellen will. Rawls hat hierzu in seine Theorie das sogenannte **Pareto-Optimum** eingeführt. „Das Prinzip erklärt einen Zustand für optimal, wenn man ihn nicht so abändern kann, dass mindestens ein Mensch besser dasteht, ohne dass irgendjemand anders schlechter dasteht."[118] Dies entspricht dem Sachverhalt, dass anders als in der Ausgangssituation in jeder konkreten Situation immer schon Leistungen erbracht und unterschiedliches Vermögen erworben worden ist. Es dürfte folgerichtig einer grundlegenden moralischen Intuition entsprechen, dies auch gebührend zu berücksichtigen und eben nicht durch Rückversetzung in den Ausgangszustand alle gleichzustellen und so das Ergebnis z.B. einer sparsamen Haushaltspolitik, einer rechtzeitigen Reduktion des öffentlichen Dienstes und einer vorausschauenden Standortpolitik, also wohlerworbene Vorteile, hinfällig werden zu lassen. Damit ergibt sich, dass die auf den ersten Blick so plausibel erscheinende Verteilungsgerechtigkeit nur sehr mittelbar und sehr entfernt aus dem Ausgangszustand ableitbar ist. In der praktischen Politik, wo zudem Repräsentanten für ihre Verhandlungsergebnisse von den betroffenen Bürgern auch zur Rechenschaft gezogen werden können, ist die beliebige Verfügung über durch Leistung erworbene Wohlstandsvorteile nicht ohne weiteres möglich. Die richterliche Moralphilosophie scheitert hier.

Bleibt die Frage, ob Kants Kritik an dem Gemeinspruch „Das mag in der Theorie richtig sein, gilt aber nicht für die Praxis" hier einschlägig ist. Kant hatte eingewandt, dass im normativen Bereich eine richtige Theorie absolute Geltung haben müsse und nicht durch praktische Einwände relativiert werden dürfe. Das Problem bei der genannten Frage liegt aber wohl eher darin, dass hier eine fehlerhafte Theorie, nämlich ein falscher Gerechtigkeitsgrundsatz, Anwendung gefunden hat. Ein eher zutreffender Grundsatz, das zeigt der Verweis auf das Pareto-Optimum, lässt sich in diesem Falle bei Rawls finden.

---

[117] BverfG BvF 2/98, Abs. 3 vom 11.11.99.
[118] Rawls, John: Eine Theorie der Gerechtigkeit, Frankfurt 1998, S. 87f.

Die Gerechtigkeitstheorie von Rawls ist in der politischen Theorie nicht sein letztes Wort geblieben. Sein zweites Hauptwerk, „Politischer Liberalismus" enthält eine gewichtige Selbstkritik. Er habe damals nicht hinreichend berücksichtigt, dass unsere Gesellschaften unaufhebbar pluralistisch seien und dass es auch bei vollkommen rationaler Argumentation auf allen Seiten genügend Gründe geben könne, zu unterschiedlichen Auffassungen von Gerechtigkeit, Glück usw. zu kommen. Die Bürden der Vernunft und des Urteilens seien so stark, dass eine umfassende philosophische Konzeption der Gerechtigkeit schon ein Problem an sich darstelle. Ein wirklich politisches Gerechtigkeitsdenken müsse sich auf den Bereich zurücknehmen, der für das Zusammenleben unabdingbar sei, und alle darüber hinausgehenden Regelungen meiden. Ein übergreifender Konsens sei auch ohne umfassende politische Konzeption möglich. Zu regeln bliebe allein die gesellschaftliche Grundstruktur. Am **Vorrang der Freiheit** vor der sozialen Umverteilung hält Rawls konsequent fest. Das besondere Reich der Politik zeichnet sich dadurch aus, dass politische Macht immer mit der Macht zu zwingen verbunden ist. Dieser Bereich muss gerade auf Grund seines Gewaltpotentials freistehend, d.h. ohne religiöse, philosophische oder metaphysische Rückgriffe auf Überlegungen, die nicht die Zustimmung von jedermann finden können, begründet werden. Die Bürger selbst können dann ruhig umfassenden Lehren anhängen, sofern sie im politischen Bereich die Prinzipien des liberalen Grundkonsenses akzeptieren. Die Gerechtigkeit als Fairness muss gedanklich so konzipiert sein, dass sie in der Lage ist, auch die Zustimmung von solchen Bürgern zu gewinnen, die gedanklich völlig anderen Konzeptionen anhängen. Rawls hat dies in der Formel zusammengefasst: „Gerechtigkeit als Fairness: politisch, aber nicht metaphysisch."[119] Eine politische Gerechtigkeitskonzeption, die zu freien Institutionen führt, muss also für eine Vielzahl widerstreitender umfassender Lehren akzeptabel sein. Diese umfassenden Lehren ihrerseits werden aber durchaus genötigt, um des Zusammenlebens willen im politischen Bereich einige ihrer weitergehenden Fundamentalauffassungen zurückzustellen. Der Vorrang des Politischen, sobald die staatliche Zwangsgewalt berührt ist, bleibt für Rawls eindeutig. Sein Liberalismus ist keineswegs zahnlos. Dieser Gedanke ist das Spätprodukt der religiösen Toleranzvorstellungen, die nach 1648 sukzessive durchgesetzt worden sind. „Es ist für das dauerhafte Bestehen eines gerechten demokratischen Staates entscheidend, dass die politisch aktiven Bürger diesen Gedanken verstehen."[120]

3.2 Das Recht der Völker (Law of Peoples)

Rawls hat an vielen Stellen betont, dass seine Gerechtigkeitstheorie ausschließlich für den Bereich von Staaten gelte, nicht aber für die internationale Staatengemeinschaft oder das, was er als „Recht der Völker" ansieht. Zwei Schüler von Rawls, nämlich Charles Beitz und Thomas Pogge, haben jedoch den Versuch unternommen, Rawls' Konzeption der Verteilungsgerechtigkeit direkt kosmopolitisch zu wenden. Beitz schlug vor, angesichts der unterschiedlichen Verteilung natürlicher Ressourcen für eine gerechte Umverteilung zu plädieren. Außerdem ging Beitz davon aus, dass durch den Globalisierungsprozess ohnehin schon ein internationaler Kooperationszusammenhang besteht, aus dem abzuleiten sei, dass analog zu den Gerechtigkeitsprinzipien, die Rawls für den einheimischen Bereich formuliert hatte, auch der Wohlstand der wohlhabenderen Länder zugunsten der ärmeren Völker umverteilt

---

[119] Rawls, Politischer Liberalismus, a.a.O. S. 354, S. 255–293.
[120] Ebenda S. 362.

3 Eine moderne sozialliberale Vertragstheorie: John Rawls

werden sollte.[121] Thomas Pogge ist ähnlich wie Beitz für ein weltweit gültiges Egalitätsprinzip eingetreten. Rawls hält diese Überlegungen für inakzeptabel und führt dafür die folgenden beiden Gedankenexperiment an: Wenn von zwei Ländern auf dem gleichen Wohlstandsniveau mit gleichen Grundgütern und gleicher Bevölkerung eines beschließt, seine Industrie zu entwickeln, das zweite dagegen ein „ländlicheres und entspannteres gesellschaftliches Leben" vorzieht, dann wird voraussichtlich nach 20 Jahren das eine Land doppelt so reich sein wie das andere. Es wäre ungerecht, das reichere Land zugunsten des ärmeren zu besteuern, da die Armut auf einer freien politischen Entscheidung beruhte.[122] Ähnliches gilt für das zweite Gedankenexperiment, dass ein Land durch Gleichstellung der Frauen das Bevölkerungswachstum auf null senkt, das andere aus religiösen oder sonstigen Gründen an der Unterdrückung der Frauen und einer damit verbundenen hohen Geburtenrate festhält. Auch hier können wir vermuten, dass die erste Gesellschaft einige Jahrzehnte später doppelt so wohlhabend sein wird. Die Vorstellung einer globalen egalitären Umverteilung erscheint auch hier inakzeptabel.[123] Wenn also nun die Übertragung von Rawls' eigenen internen Gerechtigkeitsprinzipien auf die Weltgesellschaft zu offenkundig inakzeptablen Ergebnissen führte, war Rawls genötigt, an dieser Stelle neu anzusetzen und Prinzipien der internationalen Gerechtigkeit zu entwickeln, die mit seiner neuen Konzeption des politischen Liberalismus kompatibel waren.

Diese Konzeption nennt er das „Recht der Völker". Ganz bewusst wählt er nicht die Staaten als Bezugspunkt, weil Völkern eine moralische Motivation (an einigen Stellen spricht Rawls sogar von einem „moralischen Charakter" von Völkern) zugesprochen werden kann, Staaten aber nicht. Rawls unterscheidet zwischen fünf verschiedenen Typen von Völkern und ihrer politisch-gesellschaftlichen Verfasstheit:

- liberale Völker,
- achtbare Völker,
- Schurkenstaaten,
- durch ungünstige Umstände belastete Gesellschaften und
- wohlwollende absolutistische Gesellschaften.[124]

Liberale und achtbare (decent) Völker werden zusammen als **„wohlgeordnete Völker"** bezeichnet. Die sogenannten achtbaren Völker sind so verfasst, dass in ihnen die Menschenrechte geachtet werden, aber eher ein hierarchisches als ein demokratisches politisches Beratungssystem besteht. Er nennt ein fiktives Land „Kazanistan" als Beispiel hierfür. Die ideale Theorie des Rechts der Völker wird von Rawls in einem ersten Teil zunächst für liberale Länder entwickelt. Im zweiten Teil der Idealtheorie werden dann solche Gerechtigkeitsprinzipen entwickelt, die sowohl für die Vertreter liberaler als auch für „anständige" Völker akzeptabel sind. Die Pointe dieser Vorgehensweise ist, dass Rawls es vermeiden will, rein liberale Regeln für alle Länder gleichermaßen verbindlich zu machen. Er meint, die Konzep-

---

[121] Beitz, Charles: Political Theory and International Relations, Princeton 1979, bes. S. 137, 141 und 153–163; Pogge, Thomas: Internationale Gerechtigkeit: Ein universalistischer Ansatz, in Karl Graf Ballestrem (Hg.), Internationale Gerechtigkeit, Opladen 2001, 31–54. Ich habe kritisch dazu Stellung genommen in Reese-Schäfer, Walter: Internationale Gerechtigkeit als Gegenstand von Theorie und Praxis universalistischer Moralität. Ein Kommentar zu Thomas Pogge, in Karl Graf Ballestrem (Hg.), Internationale Gerechtigkeit, Opladen 2001, S. 55–65.
[122] Rawls, John: Das Recht der Völker, Berlin und New York 2002, S. 145f.
[123] Ebenda.
[124] Rawls, Recht der Völker, a.a.O. S. 2

tion des politischen Liberalismus müsse eine Toleranz auch gegenüber anderen Gesellschaftsformen beinhalten, jedenfalls dann, wenn die Menschenrechte in ihnen beachtet werden. Für beide Schritte wird jeweils ein hypothetischer Urzustand eingeführt, in denen die Vertreter der jeweiligen Völker allgemein akzeptable Regeln entwickeln. In einem dritten Teil wird dann eine nichtideale Theorie entwickelt, die die Rechte und Pflichten der ersten beiden Gruppen von Völkern gegenüber den restlichen drei Gruppen, also den Schurkenstaaten, den durch ungünstige Umstände belasteten Gesellschaften und den wohlwollend absolutistischen Regimen festlegt.

Die Konzeption des zweiten Urzustandes ermöglicht es, statt einer weltweiten unmittelbaren Rechtsposition von Individuen die kollektiven Rechte von Völkern mit ihren jeweils eigenen politischen und gesellschaftlichen Systemen als Zwischenstufe einzuführen. Auf dieser Ebene werden nicht die Individuen, sondern die Völker als frei und gleich und deshalb als fair und vernünftig beschrieben. Rawls betont die argumentative Vielseitigkeit des Urzustands, der auf verschiedenen Ebenen zu fairen Regeln führen kann. Ausgangspunkt ist in jedem Fall die Gleichheit und die gleichen Rechte für alle Völker, d.h. es ist im Urzustand hinter dem Schleier des Nichtwissens verborgen, wie groß das Territorium, die Bevölkerung oder die natürlichen Ressourcen sind.[125] Ein liberales Volk in einer konstitutionellen Demokratie hat keine umfassende Lehre vom Guten, während die individuellen Bürger es sehr wohl haben können. In einem solchen Urzustand würden die Völker ungefähr zu folgenden acht Gerechtigkeitsgrundsätzen kommen (Rawls schränkt ein, dass diese Liste möglicherweise nicht vollständig ist).

- „Völker sind frei und unabhängig und ihre Freiheit und Unabhängigkeit müssen von anderen Völkern geachtet werden.
- Völker müssen Verträge und eingegangene Verpflichtungen erfüllen.
- Völker sind gleich und müssen an Übereinkünften, die sie binden sollen, beteiligt sein.
- Völkern obliegt eine Pflicht zur Nichteinmischung.
- Völker haben das Recht auf Selbstverteidigung, aber kein Recht, Kriege aus anderen Gründen als denen der Selbstverteidigung zu führen.
- Völker müssen die Menschenrechte achten.
- Völker müssen, wenn sie Kriege führen, bestimmte Einschränkungen beachten.
- Völker sind verpflichtet, anderen Völkern zu helfen, wenn diese unter ungünstigen Bedingungen leben, welche verhindern, dass sie eine gerechte oder achtbare politische und soziale Ordnung haben."[126]

Vor allem die letzten beiden Prinzipien gelten natürlich eher für das Außenverhalten gegenüber nichtliberalen Gesellschaften. Rawls als Anhänger der demokratischen Friedenstheorie nimmt an, dass liberale Gesellschaften ohnehin keine Kriege untereinander führen werden, sondern lediglich gegenüber nichtliberalen Ländern bzw. Schurkenstaaten.[127] „Ein einziger von militärischer und wirtschaftlicher Macht besessener Staat, der auf Expansion und Ehre aus ist, genügt, um den Kreislauf von Krieg und Kriegsvorbereitung am Laufen zu halten."[128] Staatsgrenzen sind notwendige Ordnungselemente der internationalen Politik, wie willkürlich sie im Einzelfall auch immer erscheinen mögen. Sie weisen eine gewisse Analogie zur

---

[125] Ebenda S. 44f.
[126] Ebenda, S. 41.
[127] Ebenda § 5.
[128] Ebenda S. 54.

Institution des Privateigentums auf, denn Besitztümer neigen dazu, zu verkommen, wenn niemand die Verantwortung und die Kosten für ihren Erhalt trägt. Mit der Idee des demokratischen Friedens ist es nach Rawls übrigens durchaus zu vereinbaren, dass tatsächlich existierende Demokratien, die, abweichend vom Idealbild, doch immer auch beträchtliche innere Ungerechtigkeiten, oligarchische Tendenzen und Ähnliches aufweisen, „oft verdeckt in kleineren und schwächeren Ländern intervenieren und sogar in weniger fest etablierten und gesicherten Demokratien."[129] Rawls hält aber an dieser Konzeption einer realistischen Utopie fest, weil die strukturelle Möglichkeit des demokratischen Friedens einigermaßen sicher angenommen werden kann und es notwendig ist, an der Hoffnung und Zielperspektive festzuhalten, die größten Übel der Menschheit, wozu Krieg, Grausamkeit, Not und politische Ungerechtigkeit gehören, überwinden zu können, da man andernfalls im Sinne des traditionellen politischen Machtstaatsrealismus zu einer Art von zynischen Rechtfertigung solcher Verstöße kommen würde. Die Hoffnung, soweit sie auf dieser realistischen Utopie basiert und nicht in reines Wunschdenken abgleitet, hat hier also durchaus eine positive Leitbild- bzw. Steuerungsfunktion im Sinne des politisch erwünschten Verhaltens und kann dazu beitragen, das Recht der Völker in einem dynamischen Prozess zu stärken. Wesentliche Neuentwicklungen des Völkerrechts und der internationalen Menschenrechtsdurchsetzung haben sich ja erst sukzessive nach 1945 ergeben.

In der zweiten Stufe der idealen Theorie wird diese nun auf die achtbaren nichtliberalen Völker ausgeweitet, nicht in dem Sinne, diesen auch liberale Prinzipien vorzuschreiben, sondern um zu testen, ob die auf dieser Stufe vermutlich vereinbarten Regeln auch von diesen akzeptiert werden können. Wenn es nämlich achtbare nichtliberale Gesellschaften gibt (was Rawls offenbar glaubt, auch wenn er kein reales Beispiel nennt), dann wäre es intolerant, ihnen die liberalen Regeln vorzuschreiben und andernfalls mit Verachtung zu reagieren, was wieder Bitterkeit, Groll und gegenseitiges Unverständnis produzieren würde. Wichtiger als die Forderung liberaler Gerechtigkeitsprinzipien in achtbaren Gesellschaft erscheint Rawls ein positives, eventuell später auch liberale Reformen begünstigendes Klima der internationalen Politik.[130] Das ist keineswegs im Sinne der traditionellen Diplomatie, sondern durchaus als öffentliche Diplomatie gemeint. Das fiktive achtbare Volk von „Kazanistan" ist muslimisch, hierarchisch und eher korporatistisch (also in Vereinigungen, Korporationen und Ständen) organisiert. Es basiert auf einer umfassenden religiös-philosophischen Lehre, es achtet aber die Menschenrechte und räumt gewisse hierarchisch gestaffelte politische Beratungsformen ein. Es ist friedlich, und sein Rechtssystem ist von einer Gemeinwohlvorstellung von Gerechtigkeit getragen. Der Urzustand der Gerechtigkeitstheorie kann hier intern nicht verwendet werden, da alle diese Prinzipien nicht bei allen Individuen würden Zustimmung finden können, wohl aber auf der internationalen Ebene, wo man diese Völker als gleich akzeptiert, die dann symmetrisch im Urzustand beraten. Rawls fügt hinzu, dass in einer solchen Gesellschaft auch die elementaren Menschenrechte der Frauen berücksichtigt sein müssten. Selbstverständlich sind diese achtbaren Gesellschaften nicht im gleichen Sinne vernünftig und gerecht wie liberale Gesellschaften, sie dürften aber das Beste sein, was wir realistischerweise erhoffen können.[131] Um diese Überlegungen durch vermittelnde Beispiele etwas plausibler zu machen, verweist Rawls darauf, dass innerhalb unserer Gesellschaften ja auch die hierarchisch strukturierte katholische Kirche mit allen protestantischen Organisa-

---

[129] Ebenda S. 55.
[130] Ebenda S. 76.
[131] Ebenda S. 95, S. 101.

tionsformen koexistieren kann. In ähnlicher Weise werden auch verschiedene Universitäten als gleiche behandelt, auch wenn sie völlig unterschiedliche Strukturen und Verfasstheiten aufweisen können, die von der kollegialen Führung bis zur Präsidialdiktatur reichen.

Wichtig ist für Rawls, dass die Prinzipien internationaler Gerechtigkeit nicht aus der praktischen Vernunft etwa im Sinne Immanuel Kants abgeleitet werden, weil hier schon wieder eine umfassende und daher nicht für alle akzeptable Lehre vorausgesetzt werden müsste. Stattdessen wird im fiktiven Urzustand jedes Kriterium, das der Vernünftigkeit, der Achtbarkeit und der Rationalität, konkret einzeln aufgezählt und mit Inhalt gefüllt. Es ist dauerhaft vernünftig, mit unterschiedlichen Meinungen und Auffassungen zu rechnen, schon aufgrund der Bürde der Vernunft, so dass mit einer leichten (aber durch Blick auf den im Verlauf des Satzes ein wenig variierenden Sinn von vernünftig/unvernünftig auch leicht aufzulösenden) Paradoxie folgt, dass es unvernünftig wäre, eine aus wenigen Prinzipien zwingend formulierte praktische Vernunft ableiten zu wollen.

Der nächste Schritt führt dann zur Erörterung der nichtidealen Theorie. Wie sollen sich die „wohlgeordneten Völker" – das ist der Oberbegriff bei Rawls für die liberalen und die achtbaren Völker – sich gegenüber den nicht wohlgeordneten verhalten? Zu beginnen ist mit dem Extremfall, den sogenannten Schurkenstaaten, deren Verhalten davon bestimmt ist, dass sie ein vernünftiges Völkerrecht ablehnen und unter Umständen, wenn es ihren Interessen zu diesen scheint, einen Krieg aus rationalen (nicht aus vernünftigen) Gründen, nämlich zur Förderung ihrer Interessen führen. Auch an dieser Stelle nennt Rawls kein Beispiel, meint aber offenkundig Saddam Husseins Einmarsch in Kuwait zur Übernahme von dessen Ölressourcen. Nicht nur die wohlgeordneten Völker haben hiergegen das Recht auf Kriegführung zur Selbstverteidigung, sondern auch wohlwollend absolutistische Gesellschaften. Wie dies im Einzelnen zu handhaben ist, ist eine Frage der Außenpolitik, also der politischen Klugheit, und teils auch gewiss vom Glück abhängig – hierzu wird sich die politische Philosophie, wie Rawls sie entwickelt, eher zurückhalten.[132] In diesem Fall gilt aber vor allen Dingen auch das die militärischen Maßnahmen begrenzende Recht der Kriegführung, das *ius in bello*. Die Herrschenden dürfen bedingungslos angegriffen werden, und es wird auch keine Wahl bleiben, die Soldaten des Regimes zu bekämpfen. Gegenüber der Zivilbevölkerung allerdings sind z.B. der Abwurf von Brandbomben über Tokio und anderen japanischen Städten im Frühjahr 1945 sowie der Abwurf von Atombomben auf Hiroshima und Nagasaki „sehr schwere Vergehen", wie Rawls das mit einer gewissen Zurückhaltung ausdrückt, weil dies heute „weithin, wenn auch nicht allgemein" so gesehen wird.[133] In der Kriegführung ist jederzeit mit Kant zu bedenken, dass dadurch eine Art Vorgriff und Vorausschau auf die Art des späteren Friedens zu erkennen ist. Festzuhalten bleibt, dass auch gegenüber Schurkenstaaten wie dem damaligen Deutschland oder Japan das Kriegsrecht zwingend eingehalten werden muss.

Gesellschaften gegenüber, die durch ungünstige Umstände belastet sind, besteht eine Pflicht zur Unterstützung. Das Ziel ist, sie langfristig zu Mitgliedern der Gesellschaft wohlgeordneter Völker zu machen. Allerdings lehnt Rawls es entschieden ab, nach den Grundsätzen der Verteilungsgerechtigkeit die wirtschaftlichen oder sozialen Ungleichheiten zwischen Gesellschaften regulieren zu wollen, da die meisten dieser Grundsätze „kein definiertes Ziel und keinen Abbruchpunkt" aufweisen, „nach dessen Erreichen keine weitere Unterstützung mehr

---

[132] Ebenda S. 117.
[133] Ebenda S. 120.

stattfinden müsste."¹³⁴ Wohlstandsniveaus können zwischen Gesellschaften durchaus variieren. Worin besteht dann genau die Unterstützungspflicht? Es geht weniger um materielle Unterstützung – auch ressourcenarme Ländern wie z.B. Singapur oder Japan können, wenn sie gut regiert sind, ein hohes Wohlfahrtsniveau erreichen, während ressourcenreiche Länder wie Argentinien massive Probleme haben können. „Die entscheidenden Elemente, auf die es ankommt, sind die politische Kultur, die politischen Tugenden und die Zivilgesellschaft eines Landes, die Redlichkeit und der Fleiß seiner Bürger, deren Fähigkeit zu Innovationen und vieles andere mehr. Entscheidend ist auch die Bevölkerungspolitik eines Landes."¹³⁵ Wenn der Bevölkerungsdruck gemindert werden soll, scheint die entscheidende Maßnahme die Stärkung von Frauenrechten zu sein (weniger die strengen Beschränkungen chinesischen Typs). Man kann diese Idee zur Bedingung von materiellen Hilfeleistungen machen, „ohne uns dem Vorwurf auszusetzen, die Religion und Kultur einer Gesellschaft zu untergraben."¹³⁶ Denn es geht um grundlegende Menschenrechte. Die Religion kann nicht als Rechtfertigung der Unterdrückung von Frauen angeführt werden. Ziel der Unterstützung ist immer die Erreichung eines Zustandes, in dem die belasteten Gesellschaften ihre Angelegenheit erfolgreich in Eigenregie organisieren können. Auch hier unterscheidet sich Rawls' „Recht der Völker" von der kosmopolitischen Perspektive, wie sie Charles Beitz und Thomas Pogge entwickelt haben. Der Kosmopolitismus orientiert sich am Wohlergehen der Individuen, das Recht der Völker am Gerechtigkeitszustand der Gesellschaft. „Das politische Endziel der Gesellschaft besteht darin, vollständig gerecht zu werden und Stabilität aus den richtigen Gründen zu erlagen. Sobald dies erreicht ist, gibt das Recht der Völker kein weiteres Ziel mehr vor, wie etwa den Lebensstandard über das hinaus zu verbessern, was notwendig ist, um diese Institutionen zu erhalten."¹³⁷ Mit dem Begriff „Stabilität aus den richtigen Gründen" ist gemeint, dass die Bürger im Laufe der Zeit einen Gerechtigkeitssinn erwerben, der sie dazu bringt, die Grundsätze nicht nur abstrakt zu akzeptieren, sondern auch danach zu handeln. Die Stabilität sollte also nicht bloß auf einem *modus vivendi* beruhen, den man mehr oder weniger gezwungenermaßen oder notdürftig akzeptiert, sondern auch auf einer habituell gewordenen Bindung der Völker an das Völkerrecht.¹³⁸

Allerdings könnte man hier die Frage stellen, ob nicht das liberale Recht der Reise- und Niederlassungsfreiheit in allen Ländern langfristig doch zu einem Ausgleich führen könnte, denn selbst wenn sich die Mehrheit einer Gesellschaft für eine bescheidene landwirtschaftliche Subsistenzwirtschaft entschieden hat, wird es in ihr doch immer Individuen geben, die für mehr Wohlstand gern auch mehr Unruhe und Hektik auf sich nehmen würden. Dann wiederum wären die inneren Umverteilungsprinzipen liberaler Gesellschaften, insbesondere die allen Bewohnern zustehenden arbeitsfreien Sozialtransferleistungen, darauf zu befragen, wie sie nicht nur intern, sondern auch in der Perspektive internationaler Migration zu bewerten sind. Rawls behandelt die Immigration eher zurückhaltend, denn er nimmt an, dass die Hauptursachen dafür, wie die Verfolgung religiöser oder ethnischer Minderheiten, politische Unterdrückung, Hunger oder durch Frauenunterdrückung verursachter Bevölkerungsüberschuss, in einer Gesellschaft liberaler und achtbarer Völker verschwinden werden.¹³⁹ Wande-

---

[134] Ebenda S. 132.
[135] Ebenda S. 134.
[136] Ebenda S. 137.
[137] Ebenda S. 148.
[138] Ebenda S. 15, 50f.
[139] Ebenda S. 7f.

rungsanreize durch höheres Arbeitseinkommen dürften in einer liberalen Gesellschaft kein Problem darstellen, so dass als letzter, bei Rawls undiskutierter Faktor Umverteilungsanreize durch gerechtigkeitstheoretisch begründete Sozialeinkommen übrig blieben.

Rawls fasst zusammen, dass seine Präferenz und Zielorientierung an liberalen Gesellschaftsformen nicht notwendigerweise ethnozentrisch oder westlich sei: das hängt allein vom Inhalt des Rechts der Völker ab. Es ist unabhängig von seinen kulturellen Ursprüngen oder von seiner Lokalisierung in Raum und Zeit, solange es das Kriterium der Reziprozität erfüllt und von der öffentlichen Vernunft liberaler und achtbarer Völker unter den angenommenen Bedingungen eines fairen Urzustands vereinbart werden kann. Wichtig ist aber, dass nicht von allen Völkern erwartet werden kann, dass sie liberal sind, sondern dass hier das Prinzip der Toleranz gelten muss. Der politischen Philosophie, wie Rawls sie versteht, geht es – anders als noch in seiner frühen „Theorie der Gerechtigkeit" nicht um die Ableitung allgemeinverbindlicher Prinzipien, sondern in einem weit philosophischeren Sinn um die Einsicht in das Faktum des vernünftigen Pluralismus, in das Faktum der demokratischen Einheit unter Beibehaltung religiöser, weltanschaulicher und kultureller Differenzen, in das Faktum der öffentlichen Vernunft, die gerade in der Ausklammerung umfassender Lehren, auf die man sich nicht würde einigen können, besteht, und in das Faktum des liberalen demokratischen Friedens. Diese vier Tatsachen zusammen erklären, „warum eine annehmbar gerechte Gesellschaft der Völker möglich ist".[140] Mit Rawls nimmt die politische Philosophie gerade auch insofern eine wirklich liberale Wendung, als sie aus politischen Gründen eine philosophisch-weltanschauliche Enthaltung verlangt und in bewusster Selbstbegrenzung davor warnt, zu viel vorgeben zu wollen. Mindestens eine Grenze der liberalen Versöhnlichkeit gibt er jedoch vor: Gegenüber jenen, die man „Fundamentalisten" nennen könnte, weil sie das Faktum des vernünftigen Pluralismus gerade als Ursachen von Sittenverfall, Irrlehren und Streit ansehen und daher entschieden bekämpfen.[141]

Rawls hat in diesem Text, den er zwischen 1993 und 1998 in vielfältigen Vorträgen und Seminaren diskutiert hat, Leitlinien einer liberalen Außenpolitik und des Rechts der Völker formuliert. Wie steht es mit den Verwirklichungsmöglichkeiten? Hierauf hat er eine interessante Antwort entwickelt, die sich hervorragend als Schluss dieses Kapitels eignet: „Obwohl ihre Verwirklichung natürlich nicht unwichtig ist, glaube ich, dass schon die Möglichkeit einer solchen sozialen Ordnung selbst uns mit unserer sozialen Welt versöhnen kann. Diese Möglichkeit ist keine bloße logische Möglichkeit, sondern eine mit tiefgehenden Strömungen und Tendenzen der sozialen Welt verbundene." Denn, wenn die Möglichkeit besteht, besteht auch Hoffnung. „Dies allein schon genügt, unabhängig vom Erfolg oder Scheitern, die Gefahren der Resignation und des Zynismus zu bannen. Indem sie zeigt, wie in der sozialen Welt die Merkmale einer realistischen Utopie verwirklicht werden können, bietet die Politische Philosophie den politischen Anstrengungen ein langfristiges Ziel, und das Hinarbeiten auf dieses Ziel gibt dem, was wir heute tun können, einen Sinn."[142]

---

[140] Ebenda S. 159.
[141] Ebenda S. 161.
[142] Ebenda S. 162.

Fragen

1. Aus welchem Grund geht Rawls von einem Vorrang der Grundfreiheiten aus?
2. Nennen Sie die wichtigsten Grundfreiheiten nach Rawls.
3. Erläutern Sie, was unter dem Differenzprinzip zu verstehen ist und welche Funktion es in der Theorie von Rawls hat.
4. Skizzieren Sie die soziale und politische Situation, in der die Lehre von Rawls entstanden ist. Wie beurteilen Sie den Einfluss dieser Situation auf die Theorie der Gerechtigkeit, wie schätzen Sie umgekehrt die Wirkungen von Rawls' Theorie ein?
5. Was bedeutet der Begriff des „politischen Liberalismus" bei Rawls? Grenzen Sie ihn vom Wirtschaftsliberalismus ab.
6. Was ist unter dem „reflexiven Gleichgewicht" bei Rawls zu verstehen?
7. Wie beurteilen Sie die Bedeutung der Theorie von John Rawls für die politische Philosophie?
8. Benennen Sie kritische Einwände gegen die Gerechtigkeitstheorie von Rawls.
9. Welche Kritik übt Rawls an der unmittelbaren Übertragung seiner Gerechtigkeitstheorie auf die internationale Politik?
10. Welche Umverteilungsregeln gelten in Rawls' eigener Lehre vom „Recht der Völker"?
11. Welche Ursachen der Migration zählt Rawls auf? Würde die Migration aufhören, wenn diese Ursachen entfallen?
12. Welche Gesellschaftstypen zählt Rawls zu den wohlgeordneten Gesellschaften? Welche übrigen Typen von Gesellschaften benennt er?

Einführungstexte

Rawls, John: Gerechtigkeit als Fairneß. Ein Neuentwurf, Frankfurt 2003, darin Teil I, Grundideen, S. 19–72.

Rawls, John: Der Vorrang der Grundfreiheiten, in ders., Die Idee des politischen Liberalismus. Aufsätze 1978–1989, Frankfurt 1992, S. 159–254.

Rawls, John: Nochmals: Die Idee der öffentlichen Vernunft, in ders., Das Recht der Völker, Berlin und New York 2002, S. 165–218 (gedrängte, knappe Zusammenfassung des letzten Diskussionsstandes von Rawls' Gesamttheorie).

Literatur

Rawls, John: Die Idee des politischen Liberalismus. Aufsätze 1978–1989, Frankfurt 1992.

Rawls, John: Eine Theorie der Gerechtigkeit, Frankfurt 1998 (Neuauflage der deutschen Erstausgabe von 1979, der eine überarbeitete Version der Originalausgabe: A Theory of Justice, 1971 zugrunde liegt).

Rawls, John: Politischer Liberalismus, Frankfurt 1998 (zuerst als Political Liberalism, New York 1993).

Rawls, John: Gerechtigkeit als Fairneß. Ein Neuentwurf, Frankfurt 2003.

Rawls, John: Das Recht der Völker, Berlin und New York 2002.

Sekundärliteratur

Hinsch, Wilfried: Gerechtfertigte Ungleichheiten. Grundsätze sozialer Gerechtigkeit, Berlin 2003.

Hinsch, Wilfried (Hg.): Zur Idee des politischen Liberalismus. John Rawls in der Diskussion, Frankfurt 1997 (Hg. von der Philosophischen Gesellschaft Bad Homburg).

Höffe, Otfried (Hg.): John Rawls. Eine Theorie der Gerechtigkeit. Reihe Klassiker auslegen, Berlin 1998.

Höffe, Otfried (Hg.): Über John Rawls' Theorie der Gerechtigkeit, Frankfurt 1977.

Homann, Karl: Rationalität und Demokratie, Tübingen 1988.

Kersting, Wolfgang: John Rawls zur Einführung, Hamburg 1993.

Kersting, Wolfgang: Soziale Gerechtigkeit und Differenzprinzip bei John Rawls. In ders., Theorien der sozialen Gerechtigkeit, Stuttgart und Weimar 2000.

Pogge, Thomas: John Rawls, München 1994.

4 Systemtheorie: Niklas Luhmann

Niklas Luhmann (1927–1998) ist vor allem berühmt geworden durch die 1971 veröffentlichte Kontroverse mit Jürgen Habermas, in der es um Systemtheorie versus kommunikative Emanzipation ging.[143] Schon zehn Jahre später hat Habermas als umfassender Eklektiker wesentliche systemtheoretische Elemente in seine **Theorie des kommunikativen Handelns** übernommen.[144] Die Systemtheorie in ihrer offenen, universalistischen Fassung hat sich als anschlussfähig und integrierbar erwiesen. In dem Band „Soziale Systeme" aus dem Jahre 1984 hat Luhmann den Grundriss seiner Konzeption vorgelegt. Diesem Werk kommt eine Scharnierfunktion in seiner Theorieentwicklung zu. Alle seine vorherigen Veröffentlichungen werden damit zu Vorarbeiten. Anschließend hat er seine Großtheorie in zwei Entwicklungssträngen ausgearbeitet. Einmal als Theorie einer Reihe von gesellschaftlichen Teilsystemen, wie Politik, Wirtschaft, Religion, Kunst sowie nicht zuletzt in „**Die Gesellschaft der Gesellschaft**" als Soziologie im engeren Sinne, also als Theorie der Gesellschaft selbst. Zum anderen in Form einer historischen Semantik, denn die Beschreibung der Ausdifferenzierungen immer feinerer systemischer Verästelungen deckt eben auch einen historischen Prozess der Begriffsentwicklungen auf, dessen Stationen sich genau lokalisieren und rekonstruieren lassen.

Gerade wenn man nach dem Lesen all dieser Teiltheorien zur Lektüre von „Soziale Systeme" zurückkehrt, kann man ermessen, welch bemerkenswerte Energie einer Gesamtschau Luhmann in diesem Werk hat mobilisieren können, und zugleich wie viele theoriebautechnische Improvisationen des eher handwerklichen Typus (also nach dem Modell „passt, wackelt und hat Luft") erforderlich waren, um den Universalitätsanspruch dieser Theorie durchhalten zu können. Darauf komme ich später zurück. Luhmanns Theorie erhebt keinen ausschließlichen Wahrheitsanspruch im Verhältnis zu anderen, konkurrierenden Theorieunternehmungen – das macht sie für Eklektiker wie Habermas brauchbar – besteht aber auf einem mindestens ebenso hochgesteckten Anspruch, nämlich der Universalität der Gegenstandserfassung. Sie soll nicht bloß Ausschnitte behandeln wie z.B. Schichtung und Mobilität oder soziale Ungleichheit, sondern alles Soziale erfassen. Vor allem muss in einer universellen Theorie sie selbst als ihr eigener Gegenstand vorkommen, was zur Folge hat, dass keine von ihr unabhängige Bestätigung ihres Wahrheitsanspruchs vorgesehen ist.[145] Sie hat damit einen hermeneutischen Grundzug, der in der bisherigen Beschäftigung mit Luhmann viel zu wenig hervorgehoben worden ist.[146] Ihre Selbstreferentialität hat einen zirkelhaften Zug, bei dem es nicht darauf ankommt, ihn zu vermeiden, sondern in ihn hineinzuspringen (wie man von Heidegger lernen kann).[147]

---

[143] Vgl. Reese-Schäfer, Walter: Niklas Luhmann zur Einführung, 6. Aufl. Hamburg 2011, Kap. 12 (S. 142ff.).
[144] Habermas, Jürgen: Theorie des kommunikativen Handelns, Bd. 2, Frankfurt 1981, S. 173ff.
[145] Luhmann, Niklas: Soziale Systeme. Grundriß einer allgemeinen Theorie, Frankfurt 1984, S. 9.
[146] Vgl. dagegen Reese-Schäfer, Luhmann zur Einführung, 6. Aufl. (a.a.O.).
[147] Die hermeneutische Situation und der berühmte hermeneutische Zirkel werden entwickelt im § 63 von Heidegger, Martin: Sein und Zeit, Tübingen 15. Aufl. 1984, bes. S. 314f.

Die Theorie selbst in ihrer gegenwärtigen Gestalt ist – wie alles andere Soziale – das Produkt eines Ausdifferenzierungsprozesses. Im Grunde ist sie eine besondere Form von Auseinandersetzung mit einem Gegenstandsbereich und damit eine besondere Art von Praxis – allerdings nicht ganz wie andere Praxisformen, da sie ihre Selbstreferentialität mit einkalkuliert. Theorie in diesem Sinne ist damit mehr als eine Durkheimsche „soziale Tatsache". Sie wird zu einer selbsttragenden und selbstkontrollierten Konstruktion. Jenseits der zurechtgebastelten Autorenreihe, die in soziologischen Grundkursen als Fachklassik vermittelt wird, greift Luhmann entschlossen über die Fachgrenzen hinaus auf die Theorie selbstrefentieller, autopoietischer Systeme, wie man sie bei Heinz von Foerster, Francis Varela und nicht zuletzt dem Altmeister des Genres der allgemeinen Systemtheorie, Ludwig von Bertalanffy finden kann. Innovation durch Interdiziplinarität ist ein wesentliches Markenzeichen Luhmanns.

Der Band „**Soziale Systeme**" ist aus der Perspektive der Politikwissenschaft anregender, interessanter und nicht zuletzt anschlussfähiger als Luhmanns politische Theorie im engeren Sinne, die er z.B. in „Die Politik der Gesellschaft" darlegt.[148] In meiner Auseinandersetzung mit diesem Werk habe ich dargelegt, dass etwa im Bereich der Parteienforschung Luhmann doch leider hinter der im Fach selbst schon erreichten Komplexität zurückbleibt.[149] Nicht einmal ein Autor wie Luhmann kann in allen diesen Gebieten zu Hause sein. Fruchtbarer ist es deshalb, wenn Politikwissenschaftler ihrerseits dort anknüpfen, wo Luhmanns Stärken liegen und von dort aus weiterarbeiten. Das ist gerade in den vergangenen Jahren in reichhaltigem Maße geschehen.[150]

„Soziale Systeme" hat seine Stärken dort, wo der Begriffsaufbau entwickelt wird, der dann als Handwerkszeug benutzt werden kann. In unserem Zusammenhang sollen diejenigen Begriffe herausgefiltert werden, die für die Konstituierung einer politischen Theorie als besonders interessant und möglicherweise weiterführend erscheinen: Interpenetration, Kontingenz, Selektion, Komplexität, Konflikt, soziale Evolution, Ausdifferenzierung, Autopoiesis und natürlich System. Der wichtigste und wohl auch schwierigste dieser Begriffe ist „Interpenetration", der im Folgenden ausgelotet werden soll.

Luhmann arbeitet sehr hart daran, uns von herkömmlichen, maschinenmäßigen Metaphorisierungen der Systembegrifflichkeit zu befreien. Ein System ist nicht zu begreifen als räumlich ausgedehnte und damit lokalisierbare Entität, deren Grenzen nach der Art von Territorialgrenzen durch Zollstationen durchlässig und geschlossen zugleich gemacht würden. Luhmanns Systeme sind „offen" und „geschlossen" in einem ganz anderen Sinne. Systemkern ist vielmehr eine vibrierende Unterscheidung, die der sich immer weiter verästelnden funktionalen Differenzierung in gesellschaftliche Systeme und Subsysteme zugrunde liegt, z.B. von wahr/unwahr (Wissenschaftssystem), rechtmäßig/unrechtmäßig (Rechtssystem), Achtung/Nichtachtung (Moral), krank/gesund (Medizinsystem), Immanenz/Transzendenz (Religion) oder Regierung/Opposition (politisches System).

---

[148] Luhmann, Niklas: Die Politik der Gesellschaft, Frankfurt 2000.

[149] Vgl. Reese-Schäfer, Walter: Parteien als politische Organisationen in Luhmanns Theorie des politischen Systems, in Kai-Uwe Hellmann und Rainer Schmalz-Bruns (Hg.): Theorie der Politik: Niklas Luhmanns politische Soziologie, Frankfurt 2002, S. 109–130.

[150] So z.B.: Hellmann, Kai-Uwe und Rainer Schmalz-Bruns (Hg.): Theorie der Politik: Niklas Luhmanns politische Soziologie, Frankfurt 2002; Hellmann, Kai-Uwe, Karsten Fischer und Harald Bluhm (Hg.): Das System der Politik: Niklas Luhmanns politische Theorie, Wiesbaden 2003; Lange, Stefan: Niklas Luhmanns Theorie der Politik. Eine Abklärung der Staatsgesellschaft, Opladen 2003.

Alles, was nicht in dieser Grundunterscheidung zu erfassen ist, gehört nicht zum System, sondern zur Umwelt, auch wenn es räumlich am gleichen Ort lokalisierbar sein mag. Wenn es in Berlin regnet, gehört dies auch dann nicht zum politischen System der Bundesrepublik, wenn über der Kanzlerin der Schirm gespannt werden muss. Ein Unwetter allerdings kann, wenn es politisch zugerechnet wird (die Regierung hilft und gewinnt dadurch Stimmen; oder aber sie hat Schuld, weil Warnungen ignoriert wurden) in das Medium des politischen Systems übersetzt und dadurch für dieses verständlich und relevant werden. Es wird dann aber nicht mehr nach den Regeln der Meteorologie (oder der medizinischen Versorgung in Notfällen), sondern nach denen der Politik bearbeitet.

Luhmann verwendet für das Ineinandergreifen unterschiedlicher Systeme den Begriff der **Interpenetration**. Menschen als psychische Systeme sind nicht Bestandteil der Gesellschaft, sondern deren Umwelt. Gerade diese These hat vielfältige humanistische Empörungsreaktionen ausgelöst. Luhmann räumt auf diese Weise auf mit der klassischen politischen Theorie, die von einer Definition des Menschen als politisches Wesen (*zoon politikon*) ausging und verwirft darüber hinaus auch die neuzeitlich-moderne vertragstheoretische Konzeption, der zufolge das Politische auf einer expliziten oder impliziten vertraglichen Vereinbarung der einzelnen Menschen beruhen müsse. Diese alteuropäische Begriffsbildung kann die zunehmende Komplexität der gesellschaftlichen Ausdifferenzierung nicht mehr adäquat erfassen und muss deshalb als überholt gelten. Wenn Biologie, Psychologie und Soziologie sich ausdifferenziert haben, kann nicht mehr überzeugend auf die „Natur" des Menschen zurückgegriffen werden, um ihn argumentativ zu angepasstem Verhalten zu nötigen. Die humanistische Normgrundlage wird von der Natur in den Geist oder gar in die flüchtige Vernunft verlegt. Kontrafaktische Normierungen wie die von Habermas und Apel sind der hilflose Versuch, sich dem entgegenzustemmen und die Menschen, ohne sie wirklich überzeugen zu können, zu einem moralischen Verhalten nötigen zu wollen.

Wenn man dagegen mit Luhmann die Menschen als Teil der Umwelt der Gesellschaft ansieht, dann kann man ihnen höhere Komplexität zubilligen und ihnen z.B. auch die Freiheit zu unvernünftigem und unmoralischem Verhalten konzedieren, ohne dass aus dieser Diagnose gleich der Untergang der Gesellschaft folgern müsste. Luhmann argumentiert also ausdifferenzierungstheoretisch, um den natur- oder vernunftrechtlichen Ansatz zu überwinden, geht aber noch einen theoriebautechnischen Schritt weiter: es handelt sich bei genauerem Hinsehen um mehr als um das generelle Verhältnis von System und Umwelt, nämlich „um eine Intersystembeziehung zwischen Systemen, die wechselseitig füreinander zur Umwelt gehören."[151] Ein System penetriert das andere, indem es die eigene Komplexität, also seine Unbestimmtheit, seine Kontingenz und den Selektionszwang, zum Aufbau eines anderen Systems zur Verfügung stellt: soziale Systeme setzen in diesem Sinne „Leben" voraus. „Interpenetration liegt entsprechend dann vor, wenn dieser Sachverhalt wechselseitig gegeben ist, wenn also beide Systeme sich wechselseitig dadurch ermöglichen, dass sie in das jeweils andere ihre vorkonstituierte Eigenkomplexität einbringen."[152] Das aufnehmende System wirkt auch auf die Strukturbildung des penetrierenden Systems zurück – hier liegen in Luhmanns Theorie bemerkenswerte Anknüpfungspunkte an Foucaults ganz ähnlich gelagerte und ebenfalls aus den frühneuzeitlichen Quellen argumentierende Theorie der „Gou-

---

[151] Luhmann, Soziale Systeme, (a.a.O.) S. 290.
[152] Ebenda.

vernementalität", also der Entstehung und Prägung einer Disposition des Regierens und Regierbarseins.[153]

Damit halten wir einen Schlüssel in Händen, mit dem Luhmann es für möglich hält, nicht nur die Naturrechtslehren der politischen Ideengeschichte und deren Spätformen des Vernunftrechts bis hin zu John Rawls überwinden zu können, sondern auch die soziologischen Versuche, das Verhältnis von Individuum und Gesellschaft rollentheoretisch, bedürfnistheoretisch oder sozialisationstheoretisch zu beschreiben. Diese Versuche werden allerdings nicht ausgegrenzt oder widerlegt, sondern nach Luhmanns evolutionstheoretischem Ausdifferenzierungsmodell überwunden, indem sie eingeschlossen werden. Das gesellschaftliche Problem, das nicht „gelöst" wird, sondern weitere Kombinationen und Rekombinationen, also den Fortgang selbst erzeugt, kann als Komplexität beschrieben werden. Die unübersichtliche Vielzahl von Elementen kann nur durch Selektion verknüpft werden. Evolutionsprozesse filtern solche Arten von Handlungen aus, die psychisch und sozial als akzeptabel erscheinen, können ihnen im weiteren Fortgang diese Konditionierung aber auch wieder entziehen. Die beiden interpenetrierenden Systeme (etwa psychisches System und politisches System) bleiben füreinander Umwelt, versorgen sich zwar gegenseitig mit hinreichender Unordnung, d.h. Komplexität, stellen aber die jeweilige Eigenselektion und ihre Bündelung in der Grundunterscheidung des Systemkerns nicht in Frage.

Luhmann verzichtet ausdrücklich auf das handlungstheoretische Modell, demzufolge Menschen und soziale Systeme sich in den Handlungen der Einzelnen überschneiden, so dass das gesamte gesellschaftliche Gefüge als aus Handlungen aufgebaut vorgestellt werden kann. Diejenigen, welche die gequälten Versuche, den gesamten sozialen Prozess auf diese Weise zu konstruieren, unbefriedigt gelassen haben, finden bei Luhmann die Bemerkung, dies sei nicht falsch, aber zu einfach, denn die unterschiedliche Selektivität der differierenden Systeme bleibt jederzeit erhalten, woraus sich unterschiedliche Anschlussfähigkeiten, ja sogar unterschiedliche Vergangenheiten und vor allem unterschiedliche Zukünfte ergeben.[154] Dies hat weitreichende Folgen; denn von hier aus gibt Luhmann seine Antwort auf die Frage: Wie ist soziale Ordnung möglich? Wie kann sie in einer Situation entstehen, in der es zwei black boxes, die füreinander undurchschaubar bleiben, miteinander zu tun haben? Luhmann betont die Unwahrscheinlichkeit solcher Ordnungsentstehung und zugleich die Antriebsmomente im evolutionären Prozess, die den Prozess der Problemlösung in Gang setzen. Es bedarf in dieser Theorie also nicht der Annahme von wohlmeinenden Subjekten, die vernunftgesteuert und entschlossen die doppelte Kontingenz überwinden, die sich bekanntlich aufgrund des Nichtwissens über die Handlungsabsichten des anderen in so unangenehmen Verhaltensweisen äußern kann, dass jemand lieber abwartet, ob nicht der andere vielleicht als Erster anruft, der seinerseits abwartet, so dass das Warten sich fortsetzen kann, bis es keine Telefone mehr gibt.

Evolution, also der Sprung aus Situationen der doppelten Kontingenz, wird ermöglicht durch systemische Interpenetration. Wenn sie vorliegt, z.B. durch die Etablierung kultureller Regeln, kann es hinreichend häufig zu Aktionsdruck und damit zum Aufbau sozialer Systeme kommen. Die Erfahrung von Situationen doppelter Kontingenz kann durchaus den Aktionsdruck in diese Richtung erzeugen, wirkt also unter Umständen produktiv. Den psychischen Systemen erscheint das, was im Verkehr der *black boxes* miteinander geschieht, als

---

[153] Vgl. Kap. 11 in diesem Band.
[154] Luhmann, Soziale Systeme, a.a.O. S. 293.

Handlung[155] – für Luhmann eine zu anspruchsvolle Selbstdeutung, weil es wesentlich simpler um die Frage geht, ob der Partner eine Kommunikation annehmen oder ablehnen wird. Interpenetration ist für Luhmann ein Verhältnis von autopoietischen Systemen. Der Begriff, der am besten geeignet ist, einen solchen Prozess, bei dem jedes der Systeme seine **Autopoiesis** (seine Selbstschöpfung und Selbstfortsetzung nach eigenen, evolutionär entwickelten Differenzierungen) bewahrt, diese aber dennoch in einen Zusammenhang treten, ist der Sinn. Daher hat der Sinnbegriff einen so hohen Stellenwert in dieser Theorie und kann sogar den Begriff des *animal sociale* ablösen.[156] „Es ist nicht die Eigenschaft einer besonderen Art von Lebewesen, es ist der Verweisungsreichtum von Sinn, der es möglich macht, Gesellschaftssysteme zu bilden, durch die Menschen Bewusstsein haben und leben können."[157] Was hier vorliegt, ist die Umstellung einer ganzen alteuropäischen Theorietradition auf einen Neuansatz. Darin, dass vom Leser verlangt wird, dies nachzuvollziehen, liegt einer der Gründe dafür, dass Luhmanns Konzeption zunächst mit einem solchen Maß an Ablehnung konfrontiert wurde.

Kommen wir zurück auf den allumfassenden, den Universalitätsanspruch von Luhmanns Systemtheorie. **Jeder soziale Kontakt wird bei ihm als System begriffen,**[158] und anders als Parsons meint Luhmann dies sehr ernst, denn sein Systembegriff ist nicht bloß analytisch gemeint, sondern bedeutet, dass Systembildungen konkret und empirisch nachweisbar sein müssen.[159] Seinem Denken liegt die starke Behauptung einer direkt wirklichkeitsbezogenen Systemtheorie zugrunde.[160] Das führt zu einer politisch besonders bemerkenswerten Konflikttheorie. Auch hier erhebt Luhmann den Anspruch, aus den Sackgassen bisheriger Konflikttheorie herauszuführen und neu, selbstverständlich systemtheoretisch, anzusetzen. Konflikte sind ein besonderer Typus sozialer Systeme, die sich jeweils innerhalb anderer Systeme bilden, jedoch nicht als Teilsysteme (so wie das Tarifvertragssystem oder das Parteiensystem als Subsystem des politischen Systems), sondern parasitär. Sie beruhen auf einer Negativversion der doppelten Kontingenz, nämlich der Fortsetzung der Kommunikation durch die Benutzung einer der Möglichkeiten, die diese offen hält: des Nein. Der Konflikt ist definiert durch ein artikuliertes Nein – und unterscheidet sich dadurch von bloß vermuteten, bloß unterstellten Widerspruchslagen. Ein Nein kann ein besonders auffälliger Kommunikationsakt sein – nicht bloß vor dem Standesamt. Es kann fast aus dem Nichts, fast anlasslos entstehen, und produziert im aktuellen Kommunikationsvorgang eine besonders hohe Interdependenzwirkung, oft unter Ausblendung der Umgebung. Die Konfliktpartner konzentrieren sich aufeinander und agieren rücksichtslos gegenüber ihrer Umwelt. Konfliktsituationen sind häufig gekennzeichnet durch die scharfe Reduktion auf zwei Gegner oder, bei mehr Beteiligten, auf zwei Parteien, und die resultierende Offenheit für „fast alle Möglichkeiten des Benachteiligens, des Zwingens, Schädigens, sofern sie sich nur dem Konfliktmuster fügen und den eigenen Interessen nicht zu stark widersprechen."[161] Systemtheoretisch heißt das: Reduktion der Komplexität auf eine Zweiergegnerschaft und Offenheit für die Rekrutierung von Elementen zur Selbstreproduktion dieses Konfliktsystems. Bemerkenswert sind

---
[155] Ebenda S. 160.
[156] Vgl. Reese-Schäfer, Luhmann zur Einführung, 6. Aufl. (a.a.O.), S. 21–28.
[157] Luhmann, Soziale Systeme, a.a.O. S. 298.
[158] Ebenda S. 33.
[159] Ebenda S. 332.
[160] Ebenda S. 30 (vgl. hierzu auch Reese-Schäfer, Luhmann zur Einführung, 6. Aufl. a.a.O.).
[161] Luhmann, Soziale Systeme, a.a.O. S. 534 (vgl. zur Konflikttheorie vor allem S. 530ff.).

sowohl die hohe Beliebigkeit des Ausgangspunktes, des Anfangens, als auch die damit einhergehende immense Häufigkeit von Konflikten, welche dadurch alltäglich werden und als Bagatellen oft auch rasch bereinigt werden können. Ein bestimmter Typus von Sozialtheorie tendiert zur Überschätzung von Konflikten und überstilisiert sie als Klassenkampf und dergleichen. Konfliktsysteme selbst unterliegen nicht unbedingt einer Tendenz zur Selbstlösung, oft lösen sie sich allerdings durch Entropie auf, dadurch, dass anderes in den Vordergrund rückt: „Man wird es leid, man hört auf sich zu streiten, man geht auseinander, lässt etwas Zeit verstreichen und knüpft bei anderen Themen wieder an."[162]

Trotz dieser immer wieder zu beobachtenden Banalität hat der Konfliktbegriff dennoch eine enorme Bedeutung: Konflikte haben eine politische Wirkung, weil sie zur Parteinahme, zur Bündnisbildung und zur Strukturierung von gegensätzlichen Positionen führen. Durch das Erfordernis, Anhänger für die eigene Konfliktpartei zu gewinnen, die üblicherweise ein breites Spektrum heterogener Gefühle, Interessen und Positionen vertreten, findet eine Bündelung statt, nicht notwendigerweise auf das, was die Wissenschaft für die Hauptgegensätze hält, aber doch auf das, was in der Politik sich als Hauptgegensatz ergibt. Es wäre ein falsches Bild und ein mangelhaftes Verständnis von Konflikten, wenn man meinte, es ginge in ihnen lediglich um ihre Lösung. Das ist das politische Programm, nicht aber die wissenschaftliche Theorie, denn es liegt Luhmann fern, seine Theorie wie Habermas als „nette, kooperationsbereite Theorie" zu empfehlen. Wenn Lösungen sich ergeben, dann als Nebenprodukte. Hauptprodukt ist die Reproduktion der Konflikte selbst, d.h. **Konflikte sind autopoietische, sich selbst reproduzierende Systeme**. Empirisch heißt das: „Einmal etabliert, ist ihre Fortsetzung zu erwarten und nicht ihre Beendigung."[163] Trotz dieser Unausweichlichkeit gibt es zugleich immer Tendenzen zur Konditionierung, einmal durch das Verbot bestimmter gewaltsamer Mittel, also durch Kanalisierung, dann durch Verlagerung von Entscheidungskompetenzen auf hierarchisch Höhergestellte, also durch Hierarchisierung (der Höhergestellte darf in einem solchen Zusammenhang Nein sagen, ohne einen Folgekonflikt erwarten zu müssen) und die Erhöhung der Unsicherheit, d.h. die Öffnung des Konfliktsystems durch die Einbeziehung von Dritten. Jede Zweierbeziehung, auch die konfliktuelle, enthält immer auch Elemente von Reduktion und Regression. Diese werden durch die Öffnung zurückgenommen, um einen höheren Komplexitätsgrad zurückzugewinnen.

Luhmann geht nun von dieser Beschreibung von Konfliktsystemen als Bagatellprozessen, die in sozialen Systemen eher unauffällig versickern (selbst wenn es biographisch wichtig war: eine Liebe wurde nicht erhört, eine Bewerbung nicht angenommen)[164] zu den sehr viel umfassenderen Konfliktpotentialen über, die durch soziale Bewegungen artikuliert werden können. Im Übergang von hierarchisch stratifizierten zu modernen, funktional differenzierten Gesellschaften erhöhen sich Komplexitätschancen und Wahlentscheidungen. Zugleich bildet sich mit globaler Wirkung eine Art Rückseite: es gibt Effektkumulierungen, also unerwartete Aggregationen, und Stimmungsumschwünge, also Änderungen im Bereich dessen, was in der herkömmlichen Soziologie kollektive Mentalitäten genannt wurde. Daraus bilden sich dann immer wieder soziale Bewegungen, die durch eine auffallenden Volatilität, also durch plötzliches Auftreten, rasches Wiederabklingen und das Auftreten immer neuer, nicht notwendig konsistenter und kohärenter Stichworte, „die jeweils im Moment überzeugen" ge-

---

[162] Ebenda.
[163] Ebenda S. 537.
[164] Ebenda S. 541.

prägt sind.[165] Der Lebenszyklus ist länger als der Überzeugungszyklus. Das Engagement wird nur temporär durchgehalten und bröckelt bald ab, weil immer weniger potentielle Aktivisten die Erregungspotentiale mobilisieren können, die zur Aktivität anstacheln. Eine wesentliche Ursache dieser Volatilität ist der fehlende Rückhalt sozialer Bewegungen in den Dauerstrukturen, im Institutionensystem der Gesellschaft. Dies ist von den Bewegungsparteien natürlich erkannt worden. Ihre ersten Maßnahmen, sobald sie Regierungspositionen erlangt hatten, waren deshalb Subventionierungen alternativer Projekte und Aktivitäten, die allerdings aufgrund ihrer besonderen Struktur nur selten auf Dauer gestellt werden konnten und durch die Subventionierung nur etwas länger am Leben gehalten wurden, bis das Interesse verloren ging. Allenfalls die Biobauern und Windunternehmer haben hier durch Professionalisierung, also die Umstellung vom Modus der sozialen Bewegung auf den der Ökonomie, nachhaltigere Erfolge erzielen können.

Luhmanns Duktus in „Soziale Systeme" spiegelt den resignativen Grundton der 1980er Jahre, wenn er von Schalheit, Entfremdung und Desillusionierungen spricht, die sich auch durch Ressentiments (z.B. wie in der alten Arbeiterbewegung gegen den zigarrerauchenden Kapitalisten) nicht mehr erfolgreich in das je individuelle Leben integrieren lassen. Dieser Befund wird von Albert Hirschmans Studien zu Engagement und Enttäuschung bestätigt und gedeckt.[166] Der Rückblick auf die 1920er und 1930er Jahre zeigt, dass sich dies schon in scheinbar so festgefügten Organisationsstrukturen wie denen der Arbeiterparteien abgezeichnet hatte. Die abrupten Strategiewechsel der kommunistischen Parteien und die Zyklen von Engagement, Neurekrutierung, Austritt und Ausschluss haben die volatilen Prozesse der 1970er und 1980er Jahre schon vorweggenommen. Hier sind strukturelle Faktoren am Werk. Luhmann hält den Beschreibungsvorschlag der Irrationalität für diese Prozesse für oberflächlich, weil er voraussetzt, die Hauptstruktur moderner Gesellschaften für rational zu halten. Die Selbstbeschreibung als Bewegung und Prozess, die dann mit verschiedenen und wechselnden Inhalten und Programmen gefüllt werden kann (Frauen-, Friedens-, Ökobewegung) ist ein interessanter Versuch der Selbstsinngebung dieses Irritationsprozesses durch die Einführung einer theoretischen Kategorie, die zur reflexiven Verwendung einlädt. Luhmann allerdings destruiert diese Semantik ziemlich kühl: Nicht ihr Anfang, nicht ihre *Archē* bewegt die Bewegung, sondern sie sich selbst. Der theoretisch eingeführte Bewegungsbegriff leistet also im Grunde im ersten Schritt nicht mehr als die Bewegung selbst, daher wohl auch der programmatische Charakter der sozialen Bewegungsforschung, der von kritischen Sozialwissenschaftlern immer wieder beobachtet wird.

Allerdings kann dies, systemtheoretisch beschrieben, gesteigert werden durch einen „reentry" der Beschreibung in das Beschriebene selbst: Das Ziel wird zum Grund des Nichtaufhörenkönnens der Irritabilität. Wenn das Ziel nicht erreicht wird, findet tendenziell eine Radikalisierung statt. Ereignisse im Bewegungszusammenhang werden zu ihrer Geschichte zusammengefasst und können dadurch ein eigenes motivierendes Moment der Fortsetzung der Autopoiesis werden, und zwar unabhängig davon, ob es Erfolge oder Niederlagen waren.

Luhmanns Beschreibung der Bewegungswelt als unbestimmte Irritabilität und Ubiquitierung des Neinsagens kann ganz sicher als im tiefsten Herzen konservativ gewertet werden. Der Ton leicht ratloser Resignativität zeigt an, dass an dieser Stelle für ihn mehr liegt als bloß ein

---

[165] Ebenda S. 545.

[166] Hirschman, Albert: Engagement und Enttäuschung. Über das Schwanken der Bürger zwischen Privatwohl und Gemeinwohl, Frankfurt 1984.

theoretisches Problem. Noch Dahrendorfs Soziologie hatte eine Art Enthusiasmus für Konflikte zu erzeugen versucht. Luhmanns Überlegen endet mit der Frage zu den damals rezipierten Theorien des zivilen Ungehorsams: „In jedem Falle wird man sich fragen müssen, wie von da her das doch auch nötige Ja zur Gesellschaft wiedergewonnen werden kann."[167] Das war für Dahrendorf keine Frage, weil das Eigeninteresse an der Karriere schon genügend Jasagepotenzial produzierte, weil ökonomische Konkurrenz mehr Gewinnchancen durch innovative und produktive Überbietung des Konkurrenten als durch seine Schädigung verspricht. Spätere Schriften von Luhmann erscheinen mitunter etwas freundlicher und offener den sozialen Bewegungen gegenüber – die eben dargestellten Kritikpunkte allerdings hat er beibehalten.[168]

Luhmanns Konservatismus kommt durchaus leichtfüßiger und spielerischer daher als dies etwa bei Adorno und Horkheimer der Fall ist, deren Abrechnungen mit dem Fortschrittsbegriff und der Aufklärung wie enttäuschte Liebe wirken. Erst Ende des 18. Jahrhunderts war ja der Fortschrittsbegriff an die Stelle nicht mehr überzeugender ethischer Verhaltens- und Zielanweisungen getreten, welche man durch das Vertrauen in die insgesamt gute Richtung des historischen Prozesses ersetzt hatte, indem Evolutionsprozesse schlicht mit einer Positivwertung versehen und so als Fortschritt gewertet wurden.[169] Diese Fortschrittsvorstellungen hatten ihre Stärke und Glaubwürdigkeit nicht zuletzt darin, dass sie als ‚*Self-fulfilling prophecies*' wirkten. Als Fortschrittsgegner müsste man nun einfach das Gegenteil behaupten – was normalerweise zu einer gleichermaßen falschen Theorie führen würde. Luhmann schlägt ein anderes Vorgehen vor: An die Stelle von Fortschrittszielen tritt bei ihm die Kategorie der Differenz, an die Stelle der Verbesserung oder Verschlechterung der Lage tritt die zunehmende oder abnehmende Komplexität, die ihrerseits durch Differenzen ermöglicht wird, die Differenzen erzeugen.[170] So kommt Luhmann zu einer für ihn ganz eigentümlichen kühlen Wertungsenthaltung, die eher in seiner Theoriebautechnik als in seinen Meinungen fundiert ist. Die Herrschaftsfreiheit als Denkgestus, die ja die unmittelbare Präsenz des vernünftigen Allgemeinwillens in jedem einzelnen voraussetzte, ist „nicht eigentlich ersetzt worden, sondern nur erschlafft."[171] In dieser Diagnose begegnet Luhmann der Ausgangsüberlegung von Jean-François Lyotards *„Das Postmoderne Wissen"*, das fünf Jahre vor der Theorie der Sozialen Systeme erschienen war.[172] Nicht mehr Aufklärungskritik, sondern müdes Abwinken und Ersetzung durch evolutionär neue Ausdifferenzierungen, die aber auf das Pathos des Neuen (also auch auf das beleidigte Pathos der Frustration) nunmehr verzichten, kann als die Beobachterhaltung der Systemtheorie beschrieben werden.

Unter dem Gesichtspunkt politischer Theorie hat Luhmann allerdings nicht so sehr durch diese Meinungsurteile gewirkt, als vielmehr durch seine **umfassende Ausdifferenzierungskonzeption**. Die Grundunterscheidungen, auf deren Basis die Einzelsysteme sich ausdifferenzieren, beschreibt Luhmann anders als Talcott Parsons nicht mit Kunstwörtern, sondern mit Begriffen, die den Alltagssprachen stark angenähert sind. Wenn wie im Wirtschaftssystem

---

[167] Ebenda S. 550.
[168] Vgl. Niklas: Protest. Systemtheorie und soziale Bewegungen. Hg. und eingeleitet von Kai-Uwe Hellmann, Frankfurt 1996.
[169] Luhmann, Soziale Systeme, a.a.O. S. 175.
[170] Ebenda S. 440.
[171] Ebenda S. 21.
[172] Vgl. Lyotard, Jean-François: Das postmoderne Wissen. Ein Bericht, Wien 1986 (zuerst als La condition postmoderne, Paris 1979) und Reese-Schäfer, Walter: Lyotard zur Einführung, 3. Aufl. Hamburg 1995.

das Medium Geld ist, dann geht es eben um Zahlung oder Nichtzahlung; wenn wie in der Politik das Medium Macht ist, dann geht es um das Innehaben oder Nichtinnehaben von Ämtern, was sich in bestimmten Kontexten und Grenzen übersetzen lässt in Regierung/Opposition. Hier zeigt sich übrigens auch, dass der dynamische Kern des politischen Systems von der Systemtheorie immer noch nicht verbindlich und überzeugend herausgearbeitet worden ist. Luhmanns Überlegungen sind nicht zuletzt auf Grund solcher Offenheiten und gewisser Unschärfen sehr breit anschlussfähig und lassen zugleich immer feinere Verästelungen und Ausdifferenzierungen von Subsystemen zu.

Auch die **Gesellschaft** selbst ist in diesem Denken ein Produkt evolutionärer Ausdifferenzierung: Ihre Grenzen sind nicht mehr territorial zu verstehen, sondern umfassen alle Kommunikation im Unterschied zu nichtkommunikativen, nichtsozialen Sachverhalten, die zu ihrer Umwelt gehören. „Ihre Grenzen werden von Naturmerkmalen wie Abstammung, Bergen, Meeren unabhängig, und als Resultat von Evolution gibt es dann schließlich nur noch eine Gesellschaft: die Weltgesellschaft, die alle Kommunikationen und nichts anderes in sich einschließt und dadurch völlig eindeutige Grenzen hat."[173] Für die politische Theorie sind solche Begriffe operabel, denn es erleichtert das Verständnis dafür, dass in einem kompetitiven Machterwerbssystem alle sogenannten Sachfragen umgeformt werden müssen in die Frage: Nützt es uns oder dem politischen Gegner? Es wird zugleich klar, dass die alte rechts-links Schematisierung, also die Gegenüberstellung von konservativ und progressiv, nur eine Sekundärprogrammierung sein konnte, also unter dem Gesichtspunkt von Machterwerb und Machterhalt eher eine Illusion ist. Systemtheoretisch ist daher leicht zu erklären, ja sogar zu verstehen, warum nach einem heftigen Lagerwahlkampf die Gegner anschließend in ernsthafte Koalitionsverhandlungen miteinander eintreten können. Vor allem aber wird klar, dass das politische System aufgrund der Systemdifferenz eben nicht zur Lösung ökonomischer Probleme in der Lage ist. Es kann die Ökonomie zwar beschränken, hemmen und erschüttern, aber es wird auch im Fall von Positiveffekten durch Subventionierungen immer Geldströme in andere Richtungen lenken als sie marktmäßig fließen würden, weil das Entscheidungsmerkmal eben politische Effektivität und nicht wirtschaftliche Effizienz ist. Auch wenn Subventionen also eine bestimmte Branche oder Region fördern, dann nur um den Preis, dass anderswo höhere Wachstumschancen nicht wahrgenommen werden, denn das Geld lässt sich nur einmal ausgeben.

Eine der folgenreichsten Diskussionen hat Luhmann noch selbst mit einem der führenden Politikwissenschaftler – nämlich Fritz Scharpf – geführt, als sich das Scheitern der keynesianischen Steuerungsversuche von Wirtschaft durch Politik in den 1970er Jahren gezeigt hatte. Luhmanns Kernthese lautete: Die Idee politischer Steuerung ist ziemlich sinnlos. Selbstverständlich haben politische Steuerungsbemühungen eine Wirkung. Aber ebenso gewiss nicht die eigentlich gewollte, nämlich die Gesellschaft von den Kommandohöhen des politischen Systems her in die gewünschte Richtung dirigieren zu können. Steuerung ist so etwas wie Differenzminderung, d.h. die Verringerung von Bereichsunterschieden – also gerade das Gegenteil von dem, was in modernen Gesellschaften geschieht. Denn jene sind auf die Erhaltung und Verstärkung der Differenzen angelegt. Schon deshalb können sie gar nicht erfolgreich gesteuert werden. Die Handlungstheorie, wie sie viele Politikwissenschaftler immer noch gläubig nacherzählen, eignet sich allenfalls zur Selbstdarstellung, zur „öffentlichen Phrasierung" der Politik. Auch wenn man dies im Einzelnen noch so „scharfsinnig" entwi-

---

[173] Luhmann, Soziale Systeme, a.a.O. S. 557.

ckelt, kommt man doch nicht daran vorbei, dass jeder Steuerungsakt, z.B. auf dem Währungs- oder Finanzmarkt, als Ereignis wesentlich schneller wirkt als seine dahinterstehenden Absichten. Er überholt sich gewissermaßen selbst und dementiert sich dadurch. Die Steuerung setzt dann nur noch Signale, die flackern wie Lichter und schrille Geräuschsequenzen in einer Disko, während die Anwesenden sich langweilen und nach anderem Ausschau halten.[174] Luhmann leugnet nicht vollständig die Möglichkeit von Steuerung. Er hält ihre analytische Einbettung in eine Handlungstheorie mit deren Überschätzung der Absichten jedoch für verkehrt. In einer Systemtheorie der Steuerungsversuche würde man die Impulse und die Differenzen von Systemzuständen vergleichend analysieren. Die Politik ist damit entzaubert, weil sie nicht mehr als die hierarchische Spitze der Gesellschaft gelten kann, sondern bloß noch als ein Teilsystem unter vielen anderen.

Die gegenwärtige Generation der Politikwissenschaftler hat sich von der Konfrontationsposition gegenüber der Systemtheorie gelöst und sich an eine sehr umfassende und gründliche Auseinandersetzung gemacht. Die Analyse des Parteiensystems, der Rolle des politischen Systems im engeren Sinn oder des Staates, aber auch die Analyse von Subsystemen des politischen Systems wie dem Tarifvertragssystem[175] und vor allem der von Luhmann bereits 1971 in die Debatte geworfene Begriff der Weltgesellschaft haben eine Reihe von Anschlussarbeiten hervorgebracht. Die theoretisch derzeit anspruchsvollste Arbeit zu Luhmann aus politikwissenschaftlicher Sicht ist Stefan Langes Gesamtdarstellung aus dem Jahre 2003. Als nächster Schritt im Forschungsprozess sind vielfältige Arbeiten aus unorthodoxen, aber systemtheoretisch aufgeklärten Perspektiven zum gesamten Spektrum politikwissenschaftlicher Probleme zu erwarten.

Fragen
1. Wie unterscheidet sich nach Luhmann das politische System vom Wirtschaftssystem?
2. In welchen Punkten besteht eine Übereinstimmung von Luhmanns Systemtheorie mit der Handlungstheorie Hannah Arendts?
3. In welchen Punkten kritisiert Luhmann handlungstheoretische Modelle?
4. Welche Bedeutung hat Luhmanns systemtheoretische Methode für das Verständnis moderner Politik?
5. Ist Luhmann Marktliberaler?
6. Was ist mit dem Begriff der „Interpenetration" gemeint?
7. Vergleichen Sie die evolutionstheoretische Konzeption Luhmanns mit der von F.A. von Hayek.
8. Ist Luhmanns Systemtheorie mit dem Postmodernismus Lyotards kompatibel?
9. Sind die Menschen Luhmann zufolge Bestandteile des politischen Systems?
10. Wie verhalten sich System und Umwelt zueinander?
11. Gibt es ein alles umfassendes Gesamtsystem?

---

[174] Vgl. Luhmann, Niklas: Politische Steuerung. Ein Diskussionsbeitrag, in PVS, Nr. 1, Jg. 30, 1989, S. 4–9; dagegen Scharpf, Fritz W.: Politische Steuerung und politische Institutionen, ebenda, S. 10–22.
[175] Vgl. Thomas, Sven: Alternativen zum Tarifvertragssystem, Frankfurt 2002.

4 Systemtheorie: Niklas Luhmann

Einführungstext

Luhmann, Niklas: Die Weltgesellschaft, in ders., Soziologische Aufklärung II, 3. Aufl. Opladen 1986, S. 51–71 (Erstveröffentlichung in Archiv für Rechts- und Sozialphilosophie Jg. 57, 1971, S. 135).

Literatur

Luhmann, Niklas: Soziale Systeme. Grundriß einer allgemeinen Theorie, Frankfurt 1984.

Luhmann, Niklas: Die Gesellschaft der Gesellschaft, 2 Bände, Frankfurt 1997.

Luhmann, Niklas: Die Politik der Gesellschaft, Frankfurt 2000.

Luhmann, Niklas: Politische Steuerung. Ein Diskussionsbeitrag, PVS, Nr. 1, 30. Jg., 1989, S. 4–9.

Luhmann, Niklas: Protest. Systemtheorie und soziale Bewegungen. Hg. und eingeleitet von Kai-Uwe Hellmann, Frankfurt 1996.

Sekundärliteratur

Foucault, Michel: Die Gouvernementalität, in Ulrich Bröckling, Susanne Krasmann und Thomas Lemke (Hg.): Gouvernementalität der Gegenwart. Studien zur Ökonomisierung des Sozialen, Frankfurt 2000, S. 41–67.

Habermas, Jürgen: Theorie des kommunikativen Handelns, 2 Bände, Frankfurt 1981.

Habermas, Jürgen und Niklas Luhmann: Theorie der Gesellschaft oder Sozialtechnologie. Was leistet die Systemforschung? Frankfurt 1971.

Hellmann, Kai-Uwe, Karsten Fischer und Harald Bluhm (Hg.): Das System der Politik: Niklas Luhmanns politische Theorie, Wiesbaden 2003.

Hellmann, Kai-Uwe und Rainer Schmalz-Bruns (Hg.): Theorie der Politik: Niklas Luhmanns politische Soziologie, Frankfurt 2002.

Hirschman, Albert: Engagement und Enttäuschung. Über das Schwanken der Bürger zwischen Privatwohl und Gemeinwohl, Frankfurt 1984.

Lange, Stefan: Niklas Luhmanns Theorie der Politik. Eine Abklärung der Staatsgesellschaft, Opladen 2003.

Reese-Schäfer, Walter: Niklas Luhmann zur Einführung, 6. Aufl. Hamburg 2011.

Reese-Schäfer, Walter: Parteien als politische Organisationen in Luhmanns Theorie des politischen Systems, in Kai-Uwe Hellmann und Rainer Schmalz-Bruns (Hg.): Theorie der Politik: Niklas Luhmanns politische Soziologie, Frankfurt 2002, S. 109–130.

Scharpf, Fritz W.: Politische Steuerung und politische Institutionen, PVS, Nr. 1, 30. Jg., 1989, S. 10–22.

Thomas, Sven: Alternativen zum Tarifvertragssystem, Frankfurt 2002.

5 Kritische Theorie: Horkheimer und Adorno

5.1 Die Ursprünge der Kritischen Theorie

Die Bezeichnung „Kritische Theorie" ist von den Mitgliedern der **Frankfurter Schule** als Deckbegriff für ihre besondere Spielart marxistischen Denkens gewählt worden. Der Begriff der Kritik erfreut sich als Prinzip der Veränderung, der Verbesserung und der Selbstbegrenzung spätestens seit Immanuel Kant einer ganz eigentümlichen Geltung und Wertschätzung. Rein denktechnisch ist es durchaus möglich, dass sie sich am Ende auch gegen ihre eigenen Mittel, nämlich gegen die Vernunft oder den Verstand wenden kann. Bei Kant handelte es sich noch um eine analytisch-selbstreflexive Feststellung der Grenzen der menschlichen Vernunft, bei Zygmunt Bauman und anderen dagegen um eine radikale Kritik der Vernunft überhaupt, die von außen, aus einer dann unvermeidlich nichtrationalen Perspektive vorgetragen werden musste.[176]

Die Frankfurter Schule um Max Horkheimer und Theodor W. Adorno hat den Begriff der Kritischen Theorie in einem ganz eigenständigen und eigentümlichen Sondersinn, nämlich als Fortsetzung einer Tradition des westlichen Marxismus zu einer Art Markennamen entwickelt. Ihre antimarxistischen Gegenspieler Karl Popper und Hans Albert haben aber ebenfalls für sich den Kampfbegriff des kritischen Rationalismus (im Unterschied zum unkritischen Positivismus) für sich in Anspruch genommen. Selbst wer politisch eher affirmativ oder konservativ gesonnen war, empfand eine kritische Haltung als den attraktivsten theoretischen Gestus.

Ein programmatischer Text der Frankfurter Schule ist Horkheimers Aufsatz „Traditionelle und kritische Theorie" aus dem Jahr 1937.[177] Hier wurden die Grundzüge eines Theoriekonzepts entworfen, das schließlich in den berühmten Positivismusstreit führte. Horkheimer beginnt mit der Dekonstruktion des Theoriebegriffs. Traditionell habe man geglaubt, „Theorie" sei leicht zu definieren: „als ein Inbegriff von Sätzen über ein Sachgebiet, die so miteinander verbunden sind, dass aus einigen von ihnen die übrigen abgeleitet werden können."[178] Der Theoriebegriff wurde von Edmund Husserl pointiert so formuliert, dass Theorie ein „in sich geschlossenes Sätzesystem einer Wissenschaft überhaupt" sei.[179] Im Grunde wird hier ein traditioneller Theoriebegriff verwendet, der auf ein rein mathematisches Zeichensystem

---

[176] Meine Kritik an Zygmunt Bauman habe ich ausgeführt in Reese-Schäfer, Walter: Zum Vergleich des Unbehagens an der Moderne und an der Postmoderne. Zygmunt Bauman und das kommunitarische Denken, in Matthias Junge und Thomas Kron (Hg.), Zygmunt Bauman: Soziologie zwischen Postmoderne, Ethik und Gegenwartsdiagnose, 2. erweiterte Aufl. Wiesbaden 2007, S. 289–316 sowie in meiner Rezension zu Zygmunt Bauman: Postmoderne Ethik, in Archiv für Rechts- und Sozialphilosophie, Nr. 1, Jg. 84, 1998, S. 143–146.

[177] Horkheimer, Max: Traditionelle und kritische Theorie, in ders., Kritische Theorie der Gesellschaft Bd. II, Frankfurt 1968 (zuerst 1937), S. 137–191. Im damaligen Aufsatztitel war die Bezeichnung „kritische Theorie" noch nicht zum Eigennamen avanciert und wurde daher klein geschrieben.

[178] Ebenda S. 137

[179] Husserl, Edmund: Formale und transzendentale Logik, Halle 1929, S. 89

abzielt. Wegen seines Erfolgs in den Naturwissenschaften tendieren die Wissenschaften von den Menschen und von der Gesellschaft dazu, diesen Theoriebegriff nachzuahmen. Hier setzt Horkheimers Kritik an, die den Theoriebegriff im Grunde umkreist, statt ihn direkt aufzuspießen. Solch eine **traditionelle Theorie** sei Kalkulieren im Sinne der Naturwissenschaften.[180] Letztlich würde sich die Beziehung von Hypothesen auf Tatsachen jedoch nicht im Kopf des Gelehrten, sondern in der Industrie vollziehen. Von den philosophischen Schulen lassen vor allem die Positivisten wie die Pragmatisten in erster Linie den *cash value*, den Barwert von Sätzen gelten, d.h. das, was sich in der Praxis auszahlt. Die bürgerlichen Gelehrten sind sich bei der Verwendung ihres Theoriebegriffs dieses Verwertungszusammenhangs nicht bewusst und täuschen sich systematisch darüber. Ein anderes Modell von Theorie, die in Hegelschen Begriffen auf Emanzipation, auf einen Fortschritt im Bewusstsein der Freiheit zielen würde, ist von hier aus nicht denkbar. In den höhnischen Worten Horkheimers: „Der Fortschritt im Bewusstsein der Freiheit besteht nach dieser Logik eigentlich darin, dass von dem armseligen Ausschnitt der Welt, den der Gelehrte zu Gesicht bekommt, immer mehr in der Form des Differentialquotienten ausdrückbar wird."[181] Man muss einmal gehört haben, wie abfällig Horkheimer oder Adorno den doch eigentlich recht unschuldigen Begriff des Differentialquotienten auszusprechen und zu betonen vermochten!

Die Wissenschaft als Beruf wird zum unselbständigen Teil im Arbeitsprozess. Das, worum es dem kritischen Theoretiker eigentlich geht, nämlich die Selbsterkenntnis des Menschen zum Zwecke der Emanzipation, ist jedoch nicht nach dem Modell einer mathematisierten Naturwissenschaft möglich, sondern allein als „kritische Theorie der bestehenden Gesellschaft."[182] Die intellektuellen Teilvorgänge der mathematisierten Sozialwissenschaft sind von der gesellschaftlichen Praxis abgehoben, die die **Kritische Theorie** gerade direkt in den Blick zu nehmen versucht, weil alle Tatsachen gesellschaftlich präformiert sind und alle immer schon durch menschliche Aktivität geformt sind, denn alles Wahrgenommene hat einen geschichtlichen Charakter. Wenn dieser, wie es sich für eine kritische Theorie gehört, in den Vordergrund gerückt wird, dann begegnet man nicht mehr der Mathematik, sondern sozusagen den Menschen und ihren Verhältnissen selbst, und weiter, damit immer auch der Unterdrückung des Menschen durch den Menschen und dem daraus folgenden gesellschaftlichen Emanzipationsbedarf.

Die **traditionelle Theorie** soll keineswegs in Bausch und Bogen verworfen werden, sondern ihr wird durchaus eine positive gesellschaftliche Funktion zugebilligt. Hier zeigt sich der marxistische Kern der sogenannten **Kritischen Theorie**, der seit dem Jahre 1937 von Horkheimer und Adorno meist sorgfältig hinter dem Begriff Kritik versteckt worden ist. Theorie wird analog zu materiellen Produktionsinstrumenten verstanden, die immer auch ein Element einer späteren, gerechteren, differenzierteren, harmonischeren Gesellschaft darstellen. Das Planungsdenken des Marxismus spielt bei Horkheimer Ende der 1930er Jahre immer noch eine wesentliche Rolle, wenigstens als impliziter Hintergrundmaßstab seiner Wertungen. Er geht davon aus, dass „die Idee einer vernünftigen, der Allgemeinheit entsprechenden gesellschaftlichen Organisation"[183] der menschlichen Arbeit von vornherein schon immanent sei,

---

[180] Bis zu diesem Punkt deckt sich diese Kritik mit der beinahe zeitgleich von Ernst Cassirer entwickelten Auseinandersetzung mit dem Konzept der mathesis universalis in seinem zuerst 1941 veröffentlichten Band: Zur Logik der Kulturwissenschaften. Fünf Studien, 6. unveränderte Auflage, Darmstadt 1994, S. 6ff.

[181] Horkheimer, Max: Traditionelle und kritische Theorie, a.a.O. S. 147.

[182] Ebenda.

[183] Ebenda S. 162.

5 Kritische Theorie: Horkheimer und Adorno

jedoch in der bürgerlichen Gesellschaft nur verdeckt gegenwärtig ist. Der **Marxismus** allerdings, und hier liegt der wesentliche Unterschied zur **Kritischen Theorie**, hatte angenommen, das Proletariat habe sozusagen einen privilegierten Erkenntnisstandpunkt, und bestünde die Privilegierung auch nur in der eigenen Notsituation, keine andere Wahl zu haben und nichts verlieren zu können als die eigenen Ketten. In der modernen Gesellschaft jedoch bietet diese Situation nicht mehr die Garantie der richtigen Erkenntnis, sondern jene ist allein noch durch die theoretische Anstrengung des Intellektuellen möglich, die ihn durchaus in einen zeitweiligen Gegensatz zu den Massen bringen könne. Das proletarische Bewusstsein kann „unter den gegenwärtigen Verhältnissen ideologisch beengt und korrumpiert" werden.[184] Eine gesellschaftliche Klasse, an die man sich halten könnte, existiert also nicht mehr. Man ist allein auf die Kritische Theorie selbst angewiesen. Die Kritische Theorie ist damit eine Intellektuellentheorie, und zwar eine normative, weil Horkheimer mit dieser These zugleich eine Kritik an dem Typus des kommunistischen Parteiintellektuellen verbindet, „der nur in aufblickender Verehrung die Schöpferkraft des Proletariats verkündigt und sein Genüge darin findet, sich ihm anzupassen und es zu verklären."[185] Gerade die aktuellste, gegenwärtige Situation isoliert jedoch die Träger des Zukunftsbewusstseins und zwingt sie, sich auf sich selbst zu stellen – ein unmittelbarer Reflex auf die damalige Exilsituation des Frankfurter Instituts für Sozialforschung. In einer geradezu selbstdramatisierenden Weise wird der Kritischen Theorie letztlich die ganze Bürde der Menschlichkeit aufgeladen: „An der Existenz des kritischen Verhaltens, das freilich Elemente der traditionellen Theorien und dieser vergehenden Kultur überhaupt in sich birgt, hängt heute die Zukunft der Humanität."[186] Das war für Horkheimer die Situation im Jahre 1937, also nach der Niederlage aller fortschrittlichen Bewegungen in den hochentwickelten Ländern Europas.

Es wäre ein unkritischer, traditioneller Theorietypus, wenn man einfach nur die Bewusstseinsinhalte des Proletariats systematisieren oder erforschen würde. Der kritische Theoretiker, das theoretische Subjekt muss demgegenüber eine eigene spezifische Aktivität als „stimulierender, verändernder Faktor" entwickeln.[187] Der Theoretiker soll dabei durchaus auch eine aggressive Kritik an ablenkenden, konformistischen oder utopistischen Tendenzen in den eigenen Reihen entfalten, nicht nur gegenüber den bewussten Apologeten des Bestehenden.

Die traditionelle Theorie inklusive der formalen Logik „gehört zum arbeitsteiligen Produktionsprozess in seiner gegenwärtigen Form", die Kritische Theorie dagegen will kein Rad im herrschenden Mechanismus sein, sie arbeitet dialektisch, und ihr Ziel ist „der vernünftige Zustand",[188] den Horkheimer nicht näher beschreibt, der aber nichts anderes sein kann als ein planwirtschaftlich organisierter Sozialismus, denn die heutige Wirtschaft erscheint ihm chaotisch. Er will Zerrissenheit und Irrationalität beseitigen und stellt sich als Zielperspektive „die Idee einer künftigen Gesellschaft als der Gemeinschaft freier Menschen, wie sie bei den vorhandenen technischen Mitteln möglich ist", vor.[189]

Horkheimer antizipiert, dass die Kritische Theorie dem herrschenden Denken als parteiisch und ungerecht erscheinen wird, als subjektiv, spekulativ, einseitig und nutzlos. Damit müsse

---

[184] Ebenda S. 190.
[185] Ebenda S. 163.
[186] Ebenda S. 190.
[187] Ebenda S. 164.
[188] Ebenda S. 165.
[189] Ebenda S. 166.

man rechnen und darauf beharren, dass sie keine abstrakte Utopie verkündigt, sondern die reale Möglichkeit der Veränderung beim heutigen Stand der menschlichen Produktivkräfte nachzuweisen versucht. Der Eigensinn der Phantasie ist gegenüber dem Bestehenden festzuhalten.[190] Später hat Oskar Negt aus diesem Eigensinn eine ganze Theorie entfaltet. Gegenüber der Empirie müssen diese Größen, Phantasie, Eigensinn und das konstruktive Denken immer wieder gegen einen allzu engen gesunden Menschenverstand in Stellung gebracht werden. Leute, die angeblich zu viel denken, gelten als gefährlich – das ist Horkheimers populäre Erklärung für die Probleme der Intelligenz in ihrem Verhältnis zur Gesellschaft.

Hier trägt Horkheimer eine Polemik gegen die Fachsoziologie vor (womit im wesentlich die damals aktuelle Wissenssoziologie Karl Mannheims gemeint war), die die Situation des freischwebenden Intellektuellen als eine besondere Einsichtsfähigkeit in das Allgemeine aufgrund des Fehlens von perspektivischen Klassenbindungen charakterisiert hatte. Das bestreitet Horkheimer, weil dies zu einer Arbeitsteilung zwischen dem soziologischen Diagnostiker und dem gesellschaftlichen Kämpfer führen würde. Für den kritischen Theoretiker dagegen soll nur eine Wahrheit und eine darauf bezogene Redlichkeit oder Wahrhaftigkeit gelten, während anderen politischen Standpunkten diese Wahrhaftigkeit und Vernünftigkeit des Strebens nach „Frieden, Freiheit und Glück"[191] nicht im gleichen Sinne zugesprochen wird. Die Wahrheit liegt nach Horkheimer also nicht in neutraler Reflexion, sondern in konkreter geschichtlicher Aktivität – ganz im Sinne der Junghegelianer und der Feuerbachthesen von Marx. Horkheimer neigte in den 1930er Jahren noch zu gewissen antiakademischen Untertönen aus der Tradition linkshegelianischer Praxisphilosophie, wie er sie später, in den 1960er Jahren, nur noch verabscheut hat. Dieser Zug seines Denkens erklärt, warum Horkheimers frühe Schriften vom SDS und den 68er-Aktivisten so gern zitiert wurden. Im Grunde wird hier eine linke marxistische Orthodoxie gepredigt, die allerdings, weil man nicht zur Parteiorganisation gehörte, als undogmatisch empfunden und rezipiert wurde. Ich zitiere, um dies anschaulich zu machen:

„Daß der Intellektuelle sich so hinstellt, als bedürfe es zunächst einer nur von ihm zu leistenden schwierigen Denkarbeit, um zwischen revolutionären, liberalistischen und faschistischen Zielen und Wegen die Wahl zu treffen, ist überhaupt verwirrend. […] Die Avantgarde bedarf der Klugheit im politischen Kampf, nicht der akademischen Belehrung über ihren sogenannten Standort."[192] Allerdings differenziert Horkheimer dann doch ein wenig im dialektischen Sinn. Der Geist ist liberal, weil er keinen äußeren Zwang zur Anpassung an eine Macht verträgt, er zielt aber auf Autonomie, die er nicht eigenständig erreichen kann, sondern nur im Zusammenhang mit den allgemeinen gesellschaftlichen Auseinandersetzungen. Die Kritische Theorie beschreitet daher einen Zwischenweg, sie ist nicht verwurzelt wie die totalitäre Propaganda, aber auch nicht freischwebend wie die liberalistische Intelligenz.

Die Perspektive der Kritischen Theorie ist immer die des Ganzen. Sie beansprucht, in ihren einzelnen Denkschritten genauso streng vorzugehen wie eine fachwissenschaftliche Theorie, es handelt sich bei ihren Urteilen aber immer um ein einziges entfaltetes Existentialurteil, wie Horkheimer das in der Sprache der damaligen Zeit formuliert.[193] Teilsätze sind deshalb oft nicht auf isolierte Teile des Gegenstandes anzuwenden, woraus aber für ihre generelle

---

[190] Ebenda S. 168.
[191] Ebenda S. 171.
[192] Ebenda S. 171.
[193] Ebenda S. 175.

5 Kritische Theorie: Horkheimer und Adorno

Wahrheit nichts folgt. Hier liegt einer der berühmtesten Haken der Kritischen Theorie: Mag sie auch im Einzelnen als unwahr erscheinen, es kommt allein darauf an, dass sie im Ganzen wahr ist, und dies ist sie aufgrund ihres guten Ziels, nämlich dem Streben nach Frieden, Freiheit und Glück.[194] Von solchen Überlegungen her wird verständlich, warum sich Karl Popper bei dieser Art von Dialektik die Haare sträubten und er daran festhielt, dass man demjenigen, dem sich ein Fehler im Detail nachweisen ließ, dann vielleicht doch besser nicht unbedingt im Ganzen trauen sollte.

Ein gewisser junghegelianisch-aktivistischer Charakter der Theorie tritt hinzu: Die Kritische Theorie hat sich deshalb gegenüber deterministischen Behauptungen von historischer oder theoretischer Notwendigkeit kritisch und ablehnend zu verhalten, da eine solche Theorie zur Resignation in der Praxis führen würde. Das Gegenargument Horkheimers besteht also im Grunde nicht darin, dass bestimmte Determinismen faktisch falsch sind, sondern dass sie aufgrund ihrer sozialpsychologischen Wirkung zurückgewiesen werden müssen. Nach Horkheimer reagiert das herrschende Bewusstsein auf solche Denkanstrengungen mit einer „Feindschaft gegen das Theoretische überhaupt."[195] Er führt das darauf zurück, dass jede konsequente intellektuelle Anstrengung, die sich um den Menschen kümmern will, immer in die fortgeschrittenste Form der Kritischen Theorie einmünden wird. Deshalb ist es denn auch am einfachsten für das reaktionäre Denken, Theorie überhaupt zu verwerfen. Theorie ist immer wesentlich auf die eigene Zeit bezogen und reflektiert diese kritisch. Stabil ist sie im Sinne einer Realdialektik, d.h. die ökonomische Grundstruktur, das Klassenverhältnis, auf das die Theorie reagiert, bleibt identisch. Wahrheit und Interessen bleiben diesem Denken zufolge eingebunden in Gesellschaftsstrukturen, andere, individualisierte Interessen gelten als atomisierte oder unwahre Interessen.[196] Auch die Wahrheit ist nicht absolut, sondern an Konstellationen der Realität geknüpft, wie immer man dies zu verstehen hat. In einer autoritären, terroristischen Wirklichkeit kann es durchaus sein, dass sie zu bewunderungswürdigen kleinen Gruppen geflüchtet ist, während die Massen den Scharlatanen zum Opfer fallen. Auch hier zeigt sich wieder, in welchem Maße die Kritische Theorie eine Intellektuellentheorie ist. Im Versteckspiel der Sprache des Jahres 1937 heißt das: „Vor dem allgemeinen historischen Umschlag kann die Wahrheit bei zahlenmäßig geringen Einheiten sein."[197] Der allgemeine historische Umschlag war eine der vielen Deckchiffren für Revolution, manchmal sprach man auch vom Absolutwerden des Widerspruchs. Die revolutionäre Elite oder die Kader der Revolution versteckten sich unter den bewunderungswürdigen kleinen Gruppen.

Nach dem Zweiten Weltkrieg, als Horkheimer und später Adorno Frankfurter Professoren wurden, haben sie die marxistisch inspirierte Schärfe ihres Ansatzes in politischer und praktischer Hinsicht abgemildert, in vielen theoretischen Zügen aber nicht konsequent aufgegeben. Die politisch-praktische Seite war vor allem Max Horkheimers Gebiet, der sich über diese Fragen im Jahre 1970, drei Jahre vor seinem Tode, in einem Artikel „Kritische Theorie gestern und heute" Rechenschaft abgelegt hat. Horkheimer charakterisiert die ursprüngliche Kritische Theorie aus der Zeit der Zeitschrift für Sozialforschung so: Sie war, „wie es eben einem am Anfang ergeht, sehr kritisch, insbesondere gegen die herrschende Gesellschaft, denn diese hatte […] das Entsetzliche des Faschismus und des terroristischen Kommunismus

---

[194] Ebenda S. 176.
[195] Ebenda S. 180.
[196] Ebenda S. 185.
[197] Ebenda S. 189.

hervorgebracht."[198] Das ist bis heute der Kern dessen gewesen, was die Studentenbewegung von 1968 an der Kritischen Theorie fasziniert hatte, und was es ohne Umschweife ermöglichte, die liberalkapitalistische Gesellschaftsordnung der Gegenwart mit zweien der Grundübel des Jahrhunderts, nämlich mit dem Faschismus und dem Kommunismus, zu assoziieren und ihr darüber hinaus noch die Verantwortung dafür zuzuschieben. Dieses Theoriestück ist seitdem immer wieder aufgegriffen und ausgebaut worden, bis hin zu der Wendung, dass letztlich die Aufklärung für die Massenmorde des 20. Jahrhunderts verantwortlich zu machen sei.[199]

Von Horkheimer wurde dies im Rückblick selbstkritisch in Frage gestellt und die marxistische Kritik an drei Punkten für fehlerhaft erklärt:

1. Das Proletariat ist nicht, wie vom marxistischen Denken prognostiziert, durch sich verschärfende ökonomische Krisen verelendet, sondern der Arbeiterklasse geht es deutlich besser als zu der Zeit von Marx.
2. Schwere Wirtschaftskrisen werden ohnehin seltener und lassen sich (das glaubte man in den 1970er Jahren!) durch wirtschaftspolitische Eingriffe verhindern.
3. Was Marx von der richtigen Gesellschaft erwartete, war ohnehin falsch, weil er das Spannungsverhältnis von Freiheit und sozialer Gerechtigkeit nicht gesehen hat. Horkheimer befürchtet: Je mehr Gerechtigkeit, desto weniger Freiheit.

Deshalb beurteilen „wir", wie er weiterhin für die Schule der Kritischen Theorie sagt, die heutige Gesellschaft anders: „Wir sind zu der Überzeugung gelangt, daß die Gesellschaft sich zu einer total verwalteten Welt entwickeln wird."[200] Von der Idee der Revolution hat sich die Kritische Theorie inzwischen abgewandt, denn diese würde nur zu einem neuen Terrorismus des Hitler-Stalinschen Typus, also zu einem neuen furchtbaren Zustand führen. Stattdessen gilt es, „dasjenige, was positiv zu bewerten ist, wie zum Beispiel die Autonomie der einzelnen Person, die Bedeutung des einzelnen, seine differenzierte Psychologie, gewisse Momente der Kultur zu bewahren, ohne den Fortschritt aufzuhalten. In das, was notwendig ist und was wir nicht verhindern können, dasjenige mithineinzunehmen, was wir nicht verlieren wollen: nämlich die Autonomie des Einzelnen."[201] Horkheimer plädiert also für die mittlerweile leicht konservativ eingefärbte Modernisierung, gekoppelt mit einem Erhalten der Kultur und der Autonomie des Einzelnen.

5.2 Die Dialektik der Aufklärung

Die Wirkungsgeschichte vor allem des Horkheimer-Textes über „Traditionelle und kritische Theorie" ist noch übertroffen worden durch die **„Dialektik der Aufklärung"**, jenem zwischen 1942 und 1944 von Horkheimer und Adorno gemeinsam in Kalifornien verfassten Text. Beide zusammen können als Manifeste der Frankfurter Exilintellektualität gelten. Gerade die Exillage ist wichtig, denn durch die Identifikation damit konnte eine ganze Generation sich in der Nachkriegsbundesrepublik entfremdet fühlender Nachwuchsintellektueller einen Identifikationspunkt finden.

---

[198] Ebenda S. 164.
[199] So bei Zygmunt Bauman.
[200] Horkheimer, Max: Traditionelle und kritische Theorie, a.a.O. S. 165.
[201] Ebenda S. 166.

5 Kritische Theorie: Horkheimer und Adorno

Die Dialektik der Aufklärung wird gleich in den ersten Sätzen des ersten Kapitels auf den Punkt gebracht: „Seit je hat Aufklärung im umfassendsten Sinn fortschreitenden Denkens das Ziel verfolgt, von den Menschen die Furcht zu nehmen und sie als Herren einzusetzen. Aber die vollends aufgeklärte Erde strahlt im Zeichen triumphalen Unheils."[202] Das ist die Dialektik der Aufklärung: Konsequent fortgesetzt treibt sie sich über sich selbst, über ihre eigenen emanzipatorischen Ansprüche hinaus und wird totalitär. Die Aufklärung hat die Welt entzaubert und den Mythos ausgetrieben, wird aber selbst zum Mythos: „Die Menschen bezahlen die Vermehrung ihrer Macht mit der Entfremdung von dem, worüber sie Macht ausüben. Die Aufklärung verhält sich zu den Dingen wie der Diktator zu den Menschen."[203] Die vorher mythisch belebte Natur wird zum bloßen chaotischen Stoff der Einteilung. Ihr tritt das menschliche Selbst entgegen, das seine Identität gerade darin findet, als allgewaltiges Selbst bloß alles zu haben. Die Abstraktion ist das Werkzeug der Aufklärung und nivelliert alle Unterschiede. Nur noch die authentischen Kunstwerke haben es vermocht, sich der bloßen Imitation dessen, was ohnehin schon da ist, zu entziehen.[204]

„Die Aufklärung ist totalitär wie nur irgendein System."[205] Dieser harte Vorwurf angesichts der Auseinandersetzung der aufklärerischen westlichen Länder mit den totalitären Systemen wird gestützt auf Überlegungen aus Edmund Husserls Krisis-Schrift, in der dieser Galileis Mathematisierung der Natur so interpretiert, dass diese selbst unter der Leitung der neuen Mathematik zu nichts weiter als einer mathematischen Mannigfaltigkeit wird.[206] Das gesellschaftliche Unrecht versteckt sich unter dem Titel der brutalen Tatsachen. Das Denken wird mit den Mitteln der Formalisierung aus der Logik verwiesen. „Das von der Zivilisation vollends erfasste Selbst löst sich auf in ein Element jener Unmenschlichkeit, der Zivilisation von Anbeginn zu entrinnen trachtete."[207] Der Fortschritt der naturwissenschaftlich-technischen Weltbeherrschung schlägt so um in Regression des menschlichen Maßes und der Menschlichkeit, welche doch eigentlich der Zweck der Anstrengungen gewesen waren – das ist mit Dialektik der Aufklärung gemeint. Das Fazit ist ebenso radikal wie düster: „Die Eliminierung der Qualitäten, ihre Umrechnung in Funktionen überträgt sich von der Wissenschaft vermöge der rationalisierten Arbeitsweisen auf die Erfahrungswelt der Völker und ähnelt sie tendenziell wieder der der Lurche an."[208] Das ist die Regression der Massen. Das Entwicklungsgesetz der Gesellschaft zum autonomen Selbst kehrt sich um in die Rückentwicklung „zu bloßen Gattungswesen, einander gleich durch Isolierung in der zwangshaft gelenkten Kollektivität."[209] In der Fabrik, im Kino wie im Kollektiv ist der moderne Arbeiter gleichermaßen im gleichen Takt eingespannt. Eine geringe Hoffnung bleibt darin, dass das Denken nicht stillzustellen ist und auch dies noch konkret benennen kann. Von Aktion gegen die Regression ist aber bei Horkheimer und Adorno keine Rede, noch nicht einmal wie einst bei Karl Jaspers von Erziehung oder Bildung.

---

[202] Horkheimer, Max und Theodor W. Adorno: Dialektik der Aufklärung. Philosophische Fragmente, Neuausgabe, Frankfurt 1969 (geschrieben 1944, Erstveröffentlichung 1947), S. 10.
[203] Ebenda S. 15.
[204] Ebenda S. 24.
[205] Ebenda S. 31.
[206] Vgl. Husserl, Edmund: Die Krisis der europäischen Wissenschaften und die transzendentale Phänomenologie. Eine Einleitung in die phänomenologische Philosophie, 3. Aufl. Hamburg 1996.
[207] Horkheimer/Adorno, Dialektik der Aufklärung, a.a.O. S. 37.
[208] Ebenda S. 43.
[209] Ebenda.

Die Massen, also die Arbeiter, auf welche die marxistische Theorie einst die Emanzipationshoffnungen setzte, nehmen „die Entwicklung, die sie mit jeder dekretierten Steigerung der Lebenshaltung um einen Grad ohnmächtiger macht, als unantastbar notwendig hin." Sie sind nicht mehr das stolze Proletariat, sondern „der überflüssige Rest, die ungeheure Masse der Bevölkerung. [...] Sie werden durchgefüttert als Armee der Arbeitslosen."[210] Auf die Vernunft kann deshalb keine Hoffnung mehr gesetzt werden. „Die Absurdität des Zustands, in dem die Gewalt des Systems über die Menschen mit jedem Schritt wächst, der sie aus der Gewalt der Natur herausführt, denunziert die Vernunft der vernünftigen Gesellschaft als obsolet."[211] Die Aufklärung selbst schon war nicht sicher dagegen gewesen, die Freiheit mit dem Betrieb der Selbsterhaltung zu verwechseln, weil sie längst positivistische Elemente in sich aufgenommen hatte. „Mit der Preisgabe des Denkens, das in seiner verdinglichten Gestalt als Mathematik, Maschine, Organisation an den seiner vergessenden Menschen sich rächt, hat Aufklärung ihrer eigenen Verwirklichung entsagt."[212] Damit vollendet sich die Aufklärung und hebt sich zugleich auf, denn im Dienst der Gegenwart wandelt sie sich in den totalen Betrug der Massen um.

Aufklärung als Massenbetrug vollzieht sich in Gestalt der **Kulturindustrie**. Kultur ist Bestandteil und Ausdruck einer umfassenden systematisch organisierten Unterdrückungsapparatur. Schon die Architektur der Moderne macht dies deutlich: „Die dekorativen Verwaltungs- und Ausstellungsstätten der Industrie sind in den autoritären und den anderen Ländern kaum verschieden. Die allenthalben emporschießenden hellen Monumentalbauten repräsentieren die sinnreiche Planmäßigkeit der staatenumspannenden Konzerne."[213] Horkheimer und Adorno sprechen von den Betonzentren der Städte, den hygienischen Wohnzellen des Massenwohnungsbaus und dem Schund von Lichtspielen und Rundfunk, die es nicht länger mehr nötig haben, sich als Kunst auszugeben. Interessanterweise gehen sie von der Grundorganisation der Medien, also der medialen Kommunikationsstruktur aus: „Der Schritt vom Telephon zum Radio hat die Rollen klar geschieden. Liberal ließ jenes den Teilnehmer noch die des Subjekts spielen. Demokratisch macht dieses alle gleichermaßen zu Hörern, um sie autoritär den unter sich gleichen Programmen der Stationen auszuliefern."[214] Das Verständnis von Rundfunk und Fernsehen als zentralistisch-autoritäre Medien ist heute Allgemeingut, denn der immer wieder geforderte Rückkanal konnte nie erfolgreich installiert werden. Erst das heutige Internet trägt wieder Züge, die dem Telefon ähnlich sind. Horkheimer und Adorno hätten es – zumindest unter diesem Aspekt – vermutlich begrüßt, wenn sie es noch erlebt hätten.

Ihr Unbehagen an den Medien drückt sich aber nicht nur in solchen heute noch ohne weiteres nachvollziehbaren Überlegungen aus, sondern auch in einer Sprache der eher unscharfen Kapitalismuskritik, die wohl ihrer marxistischen Denktradition geschuldet ist. Ich zitiere: „Die Abhängigkeit der mächtigsten Sendegesellschaft von der Elektroindustrie, oder die des Films von den Banken, charakterisiert die ganze Sphäre, deren einzelne Branchen wiederum untereinander ökonomisch verfilzt sind. [...] Die rücksichtslose Einheit der Kulturindustrie bezeugt die heraufziehende der Politik."[215] Die Basis-Überbau-Theorien nötigen dazu, hinter

---

[210] Ebenda S. 45.
[211] Ebenda.
[212] Ebenda S. 46f.
[213] Ebenda S. 128.
[214] Ebenda S. 129.
[215] Ebenda S. 131.

5 Kritische Theorie: Horkheimer und Adorno

den Geschäften der Kulturindustrie andere, angeblich basalere Industriezweige erklärend zu vermuten, während im Medien- und Informationssektor längst höhere Umsätze gemacht werden als in der Chemieindustrie.

„Die ganze Welt wird durch das Filter der Kulturindustrie geleitet."[216] Horkheimer und Adorno wenden sich entschieden gegen die These, das niedrige Niveau der Massenkultur sei allein ihren amerikanischen Ursprüngen zu verdanken: „Der Glaube, die Barbarei der Kulturindustrie sei eine Folge des ‚cultural lag‘, der Zurückgebliebenheit des amerikanischen Bewußtseins hinter dem Stand der Technik, ist ganz illusionär. Zurückgeblieben hinter der Tendenz zum Kulturmonopol war das vorfaschistische Europa."[217] Die leichte Kunst ist es nicht, die Adorno und Horkheimer kritisieren. Sie hat ihren legitimen Platz als Zerstreuung und als das schlechte Gewissen der hohen Kunst. Zu kritisieren ist aber die Totalität der Wiederholung, die Reproduktion des Immergleichen: „Ewig grinsen die gleichen Babies aus den Magazinen, ewig stampft die Jazzmaschine."[218] „Amüsement ist die Verlängerung der Arbeit unterm Spätkapitalismus."[219] „Fun ist ein Stahlbad." „Das Kollektiv der Lacher parodiert die Menschheit". „Lust jedoch ist streng: *res severa verum gaudium*."[220]

Das Schlimmste indes scheint die Entindividualisierung zu sein: „Die Kulturindustrie hat den Menschen als Gattungswesen hämisch verwirklicht. Jeder ist nur noch, wodurch er jeden anderen ersetzen kann, fungibel, ein Exemplar. Er selbst, als Individuum, ist das absolut Ersetzbare, das reine Nichts, und eben das bekommt er zu spüren, wenn er mit der Zeit der Ähnlichkeit verlustig geht."[221] Für die Mobilität gilt Ähnliches, geht es in ihr doch nur darum, „raketenschnell von dort, wo man ohnehin ist, dahin zu gelangen, wo es nicht anders ist."[222] Der Inhalt der Filme und Serien lässt sich unter einer einzigen Formel zusammenfassen: „getting into trouble and out again."[223]

Die Individuen sind gar keine, „sondern bloße Verkehrsknotenpunkte der Tendenzen des Allgemeinen"[224] – eine bei Horkheimer und Adorno kritisch gemeinte These, während Claude Lévi-Strauss, der Anfang der 1940er Jahre ebenfalls in New York vorübergehend Station gemacht hatte, dies als sein grundlegendes Lebensgefühl beschrieben hat. Eine der anrührendsten Stellen seiner Selbstdarstellung ist die folgende: „Ich habe nie ein Gefühl meiner persönlichen Identität gehabt, habe es auch jetzt nicht. Ich komme mir vor wie ein Ort, an dem etwas geschieht, an dem aber kein Ich vorhanden ist. Jeder von uns ist eine Art Straßenkreuzung, auf der sich Verschiedenes ereignet. Die Straßenkreuzung selbst ist völlig passiv; etwas ereignet sich darauf."[225]

Zu diesem Lebensgefühl, zu dieser Weltwahrnehmung passt, dass die glitzernde Außenseite der Kultur zum Werbebild wird: „Die höchstbezahlten Stars gleichen Werbebildern für ungenannte Markenartikel. […] Der herrschende Geschmack bezieht sein Ideal von der Re-

---

[216] Ebenda S. 134.
[217] Ebenda S. 140.
[218] Ebenda S. 157.
[219] Ebenda S. 145.
[220] Ebenda S. 149.
[221] Ebenda S. 154.
[222] Ebenda S. 158.
[223] Ebenda S. 161.
[224] Ebenda S. 164.
[225] Lévi-Strauss, Claude: Mythos und Bedeutung, Frankfurt 1980, S. 15.

klame, der Gebrauchsschönheit."²²⁶ Von Kunst kann unter diesen Umständen keine Rede mehr sein. Bei Horkheimer und Adorno ist unterschwellig auch oftmals eine Kritik am billigen Massengeschmack im Spiel, eine bürgerliche Distinktion vom Pöbel: „Kunst hat den Bürger solange noch in einigen Schranken gehalten, wie sie teuer war. Damit ist es aus."²²⁷

Das Kernproblem der Aufklärung besteht aber in dem pathetischen Vernunftbegriff, der verdeckt, dass sich unter der angeblich einheitlichen Menschenvernunft unterschiedliche, gegensätzliche Interessen verbergen. Menschen, die dem Anspruch nach Träger derselben menschheitlichen Vernunft sind, stehen in realen Gegensätzen. „Vernunft als das transzendentale überindividuelle Ich enthält die Idee eines freien Zusammenlebens der Menschen, in dem sie zum allgemeinen Subjekt sich organisieren und den Widerstreit zwischen der reinen und empirischen Vernunft in der bewußten Solidarität des Ganzen aufheben. Es stellt die Idee der wahren Allgemeinheit dar, die Utopie." Dagegen steht die reale Vernunft als „Instanz des kalkulierenden Denkens, das die Welt für die Zwecke der Selbsterhaltung zurichtet."²²⁸ Oder, in der Sprache der Kritik an der Kulturindustrie: „Kant hat intuitiv vorweggenommen, was erst Hollywood bewusst verwirklichte: die Bilder werden schon bei ihrer eigenen Produktion nach den Standards des Verstandes vorzensiert, dem gemäß sie nachher angesehen werden sollen."²²⁹

Mit dieser Aufklärungskritik stehen Horkheimer und Adorno nicht allein. Helmuth Plessner hat in ganz ähnlicher Weise eine zwingende ideengeschichtliche Abfolge zu konstruieren versucht. Die Aufklärung wird angetrieben von einem Emanzipationsdrang, der bei jedem neuen Emanzipationsschritt zugleich wieder nach dem Halt in irgendeiner Autorität sucht. Im ersten Schritt wird die überweltliche religiöse Heilsordnung durch die Vernunft verdrängt und diese zur höchsten Autorität erhoben. Die Logik der Aufklärung selbst geht aber über diese hinweg und findet ihren Halt in der Geschichte. Als diese durch den Historismus, durch die Erkenntnis der gleichen Geltung aller Phasen und Epochen der Geschichte ohne klares Gesamtkonzept ersetzt wird, scheint der letzte Halt in der Ökonomie und Gesellschaftstheorie zu liegen. Das ist der Dreischritt von Kant über Hegel zu Marx. Die Entgötterung schreitet aber fort und findet ihren letzten Halt im biologischen Materialismus des 19. Jahrhunderts. „Je gründlicher das Bewußtsein über seinen bisherigen Glauben aufgeklärt wird, desto tiefer sinkt es im Sein, um sich am Ende im Mechanismus der Natur zu verlieren."²³⁰ Die Ersatzfolge der Orientierungen mündet also in die Biologie und über die Vulgarisierung des Darwinismus und die Rassentheorien schließlich in der Richtung „auf die untergeschichtlichen und vormenschlichen Kräfte von Blut und Erde",²³¹ also in die Bindung an ein Volkstum und die Verbindung des innerweltlichen Erlösungsglaubens in diesem Konzept. Die immer neue Entlarvung der alten Wahrheiten, die der Aufklärungsdrang vorantreibt, mündet also in die radikale Gegenaufklärung – jedenfalls in einer Kultur, in der es keine wirklich ausgeprägte humanistische Tradition, keine haltenden Elemente gibt, die eben auch in einem Fortschrittsglauben liegen könnten. Das ist Plessners Diagnose dieses Ablaufs. Die ideenge-

---

[226] Horkheimer/Adorno, Dialektik der Aufklärung, a.a.O. S. 165.
[227] Ebenda S. 169.
[228] Beide ebenda S. 90.
[229] Ebenda S. 91.
[230] Plessner, Helmuth: Die verspätete Nation, Frankfurt 6. Aufl. 1998, S. 119.
[231] Ebenda S. 119.

schichtliche Konsequenz dieses Verständnisses stimmt überein mit den Deutungen der beiden Aufklärungskritiker von Los Angeles.

Die Grundfigur der Dialektik der Aufklärung ist das sich über sich selbst Hinaustreiben eines ideologiekritischen Entlarvungsdenkens, das immer etwas „dahinter" vermutet. Davon haben sich Horkheimer und Adorno, anders wohl als Plessner, selbst nie ganz frei machen können. Sie suchen permanent nach einem Perspektivpunkt der Kritik, der in den 1940er Jahren in der marxistischen Kritik der politischen Ökonomie zu liegen schien. Horkheimer ist später in eine an Schopenhauer orientierte Resignation abgewandert, während Adorno das Heil in einem emphatischen avantgardistischen Kunstbegriff und im Festhalten einer paradoxal gedachten negativen Dialektik suchte. Hier sind beide Opfer der ideengeschichtlichen Voraussetzungen ihres eigenen Denkens geworden, von dem sie sich nie wirklich frei machen konnten. Die rhetorische Figur der Umkehrung durchzieht den ganzen Text: Aufklärung wird totalitär, industrialisierte Kultur wird zum Massenbetrug, moralische Befreiung wird zur Rechtfertigung des Mordes. Die guten Absichten schlagen gerade deshalb, weil sie konsequent vorangetrieben werden, in ihr Gegenteil um. Jedenfalls für ein Denken, das ständig auf der Suche ist nach den radikalstmöglichen Negativfolgen. Derjenige, der an irgendeiner Mitte festhält, der traditionelle Aufklärer, der, wie Plessner beobachtet, immer auch dieses Ende seiner eigenen Intentionen aufzuhalten versucht,[232] der *katechon*, wie er in der Theologie genannt wird, der sich der Apokalypse entgegenstellt und sie hinauszuzögern versucht, wird in der Horkheimer-Adorno-Perspektive zu einer hilflosen Figur. Gerade die sich selbst überbietende Radikalisierung der Formulierungen in der Dialektik der Aufklärung lässt jeden Mittelweg als peinlich und verharmlosend, als apologetisch erscheinen. Gegen die Entlarvungsrhetorik der Dialektik der Aufklärung hat das Festhalten an der Aufklärung den wenig attraktiven Charme des Biederen und intellektuell Beschränkten.

Die Rhetorik und vorantreibende Sprache, die zugleich immer den Rückbezug, die Rückbiegung in die Widerlegung und Zerstörung der eigenen Voraussetzungen mit zu sehen vermag, die also nicht linear ist, sondern reflexiv, vermitteln einen Gestus der kritischen Distanz und zugleich der unmittelbar involvierten Verzweiflung, ein Gemisch von intellektueller Freude an der Entlarvung und von ästhetisch-moralischer Bestürzung beim Blick auf das nun Offenbare, die diesen Text zum Vorbild für viele Kulturkritiker gemacht hat. Der Gedanke, dass die Aufklärung selbst Schuld habe am radikalen Unheil der Gegenwart, hatte in traditionell konfessionellen und religiösen Kreisen immer schon nahegelegen. Hier wurde er ausgesprochen von hegelmarxistischen Autoren, deren Perspektivpunkt ein ganz anderer war. Es ist der Perspektivpunkt eines kulturell geprägten und durch Bildungswissen selbst definierten Kulturbürgertums europäischer Herkunft, die in der amerikanischen Massenkultur sich dieser Prägung umso mehr bewusst geworden waren. Als der Massenandrang von Studenten in den 1960er und 1970er Jahren die Universitäten nicht mehr länger als Stätten des Privilegs und der Kontemplation erscheinen ließ, wurde dieses Denken zum Vorbild für eine ganze Generation, die ihren dabei erlebten Kulturschock in diesem Text perfekt formuliert vorfinden konnte. Insofern ist die Dialektik der Aufklärung gerade von ihrer Wirkungsgeschichte und den seit 1969 erreichten immer neuen Auflagen her gesehen ein Phänomen der 1970er Jahre. Nach einer eindrucksvollen geistes- wie zum Teil auch sozialwissenschaftlichen Erfolgsgeschichte der Kritischen Theorie in den 1970er Jahren wird sie heute mehr und mehr wieder aus den Universitäten verdrängt. Ich meine aber, dass es sich lohnt, die Nachkriegstexte vor

---

[232] Ebenda S. 119.

allem Theodor W. Adornos heute neu zu lesen, denn in erstaunlich vielen Punkten wirken sie fast aktueller noch als damals.

5.3 Adornos große Vorlesungen an der Frankfurter Universität

Die letzte Vorlesung, die Adorno (1903–1969) gehalten hat, fand im Sommersemester 1968 in Frankfurt statt. Aus den Jahren seit 1958 besitzen wir Vorlesungsnachschriften, die auf der Basis von Tonbandaufzeichnungen durch seine Sekretärin angefertigt worden sind. Die unter politikwissenschaftlichen Gesichtspunkten interessantesten Vorlesungen sind „Einleitung in die Soziologie" (1968)[233], „Probleme der Moralphilosophie" (1963)[234], „Philosophische Elemente einer Theorie der Gesellschaft" (1964)[235], „Zur Lehre von der Geschichte und von der Freiheit" (1964/65)[236]. Adorno unterwarf sich durchaus der Fiktion einer Anfängervorlesung, aber, wie es häufig so geschieht in Vorlesungen, er spricht im Grunde viele der damals aktuellen Themen an. Er spricht in diesen Vorlesungen, in denen er auf der Basis eines kleinen Stichwortzettels frei, aber weitgehend druckreif formulierte, wesentlich lebendiger als in den großen, bis ins Detail ausformulierten Werken. Sie bieten aus diesem Grund auch mehr Anschlussmöglichkeiten für sozialwissenschaftliche Weiterforschung und sind so anregend, dass sie eine außerordentlich empfehlenswerte Lektüre darstellen. Möglicherweise werden sie für die zukünftige Wirkung Adornos bedeutsamer werden als die großen Werke. Adorno selbst sah solche Tonbandaufnahmen mit einem gewissen Zwiespalt. Er fand die hochambivalente Formulierung: „Die Bandaufnahme ist etwas wie der Fingerabdruck des lebendigen Geistes" und meinte den kriminalistischen Nebenaspekt dabei durchaus mit, denn er sah darin einen Versuch, die freie Rede der verwalteten Welt anzupassen.[237] Immerhin hat er, anders als Foucault, die Tonbandaufnahmen seiner Vorlesungen selber veranlasst und auch durch sein eigenes Sekretariat abschreiben lassen.

Adorno macht darauf aufmerksam, dass die Geschichte der Sozialwissenschaften, schon mit ihrer Herkunft aus der Kameralistik, vor allem aber mit der Herausbildung der Soziologie, stark technokratische Züge hat, Züge von *social engineering*, wie er sich ausdrückt. Auch Marx habe diesen Glauben an die Technik und den Primat der Technik mit Saint-Simon und Auguste Comte geteilt.[238] Im Umkreis Adornos wurde deshalb auch gerne vom heimlichen Positivismus der Marxschen Gesellschaftstheorie gesprochen.[239] Adorno setzt den Vorstellungen vom Vorrang – sei es der Produktivkräfte, sei es der Produktionsverhältnisse – einen

---

[233] Adorno, Theodor W.: Einleitung in die Soziologie, Nachgelassene Schriften, Abt. IV, Vorlesungen, Bd. 15, Frankfurt 1993 (zuerst 1968).

[234] Adorno, Theodor W.: Probleme der Moralphilosophie, Nachgelassene Schriften, Abt. IV, Vorlesungen, Bd. 10, Frankfurt 1996 (zuerst 1963).

[235] Adorno, Theodor W.: Philosophische Elemente einer Theorie der Gesellschaft, Nachgelassene Schriften, Abt. IV, Vorlesungen, Bd. 12, Frankfurt 2008 (zuerst 1964).

[236] Adorno, Theodor W.: Zur Lehre von der Geschichte und von der Freiheit, Nachgel. Schr. Abt. IV, Vorlesungen, Bd. 13, Frankfurt 2006 (zuerst 1964/65).

[237] Adorno, Theodor W.: Zur Bekämpfung des Antisemitismus heute, in ders., Kritik. Kleine Schriften zur Gesellschaft, Frankfurt 1971 (zuerst 1962), S. 105–133, hier S. 106.

[238] Adorno, Einleitung in die Soziologie (a.a.O.), S. 27.

[239] Wellmer, Albrecht: Der heimliche Positivismus der Marxschen Geschichtsphilosophie, in ders., Kritische Gesellschaftstheorie und Positivismus, Frankfurt 1969, S. 69–127.

dialektischen Ansatz entgegen, wonach sich dies je nach gesellschaftlichen Auseinandersetzungen wandele. Diese dialektische Vermittlungsposition wird allerdings nicht forschungsmäßig vertieft, so dass sie relativ oberflächlich bleibt, vielleicht auch wegen des damaligen Forschungsstandes. Hierzu gibt es mittlerweile umfassende Forschungen vor allem in der vergleichenden Wirtschaftsgeschichte, aus denen deutlich wird, dass es nicht technologische Neuerungen sind, welche die Wirtschaftsentwicklung antreiben, sondern ein Anreizsystem, welches Innovationen massiv belohnt sowie eine offene, nicht kartellisierte oder korporatistische Marktstruktur, die es ermöglicht, mit Innovationen auch sehr schnell in die Massenproduktion zu gehen und entsprechend viel Geld zu verdienen. Zwar gibt es durchaus auch wettbewerbsmäßig hervorgebrachte technologische Innovationen, besonders im militärischen Bereich, die zentral gewünscht und gesteuert werden. Wo es aber um den Massenmarkt geht, darf es z.B. keine hemmenden Telefonmonopole, keine napoleonische Kontinentalsperre, keine Energieversorgungsmonopole oder zunftmäßige bzw. zunftähnliche Regelungen in den freien Berufen geben. Wesentliche Innovationen sind durch Deregulierungsprozesse, durch Befreiungen aus feudalen Abhängigkeitsverhältnissen und verfestigten Zunftstrukturen entstanden, durch die Emanzipation der Landbevölkerung von den rechtlichen und ökonomischen Fesseln der Abhängigkeit. Die preußischen Reformen von 1806 sind der industriellen Entwicklung in Deutschland vorausgegangen, nicht umgekehrt. Die Technologie folgt den rechtlichen und strukturellen Öffnungsprozessen, weniger dagegen diese der Technologie.[240]

Die methodische Weiterentwicklung des *social engineering* führt zu etwas, das Adorno mit dem schönen Wort „Verangestelltung"[241] der sozialwissenschaftlichen Berufe bezeichnet: man wird zum *research*-Angestellten, der nicht eigenständig forscht, sondern sich eine Aufgabe stellen lässt, die er dann mit seiner schon fertigen Methodik bearbeitet. Gegenstand und Methodologie sind auf diese Weise getrennt, voneinander entfremdet, und der sozialwissenschaftliche *Research* wird von selbstbestimmter Forschung zu entfremdeter Arbeit, zu einem Teil des arbeitsteiligen Prozesses der gesellschaftlichen Produktion. Adorno ruft im Sommer 1968 ganz direkt zur „Rebellion gegen das Fachmenschentum"[242] auf und betont den nichtfachlichen Charakter der Soziologie.

Im Umkehrschluss ist aus dieser Kritik das Methodenideal der Frankfurter Schule abzuleiten: der direkte Blick auf die Gegenstände selbst steht im Mittelpunkt. Die Methoden haben sich nach den Gegenständen zu richten und nicht umgekehrt. Er lehnt eine einwandfreie, angeblich hieb- und stichfeste Methode ab, weil durch diese die Wissenschaft zu einem Selbstzweck wird und plädiert stattdessen für „eine gewisse Unmittelbarkeit der Sache ohne alle die erkenntniskritischen oder gar empiristisch experimentellen Veranstaltungen". Hier folge ich Adornos Vorlesung vom 14. Juli 1964, die zu den besten und flammendsten gehört, die er je gehalten hat.[243] Der Vorlesungstitel im Sommer 1964 lautete: „Philosophische Elemente einer Theorie der Gesellschaft". Ganz ähnlich wie Edmund Husserl, aber doch erstaunlich genug, wenn man das hochsophistizierte Image von Adorno bedenkt, plädiert er dafür, gegen den Methodenfetischismus „sich Naivität zu erwerben". Er glaubt, „dass die Naivität in dem

---

[240] Vgl. dazu North, Douglass C.: Theorie des institutionellen Wandels. Eine neue Sicht der Wirtschaftsgeschichte, Tübingen 1988; Reese-Schäfer, Walter: The Politics of Ideas of the Prussian Reformers, in European Studies, Jg. 9, 2010, S. 175–179.
[241] Adorno, Einleitung in die Soziologie (a.a.O.), S. 40.
[242] Adorno, Einleitung in die Soziologie (a.a.O.), S. 172.
[243] Adorno, Theodor W.: Philosophische Elemente einer Theorie der Gesellschaft, a.a.O. S. 171f. Im Folgenden abgekürzt zitiert als „Elemente".

Sinne, wie ich sie hier meine, eigentlich den Menschen am allerschwersten fällt, und dass sie das ist, was sie sich eigentlich erst erwerben müssen." (Elemente 172) Gegen den Primat der Methode ist er dafür, „Einfälle zu haben, sich unreglementiert der Sache selber zu überlassen und zu einer primären Anschauung zunächst einmal sich zu stellen." (ebenda) Methodologischen Scharfsinn dagegen hält er für eine besonders abgefeimte Art von Dummheit. Seine Kritik setzt ganz grundsätzlich an: die Abtrennung der Methode von der Sache sei ein Produkt des bürgerlichen Geistes von Anfang an, und habe mit René Descartes' „Diskurs über die Methode", also schon 1637, begonnen. Die Trennung der Methode von der Sache sei insofern ein Grundprinzip des bürgerlichen Geistes, als es um die Abstraktion von den spezifischen Gebrauchswerten, von den spezifische Qualitäten der Dinge und der Menschen im Umgang miteinander zugunsten einer allgemeinen Äquivalenzform, also der Werte und Preise gehe. Adorno geht so weit, dies – dem Warenfetischismuskapitel im ersten Band von Marx' Kapital folgend – „Wissenschaftsfetischismus", ja „Wissenschaftsreligon" zu nennen. (Elemente 177) Eine instrumentelle Gesinnung greife auf diese Weise Platz und führe zu einer allgemeinen Diffamierung des Geistes in der Wissenschaft. Diese Gedanken, auch die polemische Schärfe dieser Formulierungen, sind natürlich geprägt vom dem sogenannten „Positivismusstreit in der deutschen Soziologie", den Adorno damals gegen Karl Popper und Hans Albert ausgetragen hat.[244] Heute neigt die Forschung dazu, dies als eine Art Missverständnis hinzustellen,[245] aber wenn man die Originalpolemiken Adornos aus dieser Zeit gründlich auf sich wirken lässt, vor allem auch seine Kritik an der Methodologie der gesamten Neuzeit seit Descartes, dann zeigt sich, dass Adorno es genauso gemeint hat, wie er es sagte. Er fühlte sich in einer Verteidigungs- und Abwehrposition gegen „die kompakte Majorität" (Elemente 180) und gegen die Gewalt der gesamten neuzeitlichen Entwicklung, als winziger David gegen einen riesigen Goliath, als, und das ist die Fahne, unter der dieser Don Quichotte der Geisteswissenschaften streitet: kritischer Theoretiker gegen die Mehrheit der traditionellen Theorie, gegen die Dummheit des *mainstreams*.

Wenn Adorno von **Wissenschaftsfetischismus** und Wissenschaftsreligion spricht, dann meint er das in einem ziemlich genauen ideengeschichtlichen Sinn. Er glaubt, „dass wir uns heute kaum mehr vorstellen könne, von welcher Gewalt der Verlust des *kosmos noetikos*, der geschlossenen mittelalterlichen christlichen Welt gewesen sein muß, wie grauenvoll die Erfahrung für die Menschen gewesen sein muß, dass die Welt nicht als ein objektiv Sinnvolles sich über ihnen wölbt, dass sie ihnen nicht die bestimmte Aussicht auf Erlösung und auf eine Art von Wiedergutmachung all des Schrecklichen gewährt, das ihnen im Leben gegenübergestellt wird. Und es hat sich eben doch die Wissenschaft als die Macht wirklich dargestellt, die den alten theologischen Kosmos gestürzt hat und die in sich selbst jene ungeheure, fast unwiderstehliche Stringenz der reinen Methode hat, die anstelle eben dieses Kosmos getreten ist…". (Elemente 181f.) Diese Passage legt den metaphysischen Kern von Adornos Wissenschaftskritik offen: Wissenschaft hat sich mit ihrem Methodenfetischismus als Religion aufgebläht, weil sie deren Rolle okkupieren wollte. An die Stelle des alten Herrschaftssystems der Religion setzt sich eine neue Antireligion, statt den Menschen ihr selbständiges, eigenes, gewiss auch unmethodisches und gelegentlich chaotisches Denken freizugeben. Darum geht es Adorno: das Moment des Spiels, er nennt es wirklich so beim Namen, in der Erkenntnis aufrechtzuerhalten, und damit das, „was den Menschen am allerschwersten fällt",

---

[244] Adorno, Theodor W. u.a.: Der Positivismusstreit in der deutschen Soziologie, Neuwied 1969.

[245] So etwa Dahms, Hans-Joachim: Positivismusstreit, Die Auseinandersetzungen der Frankfurter Schule mit dem logischen Positivismus, dem amerikanischen Pragmatismus und dem kritischen Rationalismus, Frankfurt 1994.

nämlich die Freiheit (Elemente 183). Er greift hier zurück auf einen alten Text der Frankfurter Schule aus den 1940er Jahren, der aber immer noch aktuell ist, nämlich Erich Fromms „Furcht vor der Freiheit", eine der bedrückendsten Gegenwartsdiagnosen, die sowohl den Kommunismus, den Faschismus wie den totalitären Islamismus auf interessante Weise erklären kann.[246]

Die übermächtige Anspruchlichkeit des Wertfreiheitspostulats von Max Weber ist natürlich eine besondere Herausforderung für Adorno, zumal der, wie er sich ausdrückt, „Vulgärpositivismus" Max Weber als seinem Übervater in dieser Frage bis heute gefolgt sei. Adorno hält Weber für naiv, und meint dies an dieser Stelle kritisch, weil er glaubte, die reinen Erkenntnisakte von den wertenden Akten abtrennen zu können. In Wirklichkeit sei es aber doch so, dass selbst schon die Unterscheidung von wahr und falsch eine Wertung impliziere (Elemente 133). Er will nun nicht etwa dem wertfreien Verhalten Webers seinerseits ein wertendes entgegenstellen, hält aber die Position der absoluten Wertfreiheit für eine Verdinglichung und für den Ausdruck eines verdinglichten Bewusstseins im Sinne der eben gegebenen Trennung von Erkenntnis und Wertung als unterschiedenen Dingen. Ich würde kommentierend dazu bemerken, dass das wertende Pathos bei Weber selbst ja unüberhörbar ist, auch wenn dessen dogmatische Anhänger es leugnen, und dass das Wertfreiheitspostulat selbst von Weber mit den heftigsten Wertungen verteidigt und aggressiv durchgesetzt wird. Es hat durchaus in bestimmten Bereichen der Forschung seine Berechtigung, dort nämlich, wo man sich neue Erkenntnisse nicht zu schnell verbauen will durch Wertungsrücksichten und moralische Regeln, die ihnen entgegenstehen könnten. Es schafft also gewisse Freiräume für den wissenschaftlichen Prozess, kann diesen aber auch, wenn man es im Adornoschen Sinne verdinglicht und zum Knüppel gegen alle Heterodoxie umwandelt, unnötig einengen und hat zu einer Verknöcherung der Diskussion geführt.

Wenn Adorno Wertschätzung für Max Weber äußert, dann nicht wegen der methodologischen Schriften, sondern vor allem wegen der Fülle und Durchdringung des historischen Materials, das er bereitstellt. Er macht auch klar, dass Max Webers „Idealtypen" keine theoretischen Schlüsselkategorien sind, als die sie oft ausgegeben werden, sondern „lediglich heuristische Instrumente, heuristische Mittel" (201). Mit *heuristisch* ist gemeint, dass sie zum Finden, zum Entdecken, zum Auf-Etwas-Kommen dienen und in diesem Sinne außerordentlich produktiv sein können, aber eben nicht zur methodischen Absicherung des gefundenen Wissens. Adorno wählt sogar die schöne Metapher, dass die Idealtypen bei Weber „eigentlich wie Blasen auftauchen aus dem Wasser und dann wieder auch genauso in ein Nichts sich auflösen" (202), was aber im Kontext der methodologischen Verknöcherungsarbeit an Weber kaum mehr bemerkt werde. Ich möchte hier eins hinzufügen, was erst einige Jahre später, nämlich im Zuge des selbstkritischen Auflösungsprozesses der Popper-Schule deutlich geworden ist. Paul Feyerabend hat dies besonders herausgearbeitet: in der Heuristik ist eigentlich alles erlaubt, „anything goes", es ist die Sinatra-Methodologie.[247] Um neue Ideen zu entwickeln, muss man eben ausgetretene Pfade verlassen, und dann ist es automatisch so, dass man in ungesichertes Gelände gerät und nicht mehr so stringent und selbstsicher argumentieren kann wie die Standardwissenschaft. Gerechtfertigt ist dies allemal durch die Entdeckung des Neuen.

---

[246] Fromm, Erich: Die Furcht vor der Freiheit, 6. Aufl. München 1997.
[247] Feyerabend, Paul: Wider den Methodenzwang. Skizze einer anarchistischen Erkenntnistheorie, Frankfurt 1979, S. 5, 45, 52, 258f., 273, 302, 393.

Adornos Weber-Kritik geht aber noch weiter. Weber arbeitet nämlich vorzugsweise mit juristischen Definitionen, zumal er ja auch aus diesem Fach kommt. Das typisch Juristische ist, dass mit Begriffen und Begriffssystemen gearbeitet wird, die eine gewisse Selbständigkeit gegenüber dem Material haben, auf das sie angewandt werden, weil es sich um eine normative Wissenschaft handelt, die ihre Tatbestände aus den Gesetzen und nicht aus der Wirklichkeit ableitet und auf die Wirklichkeit dann in Urteilsform nach bestimmten Regeln aufprägt. Adorno kommentiert das ganz subjektivistisch, aber man kann ruhig auf das objektivierende Element in diesem persönlichen Bemerkungen hören: „Für mich selber hat eigentlich die Schwierigkeit, überhaupt jemals – ja ganz schlicht gesagt – juristisches Denken zu verstehen, immer an dieser Stelle bestanden, daß hier die Begriffssysteme, die in einem sehr handgreiflichen Sinne *thesei*, gemacht, ausgedacht sind, sich an die Stelle der realen Verhältnisse und der realen Bedingungen der Entscheidungen gesetzt haben." (203). Und er folgert für seine eigene Methodologie: niemals mit gemachten, ausgedachten und infolgedessen unverbindlichen Begriffen sich abgeben, sondern die Begriffe mit dem konfrontieren, woraus sie entspringen, mit dem realen gesellschaftlichen Kräftespiel. Also keine rein theoretische, selbstgenügsame Begrifflichkeit, sondern Realbegriffe. Webers Idealtypen dagegen sind bloße Instrumente, die weder in der Theorie ihren Ort haben, weil Weber keine entsprechende Gesellschaftstheorie entwickelt, sondern bloß Definitionen zusammengestellt hat, noch begrifflich ein Eigengewicht haben. Und wenn man dann noch bei der Weber-Lektüre beobachtet, dass dieser selber sich eigentlich nicht an seine Bestimmung der Idealtypen gehalten hat, sondern in der Interpretation seiner Materialmassen darüber hinausgegangen ist, dann wird vollends klar, dass der Methodologismus nicht zum selbstdeklarierten Nennwert genommen werden kann, sondern dass der kombinierenden Intelligenz und Intuition auch bei Weber selbst wie bei jedem solide ausgebildeten Handwerker eine tragende Rolle zukommt. Zusammenfassend stellt Adorno fest: „Max Weber kann man ebenfalls ohne Übertreibung, jedenfalls einer wesentlichen Intention seines Werkes nach, zu den Positivisten rechnen." (Elemente 13) – auch wenn er zugleich feststellt, man könne Weber nicht ganz und gar der atheoretischen Welt zurechnen, weil er vor allem mit seinem Begriff des Sinnverstehens doch einer charakteristischen geisteswissenschaftlichen Herangehensweise nahesteht. Weber habe sozusagen unter dem Zwang der Fakten selbst zur Theoriebildung gedrängt, was Adorno gar nicht so fern liegt, weil er seinerseits ja keine frei schwebende, apriorische Theorie anstrebt. Es geht ihm darum, „durch die Versenkung in die Konkretion über das bloß Faktische hinauszukommen" (Elemente 24).

Adorno hat in seinen Vorlesungen zwar keinen wirklichen Dialog mit den Studierenden geführt, ist aber auf Einwände durchaus eingegangen. In der Vorlesung vom 30.4.1968 ist sein Antireformismus mit ihm durchgegangen, und er macht allen Formen von Praktizismus, die vom Positivismus betrieben werden, den Vorwurf, „dass die jeweils dabei bestehenden sozialen Systeme in ihrem Bestehen erhalten werden" (Elemente 49), während alle alternativen Gedanken in die Hölle der Metaphysik verwiesen würden. Offenbar ist er nach der Vorlesung darauf angesprochen worden und kommt am 2.5.1968 auf diesen Punkt zurück. Er wiegelt ab. Man solle nicht glauben, er dächte gering über partikulare Verbesserungen. Heute könne man schlechterdings kein Vertrauen mehr auf Totalität, auf den Gang der Weltgeschichte aufbringen, und da seien unter Umständen die armseligsten Eingriffe in die bestehende Realität noch besser. Man solle deshalb mit dem Reformismusvorwurf viel sparsamer umgehen, als das Anfang des Jahrhunderts noch üblich gewesen sei. Einheitsbegriffe seien ohnehin so etwas wie die Hotelsoße, die gleichermaßen über alle Gerichte gegossen würde. (Elemente 52–54).

Leider ist es aber so, dass Adorno, obwohl er häufig über **Kapitalismus**, Tausch und Waren redet, ökonomische Fragen doch ziemlich gleichgültig waren, und er sich mit sehr allgemeinen Phrasen zufrieden gibt. So macht er am 7.5.1968 eine Bemerkung über den „wirklichen oder vermeintlichen Wirtschaftsaufschwung" (Elemente 72) – da hätte man als Professor schlicht mal die Zahlen nachprüfen können – um dann zu allgemeinen Erörterungen darüber zu kommen, dass die kapitalistische Wirtschaft immer eine Expansionstendenz habe und andernfalls in mittelbarer Gefahr ihres Unterganges stünde, was er sogar für ein Wesensgesetz erklärt. An solchen Stellen wünscht man sich doch eine genauere Prüfung der Fakten und die Anwendung einer halbwegs brauchbaren ökonomischen Theorie.

Adorno hatte kein Vertrauen in die gesellschaftliche Totalität, weil diese sich nicht solidarisch am Leben erhalte, weil es kein vernunftgesteuertes gesellschaftliches Gesamtsubjekt gebe, sondern diese vielmehr dialektisch durch die antagonistischen Interessen der Menschen im Gegeneinander sich herstelle. Dadurch würde das produziert, was er zusammen mit Horkheimer „Dialektik der Aufklärung" genannt hat, womit in seiner rückblickenden Selbstinterpretation gemeint ist, dass im Prozess fortschreitender Rationalisierung der Gesellschaft durch dieses Gegeneinander sich zugleich auch Züge fortschreitender Irrationalität entwickeln (Elemente 79). Dialektik ist ja immer ein Begriff des Gegeneinander, der impliziert, dass mit der steigenden Arbeitsteilung, der steigenden Integration der Gesellschaft es eben auch zu einer Desintegration der Gesellschaft in gewissen Tiefenschichten kommt. Adorno illustriert das an Franz Neumanns Deutung des **Faschismus** im „Behemoth"[248]: unter der dünnen Hülle des totalitären Staates würde dort ein fast archaischer und anarchischer Kampf der verschiedenen sozialen Gruppen gegeneinander stattfinden.

Adorno ist im Grunde ein utopischer Idylliker der Gesellschaftstheorie und zielt, implizit wie explizit, auf die Abschaffung gesellschaftlicher Auseinandersetzungen. Am Utopiebegriff hält er ganz bewusst fest und wendet sich gegen eine Mentalität, dieser verkappte Theologie und Rückwärtsgewandtheit vorzuwerfen (Elemente 80f.), wie das ein damals prominenter Soziologe, nämlich Erwin K. Scheuch, getan hat. In diesem Sinne wendet Adorno sich auch gegen Überlegungen vom Ende der Neuzeit, die damals in gewisser Weise schon die Postmoderne der achtziger Jahre des 20. Jahrhunderts vorweggenommen haben. Eine Konfliktsoziologie, wie Georg Simmel und später Ralf Dahrendorf sie vertreten haben, der zufolge Streit und gesellschaftlicher Konflikt etwas Positives seien, Wohlstand und Vielfalt mehren würden etc., hält Adorno für verharmlosend. Er ist ganz grundsätzlich der Auffassung, dass der Streit, z.B. in der Außenpolitik, die Gefahr des Atomkriegs und der totalen Vernichtung bedeute. Konflikttheorien, in denen der Streit eine positive Funktion hätte, wie z.B. in der Geschichtsphilosophie von Immanuel Kant, würden doch darauf basieren, dass jeder Konflikt immer auf die Überwindung des Gegensatzes gerichtet sei. Wenn aber eine Sozialtheorie den Streit gerade beibehalten wolle, würde das nichts als die Apologie eines schlechten, auf seine eigene Zerstörung hinarbeitenden Zustandes sein (Elemente 117). Streit sei nicht *per se* etwas Gutes und sollte deshalb eher aufgehoben und durch die Vorstellung eines sozial und ökonomisch inhaltlichen Friedens überwunden werden. Es ist hier bezeichnend, wie unmittelbar Adorno von der Atomkriegsgefahr übergeht zu einer Aufhebung der Wettbe-

---

[248] Neumann, Frank: Behemoth. Struktur und Praxis des Nationalsozialismus 1933–1944, Frankfurt 1993 (zuerst 1942, erweitert 1944).

werbswirtschaft. Alles gehört irgendwie zur Gesamthölle. „Jener höllenhafte, zwangshafte Charakter des Ganzen, unter dem wir alle leiden" (Elemente 144), und zu dem die Kulturindustrie, die Werbung, Auschwitz und der ökonomische Wettbewerb gehören, ist ein doch ebenso auffälliger wie unspezifischer Topos der Argumentation. Dass Konkurrenz etwas außerordentlich Produktives sein kann, kommt hier nicht vor. Auch hier möchte ich also eine wirtschaftstheoretische Schwäche bei Adorno konstatieren, auf die ich am Schluss noch zurückkomme.

Gesellschaftstheorie und Sozialstrukturtheorie dagegen lagen ihm näher als Ökonomie. Hier kommt er zu der für eine marxistische Sicht der Dinge immerhin ganz bemerkenswerten Beobachtung, „daß das Proletariat integriert ist, das heißt, daß das Proletariat im Rahmen der bürgerlichen Gesellschaft sein Leben reproduziert über das Minimum hinaus" (Elemente 54), und dass durch diese Integration „in einem sehr schwer zu fassenden Sinn die Arbeiter selber auch Bürger geworden sind" (Elemente 55). Es sei aber vollkommen falsch, darauf mit einem grundsätzlichen Theorieverzicht zu reagieren, nachdem die alten Klassentheorien offensichtlich nicht mehr standhielten, und nunmehr nur noch mit Helmut Schelsky von der nivellierten Mittelstandsgesellschaft zu reden, was ja lediglich eine Beschreibungskategorie, aber nicht mehr ein Begriff mit marxistisch-klassentheoretischem Anspruch war. Im historischen Rückblick äußert Adorno darüber hinaus deutliche Zweifel, ob es überhaupt früher mit der Klassensolidarität der Arbeiter so weit her war, oder ob diese Stimmung nicht vielleicht vielmehr in der Vorstellung bestimmter ihrer Führungsgruppen geherrscht habe. Auch hier gibt es beinahe gleichzeitig zu Adornos Vorlesung, nämlich 1963 veröffentlichte Forschungen, insbesondere E.P. Thompsons *„The Making of the English Working Class"*, die dies weitgehend bestätigen. Das war damals eine Überlegung, die auf der Linken, wenn ich so sagen darf, im Schwange war.[249]

Das Phänomen, das wir heute als prekäre Existenzform kennen, hat Adorno schon 1964 beobachtet, also noch auf dem Höhepunkt des Wirtschaftswunders, das bekanntlich erst mit der leichten Krise von 1966/67 endete, und wirklich erst mit den massiven kartellverursachten Ölpreiserhöhungen von 1973 und den folgenden Jahren, als die Wirtschaft sich nur sehr mühsam darauf einstellen konnte und mit Stagflation reagierte. Er stellte fest, dass insbesondere bei Universitätsabsolventen trotz des vielbeschworenen Arbeitskräftemangels es für viele hochqualifizierte Kräfte außerordentlich schwer war, eine angemessen bezahlte Stelle zu finden. Er folgerte, „daß wir uns alle eigentlich in dieser Gesellschaft unserer Arbeit nach als potentiell überflüssig erfahren, daß wir unser Dasein eben gewissermaßen nur von Gnaden der Gesellschaft fristen" (Elemente 99). Leider versäumt Adorno es, dieses Gefühl der Überflüssigkeit mit den Studienfächern zu korrelieren, also nachzufragen, ob dies nicht vor allem charakteristisch bei der Wahl bestimmter, besonders schöner Fächer der Fall ist. Absolventen der Philosophie hatten es bekanntlich schon zu Zeiten Immanuel Kants außerordentlich schwer, eine Stelle zu finden, und Kant selbst hat sich lange als Hauslehrer durchgeschlagen, Hegel immerhin als Gymnasiallehrer. Ich erinnere in diesem Zusammenhang nochmals an die nicht ganz unproblematische Formel von den Luxuswissenschaften, über die zu diskutieren sich lohnen würde.

Meinerseits möchte ich dem attraktiven Topos der Naivität bei Adorno noch etwas weiter folgen, denn er wendet diesen unter anderem auch gegen Marx, bei dem er das Gefühl nicht los wird, er habe naiverweise seine Theorie an dem relativ unschuldigen Modell des Einzel-

---

[249] Thompson, Edward P.: The Making of the English Working Class, London 1966.

unternehmers, der Einzelfabrik orientiert, während Vergesellschaftung und Monopolismus bei ihm eher peripher seien (Elemente 162f.). Adorno hat versucht, Marx selber historisch zu verorten und historisch zu verstehen, im Gegensatz zu einer Dogmatisierung, wie sie sich damals in der Studentenbewegung sehr rasch ausgebreitet hatte. Er erinnert an die 11. Feuerbachthese von Marx: „Die Philosophen haben die Welt nur verschieden interpretiert, es kömmt aber drauf an, sie zu verändern." Diese These stand damals an jeder Ecke und ziert übrigens heute noch als Überbleibsel der DDR die Eingangshalle der Berliner Humboldt-Universität. Er fügt hinzu: diese These ohne den historischen Kontext zu zitieren, sei dogmatisches Abakadabra. Marx habe dies 1847 in der unmittelbaren Erwartung der bevorstehenden Revolution geschrieben. Und Adorno, selber ja reiner Theoretiker und alles andere als ein Praktiker, fügt hinzu: „Daß Marx, nachdem diese Möglichkeit, diese gegebene Möglichkeit sich nicht realisiert hat, sich dann für Jahrzehnte ins Britische Museum gesetzt und ein theoretisch-nationalökonomisches Werk geschrieben hat, ohne daß er in Wirklichkeit gar so viel Praxis betrieben hätte, das ist nicht eine bloße Sache der biographischen Zufälligkeit, sondern darin selber auch prägt sich eben ein geschichtliches Moment aus." (Elemente 251)

Das ist nicht einfach als Kommentar gemeint, sondern geht zurück auf jahrzehntelange Selbstreflexionen Horkheimers und Adornos in den 1940er Jahren, ob unter den Bedingungen des Faschismus, später unter den Bedingungen der Blockkonfrontation und ohne eine aktive, klassisch sozialistische Arbeiterbewegung Praxis überhaupt noch möglich sei und ob es nicht besser sei und den eigenen Fähigkeiten und Möglichkeiten auch besser entspreche, vor allem und in erster Linie Theorie zu treiben. Dies ist zum Konzept der Frankfurter Schule geworden, die vor allem von Horkheimer und Adorno geprägt wurde.

Was macht nun die Frankfurter Schule aus, deren Programm Adorno in seiner letzten Vorlesung immer wieder explizit anspricht? Er wendet sich gegen die Allerweltsparole von der interdisziplinären Zusammenarbeit und meint, das Programm dieser Schule sei vielmehr, in der Versenkung in Einzelphänomene immer die objektiven Wechselwirkungen mit dem gesamtgesellschaftlichen Prozess sichtbar zu machen. Die Sozialwissenschaften haben hierbei die Aufgabe einer Art von Wiedergutmachung der wissenschaftlichen Arbeitsteilung, indem sie, ganz unfachlich, sich weiterhin trauen und bemühen, das Ganze, den gesellschaftlichen Gesamtzusammenhang gerade in der Perspektive der Untersuchung von Einzelphänomenen sichtbar zu machen, auch wenn dieser sich keineswegs als unmittelbares Faktum sich wird greifen lassen (Elemente 183). Er warnt im gleichen Atemzug davor, im Sinne der beruflichen Selbsterhaltung sich auf diese Disziplinen zu verlassen und empfiehlt, daneben lieber etwas zu studieren, das ein Unterkommen ermöglicht. Also: nicht Zusammenarbeit, sondern Aufscheinen des Gesamtzusammenhangs in allen Einzelstudien, sei es zur Musik, zur Literatur oder eben zur autoritären Persönlichkeit bzw. zum Betriebsklima. Er meint darüber hinaus freie Übergänge zwischen psychologischen, psychoanalytischen, soziologischen, literatur- oder musikwissenschaftlichen Studien. Die bildende Kunst war ja sein Metier nicht so sehr.

Adorno war, stärker noch als die übrigen Mitstreiter der Frankfurter Schule, eine Vielfachbegabung, auch wenn sein eigentliches Arbeitsfeld, insbesondere als Frankfurter Professor, die Soziologie gewesen ist und er sich auch selbst als Soziologe definiert hat. Er wendet sich aus eigener Leidenserfahrung deshalb gegen die subalternen Kollegen, die, wenn sie schon kein inhaltliches Argument haben, einfach sagen, das schwanke ja zwischen Soziologie und Philosophie und darin einen Einwand sehen (Elemente 209). Das ist subalternes Reinheitsdenken, subalternes Schächtelchendenken. Psychoanalytiker würden sogar von einem Virginitätskomplex reden.

Was die Frankfurter Schule also eigentlich will, ist, eben nicht diesem Reinheitsfetischismus, diesem Methodenfetischismus zu unterliegen und ganz mutig auf die Gesamtprobleme der Gesellschaft zu zielen. Keine methodologisch restringierte Erfahrung, und auch kein implizierter Fortschritts- oder Geschichtsglaube, demzufolge die Rationalisierung der Gesellschaft immer weiter voranschreitet, wie viele Soziologen dies weitertragen. Adorno exemplifiziert das an historischen Beispielen, in denen alle Formen von Herrschaft als archaische Züge (Veblen) oder als Überbleibsel irrationaler Institutionen wie der Familie oder der Kirche erscheinen. Adorno setzt dagegen, dass die objektive Ableitung der Irrationalität, etwas paradox gesprochen, die rationale Ableitung der Irrationalität, aus den jeweils aktuellen Zügen und Widersprüchen der Gegenwartsgesellschaft erfolgen sollte, in denen diese irrationalen Institutionen eben immer noch ihr Unwesen treiben, nicht einfach, weil sie früher mal einflussreich und wichtig waren, sondern weil sie immer noch eine Unterdrückungsfunktion ausüben (Elemente 222ff.). Was die Kritische Theorie darüber hinaus will, ist eine Theorie der Gesellschaft als einen Korpus mehr oder weniger kohärent zusammenhängender Vorstellungen über die Gesellschaft (Elemente 11), womit ja im Grunde ein recht zurückhaltender Theoriebegriff gegeben wird, der aber gleichzeitig schon zur Unterscheidung der Frankfurter, „eigentlichen" Gesellschaftstheorie von bloßen Gehäusen oder Zusammenfassungen von Daten dient. Praktiker war Adorno nun wirklich nicht, aber seine Vorlesung vom Sommer 1964 endet doch mit einem gewissermaßen flammenden Appell zu einer Art von theoretischen Praxis unter den gegebenen Bedingungen: die Intellektuellen sind das Organ einer Gesellschaftskritik, die den technologischen Schleier durchdringt, die den Konsum als Ablenkung problematisiert, die Kulturindustrie als Ersatzbefriedigung ablehnt, zur Bürokratie und zur verwalteten Welt eine recht differenzierte Stellung bezieht, der zufolge man nicht die Bürokraten oder Manager zu Sündenbocken machen sollte, und ansonsten auf Hunger, Armut und Atomkriegsgefahr hinweist – Dinge, die hier nicht ausgeführt werden müssen, da wir dies alles zur Genüge kennen. Das Fazit: „Ein solches Programm wie das, das ich Ihnen damit zum Abschied präsentiere, entspricht, wenn ich mich nicht irre, allerdings auch recht genau dem historischen Augenblick, in dem wir uns befinden, nämlich in einer Phase, die eine solche Kritik gestattet, die sie also nicht durch unmittelbare Gewalt verhindert und in der gleichwohl doch gar nichts anderes als eine solche Theorie möglich ist, weil in dieser Phase, ohne daß wir absehen könnten wie lange, die Möglichkeit eingreifender, im Ernst [umwälzender] Praxis verstellt ist." (Elemente 215)

5.4   Fortschritt und Freiheit

Der Begriff des **Fortschritts** ist in Adornos und Horkheimers „Dialektik der Aufklärung" von 1944 einer fundamentalen Kritik unterzogen worden. Er kommt 1962 in einem Aufsatz darauf zurück,[250] den er auch 1964/65 in seine Vorlesung „Zur Lehre von der Geschichte und von der Freiheit" einbaut und darüber hinaus noch sehr viel weiter ausführt.[251] Er spricht in dialektischer Zuspitzung davon, „daß es so etwas wie einen Fortschritt von der Steinschleu-

---

[250]   Adorno, Theodor W.: Fortschritt, in ders., Stichworte. Kritische Modelle 2, Frankfurt 1969, S. 29–50.
[251]   Adorno, Zur Lehre von der Geschichte und von der Freiheit, a.a.O. Im Folgenden abgekürzt zitiert als „Lehre". S. 194–240.

der bis zur Atombombe gebe" (Lehre 20), und dass mit dieser Zuspitzung die Partikularität jedes einzelnen Fortschritts zwar auf den Punkt gebracht werden könne, dass dennoch der Fortschrittsbegriff ein wesentliches Moment der Hoffnung darauf, dass es doch einmal besser werden könne und dass die Menschen einmal aufatmen dürften, dass es besser wird und keine Angst mehr sei (Lehre 194), transportiert. Was ihm fehlt, ist die Existenz eines politisch handlungsfähigen Gesamtsubjekts der Menschheit, wie er sich etwas unklar ausdrückt. Traditionell marxistisch erläutert er das dadurch, dass Hunger und Mangel allein auf Fehler in den Produktionsverhältnissen zurückzuführen seien, während der Stand der Technik, in der marxistischen Sprache also die Produktivkräfte, längst eine umfassende Gesamtversorgung aller gewährleisten könnte, wenn nur, so sein recht verschämtes Plädoyer für eine Art von Sozialismus, „eine vernünftige Einrichtung der Gesamtgesellschaft als Menschheit" (Lehre 203) zustande käme.

Hieraus wird deutlich, dass Adorno den Fortschrittsbegriff keineswegs negiert oder zurückweist, sondern ihn beibehalten möchte, allerdings unter Berücksichtigung der Kritik, die im Anschluss zum Beispiel an die Geschichtsphilosophischen Thesen Walter Benjamins, an gewissen vereinfachten Formen des Fortschrittsdenkens zu üben ist. Benjamin hatte die vor allem technisch gedachten Fortschrittsideen der Zweiten Internationale sehr grundsätzlich angegriffen. Diese würden sich nur auf Fortschritte der Fertigkeiten und Kenntnisse beschränken, nicht aber einen Fortschritt der Menschheit selbst mehr denken.[252] Adorno greift eine Vers aus Schillers berühmter Ode an die Freude auf, welche ja heute zur EU-Hymne geworden ist, und in der aus der Totalität der Menschheit jene ausgegrenzt werden, die nicht hineinpassen: „Und wer's nie gekonnt, der stehle weinend sich aus diesem Bund!". Adorno sieht hierin die Kehrseite allumfassender Liebe und zugleich ein Aufblitzen der Wahrheit über „den bürgerlichen, zugleich totalitären und partikularen Begriff der Menschheit." (Lehre 207). Dennoch hält Adorno am Fortschritt fest: „aber kein Gutes und nicht seine Spur ist ohne den Fortschritt." (Lehre 210) Denn dieser Begriff artikuliert einerseits die gesamtgesellschaftliche Bewegung, negiert aber durch weitergehende Menschheitsansprüche zugleich die aktuelle, jeweils partikulare Situation. Fortschritt bedeutet also immer kritische Konfrontation mit der realen Gesellschaft und enthält insofern ein aufklärerisches Moment, das aber zugleich einen dialektischen Charakter hat, nämlich die Versöhnung mit der Natur zugleich mit der Kontrolle über die außer- und innermenschliche Natur verbindet, und damit immer auch Momente der Unterdrückung enthält. Im Übrigen ist dieser Doppelcharakter des Fortschritts schon bei Max Weber sehr plastisch herausgearbeitet worden, nur dass er dort im Wesentlichen auf den Begriff der Rationalisierung gebracht worden ist. Adorno möchte deshalb auch an Momenten der Dekadenz festhalten (die ja ein grober Fortschrittsbegriff als Verfallsform des Alten negieren müsste), zumal derjenige, der gegen Dekadenz wettert, unweigerlich den Standpunkt der Sexualtabus und der Diffamierung von Sexualität bezieht (Lehre 219). Doch auch die Dekadenz bleibt für Adorno als Gegenposition nicht unproblematisch, da die entfesselte erotische Verfügung zugleich perpetuierte Sklaverei wäre (Lehre 220). Er hatte dies in der „Dialektik der Aufklärung" in dem Exkurs über „Juliette oder Aufklärung und Moral" am Beispiel von de Sades Justine weiter ausgeführt.[253]

---

[252] Benjamin, Walter: Geschichtsphilosophische Thesen, in ders., Illuminationen. Ausgewählte Schriften, Frankfurt 1969, S. 268–281.

[253] Horkheimer, Max und Theodor W. Adorno: Exkurs II: Juliette oder Aufklärung und Moral, in dies., Dialektik der Aufklärung, Frankfurt 1988, S. 88–127.

Die Idee des Fortschritts wird durch eine platte Kritik am „Fortschrittsglauben" Adorno zufolge geradezu gelästert (Lehre 223). Adorno setzt sich hier mit einer reaktionären Kulturkritik auseinander, wie sie in den 1950er und 1960er Jahren im Schwange war, aber später auch unter dem Signum der Postmoderne weitergeführt worden ist. Hier wird Adorno geradezu technisch-praktisch in seiner Argumentation: „Wer sich in Erinnerung an der Untergang der Titanic demütig-zufrieden die Hände reibt, weil der Eisberg dem Fortschrittsgedanken den ersten Stoß versetzt habe, vergisst oder unterschlägt, dass der im Übrigen keineswegs schicksalhafte Unglücksfall Maßnahmen veranlasste, welche dann doch ungeplante Naturkatastrophen der Schifffahrt, im Gegensatz zur Versenkung von Schiffen durch feindliche Kriegsschiffe im folgenden halben Jahrhundert, verhüteten. Ein Stück Dialektik des Fortschritts ist, dass die geschichtlichen Rückschläge, die selbst vom Fortschrittsprinzip angezettelt werden – was wäre fortschrittlicher als der Wettstreit ums Blaue Band? – auch die Bedingung dafür bereitstellen, daß die Menschheit Mittel findet, sie in Zukunft zu vermeiden." (Lehre 224) Dieses Argument gilt für Adorno ganz grundsätzlich: „daß die Verwüstungen, die der Fortschritt anrichtet, allenfalls mit dessen eigenen Kräften wieder gutzumachen sind, niemals durch die Wiederherstellung des älteren Zustandes, der sein Opfer ward." (Lehre 224f.). Viele werden vielleicht sich erinnern, an wie vielen Stellen Adorno dies noch mythologisierender mit einem Zitat aus Richard Wagners Parsifal (III, 139) ausgedrückt hatte: *Die Wunde schließt der Speer nur, der sie schlug.* Dies geht seinerseits auf eine Geschichte aus dem trojanischen Krieg um die Heilung des Telephos zurück, die nicht bei Homer, aber bei Apollodor und später bei Ovid erzählt wird.[254]

Besonders schwierig zu verwenden ist der Fortschrittsbegriff im Reich des Geistes. „In der Philosophie begnüge ich mich damit, es Ihnen zum Nachdenken anzuvertrauen, ob man von einem Fortschritt der Philosophie von Hegel bis Carnap reden kann" (Lehre 229). In der Kunst sei zwar die technische Beherrschung der Materialien in bemerkenswertem Maße fortgeschritten, trotzdem gebe es zwischen der Qualität der künstlerischen Produkte und diesem Fortschritt der Materialbeherrschung kein direktes Verhältnis. Fast im Stile konventioneller Weisheit bemerkt Adorno, dass in der Philosophie gleichsam jeder Fortschritt mit einem Preis bezahlt wird, weil jede neue Problemlösung dazu führt, dass etwas anderes unter den Tisch fällt (Lehre 234).

Adornos Freiheitsbegriff ist, ganz gegen alle gemeinschaftlichen Konzepte z.B. von nationalen Befreiungsbewegungen, nicht zuletzt aber auch „angesichts der höchst sonderbaren Umbildungen" im Osten, wie er sich zurückhaltend ausdrückt, individualistisch ausgerichtet. Er postuliert, „daß von einer Freiheit der Gattung oder einer Freiheit der Gesellschaft auch nicht die Rede sein kann, wenn diese Freiheit nicht als Freiheit der Individuen innerhalb der Gesellschaft sich realisiert. Das Individuum ist gewissermaßen der Prüfstein der Freiheit." (Lehre 247) Ihm scheint es, dass der Freiheitsbegriff im öffentlichen Bewusstsein immer weiter zurücktritt, ein Phänomen, das seither auch in den Umfragezeitreihen z.B. des Allensbacher Instituts für Demoskopie festgestellt wird. Freiheit muss nach Adorno immer konkret sein, d.h. es geht nicht um eine bloß regulative Idee, über die er spottet, dass diese „irgendwo unveräußerlich über den Menschen hängt, die nach dieser Idee schnappen, ohne daß sie je hoch genug springen könnten, um sie zu erwischen." (Lehre 249). Im Zusammenhang mit

---

[254] Adorno, Theodor W.: Drei Studien zu Hegel, in Gesammelte Schriften Bd. 5, Frankfurt 2003, S. 247–380, hier S. 313; ders., Ästhetische Theorie, in Gesammelte Schriften Bd. 7 (Ästhetische Theorie), Frankfurt 1972, S. 202; ders., Versuch über Wagner, in Gesammelte Schriften Bd. 13, Frankfurt 1971, S. 7–148, hier S. 104; ders., Klangfiguren, in Gesammelte Schriften Bd. 16, Frankfurt 1978, S. 7–248, hier S. 133.

dem zentralen Freiheitsbegriff äußert Adorno auch gelinde Zweifel an einem dialektischen Denken, das, wenn z.B. ein Aufstand, eine Revolution oder eine Freiheitsbewegung historisch gescheitert sind, etwa der Spartakus-Aufstand im alten Rom oder Babeufs „Gesellschaft der Gleichen" zur Zeit des französischen Directoire, immer überlegen konstatiert, dass die Zeit eben noch nicht reif gewesen sei. Adorno warnt, ähnlich wie auch Walter Benjamin in den Geschichtsphilosophischen Thesen, davor, dass „die Geschichtsphilosophie es bekanntlich immer leichter hat, sich auf die Seite der stärksten Bataillone zu stellen als auf die Seite der schwächeren." Ob andere historische Entwicklungen in bestimmten Situationen möglich gewesen wären, bleibt natürlich immer eine spekulative Frage, aber man fragt sich in der Tat, warum geschichtsphilosophische Darstellungen immer darauf beharren, dass es nur so und nicht anders hatte kommen können, wie es dann gekommen ist, obwohl viele historische Entscheidungen doch mitunter am seidenen Faden gegangen haben oder nur in einem kurzen Zeitfenster möglich waren. Deshalb Adornos Warnung, „gleichsam automatisch den Standpunkt der Sieger damit zu beziehen, daß Sie auch das nachreden, was einem dann so erzählt wird: daß nämlich, wann immer Freiheitsbewegungen unterlegen sind, das deshalb geschehen sei, weil es damals halt noch nicht möglich war." (Lehre 250).

An der schon weiter oben erwähnten klassischen marxistischen Produktivkraftillusion als zugrundeliegende und vorantreibende geschichtsphilosophisch relevante Fundamentalstruktur gegenüber den darüber liegenden Produktionsverhältnissen hält Adorno allerdings weiterhin fest und meint, wenn der Mangel an Ressourcen abgeschafft würde, dann würden Repression und Unterdrückung überflüssig. Gewiss würde auch dann kein Stand vollkommener Freiheit erreicht werden, aber jede unvollkommene Freiheit sei ja immer noch mehr wert als die Unfreiheit. Sobald der Mangel abgeschafft sei, würde die Unterdrückung als überflüssig erscheinen und dann umso schwerer aufrechtzuerhalten sein. Wir werden in den nächsten Jahren in China beobachten können, ob diese Strukturüberlegung zutreffend ist, ob diese Hypothese sich in der Praxis bewährt (Lehre 252).

Adorno begreift den Freiheitsbegriff sehr grundsätzlich von der Konzeption der Willensfreiheit her, wie sie in ihrem Grundwiderspruch in der Dritten Antinomie von Kants Kritik der reinen Vernunft dargelegt worden ist. Die Dritte Antinomie Kants konstatiert den Widerstreit, der darin besteht, dass zwei radikal gegensätzliche Thesen beide stringent ableitbar und beweisbar scheinen, nämlich die These, dass es nicht nur eine Kausalität nach den Naturgesetzen, sondern auch eine Kausalität durch Freiheit, gemeint ist die Willensfreiheit gibt, und die Antithese, dass alles in der Welt den Naturgesetzen folgt und es daher keine Willensfreiheit geben kann.[255] Kant hat dies als eines der Probleme der transzendentalen Dialektik entwickelt und spricht von einem geradezu unausweichlichen, wenn auch recht fragwürdigen, weil schlecht begründeten Interesse der Vernunft daran, an der Willensfreiheit festzuhalten, weil Moral und Religion darauf beruhen. Das Strafrecht macht ja nur dann Sinn, wenn man eine freie Willensentscheidung des Täters voraussetzt. Für Adorno zeigt das, dass das Postulat der Willensfreiheit eigentlich immer im Bestrafungsanspruch fundiert ist, wodurch der Freiheitsbegriff im Grunde pervertiert wird. „Wo immer es heißt, daß die Substanz der Freiheit sei, daß man frei sei, wenn man von sich aus das will, was man ohnehin muß, dann kann man sicher sein, daß mit dem Begriff der Freiheit Schwindel getrieben wird und daß der Begriff der Freiheit in Wirklichkeit zu seinem Gegenteil geworden ist." (Lehre 272f.) Dies hält er der von ihm so klassifizierten „Ostzonenideologie" vor. Ob darin auch eine Kri-

---

[255] Kant, Immanuel: Kritik der reinen Vernunft, Hg. Raymund Schmidt, Hamburg 1970, S. 462, (B 472f.).

tik an Kants Lehre impliziert ist, dass unsere Freiheit darin besteht zu tun, was wir sollen, wird von ihm nicht herausgearbeitet. Interessant ist aber, dass Adorno zusammen mit den moralischen Anforderungen des Freiheitsbegriffs sagt, dass „wir alle" uns „dauernd überfordert" (Lehre 283) fühlen, die Studenten durch das ständige Lernen für Examina, die Professoren durch zahllose sogenannte administrative Dinge, und dass das ständige Entscheidenmüssen und Machenmüssen einerseits die Form der Freiheit sei, aber auch die Gestalt der Unfreiheit annehme. Ich bin diesem Gedanken in einem 2007 erschienenen Buch unter dem Aspekt der neueren und neuesten, seit Adorno noch einmal wesentlich verschärften Entwicklungen einmal näher nachgegangen, das den Titel trägt: „Das überforderte Selbst. Globalisierungsdruck und Verantwortungslast".[256] Eine meiner Überlegungen ist die, dass die permanenten selbst zu verantwortenden und mit Folgen für einen selbst behafteten Entscheidungen einen übermäßigen Druck auf jeden einzelnen ausüben, ohne dass dieser doch die Folgen seiner Entscheidungen wirklich beeinflussen und kontrollieren kann, weil die gesellschaftlichen Wechselwirkungen viel zu komplex, die Situationen zu unübersichtlich und die langfristigen Folgen als die am wenigsten kontrollierbaren zugleich die für den einzelnen relevantesten sind. Adorno sieht einen ganz wesentlichen Antagonismus darin, dass heute Unabhängigkeit, Selbständigkeit und Initiative als Tugenden der Freiheit verlangt werden (im Gegensatz zur Feudalgesellschaft, wo die Tugenden des Bettlers oder des großen Herrn gefragt waren), wenn also heute die Tugenden des Fürsichseins und der Selbstbestimmtheit bei Strafe des Untergangs am Arbeitsmarkt zählen, doch andererseits jeder sich bestimmen muss als einer, der anderen dient, und sich unablässig damit bescheiden muss, dass das Ganze unfrei sei (Lehre 292). Nüchterner und vielleicht etwas klarer hat Friedrich August von Hayek den gleichen Sachverhalt so beschrieben, dass jeder zwar frei entscheiden kann, was er lernen, produzieren und verkaufen will, aber doch darauf angewiesen ist, für seine Produkte oder seine Arbeit einen Kunden zu finden, der dafür zu zahlen bereit ist. Die wirkliche Freiheit liegt nach Hayek ausdrücklich nicht so sehr in unserer Rolle als Produzenten oder Leistungserbringer, sondern in unserer Rolle als Konsumenten, als Abnehmer.

Freiheit überfordert uns nach Adorno im gleichen Maße, wie die Vorstellung, frei entscheiden zu können, uns auch gefällt (Lehre 293f.), er beklagt aber, dass die Motive der Freiheit immer mehr in Motiven der Anpassung verschwinden. Da solche Anpassungen oft sehr vernünftig begründet sind, stellt sich die Frage, ob Regungen von Freiheit demgegenüber nicht einen gewissen archaischen Charakter annehmen müssen, also im Grunde in einer nicht rationalen Willensschicht des Bewusstseins verankert sind. In der klassischen und vorklassischen Philosophie, also bei Spinoza, Leibniz und Kant, ist Freiheit immer mit dem vernunftgemäßen Verhalten gleichgesetzt worden (s.o.). Adorno vermutet nun, dass Freiheit demgegenüber ein spontanes, nicht von Gründen gesteuertes Verhalten sein oder wenigstens auf einem solchen Impuls beruhen könnte (Lehre 294). In meinen Worten: Freiheit müsste dann auch und gerade darin bestehen können, das Unvernünftige zu tun. Und umgekehrt: Adorno wäre nicht der Dialektiker, der er war, wenn er nicht auch in Kants Zwangsprinzip des kategorischen Imperativs eine Art von Irrationalität erblicken würde, das darin bestünde, nach dem Sittengesetz zu handeln bedeute immer so viel wie: parieren, sich ohne volle Einsicht fügen (Lehre 353), d.h. das vorgeblich Vernünftige, welches nicht voll nachvollziehbar ist, kann dann eben nicht als wirklich vernünftig gelten.

---

[256] Reese-Schäfer, Walter: Das überforderte Selbst. Globalisierungsdruck und Verantwortungslast, Hamburg 2007.

5.5 Was bedeutet: Aufarbeitung der Vergangenheit

Horkheimer und Adorno haben in den 1950er und frühen 1960er Jahren eine wichtige Rolle bei der Auseinandersetzung mit dem Nationalsozialismus und der Judenverfolgung gespielt. Sie setzten vor allem auf die Ausbildung der Gymnasiallehrer, auf Forschungen zur Geschichtsdarstellung in der Öffentlichkeit, auf den Rundfunk, auf Institutionen der politischen Erwachsenenbildung und nicht zuletzt auf Organisationen der christlich-jüdischen Zusammenarbeit.

In seinem Vortrag zur Aufarbeitung der Vergangenheit aus dem Jahre 1959 spricht Adorno bewusst nicht von „Vergangenheitsbewältigung", denn zu bewältigen war hier gar nichts. Er wendet sich gegen die weithin eingebürgerte, zu gutmütige Wendung von der „Reichskristallnacht" 1938 und gegen die Behauptung, man habe damals nichts gewusst und nichts mitbekommen, während doch überall Juden verschwanden und obwohl anzunehmen war, dass diejenigen, die erlebten, was im Osten geschah, nicht immer geschwiegen haben können.[257] Er wendet sich ebenso gegen die Leugnungsstrategien, gegen die Herunterrechnung der Opferzahlen von sechs Millionen auf weniger und erklärt, die alliierten Bombenangriffe auf die Zivilbevölkerung in deutschen Städten seien „kaum vergleichbar mit der administrativen Ermordung von Millionen unschuldiger Menschen."[258] Bemerkenswert ist, dass Adorno schon damals eine gewisse Modernisierungswirkung der nationalsozialistischen Gewaltherrschaft vermutet: „Wohl darf man mutmaßen, daß die Demokratie tiefer eingedrungen ist als nach dem Ersten Weltkrieg: der antifeudale, durchaus bürgerliche Nationalsozialismus hat durch Politisierung der Massen, gegen seinen Willen, der Demokratisierung in gewissem Sinn sogar vorgearbeitet. Junkerkaste wie radikale Arbeiterbewegung sind verschwunden; zum ersten Mal ist etwas wie ein homogen bürgerlicher Zustand hergestellt."[259] Allerdings würde die Demokratie doch noch nicht wirklich und tiefgehend als eigene Sache empfunden und es herrsche noch eine ausgeprägte *rancune* gegen die *re-education*, die zurückgeht auf „den antizivilisatorischen, antiwestlichen Unterstrom der deutschen Überlieferung"[260]. Das antiwestliche Element der deutschen Politik- und Gesellschaftsgeschichte ist dann später zum Grundthema unserer Geschichtsschreibung geworden, z.B. in Heinrich August Winklers „Der lange Weg nach Westen".[261]

An vielen Momenten macht Adorno so etwas wie ein Nachleben des Faschismus fest, zumal die ökonomische Ordnung nach wie vor die Mehrheit in einer undurchschauten Abhängigkeit halte. Diese Ordnung stellt für Adorno einen „Verblendungszusammenhang" dar. „Wenn sie leben wollen, bleibt ihnen nichts übrig, als dem Gegebenen sich anzupassen, sich zu fügen; sie müssen eben jede autonome Subjektivität durchstreichen, an welche die Idee der Demokratie appelliert, können sich selbst nur erhalten, wenn sie auf ihr Selbst verzichten. Den Verblendungszusammenhang zu durchschauen, mutet ihnen eben die schmerzliche Anstrengung der Erkenntnis zu, an welcher die Einrichtung des Lebens, nicht zuletzt die zur Totalität ausgebreitete Kulturindustrie, sie hindert. Die Notwendigkeit solcher Anpassung, die zur

---

[257] Adorno, Theodor W.: Was bedeutet: Aufarbeitung der Vergangenheit, in ders., Eingriffe. Neun kritische Modelle, Frankfurt 1963 (zuerst 1959), S. 125–146, hier S. 126.
[258] Ebenda S. 127.
[259] Ebenda S. 130.
[260] Ebenda S. 137.
[261] Winkler, Heinrich August: Der lange Weg nach Westen, 2 Bände, 5. Aufl. München 2002.

Identifikation mit Bestehendem, Gegebenem, mit Macht als solcher, schafft das totalitäre Potential."[262] In diesem oft reproduzierten Formeln finden wir das ganze Repertoire der „Kritischen Theorie": Totalitäre Potentiale werden in der Grundstruktur der Gesellschaft, nämlich in der kapitalistischen Wirtschaftsordnung produziert, die in Form der Kulturindustrie auf die Psyche der Einzelnen zugreift und sie weder im Arbeitsverhältnis noch in der Freizeit zu sich selbst kommen lässt. Es wird nicht mehr direkt ausgesprochen, dass man den Kapitalismus abschaffen will, dies ist aber für jeden Leser, der auch nur eine entfernte Erinnerung an das marxistische Erbe hat, ohnehin klar. Max Horkheimer hatte das im Jahr 1939 noch wesentlich plakativer formuliert: „Wer aber vom Kapitalismus nicht reden will, sollte auch vom Faschismus schweigen."[263] Die Zurechnung des Faschismus auf Ursachen im kapitalistischen Wirtschaftssystem ist das Verbindende zwischen dem traditionellen Parteimarxismus und dem undogmatischeren westlichen Marxismus der Kritischen Theorie. Leicht relativierend fügt Adorno 1959 hinzu: „Ich habe das Düstere übertrieben, der Maxime folgend, daß heute überhaupt nur Übertreibung das Medium der Wahrheit sei."[264] Von praktischen Bestrebungen, den Kapitalismus zu überwinden, hatten Horkheimer und Adorno sich aber schon im Exil der 1930er Jahre endgültig verabschiedet. Die studentischen Aktivisten der 68er Bewegung haben aber genau in dieser Frage ihren entscheidenden Anknüpfungspunkt gefunden.

Adorno dagegen hat vor allem den anderen, den Aspekt der Persönlichkeitsentwicklung betont. Es ging ihm darum, „in der Erziehungssphäre – im weitesten Sinn – möglichst zu verhindern, daß sich so etwas wie ein **autoritätsgebundener Charakter** bildet."[265] Es ging ihm neben der Bekämpfung des Antisemitismus auch darum, den antiamerikanischen Affekt und ein Wiedererwachen des Anti-Intellektualismus zu kritisieren.[266] Die „Erziehung nach Auschwitz" konstatiert nüchtern: „Da die Möglichkeit, die objektiven, nämlich gesellschaftlichen und politischen Voraussetzungen, die solche Ereignisse ausbrüten, zu verändern, heute aufs äußerste beschränkt ist, sind Versuche, der Wiederholung entgegenzuarbeiten, notwendig auf die subjektive Seite abgedrängt."[267] Er schlägt eine Wendung aufs Subjekt und eine Erziehung zu kritischer Selbstreflexion vor. Zwar sei die Gefahr einer Wiederkehr des Faschismus keine psychologische, sondern eine gesellschaftliche Frage, da aber diese Momente kaum beeinflussbar seien, müsse man in der derzeitigen Situation – er hat das im Jahr 1966 geschrieben – in der Erziehung ansetzen: „Die einzig wahrhafte Kraft gegen das Prinzip von Auschwitz wäre Autonomie, wenn ich den Kantischen Ausdruck verwenden darf; die Kraft zur Reflexion, zur Selbstbestimmung, zum Nicht-Mitmachen."[268] Erziehungsziel wird für ihn nicht zuletzt auch die „Entbarbarisierung" des Landlebens. Die Sprache von „Ungebildeten", wie er formuliert, geht oft schon in den Bereich der gewalttätigen Drohung über, bildet also schon eine Vorform körperlicher Gewalt.[269] Auch der Sport ist ambivalent, weil er neben Elementen des Fair Play und der Rücksicht auf den Schwächeren gerade auch Aggression,

---

[262] Adorno, Was bedeutet: Aufbeitung, a.a.O. S. 139.
[263] Horkheimer, Max: Die Juden und Europa, in Gesammelte Werke, Band 4, Frankfurt 1988, S. 308–331, hier S. 308f. Erstveröffentlichung in Zeitschrift für Sozialforschung, Nr. 112, Jg. 8, 1939, S. 115–137.
[264] Adorno, Was bedeutet: Aufbeitung, a.a.O. S. 140.
[265] Adorno, Zur Bekämpfung des Antisemitismus, a.a.O..
[266] Ebenda S. 131.
[267] Adorno, Theodor W.: Erziehung nach Auschwitz (zuerst 1966), in ders., Stichworte, a.a.O. S. 85–101, hier S. 86.
[268] Ebenda S. 90.
[269] Ebenda S. 92.

Rohheit, Sadismus fördern kann. Brauchtum, auch Initiationsriten in Bildungsinstitutionen sind Formen einer Kollektivierung des Bösen und vermittelt Angst wie Härte gegen andere und sich selbst. Durch solche Aktivitäten kann das Bewusstsein rasch bis zur Bereitschaft zur Folter verdinglicht werden. Adorno listet hier autoritäre, protofaschistische Tendenzen gerade auch in den Basiselementen des Alltagslebens auf, die uns mit der permanenten Möglichkeit konfrontieren, dass solche Züge wieder hervorbrechen. Er setzt auf eine grundsätzliche, kritische, sozialwissenschaftliche Analyse solcher Strukturen und Elemente. Der politische Unterricht soll sich seiner Meinung nach in Soziologie verwandeln, die all dies herauspräpariert, sichtbar macht und isoliert. „Aller politische Unterricht endlich sollte zentriert sein darin, daß Auschwitz nicht sich wiederhole. Das wäre möglich nur, wenn zumal er ohne Angst, bei irgendwelchen Mächten anzustoßen, offen mit diesem Allerwichtigsten sich beschäftigt."[270] Er hält dies für eine fundamentale Aufklärungsaufgabe mit wissenschaftlichem Erkenntnisanspruch, während er die Pädagogik eher als eine fragwürdige Angelegenheit einer scharfen Kritik unterzieht: „Das Problem der immanenten Unwahrheit der Pädagogik ist wohl, daß die Sache, die man betreibt, auf die Rezipierenden zugeschnitten wird, keine rein sachliche Arbeit um der Sache willen ist. Diese wird vielmehr pädagogisiert. Dadurch allein schon dürften die Kinder unbewußt sich betrogen fühlen."[271] Es gibt kein Recht auf Menschenformung. Erziehung zur Mündigkeit würde also eine entschiedene Entpädagogisierung, eine Erziehung zur Autonomie und zum Neinsagenkönnen gegenüber dem „überwältigenden Seienden", wenn es erforderlich ist, bedeuten.[272] Erziehungsideale, die sich „gegen die selbständige bewußte Entscheidung jedes Einzelnen" richten, sind nach Adorno grundlegend antidemokratisch.[273]

5.6 Probleme der Moralphilosophie

Adorno hat seine Vorlesung über **Moralphilosophie** im Sommersemester 1963 gehalten. Er nimmt Bezug auf seine Aphorismensammlung „Minima Moralia" mit dem Untertitel „Reflexionen aus dem beschädigten Leben", die im amerikanischen Exil geschrieben wurden und 1951 in Deutschland erschienen sind. Berühmt geworden ist der zentrale Satz „Es gibt kein richtiges Leben im falschen",[274] auf den sich dann später Gudrun Ensslin und Andreas Baader berufen haben. Trotz dieser gestanzten und in heutigen Moralkalendern gern gedruckten Lebensweisheit macht Adorno aber darauf aufmerksam, dass Moralphilosophie vor allem eine theoretische Disziplin sei und niemand von ihr eine Ratgeberfunktion oder Anweisungen für das wirkliche Leben erwarten könne.

Gegen die spätere Vereinnahmung durch Baader und Ensslin steht Adornos konsequente Ablehnung gegenüber der Erwartung an moralphilosophisches Denken, dass es sich um eine Art gelebter Weltanschauung handeln solle. Dagegen steht sein Kernsatz: „Moralphilosophie

---

[270] Ebenda S. 101.
[271] Adorno, Theodor W.: Tabus über den Lehrerberuf (zuerst 1965), in ders., Stichworte, a.a.O. S. 68–84, hier S. 73.
[272] Vgl. Adorno, Theodor W.: Erziehung zur Mündigkeit (Gespräch 1969), in ders., Erziehung zur Mündigkeit, Frankfurt 1971, S. 133–147, hier S. 141.
[273] Adorno, Theodor W.: Erziehung – wozu?, in ders., Erziehung zur Mündigkeit (a.a.O.) S. 105–119, hier S. 107.
[274] Adorno, Theodor W.: Minima Moralia, Gesammelte Schriften Bd. 4 (Minima Moralia), Frankfurt 1980, S. 43.

ist eine theoretische Disziplin."²⁷⁵ Adorno hält nichts von Ethiken des Mitmachens und polemisiert gegen den Typus, der sich immer an irgendetwas anschließen, für etwas begeistern muss, nur damit überhaupt irgendetwas gemacht wird und man dadurch die Illusion entwickeln kann, dass sich überhaupt irgendetwas verändert (Moral 14). Wesentlich für ihn ist ein Moment des Widerstands, „des Nicht-Mitmachens bei dem herrschenden Unwesen" (Moral 18). Joachim Fest hat dieses Moment im Titel seiner Autobiographie in lakonischer Kürze zum Ausdruck gebracht: „Ich nicht!". Adorno ist dem an Kürze wenigstens gleichgekommen, als er zu Beginn des berühmten Spiegel-Gesprächs von 1969 von den Spiegel-Reportern in journalistisch-verschmockter Weise gefragt wurde: „Herr Professor Adorno, gestern schien die Welt noch in Ordnung...". Weiter ließ er die beiden gar nicht aussprechen und konterte: „Mir nicht".²⁷⁶

Diese Widerständigkeit kann durchaus auch Züge einer gewissen Irrationalität tragen. Adorno meint nun, ein solches irrationales Element auch etwa in den Widerstandshandlungen der deutschen Offiziersverschwörer vom 20. Juli 1944 zu erkennen und hat dies auch gegenüber einem überlebenden Mitverschwörer, Fabian von Schlabrendorff, einmal angesprochen: Wie könne man eine solche Aktion wagen, wenn einen doch der Tod und mehr als das, nämlich schlimme Folter erwarte?

Ich habe nun allerdings meine Zweifel, ob die Bombenattentäter vom 20. Juli tatsächlich so irrational gehandelt haben: Sie hatten ein klares Ziel, die Tötung Hitlers, um so schnell wie möglich den Krieg zu beenden. Und sie haben dazu die nötigen Schritte unternommen. Einige der Verschwörer waren bereit gewesen, sich mit Hitler in die Luft zu sprengen, also ein Selbstmordattentat zu begehen. Auch das muss ja keineswegs eine irrationale Handlung sein, wenn es aus guten Gründen, in diesem Fall für das Ende der Tyrannis, geschieht. Wir müssen ja berücksichtigen, dass es sich hier um Soldaten handelte, die sich mit dem Gedanken schon länger hatten vertraut machen müssen, ihr Leben auch für ein deutlich geringeres Ziel, für die Verteidigung irgendeiner Stellung oder die Erstürmung irgendeines Hügels zu opfern. Adorno ist auf sein Gespräch mit Schlabrendorff zwei Jahre später in seiner Vorlesung nochmals zurückgekommen und stellt dort die Sache ein wenig differenzierter dar. Schlabrendorff selbst soll Adorno zufolge übrigens geantwortet haben: „Ja, ich hab's einfach, wie's gewesen ist, nicht länger mehr aushalten können. Und lange Überlegungen über die Folgen, die es für mich haben könnte, die habe ich dann überhaupt nicht mehr angestellt. Sondern ich bin einfach dem Gedanken gefolgt: alles ist besser, als daß das, was da ist, so noch länger weitergeht." (Lehre 333, vgl. auch Moral 19) Dies scheint mir durchaus einleuchtend: Das Urphänomen eines moralischen Verhaltens besteht in einem derartigen Impulsmoment, einem spontanen Akt des Bewusstseins (Lehre 333).

Der Moralbegriff hatte in den 60er Jahren des 20. Jahrhunderts einen hochproblematischen Klang, der übrigens bis heute noch nachklingt, denn er rührt von den *mores* her, den Sitten, die jeweils in einem Lande gelten. Als moralisch gilt jemand, der mit diesen zufällig geltenden Sitten sich in Übereinstimmung befindet, also einer Welt der konventionellen Enge und der Anpassung, wobei die Moralität üblicherweise besonders tief in einen Kernbereich des Menschlichen und Privaten, nämlich in das erotisch-sexuelle Leben hineinzuregieren versucht (Moral 24f.) und dort Vorstellungen artikuliert, die längst überholt sind, wie man be-

---

[275] Adorno, Theodor W.: Probleme der Moralphilosophie, a.a.O. S. 9. Im Folgenden abgekürzt zitiert als „Moral".
[276] *Keine Angst vor dem Elfenbeinturm*. SPIEGEL-Gespräch mit Theodor W. Adorno, in Spiegel 19/1969, S. 204–209.

schönigend und zugleich die Geschichte belastend sagt, die aber vor einer reflektierten Ethik ohnehin nie hätten standhalten können. Man wird hinzufügen müssen, dass diese Moralpredigten des schlechten Gewissens vor allem von Kirchenvertretern und Familienpolitikern vorgetragen werden, die selber diese Regeln über Gebühr häufig missachten. Die priesterlichen Kinderschänder sind ja nicht erst in unserer allerneuesten Zeit aufgefallen, sondern waren schon Gegenstand von Reichstagsdebatten im 19. Jahrhundert – Rudolf Virchow hat als Reichstagsabgeordneter dazu einiges gesagt. Adorno hatte immerhin schon wahrgenommen, dass bestimmte Typen von Verbrechern, er spielt auf Falschspieler und andere Straffällige an, sich außerordentlich moralistisch gerieren, denn Moralismus, das weiß die Psychologie, „funktioniert dann immer so, daß er auf die anderen angewandt wird, denen gegenüber gerade Straffällige gar nicht streng genug in ihren Maßstäben sein können, während sie durch eine merkwürdige Kasuistik sich selbst von eben diesen Mechanismen ausnehmen." (Lehre 314). Der Begriff des Moralismus, des Moralisierens oder heute des Gutmenschentums oder der *political correctness* transportiert diesen Sinn ganz gut. Wir sollten uns aber klarmachen, dass schon der Moralbegriff selber und nicht nur dessen verlogene Übersteigerung im Moralismus das Problem der Anpassung an nicht notwendigerweise gültige und legitime Sitten enthält. Uns bleibt dann der relativ unverdorbene Begriff der Ethik als Moraltheorie oder Reflexion über Moral, und damit der Ausweg in eine stärker theoretisierende Betrachtung, um die haltbareren Elemente des so schwer kompromittierten Moralbegriffs zu retten. Adorno bemerkt dazu ironisch, heutzutage feiere die Sexualmoral, die doch eigentlich nichts mehr anzubieten habe, geradezu Orgien (Moral 253). Und selbstverständlich wird ethische Gewalt dann besonders böse, wenn sie sich als gladius dei, als Schwert Gottes versteht (Moral 258), worauf dann später Judith Butler in ihren Adorno-Vorlesungen eine Kritik der ethischen Gewalt aufgebaut hat.[277] Adorno folgert: „Man könnte nämlich sagen, dass heute überall, wo Menschen sich in die Brust werfen – dabei denke ich nicht nur an einzelne Menschen, sondern vor allem an das, was geschrieben, was durch die Massenmedien verbreitet, was getönt wird – und sich auf die Idee des Guten unmittelbar, das heißt, soweit sie nicht der Widerstand gegen das Schlechte ist, immer und ausschließlich gerade das Deckbild des Schlechten ist. (…) Und das ist heute eigentlich die Gestalt der Ideologie, so wie überall dort, wo moralische Ideologien am Werke sind – ich erinnere dabei besonders an die im Ostbereich herrschende Ideologie (…)" (Moral 254). Heute hat diese Rolle und Funktion die sogenannte *political correctness* übernommen, die Zensur und Bevormundung im Namen des Moralismus predigt, während sie in Wirklichkeit nur die Heuchelei der Gesellschaft systematisiert und versucht, durch Festlegung und Festprägung falscher Kategorien die wissenschaftliche Erforschung sowie die öffentliche Erkenntnis von Missständen zu verhindern. Political correctness zeigt sich z.B. dort, wo es Forschern lange Zeit nicht erlaubt wurde, in der PISA-Studie die Leistungsunterschiede zwischen den Bundesländern zu erforschen, oder wo der Versuch gemacht wird, die Kriminalität von Migranten statistisch nicht mehr als eigene Kategorie zu erfassen, weil das mit dem Rassismus-Begriff belegt wird. Wer Forschung einschränkt, leistet dadurch dem Ressentiment Vorschub.

Adorno verwendet als guter Dialektiker dennoch weiter den Moralbegriff, weil er die These vertritt, dass die Sache selbst, nicht bloß finstere Moralverbrecher, genuine Widersprüche enthält, die es zu entfalten gilt, während der Ethikbegriff ihm ein wenig zu harmonistische Züge hat. Er alterniert häufiger zwischen den Begriffen Moral und Ethik, ohne diese zu

---

[277] Butler, Judith: Kritik der ethischen Gewalt. Adorno-Vorlesungen 2002, Frankfurt 2007.

streng und präzise zu unterscheiden, schon aus Gründen der sprachlichen Abwechslung. Da Ethik ja auch das *Ethos* als die griechische Variante der *Mores*, der Sitten, enthält, mag das durchaus gerechtfertigt sein. Wenn Moralphilosophie aber nach dem richtigen Leben fragt, das es im Falschen nicht geben kann, dann ist dieses ohnehin heute nur möglich in der Gestalt des Widerstands „gegen die von dem fortgeschrittensten Bewußtsein durchschauten, kritisch aufgelösten Formen eines falschen Lebens [...]." (Moral 249) Am Beispiel macht er dies klar: „Ich möchte fast sagen, noch der scheinbar harmloseste Kinobesuch, zu dem wir uns verurteilen, müsste dann zumindest mit dem Bewusstsein davon gepaart sein, dass ein solcher Besuch, wenn wir ihn vollziehen, eigentlich bereits ein Stück Verrat an dem ist, was wir erkannt haben, und daß er uns wahrscheinlich – wenn auch nur um eine infinitesimale Größe, so doch sicher mit kumulativem Effekt – in eben das nur weiter verstricken kann, wozu wir gemacht werden sollen und wozu wir, um überleben zu können, um uns anzupassen, offenbar in immer weiterem Maß auch uns selber machen." (249). Dies ist das Mitspielen, das Sich-Anpassen, was man im praktischen Leben aber nie ganz vermeiden kann.

Fragen
1. Was ist gemeint mit dem Begriff „Kritische Theorie"?
2. Nennen Sie die Hauptargumente einer Kritik an der traditionellen Theorie.
3. In welchen Punkten stimmt diese Kritik überein mit der Kritik, die in anderen in diesem Band behandelten Modellen politischer Theorie vertreten wird?
4. Welches sind die Hauptargumente der Aufklärungskritik von Horkheimer und Adorno?
5. Nehmen Sie Stellung zu dieser Aufklärungskritik.
6. Mit welchem der in diesem Band dargestellten Modelle ist die Kritische Theorie am ehesten verwandt?
7. Wie schätzen Sie die Bedeutung des kulturkritischen Elements für die Kritische Theorie ein?
8. Wie würden Sie das Methodenideal der Frankfurter Schule, besonders Adornos, beschreiben?
9. Welche Argumente bringt Adorno gegen Max Weber vor?
10. Welche methodische Rolle spielen Einzelphänomene bei Adorno?
11. Worin besteht die Moralkritik Adornos?
12. Welchen Fortschrittsbegriff hat Adorno?
13. Was meint Adorno mit dem Begriff der Freiheit?
14. Worin besteht das Erziehungsziel in der Perspektive der kritischen Theorie?
15. Was kann nach Adorno konkret getan werden, um eine Wiederholung von Auschwitz zu vermeiden?
16. Worin liegen die tieferen Ursachen des Faschismus/Nationalsozialismus in der Sicht von Adorno?

5 Kritische Theorie: Horkheimer und Adorno

Einführungstext

Horkheimer, Max: Traditionelle und kritische Theorie, in ders., Kritische Theorie der Gesellschaft, Bd. II, Frankfurt 1968 (zuerst 1937), S. 137–191.

Literatur

Adorno, Theodor W.: Gesammelte Schriften, 20 Bände, Herausgegeben von Rolf Tiedemann unter Mitwirkung von Gretel Adorno, Susan Buck-Morss und Klaus Schultz, Frankfurt 1986.

Adorno, Theodor W.: Erziehung zur Mündigkeit (Gespräch 1969), in ders., Erziehung zur Mündigkeit, Frankfurt 1971, S. 133–147.

Adorno, Theodor W.: Philosophische Elemente einer Theorie der Gesellschaft, Nachgelassene Schriften, Abt. IV, Vorlesungen, Bd. 12, Frankfurt 2008 (zuerst 1964).

Adorno, Theodor W.: Probleme der Moralphilosophie, Nachgelassene Schriften, Abt. IV, Vorlesungen, Bd. 10, Frankfurt 1996 (zuerst 1963).

Adorno, Theodor W.: Zur Lehre von der Geschichte und von der Freiheit, Nachgel. Schr. Abt. IV, Vorlesungen, Bd. 13, Frankfurt 2006 (zuerst 1964/65).

Horkheimer, Max: Gesammelte Schriften, 19 Bände, Frankfurt 1986ff.

Horkheimer, Max und Theodor W. Adorno: Dialektik der Aufklärung. Philosophische Fragmente, Frankfurt Neuausgabe 1969 (geschrieben 1944, Erstveröffentlichung 1947).

Horkheimer, Max: Zur Kritik der instrumentellen Vernunft, in ders., Gesammelte Schriften Bd. 6. Frankfurt 1991.

Horkheimer, Max: Gesellschaft im Übergang. Aufsätze, Reden und Vorträge 1942–1979, Hg. von Werner Brede, Frankfurt 1972.

Horkheimer, Max: Sozialphilosophische Studien. Aufsätze, Reden und Vorträge 1930–1972, Hg. von Werner Brede, Frankfurt 1972.

Sekundärliteratur

Albrecht, Clemens u.a.: Die intellektuelle Gründung der Bundesrepublik. Eine Wirkungsgeschichte der Frankfurter Schule, Frankfurt und New York 1999.

Breuer, Stefan: Adorno, Luhmann. Konvergenzen und Divergenzen von kritischer Theorie und Systemtheorie, in Leviathan, Nr. 1, Jg. 15, 1987, S. 91–123.

Busch, Emil-Walter: Geschichte der Frankfurter Schule. Theorie und Kritik, München 2010.

Dahms, Hans-Joachim: Positivismusstreit. Die Auseinandersetzungen der Frankfurter Schule mit dem logischen Positivismus, dem amerikanischen Pragmatismus und dem kritischen Rationalismus, Frankfurt 1994.

Demirovic, Alex: Der nonkonformistische Intellektuelle. Die Entwicklung der Kritischen Theorie zur Frankfurter Schule, Frankfurt 1999.

Jay, Martin: Dialektische Phantasie. Die Geschichte der Frankfurter Schule und des Instituts für Sozialforschung 1923–1950, Frankfurt 1981.

Kunneman, Harry und Hent de Vries (Hg.): Die Aktualität der Dialektik der Aufklärung. Zwischen Moderne und Postmoderne, Frankfurt und New York 1989.

Reese-Schäfer, Walter: Adorno – Lehrer Lyotards, in Winfried Marotzki und Heinz Sünker (Hg.): Kritische Erziehungswissenschaft – Moderne – Postmoderne, Weinheim 1992, S. 249–268.

Schmidt, Alfred und Norbert Altwicker (Hg.): Max Horkheimer heute: Werk und Wirkung, Frankfurt 1986.

Waschkuhn, Arno: Kritische Theorie, München und Wien 2000.

Wellmer, Albrecht: Zur Dialektik von Moderne und Postmoderne. Vernunftkritik nach Adorno, Frankfurt 1985.

Wiggershaus, Rolf: Die Frankfurter Schule. Geschichte. Theoretische Entwicklung. Politische Bedeutung, München 1988.

6 Handlungs- und Totalitarismustheorie: Hannah Arendt

6.1 Handlungstheorie

Politik kann man verstehen als Handlungskoordination. Dazu ist – jedenfalls unter Menschen – die Sprache offenbar eine unabdingbare Voraussetzung, „denn Menschen sind nur darum zur Politik begabte Wesen, weil sie mit Sprache begabte Wesen sind."[278] Praktische Politik ist immer von der Übereinkunft vieler Menschen abhängig und darf deshalb „keine Sache theoretischer Erwägungen eines Einzelnen sein",[279] und sei es auch eines bedeutenden Wissenschaftlers, weil dies immer nur dessen eigene Ansicht reflektieren würde. In der Politik geht es nicht um wissenschaftliche Wahrheit, sondern um Handlungskoordination, die immer mehrere Möglichkeiten offen lässt und die nicht „wahr", sondern lediglich „richtig", nämlich bestimmten menschlichen und demokratischen Regeln entsprechend sein kann. Regelrichtigkeit im normativen Sinne ist aber etwas anderes als kognitive Wahrheit im theoretisch-wissenschaftlichen Sinne.

Hannah Arendt geht bei ihrer Untersuchung des aktiven Lebens, der *vita activa* (im Unterschied zur *vita contemplativa*, dem *bios theoretikos* oder dem wissenschaftlichen bzw. betrachtenden Dasein) von drei Grundtätigkeiten aus, die man im Bereich der menschlichen Aktivität unterscheiden kann: **Arbeiten, Herstellen und Handeln**.

Arbeiten und Herstellen wurden traditionell weitgehend gleichgesetzt. Aber schon in der Antike kann man einen Unterschied erkennen zwischen der wiederholenden Arbeit als Lebensweise des Sklaven und der herstellenden Lebensweise des freien Handwerkers. Die dritte Ebene, das freie Handeln des Politikers, war immer schon als die höchste Form des aktiven Lebens angesehen worden und konnte immer nur von solchen gelebt werden, die frei waren, also jederzeit Herren ihrer Zeit und ihres jeweiligen Aufenthaltsortes.[280] Das Arbeiten ist ein dauerhafter Lebensprozess wie etwa auch unser Stoffwechsel. Bei John Locke findet sich die Bemerkung von der „Arbeit unseres Körpers und dem Werk unserer Hände."[281]

Es ist ein auffälliges Kennzeichen der Arbeit, „daß sie nichts objektiv Greifbares hinterläßt, daß das Resultat ihrer Mühe gleich wieder verzehrt wird und sie nur um ein sehr Geringes überdauert."[282] In der Antike wurde sie deshalb von Sklaven verrichtet, die mit Gewalt gezwungen werden konnten, die Notwendigkeiten des Lebens den freien Bürgern abzunehmen. Heute hoffen wir auf Automation dieser Bereiche. Die klassische Vorstellung von Arbeit ist

---

[278] Arendt, Hannah: Vita activa oder Vom tätigen Leben, München und Zürich 1981, S. 10.
[279] Ebenda S. 19.
[280] Ebenda.
[281] Locke, John: Zwei Abhandlungen über die Regierung. Hg. und eingeleitet von Walter Euchner, 4. Aufl. Frankfurt 1989, § 27.
[282] Arendt, Vita activa, a.a.O. S. 81.

weit entfernt von dem Kult der Handarbeit und der Heroisierung des Arbeitens, wie diese sich gelegentlich etwa in den Mythen von den zwölf Arbeiten des Herakles, vor allem aber im Umfeld der Industriearbeit des 19. Jahrhunderts und in der Kunst des „sozialistischen Realismus" finden. In der anschaulichen Formulierung Hannah Arendts: „Von solchen Heldentaten ist allerdings faktisch in dem täglichen Kleinkampf, den der menschliche Körper um die Erhaltung und Reinhaltung der Welt zu führen hat, wenig zu spüren; die Ausdauer, deren es bedarf, um jeden Tag von neuem aufzuräumen, was der gestrige Tag in Unordnung gebracht hat, ist nicht Mut, und es ist nicht Gefahr, was diese Anstrengung so mühevoll macht, sondern ihre endlose Wiederholung."[283]

Das Dasein als *animal laborans*, als arbeitendes Wesen, macht aus den Menschen nicht viel mehr als Tiere, bestenfalls die höchste der Tiergattungen. Bei John Locke, vor allem aber bei Marx wird dagegen die Arbeit als Quelle des Eigentums und des Reichtums erkannt und auf diese Weise zur hochgeschätztesten aller Tätigkeiten aufgewertet. Hannah Arendt sieht darin schlicht eine Verwechslung, nämlich die fälschliche Identifizierung von Arbeiten und Herstellen. Der Arbeit werden Fähigkeiten zugesprochen, die in Wirklichkeit nur das Herstellen besitzt. Bei Marx ist die Stellung zur Arbeit übrigens immer zweideutig gewesen. Einerseits hält er sie für eine Naturnotwendigkeit und die eigentlich menschlichste und produktivste aller Tätigkeiten, andererseits hat die Revolution gerade die Aufgabe, die Menschen von ihr zu befreien. Berühmt geworden ist das Zitat: „das Reich der Freiheit beginnt in der Tat erst da, wo das Arbeiten, das durch Not und äußere Zweckmäßigkeit bestimmt ist, aufhört", also jenseits des Reichs der Notwendigkeit.[284] Wenn Marx wirklich glaubte, dass die Arbeit die Quelle allen Eigentums und Reichtums und wohl auch der Menschlichkeit des Menschen sei, dann liegt hier ein eklatanter Widerspruch vor, der übrigens auch nicht dadurch aufgelöst wird, dass Marx Arbeit mit Zeugung gleichgesetzt hat, nämlich in der Deutschen Ideologie: „durch Arbeit produziert der Mensch sich selbst, durch Zeugung produziert er andere."[285] Diese Idee lässt sich in gewisser Weise bis auf John Locke zurückverfolgen, denn dieser hatte das Privateigentum auf das Eigentumsrecht am eigenen Körper begründet: Im Naturzustand erwirbt man das als Eigentum, was man mit eigenen Händen produziert. Der Körper ist nun in der Tat „das Eigenste und Privateste",[286] was Menschen besitzen können. Er ist „das Urbild allen Eigentums, da er dasjenige ist, was man beim besten Willen nicht gemeinsam besitzen oder mit einem anderen teilen kann. Nichts ist weniger gemeinsam und entzieht sich mit solcher Bestimmtheit der Mitteilbarkeit als körperliche Freuden und Leiden, die Lust und Unlust des Leiblichen, die sich der Sichtbarkeit und Hörbarkeit und damit der Öffentlichkeit entziehen."[287]

An die Überwindung bzw. Abschaffung der Arbeit glaubt Hannah Arendt nicht, weil es wiederholende Tätigkeiten immer geben wird. Der Lebensprozess, der dies erfordert, ist endlos, während der Prozess des Herstellens konkreter Dinge sich durchaus automatisieren lässt. Bei Aristoteles gibt es eine Stelle, an der er meint, man könnte sich wohl eine Welt denken, in der „jedes Werkzeug auf Befehl sein Werk verrichteten würde […] wie die Statuen des Dädalus und die Dreifüße des Hephästus", die ja auch in den Worten des Dichters

---

[283] Ebenda S. 92.
[284] Marx, Karl: Das Kapital Bd. III, Marx-Engels-Werke (MEW) Bd. 25, Berlin 1975, S. 873.
[285] Marx, Karl: Die deutsche Ideologie, Marx-Engels-Werke (MEW) Bd. 3, Berlin 1969, S. 17.
[286] Arendt, Vita activa, a.a.O. S. 101.
[287] Ebenda S. 102.

6 Handlungs- und Totalitarismustheorie: Hannah Arendt

ganz von allein die Versammlung der Götter betraten. Dann würde eben „das Weberschiffchen weben und das Plektron die Lyra schlagen ohne eine Hand, die sie führt." Das Handwerk könnte dann ohne den Handwerker auskommen. Allerdings glaubt er nicht daran, dass ein Haushalt ohne Sklaven bewirtschaftet werden könnte, weil diese nicht Werkzeuge für das Herstellen von Dingen, sondern lebende Arbeitsgeräte sind für Dauertätigkeiten, die sich so erneuern müssen und so verzehrt werden wie der Lebensprozess selbst, der aber endlos sich wiederholt.[288] Hannah Arendt, die viele ihrer philosophischen Gespräche in der Küche geführt und leidenschaftlich gern gekocht hat, war an diesem Punkt außerordentlich pessimistisch. Immerhin erwägt sie, was wohl passieren würde, wenn „die Utopie von Gestern sich als die Wirklichkeit von Morgen entpuppen wird, so daß schließlich wirklich nichts von der Mühe und Arbeit, in deren biologischen Kreislauf menschliches Leben gebunden schien, übrig bleiben wird als die ‚Anstrengung', den Mund aufzumachen, um das Essen zu verzehren."[289]

Aber auch dann, wenn also die Arbeitenden zu Konsumenten befreit sein würden, würde eine solche Verwirklichung des Utopischen „nichts an der wesentlich weltlichen Vergeblichkeit des Lebensprozesses ändern."[290] Wir würden dann allenfalls so etwas werden wie Nietzsches letzte Menschen. Hannah Arendt glaubt nun, dass die Transformation des Menschen zum *animal laborans* in der modernen Industriegesellschaft ein Grundfehler gewesen ist. Freizeit würde zu nichts anderem als zum Konsumieren führen, die Kultur würde zur „Unterhaltung der Massen, denen man die leere Zeit vertreiben muß, benutzt, mißbraucht und aufgebraucht."[291] Das sogenannte Glück des *animal laborans* ist etwas, was dem herstellend Tätigen und auch dem politisch Handelnden nie in den Sinn gekommen wäre, weil diese nie überhaupt daran gedacht hatten, „daß sterbliche Menschen glücklich sein können."[292] Arendt stellt Güter, die aufgebraucht und verbraucht werden, gegen Gegenstände und Dinge, die man gebrauchen kann, und denen sie eine größere Dauerhaftigkeit zubilligt. Diese intellektuelle Konsumkritik ist ein Grundmuster der 1950er und 1960er Jahre und ist politisch sowohl bei Konservativen als auch, etwa bei Herbert Marcuse, ganz linksaußen zu finden.

Zwischen Gebrauchen und Verbrauchen besteht für Hannah Arendt ein wichtiger Unterschied, der analog ist zu dem zwischen Arbeiten und Herstellen. Abnutzung tritt zwar in beiden Fällen auf, im Falle des Gebrauchens aber nur als untergeordnete, als sekundäre Folge. Verbrauchen ist der Prozess des Konsums. Verbraucht werden die flüchtigen Produkte des sich immer wiederholenden Arbeitsprozesses. Das **Herstellen** dagegen zielt auf den Gebrauch, auf die relative Dauerhaftigkeit, die relative Haltbarkeit der Produkte.

Das Herstellen als Tätigkeit des *homo faber* ist für Hannah Arendt immer ein eigentümlich fremder Prozess geblieben, zu dem sie verhältnismäßig wenig zu sagen hat. Auf vertrauterem Terrain bewegt sie sich schon, wenn sie auch Kunstwerke als Produkte des Herstellens ansieht – diese allerdings sind als vorwiegend ideelle Produkte einer noch geringeren Abnutzung ausgesetzt und verfügen damit über eine noch größere Dauerhaftigkeit als andere Produkte.

---

[288] Aristoteles, Politik, a.a.O. 1253b30ff.
[289] Arendt, Vita activa, a.a.O. S. 119.
[290] Ebenda.
[291] Ebenda S. 121.
[292] Ebenda S. 122.

	Arbeiten	Herstellen	Handeln
	Animal laborans	Homo faber	Zoon Politikon
In der Antike	Sklaventätigkeit, Repetition	Handwerkertätigkeit (banausoi)	Tätigkeit der freien Bürger, Praxis
In der Moderne	Die höchste aller Tätigkeiten	Produktorientiert	Selbstzweck, Freiheit, Selbstorganisation

Abbildung 1: Schautafel Handlungstheorie nach Hannah Arendt, Vita Activa

Im Mittelpunkt ihres Interesses aber steht das **Handeln**, das nicht bloß in Taten, sondern vor allem auch in Worten besteht und dann nachvollziehbar wird, wenn diese aufbewahrt, aufgezeichnet werden. Die politischen Handlungen sind angewiesen auf die Dichter und Geschichtsschreiber, die diese aufzeichnen und über den flüchtigen Augenblick hinaus bewahren. Das Maß aller Dinge ist nämlich nach Hannah Arendts Meinung nicht die zwingende Lebensnotwendigkeit, die sich in der Arbeit manifestiert, und auch nicht das Reich der Mittel und Zwecke, das die Basis für die Herstellung der Weltdinge und deren Gebrauch bildet, sondern eine zusätzliche, höhere Ebene, eine Welt, in der „Sprechen und Handeln die höchsten und menschlichsten Tätigkeiten der *vita activa* sind", und in der die Welt so „eine wirkliche Heimat für sterbliche Menschen"[293] wird, weil auch solche Tätigkeiten einen bleibenden Charakter bekommen können, die an sich völlig nutzlos für den unmittelbaren Lebensprozess und auch völlig anders als die Produkte der herstellenden Künste sind.

Sprechen und Handeln sind die Tätigkeiten, die dieser Theorie nach die Einzigartigkeit der Menschen ausmachen – in dem Sinne, dass sie sich aktiv, durch eigene Initiative dieser ihrer Tätigkeit, voneinander unterscheiden. Handeln ist für Hannah Arendt immer ein Beginn, ein Neuanfang nach dem Grundmuster der Natalität, des Geborenseins: Neues in Bewegung zu setzen ist die Grundstruktur des Handelns. „Es liegt in der Natur eines jeden Anfangs, daß er, von dem Gewesenen und Geschehenen her gesehen, schlechterdings unerwartet und unerrechenbar in die Welt bricht. Die Unvorhersehbarkeit des Ereignisses ist allen Anfängen und Ursprüngen inhärent."[294] Und damit steht jeder Neuanfang in einem Widerspruch zu statistisch erfassbaren Wahrscheinlichkeiten, „er ist immer das unendlich Unwahrscheinliche; er mutet uns daher, wo wir ihm in lebendiger Erfahrung begegnen – das heißt, in der Erfahrung des Lebens, die vorgeprägt ist von den Prozeßabläufen, die ein Neuanfang unterbricht –, immer wie ein Wunder an."[295] Die quasireligiöse Sprache, die den Anfang theologisiert, enthält durchaus Anspielungen auf das christliche Geburtswunder, obwohl Hannah Arendt dieser Religion eher fern stand. „Handeln als Neuanfang entspricht der Geburt des Jemand, es realisiert in jedem Einzelnen die Tatsache des Geborenseins; Sprechen wiederum entspricht der in dieser Geburt vorgegebenen absoluten Verschiedenheit, es realisiert die spezifisch menschliche Pluralität."[296]

Ganz wie später Habermas in seiner Theorie des kommunikativen Handelns kommt sie deshalb zu dem Schluss, dass Sprechen und Handeln außerordentlich eng miteinander verwandt sind. Handlungen ohne Worte sind unverständlich und rätselhaft, ihr Sinn wird oft sein, durch Unverständlichkeit zu schockieren oder vollendete Tatsachen zu schaffen, d.h. sie

---

[293] Ebenda S. 163.
[294] Ebenda S. 166.
[295] Ebenda S. 167.
[296] Ebenda.

6 Handlungs- und Totalitarismustheorie: Hannah Arendt

enthalten oft so etwas wie einen Kommunikationsabbruch. Dieser Defizitcharakter ist ein Beleg dafür, in wie starkem Maße das Handeln auf die Worte angewiesen ist, während sie für die übrigen menschlichen Tätigkeiten eine weniger wichtige Rolle spielen.

Wer handelt, offenbart sich in Worten. Häufig bleibt dieser Offenbarungscharakter dem Handelnden selbst verborgen. Die Griechen hatten hierfür das mythische Bild des *Daimon*, der den Menschen zwar sein Leben lang begleitet, aber ihm immer nur von hinten über die Schulter blickt. Dieser *Daimon* wird dann von den anderen, denen man begegnet, sehr wohl gesehen, von einem selbst aber nicht. Der Aufschluss über das Wer des Handelns ist von grundlegender Bedeutung. Ohne diesen Aufschluss wird das Handeln zu einer herstellenden Tätigkeit wie anderes Herstellen auch – es kann dann einfach Mittel zum Zweck werden. Sprechen wird dann „bloßes Gerede", das vielleicht den anderen Sand in die Augen streuen soll oder einfach den Prozess ein wenig aufhält. Auch das Handeln mit Waffengewalt tendiert dazu, die einmalige Identität des Handelnden zu verdecken. Ein Reden, das über nichts mehr Aufschluss gibt, läuft dem eigentlichen Sinn des Sprechens zuwider.[297] Im Grunde steckt in diesen, in theologischer Sprache formulierten Überlegungen ein ähnlicher Gedanke wie der von Jürgen Habermas, dass der Sprache das *telos* der Verständigung immer schon innewohnt. Es ist zu vermuten, dass diese Gemeinsamkeit eine Wurzel in der Romantik hat – man denke an Hannah Arendts frühes, noch in Deutschland geschriebenes Buch über Rahel Varnhagen und an Habermas' bis heute unveröffentlichte Dissertation über Schelling.

Jedenfalls ist **Sprache** bei beiden mehr als bloßer Überbau. „Der Grundirrtum aller Versuche, den Bereich des Politischen materialistisch zu verstehen – und dieser Materialismus ist nicht eine Erfindung von Marx und noch nicht einmal spezifisch modern, sondern im Wesentlichen genauso alt wie die Geschichte der politischen Philosophie –, liegt darin, dass der allem Handeln und Sprechen inhärente, die Person enthüllende Faktor einfach übersehen wird, nämlich die einfache Tatsache, dass Menschen, auch wenn sie nur ihre eigenen Interessen verfolgen und bestimmte weltliche Ziele im Auge haben, gar nicht anders können, als sich selbst in ihrer personalen Einmaligkeit zum Vorschein und mit ins Spiel zu bringen."[298] Das ist der berühmte und vieldiskutierte „subjektive Faktor". Gegen einen materialistischen Interpretationsansatz spricht vor allem, dass **Interessen** keine festen und durch die soziale Lage vorgegebenen Größen sind, sondern vielmehr auf Ideen und Vorstellungen beruhen. Das gilt selbst für so scheinbar elementare Dinge, die von Materialisten gerne in die Diskussion geworfen werden, wie das Lebensinteresse, das in vielen Situationen bewusst suspendiert oder aufgehoben wird, oder das Interesse an Nahrungsaufnahme, welches viele Menschen in ihren Diäten systematisch zu unterdrücken versuchen. Die Mehrzahl der Philosophen und Politiktheoretiker der Gegenwart wie auch der Ideengeschichte nimmt aufgrund solcher und ähnlicher Evidenzen konsequenterweise eine Gegenposition zum Materialismus ein.

Politisches Handeln besteht ja keineswegs in der bloßen Verfolgung klarer Zwecke und Ziele – das ist nur ein Schein, der entsteht, wenn man versucht, es zu technifizieren, d.h. es im Modus des Herstellens zu deuten. In Wirklichkeit ist politisches Handeln immer konstituiert durch sich durchkreuzende, vielfältige, plurale Absichten, so dass das eigentlichste und ursprünglichste, also der Kernstruktur des politischen Handeln nächste Produkt nicht die Verwirklichung konkreter Ziele ist, sondern das Immer-Wieder-Neu-Beginnen ursprünglich

---

[297] Ebenda S. 169f.
[298] Ebenda S. 174.

gar nicht intendierter Prozesse, „die sich ergeben, wenn bestimmte Ziele verfolgt werden, und die sich für den Handelnden selbst erst einmal wie nebensächliche Nebenprodukte seines Tuns darstellen mögen."[299] Die Nebenfolgen und Nebenprodukte rücken also ins Zentrum, wenn man sich bewusst macht, dass sie es wohl wesentlich sind, die Politik ausmachen.

Entscheidend ist der Mut des Immer-Wieder-Neu-Beginnens: Eine Art von Heroismus des Alltags, den Hannah Arendt in einer etwas ungewöhnlichen Wendung so umschreibt: „des Mutes und sogar einer gewissen Kühnheit bedarf es bereits, wenn einer sich entschließt, die Schwelle seines Hauses, den Privatbereich der Verborgenheit, zu überschreiten, um zu zeigen, wer er eigentlich ist, also sich selbst zu exponieren."[300] Das erinnert an Pascals Bemerkung, dass der größte Teil des Unglücks dieser Welt hätte vermieden werden können, wenn die Menschen schlicht auf ihrer Stube geblieben wären.

Die antike griechische Polis hatte in ihrem Selbstverständnis die Funktion, den Resonanzraum für dieses Handeln und dieses Projektemachen bereitzustellen. Der eigentlich politische Raum ist nämlich keineswegs schon überall dort vorhanden, wo Menschen als sprachmächtige und handlungsfähige Lebewesen zusammenwohnen. Wer unter diktatorischen Regimes lebt, hat wenig Chancen, dieses Lebensgefühl zu entwickeln. Auch innerhalb der griechischen Städte lebten mit den Sklaven und ortsansässigen Fremden große Gruppen von Menschen, nicht anders als ein großer Teil der erwerbstätigen Bevölkerung der modernen Welt, ohne in diese Art des Handelns einbezogen zu sein.

Das Handeln ist etwas sehr Flüchtiges, das eines bestimmten Bedingungsraumes unter den Menschen bedarf, so wie auch **Macht** eine Beziehung zwischen Menschen ist, die nicht auf technische Weise gespeichert werden kann – im Unterschied zu Mitteln der **Gewalt**, die man stapelt und lagert, die aber, wenn die Macht verschwindet, in die Hände der anderen fallen oder schlicht vor sich hin rosten kann wie heute die Sowjetflotte. „Macht aber besitzt eigentlich niemand, sie entsteht zwischen Menschen, wenn sie zusammen handeln, und sie verschwindet, sobald sie sich wieder zerstreuen. Wegen dieser Eigentümlichkeit, welche die Macht mit allen Potentialitäten teilt, die zwar aktualisiert, aber nicht materialisiert werden können, ist ihre Existenz so erstaunlich unabhängig von rein materiellen Faktoren."[301] Gewalt und Machtlosigkeit sind oft genug miteinander verbunden. Die Kombination von Gewalt und Ohnmacht ist geradezu ein Charakteristikum der Tyrannis. In den Augen Hannah Arendts ist dies sogar das primäre Charakteristikum, während die Grausamkeit nicht notwendigerweise dazugehört, weil es eben auch eine lange Reihe wohlmeinender und aufgeklärter Despoten und Tyrannen gibt. Selbst in Athen hatte man an Peisistratos keineswegs nur negative Erinnerungen.

So könnte es scheinen, als sei die politische Macht in den Händen des Volkes die eigentlich von Hannah Arendt gewünschte Herrschaftsform. Doch auch in einer schrankenlosen Demokratie wird sich der Einzelne nur schwer zur Geltung bringen können. Macht korrumpiert auch dann, wenn die Schwachen sich zusammentun, um die Starken zu ruinieren. Arendt befürwortet ganz offenbar nicht die egalitäre Massendemokratie, sondern eher eine Art von **liberaler Demokratie** mit den größten Entfaltungsmöglichkeiten für besondere Einzelne. Das Handeln, nach den Maßstäben der griechischen Polis verstanden, ist übrigens nicht auf das Kriterium des Erfolges angewiesen, sondern es untersteht ausschließlich dem Kriterium

---

[299] Ebenda.
[300] Ebenda S. 179.
[301] Ebenda S. 194.

der Größe. Nur so lassen sich auch die ansonsten erstaunlichen Worte des Perikles in seiner Gefallenenrede verstehen, dass der Ruhm Athens darin bestehen werde, dass die Athener „überall die immerwährenden Mahn- und Denkmäler ihrer guten und bösen Taten" hinterlassen hätten.[302] Es kommt für ein derartiges Denken darauf an, das Außerordentliche zu wagen – es muss nicht unbedingt nur das Gute sein.

Hannah Arendts Grundüberlegung, das eigentlich Politische sei das Handeln, nicht aber das Arbeiten oder Herstellen, muss sich mit einem gewichtigen Einwand auseinandersetzen, dass nämlich die Arbeiterbewegung des 19. Jahrhunderts doch eine politische Emanzipationsbewegung gewesen sei und sich gerade auch im politischen Raum als handlungsfähig erwiesen habe. Die politische Originalität und Produktivität dieser Bewegung sei doch nicht von der Hand zu weisen. Arendts Antwort besteht wiederum in einem Verweis auf das Politische: Der entscheidende Unterschied zur bloßen Arbeitstätigkeit besteht darin, dass die Arbeiter zum politischen Bereich zugelassen wurden und sich politisch emanzipieren konnten. „Der eigentliche Wendepunkt in der Geschichte der arbeitenden Klassen trat erst mit der Abschaffung des Klassenwahlrechts ein."[303] Dagegen waren die ortsansässigen Fremden der Antike und auch die freigelassenen Sklaven im Besitz der zivilen, nicht der politischen Rechte.

Die philosophische Tradition hat bis heute für das Wesen des Handelns nicht sehr viel Verständnis aufgebracht. Die sokratische Schule hat sich sehr „bewußt gegen das eigentlich Politische und gegen das, was innerhalb der Polis als Handeln galt" gewandt.[304] Sie interessierte sich für das individuelle Gute, während politisches Denken am gemeinsamen Handeln und den dort ständig sich ergebenden Verstrickungen des Guten mit dem Bösen interessiert sein muss. Deshalb ist vonseiten der Philosophie immer wieder, und bis heute, der Versuch unternommen worden, „das Handeln der Vielen im Miteinander durch eine Tätigkeit zu ersetzen, für die es nur eines Mannes bedarf, der, abgesondert von den Störungen durch die anderen, von Anfang bis Ende Herr seines Tuns bleibt. Dieser Versuch, ein Tun im Modus des Herstellens an die Stelle des Handelns zu setzen, zieht sich wie ein roter Faden durch die uralte Geschichte der Polemik gegen die Demokratie."[305] Es ist der immer wiederholte Versuch, der Pluralität durch die Abschaffung der Öffentlichkeit und des Polytheismus des öffentlichen Raumes Herr zu werden. Die Schwierigkeiten des Handelns werden aufgelöst in Erkenntnisprobleme: Wer glaubt, das richtige Wissen zu haben, wird sich ermächtigt fühlen zu handeln, ohne sich mit den Unwissenden mühsam beraten zu müssen. Überall dort, wo politische Probleme in vorgebliche rein kognitive Fragen transformiert werden, ist dieser Geist bis heute am Werk. Der Grundunterschied zwischen den verschiedenen Formen des Handelns wird verwischt. An die Stelle politischen Handelns tritt das teleologische Handeln, um mit Habermas zu sprechen, bzw. in den Worten Hannah Arendts das Herstellen.

Selbst der, der von sich zu Recht sagen kann, dass er es besser weiß, der sogar unter dem Urteil der Geschichte fortschrittlicher ist als die Demokraten, wie Periander, der Tyrann von Korinth, der die Sklaverei abschaffen wollte, bleibt eben ein Tyrann, der den öffentlichen Raum vernichtet.[306] Dieser Gedanke gilt ebenso in der Gegenwart für die Konzeption einer Ökodiktatur, die nach der Ansicht von Hans Jonas als einzige Herrschaftsform die von ihm

---

[302] Ebenda S. 200.
[303] Ebenda S. 211.
[304] Ebenda S. 188.
[305] Ebenda S. 214.
[306] Ebenda S. 215.

für notwendig gehaltene Askese durchsetzen kann.[307] Arendt bewertet ein solches Denken folgendermaßen: „So groß ist die Verführung, die menschlichen Angelegenheiten durch die Einführung einer unpolitischen Ordnung zu stabilisieren, daß der größte Teil der politischen Philosophie seit Platon sich mühelos als eine Geschichte von Versuchen und Vorschlägen darstellen ließe, die theoretisch und praktisch darauf hinauslaufen, Politik überhaupt abzuschaffen."[308] Handeln wird dann durch Herrschaft ersetzt. Es würde sich um eine **Tyrannei der Vernunft** über alle den Menschen als solchen angehenden Angelegenheiten handeln. Darin liegt ein grundlegendes Missverständnis von Handeln. Es wird mit Befehlen gleichgesetzt, also mit dem Herstellen, welches nach einer festen Vorgabe, nach einer Idee, einen Tisch oder irgendeinen anderen nützlichen Gegenstand fabriziert. Der platonische Staat, wie er in der *Politeia* Platons skizziert wird, ist dementsprechend auch kein Gebilde freien Handelns mit allen Risiken, sondern ein auf Dauer angelegtes Artefakt, ein Gebilde des Stillstands. „Es handelt sich, ist die Stadt erst einmal gegründet, nur noch darum, die für alle Zeit feststehenden Regeln anzuwenden und die einmal erkannten Gesetze zu vollstrecken."[309]

„Platon, der als erster utopische Staatsformen entwarf, in denen das menschliche Miteinander technisch geregelt werden kann, ist der eigentliche Begründer des utopischen Denkens in der Politik."[310] Utopien sind etwas fertig Ausgedachtes, das sich herstellen lässt, vorzugsweise mit Gewalt. Die gewaltförmigen Elemente der politischen Theoriebildung haben vor allem in der Neuzeit eine Vorrangstellung errungen – bis hin zu Marx' berühmtem Worte von der Gewalt als der „Geburtshelferin jeder alten Gesellschaft, die mit einer neuen schwanger geht."[311] Die politische Philosophie wird damit in die Bahnen eines Zweck-Mittel-Denkens gelenkt, bei dem der Zweck die Mittel heiligt. Der Vorrang des Herstellens zeigt sich auch darin, „daß das Tun eines schlichten Handwerkers mehr wert ist als die ‚beliebigen' Meinungen, das ‚Gerede' und die ‚müßige Betriebsamkeit' derer, die sich um öffentliche Angelegenheiten kümmern, nämlich um Dinge, die sie nichts angehen."[312] Während doch, das ist Hannah Arendts Gegenargument, die Produkte des Handwerks genauso beliebig sein könnten.

Das Handeln hat damit seine immer schon prekäre Vorrangstellung verloren. Denn frei handeln können Menschen nur, wenn sie in der Lage sind, „diese Last von Unwiderruflichkeit und Unvorhersehbarkeit, die gerade die eigentliche Kraft des Handelns ausmachen, auf sich zu nehmen."[313] Genau dies ist offenkundig nicht oder nur in kurzen und nicht notwendigerweise glücklichen Momenten der Geschichte möglich – wie im antiken Athen zur Zeit der Perikleischen Demokratie. „Daß dies nicht möglich ist, hat man immer gewußt. Gewußt, daß kein Mensch, wenn er handelt, wirklich weiß, was er tut; daß der Handelnde immer schuldig wird; daß er eine Schuld an Folgen auf sich nimmt, die er niemals beabsichtigte oder auch nur absehen konnte; daß, wie verhängnisvoll und unerwartet sich das, was er tat, auch auswirken mag, er niemals imstande sein wird, es wieder rückgängig zu machen; daß das, was

---

[307] Vgl. dazu Reese-Schäfer, Walter: Kritik des Müßiggangs als Topos utopiekritischen Denkens in Hans Jonas' „Prinzip Verantwortung", in Allgemeine Gesellschaft für Philosophie in Deutschland (Hg.), Neue Realitäten. Herausforderung der Philosophie. XVI. Deutscher Kongreß für Philosophie. Sektionsbeiträge I, Berlin 1993, S. 333-340.
[308] Arendt, Vita activa, a.a.O. S. 216.
[309] Ebenda S. 222.
[310] Ebenda.
[311] Marx, Karl: Das Kapital Bd. 1, Marx-Engels-Werke (MEW) Bd. 23, Berlin 1962, Kap. 24, § 6.
[312] Arendt, Vita activa, a.a.O. S. 224.
[313] Ebenda.

6 Handlungs- und Totalitarismustheorie: Hannah Arendt

doch nur er und niemand sonst begann, doch niemals unzweideutig sein eigen sein und sich in keiner einzelnen Tat und in keinem einmaligen Ereignis je erschöpfen wird; schließlich, daß sogar der eigentliche Sinn dessen, was er selbst tut, sich nicht ihm, dem Täter, sondern nur dem rückwärts gerichteten Blick dessen, der schließlich die Geschichte erzählt, offenbaren wird, also dem, der gerade nicht handelt. All dies war immer Grund genug, sich in Verzweiflung von dem Bereich menschlicher Angelegenheiten wegzuwenden und mit Verachtung auf diese zweideutigste aller menschlichen Gaben, die Gabe der Freiheit, zu blicken."[314] Individuelle Freiheit könnte, wenn man diese Bedenken nicht einfach mit einem gewissen Heroismus überspringen würde, nur erlangt werden in der Enthaltung von allem politischen Handeln nach dem Muster der Stoa. Freiheit im Verständnis von Hannah Arendt ist allerdings nicht diese Art von persönlicher Souveränität, die nicht einmal den pluralen Göttern des Polytheismus zukommt, sondern höchstens dem einzigen Gott. Für sie kann es Freiheit überhaupt nur unter den Bedingungen der Pluralität und des Zusammenhandelns mit anderen geben. Vollständige Verfügungsgewalt über sich selbst ist damit gerade ausgeschlossen.

Zur Unwiderruflichkeit des einmal im Handeln Begonnenen gehört in dieser Handlungstheorie immer auch die Kraft zu verzeihen, die eine ebenso elementare menschliche Fähigkeit ist wie die, eine Kausalkette des Handelns in Gang zu setzen. Mit dem Handeln ist diese Fähigkeit ebenso verbunden wie die menschliche Fähigkeit des Versprechenkönnens, die in die Zukunftsungewissheit des Handelns Verlässlichkeit, wenn nicht Sicherheit hineinträgt. Versprechen und Verzeihen sind politisch, d.h. auf das Zusammenhandeln mit anderen angewiesen. Sich selbst zu verzeihen oder sich selbst etwas zu versprechen ist sinnlos. Es handelt sich bei beiden Vermögen, so wie Hannah Arendt sie versteht, nicht um moralische Verhaltensweisen. Das wäre ein fehlerhafter, wenn auch seit Platon oftmals gemachter Versuch, an das Politische äußere, nicht zu ihm gehörende Maßstäbe heranzutragen und es auf diese Weise unter die Oberhoheit eines anderen Realitätsverständnisses zu zwingen. Wenn alle wirklichen politischen Theoretiker den moralischen Maßstäben deren Realitätsferne vorwerfen, so deshalb, weil die Formen der Moralsprache meist der inneren Sphäre des Umgangs mit sich selbst entnommen sind und in einer öffentlichen Welt der Gemeinsamkeit keinen wirklichen Platz haben. Die moderne Pflichtenethik z.B. ist ein Produkt stoischen Denkens, das zu den elementar unpolitischen Denkweisen gehört. Insofern ist auch Kants Ethik mit ihrer entschlossenen Desinteressiertheit an den Folgen moralischen Handelns dieser unpolitischen Sphäre zuzurechnen. Wer das Maßgebliche dem „moralischen Gesetz in mir" entnimmt oder wie Platon seine ganze politische Utopie als die ins Große projizierte Seelenverfassung des Einzelnen entwickelt,[315] der zwingt eigene innere Maßstäbe einer Außenwelt auf, die auf diese Weise jeden Sinn für Gemeinsamkeit und insbesondere für die Komplexität des gemeinsamen Handelns verliert. Ihr wird ein monologisches Denken aufgezwungen, das gegenüber der Pluralität realen politischen Handelns fundamental unterkomplex wird. Nur mit Gewalt lässt sich diese Unterkomplexität durchsetzen, hier liegt das „tyrannisch-gewalttätige Element der platonischen Politik" und wohl jeder moralisierenden Politik.[316] Die Erfahrung, auf der dieses Herangehen beruht, stammt aus dem Umgang mit sich selbst, nicht aus dem Umgang mit anderen Menschen.

---

[314] Ebenda S. 228f.
[315] Ebenda S. 232f..
[316] Ebenda S. 233.

Frei bleiben und weiterhin frei handeln bedarf also der Entlastung durch Verzeihen und Versprechen. Das Versprechen hat, anders als das Verzeihen, sogar eine starke politisch-theoretische Form in den Vertragstheorien bekommen, die seit römischen Zeiten im Zentrum politischen Denkens gestanden haben. Erst Nietzsche allerdings hat den Menschen als das Tier definiert, „das versprechen darf."[317]

Hannah Arendts Moralbegriff ist nicht ganz eindeutig. Moralische Maßstäbe, die dem Reich des Politischen in genuiner Weise entsprechen, lässt sie durchaus gelten. Sie müssen dann jedoch auf nichts anderes gestützt sein als auf die Fähigkeit zum Versprechen. Es geht also dann darum, die Sphäre des Politischen nach solchen Regeln zu gestalten, die ihr selbst entnommen bzw. ihr selbst angemessen sind. Es ist dies selbstverständlich ein vollkommen anderer Moralbegriff als der, der an den jeweils geltenden Sitten und Gebräuchen orientiert ist.

Mit dem Hinweis auf **Versprechen** und **Verzeihen** ist der Bogen der Arendtschen Handlungstheorie geschlossen. Sie ist nicht den antiken Klassikern Platon und Aristoteles entnommen, sondern eher solchen Quellen wie der Gefallenenrede des Perikles aus Thukydides' *„Der Peloponnesische Krieg"* und wohl in der Tat der gesamten Atmosphäre, die von dieser analytischen Geschichtsdarstellung ausgeht. Sie beruht also auf der Interpretation einer Mentalität, die sie als die charakteristische Athener Mentalität zumindest der politisch Handelnden (also idealiter aller Athener Vollbürger) ansieht. Dieses Handlungsmodell stellt sie kritisch gegen die moderne Konzeption, in der zunächst das Herstellen das Handeln und schließlich noch die Arbeit das Herstellen ersetzt hat.[318] Den Siegeszug des Herstellens führt Hannah Arendt auf die Erfolgsgeschichte der experimentellen Naturwissenschaften zurück. Auch bei ihr findet sich, wie bei Ernst Cassirer, Ludwig von Mises, Max Horkheimer und den meisten anderen politischen Theoretikern der Gegenwart jene Fundamentalkritik an der *mathesis universalis*, die, wenn sie von den Naturwissenschaften und der Technik auf das politische Handeln übertragen wird, zum Totalitarismus führt.

Politisches Handeln ist also keineswegs, wie man naiverweise meinen könnte, in jeder Gesellschaft oder wenigstens jeder demokratisch verfassten Gesellschaft anzutreffen. Im Grunde ist es nur in der athenischen Polis wirklich ausgeprägt gewesen. Nach diesem Maßstab wird alles Handeln bewertet. Auch die demokratische Massengesellschaft der Moderne enthält in diesem Sinne totalitäre Potentiale, sogar selbst dann, wenn gar keine totalitäre Bewegung und totalitäre Ideologie vorhanden sind. Hannah Arendt hält es für eine der verderblichsten Lehren, den bloßen Lebensvollzug als das höchste der Güter anzusehen, dem alle Produktionsprozesse unterzuordnen sind, so dass eine nicht enden wollende, sich ständig wiederholende unermüdliche Arbeit der täglichen Versorgung das politische Handeln verdrängt. Auch in diesem Punkt ist sie antiken Lehren verbunden. Das bloße Leben ist für sie nicht heilig, ein Leben ohne volle Gesundheit ist nicht wert, gelebt zu werden. Dazu gehört auch das Lob des Selbstmords.[319] Verächtlich dagegen sind die Mühe und Plage des bloßen Lebens, die alltägliche Arbeit. Letzten Endes könnte auch die Arbeit selbst noch überflüssig werden, aber auch dann würde im Grunde nur der Gipfel der Verächtlichkeit erreicht: „Es ist uns gelungen, die dem Lebensprozeß innewohnende Mühe und Plage so weit auszuschalten,

---

[317] Nietzsche, Friedrich: Zur Genealogie der Moral, in ders., Werke in drei Bänden. Herausgegeben von Karl Schlechta, München: Hanser, Bd. 2, 1954, S. 761–900, hier S. 800.

[318] Vgl. dazu gründlicher Reese-Schäfer, Walter: Antike politische Philosophie zur Einführung, Hamburg 1998, besonders die Kapitel über die politischen Voraussetzungen in der perikleischen Demokratie und über Machtpolitik und Krieg bei Thukydides.

[319] Arendt, Vita activa, a.a.O. S. 308.

daß man den Moment voraussehen kann, an dem auch die Arbeit und die ihr erreichbare Lebenserfahrung aus dem menschlichen Erfahrungsbereich ausgeschaltet sein wird. Dies zeichnet sich deutlich in den fortgeschrittensten Ländern der Erde bereits ab, in denen das Wort Arbeit für das, was man tut oder zu tun glaubt, gleichsam zu hoch gegriffen ist."[320] Was dann noch bleibt, ist der reine reaktive und vegetative Lebensprozess. „In ihrem letzten Stadium verwandelt sich die Arbeitsgesellschaft in eine Gesellschaft von Jobholders, und diese verlangt von denen, die ihr zugehören, kaum mehr als ein automatisches Funktionieren, als sei das Leben des Einzelnen bereits völlig untergetaucht in den Strom des Lebensprozesses, der die Gattung beherrscht, und als bestehe die einzige aktive, individuelle Entscheidung nur noch darin, sich selbst gleichsam loszulassen, seine Individualität aufzugeben, bzw. die Empfindungen zu betäuben, welche noch die Mühe und Not des Lebens registrieren, um dann völlig ‚beruhigt' desto besser und reibungsloser ‚funktionieren' zu können. Das Beunruhigende an den modernen Theorien des Behaviorismus ist nicht, daß sie nicht stimmten, sondern daß sie im Gegenteil sich als nur zu richtig erweisen könnten, daß sie vielleicht nur in theoretisch verabsolutierender Form beschreiben, was in der Gesellschaft wirklich vor sich geht. Es ist durchaus denkbar, daß die Neuzeit, die mit einer so unerhörten und unerhört vielversprechenden Aktivierung aller menschlichen Vermögen und Tätigkeiten begonnen hat, schließlich in der tödlichsten, sterilsten Passivität enden wird, die die Geschichte je gekannt hat."[321]

Resümieren wir noch einmal ihren Begriff politischen Handelns, der zugleich ihr eigentümlicher Machtbegriff ist. Bei Max Weber war Macht die Möglichkeit, seinen eigenen Willen anderen gegenüber durchzusetzen, egal worauf dies beruhte. Bei Talcott Parsons war Macht die Fähigkeit eines sozialen Systems, „to get things done in the interest of collective goals".[322] Beides ist gebunden an ein teleologisches Handlungsmodell. Bei Hannah Arendt ist Macht die Fähigkeit, sich politisch auf gemeinsames Handeln zu einigen. Dieser Machtbegriff hat eine gewisse Ähnlichkeit und Nähe zu Max Webers Legitimationsbegriff. Jürgen Habermas hat Arendts Machtbegriff ganz im Sinne seiner eigenen Theorie des kommunikativen Handelns als kommunikatives Modell verstanden.[323] Dafür spricht, dass ihrer Ansicht nach kein politisches System **Macht**, welche offenbar auf Zustimmung beruht, durch **Gewalt**, die konsensfrei ausgeübt werden kann, ungestraft ersetzen kann. Wenn politisches Handeln auf der sprachlich vermittelten Koordination beruht, dann ist das Handlungsmodell Hannah Arendts der Habermasschen kommunikationstheoretisch fundierten Politikvorstellung sehr ähnlich.

Hannah Arendt ist einen völlig eigenständigen Weg politischen Denkens gegangen. Ihre Begeisterung für unmittelbare Formen aktiver politischer Partizipation und für Formen der Rätedemokratie, ihre Zustimmung zur Bürgerrechtsbewegung und überhaupt ihr radikaldemokratischer, antitotalitärer Denkansatz ließen sie im Kreis der *New York Intellectuals*, unter denen sie die klassisch gebildete europäische Emigrantin verkörperte, als Linke erscheinen. Ihre begeisterte Anknüpfung an die amerikanische Revolution und ihre Betonung eines heroischen Individualismus im Handeln hinterließ bei vielen Europäern dagegen den Eindruck, sie sei eine typisch konservative Amerikanerin – selbst Habermas hat sie, bevor er sich näher

---

[320] Ebenda S. 314.
[321] Ebenda S. 314f.
[322] Parsons, Talcott: On the Concept of Political Power, in ders., Sociological Theory and Modern Society, New York 1967, S. 297–354.
[323] Habermas, Jürgen: Philosophisch-politische Profile. Erweiterte Ausgabe, Frankfurt 2. Aufl. 1984, S. 231.

mit ihrem Denken befasste, „konservativ" genannt, und in Kreisen der Frauenbewegung findet sich gelegentlich das seltsame Prädikat, sie sei „umstritten". Die Bedeutung ihrer Handlungstheorie liegt darin, dass sie in ausgesprochen konsequenter Weise das Politische als eigenständige Sphäre mit eigenen, vom Arbeiten und Herstellen grundsätzlich abweichenden Regeln und Erforderlichkeiten herausgearbeitet hat. An diesem Punkt liegt eine wesentliche Übereinstimmung mit der Systemtheorie Luhmanns, mit der Theorie der verschiedenen Sphären bei Michael Walzer und nicht zuletzt mit Lyotards Konzeption des Widerstreits, der das Politische als genuin deliberativen Bereich zu sehen erlaubt. Von theoretisch radikal verschiedenen Ausgangspunkten her erreichen einige der wichtigsten politischen Theorien der Gegenwart ein hohes Maß an Übereinstimmung in der Auszeichnung des Politischen als eigenständiger Sphäre – während die Ideologen des Szientismus, des Ökonomismus, des Totalitarismus und des Fundamentalismus daran arbeiten, die politische Sphäre jenen Bereichen funktional anzugleichen und unterzuordnen, denen sie die Führung verschaffen wollen.

6.2 Totalitarismustheorie

Den Durchbruch zu weltweiter Beachtung als Politikwissenschaftlerin hat Hannah Arendt im Jahre 1951 geschafft mit dem Band „The Origins of Totalitarianism", der unter dem Titel „Elemente und Ursprünge **totaler Herrschaft**" 1958 ins Deutsche übersetzt wurde. In der deutschen Ausgabe hat sie ein ausgereiftes analytisch zusammenfassendes Kapitel „Ideologie und Terror" angefügt, das in der Erstausgabe noch fehlte. Der Totalitarismus ist in der Sicht von Arendt nicht unter die bekannten Staatsformen wie Despotie, Tyrannis oder Diktatur einzusortieren, sondern stellt eine nie dagewesene Staatsform dar, weil sie einen radikalen Bruch mit der Geschichte bedeutet. Sie ist auf dem Prinzip der Ideologie gegründet, ihr Wesen ist der Terror und sie ist nicht wie die herkömmlichen Staaten an einen bestimmten geographischen Raum wie die antike Stadt, die mittelgroßen Länder oder die bekannten Großreiche gebunden, sondern basiert vielmehr auf sozialen Bewegungen als Grundeinheiten.

In ihrer Theoriekonzeption erweitert sie so die klassische Staatsformenlehre Montesquieus durch die totale Herrschaft als neues Modell. In einer schematischen Darstellung sieht das wie folgt aus:

Herrschaftsform	Prinzip	Wesen	Bereich
Republiken	Tugend	Verfassungsmäßige Regierung	Stadtstaaten
Monarchie	Ehre	Gesetzliche Regierung	Mittelgroße Länder
Totale Herrschaft	Ideologie	Terror	Bewegung

Abbildung 2: Wesen und Prinzip von Verfassungen nach Montesquieu und Hannah Arendt

Das Auftauchen dieser neuen Staatsform ist für sie ein wesentliches Anzeichen für die tiefe Krise, in die die Gegenwart geraten ist. Der staatlich organisierte, ideologisch und bevölkerungspolitisch begründete Massenmord ist ein vollkommener Zivilisationsbruch. Es handelt sich um etwas wesentlich Neues. Das totalitäre Phänomen kann deshalb auch nicht aus seinen Elementen und Ursprüngen erklärt werden, auch wenn ihr Buch eine Geschichte des modernen Antisemitismus sowie des imperialistischen Rassismus vorlegt. Man kann diese historisch-politischen Analysen Hannah Arendts als verzweifelten Versuch lesen, das Grauenhafte, die Sprengung aller bisher bekannten Kategorien doch in irgendeiner Weise in einen Zusammenhang zu stellen. Auf der theoretischen Ebene aber kommt sie, und in diesem Sinne ist sie konsequente politische Existentialistin, zur Konstatierung des Bruchs, so dass ihr ganzes politisches Denken, das ja von der Erfahrung des Totalitarismus seinen Ausgang genommen hat, als Denken in Brüchen verstanden werden kann.

Alle bisherigen Herrschaftsformen haben Funktionen der Stabilisierung, während der Totalitarismus als dynamischer Prozess, eben als Permanentsetzung einer politischen Bewegung auftritt. Den beiden großen totalitären Bewegungen lagen jeweils Ideologien zugrunde, die im 19. Jahrhundert konzipiert worden waren: der dialektische Materialismus und der Rassismus. Sie stützten sich auf Natur und Geschichte, die beide als überdimensionale, übermenschliche Kräfte verstanden wurden. Schon von den entwerfenden Theoretikern wurde der Begriff der Gesetze, der Gesetzmäßigkeiten nicht mehr als statische und rechtsförmige Ordnung des Politischen konzipiert, sondern vielmehr als Bewegungsgesetz übermenschlicher Dynamik der Ökonomie oder Biologie. In den Worten Hannah Arendts, der die Differenzen zwischen rechtem und linkem Totalitarismus durchaus bewusst waren: „Auffallend ist, daß – so verschieden diese beiden Ideologien voneinander sind, so großartig erfüllt mit den besten abendländischen Traditionen der dialektische Materialismus, so kläglich-vulgär, wiewohl auf einem echten Erfahrungselement basierend, der Rassismus – in beiden Konzeptionen das Bewegungsgesetz sich gleich äußert: es läuft in jedem Falle auf ein Gesetz der Ausscheidung von ‚Schädlichem' oder Überflüssigem zugunsten des reibungslosen Ablaufs einer Bewegung hinaus, aus der schließlich gleich dem Phönix aus der Asche eine Art Menschheit erstehen soll. Würde das Bewegungsgesetz in positives Recht übersetzt, so könnte sein Gebot nur heißen: Du sollst töten! Die Ideologien ziehen diese Schlußfolgerung nicht, weil sie noch damit rechnen, daß der Prozeß irgendwann einmal an sein Ende kommen wird, etwa wenn die klassenlose Gesellschaft auf der ganzen Erde verwirklicht oder die Herrenrasse über die ganze Welt zur Herrschaft gekommen ist."[324] Aber dieses Ende kann es, wie die totalitäre Politik gezeigt hat, eben nicht geben. Während nach klassischer Staatsformenlehre die Tyrannis eine Art Friedhofsruhe über das Land legt und oft in jahrzehntelanger Stagnation bestehen kann, setzt die totale Herrschaft die terroristische Expansion immer weiter fort. Wenn die Opposition ausgelöscht ist, wird der Terror keineswegs überflüssig, sondern permanent weitergeführt. Dieser Terror ist im Grunde nicht mehr Mittel zum Zweck, sondern muss ständig weiter die Gesetze der Natur oder Geschichte exekutieren. So kann Arendt ihn mit guten Gründen als das Wesen totaler Herrschaft selbst begreifen. Die Tyrannis begnügt sich mit Willkür und Gesetzlosigkeit, während die totale Herrschaft das „Natur-" oder „Geschichts"-Gesetz des massenhaften Tötens einführt.

Einen wirklich vollkommenen totalen Herrschaftsapparat hat es bislang nicht gegeben, weil dies die Weltherrschaft hätte voraussetzen müssen. Hannah Arendt weist aber darauf hin, dass die bisherigen Experimente auf diesem Gebiet genügen, um festzustellen, dass damit das menschliche, das politische Handeln im bisher üblichen Sinne ausgeschaltet wird. Es geht nicht mehr um Handeln, sondern nur noch um Funktionieren, Vollstrecken und Verbrauchtwerden innerhalb des Terrorapparats. Politisches Handeln in Arendts Sinn ist auch deshalb ausgeschlossen, weil der ideologische Leitfaden als „wissenschaftliche Weltanschauung", also als Widerspruch in sich auftritt. Wer an diese paradoxe Neureligion glaubt, gibt schon im Denken seine Freiheit auf. Alle Ideologien, nicht nur die im 20. Jahrhundert

---

[324] Arendt, Hannah: Elemente und Ursprünge totaler Herrschaft, München und Zürich 1986, S. 708.

wirkmächtig gewordenen beiden Großideologien, tragen der Möglichkeit nach totalitäre Züge in sich, diese sind aber nicht notwendigerweise schon bei ihrer Entstehung im 19. Jahrhundert voll entfaltet. „Die Weltanschauungen und Ideologien des 19. Jahrhunderts sind an sich nicht totalitär, und wenn Rassismus und Kommunismus sich als die entscheidenden Ideologien des zwanzigsten Jahrhunderts entpuppt haben, so nicht deshalb, weil sie an sich ‚totalitärer' wären als die anderen, sondern einzig und allein, weil die ihnen ursprünglich zu grunde liegenden Erfahrungselemente: der Kampf zwischen den Rassen um die Herrschaft der Erde und der Kampf zwischen Klassen um die politische Macht im Innern der Staaten, sich als politisch bedeutsamer erwiesen als die anderer Ideologien. In diesem Sinne war der Sieg des Rassismus und des Kommunismus über alle anderen Ismen entschieden, bevor die totalitären Bewegungen sich gerade dieser Ideologien bemächtigten. Totalitäre Elemente wiederum enthalten alle Ideologien (…)."[325] Hannah Arendt denkt dabei vor allem an drei derartige Elemente: den Anspruch auf totale Welterklärung nicht im Sinne dessen, was ist, sondern dessen, was wird, was also in Bewegung ist. Derartige Erklärungen versprechen ein scheinbar totales Wissen, ein Durchblicken und Hinter-die-Dinge-Blicken inklusive selbstsicherer Vorhersagbarkeit, die den Protagonisten eine seherische Demagogik und eine deutliche Überlegenheit gegenüber unerfahrenen Diskutanten verleiht. Zweitens sind diese Lehren unabhängig von aller Erfahrung und können sich auf diese Weise scheinbar von der Wirklichkeit emanzipieren, brauchen auf Fakten und Zusammenhänge nicht mehr zu achten, sondern können immer den geheimen Sinn, die Verschwörung hinter dem Agieren anderer behaupten. Drittens wird mit einer Stimmigkeit, die in realen politischen Argumentationen nirgends anzutreffen ist, aus den radikal vereinfachten Prämissen alles Weitere in einer dialektischen oder logischen Stringenz abgeleitet, so dass Hannah Arendt ironisch „wesentlich ein sich aus sich selbst beweisendes Denken" konstatiert, das durch Erfahrung unkorrigierbar und unbelehrbar auftritt.[326] „So tritt an die Seite der angeblichen Erbarmungslosigkeit von Natur oder Geschichte die (wie Hitler zu sagen liebte) ‚Eiskälte' der menschlichen Logik".[327] Wenn Menschen sich durch Entwurzelung, Großniederlagen und erzwungene Mobilität nicht mehr auf ihre Erfahrungen verlassen und sich nicht mehr in der Welt orientieren können, kann der radikale logische Zwangscharakter dieses Argumentationstypus durchaus attraktiv wirken. Ideen werden zu Prämissen verwandelt, aus denen alles Übrige zwangsweise zu folgen scheint.

Aus ihrer Erfahrung mit Ex-Kommunisten fügt Hannah Arendt hinzu, dass es zwar durchaus leicht sein kann, ideologisch geschulte Menschen zum Wechsel ihrer Ideologie zu bewegen, „wenn das eigene System aus irgendwelchen Gründen versagt hat. Wie schwer es andererseits ist, ehemalige Anhänger irgendeiner Ideologie wieder in normale Denkformen und normales politisches Handeln zurückzuführen, ist genügsam bekannt."[328] Sie sind darin trainiert, ideologische Meinungen buchstäblich ernst zu nehmen, während die außenstehenden Beobachter darin oft nur demagogische Mittel für Volksversammlungen gesehen und die verführerische Beweiskraft des simpel Ideologischen oftmals unterschätzt haben. „Was man übersah, war das Element ihrer Beweisführung, ihre eigentümliche fanatische Stimmigkeit und Logik ihres Deduktionsprozesses aus einer Prämisse, mit der sie sich bereits angeschickt

---

[325] Ebenda S. 718.
[326] Ebenda S. 720.
[327] Ebenda.
[328] Ebenda S. 721.

hatten, die Wirklichkeit selbst und die eigene Substanz zu verzehren."[329] Aus ihrer Kritik an der „Tyrannei des zwangsläufigen Schlußfolgern" leitet Hannah Arendt dann eine der Grundüberlegungen ihres politischen Denkens ab: „Das einzige Gegenprinzip gegen diesen Zwang und gegen die Angst, sich selbst im Widerspruch zu verlieren, liegt in der menschlichen Spontaneität, in unserer Fähigkeit, ‚eine Reihe von vorne anfangen' zu können. Alle Freiheit liegt in diesem Anfangenkönnen beschlossen."[330]

Die Grunderfahrung des totalitären Terrors dagegen ist das Gefühl der radikalen **Vereinzelung**, der Verlassenheit, wie Arendt mit einer weiteren existentialistischen Kategorie feststellt. Auch der einsame Mensch wäre niemals wirklich allein, und einsames Denken ist dialogisch im Gespräch mit sich selbst und jedermann. Die Verlassenheit aber wird erzeugt durch die demagogische Verwirrung des gesamten öffentlichen Redens und Denkens, die Durchideologisierung schon der Sprache und die dauernde Furcht, niemandem trauen und mit niemandem seine Gedanken austauschen zu können. Diese Verlassenheit bereitet zugleich den Boden für die Aufnahme totalitären Gedankenguts mit seinen extremistischen Ketten. Totalitäre Herrschaft ist in Arendts Sicht das antipolitische Prinzip par excellence. Auf Dauer zu stellen ist es nicht, Bleibendes kann es nicht errichten, der Keim des Verderbens ist im Bewegungscharakter schon von vornherein angelegt.

Arendts Totalitarismusthese war in den 1950er Jahren vor allem auch deshalb einflussreich, weil sie eine Übertragung der aus dem Zweiten Weltkrieg überkommenen Feindschaft gegen Faschismus und Nationalsozialismus auf den Hauptgegner des Westen in der Nachkriegszeit, den sowjetischen Kommunismus, ermöglichte. In einem Brief an Gertrud und Karl Jaspers schrieb sie damals, „daß ich für eine Woche zum Cover-girl avancierte und mich auf allen News-stands sehen mußte".[331] Arendt hatte historisch und politisch-philosophisch argumentiert. Carl J. Friedrich, ein weniger an der politischen Philosophie als vielmehr an der vergleichenden Analyse politischer Systeme orientierter Harvard-Politikwissenschaftler, hat 1956/57 zusammen mit dem jungen Zbigniew Brzezinski sein systematisches Buch „Totalitarian Dictatorship" veröffentlicht, das ganz systematisch fünf Elemente dieser Regimes benannte: die Ideologie, die Partei und ihre Führung, die geistige Atmosphäre von Propaganda und Terror, die Planwirtschaft und jene Nischen und Inseln der Absonderung, die es in Familien, auch im Militär oder in den Kirchen immer noch geben konnte.[332] Diese Theorie war nicht nur Wirklichkeitsdeutung, sondern zugleich auch Waffe im Kalten Krieg. Ursprünglich war sie von einigen frühen Kritikern des Faschismus schon seit 1923 entworfen worden.[333] Literarisch wurde die totalitäre Erfahrung damals vor allem von Orwells 1984 als in sich konsistente Anti-Utopie umgesetzt.

Da dieser Begriff als Kampfbegriff benutzt und verstanden wurde, gab es vor allem zwei Kritiken. Die eine, simplere, wehrte sich gegen die Gleichsetzung von Kommunismus und Nationalsozialismus. Diese wurde normalerweise von sozialistisch-kommunistischer Seite vorgebracht und versuchte die Theorie durch Diskreditierung als Antikommunismus aus der Welt zu bringen, was teilweise und zeitweise in den vorübergehenden Entspannungsphasen

---

[329] Ebenda S. 721f.
[330] Ebenda S 723.
[331] Hannah Arendt am 14.5.1951, in Hannah Arendt und Karl Jaspers, Briefwechsel 1926–1969, München 1985, S. 207. Ihr Foto erschien auf dem Titel des Saturday Review of Literature vom 24. März 1951.
[332] Friedrich, Carl Joachim: Totalitäre Diktatur, unter Mitarbeit von Professor Zbigniew K. Brzezinski, Stuttgart 1957.
[333] Vgl. Schlangen, Wolfgang: Die Totalitarismus-Theorie. Entwicklung und Probleme. Stuttgart 1976.

des Kalten Krieges auch zu gelingen schien. Die andere Kritik ist substantieller, denn das Festhalten an diesen Kampfbegriff in der Niedergangsphase der sowjetischen Vorherrschaft hat vielen den Blick verstellt auf Dysfunktionalitäten des Systems, so dass das Ende von 1989 viele Sozialwissenschaftler überrascht hat. Kurz nach dem Zusammenbruch der Sowjetherrschaft hat Karl G. Ballestrem deshalb festgestellt: „Auf allen Gebieten des politischen, ökonomischen und geistigen Lebens der Völker, die von kommunistischen Parteien beherrscht werden oder wurden, läßt sich somit eine eigenartige Dialektik beobachten: unkontrollierte Macht wird machtlos, zentrale Planung planlos, verordneter Glaube unglaubwürdig. Diese Entwicklung verträgt sich durchaus mit der Einsicht, daß es sich dort um totalitäre Diktaturen handelte. Mehr noch: Es läßt sich heute zeigen, daß gerade eine Herrschaftsform, die nicht nur im Anspruch, sondern im Grundsatz totalitär ist, mit der Zeit einerseits Lähmungserscheinungen, andererseits Auflösungserscheinungen des Gesellschaftskörpers hervorbringt."[334] Diese Herrschaftsform scheint nicht nur ineffizient gewesen zu sein, sondern auch chaotische Effekte erzeugt zu haben. Hannah Arendt hat die selbstzerstörerischen Züge der totalen Herrschaft gesehen und herausgearbeitet.

Fragen
1. Wie unterscheiden sich Arbeiten, Herstellen und Handeln?
2. In welchem Punkt sehen Sie Gemeinsamkeiten zwischen Systemtheorie und Handlungstheorie?
3. Was zeichnet die Sphäre des Politischen nach Hannah Arendt vor den übrigen Lebensbereichen aus?
4. Was sind die Argumente Arendts gegen Szientismus und Technizismus?
5. Gibt es Übereinstimmungen mit Habermas' Theorie der deliberativen Demokratie?
6. Welche drei Grundcharakteristika gibt Hannah Arendt für die totale Herrschaft an?
7. Worin besteht der Unterschied von Arendts Totalitarismustheorie zur klassischen Tyrannislehre?
8. Welche Bedeutung hat die Ideologie im Totalitarismus?
9. Welche Argumente werden gegen die Totalitarismustheorie angeführt?
10. Ist die Totalitarismustheorie exklusiv auf Faschismus und Kommunismus anwendbar, oder könnte sie auch zum Verständnis heutiger Bewegungen beitragen?

Einführungstext
Arendt, Hannah: Vita activa oder Vom tätigen Leben, München und Zürich 4. Aufl. 1985 (zuerst 1958), §§ 1–2, § 11, § 17, § 24, § 45.
Arendt, Hannah: Elemente und Ursprünge totaler Herrschaft, München und Zürich 1986, Kap. 15: Ideologie und Terror.

---

[334] Ballestrem, Karl Graf: Aporien der Totalitarismus-Theorie, in Politisches Denken, Jahrbuch 1991, Hg. Volker Gerhardt, Hennig Ottmann und Martyn P. Thompson, Stuttgart 1992, S. 50–67.

Literatur

Arendt, Hannah: Das Urteilen. Texte zu Kants Politischer Philosophie, hg. und mit einem Essay von Ronald Beiner, München und Zürich 1985.

Arendt, Hannah: Macht und Gewalt, München und Zürich 1970.

Arendt, Hannah: Wahrheit und Lüge in der Politik. Zwei Essays, München und Zürich 2. Aufl.1987.

Arendt, Hannah: Was ist Politik? Fragmente aus dem Nachlaß. Herausgegeben von Ursula Ludz. Vorwort von Kurt Sontheimer, München und Zürich 1993.

Arendt, Hannah: Über die Revolution, München 1974.

Sekundärliteratur

Benhabib, Seyla: Hannah Arendt. Die melancholische Denkerin der Moderne, Hamburg 1998.

Breier, Karl-Heinz: Hannah Arendt zur Einführung, Hamburg 1992.

Heuer, Wolfgang: Citizen. Persönliche Integrität und politisches Handeln. Eine Rekonstruktion des politischen Humanismus Hannah Arendts, Berlin 1992.

Linden, Hedwig: Grundannahmen bei Jean-François Lyotard und Hannah Arendt zum Totalitarismus als Metamorphosen einer Einheit von Denken und Sein, in Walter Reese-Schäfer und Bernhard Taureck: Jean-François Lyotard. Essays zur Grammatik des 21. Jahrhunderts, 3. Aufl. Cuxhaven 2002, S. 114–123.

Schlangen, Wolfgang: Die Totalitarismus-Theorie. Entwicklung und Probleme. Stuttgart 1976.

Young-Bruehl, Elisabeth: Hannah Arendt. Leben, Werk und Zeit, Frankfurt 1986.

7 Holocaust und Moderne: Zygmunt Bauman zwischen Arendt und Adorno

Der polnisch-britische Soziologe Zygmunt Bauman (geb. 1925) hat in seinem Buch „Dialektik der Ordnung. Die Moderne und der Holocaust" eine Neuinterpretation des Holocaust unter dem Aspekt seiner **Kritik der Moderne** vorgelegt. Er wendet sich gegen die bisherige Ursachenforschung, die in erster Linie „Deutschland, den Deutschen und den Nationalsozialisten ihre Schuld moralisch und materiell" nachgewiesen habe. „Aber die Betonung und Erklärung des Holocaust als deutsches Verbrechen ist verhänghisvoll, denn sie führt dazu, daß alle anderen und insbesondere alles andere entlastet sind."[335] Baumans Gegenthese lautet: „Der Holocaust war das Resultat eins einzigartigen Zusammentreffens im Grunde normaler und gewöhnlicher Faktoren; die Möglichkeit dieses Zusammentreffens entstand in erster Linie durch die Entlassung des politischen Staates aus der sozialen Kontrolle, wodurch wichtige nichtpolitische Machtzentren und die Institutionen sozialer Selbststeuerung zerstört wurden."[336] Sein Blickwinkel ist weniger auf eine neue Erklärung des Holocaust selber gerichtet, sondern vielmehr darauf, dieses extreme Zusammentreffen von Umständen als Diagnoseinstrument für die Gefahrenpotentiale der modernen Gesellschaft selbst zu nutzen. „Der Holocaust entstand aus dem Zusammentreffen alter, von der Moderne ignorierter, unterschätzter und ungelöster Spannungen mit den mächtigen Instrumenten rationalen, zielgerichteten Handels, die ein Ergebnis der Moderne selbst waren. Obwohl dieses Zusammentreffen einzigartig war und eine seltene Kombination von Umständen voraussetzte, sind die einzelnen Faktoren allgegenwärtig und ‚normal'."[337]

Diese Kernthese wird im Durchgang durch eine Vielzahl von Deutungsschritten entfaltet und ausdifferenziert. Die bisherige Soziologie, immer noch unter der Vorherrschaft eines offenbar unauflöslichen Modernisierungsparadigmas, hatte den Holocaust als Betriebsunfall, aber keinesfalls als Produkt der Moderne interpretieren müssen. Wenn aber der Holocaust ein verborgenes Antlitz der modernen Gesellschaft überhaupt erst sichtbar gemacht hätte, wäre diese These eines Bruchs oder gar einer Regression hinter die Moderne in eine Art von archaischer Barbarei nicht mehr haltbar. Bauman hält dem entgegen, dass die Technologie der industriellen Massenproduktion, der bürokratischen Organisation, der scheinbar unerschöpflichen Ressourcenmobilisierung genauso Errungenschaften der Moderne seien wie Buchenwald und der hemmungslose Umgang mit dem Leben. Alle klassischen Elemente von Max Webers Begrifflichkeit wie moderne Bürokratie, rationaler Geist, wissenschaftliche Mentalität, Auslagerung von Werten in den Bereich der Subjektivität trügen eben auch die Möglichkeit zu Nazigreueln in sich, und kein von deutschen Medizinern und Technokraten

---

[335] Bauman, Zygmunt: Dialektik der Ordnung. Die Moderne und der Holocaust, Hamburg 2002 (zuerst 1989), S. 11.
[336] Ebenda S. 13.
[337] Ebenda S. 13.

verübtes Verbrechen stehe im Widerspruch zu der Auffassung, moralische Werte seien an sich subjektiv, und Wissenschaft sei rein instrumenteller Natur.[338] Damit ist nun nicht gesagt, dass Webers Lehre von der instrumentellen Rationalität und der irrationalen Natur der Wertentscheidung direkt den Weg nach Auschwitz bereitet hätte, wohl aber, dass der Holocaust insofern ein wichtiger soziologischer „Versuchsaufbau" ist, als er Merkmale unserer Gesellschaft freilegt, die unter nichtexperimentellen Bedingungen weder beobachtbar noch empirisch nachweisbar wären. Offenbar sind hier latente Potentiale des Zivilisationsprozesses aktualisiert worden.

Die heute noch prägende Lehre vom Zivilisationsprozess behauptet das genaue Gegenteil, nämlich die Verdrängung von Gewalt aus dem Alltagsleben, die Durchsetzung von Vernunft gegen den Aberglauben, die Vorstellung, soziale Probleme könnten durch vernünftige Politik aus der Welt geschafft werden, die Irrationalität des Unbewussten könne durch Aufklärung kontrolliert werden und die Produktionsprozesse könnten schließlich von den Menschen reguliert und beherrscht werden. „Die Vorstellung, Humanität sei aus präsozialer Barbarei erwachsen, wirkt moralisch aufbauend und ist als diagnostischer Mythos tief in das Bewußtsein unserer westlichen Kultur eingegraben."[339] Im Grunde laufe all das, wie Bauman sarkastisch konstatiert, auf die Vorstellung von einem durchkultivierten „Gartenstaat" hinaus, als Feld der Planung, Veredelung und Unkrautvernichtung.

Demgegenüber kommt Bauman zu dem Schluss, dass der **Holocaust** nicht einfach nur durch bürokratische Rationalität besonders effizient geworden sei, sondern dass das Konzept der „Endlösung" geradezu als Ergebnis der bürokratischen Kultur anzusehen sei. Als bloßer antisemitischer Pogrom wäre er nicht so wirkungsvoll durchzusetzen gewesen, da Gewaltausbrüche der Massen durchweg nur kurze Zeit andauern und nie umfassend und flächendeckend wirken. Darüber hinaus ist die organisatorische Mitwirkung der Opfer bei einem Pogrom nicht vorstellbar. „Zu keinem Zeitpunkt ihrer langen, qualvollen Vollstreckung geriet die Endlösung in Widerspruch zu den Grundsätzen der Rationalität. (…) Der Holocaust ist ein legitimer Bewohner im Haus der Moderne, er könnte in der Tat in keinem anderen je zu Hause sein."[340] Ganz normale Deutsche konnten nur deshalb zu Massenmördern werden, weil die Gewalt von oben durch Befehl autorisiert war, weil die Handlungen zur Routinesache wurden und die Opfer durch ideologische Indoktrination und das Rechtssystem einem Prozess der Ausgrenzung und Dehumanisierung ausgesetzt werden.

Die Bedeutung von **Heterophobie** als verursachender Faktor des Holocaust relativiert Bauman demgegenüber, weil diese auch in anderen Ländern wirksam und sogar stärker ausgeprägt war als in Deutschland. „Heterophobie mit Rassismus und dem organisierten Verbrechen des Holocaust gleichzusetzen, ist irreführend und sogar gefährlich, da es die Aufmerksamkeit von den wahren Ursachen der Katastrophe ablenkt, die aus bestimmen Aspekten modernen Denkens und moderner sozialer Organisation zu erklären sind. (…) Traditionelle Heterophobie spielte bei der Konzeption und Vollstreckung des Holocaust lediglich eine unterstützende Rolle."[341]

---

[338] Bauman, Dialektik der Ordnung, a.a.O. S. 24. Er stützt sich hier auf Rubenstein, Richard L. und John Roth: Approaches to Auschwitz, San Francisco 1987.
[339] Bauman, Dialektik der Ordnung, a.a.O. S. 26.
[340] Ebenda S. 31.
[341] Ebenda S. 97.

7 Holocaust und Moderne: Zygmunt Bauman zwischen Arendt und Adorno

Entsprechend betrachtet Bauman die Frage des Unikatcharakters des Holocaust dialektisch: Er steht einerseits in einer langen Reihe versuchter und durchgeführter Fälle von Massenmord, andererseits weist er aber deutlich moderne Merkmale auf. Er war zugleich ein Versagen der modernen Zivilisation wie auch deren Produkt. „Unsere moderne, rationalistische Gesellschaft hat Abenteurern und Dilettanten vom Schlage eines Dschingis Khan oder Peter von Amiens wohl für immer das Handwerk gelegt. Stattdessen hat der moderne Rationalismus den nüchternen systematischen Pragmatikern des Genozids wie Stalin und Hitler das Feld bereitet."[342] „Die beiden berüchtigtsten und extremsten Fälle des modernen Genozids waren nicht Verrat am Geist der Moderne, nicht Verirrung vom geraden Pfad des Zivilisationsprozesses – sie waren der konsequente, ungehemmte Ausdruck dieses Geistes."[343] Damit meint Bauman allerdings nicht, dass Moderne und Holocaust gleichzusetzen wären. Der Holocaust ist vielmehr „ein Nebenprodukt des modernen Strebens nach einer umfassend geplanten und gesteuerten Welt und kann auftreten, wenn dieses Streben aus dem Ruder läuft."[344] Das Gegengewicht bildet normalerweise der Pluralismus menschlicher Ordnung – ein Faktor, der in den totalitären Systemen gerade ausgeschaltet war, was nach Bauman die entscheidende Vorbedingung für die Durchführung des Genozids geschaffen hat. Das Zusammentreffen modernen Gedankenguts und der totalitären Macht unter Bedingungen, welche die soziale Kontrolle außer Kraft gesetzt haben, hat den modernen Genozid in der Form des Holocaust ermöglicht. Ein solches Zusammentreffen geschieht selten – kann sich aber wiederholen, wenn die Schutzmechanismen erneut versagen. Entscheidend ist auf jeden Fall, wie Bauman aus der polnischen Erfahrung folgert, „die deutliche Vormachtstellung der politischen Macht über ökonomische und soziale Faktoren, das heißt also die Vormachtstellung des Staates über die Gesellschaft."[345] Genozide sind selten, aber nicht singulär. Sie sind weder eine Anomalie noch eine Fehlfunktion, sondern sie demonstrieren, „wohin die rational-technisierten Tendenzen der Moderne führen können, wenn sie nicht kontrolliert und abgemildert werden, wenn der Pluralismus sozialer Kräfte aufgehoben ist und mithin das moderne Ideal einer bewusst geplanten und gesteuerten, konfliktfreien, geordnet-harmonischen Gesellschaft nicht funktioniert."[346]

Gerade zivilisatorische, „zivile" Verhaltensweisen können den Massenmord erleichtern, weil der Abscheu vor Gewalt auch den aktiven Widerstand weniger wahrscheinlich werden lässt und weil die bürokratische Organisationsform den Tätern noch Gewissenskonflikte ersparen kann. Hannah Arendt hatte schärfste Kritik entgegengehalten bekommen, als sie in ihrer Reportage „Eichmann in Jerusalem"[347] darauf verwies, dass die Zahl der Opfer des Holocaust „ohne jüdische Kollaborateure und ohne den Pflichteifer der Judenräte weit geringer gewesen wäre". Diese These erscheint Bauman zwar als zu weitgehend und zu hart, zumal etwa ein Drittel der von den Nationalsozialisten ermordeten Juden ohne Einschaltung jüdischer Räte und Komitees durch Einsatzgruppen umkam. Bauman, dem es vor allem um eine Kritik der modernen Rationalität geht, verweist jedoch darauf, dass die Judenräte ihren Unterdrückern in die Hände arbeiteten und ihren eigenen Untergang unterstützten, „während

---

[342] Ebenda S. 105.
[343] Ebenda S. 108.
[344] Ebenda.
[345] Ebenda S. 127.
[346] Ebenda S. 129.
[347] Arendt, Hannah: Eichmann in Jerusalem. Ein Bericht von der Banalität des Bösen, München und Wien 1964.

jede einzelne Handlung rational gesehen doch nur das Überleben sichern sollte."³⁴⁸ In einer Logik des kleineren Übels schien es häufig sinnvoll, eine bestimmte Zahl von Mitgliedern der eigenen Gruppe zu opfern, um die übrigen für einige Zeit zu retten. So konnte es in den Ghettos auch möglich werden, dass ein einziger deutscher Offizier die Bewachung von Zehntausenden von Juden leiten konnte. „Wen Gott vernichten will, den straft er nicht mit Wahnsinn, sondern mit Rationalität."³⁴⁹ Bauman folgert, dass Rationalität nur dann ein angemessenes Kriterium zur Bewertung von Handlungen ist, wenn die individuelle Handlungsrationalität und die Rationalität der Rahmenbedingungen, d.h. der Gesamtsituation, im Einklang stehen. „Wo dies nicht der Fall ist, gewinnt Vernunft selbstmörderische Qualität, denn sie vernichtet ihre eigenen Voraussetzungen und beseitigt alle moralischen Hemmnisse, die allein sie kontrollieren und schützen können."³⁵⁰

Bauman richtet eine scharfe Kritik gegen die Studie von Adorno und anderen über „Die autoritäre Persönlichkeit"³⁵¹: „Für Adorno und seine Mitarbeiter war der NS-Staat unmenschlich, weil die Nazis unmenschlich waren; die Nazis waren unmenschlich, weil Unmenschen eine Disposition zum Nazismus besitzen. (...) bezeichnend für die Art und Weise, in der Adorno und seine Mitarbeiter das Problem angingen, war nicht, wem sie Schuld zuwiesen, sondern daß sie pauschal dem Rest der Menschheit Absolution erteilten. Laut Adorno zerfiel die Welt in zwei Typen: geborene Proto-Nazis und Opfer. Die düstere Erkenntnis, daß auch ein harmloser Mensch unter bestimmten Voraussetzungen zum Täter werden kann, wurde unterdrückt. Und das deprimierende Faktum, daß den Opfern selbst auf dem Weg in die Vernichtung die Menschlichkeit verlorenging, war natürlich tabu."³⁵²

Das bis heute unterschätzte und gern aus methodischen Gründen heruntergespielte Milgram-Experiment hat gezeigt, dass vollkommen normale Versuchspersonen offenkundige Akte des Folterns begehen können, wenn ihnen ein Arzt oder Psychologe die Notwendigkeit dieses Verhaltens suggeriert. Amitai Etzioni hatte aus diesem Experimenten gefolgert, dass Milgram den „latenten Eichmann" im Menschen entdeckt habe.³⁵³ In einem Folgeexperiment konnte gezeigt werden, dass kaum einer mehr bereit war, den Elektroschockknopf des Experiments zu drücken, wenn ein zweiter Arzt zugegen war, der das Experiment in Zweifel zog und kritisierte. Seine Schlussfolgerung: „Der Pluralismus ist die beste Prophylaxe dagegen, daß unbescholtene Menschen sich zu moralisch verwerflichem Handeln bereit finden. (...) Die Stimme des Gewissens verschafft sich besonders inmitten greller politisch-sozialer Dissonanz Gehör."³⁵⁴

Bleibt zu klären, wie nach Bauman eine soziologische Theorie der Moral aussehen könnte, die den Schockwellen dieser Art von Erfahrungen möglicherweise eher standhalten würde. Die Durkheimsche sozial-kausale Erklärung der gesellschaftlichen Produktion von Moral läuft gegenüber diesem Ereignis ins Leere, denn es waren eben nicht einzelne gestörte Individuen, welche die Katastrophe schufen. Sie konnten moralisch nicht unbedingt als „anor-

---

[348] Bauman, Dialektik der Ordnung, a.a.O. S. 136.
[349] Ebenda S. 157.
[350] Ebenda S. 164.
[351] Adorno, Theodor W.: Studien zum autoritären Charakter, Frankfurt 1973.
[352] Ebenda S. 168.
[353] Etzioni, Amitai: Critical evaluation of Stanley Milgram's study "A Model of Significant Research", in International Journal of Psychiatry, Jg. 6, 1968, S. 279–280.
[354] Bauman, Dialektik der Ordnung, a.a.O. S. 180.

mal" bezeichnet werden. „Die politische und juristische Reaktion auf die Verbrechen der Nationalsozialisten brachte es mit sich, daß den Taten vieler der Stempel der Unmoral aufgedrückt wurde, obwohl sie nicht mehr und nicht weniger getan hatten, als die gegebenen gesellschaftlichen Normen zu erfüllen. Stünde die Bewertung von Richtig und Falsch, Gut und Böse ganz im Ermessen der sozialen Gruppierung, die (im Sinne der vorherrschenden soziologischen Theorie) die soziale Koordinierung des von ihr dominierten sozialen Raums übernimmt, woher hätte die Legitimation stammen können, Individuen, die gesellschaftliche Regularien einhielten, Unmoral vorzuwerfen? In diesem Zusammenhang sei ein schlimmer Verdacht ausgesprochen, daß die gesamte Problematik allein durch die militärische Niederlage Deutschlands entstanden sein könnte."[355] Bauman fügt erläuternd hinzu, dass trotz aller Vergangenheitsbewältigung in der Glasnost-Ära bis heute nicht wirklich anerkannt und ausgesprochen wird, „daß der Massenmord in der UdSSR dem durch die Nationalsozialisten in Systematik und Methode in nichts nachstand".[356] Als Siegermacht aber saß die UdSSR in Nürnberg auf der Seite der Richter.

Ich denke, an dieser Stelle schießt Bauman in seiner Argumentation ein Stück über das Ziel hinaus, weil das Unrecht der sowjetischen Lager ja damals wie erst recht nach deren nachhaltigem Bekanntwerden nicht dadurch zum moralische Recht wurde, dass dieses Land noch mächtig war. Die totale Niederlage der Nationalsozialisten hat die Gräuel schlagartig bekannt und bewusst werden lassen. Das Nach-und-nach des Bekanntwerdens der sowjetischen Lager lässt diese aber nicht harmloser erscheinen. Der britische Schriftsteller Robert Harris hat in seinem Science Fiction Roman „Fatherland" das Gedankenexperiment angestellt, was wohl nach einem Sieg Hitlers und einer Besetzung der britischen Inseln durch die Nazis geworden wäre. Er schildert darin die Geschichte eines jungen SS-Manns, der Jahrzehnte nach dem Holocaust diesem bis dahin verborgen gehaltenen Verbrechen auf die Spur kommt und entwickelt daraus die klassische Thriller-Konstellation des einen Ermittlers gegen das Schweigekartell der Etablierten. Ein solches reines Gedankenexperiment kann natürlich nichts beweisen, könnte aber ein Hinweis darauf sein, dass grundlegende moralische Intuitionen sich durch Indoktrination und Propaganda immer nur eine Zeitlang außer Kraft setzen lassen. Die Indoktrination in den staatssozialistischen Ländern hat sehr viel länger angehalten als bei den Nationalsozialisten und bei einer Minderheit der Betroffenen vielfach bleibende Spuren hinterlassen. Die Mehrheit in beiden Gesellschaften scheint allerdings nicht nachhaltig dadurch geprägt worden zu sein.

Baumans Suche richtet sich aber auf die moralische Grundsituation in einer totalitären Gesellschaft. Er knüpft an Überlegungen Hannah Arendts an, dass denen, die Bedenken und moralische Zweifel hatten, kein gesellschaftlicher Halt blieb, sondern allein ihr eigenes Urteilsvermögen in all seiner Täuschbarkeit und Schwäche. Die Konzeption der sozialen Fundierung von Moral wird dadurch ad absurdum geführt, dass einem gegen die Gesellschaft, gegen die allgemeine Meinung nur das individuelle, schwache Urteil ohne Rückversicherungsmöglichkeit bleibt.[357] Er wählt nicht die Lösung, die George Herbert Mead für das Grundproblem vorgeschlagen hatte, wie eine Person allein Recht behalten könne gegen eine überwältigende Majorität: Mead hatte die Berufung auf eine außenstehende, größere Gruppe, z.B. die Menschheit oder die Nachkommen als Möglichkeit angesehen. Bauman wechselt

---

[355] Ebenda S. 191.
[356] Ebenda S. 232.
[357] Arendt, Eichmann in Jerusalem, a.a.O. S. 294f., Bauman, Dialektik der Ordnung, a.a.O. S. 192f.

umgekehrt anknüpfend an Emanuel Levinas in den unmittelbaren, existentiell-zwischenmenschlichen Raum, der zwar in der Philosophie und philosophischen Anthropologie reflektiert worden ist, aber kaum von der Soziologie analysiert wurde. Dazu führt er eine Reihe von Belegen an, denen zufolge Deutsche sich für Juden in ihrem Nahbereich eingesetzt hätten. „Die Versuche der Nationalsozialisten, die antisemitische Stimmung anzuheizen (...), – d.h. nicht der Partei zugehörige, ideologisch unbelastete Bürger zu Gewaltaktionen gegen Juden oder zur aktiven Unterstützung der SA bei ihren Gewaltaktionen anzustacheln – scheiterten an der öffentlichen Abneigung gegen physische Gewalt oder an tiefsitzenden Hemmungen gegen das Zufügen von Leiden und die hartnäckige menschliche Loyalität gegenüber Nachbarn und Mitmenschen, die im individuellen Koordinatensystem als Personen und nicht als Vertreter eines Typus verankert sind. Die SA-Gewaltorgien im Überschwang der ersten Monate der Hitler-Diktatur wurden daher gewaltsam unterbunden, um die Gefahr allgemeinen Unmuts und Widerstandes abzuwenden. Bei aller Genugtuung über die antijüdische Energie seiner Gefolgsleute verbot Hitler höchstpersönlich alle unkontrollierten antisemitischen Ausschreitungen. Der ursprünglich unbefristet geplante Boykott gegen jüdische Geschäfte wurde in letzter Minute auf eine eintägige ‚Warndemonstration' beschränkt, und zwar nicht nur, weil man negative Reaktionen im Ausland befürchtete, sondern auch wegen der offensichtlich geringen aktiven Unterstützung durch die Bevölkerung."[358] Bauman vertritt die These, dass der persönliche Eindruck immer moralisch gefärbt ist, während das Stereotyp moralisch indifferent ist und rein intellektuell abstrakt wirkt. Die Nazis mussten daher, um solche moralischen Impulse zu neutralisieren, eine Distanz zwischen die Bevölkerung und die Opfer bringen.

Ursprüngliche moralische Impulse sind also nach Bauman nicht sozial bedingt. „Als widerlegt kann insbesondere das konventionelle soziologische Konzept gelten, moralisches Verhalten sei eine Funktion von Gesellschaft und durch das Wirken gesellschaftlicher Institutionen abgesichert, Gesellschaft sei ein Werkzeug der Humanisierung und Moralisierung, unmoralisches Verhalten (in signifikantem Umfang) demzufolge eindeutig ein Indiz für die Fehlfunktion ‚normaler' sozialer Strukturen." Dagegen Bauman These, „daß die starken moralischen Impulse vorgesellschaftlich existieren, während bestimmte Aspekte moderner gesellschaftlicher Organisation deren hemmende Wirkung beträchtlich schwächen können, so daß man sagen kann, daß Gesellschaft unmoralisches Verhalten eher wahrscheinlicher macht als unwahrscheinlicher."[359]

So schließt er sich Raul Hilbergs Frage an: „Gibt es im Westen eine Nation, die dessen absolut nicht fähig wäre?"[360] An dieser Frage ist allerdings der Bezug auf den Westen insofern rätselhaft, als Bauman selbst ja den sowjetischen Gulag als Parallelfall erwähnt und mittlerweile auch die Opferzählung der maoistischen Bewegung in China eingesetzt hat.

Zygmunt Baumans Analyse basiert auf der neueren Holocaust-Forschung insbesondere Raul Hilbergs und der Erforschung des Nationalsozialismus durch Hans Mommsen. Baumans Kritik der Moderne ist trotz der partiellen Kritik an Adornos These vom autoritären Charakter verwandt mit Horkheimers Kritik der instrumentellen Vernunft sowie der Dialektik der Aufklärung von Horkheimer und Adorno. Bei genauerem Hinsehen ergibt sich, dass er den

---

[358] Bauman, Dialektik der Ordnung, a.a.O. S. 201.
[359] Ebenda S. 213.
[360] Ebenda S. 214; Hilberg, Raul: Significance of the Holocaust, in Henry Friedlander and Sybil Milton (Hg.), The Holocaust: Ideology, Bureaucracy, and Genocide, Millwood NY 1980, S. 95–102, hier S. 98f.

Mythos des Zivilisationsprozesses in Frage stellt und etwas zu sehr dazu neigt, die Rationalität, den Westen und die Moderne selbst für Dinge verantwortlich zu machen, für die sie letzten Endes doch nur ein im Verhältnis zu früher effizienteres Mittel sein konnten. Da Pluralismus das entscheidende Merkmal der Moderne ist, enthält sie – ganz im Sinne der Dialektik der Aufklärung – auch schon das wirkungsvollste Gegenmittel gegen die Instrumentalisierung für verbrecherische Zwecke. Wenn das so ist, dann kann zwar kein permanenter Fortschritt zum Besseren mehr behauptet werden (hat dies eigentlich jemals jemand außer einigen Entwicklungssoziologen und stalinistischen Propagandisten behauptet?), aber doch das Wachsen einer Chance auf die Vermeidung des Schlimmsten. „Der Massenmord ist keine moderne Erfindung",[361] wohl aber die rationalen Einstellungen und Methoden, die ihn breitflächiger und effizienter werden lassen. Für diese Elemente interessiert sich Bauman als Diagnostiker und Kritiker der Moderne in besonderer Weise; es geht ihm letztlich um eine Deutung der Moderne, während die Beschäftigung mit dem Holocaust nur einen soziologischer Versuchsaufbau[362] zu diesem Zweck darstellt. Ohne ihn wären bestimmte Züge der Moderne nicht zum Vorschein gekommen. „Er hat Merkmale unserer Gesellschaft freigelegt, die sich unter ‚nicht-experimentellen' Bedingungen nicht hätten beobachten und empirisch nachweisen lassen". Insofern kann er als zwar einzigartiger, aber zugleich signifikanter und zuverlässiger Test des latenten Potentials der modernen Gesellschaft angesehen werden. Baumans Thesen stellen die Fortschrittsgewissheit in Frage, im gleichen Sinne wie Adorno, als dieser höhnisch konstatierte, selbstverständlich habe es sich bei der Entwicklung von der Steinschleuder zur Atombombe um einen Fortschritt gehandelt.

Fragen
1. Ist der Holocaust nach Bauman ein barbarischer Rückfall hinter den Prozess der Zivilisation?
2. Worin liegt nach Bauman die besondere Bedeutung der Moderne für die Durchführung des Holocaust?
3. Welche verschiedenen Genozide werden bei Bauman verglichen?
4. Was sind die besonderen Merkmale der nationalsozialistischen Massenvernichtung in der Sicht Baumans?
5. Welche Rolle spielt der Zivilisationsprozess bei der Durchführung der Massenvernichtung?
6. Wären nach Bauman auch andere Nationen als die Deutschen zu einem Holocaust fähig gewesen?
7. Wie beurteilen Sie das Verhältnis Baumans zur kritischen Theorie Horkheimers und Adornos?

---

[361] Bauman, Dialektik der Ordnung, a.a.O. S. 103.
[362] Ebenda S. 25.

Einführungstext

Bauman, Zygmunt: Dialektik der Ordnung. Die Moderne und der Holocaust, Hamburg 2002 (zuerst 1989).

Literatur

Davis, Mark: Bauman's challenge. Sociological issues for the 21st century, Basingtoke 2010.

Jacobsen, Michael Hviid: The sociology of Zygmunt Bauman. Challenges and critique, Aldershot 2008.

Junge, Matthias: Zygmunt Bauman: Soziologie zwischen Postmoderne, Ethik und Gegenwartsdiagnose, 2. Aufl. Wiesbaden 2007.

Reese-Schäfer, Walter: Zum Vergleich des Unbehagens an der Moderne und an der Postmoderne. Zygmunt Bauman und das kommunitarische Denken, in Matthias Junge und Thomas Kron (Hg.), Zygmunt Bauman: Soziologie zwischen Postmoderne, Ethik und Gegenwartsdiagnose, 2. erweiterte Aufl. Wiesbaden 2007, S. 289–316.

8 Deliberative Demokratie, Zivilgesellschaft und postsäkulares Denken: Jürgen Habermas

8.1 Von der Diskursethik zur deliberativen Politik

Die theoretische Grundlage von Habermas' deliberativer Politiktheorie ist die von ihm und Karl-Otto Apel gemeinsam entwickelte Diskursethik. Das, was zu tun ist, wird nicht mehr fundamentalistisch oder transzendentalistisch, sondern vielmehr aus der Kommunikation der gleichberechtigten Einzelnen begründet. Nur solche Normen dürfen Geltung beanspruchen, welche die Zustimmung aller Betroffenen als Teilnehmer eines praktischen Diskurses finden oder finden könnten, die also einem Prozess der Deliberation, der klugen diskursiven Abwägung im Kreis von Gleichen unterzogen worden sind.[363]

Die politischen Praktiken der Kommunikation und Deliberation bestimmen zunehmend die alltägliche Praxis von der Kommunalpolitik, wo früher Honoratioren selbstherrlich entscheiden konnten, über die Öffentlichmachung politischer Entscheidungsprozesse auf nationalstaatlicher Ebene, bis hin zu dem exponentiell zunehmenden kommunikativen Austausch im internationalen Bereich, der längst auch die Ebene der Zivilgesellschaft erfasst hat. Die Demokratietheorie von Habermas hat ein doppeltes Ziel. Sie möchte die normative Grundlage dieser Prozesse erfassen, und sie möchte zweitens in den tatsächlich existierenden politischen Praktiken die „wie verzerrt auch immer, bereits verkörperten Partikel und Bruchstücke einer ‚existierenden Vernunft' identifizieren."[364] Dies ist ein Grundcharakteristikum aller theoretischen Bemühungen von Habermas. Er versucht, das von ihm als normativ richtig Ausgezeichnete zugleich auch in den realen Verhältnissen aufzufinden, wo es zumindest ansatzweise oder der Tendenz nach angelegt ist. Dadurch vermeidet er den Vorwurf eines reinen theoretischen oder utopischen Konstruktivismus. Konsequenterweise werde ich in meiner Darstellung und Kritik seiner Theorie die empirische Seite der Zivilgesellschaft ausführlich berücksichtigen.[365]

Die liberale Demokratietheorie konzentriert sich auf die Herstellung von Interessenkompromissen. Demgegenüber betonen bürgergesellschaftlich-partizipatorische Demokratietheorien die sozialintegrative Bedeutung einer ritualisierten ethisch-politischen Selbstverständigung der Bürger. Die **Diskurstheorie** versucht Elemente von beiden Seiten aufzunehmen und in

---

[363] Habermas, Jürgen: Moralbewußtsein und kommunikatives Handeln, Frankfurt 1983, S. 103.
[364] Habermas, Jürgen: Faktizität und Geltung. Beiträge zur Diskurstheorie des Rechts und des demokratischen Rechtsstaats, Frankfurt 1992, S. 349.
[365] Die theoretische Seite und vor allem die Begriffstradition von der bürgerlichen Gesellschaft zur Zivilgesellschaft und die gegenwärtigen Probleme dieser Theorie habe ich ausführlich behandelt in dem Kapitel „Zivilgesellschaft und assoziative Demokratie" in Reese-Schäfer, Walter: Politisches Denken heute. Zivilgesellschaft, Globalisierung und Menschenrechte, München und Wien 2. Aufl. 2007, S. 57–71.

den „Begriff einer idealen Prozedur für Beratung und Beschlussfassung" zu integrieren.[366] Es geht dann um eine pragmatische Vorstellung von vernünftiger und fairer Beratung, deren Prozeduren sozialwissenschaftlich beobachtet und auf ihre Qualität hin bewertet werden können. Dann sind nicht mehr die universalen Menschenrechte oder die konkrete Sittlichkeit einer bestimmten Gesellschaft der Anknüpfungspunkt, sondern die Diskursregeln und Argumentationsformen, die ihren normativen Gehalt aus den Erfordernissen verständigungsorientierten Handelns beziehen. Der politische Meinungs- und Willensbildungsprozess rückt damit in den Mittelpunkt, allerdings in der Gestalt der Institutionalisierung von Verfahren und Kommunikationsvoraussetzungen. Anders als der Bürgerrepublikanismus von Rousseau bis Benjamin Barber ist diese Theorie nicht auf die ständige kollektive Handlungsbereitschaft der Bürger angewiesen, sondern kann auf Prozeduren und Strukturen zurückgreifen.

Diese Prozeduren der deliberativen Demokratie sollen einen permanenten Kommunikationsfluss zwischen öffentlicher Meinungsbildung und den Wahlen und Beschlüssen der Legislative gewährleisten, so dass der publizistisch erzeugte Einfluss und die kommunikativ erzeugte Macht auf dem Weg über die Gesetzgebung in administrativ verwendbare Macht umgesetzt werden. Habermas unterscheidet die drei Bereiche der öffentlichen Administration (**Staat**), des ökonomischen Handlungssystems (**Markt**) und die soziale Grundlage autonomer Öffentlichkeiten (**Zivilgesellschaft**), welche über die drei Ressourcen administrative Macht, Geld und Solidarität verfügen. Aus dem Zusammenspiel dieser drei Bereiche bedienen sich moderne Gesellschaften mit deliberativ demokratischer Verfassung, um ihren Integrations- und Steuerungsbedarf zu befriedigen. Es kommt ganz wesentlich darauf an, dass sich in einer **deliberativen Demokratie** (im Unterschied zu einer reinen Konkurrenzdemokratie) die sozialintegrative Kraft der Solidarität gegen die beiden anderen Mechanismen, also gegen Geld und administrative Macht, behaupten können. Die partizipatorisch-bürgerrepublikanische Tradition war dazu auf die Tugend, die Zivilcourage und die Engagementbereitschaft der Bürger angewiesen. Habermas reduziert diesen seiner Auffassung nach überhöhten Anspruch, denn zunehmend autonom gewordene Öffentlichkeiten und immer breitere, auch über den engeren Bereich des politischen Systems hinausgehende etablierte Verfahren der demokratischen Meinungs- und Willensbildung treten an die Seite des reinen kommunikativen Handelns. Sie geben ihm solide Strukturen, auf die es zurückgreifen kann, selbst wenn die Bürger einmal politisch ermüdet sind. Wenn somit die Bürgertugenden im klassischen Sinne keine tragende Rolle mehr spielen, so bleibt doch die deliberative Demokratie auf Ressourcen der **Lebenswelt**, wie eine freiheitliche politische Kultur, eine aufgeklärte politische Sozialisation und auch auf die ständigen spontan entstehenden und sich regenerierenden Initiativen meinungsbildender Assoziationen angewiesen, die die Bürgergesellschaft ausmachen.[367] Die allgemeine Öffentlichkeit bleibt durchgängig anarchisch strukturiert und ist deshalb, wie Habermas zugesteht, „den organisierten Öffentlichkeiten des parlamentarischen Komplexes" durchaus unterlegen, was die Widerstandskraft gegen die Effekte ungleicher Machtverteilung und systematisch verzerrter Kommunikation angeht.[368]

Habermas entwickelt diese Konzeption der deliberativen Demokratie im Wesentlichen in „Faktizität und Geltung" (1992), zieht aber damit im Grunde die Summe seiner Forschungen vom bedeutenden Erstlingswerk „Strukturwandel der Öffentlichkeit" (1962) über die „Theo-

---

[366] Habermas, Faktizität und Geltung, a.a.O. S. 359.
[367] Ebenda S. 366.
[368] Ebenda S. 374.

8 Deliberative Demokratie, Zivilgesellschaft und postsäkulares Denken: Jürgen Habermas

rie des kommunikativen Handelns" (1981) bis zu „Moralbewusstsein und kommunikatives Handeln" (1983).[369] Der **Diskursbegriff der Demokratie** entspricht einer nunmehr dezentrierten Gesellschaft. Die Volkssouveränität, einst ein harter subjekttheoretischer Begriff mit revolutionären Untertönen, wird nun intersubjektivistisch gedeutet und prozeduralisiert. Sie „zieht sich in die demokratischen Verfahren und in die rechtliche Implementierung ihrer anspruchsvollen Kommunikationsvoraussetzungen nur zurück, um sich als kommunikativ erzeugte Macht zur Geltung zu bringen."[370] Das politische System ist dann nicht mehr Spitze oder Zentrum der Gesellschaft, sondern nur noch „ein Handlungssystem neben anderen."[371] Habermas setzt sich hier von allen Ideen einer wesentlich politisch geprägten und strukturierten Gesellschaft ab und rückt wenigstens in diesem Punkt an die Seite der Systemtheorie Niklas Luhmanns. Die gesellschaftlichen Steuerungsmedien, wie Habermas sie versteht, können deshalb nach dem Vorbild der Systemtheorie durchaus in einer Schautafel zusammengefasst werden, die wie folgt aussieht:

Bereich	Ressource	System
Staat	Administrative Macht	Politische Administration
Markt	Geld	Ökonomisches Handlungssystem
Zivilgesellschaft	Einfluss, kommunikative Macht, Solidarität	Öffentliche Kommunikationsnetze

Abbildung 3: Schaubild: Deliberative Demokratie

Aus dem komplexen Zusammenspiel dieser drei Ressourcenbereiche organisieren moderne Gesellschaften ihren Integrations- und Steuerungsbedarf. Für einen Theoretiker wie Habermas sind alle Konzepte der Wirtschaftssteuerung durch das politische System überholt. Er verwirft aber auch das neoliberale Modell, das dem Markt die Leitfunktion selbst gegenüber der öffentlichen Verwaltung zuweist, die dann marktförmig zu organisieren und zu verschlanken wäre. Stattdessen setzt er auf die Interaktion, die unter anderem auch das Medium des Rechts ins Feld führen kann gegen die Übergriffe aus den Sphären des Geldes und der politischen Macht. Habermas baut nicht wie der Liberalismus auf die **bürgerliche Gesellschaft**, sondern vielmehr auf die **Bürgergesellschaft**.

Deren Einfluss über Verfahren und Kommunikationsvoraussetzungen soll nach der Konzeption der deliberativen Demokratie keineswegs den Prozess der Regierung und Verwaltung den populistischen Stimmungen aktivierter Bürger aussetzen, sondern im Gegenteil zu einer diskursiven Rationalisierung von Entscheidungen beitragen. Dieser Rationalisierungsbegriff verdient eine nähere Betrachtung. Rationalisierung ist weniger als Legitimation, aber mehr als Konstituierung von Macht. Legitimation könnte ja auch eine bloß nachträgliche Bestätigung sein. Die Rationalisierung durch prozedural kontrollierte Diskussion aber trägt auch zur Programmierung der politischen Macht selbst bei und formt deren Inhalte mit. Nur das politische System selbst kann die kollektiv bindenden Entscheidungen beschließen und diese dann durchführen, also im klassischen Sinne *handeln*. Die Kommunikationsstrukturen der

---

[369] Das Gesamtwerk habe ich dargestellt in Reese-Schäfer, Walter: Jürgen Habermas, 3. Aufl. Frankfurt und New York 2001.
[370] Habermas, Faktizität und Geltung, a.a.O. S. 365.
[371] Ebenda S. 366.

Öffentlichkeit bilden demgegenüber so etwas wie „ein weitgespanntes Netz von Sensoren",[372] die nicht selber regieren können, aber doch auf gesellschaftlich verbreitete Meinungen und Probleme *reagieren*. Die kommunikative Macht kann nicht selber Herrschaft ausüben, aber sie kann den Prozess der politischen Herrschaftsausübung durch ihren zivilgesellschaftlichen Einfluss in bestimmte Richtungen lenken.

Mit dieser Unterscheidung zwischen Macht und Herrschaft bewegt Habermas sich im Rahmen der Grundbegrifflichkeit Max Webers. Macht bedeutete bei diesem die Chance, innerhalb einer sozialen Beziehung seinen Willen auch gegen Widerstreben durchzusetzen, unabhängig davon, worauf diese Chance beruht. Sie konnte z.B. auch auf einer bloßen diskussionsmäßigen Überlegenheit beruhen. Herrschaft dagegen ist die Chance, innerhalb einer gegebenen institutionellen Ordnung für eine Anordnung bei bestimmten zu benennenden Personen Gehorsam zu finden. Herrschaft ist also an Institutionen gebunden, Macht dagegen funktioniert auch in nicht genau bestimmbaren und durchorganisierbaren Verhältnissen wie eben in der von Habermas für so wichtig gehaltenen Zivilgesellschaft. Ohne die systemische Umsetzung in Herrschaft kann kommunikative Macht keine rechtsstaatlich-demokratische Handlungseffizienz entfalten.

Diese Orientierung an Weber führt bei Habermas zu einer Grundsatzkritik an Rousseaus Idee der Volkssouveränität, der zufolge Demokratie die autonome Entscheidung des im Prinzip auch körperlich anwesenden Volkes ist, welches in Grundsatzfragen nicht durch andere vertreten werden kann. Der Vorwurf lautet, Rousseau habe die absolutistische Lehre der Staatssouveränität auf die Volkssouveränität übertragen und damit ein potentiell totalitäres Modell geschaffen. Der Staat wird so zu einem Machtkonzentrat und einzelnen Subjekt hochstilisiert, welches auch dadurch nicht erträglicher wird, dass Volk und Staat als identisch betrachtet werden.

Die liberale Kritik daran, dass es gerade darauf ankomme, dem Volkswillen Grenzen zu setzen und diesen nur in bestimmten Prozeduren, nämlich durch repräsentative Organe der Gesetzgebung, durch die Exekutive und durch die Rechtsprechung sowie in Wahlen und Abstimmungen zur Ausübung kommen zu lassen, setzt an die Stelle der souveränen und beliebig handlungsfähigen Bürgerschaft das Modell einer strikten Verfassungsdemokratie – das Subjekt Staat wird ersetzt durch eine im Grunde anonyme Struktur.

Habermas möchte auch hier einen Zwischenweg finden, der an die Stelle des Subjektes der Volkssouveränität subjektlose Kommunikationsprozesse setzt, also den Fluss der diskursiven Meinungs- und Willensbildung.[373] Die Volkssouveränität bringt sich also als kommunikativ erzeugte Macht wieder zur Geltung, wird aber in prozeduralistische Verfahren eingebunden und beeinflusst nur das ausdifferenzierte politische System, ohne sich wie bei Rousseau unvermittelt an dessen Spitze zu setzen. Die Belagerung wird „ohne Eroberungsabsicht" ausgeübt.[374] Die Sphärengrenzen zwischen dem politischen System und der diskutierenden Öffentlichkeit werden also eingehalten.

Es ist Habermas sehr wichtig, die rechtsstaatlichen Ausdifferenzierungsgewinne der Moderne nicht aufs Spiel zu setzen, aber dennoch die demokratische Öffentlichkeit stärker ins Spiel zu bringen, als dies im demokratietheoretisch vorherrschenden Modell der Elitendemokratie einer politischen Klasse vorgesehen war.

---

[372] Ebenda S. 364
[373] Ebenda S. 365.
[374] Ebenda S. 626.

8 Deliberative Demokratie, Zivilgesellschaft und postsäkulares Denken: Jürgen Habermas

Die Idee der Zivilgesellschaft erscheint als ein soziologisch-praktischer Verifikationsversuch des zunächst rein normativ-reflexiven Konzepts der Diskursethik. Seine Theoriekonzeption hat einige Ausstrahlung gehabt und wird derzeit in einem engen diskursiven Austausch vor allem mit amerikanischen Autoren wie Joshua Cohen und Frank Michelman weiterentwickelt.[375]

Es handelt sich um ein formal-strukturelles Konzept, auch wenn seine ideengeschichtlichen Wurzeln in eher substantialistische radikaldemokratische und sozialistische Kritiken an der Politik fortgeschrittener Industriegesellschaften zurückreichen. Die Erfahrungen in den vielfältigen basisdemokratischen Versammlungen und Organisationen der alten und neuen Linken, in denen Diskussionen immer wieder mit Geschäftsordnungstricks und Entscheidungsdruck geschickt manipuliert worden waren, legen die Betonung dieser prozeduralen Faktoren nahe. Die Linke, die traditionell eher an substantiellen Ergebnissen als an Formalitäten interessiert war, hat sich aus bitteren eigenen Erfahrungen dem liberalen Modell der rechtsstaatlich geordneten Demokratie angenähert, will allerdings formaldemokratische Verfahrensweisen bis weit in die zivilgesellschaftliche Grundstruktur hinein ausweiten. Die unzähligen Bürgerinitiativen, Assoziationen, Organisationsgründungen, die insgesamt zum bunten basisdemokratischen Gesamtbild beigetragen haben, waren intern keineswegs notwendigerweise und selbstverständlich deliberativ im Sinne der oben genannten Bedingungen durchstrukturiert gewesen – das ist es, was die deliberative Demokratie anmahnt. Sie wäre aber keine linke Idee, wenn sie nicht zugleich ihr Konzept als Modell zur Reform der Gesamtgesellschaft anbieten würde.

Eine **Selbstbeschränkung der Deliberation** auf die Beeinflussung des politischen Systems durch eine im Wesentlichen diskutierende und mitunter kampagnenförmig belagernde, aber nicht abstimmende Zivilgesellschaft, wie Habermas sie vorschlägt, erscheint deshalb modernitätsangemessen, weil sie den Ausdifferenzierungsprozessen heutiger Gesellschaften Rechnung trägt. Zugleich kehrt hier das Idealbild der räsonierenden Öffentlichkeit zurück, diesmal vom Bürgertum auf alle Mitglieder der Gesellschaft ausgeweitet, wie wir es aus dem *Strukturwandel der Öffentlichkeit* kennen. Habermas erkennt aber auch die problematischen Züge der zivilgesellschaftlichen Deliberationsebene: Die prinzipiell unbegrenzten Kommunikationsströme bilden für ihn „einen ‚wilden' Komplex, der sich nicht im ganzen organisieren lässt. Wegen ihrer anarchischen Struktur ist die allgemeine Öffentlichkeit einerseits den Repressions- und Ausschließungseffekten von ungleich verteilter sozialer Macht, struktureller Gewalt und systematisch verzerrter Kommunikation schutzloser ausgesetzt als die organisierten Öffentlichkeiten des parlamentarischen Komplexes."[376] Die positive Gegenrechnung besteht in ihrer Möglichkeit, Kommunikationsgrenzen zu überspringen, Tabus zu brechen, neue Probleme sensibler aufnehmen zu können und sogar kollektive Identitäten und Bedürfnisse direkter artikulieren zu können als in formalisierten Institutionen.

Habermas versucht die Grenzen zwischen dem prinzipiell unbeschränkten Diskurs und dem Rechtsschutz zum Beispiel der Privatsphäre so zu rekonstruieren, dass zwar alles Gegenstand öffentlicher Diskussionen werden darf, aber nicht der politischen Regelung: „Über etwas reden ist nicht dasselbe wie dem anderen in seine Angelegenheiten hineinreden. Gewiss muss der Intimbereich gegenüber Zudringlichkeiten und kritischen Blicken Fremder geschützt bleiben; aber nicht alles, was den Entscheidungen von Privatleuten vorbehalten ist, ist der öffentlichen Thematisierung entzogen und gegen Kritik geschützt. (…) Mit Hilfe

---

[375] Cohen, Joshua: Deliberation and Democratic Legitimacy, in James Bohman und William Rehg: Deliberative Democracy. Essays on Reason and Politics, Cambridge 1997, S. 67–92, hier S. 67.

[376] Habermas, Faktizität und Geltung, a.a.O. S. 374.

dieser Unterscheidung kann man sich leicht klarmachen, dass das liberale Bedenken gegen eine Entgrenzung des öffentlichen Themenspektrums, soweit nur die persönliche Integrität des Einzelnen gewahrt bleibt, hinfällig ist."[377]

Wenn Deliberationsprozesse politisch erträglich und erfolgreich sein sollen, sind sie „auf Kontexte einer lernfähigen Kultur und eines lernfähigen Personals angewiesen."[378] Man könnte hinzufügen: auf die Bereitschaft zum Lernen und zur Selbstzivilisierung dieser Sphäre. Die Öffentlichkeit ist zunächst einmal nicht mehr als „ein Warnsystem mit unspezialisierten, aber gesellschaftsweit empfindlichen Sensoren".[379] Um auf das politische System einen wirklichen Problemdruck ausüben zu können, bedarf sie der Dramatisierung und Wirkungsverstärkung. Das geschieht über die sozialen Bewegungen, Bürgerinitiativen und Bürgerforen, die politischen Vereinigungen und Assoziationen, die in Habermas' Definition die Gruppierungen der Zivilgesellschaft darstellen.[380] Man kann dies als Modell von konzentrischen Kreisen mit von innen nach außen abnehmendem Organisationsgrad darstellen, in dessen Kern das administrative System steht. Es ist umgeben vom öffentlich deliberierenden legislativ-parlamentarischen Bereich, um den herum sich die organisierte Öffentlichkeit der Parteien, Verbände, der Presse und der Medien gruppiert. Auf dieses Feld wird eingewirkt durch ein weitaus offeneres Feld von temporären Sprecherrollen, die die schon halb private Zivilgesellschaft aus sich hervorbringt.[381]

Die tragenden Begriffe des Modells der deliberativen Demokratie sind Öffentlichkeit und Zivilgesellschaft. **Öffentlichkeit** ist ein Begriff zur Beschreibung des kommunikativen Raums zwischen bürgerlicher Privatsphäre und dem Staat. Sie ist keine Institution oder Organisation, auch kein Normengefüge oder System, weil sie keine Grenzziehungen erlaubt, sondern nach außen hin offen und durchlässig ist. Am ehesten ließe sie sich vielleicht als „ein Netzwerk für die Kommunikation von Inhalten und Stellungnahmen, also von Meinungen"[382] beschreiben. Sie ist gekennzeichnet durch den freien, allgemeinen, ungehinderten Zugang des Publikums, durch Publizität und damit durch die Möglichkeit der Kritik am autoritären Staat, ebenso wie durch die autonome Selbstentscheidung des Bürgers. Als bürgerliche Öffentlichkeit ist sie Produkt der Aufklärung und des frühen Klein- und Konkurrenzkapitalismus. Sie ist verfallen unter den Bedingungen ökonomischer Vermachtung und politischer Ersetzung von Publizität durch *publicity*. Sie reproduziert sich wie die Lebenswelt insgesamt über kommunikatives Handeln in allgemeinverständlicher Weise, d.h. in einer Laienorientierung. Ihre demokratische Qualität ist prozedural zu messen, nämlich daran, wie frei, gleich und offen der Zugang zur öffentlichen Meinungsäußerung und wie rational das Niveau der Problemverarbeitung ist. Sie darf nicht mit den Resultaten der Umfrageforschung verwechselt werden, weil sie nicht einzeln abgefragt werden und sich nicht privat äußern kann, sondern nur innerhalb einer gemeinsamen Kommunikationspraxis.[383]

---

[377] Ebenda S. 381.
[378] Ebenda S. 395.
[379] Ebenda S. 435.
[380] Ebenda S. 451.
[381] Ich verdanke dieses Modell den Studenten meines Seminars zur Civil Society an der Universität Essen im Sommersemester 1999.
[382] Habermas, Faktizität und Geltung, a.a.O. S. 436.
[383] Ebenda S. 435ff.

„Die *Zivilgesellschaft* setzt sich aus jenen mehr oder weniger spontan entstandenen Vereinigungen, Organisationen und Bewegungen zusammen, welche die Resonanz, die die gesellschaftlichen Problemlagen in den privaten Lebensbereichen finden, aufnehmen, kondensieren und lautverstärkend an die politische Öffentlichkeit weiterleiten."[384] Sie wird auch Bürgergesellschaft genannt und unterscheidet sich von der *bürgerlichen Gesellschaft*, zu der noch bis Hegel und Marx die Welt der Privatwirtschaft gerechnet wurde, weil sie nicht die Privatbürger der Wirtschaftsgesellschaft (*bourgeois*), sondern die Bürger der politischen Gemeinschaft (*citoyens*) meint. In totalitären staatssozialistischen Gesellschaften hat sie nicht existiert, weil eine unversehrte Privatsphäre und die entsprechenden Grundrechtsgarantien als ihre Grundlage fehlten. Jürgen Habermas hat seine Überlegungen vor allem auf die Einbettung zivilgesellschaftlicher Konzeptionen in den Zusammenhang einer politischen Gesellschaft der Gegenwart konzentriert. In seiner Theorie ist die Zivilgesellschaft die Vermittlungsinstanz zwischen der politischen Öffentlichkeit und der alltäglichen Lebenswelt. „Öffentlichkeit ist zwar ein ebenso elementares gesellschaftliches Phänomen wie Handlung, Aktor, Gruppe oder Kollektiv; aber es entzieht sich den herkömmlichen Begriffen für soziale Ordnung. Öffentlichkeit lässt sich nicht als Institution und gewiss nicht als Organisation begreifen; sie ist selbst kein Normengefüge mit Kompetenz- und Rollendifferenzierung, Mitgliedschaftsregelung usw. Ebenso wenig stellt sie ein System dar."[385] Sie ist ein offen strukturiertes Netzwerk für die Kommunikation von Meinungen, die diese so filtert, dass sie zu einer gebündelten öffentlichen Meinung werden, während abweichende Ansichten einer Art von sozialem Druck ausgesetzt sind.

Die Zivilgesellschaft ist ein Ort kommunikativen Handelns, an dem es nicht um schlichte und direkte Erfolgsorientierung wie in ausspezialisierten Funktionssystemen geht, sondern vielmehr um jenen Bereich, in dem sich die kooperativ ausgehandelten Deutungen überhaupt erst konstituieren und zugleich einer gewissen Mobilisierung ausgesetzt sind. Sie liegt damit im Übergangsfeld zwischen unorganisiertem und durchaus öffentlichem Meinen, welches jedoch im Grunde immer noch den Status einer Privatmeinung hat, und der aktivistischen Organisation mit all ihren Zwängen und Ausschließungsregeln, die wir in der Politikwissenschaft so vielfältig beschrieben haben. Anders als etwa Michael Walzer arbeitet Habermas vor allem die positiven Seiten der Zivilgesellschaft heraus. Ihre Laienorientierung bedeutet zwar eine gewisse Entdifferenzierung, ihre Entlastung von direkten Handlungsverpflichtungen aber zugleich auch eine Intellektualisierung. Die Öffentlichkeit der Kommunikation entlastet von unmittelbaren Entscheidungen.

Habermas führt an dieser Stelle eine genealogische Unterscheidung ein: Wir müssen differenzieren zwischen jenen Akteuren, die sozusagen aus dem Publikum hervorgehen, und jenen, die eine bereits konstituierte Öffentlichkeit okkupieren, um sie zu benutzen.[386] Das ist die Differenzierung zwischen einer Menschenrechtsaktivistin wie z.B. Hirsi Ali in den Niederlanden und einem populistischen Politiker, der ausländerfeindliche Strömungen für sich nutzbar machen will. Öffentliche Meinungen lassen sich zwar durchaus manipulieren, aber nicht beliebig herstellen. Ein Moment der Authentizität bleibt unverzichtbar.

Eine wirklich vitale Bürgergesellschaft braucht aber mehr als grundrechtliche Garantien – sie bedarf des öffentlichen Diskurses, auch wenn dieser auf dem schwankenden Boden der poli-

---

[384] Ebenda S. 443
[385] Ebenda S. 435f.
[386] Ebenda S. 440.

tischen Kommunikation ruht. Daraus folgt, dass sie nicht direkte politische *Macht*, sondern nur *Einfluss* erlangen kann, der dann noch die Filter der institutionalisierten Verfahrensweisen demokratischer Meinungs- und Willensbildung passieren muss.[387] Habermas lehnt also eine Ideologie der Zivilgesellschaft, die diese an die Stelle der institutionalisierten Verfahren setzen möchte, ausdrücklich ab. Der zweite Punkt der Selbstbegrenzung eines zivilgesellschaftlichen Aktivismus liegt darin, dass drei Dinge vorausgesetzt werden müssen:

- eine schon rationalisierte Lebenswelt
- eine freiheitliche politische Kultur und
- eine unversehrte Privatsphäre.

Werden diese Bedingungen nicht beachtet, kann es geschehen, dass die Basis eher populistische Bewegungen hervorbringt, welche verhärtete Traditionsbestände und Besitzstände ressentimentgeladen, blind und aggressiv verteidigen. So gesehen war die Niedergangsphase der Weimarer Republik als Phase hoher politischer Mobilisierung und Basisaktivität gerade kein Vorbild zivilgesellschaftlichen Engagements, das sowohl auf die demokratische Qualität der Institutionen als auch auf eine gewisse Bürgerlichkeit im Sinne von Zivilität angewiesen ist. Zivilität ist hierfür das treffende Wort, denn es waren ja uniformierte Schlägertrupps, die das Straßenbild in der Schlussphase der Weimarer Republik dominiert haben.

Der Einfluss der Zivilgesellschaft tritt damit ausdrücklich nicht an die Stelle ehemaliger emanzipatorischer Großsubjekte (Bürgertum, Arbeiterklasse, Ausgebeutete und Entrechtete), sondern hat eine eigene Rolle in der Mobilisierung lebensweltlichen Gegenwissens des Laienpublikums, das wenigstens hin und wieder seine konstituierende Rolle im demokratischen Prozess einzuklagen hat. Da kommunikationstheoretisch gesehen alle umgangssprachlich konstituierten Teilöffentlichkeiten füreinander durchlässig, porös bleiben, liegt hier die Einflusschance von sozialen Bewegungen, Bürgerinitiativen und Bürgerforen, die allerdings normalerweise keine Direktwirkung erzielen, sondern auf die intermediäre Struktur der Öffentlichkeit angewiesen bleiben.[388] Habermas warnt davor, zu sehr an das Bild einer manipulierten, massenmedial beherrschten Öffentlichkeit zu glauben. Das mag für eine Öffentlichkeit im Ruhezustand gelten, keineswegs aber für die Augenblicke der Mobilisierung, in denen sich die Autorität des stellungnehmenden Publikums manifestiert. Innerhalb dieses stellungnehmenden Publikums bewegen sich die *radical professionals*, die Organisatoren der Zivilgesellschaft. So gut wie alle wichtigen Themen der vergangenen 30 Jahre sind nicht zuerst von Exponenten der Staatsapparates oder der Großorganisationen oder der gesellschaftlichen Funktionssysteme aufgebracht worden, sondern aus der zivilgesellschaftlichen Peripherie heraus, die ganz offenbar eine ausgeprägtere Sensibilität besitzt: Ökologie, Wettrüsten, Dritte Welt etc.

Schon Habermas selbst hatte dazu geneigt, vor allem die sogenannten „netten" Organisationen wie Ökogruppen, Frauenorganisationen etc., weniger dagegen populistische Basisbewegungen als Beispiele für die Zivilgesellschaft zu verwenden. Die verschiedenen Theorien der Zivilgesellschaft haben eine interessante praktische Vorgeschichte in der Welt der UNO und der internationalen Organisationen, die ich im Folgenden kurz skizzieren will, weil damit der Charakter von Habermas' Analysen als nachträgliche hermeneutisch-kritische Reflexion auf einen schon länger laufenden Prozess deutlicher wird und weil im Zusammenhang mit Ha-

---

[387] Ebenda S. 449.
[388] Ebenda S. 451.

bermas derartige realgesellschaftliche Hintergründe seiner Theoriebildung in der Darstellung gern vernachlässigt werden.

Die sogenannten NGOs (**Non Governmental Organizations**) gelten in der gegenwärtigen Diskussion als eine Art neue Erfindung, dabei sind sie im Sprachgebrauch der UNO seit Jahrzehnten verankert und unter bestimmten Voraussetzungen auch im Wirtschafts- und Sozialrat (ECOSOC) oder von Sonderorganisationen der Vereinten Nationen in beratender Funktion akkreditiert. UNICEF, die internationale Kinderhilfe, erlaubt nur die Akkreditierung von Non Profit Organizations, andere, wie z.B. die Welternährungsorganisation FAO unterscheiden nicht zwischen wirtschaftlich und nichtprofitär ausgerichteten Organisationen. Auf der Basis von Artikel 71 der UN-Charta wird beim Wirtschafts- und Sozialrat jede internationale Organisation als NGO verstanden, die nicht auf der Grundlage eines zwischenstaatlichen Abkommens entstanden ist. Damit gelten sie im Prinzip fast als juristische Personen. Im Jahre 1968 wurde in der Resolution 1296 des Wirtschafts- und Sozialrats die Akkreditierung geregelt.

Allerdings gewinnen diese Organisationen in letzter Zeit immer größeren Zulauf und werden stärker beachtet. Zum Weltfrauengipfel in Peking 1995, als dies erstmals medial breit wahrgenommen wurde, waren über 30 000 Vertreterinnen solcher Gruppen angereist – ein Mehrfaches der offiziellen Teilnehmerinnen des Gipfels. Eine einheitliche Sprachverwendung gibt es bislang nicht. Auffällig ist aber, dass die Konnotation mit der Gegenkultur und Alternativbewegung, die vielfach noch vorhanden ist, und die durch die Veranstaltungen der Globalisierungsgegner immer wieder aktualisiert wird, das wirkliche Erscheinungsbild der NGOs nicht trifft. Bei vielen NGO-Vertretern handelt es sich heute meist um hochprofessionalisierte Aktivisten, die mit Beamer und in Nadelstreifen auftreten und durch ihre Beratungstätigkeit zwar nicht immer hohe Einkommen erzielen, aber doch enorme Karrierechancen haben und diese auch realisieren. Es handelt sich um ein im Entstehen begriffenes Weltbürgertum oder, genauer gesagt, ein spezielles Segment desselben. Sie sind nicht Teil des Regierungsapparats, nicht regierungsabhängig, nicht profitorientiert am Markt tätig, und insofern privat, als sie nicht zur Staatssphäre gehören. Freiwilligkeit ist ein zentrales Kriterium ihrer Mitgliedschaft. Die zu erzielenden Einkommen, vor allem aber die Reisemittel und die Unterbringung in angemessenen Hotels werden doch wieder meist durch staatliche oder parastaatliche Organisationen bezahlt. Insgesamt gehören die NGOs wohl zum sogenannten Dritten Sektor, ein Begriff, der wahrscheinlich zuerst 1973 durch Amitai Etzioni systematisch entwickelt worden ist.[389]

Der Vorzug der **Nichtregierungsorganisationen** ist, dass sie weniger hierarchisch organisiert sind, dass sie meist nicht vorrangig am Markt und am Gewinn orientiert sind und auch ihren jeweiligen Staaten nicht so nahe stehen, dass sie deshalb sehr viel mehr an einer Art Gemeinwohl, genauer gesagt, an dem jeweils übergreifenden Thema, dem sie sich verpflichtet haben, interessiert sind. Insofern „produzieren sie gesellschaftliche Kollektivgüter, haben integrative Funktionen und organisieren gesellschaftliche Selbsthilfe, wo Markt und Staat an die Grenzen der Leistungsfähigkeit kommen."[390] Als neuartige internationale Akteure agieren sie nicht mehr im Stil der alten sozialen Bewegungen, sondern treten wesentlich experten-

---

[389] Etzioni, Amitai: The Third Sector and Domestic Missions, in Public Administration Review, Nr. 4, Jg. 33, 1973, S. 314–323.

[390] Windfuhr, Michael: Der Einfluss der NGOs auf die Demokratie, in Wolfgang Merkel und Andreas Busch (Hg.); Demokratie in Ost und West. Für Klaus von Beyme, Frankfurt 1999, S. 520–548.

haft-technischer auf. Sie stehen habituell den Regierungsvertretern sehr viel näher und sind daher möglicherweise auch eher zu „pragmatischen" Kompromissen bereit.[391] Ihre internationale Tätigkeit hat oftmals auch das Motiv der beruflichen Qualifizierung und Karriereförderung. Bernard Kouchner von „*Ärzte ohne Grenzen*" ist auf diesem Wege Minister und Protektoratsverwalter geworden. Ihre Legitimation liegt eher in ihrem Expertenstatus oder ihrem Medienzugang, während bei den durchweg noch innergesellschaftlich tätigen *neuen sozialen Bewegungen* vor allem die Basis und deren Mobilisierungsfähigkeit legitimierend wirkt. Deren finanzielle Ressourcen sind deutlich geringer, dafür sind sie stärker auf Authentizität und Unabhängigkeit bedacht, eher systemkritisch und staatsfern, und neben ihrer konflikthaften und konfrontativen Ausrichtung auch eher lokal, regional oder national strukturiert. Die Gleichsetzung der NGOs mit multinationalen Bewegungsorganisationen verkennt deren politische und soziale Struktur. Die internationale Zivilgesellschaft, sofern von NGOs getragen, hat damit auch nicht notwendigerweise den Charakter der Internationalisierung von Basis- und Protestbewegungen, obwohl dieser Anschein in den ersten großen Antiglobalisierungsdemonstrationen erzeugt worden war.

In südlichen Ländern, besonders in Lateinamerika, wird sehr stark zwischen sozialen Bewegungen, denen man eher den emanzipatorischen Anspruch zuerkennt, und NGOs unterschieden, die eher als nördliche Geberorganisationen oder als Nicht-Regierungs-Geberorganisationen angesehen werden. Auch die Weltbank ist dazu übergegangen, zunehmend direkt NGOs und nicht Regierungsaktivitäten zu finanzieren. Vor allem aber haben Regierungen eigene zivilgesellschaftliche Akteursorganisationen gegründet, um deren Funktionalität zu nutzen, Zugang zu Ressourcen zu bekommen oder einfach ihren Nimbus zu gebrauchen. International treten die deutschen Parteistiftungen inzwischen als NGOs auf.

Habermas hat damit eine Demokratietheorie in normativer Absicht vorgelegt, die nicht mehr, wie in seinem frühen diskurstheoretisch-philosophischen Arbeiten, an einer idealen Sprechsituation gleichberechtigter Kommunikationspartner orientiert ist, wohl aber an den praktisch institutionalisierbaren und von außen wissenschaftlich beobachtbaren Prozeduren einer gemeinsamen Entscheidungsfindung der freien und gleichen Bürger. Dieses *deliberative* Konzept ist deutlich abgegrenzt sowohl von dem althergebrachten *liberal-rechtsstaatlichen* Demokratiemodell der Privatinteressenkompromisse einer von einer besonderen politischen Klasse regierten entpolitisierten Bevölkerung als auch von dem *bürgerrepublikanischen* Modell der Selbstorganisation der aktivierten und politisierten Bürger. Die deliberative Demokratie vertritt stärkere normative Ansprüche als die liberale, aber schwächere als die bürgerrepublikanische Strategie, die sie für eine rousseauistische Überforderung der Bürger hält. Vom liberal-rechtsstaatlichen Modell übernimmt sie die verfassungsmäßige Institutionalisierung der Entscheidungsprozesse, die nicht davon abhängig sein sollen, ob die Bürger auch hinreichend aktiv und kollektiv handlungsfähig sind. Vom republikanischen Modell wird eine stärkere Orientierung auf den realen Meinungs- und Willensbildungsprozess in einer diskutierenden Öffentlichkeit übernommen. Parlamente wären falsch interpretiert, würde man sie bloß als diskutierende Gremien auffassen. Sie sind vor allem Entscheidungsinstanzen, und ihre Diskussionsprozesse stehen von Anfang an unter der Prämisse der Entscheidungsorientierung. Dennoch haben parlamentarische Diskussionen auch eine kommunikative Seite, die ihnen mit den Verständigungsprozessen der demokratischen Öffentlichkeit, der Medien und

---

[391] Dazu vor allem die Studie von Walk, Heike und Achim Brunnengräber: Die Globalisierungswächter. NGOs und ihre transnationalen Netze im Konfliktfeld Klima, Münster 2000.

8 Deliberative Demokratie, Zivilgesellschaft und postsäkulares Denken: Jürgen Habermas

der vielfältigen Körperschaften gemeinsam ist. „Der Kommunikationsfluss zwischen öffentlicher Meinungsbildung, institutionalisierten Wahlentscheidungen und legislativen Beschlüssen soll gewährleisten, dass der publizistisch erzeugte Einfluss und die kommunikativ erzeugte Macht über die Gesetzgebung in administrativ verwendbare Macht umgeformt werden."[392] Neben die Sphäre des Marktes und des Staates stellt Habermas so die dritte Ebene der Zivilgesellschaft. Neben die Ressourcen Geld und administrative Macht tritt die dritte Ressource Solidarität bzw. kommunikative Macht.

8.2 Habermas und das postsäkulare Denken

Habermas' Programm besteht darin, die verschiedenen Bereiche durchzugehen und nach Mitteln und Wegen zu suchen, den Bruch zwischen lebensweltlicher Orientierung und Expertenkulturen zu überbrücken. Eine seiner Hauptanstrengungen seit dem Jahr 2000 hat sich dabei auf die Beschäftigung mit der Übersetzung traditionell religiöser Weltwahrnehmungen in die Sprache der Aufklärung gerichtet. An diesem paradigmatisch zu nehmenden Beispiel, das zugleich die neueste und letzte Stufe der Theorieentwicklung bei Habermas darstellt, will ich aufzeigen, wie er lebensweltliche Restelemente vormoderner Weltanschauungen in eine Art Rettungs- und Bewahrungsmodell zu überführen sucht.

Habermas stellt die These auf, dass in einem säkularen Staat die Folgelasten der Toleranz für Gläubige wie für Säkularisten keineswegs symmetrisch verteilt sind. Habermas nennt als Beispiel die mehr oder weniger liberalen Abtreibungsregelungen in vielen Ländern, die durchweg das überschreiten, was von einem konsequenten Glaubensstandpunkt her akzeptabel erscheint. Habermas plädiert gegen eine säkularistische Weltsicht, weil er diese mit der weltanschaulichen Neutralität des Staates für unvereinbar hält. So verlangt er von säkularisierten Bürgern, sofern sie in ihrer Rolle als Staatsbürger auftreten, dass sie den gläubigen Mitbürgern das Recht zugestehen müssen, in religiöser Sprache Beiträge zur öffentlichen Diskussion zu machen. Sofern diese Sprache unverständlich ist, weil sie Offenbarungswahrheiten voraussetzt, müssten sich die Säkularisten an der Anstrengung beteiligen, relevante Beiträge aus der religiösen in eine öffentlich zugängliche Sprache zu übersetzen. Dies nennt Habermas mit Walter Benjamin eine rettende Übersetzung, die zu den Aufgaben einer, wie er es nennt, **postsäkularen Gesellschaft** gehört. Mit postsäkularer Gesellschaft meint er nicht die *empirische* These einer Rückkehr der Religionen, wie dies in den Religionswissenschaften seit vielen Jahren diskutiert wird, sondern die *normative* These, dass aus verschiedenen Gründen religiöse Argumente auch in einer säkularen Gesellschaft zu respektieren und ernst zu nehmen seien. Habermas nennt das *soziologische* Argument, man müsse in der Wertewelt mit kulturellen Ressourcen schonend umgehen, weil die Märkte und die administrative Macht allein die gesellschaftliche Solidarität nicht garantieren könnten, das *politische* Argument, dass die religiös eingestellten Bürger die gleichen staatsbürgerlichen Rechte genießen, sowie das *philosophische* Argument, dass ein selbstreflexiver Umgang mit den Grenzen der Aufklärung erforderlich sei.[393]

Der klassische Liberalismus hatte die fortschreitende Verlagerung des Religiösen in die Privatsphäre und damit dessen Entpolitisierung postuliert, ganz im Sinne der Säkularisierungs-

---
[392] Habermas, Faktizität und Geltung, a.a.O. S. 362.
[393] Habermas, Jürgen: Vorpolitische Grundlagen des demokratischen Rechtsstaates, in Jürgen Habermas und Joseph Ratzinger, Dialektik der Säkularisierung. Über Vernunft und Religion. Freiburg 2005, S. 18–37.

these. Und dies im doppelten Sinne: als faktischen Prozess, aber auch als Forderung an die Religiosität, sich aus der Politik herauszuhalten. Der moderne Liberalismus von Rawls und anderen, den Habermas hier übernimmt und zugleich verändert, ist dagegen postsäkular. Das heißt in diesem Zusammenhang: der Staat soll selbstverständlich ein weltanschaulich neutraler und in diesem Sinne säkularer Staat bleiben, seine Aufgabe wird aber anders verstanden. Da er für alle Bürger da ist, auch für die religiösen, bedeutet Neutralität nunmehr auch, dass er nicht ohne weiteres die Partei des Säkularismus ergreifen darf, sondern genötigt ist zur gleichmäßigen Distanz von starken Traditionen und weltanschaulichen Inhalten. Er darf sich also auch nicht ohne weiteres auf die Seite von naturwissenschaftlichen Moralansprüchen oder Ideologien stellen. An dieser Stelle geht Habermas von einer Theorie des Staates zu einer Theorie der Zivilgesellschaft über, oder fast schon hegelianisch, zu einer Theorie der pluralisierten Vernunft des Staatsbürgerpublikums: Diese folge einer Dynamik der Säkularisierung nur insofern, als es osmotisch nach beiden Seiten hin geöffnet bleibe – weil natürlich im zivilgesellschaftlichen Diskurs jede Meinung sich Gehör verschaffen kann, ohne deshalb schon politisch-staatliches Handeln zu beeinflussen oder gar zu steuern.

Da Habermas ein Theoretiker nicht so sehr des Staates als vielmehr der Zivilgesellschaft ist, hat er es an diesem Punkt etwas einfacher in der Argumentation, denn die Zivilgesellschaft ist anders als der liberale Staat nicht zur weltanschaulichen Neutralität verpflichtet. „Die Zivilgesellschaft setzt sich aus jenen mehr oder weniger spontan entstandenen Vereinigungen, Organisationen und Bewegungen zusammen, welche die Resonanz, die die gesellschaftlichen Problemlagen in den privaten Lebensbereichen finden, aufnehmen, kondensieren und lautverstärkend an die politische Öffentlichkeit weiterleiten."[394] Sie übt Einfluss aus auf eine in öffentlichen Debatten, also im Kontroversstil, sich herausbildende öffentliche Meinung, ohne jedoch direkten Zugang zu den organisatorischen Herrschaftsstrukturen zu gewinnen.

In der Zivilgesellschaft ist nicht jede beliebige exzentrische religiöse Positionierung akzeptabel. Vielmehr kann sie sich ohne eine gewisse Öffnung und Offenheit für wissenschaftliche Argumentationen und Forschungsergebnisse nicht weiterentwickeln: „Natürlich muss sich der Commonsense, der sich über die Welt viele Illusionen macht, von den Wissenschaften vorbehaltlos aufklären lassen."[395] Die Zivilgesellschaft unterliegt also einer Selbstbegrenzung.[396] Auch ihr Selbstverständnis entwickelt sich mit der Entwicklung der naturwissenschaftlichen *Episteme*: „Wenn wir über die Welt, und über uns als Wesen in der Welt, etwas Neues lernen, verändert sich der Inhalt unseres Selbstverständnisses." Allerdings zieht er eine philosophische Grenze dieser Veränderung. Sobald es nicht mehr um naturwissenschaftliche Erklärung, sondern um Rechtfertigung moralischen Handelns geht, werden die Wissenschaften unzuständig. Das gilt selbst für die Hirnforschung mit ihrer Naturalisierung des Geistes, wie Habermas mit einem sprachtheoretischen Argument zu belegen versucht: Das Sprachspiel der Rechtfertigung lässt sich nicht auf die bloße Beschreibung reduzieren, denn die Notwendigkeit, anderen Gründe für das Handeln anzugeben, erschließt sich nicht aus der Außenperspektive und der objektivierenden Beschreibung, sondern nur aus der Perspektive des Beteiligten. Oder kurz: Gründe sind keine Ursachen. Das Sprachspiel der Begründung im moralischen Diskurs unterscheidet sich grundsätzlich von der wissenschaftlichen Ursachenanalyse im kognitiven Diskurs. „Der szientistische Glaube an eine Wissenschaft, die eines Tages das

---

[394] Habermas, Faktizität und Geltung, a.a.O. S. 443.
[395] Habermas, Jürgen: Glauben und Wissen. Friedenspreis des Deutschen Buchhandels 2001. Frankfurt 2001, S. 15.
[396] Habermas, Faktizität und Geltung, a.a.O. S. 450.

8 Deliberative Demokratie, Zivilgesellschaft und postsäkulares Denken: Jürgen Habermas

personale Selbstverständnis durch eine objektivierende Selbstbeschreibung nicht nur ergänzt, sondern ablöst, ist nicht Wissenschaft, sondern schlechte Philosophie. Auch dem wissenschaftlich aufgeklärten Commonsense wird es keine Wissenschaft abnehmen, beispielsweise zu beurteilen, wie wir unter molekularbiologischen Beschreibungen, die gentechnische Eingriffe möglich machen, mit vorpersonalem menschlichem Leben umgehen sollen."[397]

An diesem Punkt liegt zweifellos ein möglicher Einfallspunkt christlicher Argumente gegen die Genforschung und Gentechnologie. Und nun, an dieser Stelle, betont Habermas, dass der Commonsense, als dessen zivilgesellschaftliches Sprachrohr er selbst sich offenbar versteht, sowohl gegenüber der Wissenschaft als auch gegenüber der religiösen Überlieferung einen Eigensinn bewahrt.

Denn der demokratisch aufgeklärte Commonsense, also Habermas, stellt auch in Richtung der Religion die Frage, ob sie denn Gründe angeben könne, „die nicht nur für Angehörige *einer* Glaubensgemeinschaft akzeptabel sind". Das führt bei den Gläubigen dann zu dem Argwohn, „dass die abendländische Säkularisierung eine Einbahnstraße sein könne, die die Religion am Rande liegen lässt."[398] Hier kommt Habermas auf eine Kehrseite der **Säkularisierung**, nämlich auf die ungleichen Folgelasten, die die Befriedung des weltanschaulichen Pluralismus für die Religion und die nichtreligiösen Menschen hatte. „Bisher mutet ja der liberale Staat nur den Gläubigen unter seinen Bürgern zu, ihre Identität gleichsam in öffentliche und private Anteile aufzuspalten. Sie sind es, die ihre religiösen Überzeugungen in eine säkulare Sprache übersetzen müssen, bevor ihre Argumente Aussicht haben, die Zustimmung von Mehrheiten zu finden."[399] Habermas' Forderung an die Säkularisten, sich selbst um eine Übersetzung der Beiträge religiöser Menschen in eine öffentlich zugängliche Sprache zu bemühen (s.o.), ist meines Erachtens sein entscheidender Schritt in das Reich des Postsäkularen. Wenn sich Menschen in ihren Glaubensüberzeugungen verletzt fühlen, dürften säkulare Mehrheiten keine Beschlüsse fassen, sondern sollten das als Einspruch mit aufschiebendem Veto betrachten.[400] Habermas hat dies vor dem Streit um die dänischen Mohammed-Karikaturen geschrieben. Es scheint mir aber offensichtlich, dass eine nicht auf rationale Fundierung angewiesene religiöse Empörungsrede jederzeit den eigenen Irrationalismus oder die eigene Aufgeregtheit im politischen Spiel instrumentell einsetzen kann. Ein derart weitgefasster, postsäkularer Liberalismus hätte dem nichts weiter entgegenzusetzen als die geduldige Prüfung der Gründe. Habermas fällt an dieser Stelle hinter Einsichten einer wehrhaften Demokratie zurück, die in der Auseinandersetzung mit den Totalitarismen des 20. Jahrhunderts gewonnen worden sind.[401]

Immerhin, Habermas hatte wohl an etwas anderes als an die künstliche Empörung religiöser Aktivisten gedacht. Als Beispiel nennt er Kants kategorisches Sollen, welches zugleich eine säkularisierende und rettende Dekonstruktion von Glaubenswahrheiten gewesen sei. Kants Autonomievorstellung zerstörte das traditionelle Modell der Gotteskindschaft. Oder in den Worten von Kant selbst: „Die Moral, sofern sie auf dem Begriffe des Menschen als eines freien, eben darum auch sich selbst durch seine Vernunft an unbedingte Gesetze bindenden

---

[397] Habermas, Glauben und Wissen, a.a.O. S. 20.
[398] Ebenda S. 21.
[399] Ebenda S. 21.
[400] Ebenda.
[401] Vgl. dazu Reese-Schäfer, Walter: Grenzgötter der Moral. Der neuere europäisch-amerikanische Diskurs zur politischen Ethik, Neuausgabe, Wiesbaden 2012.

Wesens, gegründet ist, bedarf weder der Idee eines andern Wesens über ihm, um seine Pflicht zu erkennen, noch einer andern Triebfeder als des Gesetzes selbst."[402] Als zweites Beispiel nennt Habermas einen Gedanken Adornos aus „Vernunft und Offenbarung": „Nichts an theologischem Gehalt wird unverwandelt fortbestehen; ein jeglicher wird der Probe sich stellen müssen, ins Säkulare, Profane einzuwandern."[403] Als negatives Gegenbeispiel, in dem die Andacht zum Andenken mutiert, nennt er den Posthumanismus seines Erzfeindes Heidegger. Die Rückkehr zu den archaischen Anfängen vor Sokrates und vor Christus ist für ihn die „Stunde des religiösen Kitsches."[404]

Die Entzauberung, die ja immer mit Säkularisierungsprozessen einhergeht, erscheint ihm unvermeidlich. Sie habe ja im Grunde auch schon durch die Weltreligionen selbst begonnen, die die Magie entzaubert, den Mythos überwunden, das Opfer sublimiert und das Geheimnis gelüftet hätten. Das Geschichtsmodell von Habermas geht hier ganz deutlich von einem Dreistufenmodell Mythos – Religion – Philosophie aus. „Die postsäkulare Gesellschaft setzt die Arbeit, die die Religion am Mythos vollbracht hat, an der Religion selbst fort."[405] Allerdings erfolgt dieser Prozess nicht mehr in der hybriden Absicht der feindlichen Übernahme, wie einst die politischen Religionen des Totalitarismus es versucht hatten, sondern um dem Schwinden von Sinnressourcen entgegenzuwirken, und zwar im Modus von rettenden Formulierungen bzw. der Übersetzung. Diesen Gedanken wendet Habermas dann zu einer Schlussformel, betreffend die Unverfügbarkeit der genetischen Disposition: „Nun – man muss nicht an die theologischen Prämissen glauben, um die Konsequenz zu verstehen", wenn die im Schöpfungsbegriff angenommene Differenz verschwände und nunmehr ein anderer Mensch über die genetische Ausstattung nach eigenem Belieben entscheidet. Denn es würde die Freiheit unter Ebenbürtigen zerstört, wenn „ein Mensch nach eigenen Präferenzen in die Zufallskombination von elterlichen Chromosomensätzen eingreifen würde, ohne dafür einen Konsens mit dem betroffenen Anderen wenigstens kontrafaktisch unterstellen zu dürfen."[406]

Habermas hat diese Position vor allem in seiner berühmten, im Sommer 2004 mit dem damaligen Kardinal Joseph Ratzinger in München geführten Diskussion über Vernunft und Religion dargelegt. Aber diese Gedanken reichen weit zurück und sind in ihrer philosophischen Substanz, wenn auch nicht in dieser pointierten Formulierung, schon im Sommer 1992 in einer Bad Homburger Diskussion mit John Rawls entwickelt worden. Rawls hatte damals sofort die Schwächen der Position von Habermas erkannt. Er hielt ihm vor, eine umfassende Lehre zu vertreten, und belegt das mit mehreren Stellen aus „Faktizität und Geltung", in denen Habermas die substantiellen Kernelemente von Hegels Theorie der Sittlichkeit in ein Konzept der kommunikativen Praxis überführen will. Habermas hatte vor allen Dingen eingewandt, dass kein politischer Liberalismus ohne eine Lösung des Wahrheitsproblems und ohne einen Begriff der Person auskomme. Rawls verneint beides. Den Begriff der Wahrheit überlässt er den umfassenden Konzepten und stellt für den Bereich des Politischen fest, dass hier die „*burdens of reason*", mindestens aber die „*burdens of judgement*" wirken, nämlich die Möglichkeit, mit vernünftigen Gründen zu völlig verschiedenen Ergebnissen und Standpunkten zu kommen, weil Situationen unübersichtlich, Folgen nicht absehbar, Einschätzun-

---

[402] Kant, Immanuel: Die Religion innerhalb der Grenzen der bloßen Vernunft, Hamburg 2003 (zuerst 1793), S. 3.
[403] Adorno, Theodor W.: Vernunft und Offenbarung, in ders., Stichworte, a.a.O. S. 20–28, hier: S. 20.
[404] Habermas, Glauben und Wissen, a.a.O. S. 28.
[405] Ebenda S. 29.
[406] Ebenda S. 31.

8 Deliberative Demokratie, Zivilgesellschaft und postsäkulares Denken: Jürgen Habermas

gen Ermessensfragen und Begriffe unscharf sind. Im Bereich des Politischen sind Entscheidungen unter Ungewissheit geradezu der Normalfall. Darüber hinaus sieht Rawls nicht ein, weshalb ein philosophischer Begriff der Person im politischen Feld erforderlich sein sollte: der politische Liberalismus ersetzt den Begriff der Person durch den des freien und gleichen Bürgers. Es wird also nur eine bestimmte Rolle zugewiesen, während die Person in der Philosophie und in ihrer Freizeit betrachtet werden könne, als was man wolle.[407]

John Rawls betont den innovativen Charakter seiner Position. Er hat 1992 erklärt: „Mir sind keine liberalen Autoren früherer Generationen bekannt, welche die Lehre des politischen Liberalismus klar vorgetragen hätten. (…) Es ist mir ein großes Rätsel, warum der politische Liberalismus nicht schon sehr viel früher ausgearbeitet wurde. Vom Faktum eines vernünftigen Pluralismus im politischen Leben ausgehend, erscheint er als die natürliche Darstellungsform der Idee des Liberalismus."[408] Dieser Hinweis ist meines Erachtens sehr ernst zu nehmen, weil in der politischen Ideengeschichte einerseits die Neigung besteht, in einer sozusagen „Whiggistischen Betrachtung" einen Gedanken, um ihn zu adeln, mit möglichst vielen Urahnen zu versehen, und weil andererseits dadurch eben auch fragwürdige umfassende Lehren eines *ideologischen* Liberalismus vermengt werden mit einem allein auf das Reich des Politischen begrenzten freistehenden, d.h. nicht auf weitergehende philosophische, ökonomische oder religiöse Lehren angewiesenen *politischen* Liberalismus. Mit einem Wort: Es besteht die Gefahr, die *differentia specifica* des *politischen* Liberalismus zu verkennen. Habermas ist gewiss ein Theoretiker, der Rawls noch relativ nahe steht, aber auch bei ihm ist die Neigung zu umfassenden Lehren offensichtlich. Noch problematisch wird dies bei den kommunitarischen Kritikern an Rawls, die durchweg die politische Pointe seiner Theorie nicht erkannt haben, und weiterhin, wie etwa Charles Taylor, vor allem an einem sehr stark aufgeladenen Begriff der Person als notwendiger Voraussetzung politischer Identitätsbildung festhalten. Politik ist aber, das hat Rawls als einer der ganz wenigen zutreffend beschrieben, der Bereich des Nichtidentitären, der Bereich des Agonalen im Sinne offener Debatten und Auseinandersetzungen, die allein pragmatisch, von Fall zu Fall und allenfalls nach Daumenregeln, aber nicht nach umfassenden Lehren entschieden werden können. Rawls liefert mit seiner Kritik des Politischen im Kantischen Sinne eine Lehre von der notwendigen Begrenztheit politischer Urteile und der politischen Vernunft, auf deren Basis sich allein eine wirklich liberale Lebensform entwickeln lässt. Er selbst bezieht sich an einigen entscheidenden Schnittstellen seiner Lehre auf Isaiah Berlin, der vermutlich von allen liberalen Theoretikern solchen Überlegungen am nächsten gekommen ist, auch wenn Berlin kein Systematiker war und solche Thesen immer nur in Andeutungen ausgearbeitet hat.

Am Beispiel seiner Auseinandersetzung mit der rettenden Übersetzung religiöser Reste in unserer Gesellschaft zeigt Habermas, wie tragende Elemente der überlieferten Lebenswelt in die ausdifferenzierten Sphären der Moderne eingefügt werden können. Er selbst bekennt sich zur religiösen Unmusikalität Max Webers, bewahrt sich aber ein offenes Ohr für religiöse Ideen und Ansprüche an moderne Individuen. Ich halte dieses Rettungsmodell für ein Paradigma von Habermas' Haltung gegenüber dem vormodernen Weltkulturerbe der monotheistischen Religionen, die er gegenüber anderen Religionsformen als „hochreligiös" vielleicht

---

[407] Rawls, John: Erwiderung auf Habermas, in Wilfried Hinsch (Hg.), Zur Idee des politischen Liberalismus. John Rawls in der Diskussion, (Hg. von der Philosophischen Gesellschaft Bad Homburg) Frankfurt 1997, S. 196–262.

[408] Rawls, Erwiderung, a.a.O. S. 250f.

in etwas ungerechter Weise und sicherlich in christlich-islamischer Voreingenommenheit privilegiert.[409]

8.3 Zur Verfassung Europas

Habermas sieht seine Aufgabe als politischer Philosoph darin, eine neue europäische Erzählung zu entwickeln, die Europa nicht als vergrößerten Supranationalstaat in der internationalen Konkurrenz mit anderen Großstaaten, z.B. den USA, China und Indien, begreift, sondern als einen entscheidenden „Schritt auf dem Weg zu einer politisch verfassten Weltgesellschaft."[410] Er will eine ökonomistische Blickverengung überwinden und einen konstitutionellen Weg vorschlagen. Verfassungstheoretisch möchte er vor allem die europäische Elitenkonstruktion als Vertrag der souveränen Staaten bzw. deren Führungen in der Perspektive ersetzen durch einen „Vertrag der Völker unter sich"[411]. Kant hatte ganz gezielt nicht von einem Vertrag nur der Staaten, d.h. deren Führungen und Eliten, sondern der Völker selbst gesprochen. Im Jahre 1795 blieb dies nur eine Andeutung, die aber von Habermas nun zu einer Lehre von der Souveränitätsteilung der konstituierenden Gewalt zwischen den Unionsbürgern und den europäischen Völkern ausbuchstabiert wird. Jede einzelne Person spielt auf der europäischen Ebene zwei Rollen: die des Angehörigen eines der europäischen Völker und die des einheitlichen, mit gleichen Rechten ausgestatteten Unionsbürgers. Die Europäische Union wird verstanden als eine überstaatliche Einheit, die aber, anders als viele Befürworter der Vereinigten Staaten von Europa sich das vorstellen, selbst keinen staatlichen Charakter ausbildet, sondern die Staatlichkeit den herkömmlichen europäischen Ländern (und, wie im föderalen Deutschland, darüber hinaus noch den Bundesländern, die ja auch Staatscharakter haben) überlässt. Der dann letztlich nicht verwirklichte europäische Verfassungsvertrag von 2004 enthielt in Art. 1, Abs. 1 sogar schon die Doppelformel, sie sei „Geleitet von dem Willen der Bürgerinnen und Bürger und der Staaten Europas, ihre Zukunft gemeinsam zu gestalten".[412] Die Union basiert letztlich auf den subjektiven Rechten der Bürger, also auf einem individualistischen Rechtsmodell, auch wenn ihre andere Säule die Kollektive der Nationalstaaten und deren Organe sind. Selbst in die direkte Wahl der Abgeordneten des EU-Parlaments geht die Kollektivität in der Weise ein, dass deren Zahl nicht nach der Einwohnerzahl, sondern nach Kriterien bestimmt wird, die die Abgeordneten kleinerer Länder deutlich höher gewichten. Habermas plädiert also für eine geteilte konstitutionelle Souveränität zwischen den europäischen Individuen und ihren Nationalstaaten.

Die Nationalstaaten werden von Habermas nicht nur als transitorische Stufe auf dem Weg zu größeren Gemeinschaften begriffen, sondern als bleibende Errungenschaften: „Die Nationalstaaten sind mehr als nur die Verkörperung bewahrenswerter nationaler Kulturen; sie bürgen für ein Niveau an Gerechtigkeit und Freiheit, das die Bürger zu Recht erhalten sehen wol-

---

[409] Vgl. hierzu kritisch Assmann, Jan: Die Mosaische Unterscheidung oder der Preis des Monotheismus, München 2003.
[410] Habermas, Jürgen: Zur Verfassung Europas. Ein Essay, Frankfurt 2011, S. 40.
[411] Kant, Immanuel: Zum ewigen Frieden, in ders., Werke Bd. 11, Hg. Wilhelm Weischedel, Frankfurt 1977, S. 195–251, hier S. 210.
[412] Vertrag über eine Verfassung für Europa. Amtsblatt der Europäische Union, C 310, Jg. 47, 16.12.2004. Der Vertrag wurde 2004 feierlich von den Staats- und Regierungschefs der EU unterzeichnet, aber in Frankreich und den Niederlanden nach Volksabstimmungen nicht ratifiziert. Deshalb kam es stattdessen zum Vertrag von Lissabon.

len."[413] Da es sich um den Neuaufbau eines Gemeinwesens handelt, das es so noch nie gegeben hat, muss eine Transnationalisierung der Volkssouveränität in den Blick genommen werden, d.h. die traditionelle Abhängigkeit der Volkssouveränität von der Staatensouveränität überwunden werden. Habermas plädiert politiktheoretisch für eine konstruktivistische Perspektive, um die Neuaggregation der drei Komponenten einer demokratischen Vergemeinschaftung freier und gleicher Rechtspersonen, der Organisation kollektiver Handlungsfähigkeiten und drittens der Bürgersolidarität unter Fremden unabhängig von der traditionellen staatsrechtlichen Einheit von Staat und Volk zu denken, deren Anhänger zwischen (der von Habermas als „defaitistisch" angesehenen) Euroskepsis und einem unrealistischen Sprung in einen neuen Bundesstaat schwanken.[414] Die Nationalstaaten waren in der hegelianischen Perspektive von Habermas ein Schritt nach vorne auf dem Weg der Herstellung einer Solidarität unter einander fremden Menschen, deren Solidaritätsbotschaft auf eine neue Ebene getragen werden kann und die durchaus erweiterbar ist nicht nur auf die europäische, sondern auch auf die kosmopolitische Ebene. Dies ist als Perspektive auch unverzichtbar, um nicht dem historischen und kriegsfördernden Irrtum einer ausschließlich inneren Solidarität zu verfallen. Habermas wünscht sich, dass die EU sich nahtlos würde einfügen können in die Skizze einer politisch verfassten Weltgesellschaft, zu der er einige interessante Vorschläge macht, weil auch hier eine Doppelstruktur zu denken ist: einerseits eine Weltbürgergemeinschaft, andererseits aber als zweites verfassunggebendes Subjekt die Nationalstaaten, bei denen die Verfügung (wenn auch nicht die vollkommen souveräne, freie Verfügung) über die Mittel legitimer Gewaltanwendung verbleibt. Der organisatorische Kern der Weltorganisation müsste nach der Vorstellung von Habermas eher schrumpfen und sich auf „ihr Kerngeschäft, die globale Durchsetzung des Gewaltverbots und der Menschenrechte" konzentrieren.[415] Es geht um beschränkte, aber elementare Ordnungsfunktionen. Habermas lehnt sich hier an eine Theorie der moralischen Arbeitsteilung an, die es vermeidet, politisch-moralische Vorstellungen einer Bürgergemeinschaft institutionell zu überlasten. Die zentralen Institutionen sollen entlastet werden „von den im engeren Sinne politischen, insbesondere den verteilungsrelevanten Fragen der **Weltinnenpolitik**"[416]. Hier haben die Nationalstaaten schon deshalb eine bleibende Funktion, weil zwei Begründungslagen einander gegenüberstehen, die durchaus auch in ein und derselben Person miteinander widerstreiten können und moralische Überlastungen erzeugen, wenn dies nicht institutionell austariert werden kann: „Den egalitären, auf Gleichberechtigung und Gleichverteilung insistierenden Gründen der Weltbürger stehen heute schon die vergleichsweise konservativen Gründe von Staatsbürgern gegenüber, die auf die Erhaltung ihrer staatlich bereits realisierten Freiheiten pochen (und sich gegen die Zerstörung der exemplarischen Muster sozialstaatlicher Teilhabe richten; das würde erforderlichenfalls eine partielle Senkung eigener Wohlfahrtsniveaus nicht ausschließen)."[417] Habermas als politisch-prozeduralistischer Theoretiker verfällt an dieser entscheidenden Stelle nicht in moralisierende Appelle, sondern entwirft die Skizze einer denkbaren institutionellen Ordnungsstruktur, die das Kerngeschäft definiert und Überlastungen vermeidet. In der politischen Wirklichkeit nämlich verbinden sich alle Fragen, auch Haltungen der Selbstabgrenzung und Selbstbehauptung (von Nationen, Parteien, sozia-

---

[413] Habermas, Zur Verfassung Europas, a.a.O. S. 72.
[414] Vgl. Ebenda S. 48f.
[415] Ebenda S. 88.
[416] Ebenda S. 93.
[417] Ebenda S. 87

len Bewegungen) und gewinnen ihre Durchschlagskraft normalerweise erst dadurch, dass Kollektive sich für sie einsetzen und für sie kämpfen. Das weltweite gemeinsame Interesse aber kann auf ein derartiges Kollektiv nicht zurückgreifen: „Aber die Weltbürger bilden kein Kollektiv, das durch das politische Interesse an Selbstbehauptung einer identitätsprägenden Lebensform zusammengehalten würde."[418] Da nach Habermas auch Fragen z.B. von allgemeinen Überlebensinteressen wie die Vermeidung flächendeckender atomarer Verseuchungen oder der Erhaltung natürlicher Ressourcen erst dann einen politischen Charakter gewinnen, wenn sie in Formen der Selbstbehauptungskonkurrenz von Gruppenidentitäten transformiert werden, käme es in einer Weltbürgergesellschaft darauf an, hier ein rechtliches Surrogat für das Politische zu schaffen. Moralisch generalisierende, alle Menschen inkludierende Gründe können gerade für den Kernbereich der Tätigkeit der Vereinten Nationen als Legitimation ausreichen – rechtliche Vereinbarungen allerdings müssen im Zuge moralischer Arbeitsteilung den Ersatz für fehlende individuelle und gruppenmäßige Motivationen bilden. Habermas konstatiert, dass eine mittel- und auch längerfristige Legitimationslücke zwischen einer dem moralischen Empfinden entsprechenden Gleichverteilung von elementaren Lebensgütern und Lebenschancen einerseits und dem gegenwärtigen internationalen Strukturzusammenhang andererseits besteht. Der Versuch, eine internationale soziale Gerechtigkeit direkt und aktuell zu verwirklichen, wäre daher mit so hohen Lasten und Wohlstandsverlusten verbunden, dass sie zu massiven politischen Verwerfungen führen würde. Hier empfiehlt er eine politische und eben nicht ausschließlich moralische Bewertung und verweist auf den „gerechtigkeitsrelevanten Zeitfaktor".[419]

Der über die Europäische Union also durchaus perspektivisch hinausgreifende Vorschlag von Habermas hat das doppelte Ziel, auf dem Weg einer neuen, europäisch-kosmopolitischen Erzählung sowohl das hinhaltende Taktieren der Regierungen wie auch die „populistisch geschürte Ablehnung des europäischen Projekts" bei den Bevölkerungen zu überwinden.[420] Er sympathisiert deutlich mit den linksrawlsianischen Theoretikern der internationalen Gerechtigkeit wie Thomas Pogge oder auch mit Amartya Sens entwicklungstheoretisch fundiertem Modell eines Ausgleichs.[421] Habermas denkt in dynamisierten politischen Kategorien, so dass es für ihn kein Paradox ist, von einer „realistischen Utopie der Menschenrechte" zu sprechen, weil sie in seiner Fassung nicht mehr „die sozialutopisch ausgemalten Bilder eines kollektiven Glücks vorgaukeln", sondern stattdessen „das ideale Ziel einer gerechten Gesellschaft in den Institutionen der Verfassungsstaaten selbst verankern."[422] Das Grundmuster seines Denkens besteht seit den 1990er Jahren, nachdem er sich an die politisch-rechtliche Konkretisierung seiner zunächst abstrakten Theorie des kommunikativen Handelns gemacht hat, darin, weitreichende Hoffnungen und Ziele in prozedurale, institutionelle Formen umzugießen.

---

[418] Ebenda S. 90.
[419] Ebenda S. 90
[420] Ebenda S. 79.
[421] Vgl. dazu Reese-Schäfer, Internationale Gerechtigkeit. Kommentar zu Thomas Pogge, a.a.O., Sen, Amartya: Die Idee der Gerechtigkeit, München 2010.
[422] Habermas, Jürgen: Das Konzept der Menschenwürde und die realistische Utopie der Menschenrechte, in ders., Zur Verfassung Europa, Frankfurt 2011, S. 13–38, hier bes. S. 33.

Fragen

1. Der englische Begriff *civil society* kann sowohl *bürgerliche Gesellschaft* als auch *Zivilgesellschaft* bedeuten. Erläutern Sie den Unterschied der deutschen Begriffe.
2. Von welchen anderen Sphären der Gesellschaft wird die Zivilgesellschaft üblicherweise unterschieden?
3. Welche Bereiche, Tätigkeiten und Organisationsformen gehören zur Zivilgesellschaft?
4. Was bedeutet der Begriff „deliberative Demokratie"?
5. Welche Kritik übt Habermas an einer rousseauistischen Demokratievorstellung?
6. Was ist mit dem Begriff „Prozeduralismus" gemeint?
7. Mit welchen Argumenten kritisiert Habermas die klassische liberale Konzeption der weltanschaulichen Neutralität des Staates?
8. Wie sollen sich nach Habermas die Anhänger des Säkularismus gegenüber den Religionen verhalten?
9. Gehört die Religion nach Habermas zur Zivilgesellschaft?
10. Wie würden Sie die Position beschreiben, die Habermas in seiner Diskussion mit Joseph Ratzinger vertreten hat?

Einführungstext

Habermas, Jürgen: Faktizität und Geltung. Beiträge zur Diskurstheorie des Rechts und des demokratischen Rechtsstaats, Frankfurt 1992, darin Kap. 7 (S. 349–398) und Kap. 8.3 (Zivilgesellschaftliche Akteure, öffentliche Meinung und kommunikative Macht, S. 435–467).

Habermas, Jürgen: Erläuterungen zum Begriff des kommunikativen Handelns, in ders. (Hg.), Vorstudien und Ergänzungen zur Theorie des kommunikativen Handelns, Frankfurt 1984, S. 571–606.

Habermas, Jürgen: Theorie des kommunikativen Handelns, Taschenbuchausgabe, Frankfurt 1995, Band 2: S. 198–202, 208–217 sowie Band 1: S. 449–460, 470–488, 522–525, 530–547.

Habermas, Jürgen: Dialektik der Rationalisierung, in ders. (Hg.), Die Neue Unübersichtlichkeit, Kleinere politische Schriften, Frankfurt 1985, S. 167–208.

Literatur

Brink, Bert van den und Willem van Reijen (Hg.): Bürgergesellschaft, Recht und Demokratie, Frankfurt 1995.

Etzioni, Amitai: The Third Sector and Domestic Missions, in Public Administration Review, Nr. 4, Jg. 33, 1973, S. 314–323.

Habermas, Jürgen und Joseph Ratzinger, Dialektik der Säkularisierung. Über Vernunft und Religion. Freiburg 2005.

Habermas, Jürgen: Glauben und Wissen. Friedenspreis des Deutschen Buchhandels 2001. Frankfurt 2001.

Habermas, Jürgen: Zur Verfassung Europas. Ein Essay, Frankfurt 2011.

Kleger, Heinz: Die Rückkehr der Bürgergesellschaft, in Widerspruch, Nr. 24, Jg. 12, 1992, S. 49–61.

Putnam, Robert D.: Bowling Alone. The Collapse and Revival of American Community, New York u.a. 2000.

Putnam, Robert D.: Bowling Alone: America's Declining Social Capital, in Larry Diamond und Marc F. Plattner (Hg.): The Global Resurgence of Democracy, Baltimore und London 1996, S. 290–306.

Putnam, Robert D.: Making Democracy Work. Civic Traditions in Modern Italy, Princeton 1993.

Putnam, Robert D.: Symptome der Krise – Die USA, Europa und Japan im Vergleich, in Werner Weidenfeld (Hg.): Demokratie am Wendepunkt. Die demokratische Frage als Projekt des 21. Jahrhunderts, Berlin 1996. S. 52–80.

Rawls, John: Erwiderung auf Habermas, in Wilfried Hinsch (Hg.), Zur Idee des politischen Liberalismus. John Rawls in der Diskussion, (Hg. von der Philosophischen Gesellschaft Bad Homburg) Frankfurt 1997, S. 196–262.

Reese-Schäfer, Walter: Jürgen Habermas, 3. Aufl. Frankfurt und New York 2001.

Reese-Schäfer, Walter: Politisches Denken heute. Zivilgesellschaft, Globalisierung und Menschenrechte, 2. Aufl. München und Wien 2007, bes. S. 9–20.

Salamon, Lester M.: Der Dritte Sektor im internationalen Vergleich – Zusammenfassende Ergebnisse des Johns Hopkins Comparative Nonprofit Sector Project, in Eckard Priller und Annette Zimmer (Hg.): Der Dritte Sektor international. Mehr Markt – weniger Staat? Berlin 2001, S. 29–56.

Walk, Heike und Achim Brunnengräber: Die Globalisierungswächter. NGOs und ihre transnationalen Netze im Konfliktfeld Klima, Münster 2000.

Windfuhr, Michael: Der Einfluss der NGOs auf die Demokratie, in Wolfgang Merkel und Andreas Busch (Hg.): Demokratie in Ost und West. Für Klaus von Beyme, Frankfurt 1999, S. 520–548.

9 Kommunitarische Politiktheorien: Etzioni und Walzer

9.1 Kritik am Liberalismus

Der politische Liberalismus gehört ideengeschichtlich wie praktisch zu den einflussreichsten und erfolgreichsten politischen Theorien der Gegenwart. Seine lebenspraktischen Konsequenzen mobilisieren jedoch massive Gegenreaktionen. Die zunehmende Verwirklichung des internationalen Freihandels, einer alten liberalen Forderung, schafft Markttransparenz und verlangt rasche und massive Umschichtungen. Nicht nur auf den Wirtschaftszweigen, sondern ebenso auf den Individuen lastet ein enormer Veränderungsdruck. Selbst als die sozialstaatliche Absicherung noch großzügiger war, wurde der Sturz in die Arbeitslosigkeit als Degradierung und Depravierung empfunden. In der Ökonomie geht der Trend jetzt von der Massenproduktion zu einer Wirtschaft der permanenten Innovation, zur Qualitätsware, von Standardproduktion und Standarddienstleistungen zu solchen, die stärker auf individuelle Kundenwünsche abgestimmt sind.[423] Wir können als Käufer Waren zum günstigsten Preis und in der besten Qualität bekommen. Damit wird aber unsere Situation in unserer anderen Rolle als Verkäufer unsicherer. Für den Innovationsprozess ist diese Unsicherheit außerordentlich anregend. Heute wird man jedoch als Unternehmer, aber auch als verantwortlicher Angestellter nie einen Punkt erreichen, an dem man sich entspannt zurücklehnen könnte. Wem es materiell gut geht, muss dennoch weiterrennen, weil die Märkte sich rasch verändern, die Kunden ständig neue Angebote bekommen und selbst die besten Ideen schon innerhalb weniger Wochen oder Monate veralten sein können, weil andere sie blitzschnell kopieren oder mit noch besseren Ideen auf den Markt kommen. Die ständige Selbstvermarktung erfordert dauernde Präsenz und Werbung.

Der heutigen Ökonomie scheint vor allem die radikale Individualität angemessen zu sein, so dass die **Atomisierung** der Sozialbeziehungen einen neuen Schritt gemacht hat.[424] Die kommunitarischen Politiktheorien reagieren auf diese Situation. Die liberale Theorie wie die liberale Sozialpraxis atomisieren die Individuen, nehmen ihnen ihre lebensweltliche Einbettung und schleudern sie in einen gnadenlosen Konkurrenzkampf. Jedes Gemeinschaftsgefühl wird als reaktionär bekämpft und durch die zunehmende soziale Mobilität aufgelöst. Menschen sind nach kommunitarischer Vorstellung aber Gemeinschaftswesen, deren Persönlich-

---

[423] Reich, Robert: The Future of Success. Wie wir morgen arbeiten werden, München und Zürich 2002.
[424] Das führt zu massiven psychischen Erkrankungen auf breiter Basis, wie sie der französische Medizinsoziologe Alain Ehrenberg in seiner Studie Das erschöpfte Selbst, Depression und Gesellschaft in der Gegenwart, Frankfurt und New York 2004 (zuerst als La Fatigue d'être soi, 1998) analysiert: Verantwortung und Initiative gelten heute als soziale Normvorgabe, so wie vor 100 Jahren Konformität und Disziplin, basierend auf Schuld. Damals führte das zur Neurose als durchaus realer Modekrankheit. Heute ist die vorherrschende psychische Erkrankungsform die Depression, beschrieben nicht mehr als schuldhaftes Fehlverhalten, sondern als Krankheit der Unzulänglichkeit.

keit und Charakter sich überhaupt erst in Kontexten bilden. Die Entwicklung und Entfaltung des Selbst erfordert einen kulturellen und sozialen Kontext, der durch die liberale Individualisierung zunehmend gefährdet wird. Der gesellschaftliche Zusammenhalt tendiert dazu, sich aufzulösen und allein durch kalte Marktbeziehungen ersetzt zu werden. Eine rein proceduralistische Ethik, wie sie für das moderne liberale Denken charakteristisch ist (und in diesem Sinne gehört auch Jürgen Habermas mit seiner Diskursethik in die liberale Tradition), taugt nicht zur nachhaltigen Vermittlung von Werthaltungen. Wenn das liberale Denken einen systematischen Freisetzungsschub aus traditionellen Bildungen mit sich gebracht hat, versucht die kommunitarische Kritik, die dadurch entstehenden Verlusterfahrungen reflexiv zu verarbeiten und nach neuen Wegen zu suchen, sie zu kompensieren oder zu minimieren.

In zunehmendem Maße wird jeder auf sich selbst gestellt und muss Werbung für sich selbst machen. Der nervöse Druck, sich ständig umzuschauen, ob nicht ein Konkurrent einen überholt, die gerechtfertigte Paranoia im *Rat's Race* der Konkurrenzökonomie erfordert für die darin Erfolgreichen die Entwicklung eines adäquaten Charaktertypus, wie man das mit Max Weber formulieren würde. Der gesuchte Typus muss hochqualifiziert, hochaufmerksam, auf intelligente Weise nervös und kreativ zugleich sein und erheblichem Druck standhalten können. Er oder sie muss erfolgreiche Netzwerke bilden können, darf aber wegen des gleichzeitig verlangten Innovationspotentials nicht so angepasst sein wie früher die Organisationsmenschen der Großfirmen und Großbürokratien. Er oder sie müssen wissen, wann die Ellenbogen zu benutzen sind und die Chancen aktiv und rasch nutzen, also nicht darauf warten, ob die eigenen Begabungen und Fähigkeiten von jemandem anderen entdeckt und gefördert werden. Vor allen Dingen muss dieser Typus damit fertig werden, dass die ganze Last der Rückschläge und des im Endergebnis immer möglichen Misserfolgs auf den eigenen Schultern lastet und kaum oder gar nicht externalisiert werden kann. Die Voraussetzung des Handelns in solchen Kontexten ist die eigene Entscheidungsfreiheit – während die unfreien Menschen der früheren Organisationswelt ähnlich wie die Bürger in autoritären Ländern ihr behagliches Ressentiment und die Generalablehnung all dessen, was von oben kam, pflegen konnten, was noch bis vor kurzem in den meisten islamischen Diktaturen als vorherrschende Mentalität zu beobachten war. Nun aber wird entschlossenes Selbstverantwortungsgefühl verlangt, das positiv gestimmt sein muss, um nach jedem Rückschlag immer wieder neu starten zu können. Das Sich-Verbunkern in Abwehr- und Ablehnungsstrategien würde gerade die eigene Reaktivierungskraft lähmen. Die Externalisierung der Ursachenzuweisung würde die Entwicklung erfolgreicher neuer Strategien eher aufhalten.

Dabei kann es jederzeit durchaus sein, dass der Misserfolg gar nicht an der fehlenden eigenen Anstrengung und Ingenuität gelegen hatte, sondern schlicht an den Launen eines Marktes, der sich eben nicht planen und gestalten lässt, oder am zufälligen Glück eines Konkurrenten, der kurz vorher mit der gleichen Idee etwas besser platziert war. Friedrich August von Hayek hatte diesen Punkt mit der ihm eigenen Schonungslosigkeit herausgearbeitet: Der Markt belohnt und bestraft eben gerade nicht nach Kriterien der sozialen Gerechtigkeit, sondern oft genug allein nach Zufall und Glück, auch wenn dies das Glück der besonders Tüchtigen sein kann. Dieses Verfahren belohnt die jeweils optimale Mischung von Gründlichkeit, Innovationskraft, Tempo, Kundennähe und Größe, die sich normalerweise nicht am grünen Tisch vorausberechnen lässt, d.h. der Markt probiert sehr vieles aus, von dem sich am Ende nur wenig durchsetzt.

In diesen Kontext gestellt ist Verantwortung keine Primärtugend, sondern eher so etwas wie die zu dieser Art der Ökonomie und Gesellschaftsorganisation relativ am besten passende

Lebenseinstellung. Wer eigenverantwortlich denkt und vor allem auch empfindet – dies muss tief habituell verankert sein – ist am ehesten geeignet für diese Welt der Hektik und Neuorientierung in Permanenz, nicht dagegen der starre, zuverlässig-verlässliche Charaktertypus des Funktionärs der alten Großbetriebe und Großorganisationen, der *„Organization Man"*, wie er in der Sozialforschung genannt worden war. Nicht der Organisationsmensch, sondern der Verantwortungsmensch, der freudig die Ursachen immer bei sich selbst sucht und sich flexibel und innovativ auf neue Situationen einzustellen vermag, um das Bestmögliche für sich selbst aus diesen herauszuholen, der die leistungsfähigsten Netzwerke zu organisieren und am Laufen zu halten vermag, ist der Mensch der Zukunft. Dieser wird auch in der Lage sein, mit 35 seine Altersvorsorge komplett geplant und abgeschlossen zu haben, um sich nach dem hektischen Berufsleben dann vielleicht den kommunitären Aktivitäten einer postberuflichen Gemeinschaftsgesellschaft zuzuwenden. Die Frühpensionierung, bislang von der Gesellschaft subventioniert wie alte, aussterbende Produktionszweige, von der Landwirtschaft über die Kohle- bis zur Stahlindustrie, wird nun auf einer eigenen Leistung basieren, auch wenn man natürlich weiterhin ständig die Renditen seiner Geldanlagen überwachen muss, weil auch das Arbeiten des eigenen Kapitals ein hochriskanter Prozess bleibt.

9.2   Das kommunitarische Gegenkonzept

Die **kommunitarische Politiktheorie** in der Gestalt, wie Charles Taylor, Alasdair MacIntyre und Michael Sandel sie ihr gegeben haben, besteht vor allen Dingen in einer kritischen Nachzeichnung dieser problematischen Entwicklungen. Die mehr politisch-aktivistisch ausgerichteten Kommunitarier wie Michael Walzer und Amitai Etzioni versuchen dagegen, Lösungsstrategien zu entwickeln. Der interessanteste Gedanke bei **Michael Walzer** ist die mit der Systemtheorie eng verwandte Konzeption der **Gerechtigkeitssphären**. Der Liberalismus folgt seiner Ansicht nach einem Selbstmissverständnis, wenn er konzeptionell alle Lebensbereiche zu ökonomisieren, also nach einem einheitlichen Muster zu gestalten versucht. Gerade das liberale Denken ist auf der Basis einer fundamentalen Trennung entstanden, nämlich der Trennung von Kirche und Staat. Das war für die Vielfalt der Glaubens- und Gewissensformen ebenso befreiend wie für die staatliche und wirtschaftliche Entwicklung. Immer neue Trennungslinien, etwa die zwischen den Universitäten mit ihren akademischen Freiräumen und der durchreglementierten übrigen Gesellschaft des Spätmittelalters kamen hinzu. Schließlich werden Wirtschaft und Politik, also die Welt des Wettbewerbs und des individuellen Profits auf der einen Seite, und die politischen Entscheidungen auf der anderen Seite, die wenigstens der Absicht nach nicht durch Bestechung erkauft sein sollten und einer Vorstellung vom Gemeinwohl verpflichtet sind, als unterschiedliche Bereiche begriffen. Jede dieser Trennungen erweiterte die Freiräume und die Entwicklungsmöglichkeiten der Menschen. Diese Kunst der Trennungen ist von einer marxistischen Linken, die die Gesamtgesellschaft durchgängig von der Ökonomie her zu begreifen und zu konstruieren versuchte, nie akzeptiert und für bloße Ideologie gehalten worden. Für Michael Walzer ist sie aber der eigentliche Kern eines wohlverstandenen Liberalismus. Sein kommunitarisches Denken ist also keine antiliberale Gegenposition, sondern artikuliert eine Strömung modernen liberalen Denkens, während sie der radikalen Ökonomisierung ein zu verengtes und antifreiheitliches

Bewusstsein unterstellt. Michael Walzer hat dies in seinem Hauptwerk „Sphären der Gerechtigkeit"[425] sehr ausführlich und gründlich entwickelt.

Die Modernität und Liberalität dieses kommunitarischen Ansatzes zeigt sich darin, dass nicht in einer verständlichen, aber sozialreaktionären Gegenreaktion gegen die Atomisierungsprozesse der Gegenwart ein neues ganzheitliches Individuum gefordert wird, sondern gerade die Notwendigkeit konsequenter Bereichstrennungen gegen einen ökonomischen Imperialismus betont wird. Entsprechend entwickelt er mit einer ganz anderen Begründung, aber im Ergebnis ähnlich wie John Rawls ein Modell **komplexer Gleichheit**. Da jeder Mensch in verschiedenen Lebenssphären Kompensationen für Nachteile finden kann, also z.B. als Sportler für mangelnde Intelligenz, als Vereinsvorsitzender für den Verlust eines politischen Amtes oder als allgemein anerkannter zivilgesellschaftlicher Aktivist für Misserfolge an der Börse, in der Liebe für den Reichtum, kommt es nicht so sehr auf die Gleichverteilung von Einkommen und Ressourcen an, sondern vielmehr darauf, dass ein Überschwappen und Dominieren der Kriterien eines einzelnen Bereiches über alle anderen verhindert wird. Walzer hat allerdings bis heute keine überzeugende Antwort auf das Problem gegeben, wie man Kompensationen finden könnte, wenn man in allen wichtigen Bereichen der Verlierer oder die Verliererin ist, wenn sich die Nachteile also summieren.

Entscheidend ist für ihn, dass bestimmte Tauschgeschäfte durch Blockierungsregeln ausgeschlossen werden. Wählen und Sich-Informieren muss zum Beispiel weitgehend kostenlos sein – Stimmenkauf darf nicht stattfinden. Politische Ämter dürfen weder ge- noch verkauft werden, und so fort. Ansonsten wendet er sich gegen alle darüber hinausgehenden Marktregulierungen, insbesondere gegen solche zur Einkommensangleichung, weil diese schon nach wenigen Tauschakten wieder Ungleichheit zur Folge haben würden. Auch damit steht Walzer wie die übrigen modernen Kommunitarier trotz aller Liberalismuskritik innerhalb der liberalen Denktradition.

Amitai Etzioni hat vor allem das Konzept einer **Verantwortungsgesellschaft** entwickelt. Die ideengeschichtlichen Quellen dieses Konzepts sind die Soziologie von Emile Durkheim, Ferdinand Tönnies, Robert Nisbet, die pragmatistische Sozialphilosophie von John Dewey und George Herbert Mead, aber auch das Denken Martin Bubers. Es geht ihm darum, ein Gleichgewichtsverhältnis herzustellen zwischen den Autonomievorstellungen und Persönlichkeitsrechten der Einzelnen und den Erfordernissen einer sozialen Ordnung. Etzionis kommunitarische Philosophie hat als Dreh- und Angelpunkt dieses ausgewogene Verhältnis von Autonomie und Ordnung. Das ist sowohl politisch als auch philosophisch gemeint, denn Etzioni hat dieses Buch als Reaktion auf die vielfältigen Einwände geschrieben, die ihm weltweit in Hunderten von Diskussionsveranstaltungen entgegengehalten worden sind.[426]

Die **Gemeinschaftsorientierung** im frühen kommunitarischen Denken hatte partikularistische Züge gehabt. Es orientierte sich noch wie zu Ferdinand Tönnies' Zeiten an Familie, Nachbarschaft und Freundschaft. Der frische Wind einer weltweiten Diskussion fegte diese Gemütlichkeit hinweg und führte Etzioni zu der Frage, welche Formen von Tugenddiskursen und Moralbegründungen denn auch in universellen Kontexten würden standhalten können. Um Kompromisse konnte es sich nicht handeln, weil z.B. die asiatischen Formen des Autori-

---

[425] Walzer, Michael: Sphären der Gerechtigkeit. Ein Plädoyer für Pluralität und Gleichheit, Frankfurt und New York 1992 (zuerst als Spheres of Justice, 1983).

[426] Etzioni, Amitai: Die Verantwortungsgesellschaft. Individualismus und Moral in der heutigen Demokratie, Frankfurt und New York 1997 (zuerst als The New Golden Rule, 1996).

tarismus für Etzioni inakzeptabel erschienen. Harmonie, Ordnung und Autorität dienen dort dazu, die Entwicklung von individueller Identität und von Individualrechten an den Rand zu drängen. Gegen diesen kollektivistischen und konservativen Kommunitarismus setzt Etzioni sein Konzept der Responsivität gegenüber den Individuen und nicht bloß gegenüber den Gruppen.

Die Lösung, die Etzioni für das komplexe Problem „Individuum und Gesellschaft" entwirft, basiert auf den Grundüberlegungen seiner funktionalistischen Soziologie. Diese geht aus von einer Konzeption des gesellschaftlichen Ganzen bzw. des Gemeinwohls und von dem Gedanken, dass eine Gesellschaft bestimmte Anforderungen erfüllen muss, um sich erhalten zu können. Der traditionelle Funktionalismus war dem Vorwurf ausgesetzt, er neige zu einer unbegründeten Bevorzugung des *Status quo*. Etzionis **Funktionalismus** setzt dagegen, dass bestimmte Bedürfnisse und Erfordernisse universell für alle Gesellschaften gelten. Es gibt aber sehr unterschiedliche Arten, mit ihnen umzugehen. Zwischen der klassischen linken Bevorzugung des Staates und der ebenso klassischen liberalen Alternative des Individualismus sucht Etzioni einen dritten Weg. Eine „*Good Society*" soll die **Balance zwischen sozialer Ordnung und Autonomie** anstreben und damit auch zwischen kollektivistischem Sozialstaat und neoliberaler Feindseligkeit gegenüber allem Staatlichen.

Die Ordnung einer guten kommunitarischen Gesellschaft basiert sehr stark auf normativen Mitteln wie Erziehung, Führungsqualitäten, Konsens, sozialem Druck der Mitmenschen, Vorleben von Rollenmodellen, Ermahnungen und der moralischen Artikulation von Positionen. Für den Zusammenhalt einer solchen Gesellschaft ist es erforderlich, dass die meisten Mitglieder über die meiste Zeit eine Gruppe von Kernwerten teilen und sich auch ohne ausdrücklichen Zwang an diese Wertvorstellungen halten. Etzioni nimmt hier ausdrücklich die Gegenposition zu der repressiv-martialischen Konzeption von „*law and order*" ein und plädiert für einen zivilen Umgang autonomer Bürger miteinander in Form einer „*civic order*".

Zur Autonomie, wie Etzioni sie konzipiert, gehört auch die Unterstützung regionaler Selbstverwaltung und die Förderung kleiner Gruppen und Gruppenunterschiede (in Deutschland z.B. die Förderung der friesischen, sorbischen und dänischen Minderheitssprachen). Tocquevilleschen Ideen gemäß wird die Herausbildung einer Zivilgesellschaft mit intermediären Organisationen gefördert, weil diese eines der flexibelsten Mittel darstellen, individuelle Wahlfreiheit und soziale Güter ohne kontradiktorischen Widerspruch zu ermöglichen, weil sie nicht staatsbasiert, sondern *community*-basiert sind.

Etzioni hatte schon in den 1960er Jahren in seiner vergleichende Studie über politische Vereinigungsprozesse eine funktionalistische Typisierung dreier Integrationskräfte vorgelegt: Integrativkräfte sind entweder **koerziv** (zwangsbasiert, z.B. militärische Gewalt, Eroberung), **utilitär** (z.B. ökonomischer Druck oder Gewinnerwartungen) oder **identitiv**. Identitive Potentiale sind üblicherweise in Werten oder Symbolvorstellungen enthalten. Die Anwendung von Gewalt ist die am meisten entfremdende Integrationsform, die utilitären Elemente lassen mehr Freiräume, sind den identitiven Potentialen aber insofern unterlegen, als diese das Moment der Freiwilligkeit sehr viel überzeugender ins Spiel bringen. Etzionis Studien zur Rolle von Wertkonzeptionen in modernen Gesellschaften sind vor dem Hintergrund dieser Theorie zu lesen. Dadurch unterscheiden sie sich signifikant von gängigen Moralpredigten.[427]

---

[427] Etzioni, Amitai: Political Unification. A Comparative Study of Leaders and Forces, New York 1965, S. 37ff.

Soziale Ordnungen sind mit reinen **Zwangsmitteln** nur vorübergehend aufrechtzuerhalten. Zuletzt ist das durch den rapiden Legitimationsverfall der Sowjetunion deutlich geworden, wo die Ideologie als Motivation der herrschenden Gruppe und die Hoffnung auf eine bessere Zukunft nicht mehr trugen. Eine rein **utilitäre** Motivation scheint aber auch nur dann auf Dauer tragfähig zu sein, wenn sie auch mit Momenten der Identifikation verbunden ist. Deshalb ist es keineswegs abwegig oder bloß idealistisch, die **identitiven** Kräfte der sozialen Kohäsion zu stärken.

Kommunitarische Gesellschaften nach Etzionis Vorstellung sind als genuin demokratisch verfasste Gesellschaften gedacht. Sie neigen deshalb sehr viel seltener zur Übersteuerung als autoritär verfasste Strukturen. Der Vergleich zwischen der alten UdSSR und den USA zeigt, dass die Hauptstärke der USA gerade in den engen Verbindungen zwischen der Zivilgesellschaft und der politischen Struktur gelegen hat, während in der Sowjetunion der Staatssektor alle Bereiche der Gesellschaft dominierte, gelegentlich durch Initiative vorantreiben konnte, eigenständige Initiativentfaltungen aber gerade systematisch lähmte und die Herausbildung einer Zivilgesellschaft unterbunden hat, woran das heutige Russland noch immer leidet. Die staatszentralistische Sowjetunion ist eines der extremsten Beispiele einer antikommunitarischen Gesellschaft, in der trotz aller Kollektivideologien die Einzelnen gerade als singuläre Sozialatome behandelt werden – eine Einschätzung, die sich voll und ganz mit Hannah Arendts Analyse totalitärer Herrschaftsformen deckt. Nach Hannah Arendt beruht die Herrschaft der Zentrale gerade darauf, dass sie die Verbindungen der Einzelnen untereinander durch Misstrauen kappt und reguliert, um so jeden, der eine abweichende Meinung zu entwickeln beginnt, als vollkommen vereinzeltes und dadurch hilfloses Individuum einem übermächtigen Apparat gegenüberstehen zu lassen.[428]

Die gemeinsamen Wertvorstellungen sind kulturell, nicht individuell. Das gilt auch für solche Gesellschaften, die sich als individualistisch verstehen, weil gerade auch die Erziehung zur und die Entfaltung von Individualität eine besonders anspruchsvolle und komplexe Gesellschaftsstruktur voraussetzt. Der atomistische Radikalliberalismus vergisst, dass die Entfaltung auch der idiosynkratischsten Individualität auf komplexe Gemeinschaftsleistungen zurückgreifen muss. Dazu gehört auch die Entwicklung einer bestimmten Zivilität. Zivilgesellschaftliche Strukturen, zu denen u.a. Toleranz gehört, sind in der Sicht von Amitai Etzioni deshalb unbedingt zu fördern, reichen aber keineswegs aus. Die tolerante Zivilgesellschaft soll auch remoralisiert werden, um nicht nur Unterschiede einfach hinzunehmen, sondern auch die Gemeinsamkeiten zu stabilisieren und weiterzuentwickeln. Die Zivilgesellschaft soll wieder so etwas wie eine moralische Stimme bekommen, eine *moral voice*. Sie ist also eine besondere Form der Motivation zu moralischem Verhalten. Im Unterschied zu älteren Formen gemeinschaftlicher Integration, die ein Monopol über die moralische Haltung ihrer Mitglieder beanspruchten, sind neue Gemeinschaften gedacht als mehrschichtiger Schutz vor moralischer Unterdrückung und auch vor moralischer Ächtung und Ausstoßung. Etzioni spricht in der Verantwortungsgesellschaft deshalb von *multicommunities*, die allein schon durch die Mehrfachzugehörigkeiten einen gewissen Schutz vor allzu massiver Vereinnahmung bieten können. Heute können derartige Mehrfachzugehörigkeiten längst als Standardsituation gelten. Die Mehrfachorientierung lässt das Individuum nicht als singulären Knotenpunkt der Kommunikation zurück, sondern funktioniert nur dann auch gefühlsmäßig

---

[428] Arendt, Elemente und Ursprünge totaler Herrschaft, a.a.O. bes. Kap. 10–13.

und moralisch befriedigend, wenn die Offenheit zur Beteiligung, zum Dialog und die Gemeinsamkeit von Wertvorstellungen gegeben ist.

Regulierungsformen durch Moralartikulation gelten in Etzionis Sicht als weniger zwangsgeladen als rein juristisch repressive Formen der Regulation, zumal die Durchgriffswirkung des Rechts, das nicht von zustimmenden gesellschaftlichen Grundhaltungen getragen wird, von ihm ohnehin als unzureichend eingeschätzt wird. Es kommt vor allem darauf an, neben die staatsförmige Regulierung durch das Gewaltmonopol und die wirtschaftsförmige Regulierung durch Gewinne und Gewinnerwartungen eine dritte Regulierungsform, nämlich durch die öffentliche moralorientierte Kommunikation zu stellen. Staat und Markt werden so durch verdichtete und einer reflexiven Selbstkontrolle unterliegende zivilgesellschaftliche Regulationen ergänzt.

Die **Verantwortungsgesellschaft** ist zusammengefasst der soziologisch funktionalistische Versuch einer Antwort auf die moralischen Herausforderungen des Globalisierungsprozesses. Gemeinschaften, egal wie umfassend gedacht, gelten diesem Denken nicht als die letzte Instanz für die Richtigkeit der eigenen Überzeugungen. Diese ist immer noch das starke Evidenzempfinden der Individuen, welche allerdings aufgefordert werden, ihre individuellen Selbstevidenzen aus eigener Einsicht und aus eigenem Antrieb mit den Überzeugungen anderer in ein Überlegungsgleichgewicht zu bringen. Etzionis Denken ist, in einem Begriff zusammengefasst, als **kommunitarischer Liberalismus** zu charakterisieren. Auch er selbst betont, dass er sich als kommunitarischer Liberaler versteht, also das kommunitarische Element nur als Adjektiv zu seiner Kernhaltung als politischer Liberaler begreift.[429] Etzioni vertritt dabei die Strategie einer aufgeklärten Remoralisierung der Zivilgesellschaft. Aufgeklärt ist dieser Ansatz deshalb, weil nicht die überkommene, traditionale, paternalistische oder religiöse Moralität gemeint ist, sondern eine, die sich im öffentlichen Diskurs ständig neu entwickeln und damit auch überprüfen lassen muss. Er hat auf diese Weise die moralische Komponente in den Sozialwissenschaften und der Politikberatung wieder erstarken lassen.

Der Globalisierungsprozess scheint nach einer Sozialtheorie mit globaler Wirkung zu verlangen. Etzioni schlägt einen dritten Weg zwischen gruppenbezogenem Partikularismus und anonymer Universalität vor. Die Pflege und Neuerfindung von Gemeinschaften, auch grenzübergreifenden und globalen Gemeinschaften, ist nicht nur ein attraktives Ziel mit sozialutopischen Zügen, sondern eine praktische Notwendigkeit, wenn die sich globalisierende Ökonomie nicht an zunehmenden protektionistischen Abwehrhaltungen und Widerständen scheitern will.

Habermas beklagt die Kolonisierung der Lebenswelt durch die Systeme. Etzioni steht ihm in diesem Punkt durchaus nicht fern, doch wählt er seine Begrifflichkeit praxisnäher. Vor allem ersetzt er die Klage durch Praxis. Neben den **Staat** und den **Markt** soll als dritte Kraft die **Zivilgesellschaft** der *communities* treten. Es kommt darauf an, diese zu organisieren und ihnen vor allem wieder eine soziomoralische Legitimation zu verschaffen, nachdem sie für ein sich als modern empfindendes individualistisches Denken in Misskredit geraten waren.

Moralische Argumente sollen wieder zählen. Nicht überall können sie sich durchsetzen. Die Initiativen zur Beschränkung der politischen Korruption in den USA stoßen immer wieder auf die Grenze, dass entsprechende Gesetze nötig sind, die aber durch genau die Empfänger

---

[429] *Interview mit Etzioni*, in Walter Reese-Schäfer, Amitai Etzioni zur Einführung, Hamburg 2001, S. 107–134, hier S. 134.

der Gelder blockiert werden, nämlich durch die Kongressabgeordneten. Die Mobilisierung der öffentlichen Meinung ist unzulänglich, denn Skandale können die Öffentlichkeit immer nur für kurze Zeit in Bewegung setzen. Sie ist zu sprunghaft und kann von Sonderinteressengruppen immer wieder ausgespielt werden. Etzioni erkennt klar, dass an diesem Punkt nur noch die Schaffung einer sozialen Bewegung helfen würde. Die Erfahrung der Bürgerrechtsbewegung, der Frauen- und der Umweltbewegung hat gezeigt, dass dies die einzige einigermaßen aussichtsreiche Durchsetzungsstrategie darstellt.[430] Das historische Modell ist die „Progressive Bewegung" *(Progressive Movement)* der Jahre 1900–17 in den USA. Es handelte sich um eine beide große Parteien erfassende politisch-soziale Reformbewegung. Sie erstrebte die Beseitigung sozialer Missstände, politische Reformen, Umweltschutz und die öffentliche Kontrolle wichtiger Wirtschaftszweige. Diese Bewegung hat 1913 in einem Verfassungszusatz durchgesetzt, dass der Senat nunmehr direkt in den Einzelstaaten gewählt werden musste und nicht mehr von den Landesparlamenten entsandt werden durfte.[431] Die Zerschlagung von Trusts und Monopolen und die Zurückdrängung von Sonderinteressengruppen galt als wesentliches Ziel.

Für Etzioni liegt hier ein großes Vorbild, auch wenn das „*Progressive Movement*" ausgesprochen nationalistisch ausgerichtet war, während eine kommunitarische Antikorruptionsbewegung längst mit einem globalen Impetus ansetzen muss. Die Wahlkampffinanzierung ist derzeit einer der größten demokratiehemmenden Faktoren in den USA und das Einfallstor für Sonderwünsche von Spezialinteressengruppen. Ziel müsste deshalb eine öffentliche Finanzierung der Wahlkämpfe sein, Maßnahmen, um den Geldfluss von der Privatwirtschaft an bestimmte politische Repräsentanten zu stoppen oder wenigstens in engen Grenzen zu halten, Anstrengungen, die Wahlkampfkosten zu reduzieren (z.B. durch gesetzlichen Anspruch auf Fernsehsendezeit, Begrenzung der Wahlkampfdauer oder der Gesamtsumme, die ein Kandidat überhaupt ausgeben darf), die Registrierung von Lobbyisten und nicht zuletzt die wirksamere Durchsetzung der entsprechenden alten und neuen Regeln in diesem Bereich. Das Regieren in Namen der dicken Brieftaschen soll wieder ersetzt werden durch die alte Regel: Eine Person, eine Stimme. Das historische Vorbild der „*Progressives*" soll nur demonstrieren, dass eine derartige Bewegung vorstellbar und möglich ist.

Das kommunitarische Argument, jedes Individuum sei immer schon ein „eingebettetes" Selbst, könne seine Humanität nur innerhalb und auf der Basis seines Sozialisationskontextes entwickeln und müsse diesen schätzen und pflegen, trifft allerdings nur in der ersten Hälfte zu, weil es, wie Richard Rorty eingewendet hat,[432] gerade das Wesen der Personwerdung ist, von irgendeinem Zeitpunkt an sagen zu können: Ich möchte meine Herkunftskultur verlassen und ihre Eigentümlichkeiten ablegen, weil eine andere, von der ich gelesen habe oder von der ich im Fernsehen gehört habe, mir interessanter und überlegener erscheint. Aus der strukturellen Notwendigkeit der Enkulturation folgt keine logische oder gar moralische Verpflichtung, den Rahmen dieser Kultur nicht zu verlassen. Besser als die Kommunitarier hat Han-

---

[430] Etzioni, Amitai: Toward a Neo-Progressive Movement, in ders., Public Policy in a New Key, New Brunswick und London 1993, S. 127–140, hier bes. S. 135. Vgl. auch Etzioni, Amitai: Capital Corruption: The New Attack on American Democracy, New Brunswick 1988.

[431] Unter Theodore Roosevelt hat sich 1912 sogar eine Progressive Party von der Republikanischen Partei abgespalten, die allerdings nur 5 Millionen Wähler gewinnen konnte.

[432] Rorty, Richard: The Communitarian Impulse (Colorado College's 125th Anniversary Symposion. Cultures in the 21st Century: Conflicts and Covergence). Vortrag am Colorado College, 5.2.1999, abrufbar unter www2.coloradocollege.edu/Academics/Anniversary/Transcripts/RortyTXT.htm, abgerufen am 31.5.2012.

nah Arendt dies in ihrem handlungstheoretischen Modell beschreiben können: Es ist die Natalität, die Chance des Neuanfangs für jeden neugeborenen Menschen. Viele nutzen sogar die Chance, mehrfach neu anfangen zu können.

9.3 Die faire Gesellschaft: Die Wirtschaftsethik der Kommunitarier

Amitai Etzionis „Die faire Gesellschaft. Jenseits von Sozialismus und Kapitalismus" (1996) ist zuerst 1988 unter dem Titel „The Moral Dimension. Towards a New Economics" erschienen.[433] Es handelt sich bei diesem Buch um eine kritische Herausforderung des neoklassischen Paradigmas der Ökonomik, das Etzioni als utilitaristisch, rationalistisch und individualistisch charakterisiert. In den Sozialwissenschaften hat es seit langem ein Unbehagen an diesem Modell gegeben, weil Menschen faktisch nicht von vornherein Individualisten und Egoisten sind, sondern dazu erst erzogen werden müssen. Darüber hinaus ist Individualismus als Lebensform ohnehin erst in einer arbeitsteilig hoch entwickelten Gesellschaft mit ausgeprägter Rechtssicherheit möglich. Das radikal individualistische Gesellschaftsmodell tritt vielfach mit der Rhetorik eines „realistischen" Modells auf, welches die Menschen sieht, wie sie wirklich sind. Auf diese Weise wird ein normatives Postulat als empirisches Faktum ausgegeben. Es neigt aber dazu, die sozialen Voraussetzungen des Individualismus systematisch zu übersehen. Das kommunitarische Denken hat sich zur Aufgabe gemacht, genau diese Quellen und Voraussetzungen des modernen liberalen Selbst aufzudecken und auf diese Weise das bindungslose Ich wieder an die Bedingungen seiner Möglichkeit zu erinnern. Amitai Etzioni versucht, gemäß dem Satz „You can't beat a theory with nothing" ein Gegenmodell zu entwickeln, das die Neoklassik jedoch nicht in toto verwirft, sondern an zwei entscheidenden Punkten auf eine Weise erweitert, dass man auch von einer Sprengung des Modells reden könnte. Das neue Modell wird in „Die faire Gesellschaft" weitgehend entfaltet; auf ihm bauen die meisten heutigen Veröffentlichungen zur kommunitarischen Ökonomik auf.

Etzioni nimmt drei grundlegende Veränderungen vor: Erstens hinsichtlich der Ziele der Menschen. Neoklassisch werden diese als Nutzenmaximierung beschrieben, bestehe dies nun im Vergnügen, Konsum, Glück oder was sonst. Etzioni geht davon aus, dass die Menschen zumindest zwei nicht weiter reduzierbare „Nutzen" verfolgen, nämlich Vergnügen und Moral. Zweitens bestreitet er die neoklassische Annahme, dass die Menschen ihre Entscheidungen rational treffen. Er vertritt die Gegenthese, nicht nur die Ziele (was unbestritten ist), sondern auch die Mittel zu ihrer Erreichung würden in der Regel und vor allem aufgrund von Werten und Emotionen gewählt (was gelegentlich den Entscheidungsprozess nicht nur stören, sondern auch effektiver machen kann). Das rationale Entscheidungsverhalten ist ein Sonderfall des Entscheidungsverhaltens, welcher unter bestimmten Bedingungen auftritt, unter denen die Neoklassik dann auch unbestreitbar Gültigkeit hat. Drittens wird die Annahme, dass das Individuum der Entscheidungsträger sei, dahingehend modifiziert, dass in der Regel Kollektive, wie ethnische Gruppen oder *peer groups* dafür den prägenden Kontext bilden. Individuelle Entscheidungen werden durchaus getroffen, aber innerhalb des von zahlreichen Kollektiven definierten Rahmens.

---

[433] Etzioni, Amitai: Die faire Gesellschaft. Jenseits von Sozialismus und Kapitalismus, Frankfurt 1996 (zuerst als The Moral Dimension, 1988).

Insgesamt gesehen ist die Wirtschaft in der Sichtweise Etzionis nur ein Subsystem innerhalb einer viel umfassenderen Gesellschaft, eines Staatssystems und seiner Kultur. Kollektive werden in Etzionis methodologischem Kommunitarismus nicht als Aggregate von Individuen betrachtet, sondern vielmehr als Organisationsformen mit eigenen Strukturen und Gesetzmäßigkeiten, die nicht vollständig aus dem Aufeinanderwirken individueller Interessen erklärt werden können. Das neoklassische Paradigma verbietet methodologisch, Kollektiven kausale Eigenschaften beizulegen. Etzioni dagegen spricht von einer teilweisen Überlappung des Ich und des Wir, weil viele kollektive Wertvorstellung internalisiert, d.h. in die Identitätsbildung des Ich aufgenommen werden. Dies ist im Weiteren sozialphilosophisch, epistemologisch und methodologisch zu explizieren.

Sozialphilosophisch argumentiert Etzioni, dass die individualistische Sichtweise zwar aus der Ideengeschichte der liberalen Kritik an autoritären Herrschaftsstrukturen verständlich sei, die sich an kollektiven Entitäten wie Nation, Kirche, dem Vaterland oder der herkömmlichen Sittlichkeit orientierte, aber doch zu einer „untersozialisierten" Sichtweise des menschlichen Handelns führte. Er selbst sucht nach einem dritten Modell, das er als den Standpunkt der „*responsive community*" bezeichnet, also den Standpunkt einer Gemeinschaft, die ihre individuellen Mitglieder nicht unterdrückt, sondern für ihre Regungen und Bedürfnisse sensibel und reaktionsfähig ist. Zu Ehren seines sozialphilosophischen Lehrmeisters Martin Buber spricht Etzioni auch von einer „Ich + Wir"-Sichtweise. Die Idee der responsive community soll deutlich machen, dass Individuum und Gemeinschaft in gleicher Weise als grundlegend betrachtet werden.

Epistemologisch geht es um eine Überwindung des erkenntnistheoretischen Rationalismus. Diese Überlegung greift zurück auf den neuzeitlichen Streit zwischen Rationalismus und Empirismus, also zwischen Descartes, Spinoza und Leibniz auf der rationalistischen und Locke, Hume und Condillac auf der empiristischen Seite. Rationalismus heißt hier Deduktion aus Prinzipien, Empirismus Rekurs auf Erfahrungswerte, in der Wirtschaftsethik auch Rückgriff auf moralische Gefühle (moral sentiments). Empirisch gesehen handeln die meisten Menschen die meiste Zeit hindurch bestenfalls subrational: „Entscheidungen können als mehr oder wenig rational betrachtet werden, sie sind es jedoch selten in besonders hohem Maße".[434]

Methodologisch strebt er die transdisziplinäre Integration von Elementen der Sozialwissenschaften und der ehemaligen politischen Ökonomie (diesen Ausdruck lehnt er ab, weil er sich in seinen Augen bis heute hauptsächlich mit neomarxistischen und diesen ähnlichen Ansätzen verbindet) an zu dem, was er Sozioökonomik nennt. Dementsprechend hat er im Jahre 1989 die ‚*Society for the Advancement of Socio-Economics*' mit dem Ziel gegründet, der vorherrschenden neoklassischen Wirtschaftstheorie ein *neues Paradigma* entgegenzusetzen. Ehrenvorsitzender dieser neuen Gesellschaft ist der Nobelpreisträger Amartya Sen. In Deutschland sind vor allem Politikwissenschaftler wie Fritz W. Scharpf und Wolfgang Streeck vom Kölner Max-Planck-Institut für Gesellschaftswissenschaften Mitglieder geworden.

Etzioni stellt fest, dass wichtige neoklassische Theoreme oft so formuliert werden, dass sie nicht falsifizierbar sind. Damit steht er in einer Linie mit Amartya Sen, der darauf hinwies, dass Interessendefinitionen so weit gefasst werden, dass sie alles umgreifen können (Sen

---

[434] Etzioni, Die faire Gesellschaft, a.a.O. S. 44.

9 Kommunitarische Politiktheorien: Etzioni und Walzer

1982).[435] Schon Kenneth Arrow hatte die Rationalitätsannahme als schwache Hypothese erklärt, die daher als Erklärung nicht sehr brauchbar sei.[436] Besonders große Sorgen bereitet den Neoklassikern der ökonomische Status von Geschenken oder von altruistischen Handlungen. Meist wird der Präferenzbegriff so ausgeweitet, dass ganz gegen den Adam Smith des Wohlstands der Nationen nicht nur die Eigenliebe, sondern auch die Menschenliebe darunter fällt. Damit aber fällt der methodologische Grundstein der klassischen Ökonomie Smiths aus dem Gebäude heraus, welcher doch gerade darin bestand, dass der Metzger, Brauer und Bäcker uns das, was wir zum Leben brauchen, nicht aus Wohlwollen, sondern aus Eigennutz bereitstellen. Etzioni geht noch weiter: Dann würde auch die Unterscheidung zwischen Gewinn und Verlust entbehrlich, weil des einen Verlust der Gewinn des anderen sei.

Ziel der Sozioökonomik ist die Entwicklung einer deontologischen Sozialwissenschaft. Etzioni wehrt sich dagegen, die Notwendigkeit, in Übereinstimmung mit moralischen Werten zu handeln, einfach nur als eine Präferenz unter anderen zu werten, vergleichbar mit der Präferenz für kalifornische Weine gegenüber französischen bzw. von Coca Cola gegenüber Pepsi Cola. Schon aus rein methodologischen Gründen hält er es für konsequenter, ein Handeln aus moralischen Verpflichtungen auch als solches zu deuten, statt nach komplizierten Scheingründen zu suchen. Im Gegenteil hält er, strikt sozioökonomisch, die Moral für einen der Hauptwege, auf denen Externalitäten in die individuellen Überlegungen und den Entscheidungsprozess Eingang finden können, und hält dies für ein im Vergleich zu staatlichen Zwangsmaßnahmen, aber auch zu öffentlichen Anreizen durchweg kostengünstigeres und darüber hinaus häufig noch als angenehmer empfundenes Verfahren, Formen des Allgemeinwohls zur Geltung zu bringen.

Moralische Handlungen sind von sonstigen Präferenzen wie der Vorliebe für bestimmte Konsumgüter verschieden, weil sie einem Imperativ gehorchen, verallgemeinert werden können, eine Symmetrie aufweisen, wenn sie auf andere angewendet werden und darüber hinaus vielfach in der Persönlichkeit angelegt sind. Bei Wahlhandlungen werden wichtige Optionsmöglichkeiten dadurch eliminiert, dass sie für unmoralisch gehalten werden. Empirische Studien zu Entscheidungen in Situationen des Gefangenendilemmas führen immer wieder dazu, dass entgegen den Annahmen sehr viele Personen dazu neigen zu kooperieren. Es zeigt sich auch, dass Menschen selbst dann an politischen Wahlen teilnehmen, wenn das Ergebnis nicht voraussehbar knapp ist, und dass sehr viele Menschen selbst dann nicht betrügen, wenn niemand zuschaut. Keine Gesellschaft könnte überleben, wenn ihre Mitglieder in dem Maße „schwarzfahren" würden, wie die Theorie das voraussagt.[437]

Etzionis Generalthese besagt, dass der Großteil der von Menschen getroffenen, auch ökonomischen Entscheidungen vollständig oder in großem Maße auf normativ-affektiven Erwägungen, also auf Werten und Emotionen beruht. Das gilt nicht nur für die Wahl der Ziele (wie das bei Max Weber vorausgesetzt wird), sondern auch für die Wahl von Mitteln. Die äußerst beschränkten Bereiche, in denen andere, nämlich logisch-empirische Erwägungen bestimmend sind, sind ihrerseits zur Legitimation und Motivation auf normativ-affektive Faktoren angewiesen. Dieses Grundkonzept der normativ-affektiven Akteure betrachtet Et-

---

[435] Sen, Amartya: Rational Fools: A Critique of the Behavioral Foundations of Economic Theory, in ders., Choice, Welfare and Measurement, Cambridge und London 1982, S. 84–108.

[436] Vgl. Eine neuere Erweiterung des klassischen Paradigmas von innen: Akerlof, George A. und Robert J. Shiller: Animal Spirits. Wie Wirtschaft wirklich funktioniert. Frankfurt 2009.

[437] Vgl. Etzioni, Die faire Gesellschaft, a.a.O. S. 115, vgl. Maxwell, Gerald und Ruth E. Ames: Economist Free Ride, Does Anyone Else?, in Journal of Public Economics, Jg. 15, 1981, S. 295–310.

zioni sozialwissenschaftlich als Idealtypus, von dem es vielfältige Abweichungen geben kann.

Entscheidungstheoretisch ist es ohnehin wahrscheinlich, dass wirklich rationale Entscheidungen gar nicht möglich sind. In einer heute als klassisch geltenden Studie hatte Charles Lindblom schon 1965 sieben Gründe dargelegt, warum dies nicht möglich ist und allein eine Strategie des muddling through möglich bleibt: Erstens sind die intellektuellen Fähigkeiten der Menschen zu beschränkt, um eine umfassende Analyse aller Optionen und ihrer Konsequenzen zu ermöglichen; zweitens sind viele der benötigten Informationen unzulänglich; drittens ist die Analyse für die meisten Entscheidungen viel zu kostenträchtig; viertens gibt es keine hinreichenden Kriterien, um die Ergebnisse beurteilen zu können; fünftens sind die Fakten und Werte untrennbar miteinander vermengt; sechstens ist das untersuchte Variablensystem in unbestimmter Weise offen, für eine Entscheidungsfindung bräuchte es aber ein geschlossenes System; siebtens lässt sich meist nicht einmal ein bestimmtes „Problem" isolieren, sondern es handelt sich bei Entscheidungen um eine Unzahl miteinander verflochtener Probleme mit voneinander abhängigen Lösungen.[438] Diese Sicht wird Inkrementalismus genannt, von lat. *Incrementum*, Wachstum. Etzioni hält diese Kritik für etwas zu pessimistisch und plädiert für adaptive Verhaltensregeln, die im Stil von Fallstudien nach dem Prinzip *trial and error* entwickelt werden. Die Anpassungsmethode, die er vorschlägt, nennt er *mixed scanning*. Sie siedelt sich zwischen dem rationalistischen und dem inkrementalistischen Modell an.[439]

In dem Modell, das Etzioni entwickelt, spielen Individuen sehr wohl eine Rolle, aber immer nur innerhalb des Kontextes ihrer Kollektive. Diese haben auf die Entscheidungsfindung meist prägenden Einfluss. Die Beobachtung der individualistischen Theoretiker, dass Kollektive nicht denken, nicht überlegen und nicht entscheiden können, hat durchaus etwas für sich. Allerdings bilden viele Kollektive einen eigenen, organisierten Sektor der Deliberation und Entscheidungsfindung aus. Viele Unternehmen können als Kollektive, die mit einem leitenden Entscheidungsgremium ausgestattet sind, aufgefasst werden. In Kollektiven besteht zudem die Möglichkeit, die kognitiven Defekte, die dadurch entstehen, dass kaum jemand mehr als fünf bis acht Umstände gleichzeitig berücksichtigen kann, zu kompensieren oder zu korrigieren. In kommunitarischer Sichtweise sind solche kollektiven Einbettungen methodisch nicht als Externalitäten zu den Individuen zu begreifen, sondern vielmehr als Teil der Person, der Angehörigen dieser Kollektive. Daher auch die Desorientierung, die bei Individuen auftritt, wenn sie von ihrem oder gar von allen Kollektiven abgeschnitten werden. Ein relativ hoher Individualitätsgrad würde dann gerade nicht auf Vereinzelung und Isolation beruhen, sondern daher rühren, dass viele Individuen Mitglieder mehrerer Kollektive sind, wodurch sich ein weiteres Optionsfeld öffnet, neuartige Präferenzmischungen möglich sind, aber häufig auch Inkompatibilitäten auftreten, weil differierende Kollektive das Denken und Entscheiden auf miteinander nur schwer vereinbare Weise zu lenken versuchen (z.B. der Staat einerseits und eine Religionsgemeinschaft andererseits). Die sozioökonomische Analyse beginnt deshalb nicht bei den Individuen, sondern bei deren Referenzgruppen, also den einander überlappenden sozialen Kollektiven, denen diese angehören.

---

[438] Vgl. Lindblom, Charles: The Intelligence of Democracy. Decision Making through Mutual Adjustment, New York 1965, S. 138–143.

[439] Vgl. Etzioni, Amitai: Die aktive Gesellschaft, Opladen 1968, S. 286–288.

Gruppen erbringen meist bessere Ergebnisse als das Durchschnittsindividuum, wenn auch weniger gute als das beste Mitglied.[440] Teams werden oft rationalere Entscheidungen treffen können als die meisten Einzelpersonen. Bei Forschungsteams hat sich gezeigt, dass die Forschungsleistung umso höher ist, je höher das Kommunikationsniveau im Team ist. Dabei bringen zentralisierte Informationskanäle meist schlechtere Resultate als solche, in denen Informationen frei von jedem Punkt zu jedem anderen fließen können. Dies erklärt das schlechte Image des herkömmlichen Kollektivismus, sofern dieser autoritär und zentralistisch organisiert war. Der Kommunitarismus modernen Typs ist netzwerkartig, unhierarchisch und nach dem Prinzip der Freiwilligkeit, Offenheit und Gleichheit organisiert.

Ein wichtiges Kernstück von Etzionis Modell einer kommunitarischen Ökonomik ist die Idee des eingekapselten Wettbewerbs (*encapsulated competition*). In Etzionis Ich + Wir-Paradigma wird der Markt bzw. die Wirtschaft überhaupt als Subsystem eines umfassenden gesellschaftlich-politischen Kontextes gesehen. Der Wettbewerb kann sich nicht selbst aufrechterhalten. Diese Annahme teilt Etzioni mit der deutschen Ordoökonomik der Freiburger Schule, die ja auch die These vertritt, Konkurrenz könne zu Kartellbildung oder gar zu Monopolen führen, so dass es einer kontrollierenden Regulationsinstanz bedürfe, um die Bedingungen freien und gleichen Wettbewerbs aufrechtzuerhalten, innerhalb dessen sich überhaupt erst die Segnungen der Marktökonomie entfalten könnten.[441] Ohne ausdrückliche Bezugnahme auf die Freiburger Schule kommt Etzioni zu seiner These von der gesellschaftlichen Kapsel, innerhalb welcher der Wettbewerb stattfindet. Je nach Beschaffenheit der Kapsel wird sich Wettbewerb in verschiedenen Graden und Formen ergeben, von denen einige konstruktiver sind als andere. Die reale Welt ist nie vollkommen kompetitiv, so dass das einfache und übersichtlich zu rechnende Modell des vollkommenen Wettbewerbs zwar als Idealtyp angesehen werden kann, aber in der Wirklichkeit so nicht vorkommt. Die Ökonomie sucht deshalb nach *second best* Modellen, um wenigstens annähernde Abbilder der Realität zu bekommen.

Hier setzt Etzioni mit seinem sozialökonomischen Gegenvorschlag ein: Wettbewerb ist grundsätzlich eine Form des Konflikts, wenn auch ein gezügelter Konflikt. Allerdings ist nicht zu garantieren, dass im Sinne von Adam Smiths unsichtbarer Hand die divergierenden Interessen und das Streben verschiedener Individuen wirklich im Resultat ein harmonisches Ganzes wirtschaftlicher Produktivität bilden. „Daher werden spezielle Mechanismen notwendig, die den Wettbewerb bewahren, Konflikte begrenzen und sie daran hindern, bis zur Selbstzerstörung zu eskalieren."[442] Der Wettbewerb soll nicht selber den Kontext bilden, sondern vielmehr auf den Bereich der instrumentellen Rationalität und der Mittel begrenzt bleiben. Ganz wie die Freiburger Schule versucht Etzioni die Dichotomie von freiem Wettbewerb und staatlicher Intervention zu überwinden. Die Freiburger allerdings entwickelten ein zweistufiges Modell, in dem die Rahmenbedingungen des Wettbewerbs durch das politische System gestaltet werden sollten. Bei Etzioni ist das Modell ein skaliertes oder graduelles. Er schlägt eine Skalierung vor, innerhalb derer der Grad bzw. das Maß des Wettbewerbs gefunden werden soll, das dem Gemeinwohl am förderlichsten ist.

---

[440] Etzioni, Die faire Gesellschaft, a.a.O. S. 333, vgl. McGrath, Joseph E. und David A. Kravitz: Group Research, in Annual Review of Psychology, Jg. 33, 1982, S. 195–230.
[441] Eucken, Walter: Grundsätze der Wirtschaftspolitik, 6. Aufl. Tübingen 1990.
[442] Etzioni, Die faire Gesellschaft, a.a.O. S. 343.

Seine Metapher für den Wettbewerb ist die kontrollierte Kernreaktion, welche zerstörerisch wirkt, sobald sie außer Kontrolle gerät, aber ihre Kraft verliert, wenn sie stillgestellt wird.[443] Es muss deshalb einen dritten Weg einer Regulierung ohne Effizienzverluste geben, welche die konstruktiven Kräfte freisetzt. Je dynamischer der Wettbewerb sich entwickelt, umso drängender wird die Frage nach den Spielregeln. Etzioni verlangt nach Regeln, die nicht nur den Wettbewerb aufrechterhalten, sondern auch für das Überleben der Konkurrenten sorgen sollen. Damit scheint er vor allem das Verbot eines Verdrängungswettbewerbs durch Marktmacht zu meinen, welcher darauf zielt, im Erfolgsfall Oligopol- oder Monopolpreise einnehmen zu können. Ihm geht es um die produktivste Mischung von Wettbewerbern.[444]

Sobald der Staat mehr eingreift, als nötig ist, um die Kapsel des Wettbewerbs aufrechtzuerhalten und direkt den Versuch unternimmt, die Einzelergebnisse zu beeinflussen, z.B. durch Bevorzugung einzelner Konkurrenten, wird der Wettbewerb unterminiert. Dies könnte gerade auch durch Haltungen wie soziale Gerechtigkeit legitimiert werden, die Etzioni also durchaus kritisch betrachtet, weil so die Ergebnisse des Wettbewerbs von außen bestimmt beschnitten werden, statt die Fähigkeit zu steigern, in der Konkurrenz erfolgreich zu sein. Jede Einkapselung muss im Einzelfall genau untersucht werden. So können bestimmte Kapseln wie die Ladenschlusszeiten am Sonntag vielleicht ruinösen Wettbewerb verhindern, aber auch die Funktion haben, zum Beispiel weiße, christliche Geschäftsinhaber gegenüber ethnischen Minderheiten zu begünstigen.

Die Kapsel kann normativ, sozial oder staatlich-politisch gebildet werden. Diese drei Faktoren stehen in einem einander substituierenden Verhältnis. So wird der Bedarf an staatlichen Eingriffen umso geringer sein, je stärker die moralische Ablehnung von Gewalt und je enger die sozialen Beziehungen sind. Wichtig ist es, sich klarzumachen, dass das Modell des vollkommenen Wettbewerbs von der gleichen Macht aller Akteure ausgeht. Die Sozioökonomie geht demgegenüber vom Normalfall einer Transaktion unter Ungleichen aus. Die Machtdifferentiale führen zu ungleichen Tauschraten (rates of exchange). Neben Angebot und Nachfrage können so die Machtunterschiede als Untersuchungsgegenstand treten.

Die Herstellung einer wettbewerbsförderlichen Kapsel ist zugleich ein Allgemeininteresse, wenn auch nicht das einzige. So kann z.B. das Verbot von übergroßen Plakaten an Überlandstraßen seinen Grund in der Erhaltung der Schönheit der Landschaft haben. Mit ökonomischen Erwägungen hat dies nur insoweit zu tun, als dieses Verbot fairerweise gleichermaßen für alle Konkurrenten gelten müsste. Die Pluralität der Interessen macht als ausgleichenden Faktor eine Gemeinschaft als landesweites „Wir" notwendig, um die Egoismen auf Gruppenebene auszugleichen. Etzioni schließt diesen Teil seiner Überlegungen mit dem Hinweis, dass wir gerade erst dabei sind, die Bedingungen zu verstehen, unter denen die Kapsel stark genug ist, ohne jedoch zu restriktiv zu wirken.

Machtbeziehungen sind hier vermutlich der Schlüssel. Der vollkommene Wettbewerb würde die vollkommene Streuung der Macht bedeuten. Wirtschaftliche oder soziale Macht kann dagegen zu dem verführen, was die Ökonomen *rent-seeking* nennen. Die naive Vorstellung, der Staat habe hier regulierend und eindämmend zu wirken, wird durch diese Erkenntnis in Frage gestellt, weil ja, wie Etzioni entwickelt, oftmals gerade der staatliche Einfluss genutzt wird, um sich Vorteile vor den Konkurrenten oder die Abschottung gegen die Konkurrenz zu verschaffen. Monopole scheinen auf rein wirtschaftliche Weise nur sehr selten zustande zu

---

[443] Ebenda S. 345f.
[444] Ebenda S. 348.

kommen und dann auch eher instabil zu sein. Stabil sind sie hingegen eher, wenn sie auf einer Mischung von politischer und wirtschaftlicher Macht beruhen.

Staatliche Aktivitäten allein sind hier also nicht unbedingt die Rettung, denn es gibt keinen Grund, den Staat als unparteiischen Schiedsrichter zu verherrlichen. Die normative und die gesellschaftliche Seite der Einkapselung müssen dem staatlichen Handeln vorausgehen und dieses nach Möglichkeit formen. Es kommt also nicht nur auf Anreize oder Regeln an, sondern ebenso sehr auch auf die Bildung von Präferenzen durch Moralerziehung, durch Gruppenkultur, durch gemeinschaftliche Wertbildungen und die Mobilisierung einer entsprechenden öffentlichen Meinung. Dies alles sind Faktoren, die in der neoklassischen Ökonomie meist unberücksichtigt bleiben, weil dort davon ausgegangen wird, dass die Präferenzen als gegeben vorauszusetzen sind.[445] Für die Einbeziehung der Herausbildungsprozesse und Steuerungsprozesse von Präferenzen gibt es dort keinen analytischen Rahmen, obwohl wir genau solche Entwicklungen beobachten und diese ja auch keineswegs als gesellschaftsextern anzusehen sind. Dazu allerdings muss dieses Feld synthetisiert, vereinfacht und operationaler gemacht werden: eine wichtige Zukunftsaufgabe für die Sozioökonomik. Es soll keineswegs eine staatliche Kontrolle sozialer Normen geben, zumal diese zu einem großen Teil auch nicht auf solche Weise kontrollierbar sind. Aber die Verbesserung der Bürgererziehung an den Schulen kann hier Wesentliches beitragen. Hierbei ist zu berücksichtigen, dass in den USA die Elternmitbestimmung an den Schulen vielfach ausgeprägter ist als in Europa.

Etzioni fordert also die Einbeziehung dessen, was er die moralische Dimension nennt, in die ökonomische Analyse. Er sieht dieses Buch auch als seine Antwort auf die vorherrschenden Ansichten von Studierenden der Wirtschaftswissenschaften an der Harvard University, wo er als Gastprofessor tätig war. Diese hatten in überlegener Haltung jegliche moralische Erwägung als wirtschaftsfremd abgetan. Die Sozialisation an einem Ökonomie-Department hatte sie der Moralität des Common Sense entfremdet. Das neoklassische Paradigma ist Teil einer modernen Geisteshaltung vor allem unter Wirtschaftsstudenten geworden. Obwohl es doch vom Ansatz her nur ein methodologisches Modell einer Wissenschaftsdisziplin war, beginnt es aus dieser Ecke eines spezialisierten Denkens heraus die Alltagswahrnehmung von immer mehr Menschen zu prägen und zu formieren.

Die kommunitarische Wirtschaftsethik hat also zwei Seiten. In einer wertfrei-methodologischen und erkenntnistheoretischen Betrachtung erinnert sie zum ersten daran, dass radikal individualistische Modellbildungen dazu führen, die soziale Einbettung der Individuen zu übersehen. Sie versucht, diese systematisch in den Blick zu nehmen, ohne die technischen Errungenschaften der Rational-Choice-Konzeptionen zu verwerfen. Die Einbeziehung der moralischen Dimension soll also die Erklärungskraft der Theorie erweitern. Auf der normativen Ebene beklagt sie zum zweiten, dass der methodologische Individualismus bei den Wirtschaftsstudenten sich unversehens in einen normativen Individualismus verwandelt, der gemeinschaftsvergessenes und sogar gemeinschaftsfeindliches Handeln nahe legt. Da dies nach kommunitarischer Ansicht den sozialen Zusammenhalt gefährdet und damit auch die sozial komplexen und anspruchsvollen gesellschaftlichen Voraussetzungen eines entfalteten Individualismus untergraben kann, kommt es darauf an, für eine Stabilisierung dieser Voraussetzungen zu sorgen, also im Gemeinwohlinteresse die Rahmenbedingungen des Wettbewerbs so zu organisieren, dass dieser bestmögliche Wohlstandsresultate erbringt, aber

---

[445] Ebenda S. 407.

nicht zerstörerisch wirkt, keine unmenschlichen Züge annimmt und insbesondere sich nicht selbst aufhebt oder von unwilligen sozialen Bewegungen aufgehoben wird. Wichtig dabei ist, dass die Gestaltung der Rahmenbedingungen nicht allein als Staatsaufgabe angesehen wird, weil dessen Interventionen eine Verfälschung der Wettbewerbsbedingungen zugunsten von Partikularinteressen bewirken könnten (Monopole, Protektionismus, rent seeking). Vielmehr ist dies eine sozialmoralische Aufgabe der öffentlichen Diskussion und Meinungsbildung.

Der Anspruch der kommunitarischen Wirtschaftsethik besteht darin, die Individuen nicht als zitternde Atome in der Kälte des Neoliberalismus allein zu lassen, sondern vielmehr ihre Selbstbestimmung in responsiven Communities zu organisieren. Der Globalisierungsprozess verlangt nach einer Sozialtheorie mit globaler Wirkung. Etzionis Ansatz bietet sich vor allem deshalb an, weil er einen dritten Weg zwischen gruppenbezogenem Partikularismus und anonymer und atomistischer Universalität zu finden sucht.

Es ist natürlich klar, dass das kommunitarische Denken konkrete Antworten auf die Herausforderungen der sich immer weiter beschleunigenden Arbeitswelt (s.o.) entwickeln musste. Diese bestehen unter anderem in einer Verlangsamung der Anpassungsanforderungen, die der Globalisierungsprozess stellt. Der westeuropäische, australische und neuseeländische Weg folgen ganz offenbar einem langsameren Pfad als die USA. Darüber hinaus geht es um die Schaffung von *community jobs*. Auf lokaler Ebene sollen Geldmittel für Schulen, öffentliche Bibliotheken, Kindergärten oder Umweltschutzmaßnahmen, also für die Produktion von öffentlichen Gütern bereitgestellt werden. Die Entscheidungen auf lokaler Ebene sollen eine Nähe zu den realen Bedürfnissen gewährleisten, die sonst bei der Bereitstellung von nicht marktmäßig finanzierten öffentlichen Arbeitsangeboten auf eine sehr kostenträchtige Weise verfehlt werden könnten.[446]

Vor allem muss ein Grundgefühl sozialer Sicherheit für alle geschaffen werden. Niemand soll ohne Krankenversicherung und eine gewisse Grundversorgung sein. Entscheidend ist hier nicht der genaue Umfang der Unterstützung, sondern vielmehr die feste und verlässliche Überzeugung, dass alle Arbeitslosen, Behinderten oder Kranken sowie ihre Kinder eine Grundsicherung erhalten, egal welche Partei gerade regiert und welcher politische Kurs gerade gefahren wird.

Obwohl in diesem Kapitel die praktischen Folgerungen und Reformvorschläge in sozusagen natürlicher Reihenfolge an den Schluss gestellt wurden, ist doch wohl eher die kritisch-selbstkritische Analyse des ökonomischen Paradigmas interessant und folgenreich, die in der Tat in die Gründung einer wirkungsmächtigen internationalen Organisation von Ökonomen und Sozialwissenschaftlern geführt hat. Das Rational-Choice-Paradigma wird durch Etzioni und seine Mitstreiter auf extremste Weise gedehnt, in den Augen seiner strengeren Befürworter gewiss ausgehebelt. Die Tatsache jedoch, dass diese kritischen Argumentationen nicht wie die Ökonomiekritik der Frankfurter Schule von außen (in jenem Fall aus einem philosophisch-geisteswissenschaftlichen Paradigma) kommen, sondern von innen, und dass herausragende Vertreter des Rational-Choice-Ansatzes wie Kenneth Arrow dieser Kritik entscheidende Stichworte liefern, legt doch den Schluss nahe, dass es sich hier um Selbstkritik und Selbstaufklärung des ökonomischen Paradigmas handelt.

---

[446] Etzioni, Amitai: Die Entdeckung des Gemeinwesens. Ansprüche, Verantwortlichkeiten und das Programm des Kommunitarismus, Frankfurt 1998 (zuerst als The Spirit of Community, 1993), S. 159–192.

Fragen

1. Welche Argumente bringen die Kommunitarier gegen die liberale Gesellschaftstheorie vor?
2. Auf welche praktische gesellschaftliche Entwicklung reagieren die kommunitarischen Theoretiker?
3. Worin besteht das theoretische Gegenmodell bei Michael Walzer? Ist es überzeugend?
4. Beschreiben Sie das Gegenmodell Amitai Etzionis.
5. Welche Art von Gemeinschaftsbegriff wird von den kommunitarischen Theoretikern verwendet?
6. Handelt es sich bei den kommunitarischen Denkansätzen Ihrer Einschätzung nach eher um eine konservative, eine liberale oder eine sozialistische Konzeption?
7. Welche Ergänzung nimmt die kommunitarische Wirtschaftstheorie zur Konzeption des nutzenmaximierenden Individuums vor?
8. Was versteht Etzioni unter dem Begriff „Sozioökonomik" (Socio-Economics)?
9. Wie soll nach Etzioni der eingekapselte Wettbewerb funktionieren?
10. Welche Rolle spielt in der kommunitarischen Ökonomik die moralische Dimension? Vergleichen Sie das mit der klassischen bzw. neoklassischen Ökonomik.
11. Wo liegen die ideengeschichtlichen Quellen des kommunitarischen Denkens?

Einführungstexte

Etzioni, Amitai: Martin Buber und die kommunitarische Idee, Wien 1999.

Taylor, Charles: Atomismus. in Bert van den Brink und Willem van Reijen (Hg.): Bürgergesellschaft, Recht und Demokratie, Frankfurt 1995, S. 73–106.

Walzer, Michael: Die kommunitaristische Kritik am Liberalismus, in Axel Honneth (Hg.): Kommunitarismus, Frankfurt und New York 1993, S. 157–180.

Literatur

Etzioni, Amitai: Die aktive Gesellschaft. Eine Theorie gesellschaftlicher und politischer Prozesse, 2. Aufl. Wiesbaden 2009. (zuerst als The active Society, 1968).

Etzioni, Amitai: Die Entdeckung des Gemeinwesens. Ansprüche, Verantwortlichkeiten und das Programm des Kommunitarismus, Frankfurt 1998 (zuerst als The Spirit of Community, 1993).

Etzioni, Amitai: Die faire Gesellschaft. Jenseits von Sozialismus und Kapitalismus (zuerst als The Moral Dimension, 1988), Frankfurt 1996.

Etzioni, Amitai: Die Verantwortungsgesellschaft. Individualismus und Moral in der heutigen Demokratie, Frankfurt und New York 1997 (zuerst als The New Golden Rule, 1996).

Etzioni, Amitai: Political Unification Revisited. A Comparative Study of Leaders and Forces, New York 2001.

Sandel, Michael J.: Die verfahrensrechtliche Republik und das ungebundene Selbst, in Axel Honneth (Hg.): Kommunitarismus. Frankfurt 1993, S. 18–35.

Sandel, Michael J.: Liberalism and the Limits of Justice, Cambridge 1982.

Sen, Amartya: Ökonomie für den Menschen. Wege zu Gerechtigkeit und Solidarität in der Marktwirtschaft, München 1999.

Taylor, Charles: Negative Freiheit? Zur Kritik des neuzeitlichen Individualismus, Frankfurt 1988.

Taylor, Charles: Quellen des Selbst. Die Entstehung der neuzeitlichen Identität. Frankfurt 1994, zuerst als: Sources of the Self. The Making of the Modern Identity, Cambridge 1989.

Tönnies, Ferdinand: Gemeinschaft und Gesellschaft. Grundbegriffe der reinen Soziologie, Darmstadt 1988 (zuerst 1887).

Walzer, Michael: Kritik und Gemeinsinn. Drei Wege der Gesellschaftskritik, Berlin 1990 (zuerst als Interpretation and Social Criticism, 1987).

Walzer, Michael: Sphären der Gerechtigkeit. Ein Plädoyer für Pluralität und Gleichheit, Frankfurt und New York 1992 (zuerst als Spheres of Justice, 1983).

Sekundärliteratur

Haus, Michael: Die politische Philosophie Michael Walzers. Kritik, Gemeinschaft, Gerechtigkeit, Opladen 2000.

Honneth, Axel (Hg.): Kommunitarismus. Eine Debatte über die moralischen Grundlagen moderner Gesellschaften, Frankfurt 1993.

Reese-Schäfer, Walter: Amitai Etzioni zur Einführung, Hamburg 2001.

Reese-Schäfer, Walter: Grenzgötter der Moral. Der neuere europäisch-amerikanische Diskurs zur politischen Ethik, Neuausgabe Wiesbaden 2012.

Reese-Schäfer, Walter: Kommunitarismus, 3. vollständig überarbeitete Aufl. Frankfurt 2001.

10 Neoliberale und marktradikale Theoriekonzepte: Hayek, Mises und Rothbard

10.1 Etatistisch-evolutionärer Marktliberalismus: F. A. v. Hayek

Vertragstheoretische Konzeptionen tragen in sich einen revolutionären, mindestens sozial umverteilerischen Unterton. Wenn jeder einzelne dem Vertrag zustimmen können muss, dann dürften die bisherigen, die althergebrachten Verteilungsregeln nicht mehr haltbar sein. Wo wäre dann eine grundsätzliche Gegenposition zu suchen? Eine Position, die der Umverteilung gegenüber eine kritische Position beziehen könnte? Der Konservatismus könnte eine solche nicht begründen, denn Konservatismus bedeutet eine wenn auch vorsichtige und behutsame Anpassung an die historische Entwicklung unter größtmöglicher Erhaltung des Hergebrachten. Hier sind, so moralisierend Konservative oft auftreten mögen, keine wirklichen Prinzipien zu finden. Die tatsächliche Gegenposition basiert normalerweise auf einer Evolutionstheorie: Es gilt nicht das Vereinbarte, sondern das, was sich gewissermaßen im Selbstlauf entwickelt hat. Das berühmte Argument von Robert Filmer, dem Gegner John Lockes, bestand darin: Niemand hat je den Gesellschaftsvertrag geschlossen, aber jeder hat einen Vater, der ihn in die Gesellschaft und ihre Regeln einführt. Filmers Buch, eine noch recht rohe Form der Evolutionstheorie, trug konsequenterweise den Titel „*Patriarchia*" und verteidigte die Erbmonarchie.

Heute sind nicht nur die Vertragstheorien komplexer und differenzierter geworden, sondern auch ihre prinzipielle Gegenposition, die **Evolutionstheorie**. Friedrich August von Hayek (1899–1992) hat in vielfältigen Anläufen und keineswegs widerspruchsfrei eine solche Konzeption entworfen. Hayeks Kernidee ist die **spontaner Ordnungen** selbstorganisierter Systeme, die sich **durch menschliches Handeln, aber nicht unbedingt durch menschliche Absicht** ergeben. Ordnungen ergeben sich fast nie dadurch, dass sie bewusst so geplant werden, sondern sie entstehen oft eher gegen den Willen der Akteure. Moralische und rechtliche Regeln sind immer Handlungseinschränkungen. Die Zivilisierung menschlichen Handelns muss durchweg gegen den Willen der Einzelnen durchgesetzt werden. Nietzsche hat das am eloquentesten thematisiert, Foucault hat dies mit einem gewissen Unterton der Moralkritik popularisiert, für Hayek handelt es sich um eine elementare Voraussetzung der Moraldurchsetzung, die auf sozialem Gruppendruck, oft harten Erziehungsprozessen und Gewalt beruht. Nur wenige Menschen „lieben" Moralsysteme, und wenn sie es tun, darf man ihre Motive und Verhaltensgrundsätze mit einer berechtigten Skepsis betrachten. Die meisten müssen gezwungen werden, ihre unmittelbaren gefühlsmäßigen Reaktionen zugunsten der Gruppe und des Wohlverhaltens zu kontrollieren. Dabei spielt Triebunterdrückung eine große Rolle.

Moralische Regeln setzen sich durch in einem **Wettbewerb der Moralsysteme**, bei dem die weniger erfolgreichen Modelle ausscheiden. Unter den konkurrierenden Regeln und Regelsystemen werden diejenigen selektiert, welche den Gruppen, die diese Regeln anwenden, die Durchsetzung im Wettbewerb ermöglichen. Es muss sich also nicht unbedingt um die moralisch besseren Regeln handeln, nicht einmal um die rationaleren. Man könnte allenfalls von einer funktionalen Rationalität dieser Regeln sprechen. Eine rationalistische Moralkritik würde, da es sich um chaotisch gewachsene Systeme handelt, immer Ansatzpunkte finden können. Ein vollkommen rational durchkonstruiertes Regelsystem würde aber vermutlich genauso wenig Anhänger finden wie eine vollkommen rational konstruierte Sprache nach dem Modell des Esperanto. Selbst internationales Recht und weltbürgerliche Moral scheinen eher im Selbstlauf zu wuchern als geplant zu werden. Die Individuen selbst müssen nicht rational handeln, es reicht, wenn sie die Regeln einhalten, selbst wenn sie es aus abergläubischer Höllenfurcht tun. Spontane Ordnungen können entstehen und funktionieren, ohne dass die beteiligten Individuen sie durchschauen und bewusst betreiben. Es bedarf nicht einmal besonders aufgeklärter Einzelner dazu – eine solche Ordnung könnte auch dann erfolgreich sein, wenn keiner ihrer Zugehörigen ihre Funktionsweise verstanden hat. In einer Konkurrenz ähnlich effizienter Ordnungen könnte allerdings möglicherweise diejenige gewinnen, bei der mehr auf die Einhaltung der Regeln geachtet wird – aber auch das ist nicht sicher, weil die Regeln dadurch auch starrer und weniger flexibel werden und so in einen Wettbewerbsnachteil umschlagen können.

Es handelt sich also um eine Art Markt von Moralmodellen.[447] Die marktwirtschaftliche Ordnung ist von Hayek – und darin liegt sein originellster Beitrag zur modernen Gesellschaftstheorie – als **Entdeckungs- und Informationssystem** beschrieben worden. Sie kann erklären, wieso es möglich ist, die Handlungsweisen von Millionen von Menschen mit unterschiedlichen Zielen und Interessen so zu koordinieren, dass sie kooperieren. Es ist nicht erforderlich, einen Habermasianischen Konsens über ein gemeinsames Ziel herzustellen, um dennoch zusammenzuarbeiten und den gegenseitigen Nutzen zu erwirtschaften. Man kann sogar arbeitsteilig mit Menschen effizient zusammenarbeiten, ohne diese zu kennen, ja ohne überhaupt von ihrer Existenz etwas zu wissen. Der Markt teilt einem schon mit, ob sie die eigenen Güter benötigen und kaufen.

Das Ausscheiden des Marxismus mit seiner egalitären Moral aus dem Wettbewerb der Ideologien ist ein recht überzeugendes Beispiel für diesen Markt der Moralkonzeptionen. Aber es ist wie auf dem realen Markt: nicht immer setzt sich Qualitäts- und Markenware durch, es können genauso gut Billigprodukte der Moral und des Rechts sein, die für anspruchsvolle Konsumenten wenig attraktiv erscheinen mögen. Hayek hat sein Kriterium für den Erfolg philosophisch nie ganz schlüssig explizieren können, weil seine Evolutionstheorie eine empirisch-normative Dublette darstellt. Eine konsequentialistische Moral, der zufolge dasjenige System überlegen ist, das gewonnen hat, hat er niemals vertreten. Dann hätte man ja auch leicht darauf verweisen können, dass der Sozialismus in seinem Teil der Welt für viele Jahre alternativlos gesiegt und seine Ideologie zwangsweise durchgesetzt hatte. Wenn aber „Erfolg" die weltweite Durchsetzung ist, dann würde die Richtigkeit oder Fehlerhaftigkeit seiner Theorie sich erst am Ende der Geschichte, wenn auch der letzte Winkel der Welt mit einer konsequenten Marktmoral durchdrungen sein wird, erweisen können. Hayek hat etwas ande-

---

[447] Vgl. dazu Baurmann, Michael: Der Markt der Tugend. Recht und Moral in der liberalen Gesellschaft, Tübingen 2000.

res gemeint. Die spontanen Ordnungen sind bei ihm durchaus normativ positiv aufgeladen. Für das Marktsystem hat er den Kunstbegriff der **Katallaxie** eingeführt und betont, dass das griechische Verb *katallattein* nicht bloß tauschen heißt, sondern auch ‚jemanden in eine Gemeinschaft aufnehmen', oder sogar, prägnanter, ‚aus dem Feind einen Freund machen'. Es handelt sich auch deshalb um eine moralische Ordnung, weil sie Zusammenarbeit ohne Zwangsausübung von Menschen gegenüber Menschen ermöglicht. Das ist **der liberale Kern dieses Denkens, das jeden persönlichen Zwang verabscheut** und nur eine politische Herrschaft zulässt, der jeder hat beistimmen können, um dies kantisch auszudrücken. Ein Zwang, in einer bestimmten Weise zu handeln, geht dann eher vom eigenen Willen und Wunsch aus, am Konkurrenzspiel erfolgreich teilzunehmen – es handelt sich nicht um das Aufdrücken des persönlichen und willkürlichen Willens eines anderen Menschen, sondern um die Folgen der spontanen Ordnungsform selbst.

Eine spontan entstandene Ordnung, die die erfolgreiche und weitgehend zwangfreie Koordination der verschiedensten Einzelwillen ermöglicht, ist für Hayek darüber hinaus insofern moralisch aufgeladen, als er sie für strukturell erhaltenswert (wenn auch immer im einzelnen zu verbessern) hält. Er ist sogar der Meinung, dass zur Abwehr sozialistischer Gegner und zur Verteidigung dieser Ordnung, die vor allem auf dem persönlichen Sondereigentum, also dem Privateigentum beruht, durchaus aktives Handeln erforderlich sein kann. Er vertraut der Spontaneität der Ordnung also nicht so weit, dass er in dieser Hinsicht dem Markt der Möglichkeiten wirklich vertrauen würde. Dieses Spannungsverhältnis tritt immer dann auf, wenn man mit evolutionstheoretischen Konzeptionen operiert. Auch Karl Marx und Lenin hatten nie das Spannungsverhältnis lösen können zwischen dem von ihnen mit wissenschaftlicher Gewissheit behaupteten baldigen Zusammenbruch des Kapitalismus bzw. Imperialismus und der Erfordernis, diesen durch die Gründung von Arbeiterorganisationen bzw. der Partei aktiv voranzutreiben. Hayek allerdings kommt einer Lösung dadurch näher, dass er grundsätzlich **zwei Ebenen** unterscheidet, nämlich die Ebene des spontanen Wirkens der Marktprinzipien einerseits, und die Ebene des Rechts- und Regelsystems, das diesem Funktionieren einen **Rahmen** gibt und auf diese Weise das ungestörte Funktionieren des Marktes überhaupt erst ermöglicht, andererseits. Ein marktmäßiger Austausch bedarf als allererste Voraussetzung der Rechtssicherheit und des Friedens: sonst wäre die Aneignung von Gütern durch Plünderung und Gewalt möglich – wie das unter anderem in Teilen des Osmanischen Reiches immer wieder der Fall war. In Zonen, wo z.B. Gebietsfürsten durch konfiskatorische Plünderungen auf das Eigentum von Kaufleuten zugreifen konnten, wurden diese in den Untergrund abgedrängt oder ihre Tätigkeit überhaupt weitgehend lahmgelegt. Hayeks Rahmentheorie geht aber noch weiter: nicht nur der innere und der äußere Friede sind Staatsaufgabe – das wäre eine Minimalstaatstheorie, wie wir sie von Robert Nozick kennen – sondern auch die Bereitstellung einer Vielzahl von Dienstleistungen, „die aus verschiedenen Gründen vom Markt überhaupt nicht oder noch nicht adäquat bereitgestellt werden können."[448] Hayek ist gewiss ein im philosophischen Sinne radikaler Marktwirtschaftler – er ist aber **kein Marktradikaler** wie Murray Rothbard und David Friedman. Das Argument der **kollektiven Güter** steht für ihn durchaus im Zentrum, deshalb kann Hayek bei allem Liberalismus dem Staat eine erheblich größere Rolle zumessen als das in anderen liberalen und neoliberalen Theorien der Fall ist. „Die Behauptung, dass überall dort, wo der Markt dazu gebracht werden kann, die erforderlichen Dienste anzubieten, dies die effektivste Methode dazu darstellt,

---

[448] Hayek, Friedrich August von: Recht, Gesetzgebung und Freiheit, Bd. 3, Die Verfassung einer Gesellschaft freier Menschen, Landsberg 1981, S. 67.

impliziert nicht, dass wir nicht auf andere Methoden zurückgreifen können, wo erstere nicht anwendbar ist. Auch kann nicht ernsthaft bezweifelt werden, dass dort, wo gewisse Dienstleistungen nur zur Verfügung gestellt werden können, wenn alle Nutznießer gezwungen werden, zu ihren Kosten beizutragen, weil diese Dienste nicht auf diejenigen beschränkt werden können, die freiwillig bereit sind, dafür zu zahlen, nur die Regierung berechtigt sein sollte, solche Zwangsgewalt anzuwenden."[449]

Die sogenannten **öffentlichen Güter**, aber sogar auch das Erziehungssystem sieht Hayek durchaus als angemessene **Staatsaufgabe**. Er ist darüber hinaus der Meinung, dass der Markt zwar sehr effizient zur Verbreitung von Informationen beitragen kann, dass aber der Marktprozess wirkungsvoller funktioniert, wenn der Zugang zu bestimmten Informationen wie z.B. Statistiken, Grundbüchern etc. für jeden frei ist.[450] In solchen Gedanken Hayeks hat sein wichtigster Lehrer, Ludwig von Mises, übrigens schon sozialistische Tendenzen vermutet. Mir scheint es sich bei solchen Differenzen zwischen den Markttheoretikern nicht bloß um Nuancen und Feinheiten zu handeln. Zwar argumentieren in einer historischen Situation, in welcher der Staat über 50% des Sozialprodukts kontrolliert und distribuiert, beide in der gleichen Richtung für einen Abbau der Staatstätigkeit. Bei Hayek allerdings werden staatliche Einrichtungen als rechtliche wie politische Garantien des Marktes ausgesprochen positiv legitimiert. Er ist Anhänger eines durchsetzungsfähigen, in diesem Sinne also starken Staates, der allerdings wesentlich schlanker als der bisherige sein sollte. Ludwig von Mises und mehr noch die kapitalistischen Anarchisten der Denktradition von Nozick, Rothbard und David Friedman tendieren dazu, selbst das Rechts- und Sicherheitssystem, sogar die Verteidigung in private Hände zu geben, die Schulen und Grundbücher ohnehin.

Eine spontane Ordnung nach dem Modell des Marktes ist der Grundpfeiler von Hayeks Theorie. Die dahinterstehende normative Frage ist die nach einer angemessenen sozialen Ordnung. Aus dem Blickwinkel einer einzigen Wissenschaftsdisziplin kann diese kaum hinreichend beantwortet werden. Hayek beklagt entschieden die Trennung in Spezialfächer, besonders die Trennung von Ökonomie und Recht. Es bedarf seiner Ansicht nach aber auch der Perspektiven der Politikwissenschaft, Ethik und Soziologie, so dass niemand, der an einem solchen Entwurf arbeitet, Fachkompetenz auf allen diesen Gebieten beanspruchen kann. Hayek hat diesen Versuch einer Gesamtschau in zwei großen Anläufen unternommen: in „Die Verfassung der Freiheit" aus dem Jahre 1960 und erneut 1979 in drei Bänden in „Recht, Gesetzgebung und Freiheit", ein Werk, in dem der Ton schärfer, gesellschaftskritischer und demokratiepessimistischer geworden ist. In diesem zweiten Hauptwerk wird die Konzeption der Evolution selbstorganisierter Prozesse wesentlich schärfer akzentuiert und herausgearbeitet. Vor allem wird im zweiten Teil „Die Illusion der sozialen Gerechtigkeit" das vorherrschende Denken seit den 1960er Jahren in einer Grundsätzlichkeit und Schärfe kritisiert, die in einigen Passagen an Ludwig von Mises erinnert. Der dritte Teil über die Verfassungsstruktur wartet mit einigen Überlegungen zur Reform demokratischer Verfassungen auf, weil Hayek befürchtet, dass eine demokratische politische Körperschaft ohne gewaltenteilige Gegengewichte und Kontrollen, beflügelt von den sozialen Illusionen der 1960er Jahre, an die Stelle der spontanen Ordnung allmählich eine durchkonstruierte Gesamtorganisation setzen könnte, die nach und nach in ein totalitäres System hinübergleitet. In

---

[449] Ebenda S. 67f.
[450] Ebenda S. 89.

diesem Text greift er Gedanken seiner berühmtgewordenen Polemik „Der Weg zur Knechtschaft" aus dem Jahre 1944 auf, die er „Den Sozialisten in allen Parteien" gewidmet hatte.[451]

Seine Überlegung: Es wäre falsch, die Marktordnung als gerechte Ordnung ansehen zu wollen. Der Markt belohnt und bestraft nicht nach Kriterien der **sozialen Gerechtigkeit**, sondern oft genug allein nach Zufall und Glück, auch wenn dies doch recht oft das Glück der besonders Tüchtigen war. Es ist jederzeit möglich, dass ein Misserfolg am Markt gar nicht an der fehlenden eigenen Anstrengung und Ingenuität gelegen hatte, sondern schlicht an den Launen eines Marktes, der sich eben nicht planen und gestalten lässt, oder am zufälligen Glück eines Konkurrenten, der kurz vorher mit der gleichen Idee etwas besser platziert war, oder daran, dass man mit einer an sich brillanten Idee etwas zu früh gekommen war, um ein hinreichend großes Marktsegment erreichen zu können. Das Entdeckungsverfahren des Marktes ist funktional gesehen keineswegs absurd: es belohnt die jeweils optimale Mischung von Gründlichkeit, Innovationskraft, Tempo, Kundennähe und Größe, die sich normalerweise nicht am grünen Tisch vorausberechnen lässt, d.h. der Markt probiert sehr vieles aus, von dem sich am Ende nur wenig durchsetzt. Er funktioniert aber keineswegs nach Kriterien der sozialen Gerechtigkeit, und er belohnt zum Beispiel nur selten die, die sich besonders angestrengt hatten, denn das sind oft die ineffizientesten Produzenten.

Hayek ist insofern ein wichtiger Anti-Ideologe, als er nicht versucht, dies in irgendeiner Weise moralisch oder moralisierend zu rechtfertigen, sondern schlicht als den moralisch kalten, aber ökonomisch heißlaufenden Motor der Wohlstandsproduktion begreift. Sein Argument ist ein anderes: die Verteilung der Wohltaten und Lasten nach dem Marktmechanismus müsste nur dann als ungerecht angesehen werden, „wenn sie das Resultat einer absichtlichen Zuteilung an bestimmte Leute wäre."[452] So wird der Markt von den Theoretikern der sozialen Gerechtigkeit im Grunde auch interpretiert. Hayek lehnt diese Deutung ab. Gerechtigkeitskriterien gelten nur in einem **organisierten Kooperationszusammenhang**, in dem jeder nach seinem Beitrag auch am Ertrag beteiligt werden muss, nicht aber in einer **spontanen Ordnung**, in der Ungleichverteilungen sich quasi naturwüchsig ergeben. **Gerechtigkeit** im Sinne Hayeks dagegen würde allein darin bestehen, dass alle Beteiligten die Gesetze und fairen Wettbewerbsregeln einhalten. Er versucht den Gerechtigkeitsbegriff von seiner sozialen Überdehnung wieder auf den liberalen Kern von Recht und Gesetz einzugrenzen. Er ist also für die Einhaltung der gerechten Rahmenregeln. Beim Tausch soll niemand betrogen werden dürfen. In der klassischen Tradition nannte man dies die *iustitia commutativa*, die Tauschgerechtigkeit. Die soziale Gerechtigkeit dagegen, die er verwirft, hieß *iustitia distributiva*, also Verteilungsgerechtigkeit.

Die Ablehnung der sozialen Gerechtigkeit als Idee ist nicht bloß eine bestimmte Interpretation dieser Ordnung, sondern für sie sprechen gewichtige Argumente. Hayek bezweifelt grundsätzlich, dass „das Verlangen nach Verteilungsgerechtigkeit die Gesellschaft in irgendeinem Sinne gerechter gemacht oder die Unzufriedenheit verringert hat."[453] Wenn nicht mehr das gerechte, also gesetzestreue individuelle Verhalten die Forderung der Gerechtigkeit erfüllen soll, sondern die Verteilung, dann bedarf es wie in einer Organisation einer Spitze, die diese Verteilung anordnet. Es bedarf einer distributiven Autorität, die letztlich auf eine totali-

---

[451] Hayek, Friedrich August von: Der Weg zur Knechtschaft, München 1994 (zuerst The road to serfdom, 1944).
[452] Hayek, Friedrich August von: Recht Gesetzgebung und Freiheit, Bd. 2, Die Illusion der sozialen Gerechtigkeit, Landsberg 1981, S. 95.
[453] Ebenda S. 96.

täre Gesamtkontrolle der Gesellschaft und damit eine Lähmung des wirtschaftlichen Prozesses hinauslaufen kann. Hier sieht Hayek eine der größten Bedrohungen unserer Zivilisation – durch die Entwicklung jenes, wie er es benennt, quasi-religiösen Aberglaubens der sozialen Gerechtigkeit, den nicht zuletzt die römisch-katholische Kirche zu einem Teil ihrer offiziellen Lehre gemacht hat, weil der Klerus zunehmend den Glauben an eine übernatürliche Offenbarung verloren zu haben scheint und das Heil nunmehr in der Konstruktion eines irdischen Wohlfahrtsparadieses sucht.[454] Der Begriff der sozialen Gerechtigkeit hat im Zusammenhang einer spontanen Ordnung keine Bedeutung und keinen Inhalt. Wollte man diese Idee durchzusetzen versuchen, würde man dabei die Marktordnung zerstören. „‚Soziale Gerechtigkeit' kann nur in einer gelenkten oder Befehlswirtschaft eine Bedeutung erhalten (wie etwa in einer Armee), in der den Individuen befohlen wird, was sie tun sollen; und jede bestimmte Vorstellung von ‚sozialer Gerechtigkeit' könnte nur in einem derartigen zentral gesteuerten System verwirklicht werden. Es setzt voraus, dass die Leute von spezifischen Anweisungen und nicht von Regeln des gerechten individuellen Verhaltens gelenkt werden."[455] Im realen ökonomischen Prozess kann sich zwar jeder einzelne Teilnehmer gerecht im Sinne von gesetzeskonform und regelgerecht verhalten, die Ergebnisse dagegen können weder gerecht noch ungerecht sein, weil sie nicht beabsichtigt und nicht vorhergesehen sind, da sie von einer Vielzahl von Umständen abhängen, von denen jeder nur Teile kennt. Darin liegt gerade die Stärke des Marktes. Er kann das Verhalten von Individuen, die nur über begrenzte und partielle Informationen verfügen in einer Situation, in der aufgrund der Vielzahl der gleichzeitig agierenden und ihre Präferenzen wechselnden Einzelwillen niemand den Gesamtüberblick haben kann, dennoch insgesamt und nach einem allgemeinen Kriterium koordinieren. **Der Vorteil des Marktes besteht gerade darin, das Verhalten der Individuen nicht im Einzelnen kontrollieren zu müssen** – abgesehen davon, dass die individuelle Entscheidungsfreiheit auch und gerade in den kleinen Dingen des Alltags auch um ihrer selbst willen schon ethisch wünschenswert ist (also auch dann, wenn sie ineffizienter wäre als eine zentrale Vorgabe).[456]

Hayek spricht, so wie Lyotard von den Sprachspielen, hier von einem **Katallaxie-Spiel**: „Es verläuft, wie alle Spiele, nach Regeln, die die Handlungen individueller Teilnehmer leiten, deren Ziele, Fähigkeiten und Kenntnisse verschieden sind, mit der Folge, dass das Ergebnis unvorhersagbar ist, und dass es regelmäßig Gewinner und Verlierer gibt. Und während wir, wie in einem Spiel, recht daran tun, darauf zu bestehen, dass es fair ist und dass niemand betrügt, wäre es unsinnig zu verlangen, dass die Ergebnisse für die verschiedenen Spieler gerecht sein sollen."[457] Die Analogie zum Spiel hat in der ökonomischen Theorie als erster Adam Smith eingeführt, auch wenn sie schon auf die antiken Stoiker zurückgeht.[458] Die Verlierer des Marktspiels werden – anders als die Verlierer an der Börse – durch diesen Topos nur selten getröstet werden können. Es sollte deshalb hinzugefügt werden, dass letztlich philosophisch wie gesellschaftstheoretisch wesentlich mehr dahintersteht, nämlich „dass Menschen die freie Entscheidung darüber, welche Arbeit sie tun wollen, nur dann erlaubt werden kann, wenn die Entlohnung, die sie dafür erwarten können, dem Wert entspricht, den diese Dienstleistungen für ihre Empfänger haben, und dass der Wert, den diese Dienstleis-

---

[454] Ebenda S. 97.
[455] Ebenda S. 101.
[456] Ebenda S. 103.
[457] Ebenda S. 103.
[458] Smith, Adam: Theorie der ethischen Gefühle, Hamburg 2004, Teil VII, Abschnitt 2, Kap. 1, Bd. 2, S. 467.

10 Neoliberale und marktradikale Theoriekonzepte: Hayek, Mises und Rothbard

tungen für ihre Empfänger haben, oft in keinem Verhältnis zu ihren individuellen Verdiensten und Bedürfnissen steht."[459] Es mag attraktiv sein, Künstler zu werden oder den Mount Everest zu besteigen – doch nur wenige können damit reich werden oder auch nur ihr Geld verdienen. Andere müssen für dieses Form der Selbstverwirklichung zahlen, und zwar durch Einkommen, welches sie auf andere Weise erworben haben müssen. Viele mögen die beschauliche Existenz des Geisteswissenschaftlers jener – oftmals viel nützlicheren – eines Gebäudereinigungsunternehmers vorziehen. Aber die Freiheit dieser Berufswahl kann nur insofern bestehen, als eben auch ein Einkommen am Markt erzielbar ist.

Hayek hält es geradezu für ein Unglück, dass gelegentlich der Versuch unternommen worden ist, die Marktordnung mit dem Argument zu verteidigen, dass sie regelmäßig diejenigen belohne, die es verdient hätten. Für ihn handelt es sich nur zum Teil um ein **Geschicklichkeitsspiel**, zu einem nicht zu vernachlässigenden anderen Teil aber um ein **Glücksspiel**. Die gesuchte Rechtfertigung müsste anders argumentieren, nämlich negativ von der Alternative einer ineffizient durchgeplanten Gesamtgesellschaft, welche die Berufswahl und die Konsumwahl einer rigorosen Beschränkung und Kontrolle unterwerfen würde und voraussichtlich doch nicht auf Dauer funktionieren könnte, und positiv von einer Ethik der Freiheit und Selbstverantwortung her, die allerdings den Individuen auferlegt, zur sozialen Arbeitsteilung insofern beizutragen, als sie ihren Lebensunterhalt verdienen können. Würde man jedem z.B. nach irgendwelchen Kriterien der sozialen Gerechtigkeit eine vorgegebene Entlohnung garantieren und gleichzeitig allen die Freiheit der Berufswahl zubilligen, wäre es hochgradig unwahrscheinlich, dass dann genau die Waren und Dienstleistungen produziert werden könnten, die die jeweils anderen benötigen. Alle wären insgesamt ärmer. Hayeks entscheidendes und innovatives Argument für den **Wettbewerb** ist aber, dass es sich dabei um ein **Entdeckungsverfahren** handelt, weil die Marktpreise Indikatoren und Anreize darstellen, welche die Nutzung der begrenzten Informationen jedes einzelnen in einer Weise ermöglichen, dass für möglichst viele zahlungskräftige Bedürfnisse auch die entsprechenden Produkte bereitgestellt werden können.[460] Die **Preise** weisen die Richtung, in der produziert und gearbeitet werden muss. Dabei müssen Erwartungen immer wieder enttäuscht werden, weil feste Preise für die Güter und Dienstleistungen, die jemand anzubieten hat, niemandem garantiert werden können – inzwischen nicht einmal mehr den Ärzten.

Von diesem prinzipiellen Punkt abgesehen, gibt es nach Hayek – hier zeigt sich wieder seine Vorliebe für den Staatseingriff – kein schlüssiges Argument gegen ein garantiertes Mindesteinkommen oder ein soziales Minimum, unter das keiner zu sinken braucht und das Schutz gegen empfindlichen Mangel gewährt. Wenn es außerhalb des Marktes gewährt wird, wird dies nicht zur Einschränkung der Freiheit führen und auch nicht mit liberalen oder Rechtsprinzipien in Konflikt geraten.[461] Auch hier würde Ludwig von Mises wieder sozialistische Tendenzen befürchten – Hayek geht in diesem Punkt aber durchaus konform mit Milton Friedmans Konzept einer negativen Einkommenssteuer, wo über die Steuer, nicht über tarifliche Mindestlöhne, ein Ausgleich geschaffen wird. Tarifliche Mindestlöhne dagegen würden, sobald sie über dem Marktergebnis liegen, die entsprechende Produktion in andere Länder verlagern oder im Falle nicht so gut zu verlagernder Dienstleistungen dazu führen, dass diese nicht mehr oder nur noch illegal angeboten werden.

---

[459] Hayek, Friedrich August von: Recht, Gesetzgebung und Freiheit, Bd. 2, a.a.O. S. 104.
[460] Ebenda S. 100ff.
[461] Ebenda S. 122.

Die Moral der sozialen Gerechtigkeit hat sich in primitiveren Verhältnissen als Prinzip der Verteilungsgerechtigkeit innerhalb einer kooperierenden Kleingruppe entwickelt, scheint aber immer noch tief im sozialen Empfinden verankert zu sein – so tief, dass sie sich in der Demokratie als herrschende Lehre teilweise schon durchgesetzt hat und Hayek sich auf die Suche nach institutionellen Vorkehrungen begeben muss, um die Marktordnung ähnlich wie die Rechtsordnung durch unabhängige oberste Gerichte und eine schwerer zu verändernde Verfassung vor dem Abgleiten in eine Befehlswirtschaft zu bewahren. Der „moralische Sozialismus" der Kleingruppe erscheint ihm in der „großen Gesellschaft" Adam Smiths unmöglich. Die wesentliche **Aufgabe des Staates** liegt für ihn darin, dem freien Spiel der Marktkräfte einen **festen rechtlichen Rahmen** zu geben und diese **Marktordnung als öffentliches Gut** aufrechtzuerhalten und zu stabilisieren. Die Ordnung, die sich evolutionär als das erfolgreichste Modell herausgebildet hat, braucht dennoch diese Stütze. Zur Unterscheidung vom antietatistischen Marktliberalismus und vom Anarchokapitalismus hat sich diese Lehre auch als Freiburger Schule des **Ordoliberalismus** bezeichnet, zumal der Freiburger Ökonom Walter Eucken dafür recht praktikable und in der Wirtschaftspolitik Ludwig Erhards auch erfolgreiche Regeln entwickelt hatte.[462]

Hayeks Lehre ist eine der wenigen umfassenden politisch-ökonomischen Lehren der Gegenwart, die sich um eine Gesamtanalyse und normativ kritische Diskussion der marktwirtschaftlichen Ordnung bemüht. In Deutschland hat er in der akademischen Welt sehr viele Anhänger gefunden – in den USA stößt seine im Vergleich zu den übrigen Ökonomen der Chicago-Schule größere Betonung des Staates immer noch auf gewisse Reserven, so dass er trotz seiner zwölf Jahre in Chicago (von 1950–1962) ein wenig im Schatten Milton Friedmans geblieben ist. Derzeit erscheint eine Hayek-Gesamtausgabe, welche die wissenschaftliche Rezeption seines Werkes gewiss intensivieren wird. Seine Einführung evolutionstheoretischer Argumente in die sozialwissenschaftliche Diskussion ist auf die üblichen geradezu reflexartigen Vorbehalte gestoßen. Bei näherer Betrachtung zeigt sich allerdings, dass er nicht das beliebige Resultat der Evolution, also den Erfolg, auszeichnet, sondern dass sein ausschlaggebender Wertmaßstab die Entscheidungsfreiheit des Individuums ist. Dieser normative Vorrang der Freiheit erklärt auch, weshalb er ein steuerlich finanziertes Mindesteinkommen für vertretbar hält. Denn sonst würde jeder, der nicht selbst für sich sorgen kann, in einer prinzipiellen Abhängigkeit, also Unfreiheit leben müssen.

10.2 Radikaler Marktliberalismus: Ludwig von Mises

Ludwig von Mises (1881–1973) hat schon 1922 in seinem umfangreichen Werk „Die Gemeinwirtschaft" eine Studie darüber vorgelegt, warum der Sozialismus nicht funktionieren kann.[463] Sein entscheidendes Argument war: Da sämtliche Produktionsmittel, auch Grund und Boden, sich im Staatsbesitz befinden, ist eine Wirtschaftlichkeitsrechnung nicht möglich, denn der Staat kann Verrechnungspreise im Grunde nur nach politischen Kriterien bilden. Die reale jeweilige Knappheit der Güter dagegen wird nicht angezeigt. Ohne Marktpreise aber ist der Vergleich von Produktionskosten und Verkaufseinnahmen nicht möglich.

---

[462] Vor allem in Eucken, Grundsätze der Wirtschaftspolitik, a.a.O. Michel Foucault hat diese Denktradition des deutschen Neoliberalismus ausführlich im zweiten Band seiner Geschichte der Gouvernementalität, Vorlesungen 4–8 behandelt, vgl. in dem hier vorliegenden Band Kap. 11.

[463] Mises, Ludwig von: Die Gemeinwirtschaft: Untersuchungen über den Sozialismus, Jena 1922.

10 Neoliberale und marktradikale Theoriekonzepte: Hayek, Mises und Rothbard

Die Planung wird dadurch nicht vernünftiger oder besser, sondern chaotisch. Sozialismus wird also zu einer Wohlstandsminderung führen, weil im Prinzip immer zu teuer und von der Produktauswahl her normalerweise auch das Falsche produziert wird, nämlich etwas, was weniger stark begehrt wird. Da der Wunsch nach bestimmten Produkten nicht über den Preis angezeigt werden kann, haben die Konsumenten keine Möglichkeit, ihre individuellen Wünsche zu artikulieren.

Darüber hinaus hat er, aufbauend auf dem gleichen Argument, auch eine Kritik an jeglichem Interventionismus formuliert. Selbst wenn ein System (wie es später in der Kriegswirtschaftslenkung des Nationalsozialismus praktiziert worden ist) nominell das Privateigentum beibehalten und die Unternehmer nicht enteignen würde, führten Staatseingriffe, weil sie einer anderen Logik als der ökonomischen folgen, in die Ineffizienz und brächten das Gegenteil des gewünschten Zieles hervor. Zum Beispiel würde eine staatliche Armenunterstützung durch Einkommensumverteilung zu mehr Armut führen, wodurch dann die Zahlungen erhöht werden müssten bis zur schließlichen konfiskatorischen Besteuerung des verbleibenden Privateinkommens. Umverteilungen haben immer eine sich steigernde Tendenz – bis sie aufgegeben werden müssen. Aus diesem Gedanken folgt, dass ein Dritter Weg zwischen Kapitalismus und Sozialismus mit dosierten Staatseingriffen nicht möglich ist. Mises ist einer der ausgeprägtesten Anhänger eines konsequenten Kapitalismus. Obwohl seine Bücher außerordentlich pointiert und konzentriert geschrieben und in der Argumentation sehr viel stringenter und nachvollziehbarer aufgebaut sind als die übliche Wirtschaftsliteratur, werden sie in Deutschland wenig rezipiert. Seine Arbeiten sind allerdings gerade deshalb von politikwissenschaftlichem Interesse, weil er die Konsequenzen ökonomischer Systemlogik mit einer Klarheit gezogen hat, die andere Autoren, weil sie immer wieder pragmatische Mittelwege suchen, nicht erreichen. Selbst Milton Friedman, der heute als radikaler Neoliberaler gilt, trat ja für ein staatliches Geldmonopol, für ein staatlich garantiertes Mindesteinkommen und für die progressive Einkommenssteuer ein. „Mises' Urteil über Friedman und die Chicagoites war vernichtend, und er scheute sich nicht es öffentlich auszusprechen: Ihr seid ein Haufen von Sozialisten."[464] Auch seinen Freund Hayek hat er besonders wegen dessen Nähe zu Karl Popper und dessen methodologischen Irrlehren, wie von Mises meint, scharf kritisiert. Diese Radikalität hat ihn zwar nicht isolieren können, aber doch die Wirkung seiner Werke reduziert. Heute allerdings sind seine wichtigsten Arbeiten auf mehreren deutschen und amerikanischen Internetseiten ständig verfügbar, so dass es leichter geworden ist, sich ein Bild von diesem sonst eher im Hintergrund des Denkens wirkenden Theoretiker zu machen.

Den Kern seiner politischen Theorie hat er schon 1927 unter dem schlichten Titel „**Liberalismus**" veröffentlicht. Er versteht sie als Friedenslehre, denn nach seiner Analyse hat das Programm des Antiliberalismus den Ersten „Weltkrieg entfesselt und die Völker dazu gebracht, sich gegenseitig durch Ein- und Ausfuhrverbote, durch Zölle, durch Wanderungsverbote und durch ähnliche Maßnahmen abzusperren. Es hat im Innern der Staaten zu sozialistischen Experimenten geführt, deren Ergebnis Minderung der Produktivität der Arbeit und damit Mehrung von Not und Elend war. Wer seine Augen nicht absichtlich schließt, muss überall die Anzeichen einer nahenden Katastrophe der Weltwirtschaft erkennen."[465] Diese Prognose ging zwei Jahre später mit der Weltwirtschaftskrise von 1929 in Erfüllung, die zu

---

[464] Das notiert der Mises-Schüler Hans-Hermann Hoppe. Hoppe, Hans-Hermann: Einführung: Ludwig von Mises und der Liberalismus, in Ludwig von Mises, Liberalismus, Sankt Augustin 1993(Nachdruck der Originalausgabe von 1927) , S. 7–41, hier S. 34.

[465] Mises, Ludwig von: Liberalismus, Sankt Augustin 1993 (Nachdruck der Originalausgabe von 1927), S. 2.

den wesentlichen Ursachen des Zweiten Weltkriegs gehörte. Die Kraft dieses alten liberalen Arguments hallt noch heute nach in den Äußerungen von älteren Europapolitikern, dass die gegenseitige Öffnung der Märkte Frieden bedeutet und dass jede neue Abschließung voneinander wieder die Kriegsgefahr näher rücke – ein Argument, das in der Gegenwart kaum noch verstanden wird, obwohl die potentiell tödliche Konfrontation der Atommächte am Eisernen Vorhang eigentlich noch nicht vergessen sein dürfte.

Der Unterschied zwischen Liberalismus und Sozialismus besteht für Mises nicht in ihren Zielen. Beide behaupten, das Wohl aller anzustreben. Mises fügt hinzu, dass es dem liberalen Denken allerdings immer um das Wohl aller Schichten, nicht bloß der Unternehmer oder, wie im Sozialismus, der Arbeiterklasse geht. Eine konsequent liberal organisierte Gesellschaftsform würde bewirken, „daß für den Unternehmer und Kapitalisten der Weg zum Reichtum ausschließlich über die bessere Versorgung seiner Mitmenschen mit dem, was sie selbst zu benötigen glauben, führt"[466] – ein Gedanke, der denjenigen nur selten bewusst ist, die vom Kapitalismus sprechen. Mises beklagt schon 1927, dass in seinem Jahrhundert das antiliberale Denken dominiere, nachdem im 19. Jahrhundert der Liberalismus ganz selbstverständlich auch das öffentliche Bewusstsein bestimmt hatte. Die Ursachen des Antiliberalismus und Antikapitalismus sieht er im Ressentiment, in jener Form eines neidischen Übelwollens, bei der „man jemand ob seiner günstigeren Verhältnisse so sehr hasst, dass man bereit ist, selbst schwere Nachteile auf sich zu nehmen, wenn nur auch der Verhasste dabei zu Schaden kommt."[467] In seiner Studie über die „Wurzeln des Antikapitalismus"[468] hat von Mises dies noch weiter und gründlicher ausgeführt. In den 1950er Jahren geschrieben, wird dort eine vorwegnehmende Kritik der internationalen Studentenbewegungen der 1960er vorgelegt. Das Schicksal von Ludwig von Mises als Autor scheint darin zu bestehen, meist zu früh zu kommen und deshalb nicht ernstlich zur Kenntnis genommen zu werden.

Das Programm des Liberalismus lautet für von Mises Eigentum, genauer: **Sondereigentum** an den Produktionsmitteln. Dadurch ist eine immer weitergehende Arbeitsteilung und auf diese Weise eine Mehrung des Wohlstands durch gesellschaftliche Kooperation möglich, bei der jederzeit eine gründliche Kostenkontrolle stattfindet. **Arbeitsteilung** kann sich nur unter der Voraussetzung eines umfassenden gesellschaftlichen Friedens entwickeln – fehlt dieser, reicht sie meist nur bis zu den Grenzen des eigenen Hauses oder des Dorfes. Je größer das Gebiet ist, in dem die Arbeitsteilung sich immer weiter verfeinern und intensivieren kann, desto mehr kann der Wohlstand steigen. Eine weltweite Arbeitsteilung setzt einen **weltweiten Frieden** voraus. Im 19. Jahrhundert hat sich eine umfassende weltwirtschaftliche Arbeitsteilung herausgebildet, die dann im Ersten Weltkrieg mit fürchterlichen Folgen zerbrochen ist. Wichtig ist, diesen Krieg nicht bloß als externes und sozusagen zufälliges Unglücksereignis zu verstehen, sondern als Produkt protektionistischer, freihandelsfeindlicher und imperialistischer Doktrinen, welche sich seit Jahrzehnten in den Köpfen der Öffentlichkeit verankert hatten.

Die **liberale Gleichheitsvorstellung** besteht allein in der Gleichheit vor dem Gesetz. Eine Gleichheit des Einkommens oder Vermögens ist nicht intendiert – sie wäre nicht menschenmöglich, weil die Kräfte und Voraussetzungen der einzelnen Menschen sich deutlich voneinander unterscheiden und nur durch Unfreiheit, aber selbst dann nicht realiter, angeglichen

---

[466] Ebenda S. 10.
[467] Ebenda S. 12.
[468] Mises, Ludwig von: Die Wurzeln des Antikapitalismus, Frankfurt 1958.

werden könnten. Freie Arbeit und Betätigung muss notwendigerweise zur **Ungleichheit** führen – allein die Polemik gegen Ungleichheit enthält schon den Kern sozialistischer Doktrinen. Der von vielen für empörend gehaltene Luxus einiger ist in einer liberalen Ordnung nicht viel mehr als das Bedürfnis aller von morgen. „Aller Fortschritt tritt zuerst als Luxus der wenigen Reichen ins Leben."[469] Das ist ethisch hinnehmbar, wenn alle übrigen die Chance haben, nachzuziehen. Aus heutiger Sicht wird man hinzufügen können, dass der Zyklus vom Luxusbesitz zum Massenbesitz immer kürzer wird. Beim Auto hat dies noch 50 Jahre gedauert, beim Mobiltelefon kaum fünf Jahre.[470]

Der **Staat** ist bei Mises zur Aufrechterhaltung der Rechtsordnung und des Friedens erforderlich. „Eine kleine Anzahl unsozialer Individuen […] könnte alle Gesellschaft unmöglich machen."[471] Aus diesem Grunde argumentiert er gegen den Anarchismus, denn dieser „verkennt die wahre Natur des Menschen; er wäre nur durchführbar in einer Welt von Engeln und Heiligen. Liberalismus ist nicht Anarchismus; Liberalismus hat mit Anarchismus nicht das Geringste zu tun. Der Liberalismus ist sich darüber ganz klar, dass ohne Zwangsanwendung der Bestand der Gesellschaft gefährdet wäre, und dass hinter den Regeln, deren Befolgung notwendig ist, um die friedliche menschliche Kooperation zu sichern, die Androhung der Gewalt stehen muss, soll nicht jeder einzelne imstande sein, den ganzen Gesellschaftsaufbau zu zerstören. Man muss in der Lage sein, den, der das Leben, die Gesundheit oder persönliche Freiheit anderer Menschen oder das Sondereigentum nicht achten will, mit Gewalt dazu zu bringen, sich den Regeln des gesellschaftlichen Zusammenlebens zu fügen. Das sind die Aufgaben, die die liberale Lehre dem Staat zuweist: Schutz des Eigentums, der Freiheit und des Friedens."[472] In der ihm eigenen Prägnanz und Schärfe, fern der Foucaultschen Unschärfe in diesem Punkt, konstatiert von Mises: „Der Staat ist Zwangs- und Unterdrückungsapparat."[473] Da der Maßstab allein die Freiheitsspielräume des Einzelnen sind, bestreitet von Mises eine besondere Würde des Politischen. Auch die politische Klasse ist nur ein Produkt zunehmender gesellschaftlichen Arbeitsteilung und kann für sich keine besondere Wertschätzung beanspruchen. Den basisdemokratischen Gedanken, wie wir ihn aus dem antiken Athen kennen, es sei unwürdig, andere über sich regieren zu lassen, so dass allein eine Selbstverwaltung und Selbstregierung vertretbar ist, hält er für unpraktikabel. Aus der politischen Herrschaftsgewalt darf keine Sonderstellung mit dem Privileg der Bürgerunterdrückung abgeleitet werden, zumal aller Fortschritt sich immer gegen den Staat und seine Zwangsgewalt hat durchsetzen müssen.

Die Regierungstätigkeit muss vor allem begrenzt werden. Eingriffe in das persönliche Leben hält er für abwegig. Das staatliche Verbot von Alkohol (das in den USA noch bis 1933 galt), Morphium und Opium ist abzulehnen. „Es steht fest, daß Alkoholismus, Kokainismus und Morphinismus fürchterliche Feinde des Lebens, der Gesundheit und der Arbeits- und Genußfähigkeit des Menschen sind […]. Aber damit ist noch lange nicht erwiesen, daß die Obrigkeit zur Unterdrückung dieser Laster durch Handelsverbot einschreiten muß."[474] Denn „sobald wir den Grundsatz der Nichteinmischung des Staatsapparates in alle Fragen der

---

[469] Mises, Liberalismus, a.a.O. S. 29.
[470] Vgl. hierzu auch Hayek, Friedrich August von: Die Verfassung der Freiheit, 3. Aufl. Tübingen 1991, S. 58.
[471] Mises, Liberalismus, a.a.O. S. 32.
[472] Ebenda S. 33.
[473] Ebenda S. 50.
[474] Ebenda S. 46f.

Lebenshaltung des einzelnen aufgeben, gelangen wir dazu, das Leben bis ins Kleinste zu regeln und zu beschränken. Die persönliche Freiheit des einzelnen wird aufgehoben, er wird zum Sklaven des Gemeinwesens, zum Knecht der Mehrheit. Eine liberale Politik darf unduldsam sein allein gegen jegliche Art von Unduldsamkeit. Vor allem: In einer auf friedlicher Kooperation beruhenden Gesellschaftsordnung ist kein Raum für den Anspruch der Kirchen, den Unterricht und die Erziehung der Jugend an sich zu reißen."[475]

Alle politischen Obrigkeiten, seien es Könige oder Republikaner gewesen, standen dem Sondereigentum durchweg ablehnend gegenüber und haben durchweg versucht, es einzuschränken, denn es schafft eine staatsfreie Sphäre des Individuums. Auch der Staatsinterventionismus würde darauf hinauslaufen, „Preise von Gütern oder Dienstleistungen anders festzusetzen, als der unbehinderte Markt sie bilden würde."[476] Die Folge: Begrenzt man z.B. aus wohlwollenden Gründen die Mietpreise, wird sich sofort Wohnungsmangel einstellen. Mindestlöhne schaffen Arbeitslosigkeit, wenn sie über dem marktförmig erzielten Niveau liegen. Aus Verschiebungen der Nachfrage wird sich immer wieder Arbeitslosigkeit ergeben, die sich jedoch strukturell von dem Sockel der Arbeitslosigkeit unterscheidet, der durch Regulierung des Zuzugs und der Bewegungsfreiheit der Arbeitskräfte entsteht, denn bei Freizügigkeit der Arbeitskräfte und wenn der Übergang in ein neues Gewerbe nicht durch gesetzliche oder korporatistische Hindernisse erschwert wird, kann sich die Anpassung an neue Verhältnisse ziemlich rasch und ohne große Tragödien vollziehen. Arbeitslosenunterstützungen zögern diese Anpassung nur hinaus. „Doch die Arbeitslosigkeit, die aus dem Eingreifen von Gewaltfaktoren in das Spiel des Arbeitsmarktes entspringt, ist keine vorübergehende und immer wieder verschwindende Einrichtung. Sie ist unheilbar, solange die Ursache, die sie hervorgebracht hat, weiter fortbesteht, d.h. solange das Gesetz oder die Gewalt der Gewerkschaft dies verhindert."[477] Auch öffentliche Arbeiten, wie Keynes sie vorschlug, können gegen Arbeitslosigkeit nicht helfen, denn sie müssen auf Staatskosten ausgeführt werden, der dieses Geld einer investiven oder produktiven Verwendung auf diese Weise entzieht.

Mises kommt nach Prüfung der Alternativen des Sozialismus und des interventionistischen Dritten Weges zu dem Schluss, „daß der Kapitalismus die einzige durchführbare Gestaltung der gesellschaftlichen Beziehungen in einer arbeitsteiligen menschlichen Gesellschaft ist."[478] Während Hayek im Geiste der deutschen Wirtschaftswunderökonomie der 1950er Jahre den Begriff **Kapitalismus** noch verschämt zurückweist und lieber von Marktordnung spricht, hat von Mises (wie auch Friedman) die offensive Benutzung des Kapitalismusbegriffs durchgängig eingeführt. Der Kapitalismus muss schon deshalb besonders lebensfähig sein, weil er sich überall trotz der Gegnerschaft, die er bei den Regierungen und bei den Massen gefunden hat, durchsetzt. Eine vorkapitalistische Gesellschaft wie im Mittelalter konnte nur einen Bruchteil der Menschen ernähren, die nunmehr auf gleichem Raum leben. Eine soziale Mentalität, die auf Beschaulichkeit der Lebensführung setzt, ist mit einem aktiven Unternehmertum nicht vereinbar. Hier steht die *vita activa* gegen die *vita contemplativa*. Mises betont vor allem die intellektuellen Grundlagen, die den Kapitalismus möglich gemacht haben: „Der Kapitalismus hat die Technik geschaffen, und nicht die Technik den Kapitalismus."[479] Die

---

[475] Ebenda S. 49.
[476] Ebenda S. 67.
[477] Ebenda S. 74.
[478] Ebenda S. 75.
[479] Ebenda S. 77.

bei Marxisten oft vorhandene Rückführung jeden Fortschritts auf den Fortschritt der technischen Produktionsmittel übersieht den Antrieb, der hinter jeder technischen Verbesserung stehen muss. Die vielfältigen Mängel der kapitalistischen Gesellschaftsordnung haben solange keine prinzipielle Bedeutung, solange es nicht gelingt zu zeigen, dass eine andere Gesellschaftsordnung nicht nur besser, sondern zunächst einmal überhaupt funktionsfähig wäre. Ähnlich wie Hayek behauptet von Mises nicht, dass der Kapitalismus in irgendeinem Sinne „gut" sei. Er behauptet lediglich, dass keine andere Gesellschaftsordnung funktionieren und die jetzt auf der Welt vorhandene Menge von Menschen ernähren kann – d.h. jede andere Wirtschaftsordnung würde Massenarmut, Hunger und Tod bedeuten – was man bis heute daran erkennen kann, dass es Hungersnöte allein in nichtdemokratischen und nichtkapitalistischen Ländern gibt. Methodologisch ist von Mises der Ansicht, hier einen zwingenden rationalen, keineswegs nur moralischen Beweis geführt zu haben.

Das liberale Denken hat auch für die **Außenpolitik** ein konsistentes Programm. Ausgangspunkt ist die Einsicht in den Wert und die Wichtigkeit menschlicher Kooperation. Der gegenwärtige Stand soll unbedingt erhalten und möglichst weiter ausgebaut werden mit dem Ziel „einer vollständigen Kooperation der ganzen Menschheit, die sich friedlich und ohne Reibungen abwickelt."[480] Dieses Denken ist kosmopolitisch, d.h. es haftet nicht an einer Gruppe, einem Dorf, einer Landschaft, einer Nation oder einem Erdteil – wie gegenwärtig noch die europäische Ideologie. Was das sogenannte Selbstbestimmungsrecht der Völker angeht, bestreitet von Mises als jemand mit einer genauen Kenntnis der Situation im Gebiet der einstigen Habsburger Monarchie, dass es von Gruppen oder ganzen Nationen sinnvoll wahrgenommen werden könnte. Die Bewohner bestimmter Gebiete, die dazu groß genug wären, müssten hierzu entscheiden können, einen selbständigen Verwaltungsbezirk zu bilden. „Wenn es irgend möglich wäre, jedem einzelnen Menschen dieses Selbstbestimmungsrecht einzuräumen, so müßte es geschehen."[481] Vor allem dürfe in Gebieten mit gemischter und gemischtsprachlicher Bevölkerung das Schulwesen nicht auf staatlichem Zwang beruhen, weil dies unvereinbar wäre mit der Schaffung dauerhaften Friedens. 1927 konnte er noch feststellen: „In London und Paris und Berlin ist die Schulfrage allerdings leicht zu lösen. Es kann in diesem Städten kein Zweifel darüber bestehen, in welcher Sprache der Unterricht erteilt werden soll."[482] Das dürfte bedingt durch die gegenwärtigen Einwanderungsbewegungen nicht mehr so selbstverständlich sein, und auch dort würde der Liberalismus im Sinne von Mises heute jene Regelung vorschlagen, die er damals schon für die gemischtsprachlichen Gebiete entwickelt hatte: „In allen national gemischten Gebieten ist die Schule ein Politikum von höchster Bedeutung. Man kann sie nicht entpolitisieren, wenn man sie als öffentliche und Zwangseinrichtung beibehält. Es gibt da nur ein Mittel, der Staat, die Regierung, die Gesetze dürfen sich in keiner Weise um die Schule und den Unterricht kümmern, öffentliche Gelder dürften dafür nicht verwendet werden, Erziehung und Unterricht müssen ganz den Eltern und privaten Vereinigungen und Anstalten überlassen werden."[483]

Es gibt allerdings auch andere Instrumente der nationalen Gewaltüberformung als die Schule. Deshalb ist eine **Beschränkung der Staatstätigkeit** auf den Bereich, in dem er unentbehrlich ist, vorzuschlagen. Schon eine richterliche und polizeiliche Tätigkeit kann in

---
[480] Ebenda S. 93.
[481] Ebenda S. 97.
[482] Ebenda S. 101.
[483] Ebenda S. 102.

Gebieten, in denen dies zu parteiischem Amtshandeln führt, explosive Konsequenzen haben. Dieses Problem lässt sich durch Umsiedlungen nicht lösen, weil von Mises richtig erkennt, dass Verschiebungen der Produktionsstandorte immer neue Wanderbewegungen und die Entstehung immer neuer gemischter Gebiete zur Folge haben werden.

Der aggressive Nationalismus ist für von Mises ein Übergangsphänomen in solchen Ländern, in denen durch zu viel Staatstätigkeit Minderheiten unterdrückt werden und sich mit Unabhängigkeitsbestrebungen dagegen wehren. Wenn man sich z.B. in einer fremden Sprache vor Gericht verantworten oder bei den Verwaltungen durchsetzen muss, wird man dadurch schon automatisch benachteiligt, was Ressentiments und Gegenwehr zur Folge haben kann. Eine liberale Friedenspolitik hat zur Voraussetzung, dass das Selbstbestimmungsrecht der Völker überall durchgeführt ist – deshalb war sie im 19. Jahrhundert durchaus mit einer Reihe von Befreiungskriegen verbunden. Wie nahezu jeder Liberale tritt von Mises für den **Freihandel** ein. Das Ergebnis wird gewiss sein, dass die Länder mit den günstigeren Produktionsbedingungen reicher werden als die anderen. Aber daran kann auch durch Politik nichts geändert werden. Ein sozialer Ausgleich würde sich dann durch Wanderungsbewegungen der Menschen in Richtung der günstigeren Produktionsfaktoren entwickeln. Die bisherige Außenhandelstheorie der liberalen Ökonomie basierte auf der Unterscheidung von Binnen- und Außenhandel. Dies beruhte darauf, dass eine gewisse Unbeweglichkeit von Kapital und Arbeit angenommen worden war. In dem Maße, in dem auch die Arbeitskraft beweglich wird, werden die Regeln der Binnenwirtschaft überall gelten. Schutzzölle und Protektionismus bewirken nur eines: dass nicht dort produziert wird, wo die Bedingungen dafür am günstigsten sind. Dadurch wird insgesamt immer der Ertrag der menschlichen Arbeit gemindert. Als der Liberalismus entstand, musste er noch für die Freiheit der Auswanderung kämpfen, heute geht es im Wesentlichen um die Freiheit der Zuwanderung. Das hält teilweise die Arbeitslöhne in den von diesem Protektionismus betroffenen Ländern höher, senkt aber den der Menschheit insgesamt zur Verfügung stehenden Güterreichtum zugunsten eines Sondervorteils. Ludwig von Mises tritt konsequent für die **Öffnung der Grenzen der verbotenen Arbeitsparadiese** ein. Das heute gängige Argument, zu viele Einwanderer würden sich nicht mehr assimilieren und die eingeborene Bevölkerung in Deutschland oder Frankreich in die Minderheit drängen, entkräftet er auf seine eigene Art. Er gibt zu, es wäre „ein entsetzlicher Gedanke, in einem Staat leben zu müssen, dessen Regierung in der Hand Angehöriger einer anderen Nation ist. Es ist fürchterlich, in einem Staate zu leben, in dem man auf Schritt und Tritt der – sich unter dem Scheine der Gerechtigkeit verbergenden – Verfolgung durch eine herrschende Mehrheit ausgesetzt ist."[484] Die Lösung bestünde aber allein darin, **dem Staatsapparat die Machtmittel dazu zu nehmen**, denn andernfalls wäre dieser Konflikt nur gewaltsam zu lösen, also durch Krieg, und dabei müssten am Ende die an Zahl schwächeren Nationen ohnehin unterliegen unter Inkaufnahme einer zivilisatorischen Katastrophe. Ein individualistischer Liberalismus mit radikal reduziertem Staatsapparat würde dieses so unlösbar erscheinende Zuwanderungsproblem zum Verschwinden bringen.

Der antietatistische Liberalismus lehnt konsequenterweise auch die Schaffung der „Vereinigten Staaten von Europa" als ungeeignetes Ziel ab, sofern dies nur ein neues zentralistisches Staatsgebilde hervorbringen würde. Der deutsche, französische oder polnische Chauvinismus darf keineswegs durch einen europäischen ersetzt werden, der seine Spitze dann gegen Ame-

---

[484] Ebenda S. 125.

10 Neoliberale und marktradikale Theoriekonzepte: Hayek, Mises und Rothbard

rikaner oder Chinesen richten könnte.[485] An die Stelle eines geistig verengten Europäismus muss ein kosmopolitisches Denken treten. In eine weltweite Perspektive gerückt, ist es notwendig, die historisch überlieferten Grenzen der einzelnen Staaten aufzugeben – das Prinzip des damaligen Völkerbundes und der heutigen UNO, von der einzelstaatlichen Souveränität auszugehen, lehnt von Mises deshalb ab. „Solange es Schutzzölle und Wanderungsverbote, Zwangsschulen und Zwangsunterricht, Interventionismus und Etatismus gibt, werden immer wieder Konflikte entstehen, die zu kriegerischen Verwicklungen führen."[486]

Bleibt die Frage, wie sich dieses Denken durchsetzen kann, d.h. wer für es eintreten wird. Im Aufbau angelehnt an das kommunistische Manifest von Karl Marx und Friedrich Engels schließt von Mises seine Darstellung des Liberalismus mit einem Kapitel „Der Liberalismus und die politischen Parteien" ab. Alle modernen Parteien dienen nach seiner Analyse **Sonderinteressengruppen**, denn die Ziele aller antiliberalen Politik sind Sonderrechte und Sondervorteile – ein Problem, das die Theorie heute unter dem Oberbegriff der *rent seeking economy* beschäftigt. Daher stehen alle in einer gemeinsamen Frontstellung zu liberalen Positionen. Er bestreitet den gängigen Vorwurf, die liberalen Parteien seien die Parteien der Reichen und der Kapitalbesitzer – allerdings gehen auch diese oft Allianzen ein, um ihre jeweiligen Sondervorteile zu sichern. Das parlamentarische Spiel von Regierung und Opposition hält er für funktionsfähig, allerdings nur dann, wenn nicht die Parteien ausschließlich darum konkurrieren, ihrer jeweiligen Klientel Privilegien zu verschaffen – die Rede von der Krise des Parlamentarismus (oder wie man heute sagt, der Parteienverdrossenheit) bezieht sich im Wesentlichen darauf. Eine konsequent liberale Politik lehnt alle **Gruppenvorteile** ab. Das Sondereigentum an den Produktionsmitteln versteht er nicht als Privileg der Eigentümer, sondern als gesellschaftliche Institution, die allen zugutekommt – eine in einer, wie er konstatiert, vorwiegend sozialistisch argumentierenden Öffentlichkeit allerdings sehr schwer durchsetzbare Position. „Es gibt keine Schicht, die für den Liberalismus aus eigennützigen, der Gesamtheit und den übrigen Schichten schädlichen Sonderinteressen eintreten könnte, weil eben der Liberalismus keinem Sonderinteresse dient."[487] Das reduziert die Zahl der potentiellen Anhänger einer solchen politischen Richtung entscheidend. Obwohl von Mises als Aufklärer und Sozialreformer angetreten ist, bleibt doch ein leicht resignativer Zug bei ihm unübersehbar. So wie Fichte einst in den „Grundzügen des gegenwärtigen Zeitalters" die Gegenwart als das Zeitalter der vollendeten Sündhaftigkeit charakterisierte, vermutet er, „daß die Geschichte unser Zeitalter dereinst mit Recht als das Zeitalter des Sozialismus bezeichnen wird."[488]

Mit Ludwig von Mises und Hayek hat die österreichische Schule der Nationalökonomie weltweite Bedeutung und weltweiten Einfluss gewonnen. Die Arbeiten dieser Autoren sind aus politiktheoretischer Sicht deshalb so wichtig, weil sie die zentralen Fragen der gegenwärtigen Politik aus einer klar definierten und durchdachten Perspektive angehen. Die Rolle und Funktion des Staates, das Kernproblem politischen Denkens, wird von einer postnationalistischen Position aus entwickelt. Dabei zieht von Mises für die einzelnen Politikfelder jeweils radikale Konsequenzen und findet in der Tat die klassischen liberalen Formulierungen, die in den Windungen und Anpassungsprozessen der Parteipolitik eigentlich aller liberalen Parteien

---

[485] Ebenda S. 128.
[486] Ebenda S. 132.
[487] Ebenda S. 163.
[488] Ebenda S. 154.

in Europa verwischt worden sind. In der Darstellung der *Democratic Peace Theory* werde ich auf die klassische liberale Friedenskonzeption durch offene Grenzen und Freihandel zurückkommen.

10.3 Anarchistischer Marktliberalismus: Murray Rothbard

Die Zwangsgewalt des Marktes hat gerade in ihrer vernetzten, oftmals nichthierarchischen Form Autoren der marxistischen Tradition von der Anarchie des Marktes sprechen lassen – sie empfanden dies als plan- und vernunftlos. Die Furcht vor der Anarchie des Marktes impliziert den Appell an eine planende Gesamtvernunft, die allein in der Lage wäre, die Gesellschaft in menschlicher Weise zu organisieren, und die doch in Wirklichkeit in eine vorausschauende Regulation der Bedürfnisse mündet, die sich nach dem Anspruch planerischer Kontinuität der Produktion zu richten hätten, statt frei und individuell sich artikulieren zu können. Der Topos von der Anarchie des Marktes, auf den ersten Blick durchaus einleuchtend und zumindest an einen ingenieurmäßig planerischen Verstand appellierend, enthält damit schon alle Abgründe einer Despotie, wie sie in der Praxis auch von allen marxistisch inspirierten Regierungen errichtet worden ist. Der Überzeugungskern des Topos liegt in einem elementaren und ja auch keineswegs unbegründeten Gefühl der Furcht vor dem Risiko. Die Ausschaltung dieses Risikos wäre auf der Angebotsseite nur um den Preis des Verzichts auf spontane und konkurrierende Innovationsprozesse und auf der Nachfrageseite durch die von oben gelenkte Versorgung möglich, also durch die Unterdrückung freier wirtschaftlicher und gesellschaftlicher Betätigung. Die scheinbar revolutionäre Lehre von Marx und Engels ist bei genauerer Betrachtung dieses Topos im Grunde eine Furcht- und Fluchtreaktion vor den Risiken freier Betätigung und selbstregulatorischer Prozesse, attraktiv höchstens für ängstliche und lineare Verstandesformen. Aus der Beschäftigung mit Marx lässt sich erkennen, dass all dies schon aus den hier herausgearbeiteten und kritisierten wenigen Prämissen folgt, also im Grunde aus der Furcht als dem emotionalen Kern des Marxismus, und nicht erst aus komplexeren Annahmen der Wertlehre, des Geld-Ware-Geld-Verhältnisses, des angeblichen Gesetzes vom tendenziellen Fall der Profitrate oder wie immer jene alten Formeln gelautet haben mögen.

Die marxistische Parole von der Anarchie des Marktes wurde in den 1920er Jahren durch Ludwig von Mises aufgenommen. Seine Marxismuskritik, die dann in Teilen und mit ordnungspolitischen Akzenten von Hayek aufgegriffen wird, ist der ideengeschichtliche Ort des Übergangs dieses Topos aus der marxistischen Kapitalismuskritik in eine moderne Kapitalismustheorie, die nicht nur den Begriff Kapitalismus wieder positiv besetzt, sondern vor allem Anarchie nicht mehr als das große Schreckenswort des 19. Jahrhunderts, sondern nunmehr als Selbstorganisation und als herrschaftsfreie Koordination zu begreifen versucht. Ironischerweise war es also wohl die Marxkritik, die zu einer neuerlichen Aufwertung der Idee der Anarchie geführt hat. Heute haben sich daraus die Ideen des **kapitalistischen Anarchismus** entwickelt. Dieser basiert auf der Idee, dass der Markt für die optimale nichthierarchische Kooperation voneinander unabhängig entscheidender Einzelwillen sorgt. Eine Hierarchie dagegen könnte dies nicht leisten, weil die Spitze niemals über die nötigen Informationen über die oftmals chaotischen Entscheidungsprozesse der Einzelnen verfügen kann. Hierarchisch sind allenfalls weniger komplexe Dinge zu regeln, zuletzt noch die industrielle Großproduktion, die ja selbst der Sozialismus zwar weniger effizient, aber doch einige

10 Neoliberale und marktradikale Theoriekonzepte: Hayek, Mises und Rothbard

Jahrzehnte irgendwie hinbekommen hat. Die neue Ökonomie der Einzelwillen und der radikalen Selbstverantwortung lässt sich dagegen durch Formen der Über- und Unterordnung nicht mehr in den Griff bekommen, sondern nur durch die privilegienzersetzende Gleichordnung am Markt. Dieser moderne Marktliberalismus setzt die individualistischen Traditionen des **Anarchismus** aus dem 19. Jahrhundert fort, also etwa die Denktradition Max Stirners, William Godwins und Anselm Bellegariques, und steht dem kollektivistischen Anarchismus eines Bakunin oder Kropotkin letztlich doch recht fern. Um sich von den amerikanischen Liberalen abzusetzen, nennen die Marktradikalen sich selbst „*Libertarians*".

Die beiden bedeutendsten Libertarians sind David Friedman und Murray Rothbard. **Rothbard** ist der theoretische Grundlagendenker, während Friedmans Leistung vor allem darin besteht, die Konzeption für einige Politikfelder konsequent ausbuchstabiert zu haben. Das Grundaxiom aller libertarianischen Theorie ist für Rothbard das Nichtaggressions-Axiom: kein Mensch oder keine Gruppe von Menschen dürfen andere Menschen oder deren Eigentum angreifen. Daraus folgen die bekannten Bürgerrechte wie Redefreiheit, Versammlungsfreiheit und Publikationsfreiheit, aber auch die Freiheit, „Verbrechen ohne Opfer" zu begehen, also Freiheit der Pornographie, Prostitution und des Drogengebrauchs. Die Wehrpflicht und alle Ersatzdienste dagegen werden aus libertärer Sicht als Sklaverei betrachtet. Die **Libertären** sehen aufgrund ihres eigenständigen Ausgangspunktes keinen Widerspruch darin, in diesen Fragen extrem „linke", in Fragen des Eigentums aber extrem „rechte" Positionen zu beziehen, weil die Ableitung widerspruchsfrei aus den individuellen Freiheitsrechten geschieht. Der **Hauptaggressor** gegen alle Rechte des Individuums ist durch die ganze Geschichte hindurch bis heute der **Staat**: „Er lebt vom gewaltsamen Raub, den er ,Besteuerung' nennt. Der Libertäre beharrt darauf, dass es unabhängig von der Zustimmung einer Mehrheit der Bevölkerung ist, was diese Handlungen ihrer Natur nach sind: Krieg ist Massenmord, Wehrpflicht ist Sklaverei, Besteuerung ist Raub."[489] Die Entmystifizierung und Entzauberung des Staates ist die Hauptaufgabe libertären Denkens. Übereinstimmend mit allen politischen Theoretikern erkennen sie, dass allein der Staat seine Einnahmen mit legaler Zwangsgewalt eintreibt, erklären dies allerdings für illegitim. Diese politische Philosophie basiert auf einem **individualistischen Naturrechtsgedanken**, bedarf also nicht des Konsenses oder gar der Mehrheitsentscheidung. Die Eigentums- und Freiheitsrechte der Individuen existieren von Natur aus, also auch dann, wenn andere oder die Mehrheit sie nicht akzeptieren. Diese Lehre ist individualistisch, aber keineswegs demokratisch, denn die demokratischen Institutionen sind immer schon die des Staates. Anders ausgedrückt: Demokratie ist eine Herrschaftsform und keineswegs eine herrschaftsfreie Gesellschaft.

Das **Basisaxiom** des kapitalistischen Anarchismus ist wie bei John Locke das „Eigentum an sich selbst", während kommunalistische oder kommunistische Lehren im Grunde postulieren, „daß jeder Mensch seinen gleichen Anteil an jedem anderen Menschen hat",[490] was Rothbard für absurd hält: man würde ein Siebenmilliardstel von jedem anderen besitzen, hätte aber kein Eigentumsrecht an sich selbst. Von dieser naturrechtlichen Grundlage aus ist es möglich, Gesetze und Entscheidungen zu kritisieren. Das **zweite Axiom** ist das Recht der ursprünglichen Landnahme des Bodens, der ursprünglich ungenutzt und niemandes Eigentum ist, also das *ius primae occupationis*, wie es in der klassischen Rechtslehre heißt. Aus diesen Axiomen ergeben sich die übrigen Prinzipien einer freien Marktwirtschaft: Eigentum

---

[489] Rothbard, Murray N.: Eine neue Freiheit. Das libertäre Manifest, Berlin 1999, S. 34.
[490] Ebenda S. 39.

kann man verschenken oder tauschen, also gibt es Vertragsfreiheit. Es gibt keine Menschenrechte, die von den Eigentumsrechten zu trennen wären.

Der **Staat**, unabhängig davon, ob er demokratisch, diktatorisch oder monarchisch regiert wird, ist der größte, ausdauerndste und am besten organisierte Aggressor gegen die Personen und das Eigentum der Masse der Bevölkerung (einige dagegen werden in jedem Staat zu den Privilegierten gehören). Selbst die Schulpflicht, jene vielgelobte staatliche Leistung, vermittelt zum größten Teil eine Bildung, die für eine produktive Arbeit nicht gebraucht wird. Das vom Staat verursachte Hauptproblem ist aber der Krieg: „Wenn wir in die Geschichte zurückblicken, wird dann nicht schmerzhaft klar, daß die Zahl der Menschen, die in Nachbarschaftskonflikten oder lokalen Auseinandersetzungen getötet wurden, verschwindend gering ist gegenüber den gewaltigen Verwüstungen, die Kriege zwischen Staaten angerichtet haben? [...] Es sollte klar sein, dass selbst im schlimmsten Fall, wenn die libertäre Welt wirklich eine Welt der ‚Anarchie' wird, wir immer noch viel besser bedient wären als jetzt, wo wir auswuchernden ‚anarchistischen' Nationalstaaten ausgeliefert sind, die jeweils das Monopol auf Massenvernichtungswaffen besitzen."[491] Rothbard schlägt wie andere Libertäre die Einrichtung **privater Polizeifirmen** vor. Selbst bei einem Konflikt zweier Autofahrer, die jeweils ihre Polizei- bzw. Sicherheitsfirma zu Hilfe rufen, würden diese Firmen sinnvollerweise private Schiedsgerichte anrufen, weil dies in jedem Fall billiger wäre, als zu den Waffen zu greifen. Genau wie die Religion vom Staat getrennt wurde, kann auch das Gerichtswesen privatisiert und vom Staat getrennt werden. Eine solche Justiz würde nach Rothbard keineswegs die Reichen begünstigen, sondern müsste sich auf dem Massenmarkt der Verbraucher behaupten. Rothbards libertäre Gesellschaft setzt keineswegs friedliche oder wohlwollenden Menschen wie in anderen Utopien voraus, sondern nimmt einfach an, dass es bei der gegebenen Verteilung von „Goodness" oder „Badness" für jeden einzelnen am effizientesten und zugleich am moralischsten ist, am wenigsten kriminell zu sein und die Person und das Eigentum anderer zu respektieren.[492]

Und wie würde eine solche Gesellschaft „uns gegen die Russen verteidigen", wie Rothbart etwas ironisch fragt? Die Antwort, natürlich noch auf den damaligen Weltkonflikt bezogen, lautet: Gegen eine unerträgliche Unterdrückung durch eine fremde Macht würde sich ein Guerillakrieg entwickeln. Dieser ist für einen Unterdrücker außerordentlich gefährlich, weil er nicht von einem diktatorischen Zentralstaat herrührt, sondern von den Menschen selbst. Und vor allen Dingen würde er weniger Opfer kosten als die atomare Massenvernichtung, die damals die staatliche Variante der Verteidigung war.[493] Auch hier ist der Libertarianismus konsequent in seiner Radikalität: „ein revolutionärer Guerillakriegs kann in stärkerem Maße libertären Prinzipien entsprechen als jeder zwischenstaatliche Krieg."[494] Rothbard glaubt, die Guerillakämpfer müssten die eigene Zivilbevölkerung schon deshalb schonen, weil sie auf deren Unterstützung angewiesen sind, und sie müssten sich deshalb auf die Armeen und Beamten des Feindes konzentrieren – eine empirisch so nicht beobachtbare Selbstrestriktion. „Die libertäre Außenpolitik ist keine pazifistische Politik."[495] Sie lehnt lediglich das Sonderrecht des Staates ab, andere einzuziehen, und setzt stattdessen vollkommen auf Freiwillig-

---

[491] Ebenda S. 215.
[492] Ebenda S. 228.
[493] Ebenda S. 233f.
[494] Ebenda S. 260.
[495] Ebenda.

keit. Der Gedanke, dass ökonomisch gesehen der Krieg den Krieg ernährt, so dass bestimmte von der Gewalt lebende kriegerische Gruppen in sich auflösenden Staaten nicht mehr eingedämmt werden können, ist Rothbard nicht gekommen – diesem Problem hätte er allenfalls einen Appell an die Vernunft oder einen moralischen Appell entgegensetzen können, nicht einkalkulierend, dass die Gewalt, auch wenn sie ökonomisch unproduktiv, selbstschädigend und irrational ist, dennoch im Zweifel stärker sein und ihr Muster durchsetzen kann.

Ökologische Erhaltungsanstrengungen würden durch höhere Preise für knapper werdende Ressourcen erwirkt. Umweltverschmutzung würde aufgefasst als Eingriff in das Eigentumsrecht anderer und würde zu Haftungs- bzw. Schadenersatzansprüchen führen, die ein derartiges Verhalten verteuern würden.

Rothbards Strategie für die Freiheit ist theoriebasiert. Losungen, Publicity und dergleichen reichen für den Sieg keiner sozialen Bewegung aus. Sie bedarf einer systematischen theoretischen Anstrengung sowie eines Aktivismus, diese Theorien auszubauen, zu verbreiten und zu vermitteln. Die konservative Opposition gegen den Kollektivismus sei deshalb so schwach gewesen, weil diese weder über eine kohärente politische Philosophie verfügt noch über die „extremistischen" Aktivisten, die mit hohem persönlichen Einsatz ein libertäres Utopia entwerfen und durchzusetzen versuchen. Dies, meint Rothbard, hätten die Liberalen von den Sozialisten zu lernen. Der Mut zur Utopie bringt die Unterstützung der Intellektuellen und später auch der öffentlichen Meinung.[496] Der naturrechtliche Ansatz sei allerdings philosophisch gesehen eher antiutopisch, so dass das utopistische Element eher ein Ansatz der Propaganda oder Vermittlung sei. Er glaubt, alle Menschen, die nicht direkt zu irgendwelchen Herrschaftseliten gehörten, seien für die libertären Botschaften empfänglich, besonders in einer Situation, in der die sozialen Systeme zusammenbrechen und der Staat die Nerven verliert. Die ruinösen Effekte des Etatismus müssen nicht mehr vorausgesagt werden, weil sie längst eingetreten sind. Es war daher nur konsequent, wenn sein Biograph ihn als einen „Enemy of the State" beschrieben hat.

Ich habe den Libertarianismus hier in seinen Grundzügen grob skizziert, weil es mir vor allem darauf ankam, darauf hinzuweisen, dass dieses Modell existiert und ausgeführt ist, also nicht bloß in einigen fragmentarischen Bemerkungen besteht. Diese anarchistischen Theorien haben nur wenige Anhänger. Ihre theoretische Bedeutung sollte allerdings aus zwei Gründen nicht unterschätzt werden. Jede politische Theorie, die mit dem Staat kalkuliert, muss in der Lage sein, diesen Anarchismus zu widerlegen. Hier findet sie den konsistent durchdachten und ausformulierten intellektuellen Gegenpart. Mit dem oft stark gefühlsmäßig sich artikulierenden Anarchismus des 19. Jahrhunderts hat der aktuelle indes nur noch wenig zu tun. Vor allem Otfried Höffe hat erkannt, dass eine Theorie der Gerechtigkeit ohne Widerlegung des Anarchismus nicht möglich ist. Darüber hinaus stellt dieses Theoriemodell gerade scheinbare Selbstverständlichkeiten in Frage und versucht in systematischer Weise eine Gesellschaft ohne staatliche Polizei und ohne staatliche Militärorganisation, auch ohne staatliche Währung und andere für vollkommen natürlich gehaltene strukturelle Elemente zu denken. Hieran kann eine pro-etatistische Argumentation sich schärfen.

Fragen
1. Ist Hayek nach seiner Selbsteinschätzung als Konservativer anzusehen? Wie würden Sie ihn politisch einordnen?

---

[496] Ebenda S. 290.

2. Was ist gemeint mit der Formel vom Wettbewerb als Entdeckungsverfahren?
3. Was versteht Hayek unter Gerechtigkeit?
4. Wie beurteilt er die Idee der sozialen Gerechtigkeit?
5. Kann die marktwirtschaftliche Ordnung nach seiner Theorie gerechte Resultate hervorbringen?
6. Welches ist die Rolle des Staates bei Hayek?
7. Was ist der Unterschied seines Modells zu dem von Ludwig von Mises?
8. Welche Funktion haben evolutionstheoretische Argumente in der Lehre von Hayek?
9. Vergleichen Sie Hayeks Ansatz mit dem der Systemtheorie.
10. Welcher Schule des nationalökonomischen Denkens entstammt Ludwig von Mises, was sind deren Grundgedanken, und wer gehört noch dazu?
11. Kann Ludwig von Mises als Neoliberaler eingestuft werden?
12. Was meint von Mises mit dem Begriff des Liberalismus?
13. Welche Drogenpolitik schlägt von Mises vor?
14. Welche Position nimmt er zu Einwanderungsbewegungen ein?
15. Wie kann nach von Mises der internationale Friede hergestellt werden?
16. Wie unterscheidet sich die Staatstheorie Ludwig von Mises' von der F.A. von Hayeks?
17. Welche Argumente hat von Mises gegen den Sozialismus vorgebracht?
18. Handelt es sich bei seiner Lehre überwiegend um eine politische oder um eine ökonomische Theorie?
19. Was sind die Hauptargumente der marktanarchistischen Theoretiker gegen die Staatstätigkeit?
20 Welche klassischen Bereiche der bisherigen Staatstätigkeit wollen die anarchokapitalistischen Theoretiker privatisieren?
21. Wie muss man sich eine Privatisierung von Polizei und Gerichten vorstellen? Was spricht dafür, was dagegen?
22. Welches sind die Einwände gegen das öffentliche Schulwesen?
23. Welches ist der begründungstheoretische Ausgangspunkt des libertären Denkens?
24. Wie ist der Begriff „Verbrechen ohne Opfer" zu verstehen und welche Konsequenzen hat dieses Denkmodell?
25. Wie steht der Libertarianismus zur klassischen liberalen Tradition?
26. Vergleichen Sie die marktanarchistische Position mit der von Hayek und von Mises.
27. Formulieren Sie Einwände gegen diesen Denkansatz aus kommunitarischer Sicht.

Einführungstexte
Hayek, Friedrich August von: Die Ergebnisse menschlichen Handelns, aber nicht menschlichen Entwurfs, in ders., Freiburger Studien. Gesammelte Aufsätze, Tübingen 1994, S. 97–107, sowie ders., Grundsätze einer liberalen Gesellschaftsordnung, ebenda, S. 108–125.
Mises, Ludwig von: Liberalismus, Sankt Augustin 1993 (Nachdruck der Originalausgabe von 1927).

Rothbard, Murray N.: Der öffentliche Sektor III: Polizei, Recht und Gerichte. In ders., Eine neue Freiheit. Das libertäre Manifest, Berlin 1999, S. 210–234.

Literatur
Friedman, David: The Machinery of Freedom. Guide to a Radical Capitalism, 2. Aufl. Chicago 1995 (zuerst 1989).

Hayek, Friedrich August von: Der Weg zur Knechtschaft, München 1994 (zuerst The road to serfdom, 1944).

Hayek, Friedrich August von: Die Ungerechtigkeit der Steuerprogression, Schweizerische Monatshefte, Nr. 8, Jg. 36, 1952, S. 508–517.

Hayek, Friedrich August von: Die Verfassung der Freiheit, 3. Aufl. Tübingen 1991.

Hayek, Friedrich August von: Die verhängnisvolle Anmaßung: Die Irrtümer des Sozialismus, Tübingen 1996.

Hayek, Friedrich August von: Grundsätze einer liberalen Gesellschaftsordnung. Aufsätze zur Politischen Philosophie und Theorie. Hg. von Viktor Vanberg, Tübingen 2002.

Hayek, Friedrich August von: Mißbrauch und Verfall der Vernunft. Ein Fragment, Frankfurt 1959.

Hayek, Friedrich August von: Recht, Gesetzgebung und Freiheit, 3 Bände, Landsberg 1980/81.

Hoppe, Hans-Hermann: Demokratie. Ein Gott, der keiner ist. Monarchie, Demokratie und natürliche Ordnung, Waltrop und Leipzig 2003.

Mises, Ludwig von: Die Gemeinwirtschaft: Untersuchungen über den Sozialismus, Jena 1922 (engl. Socialism. An Economic and Sociological Analysis, 1981).

Mises, Ludwig von: Die Wurzeln des Antikapitalismus, Frankfurt 1958.

Mises, Ludwig von: Erinnerungen, Stuttgart und New York 1977.

Mises, Ludwig von: Nationalökonomie: Theorie des Handelns und Wirtschaftens, Genf 1940 (engl. unter dem Titel Human Action. A Treatise on Economics, 3. Aufl. 1966).

Rothbard, Murray N.: Die Ethik der Freiheit, 2. Aufl. St. Augustin, 2000.

Rothbard, Murray N.: Eine neue Freiheit. Das libertäre Manifest, Berlin 1999.

Sekundärliteratur
Blankertz, Stefan: Das libertäre Manifest. Über den Widerspruch zwischen Staat und Wohlstand, Grevenbroich 2001.

Höffe, Otfried: Herrschaftsfreiheit oder gerechte Herrschaft? Zur Kritik des Anarchismus. In ders., Politische Gerechtigkeit. Grundlegung einer kritischen Philosophie von Recht und Staat, Frankfurt 1987, S. 193–221.

Lichtschlag, André F.: Libertarianism. Eine (Anti-)Politische Bewegung in den USA und ihre Bedeutung für Deutschland, Grevenbroich 2000.

Pies, Ingo und Martin Leschke (Hg.), Ludwig von Mises' ökonomische Argumentationswissenschaft, Tübingen 2010.

Raimondo, Justin: An Enemy of the State. The Life of Murray N. Rothbard Amherst 2000.

Willke, Gerhard: Neoliberalismus, Frankfurt und New York 2003 (exzellenter und kritischer Überblick).

11 Die Gouvernementalität des Neoliberalismus: Michel Foucault

Nicht Foucaults Gesamtwerk soll hier dargestellt werden, sondern die in seinem Spätwerk entwickelte Theorie der Gouvernementalität, wie er sie in seinen Vorlesungen am Collège de France aus den Jahren 1978/79 vorgelegt hat. Im ersten Vorlesungszyklus 1978 behandelt Foucault die Theorien der Staatsräson und der „Policeywissenschaft" seit dem 16. Jahrhundert. Da es hier um die politische Theorie der Gegenwart geht, will ich mich auf den Vorlesungszyklus des Jahres 1979 konzentrieren, in dem es um eine Analyse des deutschen und amerikanischen Neoliberalismus geht. Diese Studien Foucaults ermöglichen eine umfassende ideengeschichtliche Einordnung des modernen Marktliberalismus. Mit **Gouvernementalität** meint Foucault die komplexe Gesamtheit der Praktiken, mittels derer man das Verhalten der Menschen steuert. Eine bestimmte Form der Gouvernementalität wäre damit ein Grundbegriff bzw. Grundmuster für die Analyse von Machtverhältnissen.[497] Gerne wird dieser Neologismus als Zusammensetzung von *gouvernement* und *mentalité* erklärt, woraus sich so etwas wie „Regierungsmentalität" ergeben würde. Der Begriff *gouvernementalité* ist aber eher aus dem Adjektiv *gouvernemental* abgeleitet, analog zur Ableitung von *musicalité* aus *musical*,[498] denn Foucault spricht in seinen Analysen nicht von einer entsprechenden Mentalität, sondern vielmehr von einem ineinandergreifenden Gesamtsystem von Regelungen, die auf einer bestimmten theoretischen Konzeption beruhen. Die Rede von einer Mentalität würde dagegen eine gewisse sozialpsychologische Note in diese Gesellschaftstheorie bringen und ihr deshalb etwas von ihrer Strenge nehmen.

Hier zeichnet sich ein wichtiger Wendepunkt seines Denkens ab. Den frühen Foucault kann man durchaus angemessen als Analytiker von Machtstrukturen und Machtverhältnissen im Mikrobereich der Gesellschaft begreifen, z.B. der Gefängnisse, Kliniken, Heilanstalten etc. Schon damals wäre es allerdings ein Missverständnis gewesen, diese Arbeiten lediglich als Detailstudien begreifen zu wollen, denn dahinter stand die berühmte methodologische Regel Alexis de Tocquevilles, dass man den Zustand einer Gesellschaft am Zustand ihres Gefängnissystems studieren könne. In den späten Vorlesungen setzt Foucault dagegen bei „Erscheinungen einer ganz anderen Größenordnung"[499] an, nämlich bei der Wirtschaftspolitik und damit der Lenkung der gesamten Gesellschaft. Ob mit diesem Wendepunkt auch ein politischer Richtungswandel von der radikalen Linken hin zu einer Spielart des Liberalismus verbunden war, lässt Foucault nicht erkennen. Er hatte sich damals irreparabel mit Gilles De-

---

[497] Vgl. Lemke, Thomas, Susanne Krasmann und Ulrich Bröckling: Gouvernementalität. Neoliberalismus und Selbsttechnologien. Eine Einleitung in Bröckling, Ulrich, Susanne Krasmann und Thomas Lemke (Hg.): Gouvernementalität der Gegenwart. Studien zur Ökonomisierung des Sozialen, Frankfurt 2000, S. 7–40, hier S. 8. Vgl. zur Begriffsdeutung auch Sennehart, Michel: [Nachwort], in Foucault, Geschichte der Gouvernementalität II, a.a.O. S. 445–489, hier S. 482, Anm. 125, der meine Deutung stützt.

[498] Sennehart, Michel: [Nachwort], a.a.O. S. 482, Anm. 125.

[499] Foucault, Michel: Geschichte der Gouvernementalität, Bd. II, a.a.O. S. 261.

leuze zerstritten, der ihn zu einer Solidaritätsunterschrift mit einem damals von Frankreich an Deutschland ausgelieferten Anwalt von Terroristen (Klaus Croissant) nötigen wollte. Außerdem engagierte er sich für sowjetische Dissidenten.[500] Seine kritischen Bemerkungen zu einigen neoliberalen Überlegungen lassen auf eine etwas stärker etatistische Ausrichtung schließen.

Foucaults Gesamtbild nimmt die Grundfrage des modernen Liberalismus auf: Warum muss man überhaupt regieren? Eine Grundfrage, welche die Annahme impliziert, dass stets zu viel regiert werde.[501] Dieses liberale Denken geht nicht von der Existenz des Staates aus, sondern von der Gesellschaft. Die Basis dieses Liberalismus war eine Art **Staatsphobie**, die in den späten 1970er Jahren auch auf der äußersten Linken in Form einer Atomkriegsangst, im Engagement für sowjetische Dissidenten und einer Kritik an den Sicherheits- und Repressionsapparaten Anklang fand. Foucaults Programm besteht darin, dieser Staatsphobie dadurch entgegenzuwirken, dass er den Staat als beweglichen Effekt eines Systems von mehreren Gouvernementalitäten begreift, die untereinander im Widerstreit stehen, sich überschneiden, sich stützen und sich bekämpfen. Er unterscheidet drei aufeinander folgende Grundmodelle: Die **klassische** Regierungskunst, die sich auf eine angebliche (göttliche oder historisch-marxistische) Wahrheit stützt, die **moderne** Regierungskunst der Räson eines souveränen Staates (eher Macht statt Wahrheit), die **neoliberale** „Regierungskunst gemäß der Rationalität der Wirtschaftsakteure, allgemeiner, die Regierungskunst nach Maßgabe der Rationalität der Regierten selbst."[502] In den Mittelpunkt seiner Vorlesungen des Jahres 1979 rückt Foucault den deutschen und amerikanischen Neoliberalismus – mit gelegentlichen Seitenblicken auf die damalige Reformpolitik Giscard d'Estaings und Raymond Barres.

Foucault analysiert in einem ersten Schritt das, was er als den **deutschen Neoliberalismus** charakterisiert, der zwischen 1930 und 1945 vor allem von der **Freiburger Schule** des **Ordoliberalismus** als Antwort und Kritik des Keynesianismus und der nationalsozialistischen Lenkungsökonomie, aber auch des Staatssozialismus entwickelt worden war. Die gouvernementale Rationalität des Interventionismus hatte geglaubt, man verfüge über aussichtsreiche Techniken des Staatseingriffs in die wirtschaftlichen Prozesse. Diese Denkrichtung stand damit in der Tradition des hyperadministrativen Staates, wie ihn der Merkantilismus und die Policeywissenschaft sich vorgestellt hatten. Die Ordoliberalen entwickelten nun die These, dass es schon vor der Machtergreifung durch die Nazis vier Elemente gegeben hatte, auf die diese zurückgreifen konnten: Eine protektionistisch geschützte Wirtschaft, einen Staatssozialismus der Bismarckschen Tradition, eine Planwirtschaft und keynesianische Interventionen. Die Ordoliberalen sahen hier eine Kontinuität. Sobald man nur eines dieser Elemente konsequent anwenden will, muss man auch zu den übrigen Mitteln greifen. Sobald eine antiliberale Politik der Intervention und der Staatssteuerung begonnen wird, muss die Kontrolle des Staates über immer weitere Bereiche ausgedehnt werden. Sie kritisierten deshalb genauso die staatsinterventionistische Politik des amerikanischen New Deal und des britischen Beveridge-Plans. Wilhelm Röpke, neben Walter Eucken und Adolf Müller-Armack einer der führenden Ordoliberalen, fürchtete, dass die Briten beim militärischen Kampf gegen Deutschland dessen wirtschaftliche und politische Strukturen übernehmen würden: Protektionismus,

---

[500] Vgl. Eribon, Didier: Michel Foucault. Eine Biographie, Frankfurt 1999, S. 372f., wo der Wortlaut von Deleuzes Stellungnahme dokumentiert ist. Vgl. zu diesen Zusammenhängen und Hintergründen, die hier nur angedeutet werden können: Sennehart, Michel: [Nachwort], a.a.O. S. 452f.

[501] Foucault, Michel: Geschichte der Gouvernementalität, Bd. II, a.a.O. S. 437.

[502] Ebenda S. 429.

Planung und die staatliche bzw. parastaatliche Durchorganisation des Alltagslebens der Menschen. Dabei wurde ein Typus von Rationalität angewendet, der aus den Naturwissenschaften stammte und sowohl die Kontrolle der Wirtschaft als auch die Staatsverwaltung zu technisieren versuchte. Wilhelm Röpke nannte das den „ewigen Saint-Simonismus",[503] weil Claude-Henri de Saint-Simon und seine Schule als erste ingenieurmäßiges Denken und geplante Sozialemanzipation zu einem Gesamtkonzept verdichtet hatten.

Ganz im Gegensatz zur von Foucault als komplementär aufgefassten Frankfurter Schule, welche den Kapitalismus als eine der wesentlichen Ursachen des Faschismus angesehen hatte, stellten die **Ordoliberalen** die These auf, dass die große Weltwirtschaftskrise und die krisenhaften **Mängel der Marktwirtschaft** nicht dieser selbst anzulasten seien, sondern vielmehr den ständigen **Staatseingriffen und Protektionismen**, die sie in ihrer Funktionsweise lahm legten und so Armut und Arbeitslosigkeit erzeugten. Die Aufsicht des Staates verhinderte durch den Schutz absteigender und unproduktiver Industriezweige gerade die Umorientierung der Produktivität in die lohnenden Felder. Nur die freie Preisbildung im Wettbewerb könne die nötigen Informationen für die einzelnen Wirtschaftsbürger bereitstellen, nach denen sie ihr Handeln ausrichten könnten, um das Optimum zu erreichen. Der **Wettbewerb** wird aber in seinem quasinatürlichen Ablauf durchaus zu Monopolbildungen führen können, die, insbesondere in Verbindung mit politisch-gesetzlichen Regelungen, ständig dazu tendieren, den Markt außer Kraft zu setzen und den Versuch zu machen, einmal erreichte Privilegien auf Dauer sicher zu stellen. Aus diesem Grunde schlugen die Ordoliberalen eine völlig neue gouvernementale Konzeption vor. Man müsse das Wesen des Wettbewerbs als gesellschaftliches Grundprinzip erkennen und erfassen. In der Praxis werde ständig der Versuch gemacht werden, sich demgegenüber **Sondervorteile** zu sichern. Es sei die Aufgabe **kluger Gouvernementalität**, dafür zu sorgen, dass eine **Rahmenordnung**, ein System von **Wettbewerbsregeln** existiert. Monopole und Kartelle werden ständig spontan entstehen und müssen durch eine bewusste Wettbewerbsordnung (daher: Ordoliberalismus) immer wieder zerschlagen werden. „Der Wettbewerb ist also ein geschichtliches Ziel der Regierungskunst und keine Naturgegebenheit, die es zu beachten gälte."[504] Die Wettbewerbs- oder Marktordnung muss durch aktive Gouvernementalität hergestellt werden.

Der Wettbewerb kann diesen Effekt nur dann haben, wenn er ein **Spiel der Ungleichheiten** ist. Eine **Sozialpolitik**, die versuchen würde, diese Ungleichheiten auszugleichen, würde seine Wirkungen zunichtemachen, also antiökonomisch sein.[505] Sie muss die Ungleichheiten spielen lassen. Im Grunde kann es nur eine individuelle Sozialpolitik geben, also eine private Absicherung der Risiken. Darüber hinaus besteht die wahre und grundlegende Sozialpolitik im Wirtschaftswachstum.[506] Dieses sehr massive Programm der Neoliberalen, von Müller-Armack „Soziale Marktwirtschaft" genannt, wurde im Deutschland Adenauers und Erhards nicht derart streng durchgeführt, aber doch in sehr weitgehender Weise. Die Regierung soll keineswegs, wie noch in den Wohlfahrtspolitiken der Jahre zwischen 1920 und 1960, die Ungleichheiten zu korrigieren versuchen, sondern vielmehr dafür sorgen, dass die Wettbewerbsmechanismen überall die Rolle des regulierenden Faktors spielen können. Es geht also nicht darum, wie noch zur Zeit der Physiokraten, dass die gute Regierung die wirtschaftli-

---

[503] Röpke, Wilhelm: Civitas Humana (Ausgewählte Werke III), 4. Aufl. Bern, 1979, S. 136.
[504] Foucault, Michel: Geschichte der Gouvernementalität, Bd. II, a.a.O. S. 173.
[505] Ebenda S. 203.
[506] Ebenda S. 205.

chen Gesetze erkennen und anwenden müsse. Im Gegenteil, die **neoliberale Gouvernementalität** verlangt die konsequente Durchdringung der gesamten Gesellschaft mit dem Prinzip des Wettbewerbs. Die Regierung hat nur für die Durchsetzung zu sorgen und danach die Ergebnisse des Wettbewerbs sich entfalten zu lassen. Sobald sie aber bestimmte Resultate anstrebt, werden ihre Eingriffe notwendigerweise verfälschend und schädigend sein.

Der neuzeitliche Staat hatte unter der Maßgabe der **Staatsräson** versucht, direkt nach Rationalitätsvorstellungen in den Wirtschaftsprozess einzugreifen. Das, was für richtig und wahr gehalten wurde, sollte in Politik umgesetzt werden – bis hin zur marxistischen, von Foucault an vielen Stellen seiner Vorlesungen immer wieder kritisierten Konzeption, die Gouvernementalität an der Rationalität einer Gesamtgeschichte auszurichten. Die **liberale Rationalität** beruht demgegenüber darauf, die eigenen, spontanen Funktionsweisen des Wettbewerbs zu erkennen und zu verstehen, dass direkte Eingriffe diesen Motor aller Produktion nur beschädigen können. Nicht die Mechanismen des Wettbewerbs dürfen beeinflusst werden, wohl aber seine **Rahmenbedingungen**. Vor allem muss sein Funktionieren permanent gegen innere und äußere Wettbewerbsverzerrungen abgeschirmt werden. Es wäre eine Fehlinterpretation, darin, wie es ansatzweise Adorno tat, die Verallgemeinerung der Warenwelt zu erkennen. Stattdessen wird die Gesellschaft verstanden als Vielzahl von Einzelunternehmen, d.h. jeder einzelne wird aufgefordert, sich als am Markt agierender Unternehmer zu verstehen. Der deutsche Neoliberalismus ist – ähnlich wie Hayek, der 1962 einen Lehrstuhl in Freiburg erhielt und viele Intentionen der Freiburger Schule fortsetzte – keineswegs als konservativ in dem Sinne zu verstehen, dass faktische Vorrechte, die sich vor allem aus verabschiedeten Gesetzen ergeben, erhalten werden sollen. Diese sollen vielmehr dem rauen Wind des Wettbewerbs ausgesetzt werden.[507]

Nach ordoliberaler Sicht konnte der Kapitalismus nach dem faschistischen und staatssozialistischen Angriff nur überleben, wenn man eine neue Form für ihn erfand. Die Marktgesetze sollen anders als in früheren Formen des Interventionismus nicht angerührt werden. Wirtschaftliche Interventionen mussten also minimiert werden, juristische Interventionen zum Erhalt der Rahmenbedingungen aber ständig vorgenommen werden. Der deutsche Neoliberalismus entwirft nach Foucault eine Wettbewerbsmarktwirtschaft mit einer Neubewertung der Unternehmenseinheiten als die grundlegenden Wirtschaftsakteure. Auf dieser Basis entsteht die Vorstellung einer neuen oder wenigstens erneuerten liberalen Regierungskunst. Das ist der Kern neoliberaler Gouvernementalität nach dem Modell der Freiburger Schule.

Foucaults Darstellung der liberalen Neufassung des Verhältnisses von Regierung und Gesellschaft ist ausgesprochen präzise und sachlich. Ihn interessiert vor allem jener fundamentale Wandel vom direkt in die Wirtschaft intervenierenden neuzeitlichen Staat zu einer Regierungskunst, die einen rechtsstaatlichen Rahmen schafft, die also den despotischen Staat oder Polizeistaat durch den Rechtsstaat ersetzt.[508] Die Erfahrung des Nationalsozialismus und des Stalinismus hat eine Art Staatsphobie erzeugt, aus der sich eine Krise der bisherigen Gouvernementalität entwickelt hatte, auf die der **Neoliberalismus** eine Antwort war. Foucault betrachtet diese Staatsphobie mit einer gewissen Distanz, weil sowohl in der liberalen wie vor allem in der linken Kritik der Verwaltungsstaat, der Wohlfahrtsstaat, der bürokratische Staat, der faschistische Staat, der totalitäre Staat zu sehr in der Form eines Gemeinplatzes zusammengefasst und nicht in ihrer jeweiligen Spezifizität gesehen werden. Den faschisti-

---

[507] Ebenda S. 228.
[508] Ebenda S. 236f.

schen Staat hält er z.B. nicht für einen besonders radikalen Auswuchs des Etatismus, sondern vielmehr für einen Typus der Gouvernementalität einer Partei über den politischen Staat, verwendet also eine ganz andere Form der Analyse als die, wie er sie nennt, inflationäre Staatskritik.[509]

Foucaults Charakterisierung des **amerikanischen Neoliberalismus** orientiert sich, anders als meine Darstellung in den letzten drei Kapiteln, nicht an den strukturellen Differenzen, sondern greift sich bestimmte wesentliche Punkte und Strategien heraus, um daran die Besonderheit neoliberaler Gouvernementalität zu entwickeln. Im Unterschied zum ordoliberalen Konzept eines strikten Rechtsrahmens vertrauen die amerikanischen Ansätze durchweg mehr auf die Eigenrationalität des spontan sich entfaltenden Wettbewerbs. Bei Milton Friedman allerdings wird durch die negative Einkommenssteuer ein sehr liberales Modell einer Absicherung der Allerärmsten eingeführt. Die jahrhundertealte Unterscheidung abendländischer Sozialpolitik zwischen guten und schlechten Armen, also denen, die unverschuldet und denen, die selbstverschuldet, sei es aus Faulheit oder Trunksucht, ohne Arbeit und Einkommen sind, wird aufgegeben. Eine Schwellenbevölkerung erhält unterhalb einer bestimmten Grenze, die so gezogen werden muss, dass Arbeiten sich lohnen würde, ein vom Staat gewährtes Einkommen. Wer arbeiten will, kann hinzuverdienen, wer nicht arbeitswillig ist, wird nicht dazu gezwungen.

Der amerikanische Neoliberalismus der Chicagoer Schule hat sich aus einer Kritik am New Deal, aber auch an den sogenannten Kriegspakten entwickelt, also jenem nationalistischen Modell der Gesellschaften mit allgemeiner Wehrpflicht, die die Bereitschaft ihrer Bürger, sich töten zu lassen, zu prämieren versuchte durch die Garantie der Existenzsicherheit.[510] Darüber hinaus richtete sich die Kritik gegen das Wachstum der zentralen Bundesbehörden durch ihre Wirtschafts- und Sozialprogramme und gegen den keynesianischen Wirtschaftsinterventionismus. „Ich glaube, dass der amerikanische Liberalismus sich gegenwärtig nicht nur allein und so sehr als eine politische Alternative darstellt, sondern sozusagen als eine Art von globaler, vielgestaltiger, mehrdeutiger Forderung mit einer Verankerung in der Linken und in der Rechten."[511] Eines der wichtigsten Elemente dieses Denkens ist die Theorie des **Humankapitals**, wodurch die Grundstrukturen ökonomischen Denkens auf Lebensbereiche ausgeweitet werden, die man traditionell als außerökonomisch zu betrachten pflegte. Die traditionellen Produktionsfaktoren waren Arbeit, Boden und Kapital. Die Analyse der Arbeit war – trotz Marx – lange vernachlässigt worden. Es kommt nun darauf an, Arbeit als praktiziertes ökonomisches Verhalten zu analysieren, d.h. nicht als Objekt, sondern als aktives Wirtschaftssubjekt. Menschen arbeiten, um ein Einkommen zu erzielen. Im Prinzip kann jedes Einkommen als Ertrag eines Kapitals angesehen werden. Ein Kapital ist alles, „was auf die eine oder andere Weise eine Quelle von zukünftigem Einkommen sein kann."[512] Das Kapital, dessen Einkommen der Lohn ist, besteht aus der Gesamtheit der physischen, psychologischen usw. Faktoren, die jemanden in die Lage versetzen, einen bestimmten Lohn zu verdienen, so dass vom Standpunkt des Arbeiters aus die Arbeit keine Ware ist, die sich durch Abstraktion auf die Arbeitskraft und die gearbeitete Zeit reduziert."[513] Es handelt sich

---

[509] Ebenda S. 262–269.
[510] Ebenda S. 301.
[511] Ebenda S. 304.
[512] Ebenda S. 312.
[513] Ebenda.

um Kapital, das allerdings untrennbar von der Person ist, die es besitzt. Kompetenz ist Kapital, in das investiert werden kann: durch Erziehung, durch Ausbildung, und, wie Foucault hinzufügt, bald gewiss auch durch Ankauf gentechnischer Ausstattungselemente.[514] Er lehnt es ab, die vielen Befürchtungen gegen Gentechnik in traditionellen Begriffen des Rassismus zu fassen, wie das gegenwärtig durchgehend geschieht. Interessanter erscheint ihm, dass das Humankapital Innovationen ermöglicht und dass eine Wachstumspolitik im Westen gerade auf erhöhten Investitionen in das Humankapital aufgebaut werden kann, dass andererseits das Nicht-Anspringen der Wirtschaft der Dritten Welt nicht nur durch die Blockade von Wirtschaftsmechanismen erklärbar ist, sondern durch mangelnde Investitionen in Humankapital.[515]

Auch an diesem Punkt lässt sich die radikale Veränderung der Gouvernementalität aufzeigen. Die ökonomische Analyse greift immer weiter aus in die Sphäre des früher Nichtökonomischen. Die Arbeitskräfte werden nicht mehr als abhängige Massen betrachtet, die höchstens kollektiv organisiert werden können, sondern als unternehmerisch agierende Kapitalbesitzer. Auch die Handlungsweise der Regierung wird in streng ökonomischen und marktbezogenen Begriffen analysiert und kritisiert, so durch das American Enterprise Institute. Alle Politikfelder, auch die Kriminalität und die Strafjustiz, kann man nach diesen Kriterien ökonomischer Effizienz neu ordnen. Das Individuum, auch der Straftäter, wird als *homo oeconomicus* aufgefasst. Damit ist keine anthropologische Aussage intendiert. Es wird lediglich eine bestimmte Perspektive angewandt, durch die das Individuum *gouvernementalisierbar* (über dieses Wort ist Foucault in seiner Vorlesung selbst ins Stolpern gekommen) wird. Als Verbrechen wird, gut liberal, definiert, was im Strafgesetzbuch als solches bezeichnet ist. Die Strafe dient zur Durchsetzung des Gesetzes, also dazu, dass nur ein solcher Grad von Überschreitungen des vorgeschriebenen Verhaltens erreicht wird, den die Gesellschaft glaubt, sich leisten zu können. „Oder auch: Die Gesellschaft hat kein unbegrenztes Bedürfnis nach Konformität. Die Gesellschaft braucht sich keineswegs einem erschöpfenden Disziplinarsystem zu unterwerfen. Einer Gesellschaft geht es mit einer bestimmten Rate von Gesetzesverstößen gut, und es ginge ihr sehr schlecht, wenn sie diese Rate unbegrenzt verringern wollte."[516]

Diese Verhaltensanreize sind so elementar, dass sie nicht nur auf rationales Verhalten, sondern durchaus auch auf nichtrationale Verhaltensweisen angewandt werden können. Es reicht aus, wenn der homo oeconomicus die Wirklichkeit akzeptiert und in einer nicht-zufälligen Weise auf diese Anreize reagiert. Genau dadurch wird dieser homo oeconomicus handhabbar, regierbar. Nicht mehr der zur Straffälligkeit neigende Mensch muss gebessert werden, es kommt vielmehr darauf an, die Anreize richtig zu setzen. So könnten sogar einige der Straftaten im Affekt verhindert werden, wenn auch selbstverständlich nicht alle.

Foucault deutet die politische Ökonomie „als Kritik der gouvernementalen Vernunft" – ganz im strengen kantisch-philosophischen Sinne der Vernunftkritik, an die er sich zeitlich ungefähr parallel in seinem vielbeachteten Text „Was ist Kritik" angeschlossen hatte. Es geht darum, der Regierung nicht nur einfach im juristischen Sinne durch Grund- und Menschenrechte Grenzen zu setzen, sondern sich sehr viel basaler darüber klar zu werden, dass es keinen ökonomischen Souverän, keinen praktikablen Eingriff der Regierung in den Wirtschaftsprozess geben kann. Bleibt er bei dieser neoliberalen Position stehen? In der Schluss-

---

[514] Ebenda S. 316.
[515] Ebenda S. 323.
[516] Ebenda S. 354.

vorlesung dieses Zyklus, die leider deutlich weniger ausgearbeitet ist als seine Darstellung des deutschen und amerikanischen Neoliberalismus, greift er auf Adam Fergusons „Versuch über die Geschichte der bürgerlichen Gesellschaft" aus dem Jahre 1767 zurück, der parallel zu den Arbeiten von Adam Smith entstand. Bei Ferguson wird die „*civil society*" als spontane Synthese der Individuen aufgefasst, die allerdings gewisse nicht-egoistische Interessen umfasst und Bindungen schafft, die fester sind als die des Marktes, und die auf eine Gemeinschaft, vor allem die Nation bezogen sind. Diese Überlegungen bleiben aber im Ungefähren, weil die damals sich entwickelnde Idee des solidarischen Nationalstaats als Antwort auf den modernen Liberalismus des 20. Jahrhunderts eigentümlich überholt wirkt.

Foucault hat sich politisch auf der Linken engagiert und sehr profilierte Initiativen gegen Übergriffe und Menschenrechtsverletzungen im französischen Gefängnissystem ergriffen. Von Anfang an ist sein Werk durchzogen von einer Kritik des Marxismus, auch in seinen späten Vorlesungen ist dies ein durchgängiges Motiv. Vor allem war er scharfer Gegner der französischen Kommunisten. In seiner Parteinahme für Alexander Solschenizyn und die sowjetischen Dissidenten hat sich dies auch politisch-praktisch manifestiert. Er sah sich häufig in einer Rolle als Ideengeber einer nichtmarxistischen Linken, allerdings im Sinne eines bedingten Imperativs: „Wenn ihr kämpfen wollt, hier sind einige Schlüsselstellen"[517], um sogleich einen kategorischen Imperativ zu ergänzen: „Niemals Politik machen".[518] Er meinte damit, dass es auf ein persönliches, physisches und reales Engagement ankomme, nicht aber auf jene üblichen innerlinken Kämpfe um die „richtige Linie" oder die theoretische Richtigkeit der Analyse, weil dies durch politische Polemik nicht geklärt werden könne, sondern als Wahrheitsfrage in die Philosophie gehöre. Wie Luhmann hat er es verstanden, die Unterschiede zwischen diesen Diskursen wahrzunehmen und zu beachten.

Foucault selbst hatte die Veröffentlichung der Tonbandmitschnitte seiner Vorlesungen abgelehnt. Wenn sie nun doch nach und nach herausgegeben werden, müssen wir einkalkulieren, dass er gewiss eine grundlegende Überarbeitung für unverzichtbar gehalten hätte. Seine Überlegungen haben ihren Wert durch den Versuch, die neoliberalen Theorien und Praxisvorschläge in einem Gesamtzusammenhang von Regierungstechniken einzuordnen und sie in Konkurrenz zu anderen Strategien wie *planification*, Sozial- und Wohlfahrtsstaat, Staatssozialismus etc. zu begreifen. In der ursprünglichen Ankündigung seiner Vorlesungen des Jahres 1979 hatte er sie noch unter den Titel „Geburt der Biopolitik" gestellt – ein Begriff, auf den er im vorliegenden Text nur zurückkommt, um zu sagen, dass sich eine solche Analyse der Bevölkerungsentwicklung insgesamt nur dann durchführen lässt, „wenn man dieses Regierungssystem, das Liberalismus genannt wird" verstanden hat.[519] Theoriebautechnisch haben wir es also auch hier mit Präliminarien zu einer darauf aufbauenden größeren Analyse zu tun, die 1982 mit seiner „Hermeneutik des Subjekts" fortgesetzt wurde.

Für den Bereich der politischen Theorie liegen mit den Vorlesungen zur Geschichte der Gouvernementalität die entscheidenden Texte vor. Es handelt sich nicht um eine Analyse der Regierungspraktiken, sondern dessen, was er **Regierungskunst** nennt. Damit meint er „die reflektierte Weise, wie man am besten regiert, und zugleich auch das Nachdenken über die

---

[517] Foucault, Michel: Geschichte der Gouvernementalität, Bd. I, a.a.O. S. 16.
[518] Ebenda S. 17. Foucault hat dies in einigen Gesprächen, die im IV. Bd. seiner Schriften abgedruckt sind, weiter ausgeführt.
[519] Foucault, Michel: Geschichte der Gouvernementalität, Bd. II, a.a.O. S. 43.

bestmögliche Regierungsweise."[520] Es geht ihm also darum, bestimmte Reflexionsformen auf das Regieren in nüchterner Sachlichkeit zu beschreiben und gelegentlich mit einigen zurückhaltenden Kommentaren zu versehen. So steht er in einem diametralen Gegensatz zu seinem Kollegen Pierre Bourdieu, der den Neoliberalismus als „konservativen Dogmatismus" und „Triumph eines ungebremsten, zynischen Kapitalismus" bewertet.[521] Anders als Hayek, von Mises und selbst Walter Eucken findet Foucault mit seinen Texten aber eine breite Rezeption bei der Linken, so dass im Grunde seine in diesem Umfeld durchaus provozierend wirkende Sachlichkeit den neoliberalen Argumenten und Erwägungen dort Einlass zu verschaffen vermag. In der amerikanischen Politikwissenschaft hat sich daraus eine eigene Richtung entwickelt, die *governmentality studies,* welche längst auch wieder nach Europa zurückstrahlen.[522]

Fragen
1. Was meint Foucault mit dem Neologismus „gouvernementalité"?
2. Welche Konzeption versteht er unter dem deutschen Neoliberalismus?
3. Welche Wirtschaftspolitik hat dieser Neoliberalismus vorgeschlagen?
4. Wodurch unterscheidet sich dieses Denken vom amerikanischen Neoliberalismus, wie Foucault ihn beschreibt?
5. Erklären Sie das Konzept des „Humankapitals".
6. Was kritisiert Foucault an Marx?
7. Was unterscheidet den modernen Neoliberalismus vom klassischen Liberalismus?

Einführungstext
Foucault, Michel: Geschichte der Gouvernementalität II: Die Geburt der Biopolitik, Frankfurt 2004, 4.–8. Vorlesung, S. 112–299.

Literatur
Foucault, Michel: Was ist Kritik? Berlin 1992.
Foucault, Michel: In Verteidigung der Gesellschaft, Frankfurt 1999.
Foucault, Michel: Geschichte der Gouvernementalität, 2 Bände, Frankfurt 2004.
Foucault, Michel: Dits et Ecrits. Schriften I-IV, Frankfurt 2001ff.

Sekundärliteratur
Bröckling, Ulrich, Susanne Krasmann und Thomas Lemke (Hg.): Gouvernementalität der Gegenwart. Studien zur Ökonomisierung des Sozialen, Frankfurt 2000.
Burchell, Graham, Colin Gordon und Peter Miller (Hg.): The Foucault Effect. Studies in Governmentality, Chicago 1991.

---

[520] Ebenda S. 14.
[521] *Wie Maos rotes Buch.* SPIEGEL-Gespräch mit Pierre Bourdieu, in Spiegel 50/1996, S. 172–179, hier S. 174 und S. 176.
[522] Vgl. Burchell, Graham, Colin Gordon und Peter Miller (Hg.): The Foucault Effect. Studies in Governmentality, Chicago 1991; Lemke, Thomas: Eine Kritik der politischen Vernunft. Foucaults Analyse der modernen Gouvernementalität, Berlin und Hamburg 1997.

Detel, Wolfgang: Macht, Moral, Wissen. Foucault und die klassische Antike, Frankfurt 1998.

Dreyfus, Hubert L. und Paul Rabinow: Michel Foucault. Jenseits von Strukturalismus und Hermeneutik, Frankfurt 1987.

Lemke, Thomas: Eine Kritik der politischen Vernunft. Foucaults Analyse der modernen Gouvernementalität, Berlin und Hamburg 1997.

Opitz, Sven: Gouvernementalität im Postfordismus. Macht, Wissen und Techniken des Selbst im Feld unternehmerischer Rationalität, Hamburg 2004.

Schäfer, Thomas: Reflektierte Vernunft. Michel Foucaults philosophisches Projekt einer antitotalitären Macht- und Wahrheitskritik, Frankfurt 2005.

12 Postmodernisierungstheorie: Jean-François Lyotard

Der in der ersten Hälfte des 20. Jahrhunderts vorherrschende Glaube, Theorie könnte so etwas wie das wissenschaftlich begründete Versprechen einer besseren Zukunft sein, wurde in den 1960er Jahren noch einmal von einer neuen Generation aufgenommen und war erst Ende der 1970er Jahre so sehr erschöpft, dass es zu einer Todeserklärung kommen musste. Jean-François Lyotard (1924–1998) hat das von allen Theoretikern am klarsten und eindrucksvollsten getan und den aktivistischen Planungsintellektuellen ein Grabmal errichtet: *Le tombeau de l'intellectuel*. Intellektualität hatte bestanden in der Identifikation mit der Menschheit, dem Volk, der Nation, dem Proletariat, also mit einem Subjekt, das einen universellen Wert zu verkörpern schien und so einen festen und überlegenen Ausgangspunkt jeglicher Analyse und Präskription zu bieten schien. Nur die Annahme eines solchen allgemeinen Subjekts konnte Voltaire, Zola oder Sartre jene Autorität verschaffen, die ihnen zugesprochen worden war.[523]

Heute dagegen destabilisiert die Verbreitung der neuen Technologien diese Position. Diejenigen, die heute als Symbolanalytiker in den Unternehmungen und Verwaltungen, vor allem aber in den Dienstleistungszentren das, was Hegel einst den objektiven Geist nannte, prozessieren, operieren strikt arbeitsteilig und müssen, um höchstmögliche Effizienz zu erzielen, diese Arbeitsteilung auch respektieren. Natürlich bleibt auch heute noch die Versuchung groß, sich die Prominenz, die man in einem Bereich erworben hat, zunutze zu machen, um seinen Äußerungen zu allgemeinpolitischen Fragen Gehör zu verschaffen. Aber im Grunde konkurriert man mit anderen Prominenten, seien es Schauspieler oder sonstige mediale Erscheinungen, und letztlich auch mit allen anderen Bürgern um Aufmerksamkeit, ohne schon von vornherein durch einen privilegierten Zugang zum Allgemeinen hervorgehoben zu sein.

Das Denken hat diesen Zugriff auf Universalität verloren, so dass alle Stellungnahmen nur noch lokal und partiell erfolgen können und letztlich defensiv sein müssen. Wer weiter ausgreift, wird ähnlich fehlgeleitet denken wie einst Sartre. Im 20. Jahrhundert haben vielfältige intellektuelle Anstrengungen gerade auch der Linken zu einer Verherrlichung oder wenigstens Rechtfertigung des Totalitarismus beigetragen. In Frankreich ist diese Haltung intellektuell schon über 10 Jahre vor dem auch gesellschaftlich-politischen Ende des Kommunismus zusammengebrochen. Lyotard empfiehlt, dies nicht einfach resignativ zur Kenntnis zu nehmen, wie viele Linke es getan haben. Der Untergang der modernen Totalität gibt Anlass zum Optimismus, denn es folgt eine postmoderne größere Gelassenheit, Beweglichkeit und Toleranz, eine „*sveltesse*", wie Lyotard dies nennt.[524]

Lyotard, der einstige Linke, betont, dies sei im Grunde schon seit der zweiten Hälfte des 19. Jahrhunderts immer deutlicher geworden, deshalb sei die Postmoderne schon damals, bei der

---
[523] Lyotard, Jean-François: Grabmal des Intellektuellen, Graz und Wien 1985, S. 10.
[524] Ebenda S. 18.

Geburt der ästhetischen Moderne Baudelaires und später aller antirealistischen Kunst präsent gewesen. In der Tradition französischer Salonparadoxalität konstatiert er: „Ein Werk ist nur modern, wenn es zuvor postmodern war."[525] Oder an einem Beispiel: „Mir scheint, dass der Essay (Montaigne) postmodern ist und das Fragment (des Athenäum) modern."[526] Etwas weniger mechanisch weist er auf ein Problem eines Großteils moderner Kunst und Literatur hin: Die moderne Ästhetik sei in vielem eine Ästhetik des Erhabenen, bleibe aber als solche nostalgisch. Postmodern dagegen seien die Momente, die auf das Nicht-Darstellbare in der Darstellung selbst anspielen. Werke und Texte sind immer auch Ereignisse, und als solche finden sie immer zu einem späteren Zeitpunkt statt, in einer Art Vorzukunft. Anders ausgedrückt: Auch wenn absolute Präsenz im Werk dargestellt werden soll, erstarrt es doch in einem Zeitpunkt zu etwas, was als Werk fertig erscheint und unter Umständen sogar im Museum ausgestellt werden kann – dort jedoch seine provokative Ereigniskraft verlierend. Auf eine andere Ebene transponiert formuliert Lyotard dieses Konzept so: „Es sollte endlich Klarheit darüber bestehen, dass es uns nicht zukommt, Wirklichkeit zu liefern, sondern Anspielungen auf ein Denkbares zu erfinden, das nicht dargestellt werden kann."[527]

Vielleicht ist mein Wort von der Salonparadoxalität in diesem Zusammenhang, auch wenn es Montaigne und die Montaigne-Tradition durchaus korrekt bezeichnet, ein wenig zu hart. Bei Lyotard steht dahinter ein politisch-persönlicher Entwicklungsgang, den jeder Intellektuelle seiner Generation auf die eine oder andere Weise zu vollziehen hatte. Lyotard hat ihn auf eine besonders anspruchsvolle und eigenständige Weise beschritten. Er politisierte sich als Lehrer in Algerien und engagierte sich in den 1950er Jahren für die algerische Widerstandsbewegung. Von 1954 bis 1964 war er Mitglied der marxistischen Gruppe „*Socialisme ou barbarie*", die sich um Cornelius Castoriadis und Claude Lefort organisierte. Dort ging es um antistalinistische und antitotalitäre Politik, um Formen der Arbeiterselbstverwaltung und der Autonomie von unten. Von 1964 bis 1966 schloss er sich dann der ähnlich antibürokratischen Gruppe *Pouvoir ouvrier* an. Danach verließ er, wie er es etwas pathetisch formulierte, „den Dienst der Revolution, ich machte etwas anderes, ich hatte meine Haut gerettet."[528] Freundschaften zerbrachen, für Lyotard folgten Jahre der kritischen Selbstreflexion. Lediglich während der Revolte von 1968 wurde er noch einmal für kurze Zeit politisch aktiv: in Daniel Cohn-Bendits Bewegung vom 22. März. Sein Problem blieb aber weiterhin: „Wie soll man sich zur Politik verhalten?"[529]

Die Krise der marxistischen Hoffnungen und Utopien hat Lyotard in einer einflussreichen sozialwissenschaftlichen Studie aufgearbeitet: „**Das postmoderne Wissen**" (*La condition postmoderne*). Die Denkbewegung der modernen Wissenschaft ist in einen Widerstreit zu ihrer Legitimationserzählung geraten. Die Wissenschaft stand von Anfang an auf dem Kriegsfuß mit traditionellen Legitimationserzählungen des Mythos und der Religionen. Die große übergreifende Parole lautete: Vom Mythos zum Logos. In diesem Streit griff sie lange Zeit aber auch selbst auf große Erzählungen zurück, um ihre Spielregeln zu legitimieren. Sie wählte sich dazu vor allem einen philosophisch geprägten Legitimationsdiskurs, der auf

---

[525] Lyotard, Jean-François: Postmoderne für Kinder. Briefe aus den Jahren 1982 – 1985, Wien 1987, S. 26.
[526] Ebenda S. 30.
[527] Ebenda.
[528] Lyotard, Jean-François: Pierre Souyri – Le marxisme que n'a pas fini, in Esprit, Nr. 1, Jg. 61, 1982, S. 11–31, hier S. 13.
[529] Lyotard, Jean-François u.a.: Sprache, Zeit, Arbeit. Gespräch zwischen Jean-François Lyotard und Giairo Daghini, in Jean-François Lyotard u.a., Immaterialität und Postmoderne, Berlin 1985, S. 35–53, hier S. 37.

Erzählungen wie der Dialektik des Geistes, der Hermeneutik des Sinns und vor allem der Emanzipation des vernünftigen oder arbeitenden Subjekts basierte. Die große Erzählung der Aufklärung behauptete zum Beispiel, dass die Wissenschaft kämpferisch und heroisch an einem guten ethisch-politischen Ziel, dem universellen Frieden, arbeite. Wahrheit und Gerechtigkeit waren auf diese große Erzählung bezogen.

Durch den Fortschritt der wissenschaftlichen Analyseprozesse selbst aber werden diese Metaerzählungen immer mehr in Frage gestellt. Man glaubt nicht mehr an die großen Heroen, die auf ihren Irrfahrten den Gefahren trotzen, um ihr Ziel zu erreichen. Das **Ende der großen Erzählungen** ist erreicht – dies hat er schon zehn Jahre vor dem spektakulären Zusammenbruch des Ostblocksozialismus nüchtern konstatiert. An die Stelle der Metanarrative (ein kühlerer Ausdruck für die großen Erzählungen) treten schlicht verschiedene **Sprachspiele**, die nur mosaikartig zu Institutionen führen, also im Grunde nur eine lokale, aber keine übergreifende Bedeutung mehr haben können. Da aber dennoch die Machthaber und Entscheidungseliten ständig daran interessiert sind, ihre Macht zu vermehren, entwickeln sie ein übergreifendes Kriterium, das der Effizienz. Es wird der Versuch gemacht, im Prozess der Hochschulreform und anderer Gesellschaftsreformen all die vielen unterschiedlichen Spiele auf die Optimierung der Systeme auszurichten, sie ihnen kommensurabel zu machen und ihre Effizienz zu steigern. Hierzu gehört ein quasirevolutionärer Terror der Anpassung: „weich oder hart: Wirkt mit, seid kommensurabel, oder verschwindet!"[530] Der Imperativ der Produktionskostensenkung und Effizienzsteigerung ergreift das Bildungssystem. Nach dem Ende der Metaerzählungen bleibt nur noch das technologische Kriterium der Operabilität – das aber ungeeignet ist, über Fragen von Wahrheit und Gerechtigkeit zu entscheiden. Habermas' auf den ersten Blick attraktiver Gedanke, nunmehr den in der Diskussion erreichten Konsens als Maßstab zu nehmen, tut der Heterogenität der Sprachspiele Gewalt an und gefährdet die Erfindung des Neuen, die aus der Meinungsverschiedenheit, aber gerade nicht aus dem Konsens entsteht.

Das **postmoderne Wissen**, das Lyotard den alten und neuen Metaerzählungen entgegensetzt, versucht, sich der Instrumentalisierung der Macht teilweise zu entziehen, unsere Sensibilität für die Differenzen zu verfeinern und unsere Fähigkeit zu verstärken, das Inkommensurable zu ertragen, statt es, wie im Effizienzdiskurs oder in der Utopie, zu bekämpfen und auszuschalten. Sein Argument besteht nicht mehr in der Übereinstimmung der Experten, sondern gerade in der Abweichung, in der **Differenz**, die durchaus als widervernünftig oder unvernünftig in Erscheinung treten kann. Daraus ergibt sich Lyotards Leitfrage: Wie kann von einer solchen Konzeption her überhaupt noch der soziale Zusammenhalt legitimiert werden? Wie ist eine gerechte Gesellschaft möglich, wenn sie die Paradoxien und Paralogien wissenschaftlicher Innovation akzeptieren muss und doch weiß, dass diese keine anerkannte Beweiskraft enthalten? Lyotard gesteht von Anfang an zu, dass er als Philosoph hierzu Fragen stellt, aber keine verbindlichen Antworten wird liefern können.

Die Arbeitshypothese Lyotards lautet, dass mit dem Wandlungsprozess der Gesellschaft in eine postindustrielle, also dienstleistungsbestimmte Produktionsform, und der Kultur in ein postmodernes Zeitalter auch die Grundlage des Wissens einem fundamentalen Wandel unterliegt. Die Pilotwissenschaften haben durchweg die Sprache in der einen oder anderen Form zur Grundlage: die Linguistik, Kybernetik, Informatik etc. Sowohl die Forschung selbst als auch die Übermittlung von Wissen werden von dieser Transformation betroffen. Die neuen

---

[530] Lyotard, Das postmoderne Wissen, a.a.O. S. 15.

Informationskanäle kann es nur dann passieren, wenn die Erkenntnis in Informationsquantitäten umgesetzt werden kann. Lyotard prognostiziert, dass alles, was nicht in diese Form einer Maschinensprache übersetzbar ist, vernachlässigt werden wird – eine Entwicklung, die wir seitdem mit zunehmender Signifikanz beobachten. Die Wissenschaft veräußerlicht sich immer mehr gegenüber der Person des Wissenden, so dass die sogenannte Bildung einem massiven Verfallsprozess ausgesetzt ist. Wissen vermittelt nicht mehr Führungsqualität oder Status, sondern es wird auf seine Austauschbarkeit reduziert. Es handelt sich um eine Merkantilisierung des Wissens. Offen bleibt, wer in Zukunft die Kontrolle der Kanäle vornehmen, also definieren wird, welche Daten verboten werden sollten: Wird der Staat dies können, oder wird er nur ein Nutzer sein wie alle anderen auch? Das, was Lyotard die „Wiedereröffnung des Weltmarktes"[531] nennt und was wir uns heute als Globalisierung zu bezeichnen angewöhnt haben, deutet er als eine nachhaltige Gefährdung einer besonderen Rolle des Staates, der schon Ende der 1970er Jahre begonnen hatte, seine Rolle in der Investitionsplanung und Investitionslenkung zurückzufahren.

Insgesamt kann dieser Prozess als die Informatisierung der Gesellschaft diagnostiziert werden. Es handelt sich nicht bloß um einen technologischen Prozess, sondern auch um einen Wandel der Legitimationsstruktur, denn die Frage ist: Wer entscheidet darüber, was als wissenschaftliche Wahrheit gelten soll? Diese Entscheidung, wie auch die Entscheidung über die Frage, was als gerecht gelten soll, wird in unterschiedlichen Sprachspielen gefällt. In diesen Prozessen, für die das Wort „Spiel" vielleicht ein wenig zu idyllisch klingt, weil hier die harten Kämpfe um Macht und Einfluss ausgetragen werden, entsteht eine allgemeine Agonistik, die in der Moderne auf zwei grundsätzlich entgegengesetzte Weisen interpretiert wird. Man kann einmal von der Deutung der Gesellschaft als funktionales Ganzes ausgehen, wie in der Systemtheorie, oder sie als zweigeteiltes Ganzes sehen, wie in der marxistischen und anderen Formen sich selbst als kritisch einstufender Theorie. Dieses Gegensatzpaar verspricht für die spezifischen Funktionsweisen postmodernen Wissens wenig Erhellendes. Die harten Attraktionspole der Gegensätze, die Parteien, die Nationalstaaten oder die Opposition von Gewerkschaften und Arbeitgeberverbänden verlieren an Anziehungskraft – jeder wird auf sich selbst zurückgeworfen, was wenig genug ist. Das Soziale wird atomisiert, die verschiedenen Sprachspiele durchdringen die Individuen, und allenfalls gewisse institutionelle Strukturen filtern und strukturieren die Kräfte des Diskurses.

Wenn nur noch **Operativität und Performativität**, also im Grunde das verwertbare Resultat, die Forschung legitimieren sollen, und wenn sich im Forschungsprozess selbst die Beweisführung experimentell technisiert, dann geht die Wahrheit als Ziel der Wissenschaft verloren. An ihre Stelle tritt die Machterweiterung. Die Forschungsgelder gehen nunmehr in Bereiche, die genau hierzu dienen können. Die übrigen werden vom Geldfluss ausgeschlossen und sind zum Absterben verurteilt. Das wären die düsteren Konsequenzen, wenn man dieses Legitimationsmodell konsequent weiterdenkt. In Wirklichkeit jedoch ist die Pragmatik des postmodernen Wissens anders strukturiert. Sie muss ja permanent nach dem Neuen suchen und dabei immer wieder auch ihre eigenen Regeln hinterfragen und weiterentwickeln. Selbst in den scheinbar so festgefügten mathematischen Grundlagen ist es vor allem durch Kurt Gödel zu einer massiven Krise gekommen.[532] Nicht mehr die zwingende Sicherheit

---

[531] Ebenda S. 28.

[532] Ernst Cassirer, der von Mathematik mehr verstanden hat als Lyotard, hat das moderne Konzept der mathesis universalis seit Leibniz und dessen heutige Krise, noch ohne von Postmoderne zu sprechen und ohne auf Gödels Unvollständigkeitstheorem zurückzugreifen, dennoch sehr knapp und eindrucksvoll beschrieben. Vgl.

mathematischer Beweisführung und auch nicht die fragile Verlässlichkeit des Konsenses eignen sich zur Produktion des Neuen, sondern es bedarf immer wieder der Infragestellung der bisherigen Methoden und Begründungstechniken. Das wirklich Neue bedarf im Forschungsprozess der Paralogie, wie Lyotard das nennt, es entsteht also im Grunde durch eine vorher nicht berechenbare sprunghafte Mutation im Wissensbetrieb. Nicht mehr die Herstellung einer Gleichförmigkeit durch Gewalt, sondern die Offenheit der Systeme, nicht nur im Wissenschaftsbetrieb, sondern auch in der Politik und Gesellschaft bis hin zu den kleinsten Organisationsformen des Privaten, in denen allenfalls zeitweilige Vereinbarungen früher für ewig gehaltene Verbindungsformen ersetzen, wird zur postmodernen Regel. Da die Sprachspiele im Prinzip unbegrenzte neue Kombinationen und Erweiterungen zulassen, wird immer neues Unbekanntes entdeckt und entwickelt werden können.

Hier liege der zukünftige Fokus der Legitimation des Kapitalismus, denn dessen althergebrachte liberale und neoliberale Begründungsformeln, dass durch ihn alle reicher werden, habe die Glaubwürdigkeit ebenso verloren wie die große Erzählung des Sozialismus. Die Perspektive für den Kapitalismus bestünde heute in der Entwicklung der Informationstechnologien und deren Durchdringung der gesamten Gesellschaft, das hat Lyotard schon 1981 weitgehend zutreffend vorausgesagt: „Und es ist klar, dass der Kapitalismus mit ihrer Hilfe aus der Krise herauskommen wird."[533]

Lyotard hält eine gewisse spannungsreiche Ambivalenz aufrecht in der Frage, wie sich die ästhetischen Konzeptionen der Gegenwart und der näheren Zukunft zu den Strukturen des ökonomischen Prozesses verhalten werden. Der entwickelte Kapitalismus habe den Studenten, Künstlern, Schriftstellern und Gelehrten empfohlen: Seid intelligent, seid erfinderisch, eure Ideen sind die Waren einer Informationsökonomie der Zukunft. Diese Empfehlung hätten die Betroffenen aber „unversehens links liegen gelassen: da sie mehr mit der Imagination als dem Markt beschäftigt waren, begann ein grenzenloses Experimentieren."[534] Dies veröffentlicht er in der deutschen Ausgabe unter dem programmatischen und provokativen Titel „Essays zu einer affirmativen Ästhetik". Adornos Ästhetische Theorie habe einen Bankrott des ästhetischen Bewusstseins konstatiert, die hegelianische Verwirklichung des Geistes in der Geschichte sei in Auschwitz zu Ende gekommen.[535] Für Lyotard ist damit ein Neuanfang im Rückgriff auf Kants Kritik der Urteilskraft nötig, die ja in der Tat den Begriff des Erhabenen noch stärker Schule machend als Burke in die Diskussion eingeführt hatte. Dieser Neuanfang sei auch „dank der Wiederbelebung des Kapitalismus"[536] möglich. Das Zeitalter des Experimentierens und der Vervielfältigung von Paralogien sei aufgeblüht. Aufgrund der inneren Struktur des Innovationsprozesses selbst lässt er sich zu keinem Zeitpunkt vollständig unter die Interessen des Systems unterordnen. Jede Aktivität der Innovation bedeutet nicht nur eine Gewinn- und Verwertungschance, sondern ist immer auch eine Kunst

---

Cassirer, Ernst: Zur Logik der Kulturwissenschaften. Fünf Studien, 6. Aufl. Darmstadt. 1994, bes. S. 7–33. Man muss die Dramatisierung des Gödel-Theorems nicht unbedingt mitmachen, um zu den gleichen Ergebnissen zu gelangen wie Lyotard.

[533] Lyotard, Jean-François: Regeln und Paradoxa, in ders., Philosophie und Malerei im Zeitalter ihres Experimentierens, Berlin 1986, S. 97–107, S. 99.

[534] Lyotard, Jean-François: Vorwort, in ders., Essays zu einer affirmativen Ästhetik, Berlin 1982, S. 7–9.

[535] Lyotards komplexe Beziehung und Auseinandersetzung mit Adorno habe ich ausführlich behandelt in Walter Reese-Schäfer, Adorno – Lehrer Lyotards, in Winfried Marotzki und Heinz Sünker (Hg.): Kritische Erziehungswissenschaft – Moderne – Postmoderne, Studien zur Philosophie und Theorie der Bildung, Bd. 14, Weinheim 1992, S. 249–268.

[536] Lyotard, Vorwort, a.a.O. S. 8.

im Sinne der griechischen *techne*. „Die Differenz zwischen der Technik in ihrem kapitalistischen Gebrauch und der *techne* lässt sich an der Lust festmachen: im einen Falle freut man sich am Effekt, der stets das Geld (das abstrakt Allgemeine) ist; im anderen Fall an der Bewerkstelligung selber, an der einzigartigen Schönheit der Coups. (Dass die beiden unvereinbar seien, ist nicht einmal notwendig.)"[537]

In seinem politisch-philosophischen Hauptwerk „**Der Widerstreit**" (Le différend) hat Lyotard dies, angelehnt an die moderne Sprachphilosophie und mit interessanten Überschneidungen zu Luhmanns Theorie offener Systeme, ausgeführt und zugespitzt. Die Sprache ist nicht homogen und gibt daher keinen Anlass, auf Konsens irgendeiner Art zu hoffen. Es gibt unterschiedliche Diskursarten: Wissen, Lehren, Rechthaben, Verführen, Rechtfertigen, Erschüttern, Kontrollieren, Missionieren. Die verschiedenen Diskursarten sind miteinander inkommensurabel, d.h. es fehlt normalerweise eine universale Urteilsregel in Bezug auf ungleichartige Diskursarten. Nach dem Niedergang der großen Erzählungen wissen wir auch, dass es keine übergreifende, schlichtende Autorität mehr gibt, nicht einmal in der Idee und schon gar nicht in einem Weltpolizisten wie der UNO. Das Problem des Widerstreits beschreibt Lyotard sehr anschaulich zunächst aus der Perspektive der Sprache, um es dann in einer Reihe von politischen und gesellschaftlichen Fragen immer wieder aufzuweisen. Jeder Satz wird mit dem nächsten nach den Satz-Regelsystemen verkettet, die für das jeweilige Diskursgenre gelten. Man könnte aber auch eine ganz andere Fortsetzung finden, egal welche, die dann aber einer anderen Diskursart angehören würde. Man muss verketten, aber nicht in einer bestimmten Weise. Vor allen in den Diskursen der modernen Kunst ist dieses Prinzip bis zur Überdeutlichkeit durchgespielt worden, etwa in „Finnegans Wake" von James Joyce, wo der letzte Satz abbricht, um im ersten Satz seine Verkettung zu finden, was aber nur für solche Leser sofort nachvollziehbar ist, die es gewohnt sind, erst einmal den Schluss (aber handelt es sich auch dann noch um einen ‚Schluss', wenn es am ‚Anfang' weiter geht?) zu lesen.

Indem man verkettet, verhält man sich immer ungerecht gegenüber den potentiellen Verkettungen, die man in diesem Augenblick nicht gewählt hat. Das ist der Kern eines *Widerstreits* im Unterschied zu einem *„Rechtsstreit"*, welcher innerhalb eines Diskursgenres stattfindet und deshalb nach dessen Regeln entschieden werden kann. Ein Rechtsstreit ist prinzipiell entscheidbar, ein Widerstreit nicht. Jeder angeblich übergeordnete Metadiskurs wäre auch nur ein Diskurs neben anderen. Das normative Problem wird, wenn man diese Voraussetzungen akzeptiert, fast unlösbar. Jedenfalls funktionieren dann nicht mehr die üblichen Lösungsversuche der Vertrags- oder Konsenstheorien. In dem Kapitel „Die Verpflichtung" des „Widerstreit" entwickelt Lyotard deshalb eine eigene **Theorie der Gerechtigkeit**. Ihr inhaltlicher Kern ist der Respekt vor den Menschenrechten, einer offenen und an den Rändern unklaren Konzeption, die jedenfalls nicht als geschlossenes und vorgefertigtes System gelten kann. Vor diesem Minimum an Sicherheiten macht seine sprachphilosophische Destruktion der Gewissheiten also halt. Die Verpflichtung bleibt dennoch unableitbar (eine überzeugende Begründung für die Menschenrechte ist bislang ja auch nicht geglückt, so dass sich weder ihr Inhalt noch ihre Grenzen bestimmen lassen), der moralisch-normative Satz kann im Grunde nur als eine Art Faktum verstanden werden, auf dem dann die Deduktion der Freiheit basiert werden kann.

---

[537] Ebenda S. 8.

Dass das moralische Gesetz nicht weiter begründbar, ein Faktum der Vernunft sei, war Immanuel Kants von seinen moralisierenden Anhängern ungern zitierter Gedanke. Lyotard geht noch einen Schritt über ihn hinaus. Es ist demnach ein Gefühl, ein Zeichen. Die Übergänge vom kognitiven zum präskriptiven Bereich können nicht in theoretischen Ableitungen bestehen, sondern müssen woanders gesucht werden, nämlich im Urteilsvermögen, in der Urteilskraft, wie sie Kant in seiner dritten Kritik analysiert hatte. Einer der typischen Übergänge im politisch-gesellschaftlichen Bereich sind die Geschichtszeichen, jene von Kant so bezeichneten Indizien dafür, dass es vielleicht doch einen Fortschritt zum Besseren geben könnte. Für Kant war ein solches Zeichen der *Enthusiasmus*, den die Französische Revolution unter ihren Zuschauern, z.B. in Deutschland, hervorrief (nicht die Revolution selbst mit ihren Gewalttaten und ihrem Schrecken). Der Enthusiasmus ist ein Affekt, eine starke Gefühlsaufwallung. Kant war klar, dass ein solches Gefühl keineswegs mit dem „Wohlgefallen der Vernunft" rechnen dürfe. Für Lyotard kann sich der Enthusiasmus sogar am Rande der Demenz bewegen, besitzt also keine ethische Gültigkeit, da die Ethik die Befreiung von jeglichem motivierenden Pathos verlangt. Aber es ist ein Zeichen, ein noch formloses und ungestaltes erhabenes Gefühl. Man darf diese Zeichen jedoch nicht mit der Realität verwechseln. Dennoch ist hier ein Vorschein auf den Gemeinsinn, den *sensus communis* zu erkennen. Es war einer der Fehler von Marx, die Geschichtszeichen sozusagen für Tatsachen zu nehmen und den Widerstreit, den er als Klassenkampf deutete, ein für alle Mal beseitigen zu wollen, indem er konstatierte, dass dem Proletariat nicht irgendein Unrecht geschehe, sondern „das Unrecht schlechthin". Er hat eine Lösung, die es doch nur für einen Rechtsstreit geben kann, in katastrophengenerierender Weise auf einen Widerstreit übertragen.

Lyotard setzt dem eine ganz eigene Konzeption des Politischen entgegen. Die Politik ist keine Diskursart (d.h. sie ermöglicht nicht die einfachen Lösungen der Verrechtlichung durch Vertragsauslegung), sondern eine Vielfalt, eine Mannigfaltigkeit der Zwecke. Sie hat permanent das Problem der Verkettung zu ertragen und ist damit auch ständig der Drohung des Widerstreits ausgesetzt. Totalitäre Modelle enthielten durchweg das Versprechen radikaler Gesamtlösungen. In modernen Demokratien dagegen entfaltet sich der Widerstreit und muss ertragen werden können. Das **Deliberative**, das immer wieder versucht, zu Handlungsmöglichkeiten und Beschlüssen zu kommen, ist außerordentlich zerbrechlich, bricht doch jeder Beschluss den Deliberationsprozess ab, welcher endlos weitergehen könnte, und schafft dadurch immer wieder auch Unrecht. Eine lange Zeit stärkere Diskursart als die deliberative war die narrative, die mythische Erzählung, die aus diesem Grunde immer wieder ins Spiel gebracht wird. Wegen ihrer Kraft kann vor ihren Gefahren nicht genug gewarnt werden, handele es sich nun um die Entstehungsmythen der Nationen, den Mythos der Arbeiterklasse oder den der Rassen. Zum Glück hat sie durch das Ende der großen Erzählungen viel von ihrer Stärke eingebüßt. Lyotards politische Ethik ist die einer offenen, pluralen Deliberation, in der es darauf ankommt, gerade die Verschiedenheit der Diskurse zu garantieren und den Gefahren der Fertiglösungen zu entgehen. Der **Widerstreit** soll exponiert, nicht jedoch beseitigt werden. Die demokratische Haltung besteht geradezu darin, ihn ertragen zu können, während das totalitäre Modell auf Gesamtlösungen setzt, die in die Katastrophe führen. Nicht zuletzt soll die Hegemonie des ökonomischen Diskurses vermieden werden. Die heterogenen Satz-Regelsysteme und unkoordinierten Innovationen durchbrechen es immer wieder – dieser Widerstreit scheint nicht aufhebbar zu sein, denn jede tatsächliche oder vermeintliche Beilegung eines Rechtsstreits kann einen neuen Widerstreit produzieren. Auf ihn muss man setzen, wenn man die völlige Kommensurabilisierung des Politischen an das Ökonomische für unerträglich hält.

Lyotards politisches Denken kann unter politiktheoretischen Gesichtspunkten als eine Art sprachphilosophisch-analytische Fundamentalanalyse des Demokratischen angesehen werden. Was die gängigen Pluralismustheorien nur etwas bieder als Ausdruck unterschiedlicher Interessen beschreiben konnten, wird bei ihm zu einem Faktum des Ethischen und des Politischen dramatisiert. Die aus seiner kritisch-marxistischen Denktradition entstandene Skepsis gegenüber den großen Erzählungen und den totalitären Lösungen verwandelt er in eine Rechtfertigung von Menschenrechten und Demokratie, ohne aber Demokratie selbst zu einem positiven Modell zu machen, weil diese ihrerseits problematische Züge annehmen könnte. Sie ist eher die Vermeidung einer Lösung, die Offenhaltung des Widerstreits, die Offenhaltung jener vielfältigen Optionen, die im politischen Entscheidungsprozess immer wieder an den Rand gedrängt und übergangen werden müssen. Der Widerstreit, der zunächst als störendes und verstörendes Element einer politischen Logik erscheint, gilt jetzt als erhaltens- und bewahrenswertes Element und damit sowohl als Triebkraft der Veränderung als auch als Ausweis demokratischer Strukturen. Eine seiner politischen Schriften trägt damit konsistent den Titel *„Das Patchwork der Minderheiten"*. Während das Narrative eine Diskursart mit relativ festen Strukturen darstellt, kann man das Deliberative als eine lose Anordnung unterschiedlicher Diskursarten ansehen, wodurch der Widerstreit einen Entwicklungsraum vorfindet. Der Fehler utopistischer, autoritärer und totalitärer Politikkonzepte bestand darin, den unvermeidlichen Widerstreit ausmerzen und unterdrücken zu wollen – und damit Menschenrechtsverletzungen aller Art zu produzieren.

Fragen
1. Was versteht Lyotard unter Postmoderne?
2. Was sind Metaerzählungen?
3. Was ist ein Widerstreit im Unterschied zum Rechtsstreit?
4. Was ist gemeint mit den Sprachspielen?
5. Hat sich in der Rolle der Intellektuellen eine Wandlung vollzogen? Wenn ja, welche?
6. Welche Bedeutung kommt in Lyotards Theorie den Menschenrechten zu?
7. Stellen Sie die Totalitarismusanalyse Lyotards dar.
8. Wie geht die Politik mit dem Problem des Widerstreits um?

Einführungstext
Lyotard, Jean-François: Memorandum über die Legitimität, in ders., Postmoderne für Kinder. Briefe aus den Jahren 1982 – 1985, Wien 1987, S. 57–83.

Literatur
Lyotard, Jean-François: Das postmoderne Wissen. Ein Bericht, Wien 1986 (zuerst als La condition postmoderne, Paris 1979).

Lyotard, Jean-François: Das Patchwork der Minderheiten, Berlin 1977.

Lyotard, Jean-François: Der Widerstreit, München 1987.

Lyotard, Jean-François: Die Moderne redigieren, Bern 1988.

Lyotard, Jean-François: Essays zu einer affirmativen Ästhetik, Berlin 1982.

Lyotard, Jean-François: Grabmal des Intellektuellen, Graz und Wien 1985.

Lyotard, Jean-François: Pierre Souyri – Le marxisme que n'a pas fini, in Esprit, Nr. 1, Jg. 61, 1982, S. 11–31.

Lyotard, Jean-François: Postmoderne für Kinder. Briefe aus den Jahren 1982–1985, Wien 1987.

Lyotard, Jean-François: Regeln und Paradoxa, in ders., Philosophie und Malerei im Zeitalter ihres Experimentierens, Berlin 1986, S. 97–107.

Lyotard, Jean-François u.a.: Sprache, Zeit, Arbeit. Gespräch zwischen Jean-François Lyotard und Giairo Daghini, in Jean-François Lyotard u.a., Immaterialität und Postmoderne, Berlin 1985, S. 35–53.

Sekundärliteratur

Derrida, Jacques: Lyotard und wir, Berlin 1992.

Reese-Schäfer, Walter: Adorno – Lehrer Lyotards, in Winfried Marotzki und Heinz Sünker (Hg.): Kritische Erziehungswissenschaft – Moderne – Postmoderne. Studien zur Philosophie und Theorie der Bildung, Bd. 14, Weinheim 1992, S. 249–268.

Reese-Schäfer, Walter: Lyotard zur Einführung, 3. Aufl. Hamburg 1995.

Reese-Schäfer, Walter und Bernhard Taureck (Hg.): Jean-François Lyotard. Essays zur Grammatik des 21. Jahrhunderts, 3. Aufl. Cuxhaven 2002.

Welsch, Wolfgang: Unsere postmoderne Moderne, 6. Aufl. Berlin 2002.

Wolf, Harald: „Die Revolution neu beginnen". Über Cornelius Castoriadis und „Socialisme ou Barbarie", in Archiv für Geschichte des Widerstands und der Arbeit, Bd. 15, 1998, S. 69–112.

13 Transkulturelle und postkoloniale politische Theorie

Postkoloniale Theorien zeichnen sich durch eine intensive Reflexion des transkulturellen Standpunktwechsels ihrer Protagonisten aus. Meist handelt es sich um Autorinnen, die aus früheren Kolonien stammen und heute an westlichen Universitäten lehren. Gayatri Spivak stammt aus Kalkutta und lehrt heute an der New Yorker Columbia University. Homi Bhabha stammt aus Bombay und lehrt an der Harvard University in Boston. Edward Said ist 1935 in Jerusalem geboren, in Kairo aufgewachsen und ebenfalls Professor an der Columbia University gewesen. Dipesh Chakrabarty stammt aus Kalkutta und lehrt in Australien und den USA. Ram Adhar Mall ist ebenfalls in Kalkutta geboren und lehrt in Trier. Nur wenige stammen aus Ländern, die nicht kolonisiert waren, wie z.B. Hamid Reza Yousefi, der in Teheran geboren wurde und heute in Koblenz und Trier lehrt. Fachlich bewegen sie sich in einem interdisziplinären Kontext zwischen Philosophie, Soziologie, Literaturtheorie und Religionswissenschaft, haben aber alle eine ausgeprägt politische Agenda und werden als politische Autoren gelesen, so dass es sinnvoll und notwendig erscheint, sie auch in politikwissenschaftlicher Perspektive zu behandeln und die analytischen Potentiale ihrer Texte auszuloten.

Mit seinem häufig zitierten, aber wegen seiner pflanzenbiologischen Assoziationen auch kritisierten Begriff der „**Hybridität**" hat Homi K. Bhabha die Standortbezogenheit dieser Theoretiker auf den Punkt gebracht: Mitsamt seinen mitgebrachten Identitäten wird man einer neuen Kultur aufgepfropft. Die eigene Position ist ein später Reflex auf die koloniale Herrschaftsform, in welcher nach dem Bericht John Stuart Mills von 1852 vor dem britischen Oberhaus in Indien eine vollständige Aktenführung über sämtliche Maßnahmen der Kolonialverwaltung dem Subkontinent aufgepfropft worden war. Hybridität wird zu einem doppelten Analysebegriff der eigenen Standpunktanalyse und der Reflexion über die Herrschaftsstrukturen.[538]

Vor allem geht es darum, eurozentrische Denkmuster aufzubrechen und sich gegen eine modernisierungstheoretische Tradition zu wenden, die in der Tradition von Marx den Kolonialismus als wichtigen Schritt in der Dialektik des Fortschritts betrachtet hat. Marx hielt England, auch wenn es aus reinem Eigennutz handelte und massive Kolonisierungsverbrechen beging, doch für das unbewusste Werkzeug der Geschichte, das die einzige soziale Revolution in Asien hervorgerufen habe, ohne die eine Befreiung aus dem orientalischen Despotismus der nur scheinbar idyllischen Dorfgemeinschaften nicht möglich sei.[539] Die postkolonialen Theoretiker verstehen sich, bei allem Verständnis für Marx und bei aller Sympathie für seine gesellschaftskritische Haltung, deshalb auch als Postmarxisten und als Kritiker eines allzu westlich geprägten Fortschrittsdenkens.

---

[538] Bhabha, Homi K.: Die Verortung der Kultur, Tübingen 2011, S. 5, 7, 58, 307ff., 326 und 363.

[539] Marx, Karl: Die britische Herrschaft in Indien, in Marx-Engels-Studienausgabe, Bd. 4, Hg. Iring Fetscher, Frankfurt 1966 (zuerst 1853), S. 130–136, bes. S. 136.

Diesen Punkt hatte Edward Said in seinem bahnbrechenden Werk über den „Orientalismus" abgewogen, aber scharf kritisiert. Zwar habe Marx eine großartige humanitäre Sympathie für die Kolonisierten formuliert, aber sich im Kern doch in die westlichen Denkweisen eingereiht, denen zufolge es nicht wirklich schade sei um den Untergang der altorientalischen Welt. Marx meinte, „wir" hätten das Recht vor der Geschichte, mit Goethes westöstlichem Diwan auszurufen:

„Sollte diese Qual uns quälen,
Da sie unsre Lust vermehrt;
Hat nicht Myriaden Seelen
Timurs Herrschaft aufgezehrt?"[540]

Die in vielem gründliche und neuartige Orientalistik des 19. und 20. Jahrhunderts hat vor allem in Großbritannien und Frankreich als Beherrschungswissen gegenüber den Kolonien gedient. Sie wurde keineswegs nur von wissenschaftlicher Neugier getragen, sondern von einer fragwürdigen Zusammenfassung eines an sich extrem heterogenen Forschungsfeldes. Said versteht unter **„Orientalismus"** jene spezifische Erforschung des Orients, die alles Orientalische als minderwertig, wenigstens aber korrekturbedürftig ansieht. Die Grundunterscheidung dieses Diskurses ist die zwischen der vorausgesetzten westlichen Überlegenheit und der Unterlegenheit des Orients. Es handelt sich mehr um eine politisch-koloniale Realitätskonstruktion als um ergebnisoffene wissenschaftliche Forschung.[541] In den Polarisierungen der Orientalisten erscheint der Westen westlicher und „der Orient" mystischer, bis heute, d.h. bis hin zu Autoren wie Bernard Lewis wird die Überlegenheit des Westens über den Osten als selbstverständlich vorausgesetzt. Kulturelle Unterschiede werden überzogen und zugespitzt, und damit sowohl zu spaltenden Frontlinien, die eine gleichberechtigte Kommunikation verhindern, als auch zu einer Einladung an den Westen, als überlegene Ordnungs- und Aufsichtsmacht aufzutreten.[542] Der Orientalismus wird zu einer Aufforderung an den Westen, die Dinge in Ordnung zu bringen, *to right a wrong*, wie es in Rudyard Kiplings Gedicht „A Song of the White Men" (1899) heißt. Die Orientalistik, an sich eine wissenschaftliche Disziplin, wird zum Orientalismus dadurch, dass die abstrusesten Allgemeinplätze und Stereotypen, die seltsamsten Eigenschaften den Orientalen zugeschrieben werden.[543] Ein umgekehrtes wissenschaftliches Forschungsfeld wie „Okzidentalistik" erscheint wissenschaftlich unvorstellbar, weil die unglaubliche Vielfalt westlicher oder auch nur europäischer Strukturen, Denkweisen und Positionen eine solche Zusammenfassung ausschließt. Die häufigsten Stereotypen sind die Fremdartigkeit, die Andersartigkeit, die exotische Sinnlichkeit und sicherlich die Irrationalität östlicher Menschen. „Psychologisch gesehen ist Orientalismus eine Art Paranoia, also etwas anderes als das gewöhnliche historische Wissen."[544] Edward Said hat für diese Verallgemeinerungen eine Fülle von Belegen aus der orientalistischen Fachliteratur, aus den Reisebeschreibungen und aus den Texten der Kolonialisten zusammengestellt. Aus dem Faktenwissen dieser Texte entsteht das, was er den orientalistischen Diskurs nennt. Dies kann durchaus absurde Züge annehmen, wenn „zum Beispiel Thesen über einen arabischen Dichter des 10. Jahrhunderts zu einer Strategie gegenüber

---

[540] Ebenda S. 136. Goethe, Johann Wolfgang von: Westöstlicher Diwan, Berliner Ausgabe Bd. 3, Berlin 1965, S. 82.
[541] Said, Edward: Orientalismus, Frankfurt 2009 (zuerst als Orientalism, 1978), S. 54–58.
[542] Ebenda S. 61f.
[543] Ebenda S. 64.
[544] Ebenda S. 90.

13 Transkulturelle und postkoloniale politische Theorie

der orientalischen Mentalität Ägyptens, Iraks oder Arabiens" erweitert werden. Die orientalistischen Thesen werden direkt genutzt zu einer „Erniedrigung des Orients und der Orientalen als Forschungsgegenstand".[545] Die essentialistische Sichtweise führt zu einem politischen Herr-Knecht-Verhältnis. Der Orient erscheint als passiv, als fatalistisch, als Ansammlung von Untertanenvölkern, die sich nicht selbst regieren können. Das Wissen der Orientalistik, das in vieler Hinsicht als Ansammlung von Vorurteilen und Fehlurteilen strukturiert ist, wird im Dienste der Manipulation und eines guten Gewissens der Kolonialherren eingesetzt. Selbst heute noch gilt der Orient den Orientalisten „als hilfs-, rettungs-, ja sogar erlösungsbedürftig", als rückständig, degeneriert und abartig.[546] Es handelt sich um intellektuell entehrende Fiktionen, die sich mit dem Herrschafts- und Machtanspruch des Imperialismus leicht und bruchlos verbinden ließen.[547]

Hier wird deutlich: die Geschichte der asiatischen Welt rückt selbst in eine Position der Subalternität, wie Dipesh Chakrabarty und seine Mitstreiter von den indischen „**Subaltern Studies**" kritisch feststellen. Sie bemängeln eine asymmetrische Unkenntnis: Wissenschaftler aus der Dritten Welt fühlen sich verpflichtet und finden es auch hilfreich, Texte westlicher Autoren zur Kenntnis zu nehmen – dieses Interesse wird aber nicht erwidert.[548] Ihr Gegenmodell: Europa soll selbst provinzialisiert werden, d.h. nicht mehr als Maßstab und universeller Perspektivpunkt zur Betrachtung des Rests der Welt angesehen werden, sondern als eine Provinz unter den vielen übrigen ohne spezielle perspektivische Vorteile. Man kann aber den westlichen Modellen der kapitalistischen Ökonomie und des Nationalstaats nirgendwo ausweichen, weil sie sich fast überall erfolgreich etabliert und durchgesetzt haben. Die Forscher aus der Dritten Welt werden also bei allen ihren Analysen zurückgeworfen auf eine universalistisch auftretende, eher aber „europäische" oder westliche, sich selbst rechtfertigende Erzählung über nationale Zugehörigkeit und ökonomische Modernität. Sie können diese Modelle nicht erfolgreich bekämpfen oder gar besiegen, sondern nach Chakrabarty im Grunde nur ein Bündnisprojekt anstreben „zwischen den herrschenden metropolitanen Geschichten und den subalternen Vergangenheiten der Peripherie."[549] Dieses Bündnis ist zugleich gedacht als kritisches Projekt, nämlich als Kritik und Transzendierung von liberalen Modellen der bürokratischen Konstruktion von Staatsbürgerschaft, des modernen Staates und der bürgerlichen Privatsphäre, als Kritik, die ihrerseits auf postmarxistische, poststrukturalistische wie auch auf (post-)feministische Ansätze zurückgreift und damit auf Momente westlicher Selbstkritik.

Diese projektierten und bislang nur ansatzweise auch durchgeführten Studien richten sich gegen ein hergebrachtes, als kolonialistisch empfundenes Bild der Frauenrolle in bestimmten Drittweltländern, wie es vor allem James Mill in seiner „History of British India" aus dem Jahre 1837 gezeichnet hatte. Mill hatte, kaum anders als heutige Entwicklungshelfer, hart und klar formuliert: „Die Lage der Frauen ist einer der bemerkenswertesten Sachverhalte in den Sitten der Völker. (…) Die Geschichte unkultivierter Völker stellt die Frauen einheitlich als in einem Zustand erbärmlicher Sklaverei befindlich dar, aus dem sie sich in dem Maße, wie die Zivilisation fortschreitet, langsam erheben. (…) Ein härterer und demütigender

---

[545] Ebenda S. 117
[546] Ebenda S. 236f.
[547] Ebenda S. 368, S. 387.
[548] Chakrabarty, Dipesh: Europa als Provinz. Perspektiven postkolonialer Geschichtsschreibung, Frankfurt 2010, S. 41.
[549] Ebenda S. 61.

Abhängigkeitszustand als der, welcher dem schwächeren Geschlecht bei den Hindus beschieden ist, lässt sich nicht leicht vorstellen."⁵⁵⁰ Solche Passagen werden bis heute als extrem verletzend empfunden, und an ihnen arbeitet sich die postkoloniale Theorie bis heute in verschiedenen Argumentationsformen ab.

Chakrabarty skizziert zwei davon: Man kann die moderne Privatsphäre bekämpfen und der bürgerlichen Konzeption von Liebesheirat und Kameradschaft zwischen Männern und Frauen eine weiterentwickelte Form der patriarchalischen Großfamilie mit einer Art von paradoxalem „freiwilligem Dienen" entgegenstellen, oder man mobilisiert das kollektive Gedächtnis zugunsten der alten Großfamilie.⁵⁵¹ An solchen Überlegungen ist schon zu erkennen, wo die Widersprüchlichkeiten und Probleme liegen, die dann später, in der Reaktion auf die Subaltern Studies, von Autorinnen wie Gayatri Spivak aufgegriffen wurden. Doch es ist zunächst wichtiger, das interessante und aufregende, in Indien entwickelte Modell der Subaltern Studies etwas eingehender vorzustellen. Ende der 70er Jahre des 20. Jahrhunderts hat eine jüngere indische Historikergeneration den elitenorientierten Charakter der bisherigen methodischen Ansätze kritisiert und beschlossen, tief in den Erinnerungen, den Archiven und auch der mündlichen Überlieferung nachzugraben, um sich an die wirkliche Geschichte des „Volks" bzw. der „subalternen Klassen" anzunähern. Schon Edward Said hatte einen Satz von Marx als Motto gewählt: „Sie können sich nicht vertreten, sie müssen vertreten werden."⁵⁵² Marx hatte die französischen Parzellenbauern gemeint, die als vereinzelte, segmentäre Gruppen keine soziale Klasse bilden konnten und deshalb in einer Art Wunderglauben den populistischen Versprechungen Louis Bonapartes anhingen. Etwas Ähnliches scheint auch das Schicksal der „Subalternen" zu sein.

Der Unabhängigkeitskampf wurde von dieser neuen Denkschule als Kampf einer einheimischen Elite mit den Kolonialherren angesehen. Dieser Politik der Elite sollte eine Politik des Volkes entgegengestellt werden. Wesentliche Anregungen dazu kamen von der britischen „Geschichte von unten", wie sie E. P. Thompson und E. J. Hobsbawm entfaltet hatten. Sowohl die indischen wie die spätmarxistischen britischen Theoretiker griffen auf eine Überlegung Antonio Gramscis zurück, der zuerst in seinen „Gefängnisheften" aus den 30er Jahren des 20. Jahrhunderts von den „Subalternen" gesprochen hatte, als er die süditalienischen Unterschichten bezeichnen wollte, die nicht in die Kategorien der herkömmlichen marxistischen Klassenanalyse passten. Die verschiedenen postkolonialen Theoretiker erwähnen Gramsci immer wieder als Anreger und Quelle, geben aber kaum je eine konkrete Stelle an. Bemerkungen zur Subalternität sind über viele Jahre in Gramscis Notizen verstreut. Die signifikanteste Stelle findet sich in Heft 25.⁵⁵³ Ranajit Guha, der erste Sprecher der Forschungsgruppe Subaltern Studies, stellt sich gegen die modernisierungstheoretische Auffassung, die Kämpfe subalterner Schichten, z.B. in Form von Bauernaufständen oder religiösen Revolten, seien präpolitisch, vormodern oder bloße Reaktionen auf feudale Machtverhältnisse. Er wendet sich gegen die aus solchen Vorstellungen resultierenden Stufentheorien der Geschichte und

---

550 Mill, James: The History of British India, Bd. 1, London 1837, S. 309. Die gleiche Stelle wird auch zitiert bei Chakrabarty, Europa als Provinz, a.a.O. S. 50.
551 Chakrabarty, Europa als Provinz, a.a.O. S. 55.
552 Marx, Karl: Der achtzehnte Brumaire des Louis Bonaparte, Marx-Engels-Werke (MEW) Bd. 8, Berlin 1972, S. 111–207, hier S. 198.
553 Gramsci, Antonio: Gefängnishefte, Bd. 9 (Hefte 22–29), Hamburg 1999, Heft 25 (An den Rändern der Geschichte (Geschichte der subalternen gesellschaftlichen Gruppen)), S. 2187ff. Ähnlich: Gramsci, Antonio: Einige Gesichtspunkte zur Fragen des Südens, in ders., Zu Politik, Geschichte und Kultur. Ausgewählte Schriften, Frankfurt 1986, S. 188–218.

betont die Gleichzeitigkeit elitärer wie subalterner politischer Aktionsformen. Gegen die indische Elite, die die Sprache der westlich-nationalistischen Moderne verinnerlicht habe, stellt Guha die These vom „Versagen der Bourgeoisie, für die Nation zu sprechen".[554]

Eines der Hauptprobleme der Geschichtsschreibung von Bauernaufständen und vergleichbaren Aktionsformen der Subalternen ist der extreme Mangel an schriftlichen Quellen. Es kommt also darauf an, neue Wege der Quellendeutung zu finden und neuartige Formen von Quellen, insbesondere auch in Form von Rückschlüssen aus Erinnerungen, Verhörprotokollen, also den kritisch zu interpretierenden Dokumenten der Herrschenden, demographischen Daten etc. zu entwickeln. Derartige Methoden bis hin zur *oral history* hatten auch die linken europäischen Vertreter der *Geschichte von unten* ausdifferenziert. Guha möchte über sie hinausgehen und versucht, sich auf die Praxis der Revolte zu konzentrieren. Es kommt also auf ein kritisches Lesenkönnen an (während E.P.Thompson eher vom Zuhören gesprochen hatte). Mit der Betonung der selektiven Textausdeutung haben sich sehr bald Übergänge zu postmodernistischen und dekonstruktivistischen literaturtheoretischen Ansätzen ergeben, so dass von hier aus möglicherweise auch erklärbar ist, warum gerade in der vergleichenden Literaturwissenschaft so viel Resonanz erzeugt werden konnte. Wer sich unter methodologischen Gesichtspunkten mit der Frage der *oral history* befasst, stößt rasch auf die Unzuverlässigkeit der mündlichen Quellen, die Stereotypisierung der Überlieferung und die dadurch erzeugte Gewissheit der Zeitzeugen, Dinge mit eigenen Augen gesehen zu haben, bei denen sie nicht anwesend gewesen sein können. Die methodologischen Fallen dieser Herangehensweise laden oftmals eher die Literatur, weniger die Geschichte ein.

Innerhalb der verschiedenen Bände der Subaltern Studies, die seit 1982 erschienen sind, hat sich nach und nach ein Wandel vollzogen: von einer eher marxistisch oder spätmarxistisch geprägten Gesellschaftskritik hin zu einer postmodernistisch inspirierten Kritik am Rationalismus der europäischen Aufklärung, der nun nicht mehr als Vorbild und Lösung des Entwicklungsproblems, sondern als Ursache der Kolonisierung und der Perpetuierung der Rückständigkeit umgedeutet wurde. Gegen diese Umkehr der Kritikrichtung wurde der Einwand erhoben, dies leiste z.B. einem Hindu-Nationalismus Vorschub, welcher behaupte, dass diese Religion einem allzu rationalistischen Christentum oder Islam überlegen sei. Ein unkritischer Kultus der Volksnähe und Subalternität könnte eine gefährliche Ähnlichkeit mit einstigen faschistischen Ideen entwickeln.[555] Die Protagonisten der Subaltern Studies, allen voran Dipesh Chakrabarty, halten jedoch trotz solcher Vorhaltungen an ihrer Aufklärungskritik fest, vor allem mit dem Argument, dass ein allzu dogmatischer Rationalismus und Säkularismus die außerordentlich ausgeprägte Rolle religiöser Vorstellungen in der indischen Geschichte und Politik mit Unverständnis behandeln würde. „Das Selbstbild moderner, säkularer, indischer Gelehrter, insbesondere im Bereich der marxistischen Sozialgeschichtsschreibung, teilt nicht nur die sozialwissenschaftliche Auffassung von der ‚entzauberten' Welt, sondern zeigt einen ausgesprochenen Widerwillen gegen alles, was nach Religion riecht. Das Ergebnis ist eine gewisse Lähmung des Vorstellungsvermögens, die in einem Land, dessen Bewohnern die Vorstellung des Übernatürlichen in seinen verschiedenen Formen niemals peinlich war, umso mehr erstaunt."[556] Chakrabarty und andere verweisen auf die innereuropäische Aufklärungskritik, die darauf verweist, dass es eben keinen unwiderruflichen Gegensatz zwischen

---

[554] Guha, Ranajit: On some Aspects of the Historiography of Colonial India, in ders. (Hg.), Subaltern Studies I: Writings on South Asian History and Society, Delhi 1982, S. 1–8, hier S. 5–6.

[555] So Sarkar, Sumit: The Fascism of the Sangh Parivar, in Economic and Political Weekly, 20.1.1993, S. 164f.

[556] Chakrabarty, Europa als Provinz, a.a.O. S. 95.

wissenschaftlichem Rationalismus und Religion gibt und betont mit Nietzsche, Derrida und anderen das, was er „die unvernünftigen Ursprünge der Vernunft" nennt.[557] Solche Überlegungen münden in der These: „Wenn der aufklärerische Rationalismus die einzige Art und Weise wäre, menschliche Gesellschaften zu humanisieren, dann müssten wir uns alle glücklich schätzen, dass die Europäer sich aufgemacht haben, die ganze Welt zu unterwerfen und die frohe Botschaft zu verbreiten."[558] Eine europäische Inspiration wird also auch hier nicht verleugnet. Es handelt sich aber um den vernunftkritischen Gegendiskurs von Nietzsche bis zur Postmoderne.

Die Subaltern Studies wurden in einem zuerst 1988 veröffentlichten und später umgearbeiteten Aufsatz mit dem Titel „Can the Subaltern Speak?" von Gayatri Spivak einer massiven Kritik unterzogen. Spivak argumentierte, dass die frühen Subaltern Studies die Tendenz hätten, schlicht die Subalternen an die Stelle des altmarxistischen Proletariats zu setzen. Diese seien aber kein Subjekt der Geschichte, auch dann nicht, wenn linke Intellektuelle für sie nach Gramscis Modell die Sprecherrolle beanspruchen würden.[559] Darüber hinaus würde ein männlich orientiertes „Wohlwollen des Großteils der humanwissenschaftlichen Linken in den USA und Westeuropa"[560] geradezu furchterregende Züge annehmen, ohne jedoch die subalternen Frauen in den Blick zu bekommen. Spivak, die sich bewusst und entschieden als postkoloniale Intellektuelle definiert, sieht darin eine kollektive männliche Phantasie, die sie in der ironisch gemeinten Formel zuspitzt: „Weiße Männer retten braune Frauen vor braunen Männern".[561] Dies war nach ihrer Auffassung die Grundfantasie, die hinter der britischen Abschaffung des Witwenopfers im Jahre 1829 stand. „Dagegen steht das indische nativistische Argument, das eine Parodie auf die nostalgische Suche nach verlorenen Ursprüngen darstellt: ‚Die Frauen wollten tatsächlich sterben.'"[562]

Spivak sucht nun in den Quellen, vor allem den Polizeiberichten, nach authentischen Äußerungen solcher Witwen (*satis*), und kommt zu dem Schluss, dass man nirgends auf eine authentische Stimme stößt, sondern auf eine immense Heterogenität von Äußerungen. Ihrer Auffassung nach handelt es sich bei der Witwenverbrennung um einen ursprünglich extrem seltenen eher freiwilligen Akt, der zur Zeit des Verbots aber aus ökonomischen Interessen des Erbrechts in Bengalen sich in ein Drängen gegenüber den Witwen verwandelte. In Spivaks Sicht konkurrieren hier das einheimische und das koloniale Patriarchat darum, anstelle dieser Frauen, „für" sie zu sprechen, während es keine authentischen Stimmen des Selbstausdrucks gibt. Für die Kolonialherren werden die Frauen zum Schutzobjekt und Ausdruck ihrer Phantasmagorie einer zivilisatorischen Überlegenheitsmission. Aber auch in ihren eigenen Familien wird der Stimme dieser Frauen nicht Gehör gegeben: Die Subalternen können nicht sprechen.

Spivak unternimmt im Anschluss an diese Überlegungen den Versuch einer dekonstruktivistischen Lektüre eines besonderen Falles, nämlich des Selbstmords von Bhuvaneswari Bhaduri, die sich 1926 erhängt hatte, und über den sie durch eigene Familienverbindungen in-

---

[557] Ebenda S. 100ff.
[558] Ebenda S. 105.
[559] Spivak, Gayatri Chakravorty: Can the Subaltern Speak? Postkolonialität und subalterne Artikulation, Wien 2008, S. 29f.
[560] Ebenda S. 74.
[561] Ebenda S. 78.
[562] Ebenda S. 81.

formiert war. Laut der Familienlegende sollte sie sich wegen einer „unerlaubten Liebe" umgebracht haben, die Nachforschungen Spivaks ergaben aber, dass sie als Mitglied einer Aktivistengruppe im Unabhängigkeitskampf mit einem politischen Mord beauftragt worden war, zu dem sie sich nicht in der Lage sah und sich stattdessen erhängte.[563] Sie hatte den Selbstmord so angelegt, dass eine Interpretation als Beziehungstat eigentlich nicht möglich sein sollte, dennoch wurde ihr Verhalten so gedeutet: ein Fall, der das Nichtsprechenkönnen, Nichtkommunizierenkönnen der weiblichen Subalternität belegte.

Die Argumentation Spivaks ist in vielen Hinsichten widersprüchlich, weil sie den forschenden Intellektuellen vorwirft, anstelle der Subalternen sprechen zu wollen, sie dies aber selber mittels eines an Derrida und Foucault sich abarbeitenden Theorieapparats nicht anders macht. Sie hat durchaus dazu beigetragen, die Diskussion um die Subalternität in der Dritten Welt zu fördern und den Subaltern Studies in westlichen Ländern größeres Gehör zu verschaffen. Auch in ihren humanistischen Grundhaltungen zeigen sich merkwürdige Widersprüche. Sie nutzt ihre Semesterferien an der Columbia-Universität, um an einem Hilfsprojekt in Bengalen teilzunehmen. In einer Schlüsselszene verteilt sie Kuchen an arme Kinder. Ein Sozialhelfer flüstert ihr ins Ohr, dass sie den Kindern seiner eigenen subalternen Dhekaro-Kaste zwei, den Außenstehenden aber nur ein Stück geben solle. Sie ist schockiert und macht ihm klar, dass er ihr gar nichts zu sagen habe, weil sie Kasten-Hindu sei, also der Oberschicht angehöre.[564] Man kann dies wohlwollend interpretieren als Selbstbehauptungsversuch einer Frau gegen einen sich patriarchalisch gebenden Helfer. Aber dazu hätte sie sich nicht unbedingt als Angehörige der brahmanischen Oberschicht äußern müssen, insbesondere nicht im Kontext eines Projekts für die Subalternen. Würde man diese Schlüsselszene in Spivaks Stil freudianisch-dekonstruktivistisch lesen, käme man von hier aus auf die Frage, ob die permanente Rede von der Sprachunfähigkeit der Subalternen (die ja in Wirklichkeit sprechen und rebellieren können und dies politisch-praktisch auch tun) nicht selber ein herablassender Diskurs von bengalischen Oberschichtintellektuellen ist, der ähnlich wie der angeblich humanistische Impuls der einstigen Kolonisatoren eher auf eine subtile Fortführung und allenfalls leichte Modernisierung der durchhierarchisierten Sozialstruktur hinwirkt. Die Marxisten hatten, auch wenn dies Projektionen gewesen sein mögen, dem einstigen Proletariat kämpferische und befreiende Eigenschaften zugeschrieben. Die Projekte für die Subalternen sind gewiss notwendig und hilfreich, besonders wo es sich um Bildungsförderung handelt – doch der Geist einer geschichteten Sozialstruktur lässt sich nicht so leicht abschütteln und dringt offenbar auch in die Poren gutgemeinten Engagements.

Miriam Nandi, die beste Kennerin und Interpretin von Spivaks Arbeiten, stellt fest, dass diese sich durch eine „verblüffende, oft polemische, dann jedoch immer wieder sehr kryptische Rhetorik" auszeichnet, so dass „viele, vor allem auch junge Geisteswissenschaftlerinnen sie fast wie eine Art akademischen Popstar verehren"[565]. Eine von Spivaks schillernden Unklarheiten ist ihre These vom „**strategischen Essentialismus**". Den diskurskritischen, poststrukturalistisch geschulten Intellektuellen an westlichen Universitäten ist vollständig bewusst, dass es sich bei Zuschreibungen wie Rasse, Klasse und Geschlecht („*raceclassgender*") nur um Konstruktionen handelt. Zugleich ist ihnen aber klar, dass sich auf einen kritisch-dekonstruktivistischen Antiessentialismus kein wirkliches politischen Programm auf-

---

[563] Ebenda S. 104–106.
[564] Spivak, Gayatri Chakravorty: Righting Wrongs – Unrecht richten, Zürich und Berlin 2008, S. 42.
[565] Nandi, Miriam: Gayatri Chakravorty Spivak. Eine interkulturelle Einführung, Nordhausen 2009.

bauen lässt, so dass man zum *strategischen Essentialismus* als eine Art Trick greifen muss, um soziale, ethnische oder Gender-Gruppen zu Mobilisierungszwecken effizient zusammenfassen zu können.[566] Sie warnt davor, aus einer solchen strategischen Position einen echten Essentialismus festgelegter Identitäten werden zu lassen. Die Rede vom strategischen Essentialismus konnte so einflussreich werden, weil sie den Finger auf ein Problem des Dekonstruktivismus legt: so stellt eine Postfeministin wie Judith Butler die Dualität von Frauen und Männern zugunsten komplexerer und anders zugeschriebener Identitäten in Frage, zugleich aber wird aus Gründen der politischen Wirksamkeit an den Gleichstellungsforderungen des traditionellen Feminismus weiter festgehalten. Ähnliches gilt für ethnische Identitäten: intellektuell müssen sie dekonstruiert werden, politisch werden sie von den gleichen Intellektuellen weiter zu emanzipatorischen Zwecken benötigt. Im überlegenen Wissen einer intellektuellen Aristokratie, dass biologische oder rassistische Identitätsformen nichts als Zuschreibungen sind, verwendet man diese trotzdem, um das weniger aufgeklärte Fußvolk für den Kampf gegen männlich-weiße Patriarchatsformen zu mobilisieren. Möglicherweise hängen viele dieser Inkonsistenzen und Widersprüche aber auch mit einer fundamentalen Statusinkonsistenz zusammen, die aus der Migrationswirklichkeit der postkolonialen Theoretikerin resultiert. In Bengalen mag sie Brahmanin sein, in den USA aber ist das ohne jede Bedeutung, und sie deutet sich dort trotz ihres elitären Status als Professorin einer Ostküstenuniversität als „native", also Eingeborene mit einem gewissen Subalternitätsrang.[567] Edward Said hat in seinem 1994er Nachwort zu „Orientalismus" in versteckter Anspielung auf Spivak festgehalten: „Denn die Geschichte der Freiheitsbewegungen im 20. Jahrhundert zeigt auf eloquente Weise, dass die Unterdrückten sprechen *können.*"[568]

Eine griffige Parole der postkolonialen Literatur war die Formel „The Empire Writes Back", die von Salman Rushdie angedacht wurde und von einigen australischen Literaturwissenschaftlern ausformuliert worden ist.[569] Doch das postkoloniale Denken hat komplexere Wurzeln und Strukturen, die im intensivsten und einflussreichsten von Homi Bhabha reflektiert worden sind. Bhabha kritisiert den klassischen Dualismus zwischen Kolonisierten und Kolonialherren, der das Werk von Frantz Fanon und auch Edward Said durchzieht. Seine Perspektive ist eine andere, was möglicherweise darauf zurückzuführen ist, dass er aus der ethnischen Minderheit der Parsen stammt, die schon im 7. Jahrhundert von Persien nach Indien migriert waren und dort eine eher wohlhabende Schicht bildeten. Er macht deutlich, dass die Kolonialherrschaft keineswegs nur auf der Binarität Kolonisatoren versus Kolonisierte beruhte, sondern auf komplexen Differenzierungen, die sich die Briten nach ihrem Prinzip „Teile und herrsche" zunutze gemacht hatten. Der koloniale Diskurs ist in der Perspektive Homi Bhabhas von vielfältigen Ambivalenzen durchzogen, nicht nur durch Überlegenheits-

---

[566] Spivak, Gayatri Chakravorty: Outside in the Teaching Machine, New York 1993, S. 3f. (Dort findet sich auch eine rückblickende Distanzierung von diesem Begriff.) Ebenso in dies, The Postcolonial Critic, New York 1992, S. 166. Vgl. dazu Nandi, Spivak, a.a.O. S. 54–63 und S. 88. Eine ähnliche Kritik wie Nandi findet sich bei Castro Varela, María do Mar und Nikita Dhawan, Postkoloniale Theorie. Eine kritische Einführung, Bielefeld 2005, bes. S. 111–136.

[567] *Naming Gayatri Spivak*. Interview mit Maria Koundoura, in Stanford Humanities Review, Nr.1, Jg.1, 1989, S. 84–97, hier S. 92.

[568] Said, Orientalismus, a.a.O. S. 384.

[569] So z.B. bei Ashcroft, Bill, Gareth Griffiths und Helen Tiffin (Hg.), The Empire Writes Back. Theory and Practice in Post-Colonial Literature, London and New York 1989. Salman Rushdie hatte das Wortspiel in seinem TIMES-Artikel „The Empire Writes back with a vengeance" am 3. Juli 1982, S. 8 zuerst geprägt, natürlich angelehnt an den zweiten Teil der „Star Wars"-Saga.

gefühle, sondern auch durch Sehnsüchte und Ängste. Der kolonisierte „Andere" entgleitet ständig, Formen der Mimikry (einer geheimen Kunst der Rache) und der „schlauen Höflichkeit" (*sly civility*) signalisieren Zustimmung und verhaltene Subversivität in einem.[570] Bei näherem Hinsehen erweisen sich die von Said aufgedeckten Stereotype selber als ambivalent, unsicher und sogar widersprüchlich.

Die postkoloniale und transkulturelle Theorie sind stark von Literatur und Philosophie geprägt. Das hängt sicherlich damit zusammen, dass in der Entwicklungsökonomie und Entwicklungssoziologie generalisierte Strukturdaten statt konkreter Erfahrungen der Betroffenen im Vordergrund stehen, so dass eher narrative Strategien der Entobjektivierung geeignet sind, auch deren Perspektive zur Geltung zu bringen und sie nicht als bloßes Objekt von Strukturen und Prozessen erscheinen zu lassen. Homi Bhabha sieht dies Denken „an den Grenzen der ‚Gegenwart', für die es keinen anderen Namen als die geläufige und kontroverse Instabilität des Präfixes ‚Post' zu geben scheint: *Postmoderne, Postkolonialismus, Postfeminismus…*"[571] Er greift bei diesem Grenzdenken zurück auf Martin Heidegger, der in transkulturell ausgreifender Perspektive formuliert hatte: „Die Grenze ist nicht das, wobei etwas aufhört, sondern, wie die Griechen erkannten, die Grenze ist jenes, von woher etwas sein Wesen beginnt."[572]

Auch in Deutschland hat sich eine interkulturelle Philosophie entwickelt. Ihre wichtigsten Vertreter sind Ram Adhar Mall, der jahrelang Philosophieprofessor an der Ludwig-Maximilians-Universität München war, und Hamid Reza Yousefi von der Universität Trier. Beide versuchen ihre indische bzw. im Falle Yousefis iranische Herkunft und den deutsch-europäischen Kulturkreis produktiv miteinander zu verbinden. Sie verstehen die Hermeneutik von Martin Heidegger, Karl Jaspers und vor allem Hans-Georg Gadamer als interkulturelles Projekt des Verstehens auch anderer Denkwelten, ohne gleich den eigenen Standpunkt als verbindlichen Maßstab festzulegen. Gadamers Lehre von den verstehensnotwendigen Vorurteilen ermöglicht es, in Kreisen der Annäherung sowohl Übereinstimmungen als auch die bleibenden Differenzen zu erfassen. Wichtig ist es, sich nicht an Begriffen, sondern an den dahinterstehenden Bedeutungen zu orientierten, weil ein Begriffsdenken, zumal, wenn es in Definitionen organisiert ist, in der Gefahr steht, ähnliche auch funktional äquivalente Bedeutungen in radikal anderen Kontexten zu verfehlen. Ein ausgeprägtes Bewusstsein für die Geschichtlichkeit und Wandelbarkeit von Bedeutungen auch schon innerhalb des „eigenen" – in kühlerer Formulierung intrakulturellen Bereiches – kann hierfür eine wesentliche Voraussetzung sein. Martha Nussbaums provokative, gegen ein vordergründig „abendländisches" Verständnis der europäischen Philosophietradition gerichtete Spitze „Ancient Greece is a foreign culture",[573] kann hier hilfreich sein, weil sie die Brüche betont. Von einer einheitlichen, unterbrechungslosen Überlieferung von der griechischen Antike bis in unsere Gegenwart kann keine Rede sei. Nicht nur die Unterbrechung durch Völkerwanderungen und Mittelalter, sondern auch der Bruch mit der aristotelisch geprägten Naturphilosophie durch die Herausbildung der modernen theoretisch-empirischen Forschung macht sehr deutlich, dass

---

[570] Bhabha, Die Verortung der Kultur, a.a.O., besonders in dem Aufsatz „Die Frage des Anderen. Stereotyp, Diskriminierung und der Diskurs des Kolonialismus", S. 97–123.

[571] Ebenda S. 1.

[572] Heidegger, Martin: Bauen – Wohnen – Denken, in ders., Vorträge und Aufsätze Teil II, Pfullingen 1967, S. 19–36, hier S. 29.

[573] Nussbaum, Martha: The Study of Non-Western Cultures, in dies., Cultivating Humanity. A Classical Defense of Reform in Liberal Education, Cambridge und London 1997, S. 113–147, hier. S. 129.

okzidentale Selbstidentitätspostulate eher ideologischen Charakter haben. Ram Adhar Mall entwickelt, ähnlich wie Martha Nussbaum, die These: „Zunächst ist die interkulturelle Sicht nicht viel anders als die intrakulturelle Sicht, denn innerhalb der gleichen Kultur gibt es auch unterschiedliche erkenntnistheoretische und politische Modelle."[574] Der Differenzgrad ist jedoch höher, die Optionen sind vielfältiger.

Die auf der Basis hermeneutischer Verfahrensweisen entwickelte interkulturelle Philosophie transportiert immer auch eine ethische Grundhaltung, die sich am besten aus folgender Formulierung ableiten lässt: „Interkulturelle Kommunikation ist dann erfolgreich, wenn das Urteil, das man über eine fremde Kultur erarbeitet hat, auch von einem Angehörigen dieser fremden Kultur Zustimmung erhält."[575] Die Suche nach Bestätigung, nach Zustimmung bedarf dann nicht nur fachlich-beweisführender Kompetenzen, sondern auch eines sozialen Interaktionsvermögens, das Yousefi und andere als interkulturellen Kommunitarismus[576] beschreiben, der immer offen sein muss für einen dialogischen Revisionismus, d.h. die Überprüfung der je eigenen Position an Hand bislang zurückstehender oder gar unterdrückter Elemente sowohl in der Wahrnehmung der je anderen Kultur als auch in der eigenen Tradition. Dieser Gedanke spielt natürlich auf Edward Saids Orientalismuskritik und ähnliche dekonstruktive Auseinandersetzungen an. Der Orientalismus war ein großangelegter Verstehensversuch mit abgründigen Zügen des Beherrschenwollens und der ablehnenden oder herablassenden Wertung des „Orients". „Zur interkulturellen Kompetenz gehört wesentlich die Überzeugung, dass die eine Wahrheit, auf welchem Gebiet auch immer, in niemandes Besitz ist und von niemandem in Besitz genommen werden kann. Dies ist insbesondere für Europäer mit der Einsicht verbunden, dass die Moderne zwar in Europa entstanden ist, jedoch nicht ausschließlich ein europäisches Gesicht trägt."[577]

Es wäre ein systematischer Fehler, „die Abwesenheit eines Synonyms für den griechischen Ausdruck Philosophie mit der Abwesenheit der Philosophie an sich" zu verwechseln.[578] Ram Adhar Mall geht von einer grundsätzlichen anthropologischen Gleichheit und damit auch einer Disposition zu einer Art von metaphysischem Bedürfnis aus, das zu vergleichbaren Fragestellungen führt, die keine geographischen, kulturellen und traditionellen Grenzen kennen.[579] Die Beantwortungswege können dagegen sehr unterschiedlich sein. Interkulturelle Verständigung ist nicht unbedingt auf Konsens angewiesen, sondern eher auf Verständnis und Akzeptanz der Differenzen: „Von den Differenzen als solchen geht keine Gefahr aus; die Gefahr entsteht durch den zwanghaften Willen zur Einheit."[580]

Ram Adhar Mall hat eine interkulturalistische Lektüre von Hans-Georg Gadamers Hermeneutik vorgelegt. Deren ausgeprägte Orientierung an der griechischen Antike hält er für eine Einseitigkeit, ihre Methode der Annäherung an Texte durch das Wechselspiel von vorurteilsgelenkter Gesamtdeutung und diese Vorurteile nach und nach korrigierenden Detailanalysen aber erscheint ihm durchaus als ein überzeugender Weg für den Umgang auch mit Texten,

---

[574] Yousefi, Hamid Reza und Ram Adhar Mall: Grundpositionen der interkulturellen Philosophie, Nordhausen 2005, S. 105
[575] Ebenda S. 78.
[576] Ebenda S. 37.
[577] Ebenda S. 79.
[578] Ebenda S. 108.
[579] Ebenda S. 102, 104, 105.
[580] Mall, Ram Adhar in Yousefi/Mall, Grundpositionen der interkulturellen Philosophie, a.a.O. S. 122.

die aus gänzlich anderen Kontexten stammen. Der Universalitätsanspruch von Gadamers Hermeneutik, der manchen seiner Leser wie etwa Habermas etwas gewaltsam erschien, impliziert ja immer auch die Ausdehnung des Gesprächs auf den Weltkontext und damit die Einbeziehung auch des radikal Anderen.[581]

Die interkulturell ausgerichteten Projekte von Yousefi, Mall und inzwischen vielen anderen, die hinzugekommen sind, mobilisieren die hermeneutische Tradition des Verstehens als interkulturelle Denkmöglichkeit. Besonders Mall problematisiert den Begriff des „Transkulturellen", denn dieser versuche nur von der je eigenen Seite den Schritt in eine andere Kultur zu gehen und die fremde Kultur nach den Maßstäben des Eigenen zu interpretieren, während wahre Interkulturalität das gleichberechtigte und tolerante Gespräch, also die direkte und respektvolle Interaktion suche, um auf diese Weise den Weg zu bereiten in eine Weltphilosophie, oder praktischer gesprochen, in eine weltweite an gegenseitigem Verständnis orientierte Kommunikation der Kulturen. In dieser Kommunikation bleibt jedoch permanent der Stachel Derridas und anderer, dass Verstehen immer auch Überwältigung und Eingemeindung bedeute, so dass es eher darauf ankomme, Differenzen zu erhalten und das gegenseitige Unverständnis, möglichst auf intellektuell höherer Ebene, fortzusetzen. Trotz des akademischen Erfolgs postkolonialer Theorien sind diese noch nicht über das Moment der Irritation gewohnter Diskurse und der Kritik ideologiegeprägter Vorannahmen hinausgekommen. Die Hypothek des großen westlichen Kolonialisierungsausgriffs seit 1492 ist noch nicht überwunden, Gadamers freundlich gemeinte Hermeneutik des „guten Willens" ist immer noch nicht davor sicher, als Hermeneutik eines intellektuellen Eroberungswillens verstanden zu werden.[582] Da die Verwirklichung der Interkulturalität noch immer mehr Postulat als Praxis ist, habe ich auch im Titel dieses Abschnitts an der realistischeren Formulierung der transkulturellen politischen Theorie festgehalten, zumal auch das schon ein Schritt über die Selbstzentriertheit hinaus sein kann.

Fragen
1. Erläutern Sie den Begriff „Subaltern Studies"!
2. Welche sozialen Gruppen gehören zu den sogenannten „Subalternen"?
3. In welcher Hinsicht versteht sich das postkoloniale Denken auch als postmarxistisch?
4. Welche Bedeutung hat die Diskussion von Frauenrechten in der postkolonialen Theorie?
5. Worin besteht die Kritik von Gayatri Spivak an den „Subaltern Studies"?
6. Was ist „strategischer Essentialismus"?
7. Mit welchen Argumenten üben die postkolonialen Theoretiker(innen) Kritik an Aufklärung und Modernisierung?
8. Was ist mit dem Begriff des „Orientalismus" gemeint? Welches sind die wichtigsten Merkmale?

---

[581] Mall, Ram Adhar: Hans-Georg Gadamers Hermeneutik interkulturell gelesen, Nordhausen 2005, S. 86f. Habermas bemerkt, „dass das ‚Gespräch', das wir nach Gadamer ‚sind', auch ein Gewaltzusammenhang und gerade darin kein Gespräch ist." Habermas, Jürgen: Der Universalitätsanspruch der Hermeneutik, in: Karl Otto Apel u.a., Hermeneutik und Ideologiekritik, Frankfurt 1971, S. 120–160, hier S. 153.

[582] Vgl. Mall, Gadamers Hermeneutik interkulturell gelesen, a.a.O. S. 100f. Gadamer, Hans-Georg: Und dennoch: Macht des guten Willens, in Philippe Forget (Hg.), Text und Interpretation, München 1984, S. 59–61.

Einführungstexte

Chakrabarty, Dipesh: Eine kleine Geschichte der Subaltern Studies, in ders., Europa als Provinz. Perspektiven postkolonialer Geschichtsschreibung, Frankfurt 2010, S. 19–40.

Spivak, Gayatri Chakravorty: Can the Subaltern Speak? Postkolonialität und subalterne Artikulation, Wien 2008, S. 17–118.

Literatur

Bachmann-Medick, Doris: Postcolonial Turn, in dies., Cultural Turns, Reinbek 2006, S. 184–237

Bhabha, Homi K.: Die Verortung der Kultur, Tübingen 2011.

Castro Varela, Maria do Mar und Nikita Dhawan: Postkoloniale Theorie. Eine kritische Einführung, Bielefeld 2005.

Mall, Ram Adhar: Hans-Georg Gadamers Hermeneutik interkulturell gelesen, Nordhausen 2005.

Nandi, Miriam: Gayarti Chakravorty Spivak. Eine interkulturelle Einführung, Nordhausen 2009.

Said, Edward: Orientalismus, Frankfurt 2009 (zuerst als Orientalism, 1978).

Spivak, Gayatri Chakravorty: Righting Wrongs – Unrecht richten, Zürich und Berlin 2008.

Yousefi, Hamid Reza und Ram Adhar Mall: Grundpositionen der interkulturellen Philosophie, Nordhausen 2005.

14 Theorie der Postdemokratie: Colin Crouch

Die neuere Theorie der **Postdemokratie** geht auf eine Studie von Colin Crouch zurück, die zuerst 2003 in Italien erschienen ist und danach in rascher Folge in alle wichtigen Sprachen übersetzt wurde. Crouchs Grundthese: Weltweit sind die Demokratien im Vormarsch, zugleich aber scheinen sie in ihren klassischen Kernländern ihren Höhepunkt überschritten zu haben, weil immer mehr Entscheidungen durch globale unternehmerische, jedenfalls nicht mehr demokratisch kontrollierbare Strukturen vorgeformt werden. Die Zahl der Länder mit freien oder halbwegs freien Wahlen hat sich vor allem seit 1989 massiv ausgeweitet, zugleich aber entwickeln sich gerade in den klassischen Demokratien Tendenzen, immer mehr Machtbefugnisse aus dem politischen Prozess zu externalisieren, die Wahlen zu einem reinen Spektakel verkommen zu lassen, den professionellen PR-Profis und Spin-Doctors immer mehr Macht zu überlassen und wichtige Entscheidungen an global agierende Konzerne auszulagern. Auf diese Weise wird die Masse der Bürger in eine schweigende, geradezu apathische Rolle versetzt.

Colin Crouch bezeichnet den Perspektivpunkt seiner Studie sehr genau: Er schreibt „für Sozialdemokraten und alle anderen Menschen, die an das Ideal der politischen Gleichheit glauben"[583] und die egalitäre politische Projekte zur Umverteilung von Wohlstand und zur Begrenzung des Einflusses mächtiger Interessengruppen (gemeint sind unternehmerische, nicht gewerkschaftliche Lobbyisten) für sinnvoll halten. Er schreibt also aus dem Blickwinkel einer politischen Linken, die den Aufstieg des politischen Einflusses der Arbeiterbewegungen auf dem Höhepunkt der wohlfahrtsstaatlichen Entwicklungen in den 1970er Jahren erlebt hat und nun den Niedergang der traditionellen Industriearbeit, vor allem in Großbritannien, als eine Art parabelförmige Flugbahn des Einflusses und der Macht linken Denkens und linker Organisationen wahrnimmt. Die **Metapher der Parabel** mit dem Aufstieg einer einst schwachen, ausgegrenzten Bewegung, ihrem Höhepunkt in Nordamerika und Skandinavien kurz vor dem Zweiten Weltkrieg, in anderen Ländern in der Nachkriegszeit bis in die siebziger Jahre des 20. Jahrhunderts und ihrem seitdem stattfindenden kontinuierlichen Abstieg macht auch deutlich, was mit seiner „postistischen" Diagnose gemeint ist: der Einfluss der klassischen Linken befindet sich im Niedergang, auch wenn es vielfach so scheint, also ob die demokratischen Institutionen in den meisten westlichen Ländern „formal weiterhin vollkommen intakt sind".[584] Teilweise werden sie sogar weiter ausgebaut. Dennoch „entwickeln sich politische Verfahren und die Regierungen zunehmend in eine Richtung zurück, die typisch war für vordemokratische Zeiten: der Einfluss privilegierter Eliten nimmt zu, in der Folge ist das egalitäre Projekt zunehmend mit der eigenen Ohnmacht konfrontiert."[585]

Der Scheitelpunkt der Parabel, der zugleich der Augenblick der Demokratie im Verständnis Colin Crouchs ist, war gekennzeichnet durch populäre politische Bewegungen und Parteien,

---

[583] Crouch, Colin: Postdemokratie, Frankfurt 2008, S. 11.
[584] Ebenda S. 13.
[585] Ebenda S. 13.

geführt von charismatischen, durchsetzungsfähigen Persönlichkeiten, deren Stil keineswegs immer lupenrein demokratisch war, die aber von einer vitalen, aktiven Massenbewegung mit egalitaristischen Elementen getragen wurden. Es kann also nach Crouchs Diagnose durchaus sein, dass sich seitdem formale demokratische Elemente direkter Partizipation z.B. bei der Kandidatenaufstellung oder der innerparteilichen Demokratie in den verschiedenen Gesellschaften eher noch ausgedehnt haben, während zugleich das egalitäre Projekt der Umverteilung zurückgedrängt worden ist. Dieser Wandel, diese absteigende Kurve ist bedingt durch einige sehr grundlegende soziale und politische Prozesse: der Niedergang der Industriearbeiter, die Überwindung des nationalstaatlichen Rahmens durch eine globalisierte Ökonomie, die es bedingt, dass die Regierungen ihre Unternehmungen nicht mehr ohne weiteres nationalstaatlichen Autoritäten zu unterstellen vermochten. Die Mitgliedschaft und Mitarbeit in den politischen Organisationen ging großflächig zurück, die Wahlbeteiligung nahm ab, was auf eine zunehmende politische Apathie schließen ließ.

Zeitweise schien es noch so, dass nach dem Niedergang der nordeuropäischen Linksregierungen die Linke in Spanien, Portugal, Italien oder Griechenland eine Führungsrolle würde übernehmen können, so als sei die Sozialdemokratie „in die Sommerferien gefahren"[586], doch dieses Zwischenspiel ging in einem Sumpf der Korruption unter, auch wenn sich Ende der 1990er Jahre herausstellte, dass breitflächige politische Korruption keineswegs nur ein Phänomen der Linken war, sondern ein weitverbreitetes Merkmal politischen Lebens. Währenddessen hatte sich aber, vor allen Dingen im ursprünglichen demokratischen Vorbildland der USA, geradezu eine Umwälzung vollzogen. Nach dem New Deal der 1930er Jahre hatten viele Beobachter aus Japan und Europa dort „einen kreativen Kompromiß zwischen einem vitalen Kapitalismus und wohlhabenden Eliten sowie egalitaristischen Werten, starken Gewerkschaften und den wohlfahrtsstaatlichen Maßnahmen des New Deal"[587] festgestellt. Ökonomie und Massenproduktion waren eine Verbindung eingegangen, von der beide Seiten der Gesellschaft profitierten. Seit der Regierung Reagan hat sich dies von Grund auf verändert: Die Gewerkschaften wurden marginalisiert, der Wohlfahrtsstaat zurückgefahren und die Spaltung zwischen Arm und Reich vertieft. „Genau in dieser Zeit begannen amerikanische Autoren ein Konzept der Demokratie zu vertreten, das gekennzeichnet war durch die begrenzte Macht der Regierung inmitten einer unbeschränkten kapitalistischen Ökonomie. Die wirklich demokratische Komponente reduzierten sie dabei auf das Abhalten von Wahlen."[588] Colin Crouch räumt durchaus ein, dass diese Diagnose nicht ganz so eindeutig und klar ist, wie er sie erscheinen lässt. So sieht er durchaus auch Phänomene, die dem entgegenstehen oder entgegenzustehen scheinen: Es hat noch nie so viele gewählte Regierungen gegeben wie heute. Darüber hinaus werden Politiker und Regierungen heute in der Öffentlichkeit und den Massenmedien wesentlich weniger respektvoll behandelt als einst: „Die Regierungen und ihre Geheimnisse werden zunehmend dem demokratischen Blick ausgesetzt."[589] Es gibt hartnäckige und teils erfolgreiche Transparenzforderungen, die möglicherweise einen Fortschritt an demokratischer Qualität gerade auch gegenüber dem „‚demokratischen Augenblick' des dritten Viertels des 20. Jahrhunderts" bedeuten könnten.[590] Dies wäre jedoch nach Crouch eine zu optimistische Sichtweise, weil sie das Grundproblem nicht in den Blick be-

---

[586] Ebenda S. 17.
[587] Ebenda S. 19.
[588] Ebenda S. 20.
[589] Ebenda S. 21.
[590] Ebenda S. 21.

kommt: die Macht der Wirtschaftseliten. Die Bürger sind faktisch weniger an der Politikgestaltung beteiligt, auch wenn sie einen höheren negativen Aktivismus des Tadelns, Anprangerns und Sich-Beschwerens entfalten. Das negative Modell, der Schutz des Individuums gegenüber dem Staat, gewinnt die Oberhand gegenüber dem positiven Modell der aktiven Mitgestaltung und Umverteilung. Das negative Modell der Staatsbürgerschaft ist an den Schutz der Privatsphäre und damit des Eigentums gebunden, passt also in die postdemokratische Welt. Das aktive Modell dagegen ist das egalitaristische der umverteilenden Massendemokratie.

Crouchs differenzierter Blick auf diese Entwicklungen hilft ihm bei der Suche nach Ansatzpunkten für therapeutische Konsequenzen aus seiner Zeitdiagnose. Moderne Kommunikationsmittel machen die Koordinierung neuer, auch demokratischer Interessengruppen leichter, viele NGOs für Menschenrechte, Umweltschutz und andere Ziele gehen über bloße Abwehrhaltungen durchaus hinaus und bereichern die politische Agenda über die reinen, eher personenfixierten Wahlkämpfe hinaus um wesentliche inhaltliche Momente. Doch auch hier zeigen sich eher liberale als demokratische Elemente. Die liberale Gesellschaft ist eine der privilegierten und sich selbst durch Geld oder Aktivismus privilegierenden Gruppen, während Crouchs Vorstellung von Demokratie etwas idealistisch, aber von der Erinnerung an die Höhepunkte sozialer Massendemokratie geprägt, eher an der egalitären Einflussnahme aller orientiert ist. Auch die linksaktivistischen Interessengruppen und Bürgerbewegungen passen nach Crouch eher zum liberalen als zum demokratischen Modell, sie vertreten eher Sonderinteressen als Allgemeininteressen.

Die postistische Diagnostik Colin Crouch impliziert in gewisser Weise eine Haltung des „darüber hinaus": Das aktuelle Modell kann „wesentlich flexibler auf politische Herausforderungen reagieren" und stellt nicht nur die Idee der Herrschaft des Volkes in Frage, sondern in gewisser Weise auch die Idee der Herrschaft selbst.[591] Anzeichen dafür ist der Zusammenbruch des Respekts gegenüber den Politikern, die immer mehr wie kleine *shopkeeper* behandelt werden. Die Rolle des Politikers wird zur unattraktiven, ja unterwürfigen Position. Das muss nicht undemokratisch sein, weil die Politik dadurch genötigt wird, stärker auf ihr Verhältnis zu den Bürgern Rücksicht zu nehmen. Wirklich demokratisch ist es aber auch nicht, „da sich ein großer Teil der Bürger darin mit der Rolle manipulierter, passiver Teilnehmer begnügen muß, die nur gelegentlich an Entscheidungen beteiligt werden."[592] Die berühmten „Fokusgruppen", die von den Spin-Doctors in der Zeit der New Labour eingerichtet wurden, übertragen ein Modell aus der Marktforschung auf die Politik. Kleine Gruppen von acht bis zwölf Teilnehmern diskutierten politische Parolen und Forderungen in der Absicht, zu testen, wie sie in der Öffentlichkeit wirken könnten. Sie fragen nicht die ideologisch schon voreingestimmte und im Übrigen ständig schrumpfende, dadurch den Bürgern immer mehr entfremdete Parteibasis, sondern nach Zufallsregeln rekrutierte Einzelne. Die Politik nimmt ihre Anleihen beim Marketing und verwirft andere denkbare und in der Demokratiegeschichte vielfältig ausprobierte Vorbilder, wie z.B. Prediger, Lehrer, Professoren, Literaten oder Journalisten.[593] Auch der heutige politische Massenjournalismus scheint sich den Werbetext als Vorbild genommen zu haben. Politik und Wahlen werden im Vergleich zum „demokratischen Augenblick" – nicht zu vordemokratischen Zeiten – zunehmend personalisiert.

---

[591] Ebenda S. 31.
[592] Ebenda S. 33.
[593] Ebenda S. 38.

Sozialer Kern der These von der Postdemokratie ist die Tatsache, dass die Schlüsselunternehmen global geworden sind. Der internationale Wettbewerb hat sich dadurch intensiviert, das Überleben von ineffizienten Unternehmen in nationalen Schutzräumen ist schwieriger geworden. Diese neue Härte zeigt sich nicht nur gegenüber den Konkurrenten, sondern ebenso auch gegenüber den Regierungen und den Beschäftigten.[594] Die Firmen lassen sich von nationalstaatlicher Politik nicht länger mehr kontrollieren. Eine supranationale Politik dagegen hat sich noch nicht entwickelt, der Staat gilt als „schlecht informiert und mutmaßlich inkompetent",[595] aus unternehmerischer Sicht, zunehmend aber auch in der Öffentlichkeit wird er als ungenügend in der Bereitstellung von Leistungen gesehen, der „parasitäre[n] Strippenzieherei"[596] bezichtigt und zieht sich den Vorwurf zu, er sei durch permanente wirtschaftsferne Wahlpropaganda gesteuert. Gemeinnützige Organisationen, aber auch Universitäten und Schulen wenden sich um finanzielle Unterstützung nunmehr an andere Stellen, vor allem an Unternehmen, wo Reichtum und Macht sich ballen und auf dem Weg des Sponsorings Einfluss genommen werden kann. Sponsoring ist eine Form des Spendens, mit der legal eine direkte Einflussnahme verbunden werden kann. Wenn auch politikwissenschaftliche Forschungsinstitute von solchem Sponsoring abhängig werden, gibt es keine unabhängige wissenschaftliche Beobachtungsinstanz dieses Prozesses mehr. „In der Vergangenheit haben die Konzerne ihre Unterstützung für wissenschaftliche und kulturelle Aktivitäten über Stiftungen abgewickelt, deren Leitung von den Unternehmen selbst weitgehend unabhängig war."[597] Heute sind die Marketingabteilungen und die Geschäftsleitung selbst verantwortlich. Es geht um Steuerung. Staatliche Eingriffe hatten früher die Funktion, Gelder gerade auch in solche Bereiche fließen zu lassen, „die die Reichen vermutlich ignoriert hätten."[598] Heute schaffen es Stiftungen sogar mit relativ bescheidenen Mitteln, ähnlich wie bei dubiosen Finanzmarktprodukten eine Hebelwirkung in den öffentlichen Sektor hinein zu entwickeln, indem sie „Anstoßfinanzierungen" geben und Pilotprojekte fördern, zu denen öffentliche Institutionen wie Universitäten dann ihrerseits einen Beitrag aus ihren Kassen leisten müssen, wenn sie in den Genuss von sogenannten Leuchtturmprojekten kommen wollen. In Deutschland hat die Bertelsmann-Stiftung mit außerordentlich begrenzten Geldmitteln einen überdimensionalen Einfluss auf die Hochschulentwicklung und den Bildungssektor nehmen können.[599] Natürlich können sich auf diese Weise Unternehmen und Manager auch einen privilegierten Zugang zu Politikern verschaffen, die erkannt haben, dass ihre Zuwendung und Zeit ein knappes Gut sind, das sich mit etwas Geschäftssinn durchaus vermarkten lässt. „Das kommerzielle Modell triumphiert daher über andere Formen der politischen Kommunikation. Politische und andere Nachrichten sind allmählich neu definiert worden – als besonders kurzlebige Konsumgüter. Der Konsument hat über den Staatsbürger gesiegt."[600]

Das gilt nicht nur für die Welt der interessengebundenen Einflussnahme und die Steuerung der öffentlichen Meinung, sondern ebenso sehr auch für die Informationsaufnahme des politischen Systems selbst: Die Regierungen (und ebenso die um die Macht konkurrierenden

---

[594] Ebenda S. 46.
[595] Ebenda S. 58.
[596] Ebenda S. 60.
[597] Ebenda S. 61.
[598] Ebenda S. 62.
[599] Vgl. Schuler, Thomas: Bertelsmannrepublik Deutschland. Eine Stiftung macht Politik, Frankfurt 2010, bes. Kap. 6.
[600] Crouch, Postdemokratie, a.a.O. S. 67.

Parteien) sind zunehmend „vom Wissen der Spitzenmanager und der führenden Unternehmen"[601] abhängig, die Parteien darüber hinaus noch von ihren Spendengebern bzw. von dem direkten Vermögen ihrer Spitzenkandidaten wie in den USA und jahrzehntelang im Italien Berlusconis. Anders als in der goldenen Zeit des Egalitarismus haben die ökonomischen Eliten nun wieder auch die politische Steuerungsrolle übernommen, auch wenn sie nur ausnahmsweise persönlich in diesem aus ihrer Sicht eher schlecht bezahlten Bereich tätig werden.

Das postdemokratische Zeitalter neigt im Bereich der Sozialstruktur eher dazu, die Existenz von Privilegien und sozialen Hierarchien zu leugnen. Deutlich ist aber der zahlen- und einflussmäßige Niedergang der traditionellen Arbeiterklasse. Die Parteien entwickeln neue innere Spannungen daraus, dass der Funktionärskörper immer häufiger den Eindruck gewinnt, „daß die Aktivisten nicht einmal für die Stammwählerschaft repräsentativ sind; und da die Aktivisten sich freiwillig engagieren, anstatt gewählt oder nach repräsentativen Kriterien zusammengestellt zu werden, entspricht dies vermutlich sogar der Wahrheit."[602] Seit der Erfindung der Meinungsumfragen und der Fokusgruppen gibt es auch keinen Grund mehr, der Behauptung der Basis, sie repräsentiere die Meinung der Massen, Glauben zu schenken. Die Parteien müssen andere Formen der überzeugenden Meinungsbildung finden und bedürfen neben den Funktionären im Zentrum und den bei ihnen angestellten Aktivisten zunehmend der Berater, die zwischen den verschiedenen Ebenen des politischen Prozesses, der Mitarbeit in Ministerien oder parafiskalischen Bürokratien sowie der Tätigkeit in Kommunikations- und Beratungsagenturen oder direkter noch in Wirtschaftsunternehmen changieren. „Alle Parteien mußten erfahren, daß sie dadurch verwundbar werden. Diese Entwicklung steckt hinter vielen der Korruptionsskandale, die Parteien jeder Couleur in allen Industriestaaten mit Mitleidenschaft gezogen haben."[603] Galt der Habitus des *Civil Service* und des Beamten einst als korruptionsfernes Vorbild, so wurde er nun als inflexibel und eher an korrekten Verfahrensweisen als an Resultaten orientiert verhöhnt. Vor allem aber wurde breitflächig der Versuch unternommen, Beamtenpositionen durch geringer besoldete, schlechter abgesicherte und abhängigere Angestelltenverträge zu ersetzen. Diese Veränderungsprozesse stellen vor allem für Sozialdemokraten eine Herausforderung dar, deren Perspektive Colin Crouch ja einnimmt, weil deren Mitglieder und Kernwähler üblicherweise von den maßgeblichen Eliten weiter entfernt sind als die der bürgerlichen und konservativen Mitte-Rechts-Parteien.

Der öffentliche Sektor, der in der goldenen Ära des Wohlfahrtsstaates seine Leistungen so verteilte, dass Ungleichheiten, die der ökonomische Prozess unfehlbar hervorbringt, ein wenig geglättet werden konnten, wird nun seinerseits zunehmend nach kommerziellen Kriterien umgestaltet. Das gilt für Wohlfahrts- wie für Bildungsleistungen. „Eine der wesentlichen Veränderungen im Rahmen der neoliberalen Hegemonie der achtziger Jahre bestand darin, daß mit dem sogenannten ‚New Public Management' die Grenze zwischen Wirtschaft und Politik nun als semipermeabel galt: Die Wirtschaft sollte die Möglichkeit haben, sich nach Belieben in die Politik einzumischen – aber nicht umgekehrt."[604] Nachdem dies über einen längeren Zeitraum hinweg praktiziert worden ist, zeigt sich, dass die Ansprüche der Bürger immer weniger erfüllt werden. An diesem Punkt wird Colin Crouch geradezu höhnisch:

---

[601] Ebenda S. 70.
[602] Ebenda S. 92.
[603] Ebenda S. 95
[604] Ebenda S. 125.

„Was haben Unternehmen zu bieten, was der öffentliche Dienst nicht kann? Die Antwort lautet: die perfekte Präsentation!"[605] Mit Hilfe von Techniken der Werbeindustrie wird ein bestimmtes Image konstruiert, statt sich länger um die Qualität der Produkte zu kümmern. Auch Gesundheit und Bildung würden dann eher nach den Kriterien von Markenimages inszeniert. „Die Wahlkämpfe wären weiterhin kontrovers und kreativ, da die Parteien darum wetteifern würden, mit möglichst attraktiven Bilderwelten verknüpft zu werden – doch diese Form der Konkurrenz könnten die Parteien relativ einfach kontrollieren."[606]

Damit ergibt sich die Frage nach möglichen Gegenbewegungen. Die politische Landschaft ist aufgesplittert in eine Vielzahl von NGOs, Bürgerinitiativen und Lobbys der Reichen und Mächtigen, während die Bedeutung der Mobilisierung umfangreicher homogener Wählermassen zurückgegangen ist. Dennoch wäre es nach Colin Crouch ein Fehler, die Parteien wegen ihrer Durchsetzung und Korrumpierung einfach abzuschreiben, weil man sich dann auch als Wissenschaftler oder Aktivist an der „postdemokratischen Verschwörung"[607] beteiligen würde. Parteien und Wahlen bleiben weiterhin wichtig. Zwar machen die Parteien im postdemokratischen Stil Marketingkampagnen, um die Zahl der Mitglieder dadurch zu erhöhen, dass sie Sympathisanten zu Mitgliedern machen. Denen werden aber nur unbedeutende Mitwirkungsrechte eingeräumt. Nach Crouch sollten die besorgten Bürger aber die Abhängigkeit der politischen Elite von einer wie immer auch eingeschränkten Massenlegitimation als Chance nutzen, Ansatzpunkte für ihr Engagement zu suchen. So könnte die staatliche Parteienfinanzierung durch direktdemokratische Elemente ersetzt werden. Auch die direkte Einbindung von zufällig ausgewählten und zusammengesetzten Bürgerversammlungen in den Gesetzgebungsprozess könnte ausprobiert werden, weil auf diese Weise normale Menschen in das politische Handeln und in politische Entscheidungen eingebunden werden könnten. Gerade auf kommunaler Ebene bieten sich hier beträchtliche Chancen, auch wenn die zunehmende **Privatisierung** öffentlicher Leistungen hier ein Gegengewicht darstellt. „Die Unterstützung von sozialen Bewegungen, die sich lediglich einzelnen Themen widmen, kann das Engagement in politischen Parteien nicht ersetzen. Das ist jedoch kein Argument für die unbedingte Loyalität gegenüber einer bestimmten Partei."[608] Auch die Gewerkschaften können nur sehr bedingt ein Gegengewicht darstellten, da sie sich vor allem „um relativ privilegierte Gruppen mit sicheren Arbeitsverhältnissen in der Industrie oder im öffentlichen Dienst kümmern, während sie diejenigen vernachlässigen, die in den neuen und besonders unsicheren Branchen arbeiten."[609] Immer wieder wird es auch Chancen geben, neue Identitäten im Kern des *demos* zu mobilisieren, wie die feministische und die ökologische Bewegung gezeigt haben. Doch auch hier „ist durchaus Vorsicht geboten: Zu den Gruppen, die auf sich aufmerksam machen möchten, gehören gegenwärtig neben feministischen und ökologischen Bewegungen auch gewalttätige Kampagnen für den Tierschutz, extreme Fraktionen der antikapitalistischen Globalisierungsgegner, rassistische Organisationen und verschiedene private Initiativen zur Kriminalitätsbekämpfung, deren Position nicht weit von Lynchjustiz entfernt ist. Es wäre ein Fehler, sich jedesmal zu freuen, wenn die politische Klasse Federn lassen muß."[610] Allerdings werden sich populistische Artikulation und Bewegungen nicht

---

[605] Ebenda S. 130.
[606] Ebenda S. 131.
[607] Ebenda S. 141.
[608] Ebenda S. 145.
[609] Ebenda S. 146.
[610] Ebenda S. 149.

aufhalten lassen. Rund um neuartige Beschäftigungsverhältnisse und neue Formen des Familienlebens können sich ständig neue Identitäten bilden. Colin Crouch warnt die politische Linke davor, sich gegenüber solchen Elementen und Initiativen zu verschließen. Natürlich werden die meisten Ansätze scheitern und nur wenige den Durchbruch schaffen. Deshalb kann es durchaus als klug erscheinen – hier nimmt Crouch trotz aller Marktkritik doch eine Anleihe in der Innovationskultur der Start-Up-Unternehmen – den Aufstieg solcher Initiativen zu Kleinparteien zunächst zu beobachten, um sie dann später zu integrieren. Angesichts des britischen Wahlsystems mag dies aussichtsreich erscheinen. Doch auch unter Bedingungen des Verhältniswahlrechts können Kleinparteien, die unterhalb der 5%-Grenze zu verbleiben drohen, auf diese Weise erfolgreich integriert werden. Eine Aufhebung derartiger Grenzen, wie sie auf europäischer Ebene diskutiert wird, würde dagegen kleine und Kleinstgruppen als „Zünglein an der Waage" mit Sperrminoritäten versehen und vor allem auch dazu einladen, statt übergreifender Parteiidentitäten Kleinstparteien als Ein-Thema-Interessengruppen überhaupt erst auszubilden und zu entwickeln. Crouch sieht ein weites Feld mobilisierbarer Themen, „die die politische Rechte in Verlegenheit bringen",[611] wie z.B. die Auseinandersetzung um gentechnisch manipulierte Lebensmittel oder den Arbeitsstress, der aus prekären Arbeitsverhältnissen resultiert.

Insgesamt bleiben seine Vorschläge und Konsequenzen so ambivalent wie die Lage selbst. Neue soziale Bewegungen müssen erstens aufmerksam beobachtet werden, und zweitens der Einfluss von Lobbys und Bewegungen muss schon deshalb genutzt werden, „da postdemokratische Politik nun einmal über Lobbys funktioniert."[612] Drittens bleiben Parteien weiterhin unverzichtbar, da die postdemokratischen Alternativen kein vergleichbares Mobilisierungspotential bieten, egalitäre Interessen durchzusetzen. Die an den hohen Zeiten der Labour-Party orientierte Diagnostik Crouchs konzentriert sich in der tastenden Suche nach Therapien auf Dinge, die diesem Parteitypus nahegelegt werden können. Es bleibt zu fragen, ob die Diagnose der Postdemokratie überhaupt tragfähig ist. Sie bringt widersprüchliche Entwicklungen auf ein Schlagwort, das eine scheinbar klare Tendenz suggeriert, obwohl mehr Transparenz und mehr Korruption, geringerer Parteieneinfluss und eine größere Rolle von Bewegungen und Lobbys, sowie eine größere Rolle ökonomischer Effizienzkriterien für das Regieren eher darauf deuten lassen, dass demokratiesteigernde und demokratiemindernde Prozesse nebeneinander herlaufen und sich gegenseitig durchdringen. Statt einer klaren zeitdiagnostischen Tendenzaussage wäre deshalb eher ein komplexes Mäandern zu konstatieren.

Ein wesentliches Argument, das für seine Diagnose spricht, hat Crouch nicht genannt: die zunehmende Übertragung von politischen Entscheidungsrechten auf die europäische Ebene, besonders auf den Rat und die Kommission, die beide über keine direkte politische Legitimation verfügen. Im Zuge der Schuldenkrise einiger Länder des Euro-Raumes wird die Souveränität einiger Schuldenländer, aber im Grunde auch der Garantiemächte und Geberländer seit kurzem in vorher kaum gekanntem Maße eingeschränkt. Da Großbritannien in diesem Fragen sehr zurückhaltend reagiert, ist es von allen europäischen Ländern derzeit am wenigsten betroffen. Man kann aber durchaus konstatieren, dass die EU-Kernländer tatsächlich auf dem Weg zu postdemokratischen Zuständen sind – eine Entwicklung, die jedoch durch einen Demokratisierungsprozess der EU-Ebene, insbesondere durch die Direktwahl eines europäischen Präsidenten, politisch-institutionell wenigstens teilweise aufgefangen werden könnte.

---

[611] Ebenda S. 155.
[612] Ebenda S. 155.

Von diesem Punkt abgesehen, erscheint die Rede von der Postdemokratie als eine nicht unproblematische und intellektuell ein wenig ungeschickte Reaktionsform auf den Bedeutungsverlust, den der Bereich des Politischen gegenüber dem Vordringen ökonomischer Rationalitäten seit den 1980er Jahren erlitten hat. Der Begriff „Postdemokratie" ist m.E. ungeschickt, weil er den Eindruck erweckt, die politische Demokratie sei eine historisch überholte und überwundene Phase, während der demokratietheoretische Anspruch der Theorie doch im Gegenteil darauf hinausläuft, demokratische Mitbestimmungsrechte gegen die Übermacht der grenzenübergreifenden Ökonomie und Technokratie einzuklagen. Wer mehr Demokratie will, ist nicht gut beraten, die Überwindung von parlamentarischer Demokratie als scheinbar historischen Prozess zu diagnostizieren.

Bei genauerem Hinsehen zeigt sich nämlich, daß vor allem eine große Tendenz irreversibel erscheint: der Bedeutungsrückgang und Machtverlust der klassischen Arbeiterbewegung. Diese war aber, gerade auch in der Analyse von Crouch, keineswegs ein Musterbeispiel innerer Demokratie, sondern trug auffallend oligarchische Züge.[613] Der Bedeutungsverlust der Nationalstaaten angesichts zunehmender internationaler ökonomischer Verflechtungen dagegen wird nur dann ein Nachteil sein, wenn Wirtschaftsunternehmen, statt nach den Maximen innerökonomischer Rationalität zu agieren, sich ihrerseits am politischen Machtspiel beteiligen wie einst die britisch-ostindische Kompanie und ähnliche imperiale Institutionen und wie heute vielleicht der russische Gazprom-Konzern. Machtballungen im Bereich von Unternehmungen werden dort demokratiegefährdend, wo sie sich mit politischer Machtausübung verbinden, Wahlergebnisse und Abgeordnete kaufen oder sich politische Strukturen nach ihren Bedürfnissen zurechtschneiden. Die großen Flugzeugunternehmen in Europa und den USA sind Beispiele für die Verquickung von Ökonomie und Politik, Beispiele, die zugleich zeigen, dass der Preis für eine Marktöffnung und einen einseitigen Subventionsverzicht das Scheitern und der Abbau der eigenen Flugzeugindustrie sein könnte. Politisches Handeln, gerade auch auf europäischer Ebene, geht hier eher in die Richtung einer die eigenen Industrien fördernde Regulation, weil der Schritt zu einer fairen internationalen Kooperations- und Organisationsfähigkeit eine mentale Überforderung auch ansonsten gut aufgestellter politischer Systeme darstellt und den Wahlkreisabgeordneten ebenso wenig vermittelbar ist, wie der Verlust eines Auftrags von Boeing deren Senatoren.[614] Hier stellt die enorme Staats- und Militärmacht der USA eine Netzwerkexternalität dar, der die EU durch komplementäre politische Eingriffe versucht entgegenzuwirken und eine eigene Flugzeugindustrie zu erhalten.[615]

Doch gerade ein neues ökonomisches Denken, dass nicht mehr an eine keynesianische Gesamtsteuerung glaubt, eröffnet auch mentale Freiräume für eine neue Betrachtung der notwendigen Trennungslinien von Ökonomie und Politik. Zugleich wachsen den politischen Systemen die Steuerungskosten über den Kopf und führen zu einer neuen Diskussion über die Kernaufgaben, z.B. im Bereich der Bildung, der Daseinsvorsorge und des Gesundheitssystems. Es ist das Paradox der Demokratie, dass die politischen Systeme bislang keinen Lernprozess durchlaufen haben, der ihnen hilft, die Kernaufgaben herauszuarbeiten und zu

---

[613] Vgl. dazu den Klassiker von Michels, Robert: Soziologie des Parteiwesens in der modernen Demokratie, 4. Aufl. Stuttgart 1989.

[614] Der berühmte Henry Jackson, langjähriger Senator aus Seattle, wurde nicht nur von seinen Gegnern als „The Senator from Boeing" bezeichnet.

[615] Zu den Externalitäten vgl. Crouch, Colin: Das befremdliche Überleben des Neoliberalismus, Frankfurt 2011, S. 229.

gestalten, sondern dass der Anspruch demokratischer Bestimmung und Gestaltung gerade dazu führt, dass die Politik in gegenseitiger Überbietung konkurrierender Angebote an die jeweilige Wählerklientel Anstrengungen unternimmt, in immer mehr Bereiche des Lebens und des Wirtschaftens nicht nur rahmensetzend, sondern regulierend, gestaltend, subventionierend und verbietend einzugreifen. In der Konkurrenz um Wählerstimmen zählt immer noch, auch nach dem Scheitern keynesianischer Steuerungsmodelle, die Behauptung, erfolgreich gestalten und handeln sowie alle denkbaren Restriktionen überwinden zu können.

Colin Crouch hat eine Analyse vorgelegt, die präziser und klarer ist als die vielen Papiere der New-Labour-Ideologen wie Anthony Giddens oder David Held, und die gedacht ist als Grundlage für einen Neustart der britischen, vielleicht auch der europäischen Sozialdemokratie. Die gängigen Theorien der Zivilgesellschaft, die die drei Bereiche Staat, Markt und Zivilgesellschaft nebeneinander stellen, hat er erweitert durch die Betonung der Rolle des Unternehmens, die im politischen Denken meist schlicht unter dem Markt subsumiert wurde. Unternehmen aber sind Akteure, die durchaus ein permanentes Interesse entwickeln können, die Marktmechanismen für sich außer Kraft zu setzen, um gegen Konkurrenten geschützt zu sein.

Crouch erinnert an den klassischen Satz Adam Smiths, dass zwei Unternehmer, sobald sie zusammenkommen, sich gegen den Markt und die Verbraucher verschwören werden. Sie sind Akteure auf einem Markt, der in vielen Bereichen oligopol verformt ist. Hinzu kommt eine wichtige weitere Errungenschaft des neoliberalen Projekts: Mehr oder weniger alle Institutionen der Gesellschaft, die Universitäten, Behörden, Krankenhäuser und Wohlfahrtseinrichtungen, teils schon die Zuchthäuser, stehen unter der Prämisse „so zu agieren, als ob sie Unternehmen wären."[616] Der Versuch, privatwirtschaftliche Effizienz in den öffentlichen Sektor einzuführen, z.B. durch die Installierung von Unternehmern oder Managern als Vorsitzende oder Aufsichtsräte öffentlicher Körperschaften und Stiftungen, aber auch die Aufblähung der Wirksamkeit privater Spenden dadurch, dass sich öffentliche Zuwendungen nach diesem Spenden richten, die politische Steuerung also durch ökonomische Steuerung ersetzt wird, führt dazu, dass Macht und Einfluss immer mehr in den unternehmerischen Bereich verteilt werden. An die Stelle politischer Mitsprache- und Mitwirkungsmöglichkeiten tritt dann die Vorstellung, eine Führung von oben nach unten sei effizienter. Demokratische Steuerungssignale durch Stimmen und Stimmungen werden durch Marktsignale ersetzt, die strukturell immer die finanzkräftigeren Nachfrager bevorzugen. Zusammengenommen mit wachsenden Einkommensunterschieden, die für sich genommen noch nicht antidemokratisch wirken müssten, findet so eine Verlagerung von eher egalitären Politikstrukturen, wo im Prinzip jede Stimme gleichermaßen zählt, in den Bereich individueller Zahlungsfähigkeit und Zahlungswilligkeit statt.

Umgekehrt wächst die Kritik der Bürger am Agieren von Unternehmen – es gibt inzwischen Initiativen, die gar nicht mehr den Umweg der Gesetzgebung und des politischen Systems gehen, sondern die Firmen wie Shell oder auch Gentechnikproduzenten direkt attackieren. Crouch bemerkt hierzu, dass auch diese kritisch gemeinten Aktivitäten die Rolle der Unternehmen als zentrale Akteure hervorheben und noch in der Ablehnung stärken. Regulationsforderungen an den Staat sieht er skeptisch, denn ihm scheint klar, „daß Staat und Politik den Interessen dieser Unternehmen mit großer Aufgeschlossenheit gegenüberstehen werden. Das bedeutet, daß alle staatlichen Maßnahmen zur Überwachung und Regulierung mächtiger

---

[616] Ebenda S. 231.

Konzerne bestenfalls halbherzig sein können."⁶¹⁷ Dies entspricht der politikwissenschaftlichen Standardeinschätzung, den Staat nicht als neutralen Schiedsrichter zu sehen, sondern das politische System als komplexes Interaktionsfeld unterschiedlichster Akteure. „Die grundsätzliche moralische Überlegenheit des Staates über die Wirtschaft ist eine der vielen Eigenschaften demokratischer Gemeinwesen, die hinweggeschwemmt wurden, als sich der Staat der Forderung beugte, von der Wirtschaft zu lernen."⁶¹⁸ Eine Renaissance des Staates wäre also kein gutes Rezept für eine neue egalitäre Agenda, zumal die Staaten immer noch an nationaler Beschränktheit laborieren, während die Konzerne, wie Crouch zustimmend feststellt, inzwischen „erfrischend kosmopolitisch" geworden sind.⁶¹⁹ „Wenn die Selbstbehauptung des demokratischen Staats gegen global operierende Unternehmen in einen nationalistischen Protektionismus mündete, wäre das zweifellos ein Rückschritt."⁶²⁰ Gemeinwohlorientierte und in diesem Sinne moralische Positionen müssten sich also eine andere Basis suchen als gerade den Staat. Colin Crouch geht die verschiedenen Möglichkeiten einer moralischen Veränderung durch. Die Kirchen sind ihrem Anspruch als Moralwahrer selten oder nie gerecht geworden und stehen heute in diesem Feld weitgehend diskreditiert da. Die Politik ist schon eher ein Forum, in dem über Gemeinwohlinteressen diskutiert werden kann, auch wenn sie nicht unkritisch glorifiziert werden sollte. „In einer Demokratie müssen Parteien die Öffentlichkeit davon zu überzeugen suchen, daß ihre Konkurrenten die Schuld an den Problemen tragen."⁶²¹ Die politische Verarbeitung von Problemen verlagert dieses in das Innere des politischen Prozesses, d.h. die Vorwürfe richten sich auf zu lasche Kontrollen oder zu wenig Gesetzgebung, während die Fehler im wirtschaftlichen Raum aus dem Blickfeld geraten. Aber eine Rückkehr zu staatlicher Wirtschaftslenkung wäre eine Verkennung des politischen Prozesses.

Der Bereich des Berufsethos sollte nach Crouch höher eingeschätzt werden, als das zurzeit geschieht. Es war ein Grundfehler der Ökonomisierung, das Berufsethos z.B. von Journalisten durch Marktorientierung zu ersetzen. Crouch fragt: „Wird die Welt besser, wenn Lehrer und Forscher ihren Beruf wie Boulevardjournalisten versehen oder umgekehrt?"⁶²² Die Vorstellung, dass man Fachleuten, Beamten oder Universitätsdozenten nicht ihrem Berufsethos gemäß trauen dürfe, sondern sie durch Manager kontrollieren und ihnen Leistungsziele vorgeben müsse, hat die Berufsethiken erschüttert und außer Mode gebracht. Die neuen Steuerungs- und Lenkungsformen des öffentlichen Dienstes setzen die Anreize so, dass moralische und Gemeinnutzaspekte nur noch ins Spiel kommen können, „wenn die Kunden durch ihre Kaufentscheidungen ethisches Verhalten einfordern können."⁶²³

Insgesamt kommt Crouch zu dem Ergebnis, dass am ehesten noch die Zivilgesellschaft den Raum für Gemeininteressen darstellt. „Anders als Parteien sind zivilgesellschaftliche Initiativen jedoch nicht darauf angewiesen, ihre Kampagnen vor allem gegen die Regierungspartei zu richten; daher sind sie besser geeignet, unserer Gegenwart angemessene Debatten anzustoßen."⁶²⁴ Die **vier großen Kräfte**, die Crouch benennt, nämlich Staat, Markt, Unternehmen

---

617 Ebenda S. 236f.
618 Ebenda S. 237.
619 Ebenda S. 239.
620 Ebenda S. 239.
621 Ebenda S. 245.
622 Ebenda S. 241.
623 Ebenda S. 242.
624 Ebenda S. 245.

und Zivilgesellschaft, sollen nach seiner Vorstellung in ein möglichst produktives, gemäßigtes Spannungsverhältnis zueinander gebracht werden, wozu vor allem gehört, dass der ökonomische Imperativ nicht Staat, Universitäten, Schulen und Verwaltungen überwältigen darf. Ebenso dürfen die Unternehmen den Markt nicht kontrollieren und dadurch in Frage stellen. Hier begegnet sich Crouchs sozialdemokratischer Ansatz mit den Vorstellungen des deutschen Ordoliberalismus, dass der Wettbewerb des Hüters bedarf. Jeder dieser Bereiche muss seine eigenständigen Strukturen entfalten können, d.h. auch zivilgesellschaftliche Organisationen, die käuflich sind und Partialinteressen dienen, müssen der permanenten Kritik ausgesetzt werden. Mit einem solchen, durchaus noch etwas skizzenhaften Postulat nähert sich Crouch der Sorge von Habermas an, dass eine Kolonialisierung der Lebenswelt durch unternehmerische Durchrationalisierung eine der großen Gefahren der gegenwärtigen Gesellschaftsentwicklung darstellt.

Fragen
1. Wie verhält sich die Theorie der Postdemokratie zu Lyotards These von der „Postmoderne"?
2. Welche Phasen der internationalen politischen Entwicklung bezeichnet Colin Crouch mit seiner Parabelmetapher?
3. An welchen Punkten ist der Übergang von der Demokratie zur Postdemokratie erkennbar?
4. Erläutern Sie das postdemokratische Viereck von Colin Crouch!
5. Aus welchem Grund legt Crouch so großen Wert auf die Unterscheidung zwischen dem Markt und den Unternehmen?
6. Gegen welche Entwicklung richtet sich Crouchs Betonung des Berufsethos?
7. Aus welchem Grund setzt Crouch kaum Hoffnung in die staatliche Regulierung von Unternehmenstätigkeiten?
8. Kann die Zivilgesellschaft als Gegengewicht zur postdemokratischen Entwicklung dienen?
9. In welchen historischen Phasen haben die Höhepunkte egalitärer Entwicklung in den USA, Skandinavien, Großbritannien, Italien, Frankreich und Deutschland gelegen?
10. Worin liegen nach Colin Crouch die Nachteile der Übertragung ökonomischer und Marketingmechanismen auf den politischen Prozess?

Einführungstext
Crouch, Colin: Postdemokratie, Frankfurt 2008.

Literatur
Crouch, Colin: Das befremdliche Überleben des Neoliberalismus, Frankfurt 2011.
Hirsch, Michael und Rüdiger Voigt (Hg.): Der Staat in der Postdemokratie. Staat, Politik, Demokratie und Recht im neueren französischen Denken, Stuttgart 2009.

Schäfer, Armin: Krisentheorien der Demokratie. Unregierbarkeit, Spätkapitalismus und Postdemokratie. MPIfG discussion paper 08/10, Köln 2008, abrufbar unter http://edoc.vifapol.de/opus/volltexte/2009/1168/pdf/dp08_10.pdf, abgerufen am 2.6.2012.

Themenheft: Postdemokratie? Aus Politik und Zeitgeschichte, Nr. 1–2, 2011

Themenheft: Postdemokratie. Forschungsjournal Neue soziale Bewegungen, Ein neuer Diskurs?, Nr. 4, Jg. 19, 2006.

15 Politischer Pragmatismus: Richard Rorty

Der politische Pragmatismus in den USA ist im Wesentlichen von John Dewey (1859–1952) geprägt worden. Das Erkennen ist für Dewey eine Form des Handelns unter anderen. Es kommt nicht darauf an, ob Ideen in einem metaphysischen oder fundamentalen Sinne wahr oder falsch sind, sondern darauf, ob sie in der Praxis funktionieren und vor allem darauf, dass sie zur Verbesserung der sozialen Verhältnisse beitragen. Diesen freundlich-sozialreformatorischen Impuls hat Richard Rorty übernommen. Er stammt aus einer New Yorker Intellektuellenfamilie. Seine Eltern waren antistalinistisch ausgerichtet und kritisierten die Moskauer Schauprozesse. An der Ausarbeitung einer der präzisesten und abgewogensten kritischen Darstellungen der Kampagne des populistischen Senators Joseph McCarthy gegen die amerikanischen Kommunisten war sein Vater James Rorty im Jahre 1954 beteiligt.[625]

Richard Rortys politiktheoretische Kernthese ist der *Vorrang der Demokratie vor der Philosophie*.[626] Die liberale Demokratie bedarf seiner Ansicht nach keiner philosophischen Orientierungen, weil Prinzipien ohne große Bedeutung sind. Eine Gesellschaft benötigt kein abstraktes Moralgesetz, sondern sie sollte vor allem ihren eigenen guten Traditionen verpflichtet sein. Ausgangspunkt ist also immer eine Interpretation der gemeinsam geteilten Überzeugungen in einer Gesellschaft. Rorty behauptet, dass weder die Zugehörigkeit zu einer bestimmten Sprache in irgendeiner Weise zwingend oder notwendig ist, weil sie sich mehr oder weniger zufällig so ergeben hat, noch die Entwicklung eines bestimmten Selbst. Vor allem ist die Zugehörigkeit zu einer politischen Gemeinschaft nicht, wie im traditionellen Nationalismus behauptet, eine besondere Auszeichnung. Er verwendet dafür den philosophischen Fachbegriff der „**Kontingenz**", jenen Gegenbegriff zur Notwendigkeit. Das Kontingente ist im Prinzip auch anders möglich. Es ist also lediglich gegeben in einem Horizont möglicher Abwandlungen, ohne eine reine Beliebigkeit zu meinen, denn wenn man einmal in ein bestimmtes Land oder eine bestimmte Familie hineingeboren ist, ergeben sich durchaus Pfadabhängigkeiten der Entwicklung. Der Horizont der Möglichkeiten ist nicht unbegrenzt beschrieben.

Die Einübung in eine Kultur macht den Unterschied aus zwischen Menschlichkeit und Abnormalität, wie Rorty das etwas kriminalpsychologisch ausdrückt – er umschreibt damit den klassischen Terminus der Barbarei. Es ist jedoch möglich, dass jemand zu dem Schluss gelangen kann, die Kultur, die ihn hervorgebracht hat, sei in bestimmten Punkten einer anderen Kultur unterlegen, welche er durch das Fernsehen, durch Lektüre oder auf andere Weise kennen gelernt hat. Man ist also durchaus in der Lage, aus verschiedenen kulturellen Traditionen Elemente aufzugreifen und zu übernehmen. Hierbei gibt es auffallende Unterschiede. Einige Kulturen sind in dieser Selbstkritik und Offenheit nach außen leistungsfähiger als andere. „Wir nennen eine Kultur primitiv exakt insofern, als Personen, die in ihr akkulturiert sind, eine derartige kritische Reflexion als schwierig empfinden. Wir nennen eine Kultur

---

[625] Rorty, James und Moshe Decter: McCarthy and the Communists, Boston 1954.
[626] Rorty, Richard: Der Vorrang der Demokratie vor der Philosophie, in ders., Solidarität oder Objektivität? Drei philosophische Essays, Stuttgart 1988, S. 82–125.

fortschrittlich insofern als Personen, die in ihr aufgewachsen sind, artikuliert und reflexiv genug sind, interkulturelle Vergleiche ohne übergroßen Kraftaufwand zu machen."[627]

Rorty gesteht ohne zu zögern zu, dass diese etwas boshafte Unterscheidung eurozentrisch sei, er sieht aber nichts Schlechtes darin, denn die Lehre, Kulturen seien kein Wert an sich, sondern für das Glück der Individuen da, stammt aus der europäischen Aufklärung. Er hält diesen Gedanken für unwiderlegbar, denn würde man ihn abstreiten, müsste man behaupten, jede Kultur hätte einen Wert an sich einfach dadurch, dass sie eine Kultur ist. Rorty hält diesen Gedanken für abwegig, weil das Glück der Menschen geradezu das Verschwinden und die Auslöschung einer Kultur verlangen kann. Es gibt in seiner Sicht eine Menge Kulturen, die glücklicherweise verlorengegangen und zerstört worden sind, z.B. die Kultur Nazideutschlands und die von William Faulkner so kritisch geschilderte Welt des Mississippi – ebenso wie menschliche Wesen für ihn keinen Wert in sich selbst haben, denn es kann viele geben, von denen man sich wünsche würde, sie wären nie geboren worden. Er hält die Idee vom inneren Wert und von der inneren Würde einer Kultur für ebenso nutzlos wie die Vorstellung des inneren Werts eines menschlichen Wesens. Die Idee des inneren Werts ist aus pragmatistischer Sicht nichts weiter als ein Diskussionsstopper, denn sie signalisiert, dass jemand, der sie verwendet, jede weitere Diskussion darüber ablehnt, ob es nicht für das menschliche Glück erforderlich ist, sich von einer Kultur oder einer Person zu befreien.

Eine theoretische oder philosophische Begründung der Menschenrechte ist nach Rorty bedeutungslos. Die Kultur der Menschenrechte benötigt genauso wenig eine philosophische Grundlegung, wie es einer solchen bedarf, um bei Kopfschmerzen ein Aspirin zu nehmen. Er gesteht gern zu, dass es sich bei den Menschenrechten wie bei den Betäubungsmitteln um recht ingeniöse neuere westliche Erfindungen handelt – ähnlich wie dies beim Internet, „Ärzte ohne Grenzen" und ähnlichen Dingen der Fall ist, die allesamt soziale Konstruktionen sind. Im Sinne der pragmatistischen Denktradition Deweys gilt alles durch seine Relationen zu allem übrigen, nicht aber aus einem eigenen inneren Wert heraus.

Diese Denkposition ist nicht ganz ohne Tücken und Fallstricke. Rorty behauptet ja nicht, dass jeder aufgrund seiner Herkunft eine bestimmte Haltung und Position vertreten müsse, sondern dass er diese aufgrund der menschlichen Reflexionsfähigkeit auch ablegen könnte. Soweit könnte man ihm folgen, aber er ist an diesem Punkt in seiner Argumentation nicht konsistent geblieben. Als er in einer Wiener Podiumsdiskussion mit dem Letztbegründer Karl-Otto Apel über die Grundlage der Moral in die Enge getrieben worden war, zog er sich auf folgende Position zurück: „It's just common sense, I am just an American." Apel fragte zurück: „Kann ich einfach auch so sagen: I'm just a German?"[628] Zur Rechtfertigung einer Wespe, die jemanden gestochen hat, ist allenfalls noch das Argument akzeptabel, sie könne nicht anders, weil sie nun einmal ein stechendes Insekt sei. Doch schon bei dem Hund, der das Bein des Briefträgers zerfleischt hat, wird man dies nicht gelten lassen und ihn bestrafen, um aus seinem betrübten Blick schließen zu können, dass er seine Untat nicht zu häufig wiederholen wird. Bei Menschen aber muss man die Fähigkeit zur Selbstdistanzierung und Reflexion uneingeschränkt voraussetzen können oder wird sie als therapiebedürftig bzw. einsperrenswert betrachten.

---

[627] Rorty, Richard: The Communitarian Impulse (Colorado College's 125th Anniversary Symposion. Cultures in the 21st Century: Conflicts and Covergence). Vortrag am Colorado College, 5.2.1999, abrufbar unter www2.coloradocollege.edu/Academics/Anniversary/Transcripts/RortyTXT.htm, abgerufen am 31.5.2012.

[628] Apel, Karl-Otto: Diskurs und Verantwortung. Das Problem des Übergangs zur postkonventionellen Moral, Frankfurt 1988, S. 409. Dazu Reese-Schäfer, Walter: Karl-Otto Apel zur Einführung, Hamburg 1990, S. 38–43.

Begründungen richten sich nicht bloß an die potentiellen Täter selbst, sondern vor allem auch an das soziale Umfeld, denn es ist sinnvoll, dass dieses die für erforderlich gehaltenen Präventivmaßnahmen oder Strafen mittragen und unterstützen kann. Wenn Gesetzesverstöße in einem Milieu üblich sind oder, wie im Dritten Reich, der *common sense* zum gegenüber Minoritäten mörderischen „gesunden Volksempfinden" verkommen kann, nützt der Bezug auf Herkunft und Zugehörigkeit nichts. Dann muss man doch argumentativ auf universellere Kriterien, z.B. die Zugehörigkeit zur Menschheit und eine eventuell daraus resultierende Verpflichtung zurückgreifen. Gerade angesichts vielfältiger Traditionen der Repression, des Schreckens und der Grausamkeit bleibt nur der Weg, solche Begründungen zu suchen, die dem Überkommenen, gerade auch dem Eigenen, erst einmal skeptisch und fremd gegenüberstehen. Und auch in den USA kann man im Grunde nur so lange auf Begründungen verzichten, wie es mit der eigenen Gesellschaft gut geht und keine allzu großen Konflikte auftreten. Sobald es aber wie in der Bürgerrechtsbewegung oder im Falle des Vietnamkriegs zu Debatten kommt, entsteht auch wieder das Bedürfnis, auf Prinzipien zurückzugreifen.

Rorty selbst ist an diesem Punkt stark inkonsistent. In seinem politischen Hauptwerk „*Kontingenz, Ironie und Solidarität*" stellt er die Überlegung an, Solidarität könne in der Rorty-Welt am ehesten durch die Lektüre von gegen Grausamkeiten sensibilisierender Literatur (von Dickens über George Orwell bis Nabokov) erzeugt werden.[629] Den Frauen und Männern aller Zeiten und Breiten sei ihre Verletzbarkeit durch Schmerz und Erniedrigung gemeinsam – eine Menschheit in einem emphatischen Sinne dagegen gibt es nicht. Rorty folgert, dies sei vollkommen ausreichend, und es sei der Vorzug westlicher Kulturen, diese Sensibilitäten etwas früher entwickelt zu haben. Er scheint zu glauben, eine derartige These habe keinen Letztbegründungsanspruch. Das ist aber eine Fehldeutung des eigenen Arguments: Grausamkeit sei das Schlimmste, und sie sei zu vermeiden. Es bedürfe keiner komplexen und anspruchsvolleren politischen Ethik. Faktisch liefert er damit ein klassisches Evidenzargument für moralisches Verhalten, dessen Rhetorik man sich nur schwer entziehen kann. Wenn er statt der vielen Autoren, die er ständig zitiert, Schopenhauer gelesen hätte, dann hätte er dieses Argument sicherlich wiedererkannt. Es ist die ethische Konzeption, möglichst niemanden zu schädigen und niemandem gegenüber grausam zu sein. Auf diesem einen Punkt kann man eine ganze Ethik aufbauen, ähnlich wie Descartes auf seiner Einsicht des „ich denke, also bin ich" seine gesamte bewusstseinsphilosophische Erkenntnistheorie aufgebaut hatte. Rorty weicht der dazu allerdings erforderlichen, etwas systematischeren Reflexion aus und bleibt beim reinen Behaupten stehen. Bei ihm tritt anders als bei Schopenhauer das Schmerzargument appellativ und kontextualistisch auf. Es geht für das Mitgefühl und die Entwicklung praktischer Solidarität selbstverständlich nicht um das Schmerzempfinden als solches, sondern vielmehr darum, dass sich allmählich in bestimmten Öffentlichkeiten das Gefühl ausbreitet, der Schmerz der anderen (bei Schopenhauer auch: der Schmerz, den Tiere empfinden können) sei wichtig, „egal, ob sie derselben Familie, demselben Stamm, derselben Religion, demselben Volk oder derselben Intelligenzgruppe angehören wie man selbst. Dieser Gedanke lässt sich, wie Dewey meinte, weder durch Wissenschaft noch durch Religion oder Philosophie als wahr erweisen. [...] Klargemacht werden kann es nur solchen Menschen, bei denen es noch nicht zu spät ist, sie in unsere besondere, spätblühende und historisch kontingente Lebensform zu akkulturieren."[630]

---

[629] Rorty, Richard: Kontingenz, Ironie und Solidarität, Frankfurt 1989 (zuerst als Contingency, Irony, and Solidarity, 1989).

[630] Rorty, Richard: Philosophie & die Zukunft. Essays, Frankfurt 2000, S. 151.

Da dieses Behaupten allerdings nicht unverbindlich bleibt, sondern in der Praxis weitreichende Konsequenzen hat, z.B. zu Argumenten für oder gegen Militäraktionen führt, ist es nicht ganz unproblematisch, dieser Reflexion auszuweichen und sie durch rein pragmatische Argumente zu ersetzen. Was den Irak-Krieg angeht, sollen dazu Rortys Überlegungen kurz zitiert werden, um deutlich zu machen, wie sich politischer Pragmatismus und eine prinzipiengestützte Argumentation voneinander unterscheiden:

„Ich glaube nicht, dass es gut für die Vereinigten Staaten wäre, ihre Armee nach Irak zu schicken, um dort einen Regimewechsel herbeizuführen. Ich befürchte, eine solche Maßnahme, wenn man sie als eine Art geostrategisches Heilverfahren versteht, wäre weitaus schlimmer als die Krankheit, die sie zu bekämpfen vorgibt. Ich weiß nicht, und in der Regierung von Bush weiß es ganz bestimmt auch niemand, was passieren wird, wenn die Invasion in Irak erst einmal begonnen hat. Wir wissen nicht, ob Tel Aviv oder Riad von biologischen und/oder chemischen Massenvernichtungswaffen angegriffen werden; ob die arabische Bevölkerung, aufgebracht und fanatisiert, die amerikanischen Botschaften und Institutionen in dieser Region besetzen wird; ob wir den Krieg überhaupt gewinnen können, ohne dass Zehntausende von amerikanischen Soldaten und Millionen von Irakern sterben müssen; ob islamische Fundamentalisten die Gelegenheit nutzen und die Macht in Ägypten oder Pakistan übernehmen werden; oder ob die finanzielle und moralische Unterstützung des Terrorismus durch die Araber – vor allem Saudi-Arabiens! – jemals aufhören wird.

Wenn ich mit absoluter Gewissheit davon ausgehen könnte, dass nichts davon einträte und dass stattdessen dem Regimewechsel in Bagdad eine erfolgreiche Demokratisierung – erst in Irak und dann im ganzen Mittleren Osten – folgte, dann würde ich von ganzem Herzen eine Militärintervention befürworten; sie sollte mit einem entsprechenden UN-Beschluss versehen sein, aber sie dürfte meiner Meinung nach auch ohne ein solches Mandat geschehen. Dennoch liegen die Dinge nicht so einfach. Ich gehe vielmehr davon aus, dass wir einige der von mir genannten Verwerfungen ganz real zu befürchten haben."[631]

Rorty würde den Einmarsch befürworten, wenn er die „absolute Gewissheit" der erfolgreichen Demokratisierung hätte. Eine derartige Gewissheit kann es in der politischen wie in der militärischen Wirklichkeit nun allerdings nicht geben. Rortys pragmatistische Politiktheorie schließt sie geradezu aus. Er verlangt eine Gewissheit, die auf der Basis seiner eigenen Theorie gar nicht ernsthaft denkbar ist. Dieser Punkt ist übrigens von Karl Popper und Hans Albert sehr viel scharfsinniger durchdacht worden als von Rorty. Wenn man von der prinzipiellen Fehlbarkeit aller Argumente ausgeht, dann folgt die politisch-praktische Empfehlung, immer nur kleinere Teilschritte zu unternehmen, niemals aber ein großes zusammenhängendes Gesamtprojekt, z.B. die Revolution und den Neuaufbau einer gesamten Gesellschaftsordnung zu starten. Wenn also ein kritischer Rationalist den Einmarsch im Irak zu beurteilen hätte, dann hinge die Bewertung davon ab, ob dieser als kleines Teilstück zu einer Gesamtveränderung des Mittleren Osten und zur Demokratisierung der arabischen Welt angesehen wird oder ob man die Perspektive wählt, ihn als Gesamtprojekt zur Revolutionierung eines mittelgroßen Landes zu betrachten. Im zweiten Falle wäre er unzulässig, im ersten Fall hätten die USA das schwächste Kettenglied der mittelöstlichen Diktaturen in einem popperianischen *piece-meal-engineering* attackiert.

---

[631] Rorty, Richard: Der Fehlschlag – Warum eine Irak-Invasion falsch ist, Frankfurter Rundschau, 25.2.2003, abrufbar unter www.fr-online.de/spezials/der-fehlschlag,1472610,2688596,item,0.html, abgerufen am 31.05.2012.

Rorty ist der Ansicht, dass die Suche nach Begründungen der Versuch von atheistischen Philosophen ist, die verlorene Glaubensgewissheit durch Argumente zu ersetzen. In dem Aufsatz „Wilde Orchideen und Trotzki" macht er dies an seiner eigenen Denkentwicklung deutlich.[632] Ich denke demgegenüber, dass es darum geht, im Falle unterschiedlicher sozialisatorischer und kultureller Voraussetzungen in Streitfragen, die sich durch zunehmende internationale Kooperationserfordernisse ergeben, Entscheidungskriterien finden zu können. Diese können zwischen zwei unterschiedlichen Gruppen als Schnittmenge der Gemeinsamkeiten ermittelt werden – bei einer unübersichtlichen Vielzahl von Gruppen und einer geometrisch wachsenden Zahl von Konfliktmöglichkeiten untereinander ist es aber sinnvoller, möglichst gleich Kriterien mit allgemeiner Geltungsfähigkeit anzuwenden.

Die meisten Theorien, die von der Akkulturation und kulturellen Einbettung der eigenen Überzeugungen ausgehen, argumentieren relativistisch, da sie Angehörigen anderer Kulturen eine Gleichberechtigung und Gleichwertigkeit zubilligen. Rorty dagegen lehnt den **Kulturrelativismus** aufs Schärfste ab. „Unsere moralische Anschauung ist nach meiner festen Überzeugung sehr viel besser als jede Konkurrenzanschauung, obwohl es viele Menschen gibt, die sich nie dazu bekehren lassen werden."[633] Ein philosophischer Nazi wird sich, jedenfalls durch Argumente, nie überzeugen lassen. Die philosophische Tradition hatte angenommen, für solche Fälle benötige man den Rückgriff auf letzte Gewissheiten. Der Pragmatist kommt mit der festen Überzeugung aus, dass die eigene Position überlegen sei und sich in den Kulturkämpfen der Gegenwart durch Überredung und Überzeugung (für Rorty kann es konsequenterweise zwischen beiden keinen Unterschied geben) durchsetzen müsse. Seine Philosophie läuft deshalb in der Tat, wie Karl-Otto Apel und andere problematisiert hatten, auf einen Amerikanismus hinaus. In „Stolz auf unser Land" (*Achieving our country*)[634] zeichnet Rorty die Tradition jener amerikanischen Linken nach, die sich bei aller Gesellschaftskritik immer zu einem demokratischen Patriotismus bekannt haben – es ist die Tradition der amerikanischen Gewerkschaftsbewegung und der *New York Intellectuals*, in der er aufgewachsen und erzogen worden ist. Diese Denktradition stellt in der Tat eine eigentümliche Spielart und einen letzten Endes einflussreichen Sonderfall der internationalen Linken seit den 1930er Jahren dar: „Hätte es keinen Dewey und keinen Sidney Hook gegeben, wären die amerikanischen Linksintellektuellen der dreißiger Jahre ebenso von den Marxisten hereingelegt worden wie die Linksintellektuellen in Frankreich und Lateinamerika. In der Tat, Ideen haben Konsequenzen."[635] Sidney Hook (1902–1989) war in den 1930er Jahren mit einigen Büchern über Marx und Dewey bekannt geworden und entwickelte sich in den 1940ern und 1950ern zu einem der führenden linken Antikommunisten der westlichen Welt.[636]

Rorty identifiziert sich in der Tradition Walt Whitmans mit der amerikanischen Demokratie. Diese Demokratie braucht ihre Philosophie nicht zur Selbstbestätigung, sondern betrachtet Philosophie, Kunst und alle anderen Formen des Geistes nur als Formen der Selbstverwirklichung.[637] Aus dieser politisch-identifikatorischen Perspektive heraus polemisiert Rorty gegen

---

[632] Rorty, Philosophie & die Zukunft, a.a.O. S. 137–160, am zugespitztesten S. 149.
[633] Ebenda S. 152.
[634] Rorty, Richard: Stolz auf unser Land. Die amerikanische Linke und der Patriotismus, Frankfurt 1999.
[635] Rorty, Philosophie & die Zukunft, a.a.O. S. 158.
[636] Hooks Autobiographie (Hook, Sidney: Out of Step. An Unquiet Life in the 20th Century, New York 1987) ist in ihrer Detailliertheit und ihren Einblicken in die Geschichte der amerikanischen Linken außerordentlich interessant.
[637] Rorty, Stolz auf unser Land, a.a.O. S. 32.

seine altlinken Freunde und vor allem gegen das Diskussionsklima an vielen Universitäten, wo er eine „zuschauerhafte, angeekelte, ironische Linke" antrifft „statt einer, die von der Vervollkommnung unseres Landes träumt."[638] Sein Vorwurf lautet: Grundsatztreue, philosophisch fundierte Hoffnungslosigkeit, Verachtung gegenüber der Möglichkeit, dass die demokratischen Institutionen einmal der sozialen Gerechtigkeit dienen könnten, marxistische oder foucaultsche Fixierung auf antihumanistische wissenschaftliche Strenge.

„Die Foucaultsche Linke ist ein unglücklicher Rückschritt zu der marxistischen Fixierung auf wissenschaftliche Strenge. Diese Linke möchte immer noch geschichtliche Ereignisse in einen theoretischen Rahmen stellen. Sie übertreibt die Bedeutung der Philosophie für die Politik und verschwendet ihre Kraft auf ausgefeilte theoretische Analysen der Bedeutung aktueller Ereignisse. Doch das ist für die linke Politik noch nutzloser als Engels' dialektischer Materialismus."[639] Sein Gegenmodell ist eine Art gemeinsame Bürgerreligion oder Zivilreligion, denn wenn die amerikanische Linke nicht so etwas wie einen Patriotismus entwickelt, wird sie seiner Ansicht nach nur eine kulturelle und keine politische Linke sein können.[640] Sein Hauptkritikpunkt ist der Niedergang der reformistischen Linken, für die er den Marxismus verantwortlich macht: „Denn dieser war nicht nur eine Katastrophe für alle Länder, in denen Marxisten die Macht ergriffen, sondern auch für die reformistische Linke in allen übrigen Ländern."[641] Rorty plädiert für die reformistische Linke gegen jene „Neue Linke" der 1960er Jahre, die zu dem Schluss gekommen war, dass innerhalb des Systems ohnehin nichts zu erreichen sei.

Der Kernpunkt der Linken nach 1964 war ihre Ablehnung des Antikommunismus und ihre Ablehnung der amerikanischen Position im Kalten Krieg, die als amerikanisches Streben nach Weltherrschaft kritisiert und mit dem Vietnamkrieg plausibel gemacht wurde. Rorty dagegen blieb seiner antistalinistischen Familientradition treu. Hätte Amerika nicht den Kalten Krieg ausgefochten, dann wären die osteuropäischen Länder nie befreit worden. Mit seinen Studenten gerät Rorty über diesen Punkt immer wieder in heftige Diskussionen: „Meine linkesten – und es sind mir die liebsten – Studenten können sich mit meinem Antikommunismus nicht recht anfreunden. Wenn ich ihnen sage, dass ich als Teenager ein liberaler kalter Krieger war, reagieren sie wie auf den Titel eines besonders geschmacklosen Horrorfilms."[642] Aber in den 1930er Jahren, der Kindheit von Rorty, las man bei ihm zu Hause nicht den von Stalin gesteuerten kommunistischen *Daily Worker*, sondern unabhängige linke Blätter. „Nur wenige Mitarbeiter dieser linken Blätter, ob sie sich nun an die Arbeiter oder die bürgerlichen Intellektuellen wie meine Eltern wandten, zweifelten daran, dass Amerika ein großartiges, edles, fortschrittliches Land sei, in dem die Gerechtigkeit schließlich siegen würde. Unter dieser verstanden sie alle so ziemlich das gleiche – anständige Löhne und Arbeitsbedingungen und das Ende der Rassenvorurteile."[643]

Über sich selbst schreibt Rorty: „Als Teenager glaubte ich jedes antistalinistische Wort, das Sidney Hook und Lionel Trilling in Partisan Review schrieben – zum Teil vielleicht, weil ich als kleines Kind auf ihrem Schoß gesessen hatte."[644] „Die Anheizung des kalten Krie-

---

[638] Ebenda S. 38.
[639] Ebenda S. 40.
[640] Ebenda.
[641] Ebenda S. 43.
[642] Ebenda S. 60.
[643] Ebenda S. 60f.
[644] Ebenda S. 62.

15 Politischer Pragmatismus: Richard Rorty

ges lag für mich durchaus auf der Linie des Guten, das meine Familie und ihre Freunde taten, und so ist es noch heute. Ich sehe immer noch wenig Unterschied zwischen einem Kampf gegen Hitler und gegen Stalin."[645] Rorty hält die heutige, dekonstruktivistische Linke für unfähig, sich überhaupt in politische Auseinandersetzungen einzuschalten.

Unter politiktheoretischen Gesichtspunkten ist Rortys Modell, auf Letztbegründungen radikal zu verzichten, die Kontingenz der Zugehörigkeit zu bestimmten Gemeinschaften anzunehmen und doch zuzugestehen, dass die Bindungskraft des Herkommens durch die Wahlfreiheit von Individuen und Gruppen aufgehoben werden kann, als **Dezisionismus** anzusehen. Wer die unterschiedlichen kulturellen Prägungen sieht, sich dennoch aber eindeutig, jedoch ohne besonderen Grund, für das westliche Modell entscheidet, ist Dezisionist. Der Dezisionismus gilt in der Letztbegründungskritik von Hans Albert[646] als das dritte Modell. Das erste Modell, die Rückführung auf letzte Gründe, scheitert daran, dass es hinter jedem Grund noch einen weiteren, noch metaphysischeren gibt, so dass man schließlich unter Verlust jeder Begründungskraft in die Unbestimmtheit des Unendlichen gelangt. Das zweite Modell ist der Versuch, diesen Regress kreisförmig zu schließen. Die Diskussion dreht sich im Kreis und greift auf Voraussetzungen zurück, die sie selbst gesetzt hat. Das ist der berühmte fehlerhafte Zirkel. Beide Möglichkeiten sind in der Philosophie heute als typische Denkfehler erkannt. Versucht man sie systematisch zu vermeiden, dann bleibt nur die dritte Möglichkeit, die Dezision. Karl Popper hat sich ausdrücklich dazu bekannt, allerdings von einer „Entscheidung für die Vernunft" gesprochen, die doch wohl jeder mit ihm teilen würde. Deshalb gilt sein Modell allenfalls als eine Art Restdezisionismus. Popper ist allerdings sehr bewusst, dass es ein vernünftiges Argument für die Vernunft nicht geben kann. Das wäre ein Rückfall in den Begründungszirkel. Den Sinn der Vernunft sieht nur derjenige ein, der selber schon vernünftig ist und sein will. Bei Rorty dagegen ist der Entscheidungscharakter seines Ansatzes sehr viel deutlicher, weil er sich inhaltlich zum westlich-amerikanischen Gesellschaftsmodell bekennt und dafür Gefühlsgründe, Gründe der Tradition und literarisch-rhetorische Überredungskünste gleichermaßen bemüht, während er das rationale Argument wegen seines Antifundamentalismus vollkommen zu vermeiden sucht. Die Beliebigkeit des Kulturrelativismus wird durch den Bezug auf die Vernunft oder auf die USA radikal reduziert.

Im Sinne rationaler Begründungen muss der Dezisionismus als argumentativ außerordentlich schwach angesehen werden. In den Augen der Dezisionisten ist Rationalität aber die Waffe der Schwachen. Die Dezision für eine Sache, ohne dass man die andere Seite überzeugen kann, läuft letztlich auf einen Kampf hinaus. Der Dezisionismus hat also seine Stärke dort, wo er auf überlegene wirtschaftliche und militärische Macht zurückgreifen kann. Auch wenn Rorty ein scharfer Kritiker der Regierung von George W. Bush ist und sich selbst zur linken Tradition innerhalb der demokratischen Partei bekennt, so ist seine Argumentationsweise strukturell doch auf die amerikanische Macht angewiesen, die, wenn die Ratio nicht reicht, zur Entscheidung eingesetzt werden muss. Die eher sanft überredenden literarischen Erzählungen für Menschenrechte, gegen Grausamkeiten etc., die sich auf Romane wie „Onkel Toms Hütte" oder George Orwells „1984" stützen, also auf sozialaufklärerische Literatur, wirken als eine oftmals anziehende, aber letztlich nicht wirklich überzeugende Ornamentierung dieses Ansatzes, denn die Auswahl dieser Literatur ist zwar verständlich, wenn man die Lebens- und Lektüregeschichte eines bebrillten, etwas zu kurz geratenen New Yorker Jungen

---

[645] Ebenda S. 64.
[646] Siehe das Kapitel 18 über den kritischen Rationalismus in diesem Band.

ansieht, der auf den Schulhöfen öfters von den Schulhoftyrannen mit Prügeln bedroht worden war, aber andere werden sich andere Literatur auswählen. Das, was er mit den Schulhoftyrannen erlebt hat, die durch rationale Argumente von ihrem Tun nicht abzubringen waren, hat er ziemlich direkt auf Saddam Hussein und ähnliche Gestalten übertragen, die in der Weltpolitik eine vergleichbare Rolle spielten.[647] Man mag das für eine Simplifizierung Rortys halten, es spricht jedoch einiges für die Vermutung, dass die wirklich grundlegenden politischen Überzeugungen sich auch bei Autoren wie Lyotard oder Habermas auf eine ganz ähnlich elementare Weise gebildet haben. Die Suche nach solchen prägenden frühen Erlebnissen in der Biographie wichtiger Theoretiker sollte deshalb nicht vorschnell als Biographismus abgetan werden, zumal hier möglicherweise wirklich ein Moment der Verallgemeinerung liegen könnte. Die je individuelle Sozialisation ist immer einzigartig, bestimmte Typen von Erlebnissen werden aber häufig von anderen, oft von einer ganzen Generation geteilt, worin dann wieder der Grund dafür gesucht werden kann, dass solche Argumente attraktiv wirken und vielen als einleuchtend gelten, während sie einer Folgegeneration gegenüber ihre Überzeugungskraft nicht recht zu entfalten vermögen.

Man kann deshalb schlussfolgern, dass Rortys Pragmatismus die Begründungsschwäche gegenwärtiger wohlmeinender Menschenrechts- und Entwicklungskonzeptionen nur besonders nachdrücklich ausspricht, während sie üblicherweise eher argumentativ versteckt wird. Da Rorty dennoch überreden will, greift er auf eine breite Basis literarischer Rhetorik zurück, welche die fehlenden theoretischen Argumente ersetzen soll. Das Modell Rortys ist unter den hier vorgestellten neben dem Fallibilismus Karl Poppers und Hans Alberts dasjenige, welches die eigene Begründungsschwäche am deutlichsten öffentlich zugesteht – mit der Verallgemeinerung, dass die anderen nur vorgeben, bessere Begründungen zu haben, welche jedoch einer philosophischen Kritik nicht standhalten können.

Bei Rorty findet damit eine Entzauberung des theoretischen Begründungsdiskurses statt, die in ihrer Intention durchaus an die Entzauberung der Gottesbeweise und damit der klassischen Metaphysik durch Immanuel Kant heranreicht. Dieses Denken muss sich letzten Endes aus der Theorie verabschieden und zur Literatur, zur literarischen Kommunikation bzw. zur Rhetorik übergehen. Konsequenterweise hat Rorty 1983 seine Philosophieprofessur in Princeton aufgegeben und ist Professor of Humanities an der University of Virginia in Charlottesville geworden, um schließlich 1998 auf eine Professur für Vergleichende Literatur an der Stanford University in Kalifornien zu wechseln.

Fragen
1. Ist Rorty Relativist?
2. Beschreiben Sie die intellektuelle Tradition, aus der heraus Rorty argumentiert.
3. Mit welchen Mitteln würde Rorty andere von der Bedeutung der Menschenrechte zu überzeugen versuchen?
4. Ist Politik bei Rorty ein reines realistisches Machtspiel oder dient sie auch moralischen Zielen?
5. Gibt es bei Rorty so etwas wie eine Moralbegründung?
6. Wo liegen seine Differenzen zu Theoretikern der französischen Postmoderne?

---

[647] Vgl. zu den Schulhoftyrannen Rorty, Richard: Wilde Orchideen und Trotzki, in ders., Philosophie & die Zukunft. Essays, Frankfurt 2000, S. 137–160, hier S. 142.

7. Ist er selbst als Postmodernist anzusehen?
8. Wo unterscheidet er sich von der politischen Theorie von Jürgen Habermas?
9. Diskutieren Sie kritisch die Verwendung des Begriffs *common sense* bei Rorty.
10. Was ist mit dem Begriff „Amerikanismus" gemeint? Finden Sie heraus, ob dieser auch in anderen Zusammenhängen angewandt wird.
11. Würden Sie Rortys politische Position eher auf der Linken oder auf der Rechten einordnen?
12. Wie würden Sie seine philosophische Position in Bezug auf Letztbegründungsargumente charakterisieren?
13. Wie gestaltet sich nach Rorty das Verhältnis von Philosophie und Demokratie?
14. Legen Sie einige Grundüberlegungen der philosophischen Richtung des Pragmatismus dar.

Einführungstext
Rorty, Richard: Der Vorrang der Demokratie vor der Philosophie, in ders., Solidarität oder Objektivität? Drei philosophische Essays, Stuttgart 1988, S. 82–125.

Literatur
Rorty, Richard: Das Kommunistische Manifest 150 Jahre danach: Gescheiterte Prophezeiungen, glorreiche Hoffnungen, Frankfurt 1998.
Rorty, Richard: Der Spiegel der Natur: eine Kritik der Philosophie, Frankfurt 1981.
Rorty, Richard: Eine Kultur ohne Zentrum. Vier philosophische Essays und ein Vorwort, Stuttgart 1993.
Rorty, Richard: Hoffnung statt Erkenntnis. Eine Einführung in die pragmatische Philosophie, Wien 1994.
Rorty, Richard: Kontingenz, Ironie und Solidarität, Frankfurt 1989 (zuerst als Contingency, Irony, and Solidarity, 1989).
Rorty, Richard: Stolz auf unser Land. Die amerikanische Linke und der Patriotismus, Frankfurt 1999.
Rorty, Richard: Philosophie & die Zukunft. Essays, Frankfurt 2000.
Rorty, Richard: Philosophy and Social Hope, London 1999.

Sekundärliteratur
Auer, Dirk: Politisierte Demokratie. Richard Rortys politischer Antiessentialismus, Wiesbaden 2004.
Reese-Schäfer, Walter: Richard Rorty zur Einführung, 2. Aufl. Hamburg 2006.
Saatkamp, Herman J. Jr. (Hg.): Rorty and Pragmatism. The Philosopher Responds to His Critics, Nashville und London 1995.
Schäfer, Thomas, Udo Tietz und Rüdiger Zill: Hinter den Spiegeln. Beiträge zur Philosophie Richard Rortys mit Erwiderungen von Richard Rorty, Frankfurt 2001.

16 Democratic Peace Theory: Kant, Doyle und Lake

Immanuel Kant hatte 1795 in seinem Text „*Zum ewigen Frieden*" die Hypothese aufgestellt, dass Demokratien, oder, wie er sagte, republikanisch verfasste Staaten, weniger kriegsgeneigt seien, weil ihre Bevölkerungen ja selber die Lasten des Krieges würden tragen müssen und es sich deshalb „sehr bedenken werden, ein so schlimmes Spiel anzufangen"[648]. In „*Über den Gemeinspruch: Das mag in der Theorie richtig sein, taugt aber nicht für die Praxis*" hatte Kant noch etwas ausführlicher bemerkt, dass zumindest bestimmte Kriegsgründe wie bloße „Vergrößerungsbegierde" oder das Gefühl vermeintlicher Beleidigung wegfallen würden. Er hatte hinzugesetzt, dass deshalb ein selbstregiertes Gemeinwesen anderen weniger gefährlich werden könnte, sich somit eher an das Recht halten werde und hoffen könne, „daß andere ebenso geformte ihm darin zu Hilfe kommen werden."[649] Diese Hypothese hat die sogenannte liberale Theorie der internationalen Beziehungen entscheidend geprägt.[650] Der **Liberalismus in der Theorie der internationalen Beziehungen** basierte im 19. Jahrhundert vor allem auf der Annahme, dass die Intensivierung der internationalen Wirtschaftsbeziehungen und die daraus resultierende gegenseitige Abhängigkeit Kriege zunehmend unwahrscheinlich, ja sogar unmöglich machen würden. Dieser Teil der Theorie wurde durch den Ersten Weltkrieg massiv widerlegt. Die vom Liberalismus prognostizierten fürchterlichen wirtschaftlichen Schäden traten zwar ein, deren Erwartung oder Voraussicht hatte aber den Krieg nicht verhindern können.

Außerdem ergab die empirische Beobachtung, dass Demokratien sich genauso oft, sogar häufiger an Kriegen beteiligten als autokratische Länder, so dass auch Kants Hypothese widerlegt schien, sie würden stärker zögern, sich in Abenteuer zu stürzen. Die Demokratien erwiesen sich in diesen Kriegen darüber hinaus keineswegs immer nur als Opfer und Angegriffene. Die Wählbarkeit der Regierung durch die Bevölkerung und die komplexeren Entscheidungsstrukturen halten demokratische Staaten offenbar keineswegs davon ab, überhaupt Kriege zu führen oder in Kriege einzutreten.[651] Als Erklärung dafür wird gemeinhin angeführt, dass Demokratien stabiler sind als Autokratien, so dass Autokratien im Falle einer Kriegsniederlage eher ihren Untergang riskieren, Demokratien aber bestehen bleiben. Da-

---

[648] Kant, Zum ewigen Frieden, a.a.O. hier S. 128.
[649] Kant, Immanuel: Über den Gemeinspruch: Das mag in der Theorie richtig sein, taugt aber nicht für die Praxis, in Kleinere Schriften zur Geschichtsphilosophie, Ethik und Politik. Hg. von Karl Vorländer, Hamburg 1973, S. 67–114, hier S. 111.
[650] Vgl. dazu den in diesem Punkt durchaus orthodoxen Liberalismus von Ludwig von Mises, der in diesem Band in Kap. 10 vorgestellt wird.
[651] Eine abweichende These, nämlich dass freiheitliche Staaten insgesamt friedlicher seien, vertritt Rummel, Rudolph J.: Understanding Conflict and War, Beverly Hills 1979. Die Signifikanz des „mehr" oder „weniger" friedlich ist prekär. Schon deshalb ist es wohl besser, an der Null-Hypothese der Democratic Peace Theory im engeren Sinne festzuhalten.

rüber hinaus zeigte sich, dass Kriege in der internationalen Politik ohnehin eher die Ausnahme darstellen, trotz ihrer spektakulären Erscheinungsformen.

In den 1960er Jahren haben zunächst zwei Kriminologen, später dann die Politikwissenschaftler dies nochmals nachgerechnet.[652] Wenn man die Frage etwas anders stellt und nachzählt, wie häufig Demokratien bisher *gegeneinander* gekämpft hatten, wie häufig also Kriege *zwischen* Demokratien vorgekommen waren, dann ergibt sich, dass so etwas wie ein **Separatfriede zwischen Demokratien** geherrscht hat. Es hat in der Neuzeit fast keinen, oder mit einer leichten und auch leicht plausibel zu machenden Variation der Kriterien überhaupt keinen wirklichen Krieg zwischen zwei Demokratien gegeben. Diese Erkenntnis konnte man schon aus schlichten statistischen Gründen erst von dem Zeitpunkt an entwickeln, als es genügend Demokratien gab, die überhaupt hätten aneinandergeraten können. Denn im 18. Jahrhundert war die Grundgesamtheit noch denkbar klein, es gab überhaupt nur drei Staaten, die man zumindest für einen gewissen Zeitraum als demokratisch bezeichnen kann: die Schweizer Kantone, die USA seit 1776 und Frankreich zwischen 1790 und 1795. Für den Ideengeschichtler ist es deshalb sehr aussagekräftig, dass Immanuel Kant seine entsprechenden ersten Überlegungen gerade 1793 und 1795 vorgelegt hat. Kant hat – sorgfältig wie er war – diese Überlegungen als „nur Meinung und bloß Hypothese" gekennzeichnet.[653] Aber dabei ist es ja glücklicherweise nicht geblieben.

Nach 1945 werden die Zahlen eindrucksvoller. Eine stark anwachsende untereinander friedliche Gruppe von Staaten hat sich gebildet, die in den 1980er Jahren mehr als 40 Länder umfasste. 1993/94 waren es dann etwa 72. Wenn wir uns auf die Zahlen von *Freedom House* stützen, dann waren 2003 insgesamt 121 von etwa 190 Staaten demokratisch verfasst, mittlerweile also schon die Mehrzahl. In der Zeit zwischen 1816 und 1988 hat es dreißig Kriege gegeben, an denen Demokratien beteiligt waren. Dabei haben nur in zwei Konflikten demokratische Staaten auf beiden Seiten gekämpft: im Spanisch-Amerikanischen Krieg von 1898 und im Zweiten Weltkrieg, als Finnland von 1941 bis 1944 auf der Seite der Achse teilnahm, eine Ausnahme, die in der einschlägigen Literatur dann ausführlich diskutiert wurde.[654] Dabei ist es zu keinen faktischen Kriegshandlungen zwischen Finnland und einer Demokratie gekommen, bis auf einen englischen Bombenangriff, der aber wohl eher auf ein deutsches Lager auf finnischem Boden gerichtet war.

Nimmt man die Frage der Interessengegensätze und der Auseinandersetzungen darüber hinzu – nach einer traditionellen Kriegstheorie, wie sie vor allem von marxistischer Seite vertreten wird, entstehen Kriege aus Interessengegensätzen – dann zeigt sich, dass es zwischen den USA und Großbritannien im gesamten 19. Jahrhundert kontinuierliche Gegensätze und Rivalitäten gab. Der Unabhängigkeitskrieg und der Krieg von 1812 beweisen, dass es durchaus zu Kriegen zwischen diesen Ländern kommen konnte. Aber seit der englischen *Reform Bill* von 1832, als das britische Parlament zur formalen Quelle der Souveränität avancierte, wurden diese Streitigkeiten verhandelt und nicht mehr ausgekämpft. Am relativ nächsten zu einem erneuten britisch-amerikanischen Krieg kam es zu Beginn des amerikanischen Bürgerkriegs, als die Blockade des Südens durch den Norden britische Handelsinteressen schädigte. Trotz einer massiven englisch-französischen Kolonialrivalität, bei der in Faschoda 1898 auch ein-

---

[652] Vgl. die kriminologische Studie: Babst, Dean W.: Elective Governments – a Force for Peace, in The Wisconsin Sociologist, Nr. 1, Jg. 3, 1964, S. 9–14.

[653] Kant, Über den Gemeinspruch, a.a. O. S. 111.

[654] Lake, David A.: Powerful Pacifists: Democratic States and War, in American Political Science Review, Nr. 1, Jg. 86, 1992, S. 24–37, hier S. 28.

mal die Truppen in rivalisierender Absicht aufeinander stießen, aber dann gemeinsam Champagner tranken, formten diese Länder eine Entente gegen das nichtliberale Deutschland. Ebenso ist 1914/15 das liberale Italien, trotz seiner Bündnisverpflichtungen gegenüber Deutschland und Österreich, in den Ersten Weltkrieg nicht auf ihrer Seite eingetreten, sondern auf der Seite der Demokratien. Da es auch unter der Carter- und Reagan-Regierung sowie heute wieder massive Streitigkeiten innerhalb der NATO und der übrigen westlichen Allianzen gegeben hat, kann man auch hier beobachten, dass die Differenzen friedlich ausgetragen werden, inzwischen mehr und mehr sogar über geregelte Verfahren im Rahmen beispielsweise der WTO.

Diese vermutete Gesetzmäßigkeit gilt übrigens nicht, um diesen naheliegenden Punkt nachzutragen, bei der Interaktion anderer Typen von Staaten. Man könnte ja vermuten, dass auch kommunistische oder autoritäre Staaten untereinander Frieden halten würden. Die offizielle leninistische Imperialismustheorie besagte sogar, dass mit der Etablierung des Sozialismus oder Kommunismus dieser Kriegsgrund überwunden sei. Aber der Ussuri-Konflikt 1969 zwischen der Sowjetunion und China und die sowjetischen Militärinterventionen in Ungarn 1956 sowie der Tschechoslowakei 1968 zeigen, dass dies nicht zutreffend war. Man könnte darüber hinaus sogar sagen, dass im Kriegsfalle die Demokratien eher einander zu Hilfe kommen würden, was schon Kant vermutet hatte.

Warnend und einschränkend weist Michael Doyle darauf hin, dass diese Gesetzesvermutung angesichts der geringen Zahlen und der Definitionsprobleme bislang noch nicht als statistisch signifikant erwiesen worden ist, und dass auch noch nicht klar ist, ob eine liberale bzw. demokratische innere Struktur als der einzige Erklärungsgrund gelten kann.[655] Über die Frage der statistischen Signifikanz sind massive Diskussionen geführt worden. Bis jetzt konnte sie in der Tat nicht hinreichend erhärtet werden. Man hat sogenannte Dyaden gebildet, also Zweiergruppen von Ländern, die miteinander in Konflikt hätten geraten können (weil ein Konfliktpaar z.B. Guatemala/Albanien nicht zu erwarten ist), und diese Dyaden dann auf die Jahre gerechnet. Das Hauptproblem dabei ist, dass Kriege insgesamt gesehen trotz ihres spektakulären Charakters doch eher seltene Ereignisse sind, und dass auch unklar ist, von welcher Truppenzahl an sinnvollerweise von einem Kriegseinsatz gesprochen werden sollte. Immerhin, man wird wohl festhalten können, dass Dänemark am Irak-Krieg 2003 beteiligt war, so wie Belgien am Korea-Krieg 1950 und Mecklenburg-Schwerin am Krieg von 1866, obwohl in allen drei Ländern dabei weniger Soldaten ums Leben gekommen als zu Hause von der Leiter gefallen sind, wie ein beliebtes Beispiel der Statistiker lautet. Ich zweifle aber, ob diese Rechnungen wirklich interessant und aussagekräftig sind. Immerhin enthalten sie eine Warnung: Es handelt sich bei der demokratischen Friedenstheorie um keine statistisch erhärtete Gewissheit. Die Zahl der Fälle wird neuerdings auch in die Antike ausgedehnt – mit dem zusätzlichen Forschungsproblem, dass wir außer bei Athen über die Verfassungen der meisten griechischen Stadtstaaten nicht sehr genau informiert sind, so dass sich oft nicht sagen lässt, welche Stadt zu welchem Zeitpunkt als Demokratie gelten konnte. Aber auch für die große Zeit der griechischen Polis ist die auffällige Beobachtung zu machen: die Demokratien waren durchweg mit Athen verbündet, die Oligarchien mit Sparta.

Eine weitere Warnung sollten wir jederzeit beachten: Wir wissen bis heute, trotz Kants Vermutung, noch nicht den genauen Grund dafür, *warum* Demokratien friedlicher sind. Deshalb:

---

[655] Doyle, Michael: An international liberal Community, in Graham Allison und F.F. Treverton (Hg.): Rethinking America's Security Beyond Cold war to New World Order, New York und London 1992, S. 307–333, hier S. 310.

Selbst wenn die *Democratic Peace Theory* statistisch eindeutig signifikant wäre, könnte es schon morgen anders kommen und plötzlich doch ein Krieg zwischen zwei Demokratien ausbrechen, aus welchem rationalen oder irrationalen Grund auch immer. Fischereikonflikte zwischen spanischen Fregatten und kanadischen Schiffen, also sogar innerhalb der NATO, hat es mehrfach gegeben – soweit ich informiert bin, endeten sie aber immer allenfalls mit dem berühmten Schuss vor den Bug, wenn dieser denn überhaupt abgegeben worden ist. Allein die Rekonstruktion dieser Kleinkonflikte macht schon in der empirischen Materialzusammenstellung ungeheure Mühe.

Immerhin, die übliche realistische These von der Anarchie in den internationalen Beziehungen, die durch das Gleichgewicht der Kräfte nach Möglichkeit auszutarieren sei, scheint nicht mehr generell zu gelten, sondern schon seit längerer Zeit eine Ausnahme zu haben, die inzwischen von der Ausnahme zur Mehrheitsregel geworden ist.[656] Wenn die *Democratic Peace Theory* zutrifft, dann wäre Frieden am ehesten zu erreichen durch die Ausbreitung von Demokratien oder demokratischen Regierungsformen. Vor allem, was Kant und viele Liberale gefürchtet hatten, dass nämlich der Weltfriede auf Hobbessche Manier durch einen weltweiten Leviathan, eine weltstaatliche Hegemonie hergestellt werden müsste, kann vermieden werden. Die Vielfalt konkurrierender Länder bliebe erhalten. Sie könnten sogar umso freier konkurrieren, als sie nicht mehr befürchten müssten, dass aus der Konkurrenz ein Handelskrieg, aus dem Handelskrieg ein Wirtschaftskrieg und aus dem Wirtschaftskrieg eine bewaffnete Konfrontation wird. Das heißt, Weltfriede wäre möglich ohne ein einheitliches Weltreich. Der klassische Liberalismus und noch Ludwig von Mises hatten dies lediglich als rationale Forderung aufgestellt. Heute spricht in der Empirie einiges dafür, dass dies tatsächlich eintreten kann.

Erstaunlich ist der sehr breite Konsens in der Politikwissenschaft, der zu zwei Sätzen hergestellt werden konnte, die in einem Spannungsverhältnis zueinander stehen, aber sich bei genauerer Betrachtung keineswegs widersprechen: 1) Demokratien sind insgesamt nicht friedlicher als andere politische Systeme. 2) Demokratien führen fast keine Kriege gegeneinander.[657] In der deutschen Politikwissenschaft wird der *Democratic Peace* zwar diskutiert, aber durchweg sehr unscharf und ohne die intellektuelle empirische Zuspitzung, die die amerikanische Diskussion bekommen hat.

Die demokratische Friedenstheorie ist von den amerikanischen Politikern fast noch schneller als von den Politikwissenschaftlern entdeckt worden. Der erste war Ronald Reagan, der in seiner programmatischen Ansprache vor dem britischen Unterhaus schon im Jahre 1982 formulierte, dass Regierungen, die auf dem Respekt vor der individuellen Freiheit aufgebaut seien, in ihrer Außenpolitik Zurückhaltung und friedliche Absichten an den Tag legten. Er folgerte daraus seinen *crusade for freedom* und vor allem „a campaign for democratic development".[658] Mit diesen Argumenten reihte er sich in eine lange Reihe liberaler Theoretiker ein, für die die aggressiven Instinkte autoritärer und totalitärer Führer zum Krieg führen,

---

[656] So z.B. Bull, Hedley: The Anarchical Society. A Study of Order in World Politics, New York 1995; Morgenthau, Hans J.: Politics among Nations. The Struggle for Power and Peace. Revised by Kenneth W. Thompson, New York 1993; Waltz, Kenneth M.: Man, the State, and War. A theoretical analysis, New York 1959.

[657] So Risse-Kappen, Thomas: Demokratischer Frieden? Unfriedliche Demokratien? Überlegungen zu einem theoretischen Puzzle, in Gert Krell und Harald Müller (Hg.): Frieden und Konflikt in den internationalen Beziehungen. Festschrift für Ernst-Otto Czempiel, Frankfurt und New York 1994, S. 159–189, hier S. 161.

[658] Reagan, Ronald: Adress to Members of the British Parliament, Palace of Westminster, June 8, 1982, in ders., Speaking My Mind. Selected Speeches, New York etc. 1989, S. 107–120.

während liberale Staaten mit individuellen Rechten, Gleichheit vor dem Gesetz, freier Meinungsäußerung und anderen bürgerlichen Freiheiten, Privateigentum und gewählten Repräsentativversammlungen grundsätzlich gegen Krieg eingestellt sind. Daraus folgt, dass schon die bloße Existenz liberaler Staaten, wie den USA, Europa und Japan Frieden hervorbringt. Im Wahlkampf des Jahres 1988 hat George H. W. Bush diese Reagan-Doktrin aufgenommen, aber auch sein Gegenkandidat, Michael Dukakis, griff auf John F. Kennedys Aufforderung zurück „to pay any price, bear any burden, meet any hardship, support any friend, and oppose any foe to assure the survival and success of liberty."[659] Auf der Basis dieses Konzeptes führte Bush die Invasion von Panama durch, mit der Erklärung: „It is time for the plain truth: The day of the dictator is over. The people's right to democracy must not be denied."[660]

Diese Gedanken haben allerdings eine Schwäche. Zwar wird die Welt durch mehr Demokratien insofern sicherer, als diese untereinander keine Kriege mehr führen. Gegen Nichtdemokratien jedoch kämpfen sie durchaus, und keineswegs immer nur aus edlen Gründen. Expansive Kolonialkriege haben die Engländer und Franzosen das ganze 19. Jahrhundert über geführt, aber ebenso die USA gegen Mexiko in den Jahren 1846–1848, die USA gegen ihre Ureinwohner, und sie haben sehr häufig militärisch aus den verschiedensten Gründen weltweit interveniert. Michael Doyle bemerkt sarkastisch: „Trying to make the world safe for democracy does not necessarily make democracies safe for the world." [661]

Bushs Nachfolger, Bill Clinton, hat dann zum ersten Mal die Kernthese der Democratic Peace Theory ausdrücklich übernommen und in mehreren Reden wiederholt: "Democracies do not fight each other." Andere dagegen durchaus. David A. Lake hat diesen Punkt dann weiter durchdacht und noch zugespitzt: Wenn Demokratien in Kriege verwickelt werden, dann ist die Wahrscheinlichkeit, dass sie gewinnen, groß. Bei seiner Untersuchung der 30 Kriege zwischen 1816 und 1988, an denen demokratische Staaten beteiligt waren, waren 9 demokratische Staaten auf der Verliererseite, 38 auf der Gewinnerseite. Von den autokratischen Staaten dagegen waren 42 auf der Verliererseite, 32 bei den Gewinnern.[662] Die Demokratien haben damit zu 81% zu den Gewinnern gehört, zu 19% waren sie bei den Verlierern, also viermal häufiger Sieger. Auch kompliziertere Studien, die z.B. eine 11-Punkte-Skala nach dem Grad der Demokratisierung verwenden, kommen zu ähnlichen Ergebnissen, so dass wir bei der vordergründigen Evidenz bleiben können.

Wenn man nun andere Faktoren wie Wirtschaftskraft, gemessen an Eisen- und Stahlproduktion und Zahl des militärischen Personals als Indikator für militärische Stärke in Betracht zieht, zeigt sich, dass der Faktor Demokratie ausschlaggebend ist. Die dritte in Betracht gezogene Möglichkeit, ob man nämlich selber den Kriegszeitpunkt bestimmen kann und dadurch einen Vorteil hat, erwies sich sogar in umkehrter Richtung als signifikant. In Kriegen zwischen Demokratien und Autokratien haben diejenigen häufiger gewonnen, die nicht angefangen hatten. Die Ursachen vermutet Lake darin, dass Demokratien

---

[659] Kennedy, John F.: Inaugural Address vom 20. Januar 1961, abrufbar unter www.ourdocuments.gov/doc.php?doc=91, abgerufen am 31.05.2012.
[660] Bush, George H. W: Remarks to the Council of the Americas, 2. Mai 1989, abrufbar unter www.presidency.ucsb.edu/ws/index.php?pid=16986, abgerufen am 31.05.2012.
[661] Doyle, An international liberal Community, a.a.O. hier S. 311.
[662] Lake, Powerful Pacifists, a.a.O.

a) für ihre Politik im Innern größere gesellschaftliche Unterstützung mobilisieren können,
b) im Kriegsfalle außenpolitisch leichter Unterstützungskoalitionen formen können, und dass
c) Demokratien wirtschaftlich effizienter arbeiten, weil sie weniger künstliche Wettbewerbsverzerrungen produzieren als autokratische Staaten, daher reicher seien und im Ernstfall höhere Ressourcen für die Sicherheit bereitstellen können.

Diese Überlegungen Doyles und Lakes zusammengenommen geben Anlass zu der Utopie, dass in einer vollends demokratisch-kapitalistischen Welt das eintritt, wovon einst die liberalen und sozialistischen Friedenskonzeptionen geträumt hatten, nämlich eine weitgehend friedliche Kooperation im zwischenstaatlichen Bereich. Und: Die Sorge der Autokraten ist berechtigt, dass sie es mit bewaffneten und ziemlich siegesgewissen Propheten des Friedens zu tun bekommen könnten.

Vollkommen konsistent jedoch scheint die *Democratic Peace Theory* nicht zu sein. Wenn Macht Akteure korrumpieren kann, dann könnte sie auch demokratische Akteure korrumpieren. Wenn Kant bemerkt hatte, Kriege als Lustparteien der Fürsten seien in Demokratien nicht zu erwarten, so scheinen gerade die Kolonialkriege des 19. Jahrhunderts und wohl auch die Indianerkriege zu zeigen, dass auch die Motive der Demokraten, insbesondere im Falle einer medial hysterisierten Öffentlichkeit *(„Jingoismus")*[663] nicht über jeden Zweifel erhaben sein müssen. Gerade wenn die erwarteten Kriegskosten, insbesondere gegen weniger entwickelte Länder, zumindest anfangs relativ moderat sind und die möglichen Gewinne oder Vorteile relativ hoch zu sein scheinen, dann hätten sowohl Demokraten als auch Autokraten ein Kriegsmotiv. Die Kosten imperialistischer Expansion steigern sich normalerweise erst dann, wenn man auf Gegner stößt, die westliche Methoden der Kriegführung, Rüstung und Gesellschaftsorganisation adaptiert haben. Handlungstheoretisch ist die Herunterrechnung der Motive auf die Einzelperson in der *Democratic Peace Theory* bislang nicht überzeugend gelöst worden. Es handelt sich nämlich um eine Argumentation vom politischen System her. Doch Demokratien lassen ja durchaus nicht bloß rationale und moralische Motive in ihrem Deliberationsprozess zu. Es könnte sich auch um Motive der Rache oder um Interessen (vorneuzeitlich: „Beute") handeln. Die „Neigung" demokratischer Länder, Kriege zu gewinnen, ist theoretisch immer noch nicht hinreichend geklärt. Es könnte daran liegen, dass sie solche Kämpfe als ideologische Kreuzzüge für ihre Sache, für die Freiheit verstehen und deshalb alle verfügbaren Ressourcen mobilisieren. Der amerikanische Vietnamkrieg wäre dann die Ausnahme, die die Regel bestätigt: Wenn man selbst nicht recht an das Motiv glaubt, das Land auch weit entfernt liegt, dann wird man eher begrenzte und, wie sich gezeigt hat, unzureichende Anstrengungen unternehmen.

Die *Democratic Peace Theory* ist somit eine neuere Entwicklung der politischen Theorie und in den USA sowohl von den republikanischen Regierungen seit Reagan und den demokratischen Administrationen seit Clinton gern angenommen worden. Clintons Unterstaatssekretär für Verteidigung, Joseph Kruzel, notierte 1994, dass die Idee, Demokratien würden keine

---

[663] Die Encyclopaedia Britannica liefert dazu folgenden Aufschluss: "[A]n attitude of belligerent nationalism, the English equivalent of the term chauvinism. The term apparently originated in England during the Russo-Turkish War of 1877–78 when the British Mediterranean squadron was sent to Gallipoli to restrain Russia and war fever was aroused. Supporters of the British government's policy toward Russia came to be called jingoes as a result of the phrase 'by jingo', which appeared in the refrain of a popular song: We don't want to fight, yet by jingo, if we do,/We've got the ships, we've got the men,/And got the money, too!", abrufbar unter www.britannica.com/EBchecked/topic/303992/jingoism, abgerufen am 31.05.2012.

Kriege gegeneinander führen, eine nachhaltige Wirkung auf die internationale Politik gehabt habe, weil in den internationalen Beziehungen nur wenige Ideen derart klar und einfach artikuliert werden könnten, so dass hiermit wirklich die Möglichkeit bestehe, das Durcheinander des bürokratischen Prozesses zu durchschneiden und eine spürbare Wirkung zu erzielen.[664] Auch hier spürt man, wie später unter dem neokonservativen Republikaner Paul Wolfowitz, die Unzufriedenheit des Pentagon mit bürokratischen Prozeduren und den Wunsch, auf der Basis eines klaren und einfachen Gedankens nachhaltige Wirkung zu erzielen.

Früher hatte man sich für diese Idee nicht interessiert, unter anderem auch deshalb, weil im internationalen Bewusstsein die Annahme existierte, Hitler sei durch freie Wahlen, also auf demokratische Weise an die Macht gekommen, so dass man der Demokratie eben doch nicht trauen konnte. Und damit sind wir am zentralen Punkt dieser Diskussion: nämlich der Definitionsfrage. Denn will man diese Theorie als Handlungsgrundlage für die Außenpolitik nehmen, so entscheiden ganz offensichtlich Definitionen über Krieg und Frieden. Und im selben Augenblick gewinnen die möglichen Ausnahmen einen zentralen Stellenwert, denn nur dann, wenn sie definitorisch und theoretisch befriedigend eingeordnet werden können, wird die *Democratic Peace Theory* als verlässliche politische Leitlinie angesehen werden können. In praktisch-politischen Fragen haben wir es ja empirisch gesehen nie mit der generellen Regel, sondern immer nur mit dem nächsten Einzelfall zu tun, der, logisch gesprochen, in dem Augenblick, in dem die Theorie Ausnahmen zulässt, immer genau die Ausnahme sein könnte, die die Theorie, wie man so schön sagt, bestätigt. Oder anders gesagt, in Fragen von Krieg und Frieden spricht viel dafür, ähnlich wie beim Start von Weltraumraketen oder bei allen Dingen, von denen besonders viel abhängt, die Fehlermöglichkeiten radikal zu minimieren.

Die entscheidenden Gründe für die gegenseitige Friedfertigkeit der Demokratien scheinen darin zu liegen, dass diese sich gegenseitig als friedlich wahrnehmen und aufgrund der Transparenz der Entscheidungsprozesse, also des Öffentlichkeitscharakters der politischen Diskussion, auch das nötige Vertrauen aufbauen können. Dieses Vertrauen geht in Europa immerhin so weit, dass die einzelnen Länder ihre Rüstungsanstrengungen massiv heruntergefahren haben und die Grenzen kaum mehr bewachen. Die theoretischen Gründe für die gegenseitige Friedfertigkeit der Demokratien sind bislang noch nicht überzeugend herausgearbeitet worden. Die Empirie scheint hier der Theorie weit voraus zu sein, auch wenn man einem scheinbar signifikanten Ergebnis nicht trauen sollte, solange die theoretischen Gründe dafür nicht rekonstruierbar sind. Aber die demokratische Öffentlichkeit könnte in der Tat so etwas wie die Lösung des Sicherheitsdilemmas der realistischen Politiktheorie von Morgenthau, Waltz und Hedley Bull darstellen, welches darin besteht, dass selbst bei eigener Friedfertigkeit und angenommener Friedfertigkeit des anderen die Staatsräson es gebietet, auf den Krieg vorbereitet zu sein, weil man sich nicht vollkommen und mit allerletzter Sicherheit auf die Friedfertigkeit verlassen kann. Dann aber, wenn nur eine Seite die dazu nötigen Rüstungen betreibt, sieht sich auch die andere Seite genötigt, einfach aufgrund der Tatsache, dass – möglicherweise ohne böse Absicht – die anderen über diese Rüstung verfügen, ihrerseits auch aufzurüsten. Aufrüstung unter dem Sicherheitsdilemma wird nicht unbedingt die Ausmaße eines Wettrüstens annehmen, das ideologische oder andere fundamentale Gegnerschaft zur Grundlage hat, es muss aber ebenfalls ernst genommen werden.

---

[664] Zitiert nach Ray, James Lee: The Democratic Path to Peace, in Journal of Democracy, Nr. 2, Jg. 8, 1997, S. 49–64, hier S. 49.

Ein weiterer Rest von Misstrauenspotential, der für die *Democratic Peace Theory* bleibt, ist das Problem des Regimewechsels, also die Gefahr, dass die Demokratie im Nachbarland durch ein autoritäres Regime, das dann wieder bedrohlich wäre, abgelöst wird. Empirisch zeigt sich, dass das Vertrauen mit der Dauer der Demokratie steigt, und dass Länder im Übergang, in der Transition, also in einer Situation der Instabilität, eine signifikant größere Kriegsneigung haben, so dass man zwar Demokratien trauen kann, Ländern im Demokratisierungsprozess aber mit besonderer Sorgfalt und Vorsicht begegnen sollte.[665] Die *Democratic Peace Theory* ist eine typische Friedenstheorie, in der sich darüber hinaus auch die Dialektik solcher Friedenstheorien zeigt. Wenn Demokratien sich von Diktaturen prinzipiell bedroht fühlen, dann bietet es sich an, gegen Länder einfach nur auf Grund der Tatsache, dass sie nicht demokratisch regiert werden, militärisch und präventiv vorzugehen.[666] Thomas Risse-Kappen sieht hier das Problem einer sich selbst erfüllenden Prophezeiung.

Kann also die *pax democratica* an die Stelle der *pax atomica* treten, des Friedens durch gegenseitige Abschreckung? Vermutlich ja. Der atomare Frieden beruhte auf gegenseitiger massiver Rüstung. Als der sowjetischen Führung klar wurde, dass sie diese Rüstung aufgrund der Leistungsschwäche ihres Wirtschaftssystems nicht aufrechterhalten konnte, musste sie sich dem Kapitalismus und damit auch der Demokratie öffnen. Der Systemwettlauf hat hier also ein Resultat in Richtung der demokratischen Friedenstheorie erbracht. Dahinter steht kein notwendiges historisches Gesetz. Die Sowjetunion hätte ja auch in einer letzten großen Kraftanstrengung den Angriff auf Europa wagen können, um Zugang zu den Ressourcen zu erhalten. Sie hätte eventuell auch die Einführung der Marktwirtschaft nach chinesischem Modell, also bei Beibehaltung der autokratischen Herrschaft der kommunistischen Partei in Angriff nehmen können. Dieses Modernisierungsmodell ist übrigens auch im Japan und Deutschland in der zweiten Hälfte des 19. Jahrhunderts gewählt worden – und es scheint in der Verbindung mit einem aggressiven Nationalismus das kriegsgefährlichste Modell zu sein.

Aus traditionell realistischer Perspektive hat Christopher Layne[667] die demokratische Friedenstheorie einer Kritik unterzogen. Man könne nicht vollständig sicher sein und sich auf diese Theorie verlassen. Empirisch ließe sich in Fallstudien herausarbeiten, wann es zwischen Demokratien beinahe zu Kriegen gekommen sei.

Layne trägt vier Fälle vor: erstens den Konflikt zwischen den USA und Großbritannien im Jahre 1861, die sogenannte Trent-Affäre. Dieses britische Schiff wurde in einem neutralen Hafen geentert, weil es Gesandte der Südstaaten an Bord hatte, die verhaftet und eingesperrt wurden. Durch direkte Kriegsdrohung schafften es die Briten, die Freilassung der beiden Gesandten zu erlangen. Offenbar bietet sich zur Erklärung hier eher der machtstaatliche Realismus an. Die USA beugten sich der Übermacht der britischen Flotte und dem ernsthaften britischen Interesse an einem Krieg, weil sie die Baumwollblockade gegenüber den Südstaaten brechen wollten.

Zweitens die Venezuela-Krise zwischen den USA und Großbritannien 1895–96. Hier ging es um die Grenze zwischen Venezuela und Britisch-Guyana. Die USA beriefen sich auf die Monroe-Doktrin, allein für den amerikanischen Kontinent zuständig zu sein. Großbritannien

---

[665] Vgl. dazu Mansfield, Edward D. und Jack Snyder: Democratization and War, in Foreign Affairs, Nr. 3, Jg. 74, 1995, S. 79–97.
[666] Risse-Kappen, Demokratischer Frieden?, a.a.O. S. 175.
[667] Layne, Christopher: Kant or Cant. The Myth of the Democratic Peace, in International Security, Nr. 2, Jg. 19. 1994, S. 5–49.

hat hier schließlich nachgegeben, weil es Anfang 1896 im Burenkrieg isoliert war, und um sich nicht auch noch einen Konflikt mit den USA, möglicherweise gar eine amerikanische Besetzung Kanadas einzuhandeln. Später schloss sich an diese Krisenauflösung dann die Propagierung der „Special Relationship" zwischen beiden Ländern an.

Drittens die Faschoda-Krise zwischen Frankreich und Großbritannien 1898. Die kriegerische öffentliche Meinung in Großbritannien war eindeutig, und die Franzosen gaben nach, weil vor allem die britische Flotte eine eindeutige Überlegenheit über die französische aufwies. Die Krise war somit eine Demonstration britischer Macht und französischer Schwäche, nicht aber ein Beweis für die friedenserhaltende Wirkung von demokratischen Strukturen.

Viertens die Ruhr-Krise, d.h. die Auseinandersetzung zwischen Frankreich und Deutschland im Jahre 1923, als der französische Einmarsch nur deshalb nicht zum Krieg führte, weil die deutsche Seite keine Gegenwehr leistete. Anders als Großbritannien, das auf die deutsche Demokratie setzte, zögerte Frankreich damals nicht, die deutsche Demokratie aufs Spiel zu setzen, um seine Reparationsansprüche durchzusetzen. Dadurch wurde der Rechtsradikalismus und Nationalismus in Deutschland erheblich gestärkt – eine Aktion ganz gegen die demokratische Friedenstheorie. Dass es nicht zum offenen Krieg kam, lag allein an der deutschen Schwäche und der Entscheidung, nur passiven, gewaltfreien Widerstand zu leisten.

In allen vier Fällen ist eine realistische Erklärung einleuchtender als die Erklärung durch die demokratische Friedenstheorie, die abstrakt durchaus auch angelegt werden könnte, denn in all diesen Konflikten waren auf beiden Seiten Demokratien involviert, und in keinem der Fälle kam es zum Krieg. Empirisch fallen sie also in die *Belege* für die *Democratic Peace Theory*, bei genauerem Hinsehen aber passen sie dann doch nicht. Hier zeigt sich eine interessante Divergenz zwischen quantitativen und qualitativen Methoden.

Eine weitere Kritik fügt Layne hinzu: Die empirische Seite der Theorie schließt Bürgerkriege und Kolonialkriege aus, konzentriert sich also allein auf die Kriege zwischen Staaten. So lassen sich die klarsten und saubersten Resultate bilden, denn wann beginnt ein Bürgerkrieg, und was ist ein Kolonialkrieg? Ab welcher Truppen- oder Beraterzahl? Layne wendet ein: Wenn es die demokratische Kultur und die demokratischen Normen sind, die den Ausbruch von zwischenstaatlichen Kriegen verhindern, dann müssten sie doch genauso gut innerstaatliche Kriege verhindern können. Tun sie dies aber nicht, dann können sie wohl doch nicht als ganz so vertrauenserweckend gelten, wie es erwartet worden war.

Layne und andere problematisieren darüber hinaus den Fall des kaiserlichen Deutschland, das zwar eindeutig keine Demokratie war, aber ein frei gewähltes Parlament besaß, in dem Fragen der Außenpolitik kritisch diskutiert wurden. Frankreich und England waren zu diesem Zeitpunkt zwar wirkliche parlamentarische Demokratien, die außenpolitischen Entscheidungen waren jedoch von der parlamentarischen Kontrolle isoliert, weil man sie als Angelegenheiten betrachtete, die über der Parteipolitik standen. Deshalb wurden z.B. die Abmachungen des Französisch-Russischen Bündnisses weder dem Parlament, noch der Öffentlichkeit oder der Presse zugänglich gemacht. In allen drei Ländern waren zentrale Entscheidungen der Außenpolitik geheim und wurden so der parlamentarischen Beratung entzogen. Man kann also bei einer detaillierteren Analyse der politischen Systeme zu dem Schluss kommen, dass im Bereich der Außenpolitik Großbritannien und Frankreich vor 1914 nicht wesentlich demokratischer als das deutsche Kaiserreich waren.

Die abschließende und wichtigste Kritik Laynes lautet so: Seit Michael Doyle 1983 die Democratic Peace Theory populär gemacht hat, ist sie zunehmend in die außenpolitische Entscheidungsfindung der USA eingegangen. Ihre Logik legt es nahe, mehr und mehr eine interventionistische Position einzunehmen, wenn die innere Struktur anderer Länder für die Erhaltung des Friedens der zentrale Faktor ist. Layne blendet auf den Vietnamkrieg zurück, als Dean Rusk, der damalige Außenminister, folgenden Satz gesagt haben soll, „the United States cannot be secure until the total international environment is ideologically safe."[668] Diese Grundhaltung würde zu gefährlichen und desaströsen Interventionen führen, in der Folge zu strategischer Überdehnung und also zu einem relativen Verfall amerikanischer Macht. Der Wilsonianismus der Außenpolitik zeige sich in Clintons Partnerschaft für den Frieden, der das hochgradig gefährliche Osteuropa in den engeren Entscheidungsbereich amerikanischer Bündnispolitik bringe. Die *Democratic Peace Theory* sei also im Kern gefährlich, weil illusionär, zumal sie bedeute, dass die USA sich über konkurrierende Mächte wie Deutschland und Japan keine Sorgen mehr zu machen brauche, weil es sich bei diesen Ländern ja um Demokratien handele. Layne scheint damit anzudeuten, dass eine realistische Perspektive auch und gerade in diesen Ländern ein Gefahrenpotential sehen und entsprechend vorbereitet sein sollte. Die demokratische Friedenstheorie würde den klassischen außenpolitischen Realismus, der in der Tat zu dieser Empfehlung kommen müsste, durch ein völlig neues, aber ebenso illusionäres wie gefährliches Paradigma ersetzen, während der Realismus sich doch im Großen und Ganzen bewährt habe und im Grunde die Doktrin der Vorsicht sei.

Layne hat damit nicht nur die wichtigsten Gegenargumente des außenpolitischen Realismus gegen die demokratische Friedenstheorie zusammengefasst, sondern auch ihre politischen Konsequenzen zugespitzt. Im Zweifel müsste man auch gegenüber anderen Demokratien auf der Hut und gerüstet sein. Schon aus Kostengründen haben die europäischen Politiker sich dieser Doktrin längst entzogen, so dass die politische Praxis hier über eine überholte Theoriegestalt hinweggegangen ist.

Fragen
1. Sind Demokratien der *Democratic Peace Theory* zufolge friedfertiger als Autokratien?
2. Handelt es sich bei der *Democratic Peace Theory* eher um ein empirisches oder um ein theoretisches Modell?
3. Was sind die Neuerungen, die Michael Doyle und andere Friedenstheoretiker der Gegenwart gegenüber Immanuel Kant eingebracht haben?
4. Für wie sicher halten Sie die empirischen Grundlagen dieser Theorie?
5. Gehört diese Theorie eher in die idealistische oder die realistische Konzeption der Außenpolitik?
6. Welchen möglichen Gefahren könnten sich bei der praktisch-politischen Anwendung dieser Friedenstheorie ergeben?
7. Nennen Sie Gründe, warum diese Theorie erst in den 60er Jahren des 20. Jahrhunderts entwickelt worden ist.

---

[668] Ebenda S. 46.

Einführungstext
Doyle, Michael: Kant, Liberal Legacies, and Foreign Affairs, in Michael Brown et al.: Debating the Democratic Peace, 3. Aufl. Cambridge 1999, S. 3–57.

Literatur
Kant, Immanuel: Kleinere Schriften zur Geschichtsphilosophie, Ethik und Politik. Hg. von Karl Vorländer, Hamburg 1973.

Doyle, Michael: An international liberal Community, in Graham Allison und F.F. Treverton (Hg.): Rethinking America's Security Beyond Cold war to New World Order, New York und London 1992, S. 307–333.

Lake, David A.: Powerful Pacifists: Democratic States and War, in American Political Science Review, Nr. 1, Jg. 86, 1992, S. 24–37.

Doyle, Michael W.: Liberalism and World Politics, in American Political Science Review, Nr. 4, Jg. 80, 1986, S. 1151–1169.

Sekundärliteratur
Layne, Christopher: Kant or Cant. The Myth of the Democratic Peace, in International Security, Nr. 2, Jg. 19. 1994, S. 5–49.

Spiro, David E.: The insignificance of the Liberal Peace, in International Security, Nr. 2, Jg. 19, 1994, S. 50–86.

Mansfield, Edward D. und Jack Snyder: Democratization and War, in Foreign Affairs, Nr. 3, Jg. 74, 1995, S. 79–97.

17 Rational Choice Theory: Downs und Olson

Genaugenommen gehört die rationale Entscheidungstheorie eher in das methodologische Handwerkszeug der Politikwissenschaft und gar nicht so sehr in die politische Theorie im engeren Sinne. Da jedoch auf ihrer Basis weitreichende theoretische Aussagen entwickelt worden sind, rechtfertigt sich die Auseinandersetzung mit dieser Konzeption. Die rationale Entscheidungstheorie gehört zu den unter Studierenden eher unpopulären Theoriekonzepten. Während die Veröffentlichungen von Luhmann, Habermas, Foucault und Derrida hohe Auflagen erzielen, bleiben Bücher über die *Rational Choice Theorie* weitgehend unbeachtet. Dennoch möchte ich versuchen, die Attraktivität dieses Ansatzes meinen Lesern aufzuzeigen, weil sie die in Fachkreisen heute einflussreichste Variante einer Handlungstheorie ist. Sie basiert auf dem **methodologischen Individualismus**, d.h. sie versucht, auch kollektive Prozesse aus den Einzelentscheidungen der Beteiligten zu erklären. Die Rationalität von Entscheidungen wird deshalb als Analysegrundlage genommen, weil willkürliche und beziehungslose Entscheidungen in keiner erfassbaren Ordnung stehen würden. Der Begriff „**Rationalität**" bezieht sich in dieser Theorie grundsätzlich nur auf die Mittel, niemals aber auf die Zielauswahl – Horkheimer und Adorno haben dies als „instrumentelle Rationalität" charakterisiert, Habermas spricht von der positivistisch halbierten Rationalität. Es geht allein um die Rationalität der Mittel bezogen auf den Zweck.

Diese Einschränkung erhöht die Erklärungskraft der Theorie, die sich in den letzten Jahren durchaus auch mit dem sie nur scheinbar widerlegenden Grenzproblem der Selbstmordattentäter befasst hat, denn auch ein solcher Attentäter hat, wenn er seine Schritte rational plant, möglicherweise höhere Chancen, sein Ziel zu erreichen. Eine zusätzliche Voraussetzung ist jedoch zu treffen. Der politisch handelnde Mensch agiert immer unter Bedingungen der unvollständigen Information und der Zukunftsungewissheit. Es lohnt sich, diesen Faktor vor allem bei der Wahlanalyse zu berücksichtigen, denn es kann hier für den Normalbürger durchaus rational sein, nur wenig Zeit darauf zu verwenden, sich politisch zu informieren, weil von seiner Einzelstimme wenig abhängt und er ein höheres Einkommen oder höhere Befriedigung durch die Verwendung seiner Zeit auf seinen Beruf oder aufs Fußballspielen erzielen kann. Die Kosten der Informationsbeschaffung müssen auf jeden Fall einkalkuliert werden. Die rationale Entscheidungstheorie geht also keineswegs, wie ihr das gelegentlich unterstellt wird, vom klugen, allseitig informierten Staatsbürger aus. Immerhin kann der Unterhaltungsfaktor der Politik durchaus dazu beitragen, dass die Bürger besser informiert sind als sie es dann wären, wenn sie bei der Verwendung ihres Zeitbudgets für Nachrichten, Zeitungslektüre und politische Veranstaltungen allein den nüchternen Effekt einkalkulieren würden. Auch der Unterhaltungswert kann im rationalen Kalkül eine Rolle spielen.

Demokratische **Parteien** versuchen, das ist die Ausgangsthese, ihren politischen Anhang durch rationales Handeln zu vergrößern. Der Einfachheit halber werden Parteien hier behandelt, als ob sie Einzelpersonen wären – diese Abstraktion muss aber nur in einer Einführung gemacht werden, d.h. spätere Ausdifferenzierung ist nötig. Jedes Individuum wird als rational und egoistisch angesehen – auch dies ist eine Abstraktion, denn jeder weiß, dass Menschen nicht immer Egoisten sind. Dennoch ist es hilfreich, allgemeine Theorien des sozialen Handelns auf das berühmte Axiom von Adam Smith zu basieren: Nicht vom Wohlwollen des Fleischers, Bäckers oder Brauers erwarten wir unser Fleisch, Brot und Bier, sondern von deren Eigeninteresse an einem Profit. Es ist menschlicher, wenn wir uns darauf verlassen können, statt, wie die Bettler, allein mit unseren Bedürfnissen argumentieren zu müssen. Die Motive der Parteimitglieder sind also in der realistischen Tradition der Politiktheorie dadurch zu beschreiben, dass es ihnen „um das Einkommen, das Prestige und die Macht" geht, die mit öffentlichen Ämtern verbunden sind.[669] Politische Inhalte oder Programme sind dann nur Mittel zur Verwirklichung dieser privaten Ziele, oder anders ausgedrückt, die Erfüllung des sozialen Zwecks ist nur Nebenprodukt des eigennützigen Handelns. Der soziale Sinn, also in der Wirtschaft die Versorgung mit Konsumgütern, in der Politik die Organisation des Regierens, ist in der Welt des rationalen Entscheidens kein hinreichender Grund dafür, dass dies auch geschieht, sondern allein das Eigeninteresse der Akteure, welches selbstverständlich in einem Spannungsverhältnis zu diesem sozialen Zweck stehen kann.[670]

Das Hauptziel der Parteien besteht demgemäß darin, gewählt zu werden. Damit ergibt sich eine interessante Umkehrung zu normativ-ideengeschichtlichen Parteienanalysen, wenn diese davon ausgehen, dass Parteien ein bestimmtes Programm oder Ziel haben und dafür Anhänger zu gewinnen versuchen. Bei Anthony Downs dagegen werden **politische Ideologien** als **Mittel** zur Erlangung von Macht verwendet. Ideologien sind für die Wähler nützlich, weil sie in Situationen unvollständiger Informationen relativ greifbare und einfache Richtpunkte haben, d.h. die Informationskosten einsparen können, die ihnen entstehen würden, wenn sie bei jeder politischen Einzelentscheidung überlegen müssten, wie diese sich zu ihren persönlichen Präferenzordnungen verhält. Das Wählen nach ideologischer Sympathie statt nach konkreten politischen Fragen ist in zwei Situationen rational, nämlich wenn der Unterschied zwischen den Parteien in Einzelfragen so gering ist, dass man eher nach der ideologischen Gesamttendenz entscheidet, oder wenn man die Informationskosten bei konkreten Fragestellungen einsparen will. Denn es ist billiger, die allgemeinen Ideologien einigermaßen zu kennen, als sich mit den Details der Gesundheitsreform zu befassen.

Dies ist allerdings nur auf kurze Sicht rational und wird selbstverständlich von den Parteien in ihre Handlungskonzeptionen einbezogen. Parteien werden, wie Downs argumentiert, sich eine Ideologie wählen, von der sie meinen, dass diese die größte Zahl von Wählern anzieht. Dies gilt für Zweiparteiensysteme. Bei Mehrparteiensystemen wird der Ideologiewert auch darin begründet sein, ob eine bestimmte Nische wiedererkennbar besetzt werden kann: christlich, liberal, grün, sozial, netzkompetent oder dergleichen. Eine beliebige Kombinierbarkeit zu einem optimalen Idelogienmix ist nicht möglich, da manche ideologische Position, welche eine Gruppe anzieht, bei anderen gerade dadurch eine feindselige Reaktion erzeugt. Da die Gesellschaften sich dynamisch entwickeln, wechseln die Präferenzen darüber hinaus. Die Tatsache, dass es überhaupt verschiedene Ideologien gibt, kann in einer derartigen Rationalitätskonzeption allerdings nur dadurch erklärt werden, dass Ungewissheit herrscht. Sollte eine Ideologie nachdrücklich und deutlich weniger wirksam sein als andere, wird man sich an die erfolgreichere angleichen müssen. Der Abschied der Arbeiterparteien erst vom

---

[669] Downs, Anthony: Ökonomische Theorie der Demokratie, Tübingen 1968, S. 27.
[670] Dies basiert auf den Grundüberlegungen von Schumpeter (Schumpeter, Joseph A.: Kapitalismus, Sozialismus und Demokratie, 5. Aufl. München 1980) und wird von Downs übernommen. Vgl. ebenda S. 28.

17 Rational Choice Theory: Downs und Olson

Sozialismus und dann von den Arbeitern selbst ist auf diese Weise leicht erklärbar. Der Druck zur Programmänderung wirkt vor allem auf die Oppositionsparteien, weil diese ja in der Konkurrenz weniger erfolgreich gewesen waren.

Die **Konkurrenz der Parteien** um Wähler ist der ausschlaggebende Mechanismus in diesem Modell. Parteiideologien sind nur Mittel zum Zweck. Im Prinzip müsste man davon ausgehen, dass es für die Wähler rational ist, diejenigen Parteien zu prämieren, die ehrlicher auftreten und keine zu große Diskrepanz zwischen Reden und Handeln entstehen lassen. Betrachtet man die Rationalitätsstrukturen aber näher, ergeben sich Prämien auf programmatische Unschärfen (um an dieser Stelle das Wort ‚Lügen' zu vermeiden). Bei einem Zweiparteiensystem ist es für die Parteien rational, ihr Programm verschwommen und doppeldeutig zu gestalten, die Prüfung der Einzelpunkte also zu erschweren, um bei den Wählern ein irrationales Verhalten zu fördern.[671] Gemäßigte Programme werden naturgemäß mehr Wähler ansprechen, aber: „Jede Partei wird jedoch diese gemäßigte Komponente mit ein paar radikalen Parolen würzen, um ihre extremistischen Wähler zufriedenzustellen."[672] Auf welcher Seite der Mitte eine Partei steht, kann man leicht an den extremistischen Punkten erkennen, die sie in ihr Programm aufzunehmen bereit ist. Hier liegt ein Kampf der Rationalitäten vor. Ein rationales Verhalten der Parteien tendiert dazu, die Wähler möglichst von rationalem Verhalten abzubringen.[673] Dies ist allerdings für jedes Verkaufsgespräch charakteristisch und insofern keine besonders überraschende Beobachtung, und auch dort kann immer nur in Grenzen gelogen werden.

In einem **Mehrparteiensystem** ist rationales Wählen im Sinne der vorliegenden Theorie schwieriger als in einem Zweiparteiensystem, weil es Koalitionsmöglichkeiten gibt, die der Wähler im Augenblick der Stimmabgabe nicht voraussehen kann. „Die Wahlen werden zu Spielen, bei denen jeder Wähler nach einer optimalen Strategie sucht, indem er die möglichen Züge aller anderen Wähler in Erwägung zieht."[674] „Es stimmt, daß die Wähler in Mehrparteiensystemen vor klar umgrenzten und stark integrierten politischen Programmen stehen, aber nach keinem dieser Programme werden sie dann wirklich regiert."[675] Wenn die Parteien bewusst vieldeutig sind, wie können die Bürger dann in ihnen die Verlässlichkeit finden, die rationales Wählen überhaupt erst möglich macht? Rationalität bedeutet die Verfolgung der eigenen Ziele auf die ökonomisch wirksamste Weise. Da es zwischen diesen Zielen zu Konflikten kommt, ist Politik erforderlich zur Beilegung dadurch, dass sie jedem Individuum die Chance gibt, einige seiner Ziele zu erreichen. Daraus ergeben sich Rationalitätseinschränkungen: Nicht alle Individuen können gleichzeitig vollkommen rational sein, oder jeder Bürger einer Demokratie muss notwendigerweise in einem gewissen Bereich irrational sein. Diese Form der Irrationalität kann aus keiner Gesellschaft entfernt werden, weil die Pluralität der Ziele zur Individualität der Bürger dazugehört. Ein sehr hohes Maß an Nichtübereinstimmung würde aber Regieren unmöglich machen: Demokratie setzt einen Grundkonsens voraus.[676]

---

[671] Downs, Ökonomische Theorie der Demokratie, a.a.O. S. 111.
[672] Ebenda S. 131.
[673] Ebenda S. 132.
[674] Ebenda S. 147.
[675] Ebenda S. 152.
[676] Ebenda S. 159.

Da in Demokratien die **Bürger mit niedrigem Einkommen** in der Mehrzahl sind, werden Regierungen dazu tendieren, zu Lasten derjenigen mit hohem Einkommen zu handeln.[677] Allerdings gibt es Faktoren, die dem entgegenwirken: Die Ungewissheit, ob man nicht vielleicht demnächst ein hohes Einkommen erringen wird, und vor allem, dass Wähler mit höheren Einkommen oftmals auch Meinungsführer sind oder ihre finanziellen Mittel dazu verwenden können, sich Einfluss zu verschaffen. Dadurch ist dann erklärbar, dass es auch zu Umverteilungen kommen kann, bei denen den Armen Einkommen genommen und den Reichen gegeben wird.[678] Darüber hinaus richtet sich das Interesse der politischen Parteien nicht auf eine optimale Allokation der Produktionsfaktoren in einer Gesellschaft, sondern ausschließlich auf Stimmenmaximierung. Das erstere würden sie allenfalls dann anstreben, wenn die Parteienkonkurrenz sie dazu zwingt, was aber bei einer hinreichenden Verschiedenheit der Präferenzen der einzelnen Bürger unwahrscheinlich ist. Eine erfolgreiche Wirtschaftspolitik wäre damit ein außerordentlich unwahrscheinliches Nebenergebnis der Politik.[679]

Seit dem bahnbrechenden Werk von Anthony Downs mit seinen noch recht simplen Kalkulationen der Einzelwillen und der wie Einzelpersonen betrachteten Parteien ist die rationale Entscheidungstheorie zu einer **Logik des kollektiven Handelns** weiterentwickelt worden. Im kollektiven Handeln steckt im Grunde genommen ein Paradox: Selbst wenn Interessen einer bestimmten Menge von Menschen gleichgelagert sind, ist noch lange nicht gewährleistet, dass diese auch gemeinsam handeln können. Gerade wenn sie aus rationalen Individuen bestehen, ist es bei großen Gruppen geradezu unwahrscheinlich, dass sie in ihrem Gruppeninteresse handeln werden, da die Mühe des Organisierens den Vorteil, den jeder einzelne davon haben kann, weit überwiegt.[680] Mit der Gruppengröße steigen die Verhandlungs- und Organisationskosten. Kleine Lobbygruppen insbesondere im oberen Einkommenssegment dagegen können sich schnell und erfolgreich verständigen, weil weniger Einzelwillen zu koordinieren sind und die möglichen Resultate lohnender erscheinen. Das ist eine weitere Erklärung dafür, dass es durchaus Umverteilungen von den Ärmeren zu den Reichen geben kann.

Das Problem der mangelhaften Organisation großer sozialer Gruppen wird in der Logik kollektiven Handelns als die Frage der **öffentlichen Güter** beschrieben. Auch Nichtgewerkschaftsmitglieder profitieren von Lohnerhöhungen, können sich die Mitgliedsbeiträge und die Sitzungen also sparen. Sobald niemand von der Nutzung bestimmter Güter oder Vorteile ausgeschlossen werden kann (wie z.B. saubere Luft, öffentliches Grün, Serviceleistungen der Verkehrspolizei und dergleichen), können diese nur dann finanziert werden, wenn es möglich ist, Zwangsbeiträge etwa durch Steuern auf alle umzulegen oder aber wenn es gelingt, doch selektive Anreize zu schaffen, d.h. die Güter so umzustrukturieren, dass Nichtzahlern die Nutzungsrechte verweigert werden können beziehungsweise diese, wie früher in der Gewerkschaftsbewegung oftmals üblich, durch Gewaltandrohung genötigt wurden, doch beizutreten.

Aus dieser **Logik kollektiven Handelns** folgt, dass die herkömmliche pluralistische Politiktheorie falsch ist, der zufolge das Gemeinwohl sich schlicht aus dem Kräfteparallelogramm der Gruppeninteressen ergibt. Es ist eine Illusion, Gruppen mit größeren Mitgliederzahlen allein aufgrund dieser Tatsache für stärker oder erfolgreicher zu halten. Kollektives Handeln

---

[677] Ebenda S. 162.
[678] Ebenda S. 197.
[679] Ebenda S. 175.
[680] Olson, Mancur: Aufstieg und Niedergang von Nationen, 2. Aufl. Tübingen 1991, S. 21.

muss organisiert werden, was umso mehr Zeit und Aufwand benötigt, je größer die Gruppen sind. Daraus folgt, dass sich, je länger eine Demokratie existiert, und solange die Grenzen stabil bleiben, umso mehr **Sonderinteressengruppen** bilden werden. Die größere Organisationsmacht kleiner Gruppen wird dadurch im Laufe der Zeit etwas abgemildert, verschwindet aber in stabilen Gesellschaften nicht. Vor allem aber folgt, dass diese Sonderinteressengruppen durch ihr Zusammenwirken keineswegs dem Gemeinwohl nützen, sondern vielmehr ausschließlich an Einkommenserhöhungen ihrer Mitglieder durchaus auf Kosten der Leistung und Effizienz der Gesellschaft interessiert sind. Interessenkoalitionen können oft Lobbys oder Kartelle sein, die das Ziel der Wettbewerbsbeschränkung haben. Dadurch können die privaten Sondergewinne (in der Theorie der **rent seeking economy** „Renten" genannt)[681] besonders begünstige Bereiche schaffen, die der profitablen Wettbewerbsökonomie das Wasser abgraben. Die Theorie läuft also darauf hinaus, dass es durch gesellschaftliche Sonderinteressenorganisation möglich ist, auf politischem oder quasi-politischem Wege oftmals höhere und sicherere Einkommen zu erzielen als in der Konkurrenzökonomie selbst – zwangsläufig auf Kosten der Produktivität. Diese These der rentensuchenden Gesellschaft wird seit Jahren auch zur Erklärung des mangelnden Erfolgs von Ökonomien in Entwicklungsländern angewendet, es ist aber vor allem eine Erklärung dafür, warum in entwickelteren Gesellschaften nach längerem Aufschwung die Wachstumsraten fallen. Rein ökonomisch gesehen gibt es keinen Grund, warum einstige Wachstumsraten aus der Wirtschaftswunderzeit von 5–8% nun durch Stagnation abgelöst worden sind. Die Koalitionen von Sonderinteressengruppen dagegen sind sehr wohl eine starke Erklärungshypothese, denn in Verteilungskämpfen kann niemand gewinnen, ohne dass andere ebenso viel verlieren. Es handelt sich um die berühmten „Nullsummenspiele", während die Marktökonomie ein Spiel mit Wachstums- und Überbietungsmöglichkeit ist, also eine Expansion ermöglicht.

Sonderinteressengruppen, die besonders viele Mitglieder haben, wie z.B. die großen Gewerkschaften (anders als kleine Branchengewerkschaften), können allerdings durchaus ein Bewusstsein dafür entwickeln, dass die Einkommensentwicklung ihrer Mitglieder vorteilhafter verläuft, wenn sie ihre Politik produktivitätsfördernd gestalten. Das erklärt die relative Lohnzurückhaltung von Großgewerkschaften. Mancur Olson (1932–1998) hatte speziell in den 1960er und 1970er Jahren den relativen Erfolg der deutschen Ökonomie mit ihren Großgewerkschaften und ihrem ausgeprägten Arbeitsfrieden gegenüber Italien, Frankreich und Großbritannien zu erklären gesucht, was ihm mit dieser These recht erfolgreich gelungen ist. Allerdings entwickeln sich die Verhältnisse dynamisch weiter. Zeitweise ist es möglich, dass gerade die Machtlosigkeit von kleineren und schlecht organisierten Gewerkschaften das Durchschnittseinkommen in den betreffenden Ländern fördert, so dass diese an den deutschen Arbeitnehmern vorbeiziehen konnten, während die Immobilität der Großorganisationen sich als Einkommenshemmnis erwiesen hat. Denn **Verteilungskoalitionen** treffen Entscheidungen langsamer als Individuen und Unternehmer. Wenn es zu viele Lobbys mit Einspruchsmöglichkeiten gegen Veränderungen gibt (selbst wenn diese durch längere Beratungen ausgeräumt werden können), werden Innovationen und Investitionen seltener und langsamer stattfinden.[682] In der internationalen Konkurrenz kann das Land sogar zurückfallen, wenn etwa Sonderbürgschaften für konkursbedrohte Unternehmen oder Branchen durchgesetzt werden. Sie verhindern den Wechsel der Ressourcen und Arbeitskräfte in chan-

---

[681] Buchanan, James, Robert Tollison und Gordon Tullock (Hg.): Towards a Theory of the Rent-Seeking Society, College Station 1980.

[682] Olson, Aufstieg und Niedergang von Nationen, a.a.O. S. 82.

cenreichere, profitablere Gebiete. Die mögliche Produktivität wird nicht ausgenutzt. Durch Verteilungskoalitionen wird damit auch die Fähigkeit einer Gesellschaft reduziert, neue Technologien, überhaupt Innovationen anzunehmen, und die ökonomische Wachstumsrate wird dadurch reduziert.[683] Verteilungskoalitionen tendieren dazu, bestimmte Berufsgruppen umfassend zu organisieren und den Zugang für Außenseiter zu erschweren. Besonders erfolgreich war dies den Ärzten und Apothekern gelungen (die in Deutschland lange die Entstehung von Arzneimitteldiscountern und den Internetversand von Arzneien verhindern konnten). Zugleich versuchen sie, die Unterschiedlichkeit der Einkommen und Werte ihrer Mitglieder zu begrenzen, d.h. Sonderanreize für besonders innovatives Verhalten einzuschränken. Auch das reduziert die Dynamik einer Gesellschaft.

Meist muss zur Durchsetzung solcher Beschränkungen, z.B. der Prüfungs- und Zugangsregeln für bestimmte Berufsgruppen, der Staat eingeschaltet werden. Derzeit wird dies mit den Diskussionen um einen Mindestlohn beabsichtigt. Die Staatstätigkeit wächst dadurch, der Anreiz zu produzieren wird vermindert, der Anreiz aber, einen größeren Teil für sich an dem weniger Produzierten zu erlangen, nimmt zu. Die Belohnungen und Befriedigungen, die man durch die Produktion nützlicher Güter erlangen kann, reduzieren sich, dafür wachsen die Belohnungen für die Umgehung oder Ausnutzung von Regulierungen, politischen Maßnahmen und Bürokratien, so dass die beweglichsten und intelligentesten Kräfte in diese unproduktiven Bereiche abwandern werden. Die gesamte Anreizstruktur der Gesellschaft wird auf diese Weise verschoben.[684] Damit ändert sich die Richtung der sozialen Evolution hin zum Verlust der Produktivität, denn die Mechanismen von Anreizen und Belohnungen haben eine enorme Steuerungswirkung. Um eine Gesellschaft also wieder in Gang zu bringen und die Wachstumsraten zu erhöhen, bedürfte es nicht höherer Staatsausgaben, sondern der Umschichtung des Institutionengefüges in Richtung auf eher produktivitätsfördernde Anreize. Gesellschaftlich bedeutet das nicht zuletzt die Zerschlagung von Verteilungskoalitionen.

Dies ist ein Grund dafür, warum Gesellschaften nach der Beseitigung totalitärer Regime, wie das in Japan und Deutschland nach 1945 der Fall war, heute jedoch auch in Polen, Estland, Lettland und Litauen beobachtet werden kann, hohe Wachstumsraten erzielen können, denn die Verteilungskoalitionen mussten sich erst wieder langsam zusammenfinden. Im Übrigen waren die neugegründeten Sonderinteressengruppen in Japan und Deutschland meist sehr umfassend, und die Regulierungskomplexität und staatliche Aktivität wurde erst nach und nach wieder gesteigert. Mancur Olson hat im Jahre 1982 gefolgert, dass Länder mit der längsten demokratischen Koalitionsfreiheit die niedrigsten Wachstumsraten haben werden. Städte mit den dichtesten Geflechten von Sonderinteressenkoalitionen wie New York standen damals sogar vor dem Bankrott. Diese Gesetzmäßigkeit ist in Großbritannien und den USA seit den 1980er Jahren, also seit den weltweit ausstrahlenden Deregulierungserfolgen der Regierungen Margaret Thatchers und Ronald Reagans, auf für Mancur Olson willkommene Weise widerlegt worden.

Am Schluss seiner einflussreichen Studie über „Aufstieg und Niedergang von Nationen" hatte er geschrieben: „Eine Gesellschaft [...] könnte das offenkundigste und weitreichendste Heilmittel wählen: Sie könnte einfach alle Sonderinteressengesetze oder -regulierungen aufheben und zur selben Zeit rigorose Wettbewerbsgesetze auf jede Art von Kartellen oder Kollusionen anwenden, die ihre Macht benutzen, um Preise oder Löhne oberhalb des Wett-

---

[683] Ebenda S. 87.
[684] Ebenda S. 95.

17 Rational Choice Theory: Downs und Olson

bewerbsniveaus zu erlangen. Eine Gesellschaft könnte auf diese Weise Verteilungskoalitionen daran hindern, wesentlichen Schaden anzurichten. [...] Wenn das Argument dieses Buches oder andere Argumente von ähnlicher Wichtigkeit unerwartet einflussreich sein sollten, werden die aus diesem Buch abgeleiteten Vorhersagen falsifiziert werden."[685] Von allen in diesem Band dargestellten Theorien hat diese wohl am schnellsten und nachhaltigsten Wirkung gezeigt. Aus politiktheoretischer Sicht ist sie vor allem deshalb von besonderem Interesse, weil sie in sehr konkreter Weise die Verschränkungen der Wirkungsweisen von ökonomisch-wettbewerblichem und politisch-organisatorischem Handeln aufzeigt. Sie bestätigt im Detail die generellen systemtheoretischen Analysen Luhmanns zu den Irritations- und Störungswirkungen, die das politische System auf das Ökonomische aufgrund seiner anders gelagerten Rationalität ausüben kann, führt diese aber basal auf Eigenschaften rationalen Individualinteresses überhaupt zurück. Die Therapievorschläge Olsons liegen durchaus auf der Ebene der Anreize, die das politische System den Individuen und Gruppen bereitstellt. Sein Gesamtmodell ist sehr eng verwandt mit den Überlegungen F.A. von Hayeks, die Olson allerdings nicht zur Kenntnis genommen hat, so wie einst Durkheim, Max Weber und Pareto in gegenseitiger Unkenntnis aneinander vorbei geschrieben haben.

Fragen
1. Erklären Sie, was methodologischer Individualismus bedeutet.
2. Wie werden in der *Rational Choice Theory* die Motive politischen Handelns beschrieben?
3. Geht die rationale Entscheidungstheorie von der vollständigen Informiertheit der Marktbürger aus?
4. Vergleichen Sie die Regeln rationalen Wählens in einem Zweiparteiensystem mit denen in einem Mehrparteiensystem.
5. Wie kann es sein, dass aus rationalen Einzelentscheidungen keine rationale Gesamtentscheidung folgt?
6. Wie wäre dann eine kollektive Rationalität möglich, wie kann so etwas wie ein Gemeinwohl in dieser Theoriekonzeption erreicht werden?
7. Sind Großgruppen oder kleinere Gruppen zur Erzeugung von politischer Wirkung besser geeignet?
8. Tendieren Demokratien eher dazu, die Mehrheit der Armen, oder die Minderheit der Reichen zu bevorzugen?
9. Womit begründet Olson seine These vom Niedergang der Demokratien?
10. Gibt es Faktoren, die diesem Niedergang entgegenwirken können? Wenn ja, welche?

Einführungstexte
Downs, Anthony: Ökonomische Theorie der Demokratie, Tübingen 1968, Teil 1: Die Grundstruktur des Modells, S. 3–34 und 93–138.
Olson, Mancur: Aufstieg und Niedergang von Nationen, 2. Aufl. Tübingen 1991, S. 20–98.

---

[685] Ebenda S. 308.

Literatur

Olson, Mancur: Die Logik des kollektiven Handelns, Tübingen 1968.

Olson, Mancur: Umfassende Ökonomie, Tübingen 1991.

Schumpeter, Joseph A.: Kapitalismus, Sozialismus und Demokratie, 5. Aufl. München 1980 (zuerst Capitalism, socialism and democracy, 1942).

Sekundärliteratur

Akerlof, George A. und Robert J. Shiller: Animal Spirits. Wie Wirtschaft wirklich funktioniert, Frankfurt 2009.

Braun, Dietmar: Theorien Rationalen Handelns in der Politikwissenschaft. Eine kritische Einführung, Opladen 1999.

Buchanan, James M.: Die Grenzen der Freiheit, Tübingen 1984.

Green, Donald P. und Ian Shapiro: Pathologies of Rational Choice Theory. A Critique of Applications in Political Science, New Haven und London 1994.

Kunz, Volker: Rational Choice, Frankfurt 2004.

McLean, Iain: Public Choice. An Introduction. Oxford und New York 1987.

Sen, Amartya: Rational Fools: A Critique of the Behavioral Foundations of Economic Theory, in ders., Choice, Welfare and Measurement, Cambridge und London 1982, S. 84–108.

18 Kritischer Rationalismus: Karl Popper und Hans Albert

18.1 Das Elend des Historizismus

In seiner Arbeit über „Das Elend des Historizismus" trägt Karl Popper (1902–1994) seine Kritik an allen Doktrinen vor, die allgemeine Gesetzmäßigkeiten der Geschichte behaupten, also gegen Hegels Deutung der Geschichte als dialektischer Fortschritt im Bewusstsein der Freiheit, und ferner gegen die Geschichtsphilosophie des historischen Materialismus, dass es eine durch die Entfaltung der Widersprüche zwischen Produktivkräften und Produktionsverhältnissen verursachte Stufenfolge gesellschaftlicher Entwicklungen vom Feudalismus über den Kapitalismus zum Sozialismus und Kommunismus gebe. Die Grundgedanken von Poppers Gegenargumentation lassen sich in folgenden Sätzen zusammenfassen:

„Der Ablauf der menschlichen Geschichte wird durch das Anwachsen des menschlichen Wissens stark beeinflußt. (Die Wahrheit dieser Prämisse müssen auch jene zugeben, die in unseren Ideen, einschließlich der wissenschaftlichen Ideen, nur die Nebenprodukte einer materiellen Entwicklung sehen)."

„Wir können mit rational-wissenschaftlichen Methoden das zukünftige Anwachsen unserer wissenschaftlichen Erkenntnisse nicht vorhersagen." Wenn es so etwas wie wachsendes Wissen gibt, dann können wir heute nicht das vorwegnehmen, was wir erst morgen wissen werden, denn andernfalls wüssten wir es schon heute. Diesen plausiblen Gedanken versucht Popper mit einer etwas umständlichen Logik zu beweisen. Der Gedanke selbst ist logisch noch nicht korrekt, weil die Voraussage sich ja nicht auf Einzelheiten bezieht, sondern auf die Gesamttendenz der Entwicklung, die man ja schon vorauswissen könnte, ohne die Einzelheiten zu wissen.

„Daher können wir den zukünftigen Verlauf menschlicher Geschichte nicht vorhersagen. Das bedeutet, daß wir die Möglichkeit einer *theoretischen Geschichtswissenschaft* verneinen müssen, also die Möglichkeit einer historischen Sozialwissenschaft, die der *theoretischen* Physik oder der Astronomie des Sonnensystems entsprechen würde. Eine wissenschaftliche Theorie der geschichtlichen Entwicklung als Grundlage historischer Prognosen ist unmöglich."[686]

Die zentrale Doktrin des **Historizismus** ist die Behauptung, er habe ein allgemeines Entwicklungsgesetz der Gesellschaft entdeckt. Diese Lehre hat das ganze 19. und 20. Jahrhundert fasziniert, und es ist zugegebenermaßen schwer, davon nicht beeindruckt zu sein. Popper wendet aber ein, dass es ein solches Gesetz gar nicht geben könne, weil die Behauptung einer Stufenfolge der gesellschaftlichen Entwicklung nur ein singulärer historischer Satz sein kann, denn die Entwicklung des Lebens auf der Erde im allgemeinen und die der menschlichen Gesellschaft im Besonderen ist ein einzigartiger historischer Prozess. Gesetzesaussagen

---
[686] Popper, Karl R.: Das Elend des Historizismus, 5. Aufl. Tübingen 1979 (zuerst 1965), S. XI f.

aber lassen sich erst dann machen, wenn man vergleichende Entwicklungen feststellen kann. Universalgesetze, z.B. auch solche der Evolutionstheorie der menschlichen Gesellschaft überhaupt, sind dagegen nicht haltbar. Es kann keine Verallgemeinerung einer einzigen großen Gesamttatsache geben.

Man kann nun die These, die menschliche Entwicklung sei einzigartig, bestreiten und sagen, sie folge dem allbekannten Entwicklungszyklus von Geburt, Kindheit und Tod. In dieser Form ist sie bei Platon, bei Giambattista Vico, bei Spengler und auch bei Toynbee verwendet worden. Vom Standpunkt dieser Lehre aus wiederholt sich die Geschichte, so dass man Vorhersagen machen kann, sobald man weiß, an welchem Punkt der Entwicklung man steht. Popper gesteht zu, dass es Ähnlichkeiten in Prozessabläufen z.B. zwischen Aufstieg und Fall der griechischen Stadtstaaten, Roms und heutiger Staaten geben mag. Die Übereinstimmung wird jedoch aufgrund vielfältiger hinzukommender und unterschiedlicher Faktoren nie eine so vollständige sein, dass eine wirkliche Voraussage möglich ist. In Wirklichkeit funktioniert die Voraussage nur bei radikaler Auswahl der in Betracht zu ziehenden Tatsachen. Diese Auswahl setzt aber die entsprechende Geschichtstheorie, die doch erst bewiesen werden sollte, ihrerseits voraus.

Der zweite Einwand gegen Poppers These besteht darin, dass man doch die allgemeine Bewegungstendenz einer evolutionären Entwicklung feststellen und aus ihr zukünftige Entwicklungen wenigstens im Groben extrapolieren könnte. Popper kontert: „Trends gibt es. […] Aber Trends sind keine Gesetze."[687] Nur Gesetze aber könnten Grundlage wissenschaftlicher Prognosen sein. Ein großer Trend, z.B. das Bevölkerungswachstum, kann genauso gut auch wieder aufhören. Es gibt hier keine allgemeine Gesetzmäßigkeit. Intuitiv feststellbare Trends müssen radikal von wissenschaftlichen Gesetzmäßigkeiten getrennt werden.

Der Vergleich mit den Naturwissenschaften erscheint Popper hier irreführend, weil schon in der Natur, außer in sehr einfachen Prozessen, also z.B. bei einer Pendelbewegung oder einem Sonnensystem, jede tatsächliche Abfolge von Phänomenen nach mehreren Naturgesetzen stattfindet. Naturereignisse lassen sich überhaupt nur aufgrund künstlicher Isolation vorhersagen. Das Sonnensystem ist insofern eine Ausnahme, als es auf natürliche Weise isoliert ist. Zukunftsprognosen in historizistischen Theorien haben deshalb durchweg den Charakter der Prophetie und sind nur scheinbar begründet.

Grundsätzlich unterscheidet Popper zwischen theoretischen und historischen Wissenschaften. In der Geschichte gibt es durchweg nur Situationslogiken, keineswegs aber allgemeine Gesetze, und wenn es sie doch gibt, sind sie so allgemeiner Art, dass sie als trivial angesehen werden müssen und jedenfalls nicht das beantworten, was wir wissen möchten.

Dem Historizismus allerdings macht Popper ein nicht unwesentliches Zugeständnis. Er entspricht einem wirklichen Bedürfnis nach Spekulationen über geschichtliche Epochen, über Zeitgeist und Zeitstil, also den vielen intuitiven Verfahren der Zeitdiagnostik und Prognostik. Deshalb kann er überhaupt nur dann ernsthaft überwunden werden, wenn es möglich ist, ihn durch etwas Besseres zu ersetzen. Popper erwähnt hier Tolstois „Krieg und Frieden" und gibt Tolstoi darin recht, als er zu zeigen versucht, dass die Logik der Ereignisse einen sehr viel größeren Einfluss gehabt habe als die Handlungen und Entscheidungen der großen Führer von 1812, also Napoleons, Alexanders oder Kutusows. In der Geschichte ist es möglich, durch bestimmte selektive Wahrnehmungen solche Grundstrukturen herauszuarbeiten. Es

---

[687] Ebenda S. 90.

geht dabei um Standpunkte und Einstellungen, die sich aber eben nicht nach wissenschaftlichen Gesichtspunkten prüfen lassen. Es handelt sich vielmehr um eine Vielfalt von Interpretationen, die auf keinen Fall mit wissenschaftlichen Theorien und schon gar nicht mit Gesetzen verwechselt werden dürfen. Aus diesem Grunde kritisiert Popper auch die Historiker des 19. Jahrhunderts, die aus verständlicher Furcht vor falschen Gesetzen überhaupt jedem selektiven Standpunkt aus dem Wege zu gehen versuchten, was jedoch unmöglich ist, so dass sie sich meist einen Standpunkt aneigneten, ohne sich dessen bewusst zu sein, und dies für Objektivität gehalten hatten.

Popper kommt zu dem Schluss, dass intellektueller Pluralismus schon deshalb notwendig ist, weil der menschliche Faktor, der persönliche Faktor, immer das irrationale Element in allgemeinen Entwicklungen darstellen wird und dies auch für alle institutionellen Sozialtheorien gilt: „In ihm haben wir wirklich das Element vor uns, das letztlich von Institutionen nicht vollkommen beherrscht werden kann (wie Spinoza als erster einsah)."[688]

Popper geht sogar noch weiter und fordert: „Sogar der emotionell befriedigende Aufruf zum Handeln für ein gemeinsames Ziel, wie vortrefflich dieses auch sein möge, ist eine Aufforderung, alle rivalisierenden moralischen Meinungen aufzugeben, und damit auch die gegenseitige Kritik und die Diskussion, zu denen diese Meinungen führen. Es ist ein Aufruf zum Verzicht auf rationales Denken."[689] Diese Überlegung macht deutlich, welche ideologiekritischen Hintergründe Popper hinter dem historizistischen Denken vermutet: „Jede Spielart des Historizismus drückt das Gefühl aus, durch unwiderstehliche Kräfte in die Zukunft getrieben zu werden."[690] „Fast sieht es so aus, als versuchten die Historizisten, sich für den Verlust einer unwandelbaren Welt dadurch zu entschädigen, dass sie sich an den Glauben klammern, der Wandel sei voraussagbar, weil er einem unerbittlichen Gesetz des weltgeschichtlichen Ablaufs unterliegt."[691]

Zusammenfassend kann gesagt werden: Kritischer Rationalismus meint eine sozialkritische und wissenschaftskritische Denkweise, die pseudo-naturwissenschaftliche und sozialtechnokratische Beherrschungsphantasien der menschlichen Alltagswelt ablehnt. Der methodologische Individualismus des wissenschaftlichen Denkens wird als Grundlage genommen und mit einem politischen Individualismus verbunden, so dass sich eine im Kern individualistisch-liberale Denkweise ergibt. Es wäre falsch, Popper als Positivisten anzusehen, wie das durch den sogenannten Positivismusstreit mit Adorno und Habermas aufgekommen ist. Das Wort „kritisch" ist durchaus ernst gemeint und richtet sich gegen jegliche kollektive Einbindung der Rationalität. Popper beharrt allerdings darauf, dass Intuitionen und Spekulationen auch als das angesehen werden, was sie sind, und nicht als wissenschaftliche Gesetzmäßigkeiten fälschlich dargestellt werden sollten.

18.2   Die offene Gesellschaft und ihre Feinde

Sein ideengeschichtliches Hauptwerk „*Die offene Gesellschaft und ihre Feinde*" hat Popper in Neuseeland während des Zweiten Weltkriegs geschrieben. Es enthält eine bei Platon be-

---

[688] Ebenda S. 124.
[689] Ebenda.
[690] Ebenda S. 125.
[691] Ebenda S. 126.

ginnende **Generalabrechnung mit der politischen Ideengeschichte**. Popper geht dabei von einer zentralen geschichtsphilosophischen Voraussetzung aus. Wir bewegen uns von einer **geschlossenen Gesellschaft** der Stammeswelt, die sich magischen Kräften unterworfen fühlte, zu einer **offenen Gesellschaftsordnung**, die die kritischen Fähigkeiten des Menschen in Freiheit setzt. Diese Freisetzung hat bei den Menschen einen **Übergangsschock** ausgelöst, den sie bis heute nicht vollständig verarbeitet haben. Aus diesem Grunde haben sie immer wieder Sozialphilosophien und Gesellschaftstheorien entwickelt, die sozusagen die Rückkehr in die dunkle Mystik der urtümlichen Welt nahe legen. Platon („*Politeia*"), Hegel und Marx sind die von Popper am intensivsten kritisierten Autoren.

Die Pointe dieser Kritik ist: Es handelt sich gerade nicht um Theorien des Fortschritts und der Modernität, wie insbesondere Hegel und Marx es ja für sich beansprucht hatten, sondern vielmehr um regressive Versuche, die offen gewordene Zukunft wieder zu verschließen, jedem wieder seinen sozialen Platz zuzuweisen, alles als planbar und vernunftmäßigen Gesetzen unterworfen zu denken und auf diese Weise die chaotische Dynamik der Individualität mit all ihren Risiken zu stoppen. Vor allem, weil sie den Sozialismus, der doch die große Geste der zukunftsgerichteten Rhetorik für sich beanspruchte, als regressive Sehnsucht entlarvte, löste Poppers Kritik so große Empörung aus.

Der Preis für diese Dichotomie war, dass Popper, der große Kritiker aller Geschichtsphilosophie, selbst eine heimliche Geschichtsphilosophie, nämlich die des fundamentalen Sozialwandels **von der geschlossenen zur offenen Gesellschaft** vertreten musste. Er konnte sich dabei allerdings auf eine breite Strömung der Soziologie, von Ferdinand Tönnies' These des Wandels von der Gemeinschaft zur Gesellschaft, über Emile Durkheims Weg von der mechanischen Solidarität der traditionalen Gesellschaften zur organischen Solidarität der Moderne, bis hin zu Max Webers Übergang von traditionalen zu modernen Gesellschaften stützen, was schließlich in die das ganze 20. Jahrhundert beherrschenden Modernisierungstheorien gemündet ist.

Dieses Buch Poppers beansprucht nicht in dem gleichen Maße wie seine Historizismuskritik wissenschaftliche Richtigkeit, sondern versteht sich als Summe persönlicher Anmerkungen und kursorischer geistesgeschichtlicher Einblicke.[692] Der Kern seiner Überlegungen ist, dass historizistische Metaphysiken den Versuch machen, die Menschen von der Last ihrer je individuellen historischen Verantwortung zu befreien und prophetische Weisheiten verbreiten, die der Anwendung einer Schritt für Schritt vorgehenden wissenschaftlichen Methode im Wege stehen.

Die Einwände gegen Platon sollen hier nur kurz zusammengefasst werden, obwohl sie mindestens ebenso interessant sind wie Platons Lehre selbst. Es sind folgende: Die platonische Gesellschaft ist in die Klassen der Wächter und des menschlichen Herdenviehs getrennt. Es ist eine Klassengesellschaft mit dem Philosophenkönig an der Spitze. Es besteht ein striktes Interesse an der Einheit der herrschenden Klasse, wozu Regeln der Züchtung und Erziehung dienen. Das Schicksal des Staates wird vollkommen mit der herrschenden Klasse identifiziert. Allein die herrschende Klasse darf Waffen tragen und bekommt eine militärische Ausbildung. Von wirtschaftlicher Tätigkeit ist sie ausgeschlossen. Die gesamte intellektuelle und künstlerische Tätigkeit wird durch Zensur gelenkt. Neuerungen in Erziehung, Gesetzgebung und Religion müssen verhindert und unterdrückt werden. Alle historische Entwicklung muss

---

[692] Popper, Karl R.: Die offene Gesellschaft und ihre Feinde, 2 Bände, 6. Aufl. München 1980, Bd. I, S. 24 und Bd. II, S. 5.

also zum Stillstand gebracht werden. Ruhe ist sozusagen göttlich. Die perfekte Kopie des Urbilds, der richtigen Idee des Staates, muss für immer und ewig erhalten werden. Der Staat muss sich selbst versorgen können und nach ökonomischer Autarkie streben, weil die Herrscher nicht von Händlern abhängig werden dürfen.[693]

Popper nennt das Gesamtkonzept Platons **totalitär**, wofür er sich den vielfachen Vorwurf von Historikern zugezogen hat, er argumentiere ahistorisch. Immerhin handelt es sich bei Platons Staat um einen in sich geschlossenen Gesamtentwurf mit allgemeiner Gedankenkontrolle, einer herrschenden meritokratischen Clique und mit kriegerischen Idealen. Gegen Platon stellt Popper übrigens den wahren Rationalismus von Sokrates, der in seiner Interpretation in der intellektuellen Bescheidenheit und in der Wahrnehmung von Beschränkungen des Verstandes besteht. Platon dagegen vertritt einen autoritären Intellektualismus, demzufolge zwar alle Menschen Anteil an der Meinung, der *doxa*, haben, aber die Vernunft nur den Göttern und sehr wenigen Menschen zukommt, wie es im *Timaios* heißt.[694]

Popper vertritt einen bescheidenen, selbstkritischen Rationalismus, den er als **kritischen** im Unterschied zu einem unkritischen und umfassenden **Rationalismus** charakterisiert. Der unkritische Rationalismus würde sich in folgendem Satz zusammenfassen lassen: „Ich bin nicht bereit, eine Idee, eine Annahme, eine Theorie zu akzeptieren, die sich nicht durch Argumente oder durch die Erfahrung verteidigen läßt."[695] Was ja nichts anderes heißt, als dass jede Annahme zu verwerfen ist, die sich nicht auf ein Argument oder auf Erfahrung stützen kann.

Dieser Satz ist nach Popper logisch unhaltbar, da er selbst sich durch keine Erfahrung und durch kein Argument stützen lässt. Es ist einfach eine Form des Lügner-Paradoxes, und keineswegs eine regulative Idee, der man mehr oder weniger nahe kommen könnte. Außerdem muss jede Argumentation sich auf Annahmen stützen, so dass man nicht verlangen kann, dass alle Annahmen ihrerseits sich auf eine Argumentation stützen: logisch wäre das der *regressus ad infinitum*. Kritischer Rationalismus ist also ein in diesem Sinne eingeschränkter Rationalismus. Zur Vernunft kommt man letzten Endes nur, wenn man sich dazu entscheidet. Sie beruht also „auf einem irrationalen Entschluß oder auf dem Glauben an die Vernunft."[696] Sich dessen bewusst zu sein, ist das kritische Moment am kritischen Rationalismus. Unkritischer Rationalismus versucht dies zu verbergen. Die Entscheidung für die Vernunft ist dann allerdings keine Geschmacksfrage oder Frage der Willkür, sondern eine moralische Entscheidung. Es handelt sich darum, ein minimales Zugeständnis an den Irrationalismus zu machen, um möglichst viel Rationalität zu erhalten. Die Entscheidung sollte getroffen werden nach einem Blick auf die Konsequenzen, die Rationalismus oder Irrationalismus jeweils haben werden. Popper ist Konsequentialist, auch wenn das heute als falsche philosophische Position gilt. Dieser Kerngedanke Poppers hat bei allen Verfechtern rationalistischen Denkens die meiste Empörung ausgelöst.

Das Schlusskapitel der *Offenen Gesellschaft* befasst sich nochmals mit der Kernfrage: **Hat die Weltgeschichte einen Sinn?** Hier kommt er zu folgendem methodischen Schluss, der heute als allgemeine Lehre gelten kann: „Es kann keine Geschichte ‚der Vergangenheit' geben, wie sie sich tatsächlich ereignet hat'; es kann nur historische Interpretationen geben,

---

[693] Ebenda Bd. I, S. 126f.
[694] Ebenda Bd. II, S. 279, Platon: Timaios 51e.
[695] Popper, Die offene Gesellschaft und ihre Feinde Bd. II, a.a.O. S. 282.
[696] Ebenda S. 285.

und von diesen ist keine endgültig; und jede Generation hat ein Recht, sich ihre eigene Interpretation zu bilden."[697] Die historizistische Interpretation dagegen gleicht einem Scheinwerfer, den wir auf uns selbst richten – sie sieht nicht, dass wir selbst es sind, die die Tatsachen der Geschichte auswählen und ordnen, sondern glaubt, dass der Geschichtsprozess selbst hier einer Gesetzmäßigkeit unterliegt.

So folgert er: „Die Weltgeschichte hat keinen Sinn."[698] – jedenfalls nicht in der Weise, wie die meisten Menschen davon sprechen. Es gibt keine Geschichte der Menschheit insgesamt, sondern nur eine unbegrenzte Anzahl von Teilgeschichten, die alle möglichen Lebensbereiche betreffen. „Und eine von ihnen ist die Geschichte der politischen Macht. Sie wird zur Weltgeschichte erhoben. Aber das ist eine Beleidigung jeder anständigen Auffassung von der Menschheit. Es ist kaum besser, als wenn man die Geschichte der Unterschlagung oder des Raubes oder des Giftmords zur Geschichte der Menschheit machen wollte. Denn die Geschichte der Machtpolitik ist nichts anderes als die Geschichte internationaler Verbrechen und Massenmorde (einige Versuche zu ihrer Unterdrückung eingeschlossen). Diese Geschichte wird in der Schule gelehrt, und einige der größten Verbrecher werden als ihre Helden gefeiert."[699]

Für Popper ist kein Mensch wichtiger als irgendein anderer – schon deshalb ist es moralisch nicht tragbar, sich auf die großen welthistorischen Individuen zu fixieren und zu orientieren. Von diesem Ausgangspunkt kommt er auch zu einer vernichtenden Kritik der Geistesgeschichte überhaupt: „Und in der Tat – unsere intellektuelle wie auch unsere sittliche Erziehung ist korrupt. Sie ist verdorben durch die Bewunderung der Brillanz, durch die Bewunderung der Weise, in der die Dinge gesagt werden, die an die Stelle einer kritischen Betrachtung des Gesagten (und des Getanen) tritt. Sie ist verdorben durch die romantische Idee des Glanzes auf der Bühne der Geschichte, auf der wir alle Schauspieler sind."[700]

Wenn die Geschichte aber keinen Sinn hat, und ihre Darstellung in unseren Schulen korrupt ist, was bleibt dann zu tun? Denn ein Moralist wie Popper kann natürlich nicht ohne Handlungsanweisung schließen: Wir brauchen nämlich nicht entsetzt zuzuschauen, sondern als Ideengeschichtler können wir „die Geschichte der Machtpolitik deuten vom Standpunkt unseres Kampfes für die offene Gesellschaft, für eine Herrschaft der Vernunft, für Gerechtigkeit, Freiheit, Gleichheit und für die Kontrolle des internationalen Verbrechens. Obwohl die Geschichte keinen Zweck hat, können wir ihr dennoch diese unsere Zwecke auferlegen, und obwohl die Geschichte keinen Sinn hat, können doch wir ihr einen Sinn verleihen."[701] Das ist der Kern von Poppers positiver Doktrin. Als Tatsache sind für ihn die Menschen nicht gleich, wir können uns aber entschließen, für gleiche Rechte zu kämpfen. Menschliche Institutionen, wie etwa der Staat, sind nicht von vornherein rational. Aber wir können uns entschließen zu kämpfen, um sie rationaler zu machen.

Ein umfassendes und ganzheitliches Konzept der rationalen Gesellschaftsgestaltung allerdings wäre ein Rückfall in einen unkritischen Rationalismus. Popper schlägt stattdessen als Methode der politischen Reform die **piece-meal-technology**, die **Stückwerkstechnologie** vor. Wir brauchen seiner Meinung nach ein Herumbasteln, um zu brauchbaren sozialen Ver-

---

[697] Ebenda S. 332.
[698] Ebenda S. 333.
[699] Ebenda S. 334.
[700] Ebenda S. 341.
[701] Ebenda S. 344.

besserungsvorschlägen zu kommen, die immer wieder in kleinen Bereichen ausprobiert und dann im Erfolgsfalle anderswo nachgeahmt werden können.[702] Zugleich müssen unsere Theorien den Maßstäben der Klarheit und der praktischen Überprüfbarkeit unterworfen werden. Vor allem gehört jedoch dazu auch, jederzeit zu zeigen, was nicht erreicht werden kann, um Überforderung zu vermeiden und zu weit reichende Erwartungen zu dämpfen. Diese Stückwerk-Sozialtechnik sollte an die Stelle aller utopischen Gesamtkonzepte gerückt werden. Endziele liegen außerhalb ihrer Reichweite. Es geht also um kleine Eingriffe, die sich dauernd verbessern lassen, wobei kein eindeutiges Ziel vorhanden ist, wohl aber ein Ideal wie die allgemeine Wohlfahrt.[703] Es kommt darauf an, zu wissen, wie wenig man weiß und permanent aus Fehlern zu lernen.

Popper lehrte an der *London School of Economics*, wo Friedrich August von Hayek ihn eingestellt hat. Mit dem Liberalismus Hayeks verbindet ihn viel, vor allem auch seine Kritik an gesellschaftlichen Gesamtkonzepten, die auf der Einsicht in unsere begrenzten Wissensmöglichkeiten beruht. In Deutschland erlebt er eine kurze, aber heftige Rezeption als Staatsphilosoph der Bundesregierung unter Helmut Schmidt. In der Sozialdemokratie sind damals reihenweise Bände über Poppers Technik der stückwerkshaften pragmatischen Sozialreform erschienen, die den politischen Konzepten der damaligen SPD sehr nahe kam.[704] Der kritische Ton von Popper passte ebenso zum Geist der Sozialdemokratie wie seine Betonung der Gleichheit aller Menschen und vor allem seine massive und fundamentale Totalitarismuskritik. Über lange Jahre war er der wohl ernsthafteste und weltweit am meisten rezipierte Kritiker des Marxismus, wobei seine Argumente bei aller Polemik immer auch Momente der Einfühlung und des Wohlwollens, zumindest eines gewissen Respekts für das Denken von Marx enthalten, denn er trat nicht als typischer Antimarxist bürgerlicher Prägung auf, was seiner Rezeption in der Sozialdemokratie gewiss zugute kam. Seine Methodenkritik, seine Betonung, dass die Rationalität in der Welt von uns abhängt und nicht im Geschichtsprozess selbst vorausgesetzt werden kann, berief sich in späteren Jahren immer mehr auf Immanuel Kant, obwohl Kant durchaus die entgegenkommende Rationalität der ungeselligen Geselligkeit des Menschen und des sich daraus ergebenden Geschichtsprozesses betont hatte.

Im sogenannten Positivismusstreit der deutschen Soziologen ist Popper seltsamerweise als Verteidiger der positivistischen Sozialforschung aufgeboten worden, weil sich in Deutschland selbst kein Empiriker fand, der auf dem Soziologentag gegen Adorno argumentieren mochte oder konnte. Poppers Kritik an Fliegenbeinzählerei und vor allem an der bloß scheinbaren Objektivität sozialwissenschaftlicher Erkenntnis, die immer interpretationsbezogen und insofern standpunktabhängig bleibt, wurde dadurch übersehen. Die Debatte geriet ziemlich verquer.[705] Heute wird Popper vor allem von Liberalen gelesen. Eberhard und Walter Döring haben eine umfassende Studie zu „Philosophie der Demokratie bei Kant und Popper" vorgelegt (Berlin 1995), und seine von ihm selbst häufig betonte Nähe zu Hayek und damit auch zum Neoliberalismus wird wieder deutlicher gesehen.[706]

---

[702] Popper, Das Elend des Historizismus, a.a.O. S. 47.
[703] Ebenda S. 53.
[704] Der bedeutendste Band: Lührs, Georg u.a. (Hg.): Kritischer Rationalismus und Sozialdemokratie, 2. Aufl. Berlin und Bonn 1975.
[705] Das wird sehr anschaulich dargelegt bei Dahms, Positivismusstreit, a.a.O.
[706] Eine Gesamtdarstellung des kritischen Rationalismus findet sich bei Waschkuhn, Arno: Kritischer Rationalismus, München und Wien 1999.

18.3 Hans Albert

Hans Albert (geb. 8.2.1921) gilt nach Karl Popper als der bekannteste und wirkungsmächtigste Vertreter des Kritischen Rationalismus in Deutschland. Seine wichtigsten Beiträge liegen in einer Formulierung der wissenschaftstheoretischen Überlegungen der Popper-Schule. Der Kern seiner Lehre ist eine Überwindung des positivistischen Kriteriums der Gewissheit und der empirischen Verifizierbarkeit jeder wissenschaftlichen Aussage, da wegen des Induktionsproblems eine endgültige Verifikation nie erlangt werden kann. An die Stelle des Sinnkriteriums der Verifizierbarkeit tritt die prinzipielle Offenheit für eine letztlich immer mögliche **Falsifikation**. Albert hat in seinem Hauptwerk, dem „Traktat über kritische Vernunft", schärfer noch als Popper herausgearbeitet, dass alle möglichen Gewissheiten selbstfabriziert und damit für die Erfassung der Wirklichkeit wertlos sind. Deshalb müssen alle Problemlösungsversuche so formuliert werden, dass sie kritisierbar bleiben. Sie behalten den Status bloßer Hypothesen. Daher erklärt sich die Selbstbezeichnung „**kritischer Rationalismus**" im Gegensatz zu einem metaphysischen Rationalismus oder positivistischen Empirismus. Für den Bereich der Heuristik (*context of discovery*) lässt Albert eine breite Vielfalt von Methoden und Ansätzen gelten. Für den Bereich der Überprüfung und Erklärung (*context of justification*) dagegen vertritt er einen konsequenten ergebnisoffenen **Fallibilismus**.

Besonders einflussreich war Alberts Lehre vom **Münchhausen-Trilemma**, die in klarer und konziser Form die **Unmöglichkeit einer Letztbegründung** behauptet. Die Anspielung auf den berühmten deutschen Lügenbaron, der behauptet hatte, sich am eigenen Zopf aus einem Sumpf herausgezogen zu haben, übernimmt Albert von Friedrich Nietzsche aus dessen „Jenseits von Gut und Böse", wo dieser die Theorie von der *causa sui*, der Ursache seiner selbst, als logische Notzucht und Unnatur angreift. Bei der Frage nach dem letzten Grund ergeben sich nach Albert genau drei Möglichkeiten:

1. der **infinite Regress**. Auf der Suche nach letzten Gründen geht man immer weiter zurück – bis ins Unendliche (*regressus ad infinitum*),
2. der **fehlerhafte logische Zirkel**: Man stößt auf scheinbar letzte Gründe, die man aber selbst schon voraussetzt (*circulus vitiosus*) und
3. der Abbruch des Begründungsverfahrens durch eine Entscheidung, durch **Dezision**: Im Gegensatz zu den anderen beiden Wegen ist dieser zwar praktikabel, aber willkürlich, weil die Antwort auf Begründungsfragen von einem bestimmten Punkt an einfach verweigert wird *(Dezisionismus)*.[707]

Albert behauptet, dass diese Aufzählung vollständig ist – als konsequenter Fallibilist macht er selbstverständlich den Vorbehalt, dass dies nur gelten könne bis zum Nachweis, dass es doch noch eine weitere Option geben könnte. Karl-Otto Apel und dessen Schüler betrachteten die Aufstellung dieses Trilemmas als Herausforderung, doch noch einen Ausweg zu suchen, nämlich den transzendentalpragmatischen der „reflexiven Letztbegründung", die versucht, den logischen Zirkel durch einen hermeneutischen Zirkel zu ersetzen. Dieses Argument basiert auf der reflexiven Analyse der Voraussetzungen, die man immer schon machen muss, wenn man überhaupt über irgendein Thema argumentieren will: nämlich die Anerkennung (statt Tötung) des anderen sowie ein gewisses Maß an Rationalität.

---

[707] Albert, Hans: Traktat über kritische Vernunft, 4. Aufl. Tübingen 1980, S. 13.

Diese Versuche haben eine scharfe und sehr grundsätzliche Gegenpolemik Alberts gegen alle Formen von Hermeneutik hervorgerufen, in dem Band „Kritik der reinen Hermeneutik" besonders gegen Heidegger und Gadamer. Heideggers Denken ist in der Sicht Alberts der Versuch, sich der Aufklärung entgegenzustellen und einen Ausbruchsversuch aus der Vernunft zu unternehmen. In dem Band „Transzendentale Träumereien. Karl-Otto Apels Sprachspiele und sein hermeneutischer Gott" argumentiert er nicht minder scharf gegen Karl-Otto Apel. Albert ist ein konsequenter Vertreter des Gedankens der methodologischen Einheit der Wissenschaften. Eine Sonderrolle für die Geisteswissenschaften lehnt er ab und lässt schon deshalb hermeneutische Argumentationsformen nicht gelten.

Hans Albert war im deutschen Positivismusstreit der 1960er Jahre zusammen mit Popper der Hauptgegner von Theodor W. Adorno und Jürgen Habermas. Durch seinen Einfluss sind damals zahlreiche Lehrstühle für Wissenschaftstheorie geschaffen worden. Auch wenn Albert an der bis jetzt nicht widerlegten Metaphysik des Realismus festhält, also an der Annahme einer von unseren Erkenntnisprozeduren unabhängigen Außenwelt, folgt er doch nicht der Lehre des späten Popper von den drei Welten, der zufolge zwischen der gegenständlichen Welt, der Welt der Psyche und der Welt der objektiven Vernunft, die etwa die Naturgesetze enthält, unterschieden werden muss. Albert weitet seine fallibilistische Argumentation über den Bereich der Forschungslogik und der Empirie hinaus auch auf das Feld der Wertungen und Normen aus. Aus seiner Wissenschaftsmethodologie folgert er eine politische Ethik des Liberalismus, die er in seinem „Traktat über rationale Praxis" näher ausgeführt hat. Der oftmals scharfe und polemische, wenig konziliante Ton seiner Schriften hat der Breitenwirksamkeit seiner Analysen eher geschadet. Er sieht die kritisch-rationale Einstellung nicht bloß als wissenschaftstheoretische Methode an, sondern als Entwurf einer Lebensweise und betont damit die moralisch-weltanschauliche Seite eines fallibilistischen, gegenüber letzten Gründen ablehnenden Liberalismus der Politik und des Alltagslebens.

Fragen
1. Kann der kritische Rationalismus als positivistische Wissenschaftstheorie angesehen werden?
2. Welche Argumente trägt Popper gegen die Vorstellung von historischen Gesetzmäßigkeiten und historischer Notwendigkeit vor?
3. Erläutern Sie die Begriffe „offene" und „geschlossene" Gesellschaft.
4. Was ist gemeint mit der Gegenüberstellung eines kritischen und eines unkritischen Rationalismus?
5. Was ist Fallibilismus?
6. Worin bestehen nach Hans Albert die drei denkbaren Letztbegründungsargumente?
7. Warum sind diese Argumente falsch?
8. Was bedeutet der wissenschaftstheoretische Begriff der Falsifizierbarkeit?
9. Gegen welches Konzept ist die Falsifizierbarkeitsforderung gerichtet?
10. Welche politische Strategie folgt aus der Lehre Poppers?
11. Können Sie Poppers Denken einer bestimmten politischen Richtung zuordnen? Ist er z.B. Sozialdemokrat, Liberaler oder Konservativer?
12. Welche Argumente trägt Popper zur Sozialismuskritik vor?

13. Mit welchen der in diesem Band dargestellten Theoriemodelle ist der kritische Rationalismus am ehesten verwandt?
14. Von welchen unterscheidet er sich am stärksten?

Einführungstext
Popper, Karl R.: Die offene Gesellschaft und ihre Feinde, Band 2, 6. Aufl. München 1980, Kap. 14 („Die orakelnde Philosophie und der Aufstand gegen die Vernunft") und Kap. 15 („Hat die Weltgeschichte einen Sinn?"), S. 275–347.

Literatur
Albert, Hans: Die Wissenschaft und die Fehlbarkeit der Vernunft, Tübingen 1982.

Albert, Hans: Konstruktion und Kritik, 2. Aufl. Hamburg, 1975.

Albert, Hans: Kritik der reinen Hermeneutik, Tübingen 1994.

Albert, Hans: Traktat über kritische Vernunft, 4. Aufl. Tübingen 1980.

Albert, Hans: Traktat über rationale Praxis, Tübingen 1978.

Albert, Hans: Transzendentale Träumereien. Karl-Otto Apels Sprachspiele und sein hermeneutischer Gott, Hamburg 1975.

Popper, Karl R.: Das Elend des Historizismus, 5. Aufl. Tübingen 1979 (zuerst 1965).

Popper, Karl R.: Die offene Gesellschaft und ihre Feinde, 2 Bände, 6. Aufl. München 1980.

Popper, Karl R.: Logik der Forschung, 8. Aufl. Tübingen 1984.

Sekundärliteratur
Dahms, Hans-Joachim: Positivismusstreit. Die Auseinandersetzungen der Frankfurter Schule mit dem logischen Positivismus, dem amerikanischen Pragmatismus und dem kritischen Rationalismus, Frankfurt 1994.

Döring, Eberhard: Karl R. Popper, „Die offene Gesellschaft und ihre Feinde". Ein einführender Kommentar, Paderborn 1996.

Döring, Eberhard: Karl R. Popper. Einführung in Leben und Werk, 2. Aufl. Bonn 1992.

Hilgendorf, Eric: Hans Albert zur Einführung, Hamburg 1997.

Lührs, Georg u.a. (Hg.): Kritischer Rationalismus und Sozialdemokratie, 2. Aufl. Berlin und Bonn 1975.

Stelzer, Harald: Karl Poppers Sozialphilosophie. Politische und ethische Implikationen, Wien 2004.

Waschkuhn, Arno: Kritischer Rationalismus, München und Wien 1999.

Schluss

Die unterschiedlichen Modelle politischer Theorie sind in diesem Band einigermaßen ausgewogen präsentiert worden. Vorrang hatten solche Modelle, die in einem kritischen oder konstruktiven Dialog mit den anderen stehen. Damit hatten Solitärtheorien, die ihrer eigenen Wahrheitsgewissheit wegen auf die Kommunikation mit dem intellektuellen Feld der politischen Theorie verzichten, weniger Chancen, aufgenommen zu werden. Dafür wurden aber radikal unterschiedliche Denkansätze vorgestellt. Vom methodologischen Individualismus von Max Weber und Ludwig von Mises bis zur Systemtheorie, von einem empirisch abgestützten liberalen Idealismus wie in der *Democratic Peace Theory* bis zum politischen Pragmatismus Richard Rortys, von kommunikationstheoretischen Ansätzen bis zum kommunikationssprengenden Naturrechtsdenken werden auch radikal divergierende Methodologien behandelt.

Es wäre eventuell überlegenswert gewesen, die Ideengeschichtler Leo Strauss, Eric Voegelin oder andere Autoren in eine solche Darstellung einzubeziehen, die den Niedergang des politischen Denkens beklagen und nachzeichnen. Aber dieser klagende Konservatismus drückt sich vor allem in komplexen ideengeschichtlichen Rekonstruktionen aus. Im negativen Gestus der kritischen Theorie Adornos verwandt, aber doch vorwiegend auf andere Theoretiker bezogen, den direkten Blick auf die Welt eher scheuend. Theorie im engeren Sinne wird ersetzt durch eine Narration, durchsetzt mit gelegentlich kluger Argumentation. Mir schien es, dass diese Konzeptionen besser als Beiträge zur politischen Ideengeschichte behandelt werden sollten, weniger jedoch als Beiträge zur aktuellen politischen Theorie.

Hätte ich die Namen dieser Theoretiker weglassen und eine Art Theoriegeschichte ohne Namen analog zu Wölfflins Kunstgeschichte ohne Namen schreiben sollen? Der Gedanke ist nicht abwegig, so dass ich vielleicht zu einem späteren Zeitpunkt darauf zurückkommen werde. Dagegen spricht, dass er zur Konstruktion von Theorien nach vorgegebenen Begriffen verführen kann, wie man selbst oder der Leser sie sich vorstellt. Der Widerstand, den die Eigenwilligkeit der Texte und der Autorenpersönlichkeiten gegen vorschnelle Festlegungen und Interpretationen leisten können, kann auf diese Weise allzu leicht übersprungen werden. Wer hermeneutisch exakt sein will, wird nicht umhinkönnen, bestimmte Autoren sehr gründlich und immer wieder neu ansetzend zu interpretieren, auch wenn das Resultat vom vorgegebenen Bild abweicht.

In diesem Band habe ich von den Entwicklungsprozessen der Autoren selbst weitgehend abstrahiert und ihre Theorie an dem Punkt ihrer Ausgestaltung präsentiert, an dem sie ihre größte Wirkung entfaltet haben. In jüngeren Jahren war auch Hayek Sozialstaatsanhänger, waren Habermas und Lyotard Marxisten, verstand Popper sich als Linker (allerdings nur bis zu seinem siebzehnten Lebensjahr), während Foucault zeitweise als Gaullist galt, um sich später eher als antimarxistischer Linker zu orientieren. Man könnte Theorieentwicklung also auch als Lernprozess präsentieren, lädt sich dazu allerdings zu viel Biographismus und zu wenig Abstraktionsmöglichkeiten, d.h. zu wenig Übertragbarkeit auf.

In einem gewissen Sinn, den Popper immer wieder betont hat, geht in jeden Weltzugang, in jede Begriffsverwendung, in jede Beobachtung eine theoretische Voraussetzung und Vorstellung ein, auch wenn diese so selbstverständlich erscheint, dass sie unausgesprochen bleibt. Zur Theoriebildung in dem hier verstandenen Sinn gehört es aber zwingend, dass dies nicht einfach geschieht, sondern auf eine zusammenhängende, meist auch systematische Weise reflektiert wird. Diese Reflexion greift auf unterschiedliche Voraussetzungen und Begriffsformen zurück, kann aber in jedem Fall ihrerseits beobachtet und in ihrer Konstruktion, in ihrem Aufbau und ihren wesentlichen Aussagen nachgezeichnet werden. Durch die Nebeneinanderstellung unterschiedlicher Theoriekonzeptionen wird der Vergleich möglich. Damit ist schon die Aussage impliziert, dass es keine dogmatische Richtigkeit gibt. Darüber hinaus rücken die Argumente in den Vordergrund. Liberale Positionen werden durch kommunitarisches Denken problematisiert, der individualistische Liberalismus durch die Institutionentheorie Hayeks, die Systemtheorie bringt sich in eine Komplementärstellung zur Handlungstheorie, der theoretische Anarchismus und die Kritische Theorie hinterfragen die Voraussetzungen der vorherrschenden Grundlagen des Politischen. Löschen diese unterschiedlichen Theorieformen sich gegenseitig aus? Bleibt also nur ein nicht weiter reduzierbarer Theorienpluralismus, aus dem jeder aus ästhetischen oder praktischen Gründen sich das Passende auswählt? Oder, wie die Ideologiekritik meint, sich der eigenen sozialen Lage entsprechend orientiert? So dass man sich die passende Theorie schon ausgewählt hätte, bevor man überhaupt mit dem Nachdenken begonnen hat.

Abstraktionen sind zur Orientierung erforderlich. Deshalb ist es legitim, von Liberalismus und Neoliberalismus zu sprechen und die Kernelemente eines solchen Denkens zu benennen. Sowohl bei der theoretischen wie der politisch-praktischen Verwendung dieses Begriffes muss dann allerdings das von mir bewusst breit gefasste Spektrum der Schattierungen mit reflektiert werden, denn eine zutreffende Argumentation und Gegenargumentation scheint nur dann möglich zu sein, wenn mitkommuniziert wird, auf welche der Spielarten sie sich bezieht. Welches sind dann aber die Kernelemente? Es ist in erster Linie der methodologische und prinzipielle Individualismus, denn auch dann, wenn wie bei Hayek und im Ordoliberalismus der Ansatzpunkt politischen Handelns bei den Institutionen gesucht wird, ist der Maßstab doch die voraussichtliche individuelle Reaktion darauf. Das kontraktualistische Element tritt erst in zweiter Linie hinzu. Analysiert man die evolutionären Argumente Hayeks näher, zeigt sich sehr bald, dass ihm nicht jedes, sondern nur bestimmte Ergebnisse spontaner Prozesse als akzeptabel gelten, nämlich die Resultate eines Wettbewerbs innerhalb eines rechtlichen Rahmens. Dieser Wettbewerb hat sich als überlegene Triebkraft des Wirtschaftsprozesses erwiesen, auch wenn die Mehrzahl der Marktteilnehmer ihn, wenn es zu ihren eigenen Gunsten möglich wäre, am liebsten im Interesse der Positionsstabilisierung ausschalten würden. Hier bedarf es der impliziten, besser noch expliziten Zustimmung in einer Vertragssituation, welche die Anwendung von Zwang (im Zweifel auch gegen einen selbst) im Interesse der rechtlichen Gleichheit regelt.

Ebenso wird man Grundprinzipien der Liberalismuskritik in abstrakterer Weise fassen können. Es geht im Grunde immer um eine Kritik an dessen tatsächlichen Kernpunkten, nämlich am Atomismus der Individuen und am Kontraktualismus. Dem Atomismus der liberalen Gesellschaft werden Formen der Vergemeinschaftung entgegengesetzt, welche den Gesamtprozess menschlicher gestalten sollen. Dieses Grundprinzip kann in ähnlicher Weise wie beim Liberalismus selbst in allen Schattierungen der Liberalismuskritik beobachtet werden. Als innerliberaler Verbesserungsvorschlag wie bei Etzioni, als sozialdemokratische Ergänzung wie bei Walzer, als pragmatisch-literarische Begleiterinnerung wie bei Richard Rorty, als kulturkritische Klage wie bei Alasdair MacIntyre und in der Frankfurter Schule oder als revolutionärer Marxismus, denn dessen Ziel des Sozialismus und Kommunismus kann als die radikalste Form von Gemeinschaftlichkeit angesehen werden. Allerdings ist hier eine Dialektik im Spiel, die Hannah Arendt und Lyotard beschrieben haben. Der Versuch, diese Utopie in Realität umzusetzen, lässt die Parteidiktatur zum Mittel der totalitären Herrschaft greifen, welche die Individuen wiederum radikal vereinzelt und jeden, auch das engste Familienmitglied, zum potentiellen Denunzianten eines jeden werden lässt. So wie am äußersten Flügel des Marktliberalismus konsequenterweise die Anarchie steht, in der private Sicherheitsapparate die polizeilichen und militärischen Fragen regeln, ist der massenhafte Kollektivismus als äußerste Form und faktische Selbstaufhebung des Gemeinschaftsdenkens im Totalitarismus des 20. Jahrhunderts aufgetreten.

Es gehört zu den wesentlichen Aufgaben politischer Theorie, ihre Grundpositionen radikal zu Ende zu denken, denn dann können am klarsten Fehler und gefährliche Folgen erkannt werden. Dieses Zu-Ende-Denken kann geradezu als die wichtigste Tugend des Theoretikers angesehen werden. Im Sinne der Formel, dass Ideen Konsequenzen haben, ist jede politische Theorie auch als praktischer Versuch der Einwirkung auf die Gesellschaft zu werten. Sie wird deshalb nicht nur unter dem Aspekt ihrer inneren Kohärenz oder der Stringenz ihrer Begründung, der Plausibilität ihrer Axiome und dergleichen bewertet werden müssen, sondern immer auch unter dem Aspekt ihrer möglichen und wahrscheinlichen politischen Folgen.

Auch wenn es riskant ist und das Kontinuum der Theoriekonzeptionen sich nur bedingt schematisieren lässt, will ich doch den Versuch unternehmen, in einer Skala vom radikalen Individualismus (−5) bis zum extremen Kollektivismus (+5) die verschiedenen Theoriekonzeptionen einzuordnen.

Individualismus	−5	kapitalistischer Anarchismus	Rothbard, David Friedman
	−4	radikaler Marktliberalismus	von Mises
	−3	Ordoliberalismus	Eucken, Müller-Armack, Röpke, Hayek
	−2	Postmoderne, Pragmatismus	Lyotard, Rorty
	−1	offene Gesellschaft	Popper
Kommunitarismus	0	Nullpunkt: reflexives Gleichgewicht, politischer Liberalismus	Rawls
	+1	kommunitarischer Liberalismus	Etzioni
	+2	deliberative Demokratie, Zivilgesellschaft, Republikanismus	Habermas, Arendt
	+3	sozialer Kommunitarismus	Walzer
Kollektivismus	+4	reflexiv-kulturalistischer Kommunitarismus	Taylor, MacIntyre
	+5	Kollektivismus	Marx, Lenin

Abbildung 4: Skala der Theoriekonzeptionen

Sicher wird man über einige Zuordnungen streiten können. Ich halte es aber auf jeden Fall für lohnend, sich die Skizze eines Gesamtbildes vor Augen zu führen, auch wenn man den einen oder anderen dieser Theoretiker auch an einem anderen Ort einordnen könnte. Jürgen Habermas und Hannah Arendt habe ich wegen ihres politischen Republikanismus, also wegen des prinzipiellen Vorrangs politisch-kommunikativer Gemeinschaftsentscheidungen vor den Entscheidungen der Individuen, auf der gemäßigt gemeinschaftlichen Seite des Spektrums lokalisiert. Es ist ebenfalls sofort zu erkennen, dass es sich hier um kein Links-Rechts-Spektrum handelt. Die Rawlssche Lehre, die er ausdrücklich als „politischen Liberalismus" mit einem bewusst gesetzten Differenzakzent zum Wirtschaftsliberalismus deklariert, habe ich gern zur Justierung des Nullpunktes verwendet, weil es sich hier nicht um eine rein theoretische Ableitung, sondern um die Aufnahme alltagspraktischer Erwägungen im reflexiven Gleichgewicht handelt. Der Eingang des Alltagspraktischen, man könnte auch sagen, der Einfall der Wirklichkeit in diese Theorien vollzieht sich auf je unterschiedliche Weise. Auf der individualistischen Seite eher durch die Akzeptanz auch der chaotischen Präferenzen der Individuen in unterschiedlicher Abstufung, auf der eher kommunitarischen Seite durch Reflexionsprozesse auf die Grenzen liberaler Handlungsmöglichkeiten bei Etzioni und Taylor, auf die Prozessstruktur gemeinsamer Entscheidungen im zivilgesellschaftlichen Kommunitarismus oder auf soziale Erfordernisse bei Walzer. Die Reflexion, nicht ein theoretisches Dogma oder gar eine Utopie, ist die treibende Kraft der kommunitarischen Ansätze, die insofern mit den liberal-individualistischen durchaus enger zusammengehören als mit der Extremposition des Kollektivismus, von dem sie im Grunde durch einen tiefen Graben getrennt sind, der durch meine hier vorgenommene Skaleneinteilung ein wenig überdeckt wird. In einem bestimmten Sinne kann man sagen, dass die Positionen vom individualistischen Anarchismus (-5) bis zum reflexiv-kulturalistischen Kommunitarismus (+4) allesamt sich noch in einem weitgefassten liberalen Spektrum bewegen, wenn auch nicht unbedingt im Spektrum der liberalen Demokratie.

Das 20. Jahrhundert hat eine ganze Reihe von großen Theoriekonzeptionen an der Realität und an ihrer eigenen Fehlkonstruktion scheitern lassen, allen voran den Marxismus in allen seinen Spielarten. Aber auch die Modernisierungstheorie hat in der Entwicklungspolitik Schiffbruch erlitten, weil sie in soziologischer Voreingenommenheit auf Industrialisierung und Gesellschaftsentwicklung setzte, statt auf das Zusammenspiel eines demokratischen politischen Systems mit einem liberalen Wirtschaftskonzept zu achten. Man hielt sozusagen die materiellen Faktoren, die Hardware der Modernisierung für relevanter als den theoretisch-ideellen Prozess. Mindestens genauso folgenreich war das Scheitern der Gegentheorie, der *dependencia*-Konzeption, der zufolge sich die Entwicklungs- und Schwellenländer möglichst vom Weltmarkt abkoppeln und auf Eigenproduktion statt Import setzen sollten. Der wirtschaftliche Wiederaufstieg Lateinamerikas begann erst nach dem Abschied von dieser wohlstandsmindernden Lehre. Eine Theorie wird nicht dadurch weniger falsch, dass sie im Gegensatz zu einer anderen falschen Theorie steht. Die Folgen waren hier zwar nicht zwei Weltkriege, wohl aber Militärputsche, blutige Diktaturen und unnötige Armut. Falsches Denken hat gefährliche Folgen. Deshalb wirkt das letztlich aufgrund ihrer inneren Inkonsistenz unvermeidliche Scheitern solcher Theorien nicht beruhigend; denn bis dahin können sie genügend Schaden angerichtet haben. Politische Theorie sollte nicht als Spielwiese angesehen werden, sondern als eine Art virtueller Testlauf, bevor man ein Modell in die Serienproduktion gehen lässt. Mir kam es in diesem Band darauf an, aufzuzeigen, welchen Typenklassen von Modellen es gibt und wie diese situiert sind. Einige sind in der Realität mit gewissen Abstrichen und Veränderungen schon recht erfolgreich ausprobiert worden, vor allem der deutsche Ordoliberalismus als Wirtschaftspolitik der Adenauer-Erhard-Zeit bis 1966. Die Erprobung der Verteilungsgerechtigkeit von Rawls im amerikanischen Wohlfahrtsstaat der Johnson-Ära dagegen wird heute allgemein als unbefriedigend empfunden, wodurch sich die öffentliche Meinung und die Mehrheitsverhältnisse in den USA seit 1980 um mehrere Skalenpunkte in Richtung Marktliberalismus verschoben haben. Die offene Gesellschaft Poppers muss als Konzept gelten, das zwar in der Ära des Bundeskanzlers Helmut Schmidt vorübergehend in die Theoriebildung der deutschen Sozialdemokratie eingegangen ist, aber doch so unbestimmt und generell ist, dass nicht genau gesagt werden kann, welche konkrete Politik aus ihr folgt. Die offene Gesellschaft ist wohl mehr eine übergreifende Klammer liberalen Denkens als eine konkrete, ausgearbeitete Politik. Zivilgesellschaftliche Konzeptionen haben eine wichtige Rolle in den osteuropäischen Revolutionen gespielt, es hat sich aber gezeigt, dass sie, dem Originalbegriff der *societas civilis, civil society* oder *société civile* entsprechend, nicht so stark in Distanz zur bürgerlichen Gesellschaft gesehen werden sollten, wie Habermas das immer noch tut. Der politische Republikanismus, die demokratisch-revolutionäre Mentalität, die Hannah Arendt so sehr betont hat, entspricht einem Denken für den Augenblick der Befreiung. Solche großen Momente hat die Weltöffentlichkeit, je mehr demokratische Revolutionen in weit voneinander entfernt liegenden, aber sich gegenseitig anstachelnden Gesellschaften sich entwickelten, in den letzten Jahren wieder mehr beobachten können. Sie lassen sich jedoch kaum auf Dauer stellen. Die postmodernen Politikkonzeptionen sind kaum als bewusste Strategie umgesetzt worden, sondern stellen im Grunde eine Phänomenologie selbstlaufender Prozesse dar. Ihre Stärke liegt darin, dass sie Mentalitätsentwicklungen spiegeln.

Dieses Buch wird seinen Zweck dann erfüllt haben, wenn es den Leserinnen eine klarere Übersicht über die verschiedenen Theoriekonzeptionen gegeben, eine kritische Distanz vermittelt, aber dennoch die Grundlagen einer begründeten und rationalen eigenen Situierung innerhalb des Theorienspektrums bereitgestellt hat. Vor allem aber hoffe ich, im Geiste Michel Foucaults gezeigt zu haben, dass diskursive Prozesse Wirklichkeiten nicht bloß beschreiben, sondern sie wesentlich prägen, gestalten und beeinflussen. Ideen und Theorien prägen nicht bloß, wie es in der Methodologie der Sozialwissenschaften seit den 1930er Jahren herrschende Lehre ist, unsere Wahrnehmung der Außenwelt, sie prägen diese Realität in ihren Grundstrukturen selbst. Theorie wird zur materiellen Gewalt nicht erst, „sobald sie die Massen ergreift",[708] wie es so revolutionsromantisch bei Marx hieß, sondern schon, wenn sie in alle Poren unseres Alltags und unseres Denkens einsickert, während ihre Versatzstücke gar nicht notwendigerweise bewusst in ihrem Zusammenhang wahrgenommen werden.

---

[708] Marx, Karl: Zur Kritik der Hegelschen Rechtsphilosophie. Einleitung, Marx-Engels-Werke (MEW) Bd. 1, Berlin 1973, 378–391, hier S. 385.

Studienpraktische Hinweise

In den an allen europäischen Universitäten sich rasch durchsetzenden modularen Lernstrukturen werden normalerweise eine Vorlesung und ein vertiefendes Seminar miteinander verbunden. Speziell für den Bereich der politischen Theorie ist dies eine durchaus ideale Kombination, denn in intensiver Eigenarbeit kann man sich schon aus Zeitgründen nur Ausschnitte erarbeiten. Es ist dabei vor allem wichtig, in intensivem und genauem Selbststudium sich die Originaltexte der Autoren zu erschließen. Bloße Lektüre allein reicht zu einem gründlichen Textverständnis erst dann, wenn man darin gut trainiert ist. In den ersten beiden Studienjahren gehört zur Texterschließung immer dazu, dass man sich eine Gliederung des Textes zurechtlegt und die Argumentationsschritte im Einzelnen nachvollzieht. Auf die Erstlektüre sollte also eine gliedernde und strukturierende Lektüre folgen. Hans-Georg Gadamer, der berühmteste Hermeneutiker des 20. Jahrhunderts, hat das Problem jeder Textlektüre so auf den Punkt gebracht: Nach dem Durchlesen eines Buches sei er immer vollkommen von dessen Position überzeugt – bis er dann das nächste zur Hand nehme. Eine intensive, sich in den Text versenkende Lektüre kann in der Tat diese Konsequenz haben. Die Strukturierung hilft aber schon, einzelne Segmente und Argumente mit denen anderer Texte vergleichen zu können, um über den Vergleich zur Kritik, d.h. an dieser Stelle zur Abwägung der Argumente unterschiedlicher Autoren, und von der Kritik zur Entwicklung eigener Standpunkte zu kommen.

Wenn wie in diesem Band unterschiedliche Theoriekonzeptionen nebeneinandergestellt werden, so geht es nicht so sehr um einen Supermarkt der Ideen, sondern vielmehr darum, jede Position durch die andere kritisierbar zu machen. Es kam also darauf an, ein dazu geeignetes Spektrum von hinreichend zusammenhängend sowie systematisch argumentierenden Theorien aufzuzeigen. In vielen Fällen hätten durchaus auch andere Autoren herangezogen werden können – es kam mir aber darauf an, die am klarsten und genauesten argumentierenden auszuwählen. Und so waren Adorno und Horkheimer gegenüber Marcuse vorzuziehen, ebenso von Mises und Hayek gegenüber Milton Friedman, wie Lyotard und Foucault gegenüber Derrida.

Nach der Strukturierung kann eine dritte Stufe des Textverständnisses erreicht werden, nämlich die Beantwortung von Fragen. Ausgangspunkt der hermeneutischen Methode ist immer die Rekonstruktion der Frage, auf welche der Text die Antwort sein sollte. Von hier aus erschließen sich oftmals ganz andere und originellere Textdeutungen, als dies lediglich bei der Projektion der eigenen Fragen in den Text der Fall wäre. Es zwingt einen allerdings niemand, auf der Stufe der Rekonstruktion stehen zu bleiben. Die Fragen am Schluss der einzelnen Kapitel sollen nur Hinweise und Beispiele sein. Sie sollen nicht nur eine Selbstkontrolle des Wissensstandes ermöglichen, sondern auch zum Weiterdenken anregen.

Doch die intensive Eigenarbeit kann sich immer nur auf eng begrenzte Textmengen konzentrieren. In den siebziger Jahren beruhigte man sich noch damit, dies durch eine Theorie des exemplarischen Lernens zu legitimieren, produzierte aber in Wirklichkeit recht bruchstückhafte Wissensformen, die häufig zu einer autodidaktischen Maßstablosigkeit führten, weil das Vermögen zur Einordnung in größere Zusammenhänge in diesen Lernstrukturen nicht gefördert wurde.

Zur Vermittlung der Voraussetzungen dazu, also des Überblickswissen und des Einordnungsvermögens, soll dieses Buch dienen. Es versucht, den Horizont der Vergleiche möglichst weit zu ziehen, dabei immer wieder den neuesten Forschungsstand im Blick zu haben und die politisch-praktische Bedeutung der jeweiligen Theoriekonzeptionen zu beleuchten – sowohl in ihrer historischen Wirkungsweise als auch in der Gegenwart. Hier findet der Wissensinput statt, der in den zeitaufwendigen Phasen der strengen Textlektüre sonst möglicherweise zu kurz kommen könnte. Exkurse und Abschweifungen können dabei durchaus eine produktive Rolle spielen und eigene Ideen und kleinere Forschungsprojekte der Studierenden anstoßen und anregen. Vorlesungen sind nicht zuletzt auch ein sozialer Ort der Kommunikation, in denen man die wissenschaftlichen und fachlichen Positionen der Dozenten kennen lernen kann.

Die mündliche Form der Kommunikation hat in den gegenwärtigen Universitäten weltweit wieder einen höheren Stellenwert bekommen, nachdem in den 1960er und 1970er Jahren Vorlesungen als autoritär und überholt galten, was viele Dozenten gern als Vorwand nahmen, sich die enorme Mühe der Vorbereitung zu sparen. In der Tat wurden Vorlesungen an der alten Universität oft ohne Diskussionsmöglichkeit abgehalten. Es kommt aber darauf an, immer wieder Nachfragen zu ermöglichen und durch Diskussionen in der Wissensvermittlung direkt am Wissenstand und an den Fragen von Studierenden anzuknüpfen. Den Zuhörern kann die öffentliche Diskussion darüber hinaus zu Auftritten in freier Rede vor größerem Publikum verhelfen – für die Dozenten ist es meist eine willkommene Gelegenheit, den Stoff und seine Probleme in wechselnden Formulierungen immer neu zu erschließen und dadurch die Zuhörer, wenn es gut läuft, an lebendigen Denkprozessen teilhaben zu lassen.

Heute hat sich die Vorlesung vor allem auf Wunsch der Studierenden auf breiter Front wieder durchgesetzt. Generell gilt, dass einige Studierende durch Hören und Mitdenken immense Stoffmengen aufnehmen können, während für andere das Zuhören verlorene Zeit ist, weil ihre Aufnahmekanäle eher die Eigenarbeit oder die Lektüre sind. Die Mischung von Vorlesungen und Seminaren soll diesen unterschiedlichen Rezipiententypen entgegenkommen. Weiterhin gilt trotz zunehmender Verschulung derzeit noch die Regel der alten Universität: Zur Vorlesung braucht nicht zu kommen, wer in der Lage ist, sich den Stoff auf andere Weise effektiver anzueignen. Entscheidend ist aber in jedem Fall, den Stoff nicht bloß gehört oder gelesen, sondern selber aktiv formuliert zu haben. Dafür ist die Seminarform gedacht. Eine Idealgröße von 20–30 Teilnehmerinnen ist dazu die Voraussetzung – alles andere ist nicht zu verantworten. Möglichst sollten Vor- und Nachbereitungsdiskussionen in selbstorganisierten Kleingruppen von zwei bis fünf Studierenden dazukommen. Spätestens zur Vorbereitung der Modulprüfungen, die mittlerweile in jedem Semester abgehalten werden, ist solche freie Gruppenarbeit unverzichtbar, die darüber hinaus auch wichtige Netzwerke für das Studium und das spätere berufliche Leben konstituieren kann. Die Formulierung und Verteidigung eigener Gedanken vor dem Forum solcher Kleingruppen ist außerordentlich wichtig für die Entwicklung der Argumentations- und Schreibfähigkeit. Studierende, die sich beklagen, andere seien in der Lage, sich sehr viel früher zu melden und brillantere Beiträge zu halten, können derartige Kompetenzvorsprünge relativ rasch aufholen, wenn sie es schaffen, um sich herum einen funktionierenden, aktiven und intellektuell herausfordernden Gruppenkontext zu organisieren. Dieser Organisationsaufwand und diese Organisationsfähigkeit kann unter Umständen einen für die Persönlichkeitsprägung und berufliche Entwicklung wichtigeren Teil des Studiums darstellen als der offizielle Lehrbetrieb. Das komplexe System Universität bietet dazu die Möglichkeiten. Wird der offizielle Lehrbetrieb allerdings nicht zur Fokussierung dieser Aktivitäten genutzt (notfalls durch Entwicklung eigener Seminarthemen und -konzepte), können sich daraus leicht randständige und sektenhafte Aktivitäten mit nur begrenztem Nutzen und einer Tendenz zur gegenseitigen Selbstbestätigung entwickeln. Die Massenuniversitäten der 1970er Jahre haben im Wesentlichen ausschließlich durch die aufwendige und autonome Selbstorganisation der Studierenden, die von den Dozenten durchweg angeregt und massiv gefördert wurde, trotz der Überfüllung der meisten interessanten Seminare in den Sozialwissenschaften doch eindrucksvolle Lernerfolge erzielen können, allerdings auch menschliche Enttäuschungen und Katastrophen produziert bei denen, die dem entfremdeten Massenbetrieb keine eigenen Organisationsmöglichkeiten entgegenzusetzen vermochten.

Der heutige Versuch einer stärkeren Strukturierung, verbunden mit einer gleichzeitigen wesentlichen Erleichterung der Prüfungen durch unmittelbaren Anschluss an die Lehrveranstaltungen, rechnet wesentlich stärker mit diesem Teil der Studierenden, die bislang häufig auf der Strecke geblieben sind. Es ist zu hoffen, dass dieses Universitätssystem trotz aller modularen Erstarrung flexibel genug bleibt, auch den anderen, den Aktivisten, den intellektuell Interessierten, den Eliten Lern- und Betätigungsmöglichkeiten zu bieten, denn wenn man diese Leistungsträger der Lehrveranstaltungen durch systematische Unterforderung frustriert, wird die flächendeckende Einführung von Bachelor- und Masterprogrammen zu einem Verlust an Bildungsfähigkeit führen.

Der Zeitaufwand für die Beteiligung an einem Modul sollte nicht unterschätzt werden. Zu der reinen Anwesenheitszeit von vier bis sechs Stunden kommt die Lektüre und das Schreiben von Zusammenfassungen, Thesenpapieren, Essays und schließlich einer Hausarbeit dazu, außerdem die Vorbereitung einer eigenen mündlichen Präsentation. Gerade am Anfang sind eigene Recherchen oft sehr zeitaufwendig. Geprägt durch das Stundenplansystem der Schule neigen Studienanfänger dazu, sich zu viele Veranstaltungen aufzuladen. Entscheidend ist es aber, sich zugleich systematisch und vertiefend auf wenige Veranstaltungen zu konzentrieren und in ihnen die Vielfalt der Lern- und Schreibmöglichkeiten auszuprobieren, ohne durch Selbstüberforderung alles nur halb und oberflächlich zu machen. Dieses Buch hat die Funktion, hier die Effizienz zu erhöhen, indem es Wege abkürzt, Seiten- und Abwege vermeidet, den Blick auf das Wesentliche lenkt und einen roten Faden zu geben versucht. In einem Wort, es zielt auf die Vermittlung von Orientierungswissen als Grundlage zur Entwicklung der eigenen Urteilsfähigkeit.

Literaturverzeichnis

Adorno, Theodor W. u.a.: Der Positivismusstreit in der deutschen Soziologie, Neuwied 1969.

Adorno, Theodor W.: Ästhetische Theorie, in Gesammelte Schriften Bd. 7 (Ästhetische Theorie), Frankfurt 1972.

Adorno, Theodor W.: Drei Studien zu Hegel, in Gesammelte Schriften Bd. 5, Frankfurt 2003, S. 247–380.

Adorno, Theodor W.: Eingriffe. Neun kritische Modelle, Frankfurt 1963.

Adorno, Theodor W.: Einleitung in die Soziologie, Nachgelassene Schriften, Abt. IV, Vorlesungen, Bd. 15, Frankfurt 1993 (zuerst 1968).

Adorno, Theodor W.: Erziehung – wozu?, in ders., Erziehung zur Mündigkeit, Frankfurt 1971, S. 105–119.

Adorno, Theodor W.: Erziehung nach Auschwitz, in ders., Stichworte. Kritische Modelle 2, Frankfurt 1969 (zuerst 1966), S. 85–101.

Adorno, Theodor W.: Erziehung zur Mündigkeit (Gespräch 1969), in ders., Erziehung zur Mündigkeit, Frankfurt 1971, S. 133–147.

Adorno, Theodor W.: Fortschritt, in ders., Stichworte. Kritische Modelle 2, Frankfurt 1969, S. 29–50.

Adorno, Theodor W.: Gesammelte Schriften, 20 Bände, Herausgegeben von Rolf Tiedemann unter Mitwirkung von Gretel Adorno, Susan Buck-Morss und Klaus Schultz, Frankfurt 1986.

Adorno, Theodor W.: Klangfiguren, in Gesammelte Schriften Bd. 16, Frankfurt 1978, S. 7–248.

Adorno, Theodor W.: Minima Moralia, Gesammelte Schriften Bd. 4 (Minima Moralia), Frankfurt 1980.

Adorno, Theodor W.: Philosophische Elemente einer Theorie der Gesellschaft, Nachgelassene Schriften, Abt. IV, Vorlesungen, Bd. 12, Frankfurt 2008 (zuerst 1964).

Adorno, Theodor W.: Probleme der Moralphilosophie, Nachgelassene Schriften, Abt. IV, Vorlesungen, Bd. 10, Frankfurt 1996 (zuerst 1963).

Adorno, Theodor W.: Stichworte. Kritische Modelle 2, Frankfurt 1969.

Adorno, Theodor W.: Studien zum autoritären Charakter, Frankfurt 1973.

Adorno, Theodor W.: Tabus über den Lehrerberuf, in ders., Stichworte. Kritische Modelle 2, Frankfurt 1969, S. 68–84 (zuerst 1965).

Adorno, Theodor W.: Versuch über Wagner, in Gesammelte Schriften Bd. 13, Frankfurt 1971, S. 7–148.

Adorno, Theodor W.: Was bedeutet: Aufarbeitung der Vergangenheit, in ders., Eingriffe. Neun kritische Modelle, Frankfurt 1963 (zuerst 1959) , S. 125–146.

Adorno, Theodor W.: Zur Bekämpfung des Antisemitismus heute, in ders., Kritik. Kleine Schriften zur Gesellschaft, Frankfurt 1971 (zuerst 1962), S. 105–133.

Adorno, Theodor W.: Zur Lehre von der Geschichte und von der Freiheit, Nachgel. Schr. Abt. IV, Vorlesungen, Bd. 13, Frankfurt 2006 (zuerst 1964/65).

Agnoli, Johannes: Die Transformation der Demokratie, in Johannes Agnoli und Peter Brückner, Die Transformation der Demokratie, Frankfurt 1968.

Akerlof, George A. und Robert J. Shiller: Animal Spirits. Wie Wirtschaft wirklich funktioniert. Frankfurt 2009.

Albert, Hans und Ernst Topitsch (Hg.): Werturteilsstreit, Darmstadt 1979.

Albert, Hans: Die Wissenschaft und die Fehlbarkeit der Vernunft, Tübingen 1982.

Albert, Hans: Konstruktion und Kritik, 2. Aufl. Hamburg, 1975.

Albert, Hans: Kritik der reinen Hermeneutik, Tübingen 1994.

Albert, Hans: Theorie und Praxis, in ders. und Ernst Topitsch (Hg.), Werturteilsstreit, Darmstadt 1979, S. 200–237.

Albert, Hans: Traktat über kritische Vernunft, 4. Aufl. Tübingen 1980.

Albert, Hans: Traktat über rationale Praxis, Tübingen 1978.

Albert, Hans: Transzendentale Träumereien. Karl-Otto Apels Sprachspiele und sein hermeneutischer Gott, Hamburg 1975.

Albrecht, Clemens u.a.: Die intellektuelle Gründung der Bundesrepublik. Eine Wirkungsgeschichte der Frankfurter Schule, Frankfurt und New York 1999.

Apel, Karl-Otto: Diskurs und Verantwortung. Das Problem des Übergangs zur postkonventionellen Moral, Frankfurt 1988.

Arendt, Hannah und Karl Jaspers, Briefwechsel 1926–1969, München 1985.

Arendt, Hannah: Das Urteilen. Texte zu Kants Politischer Philosophie, hg. und mit einem Essay von Ronald Beiner, München und Zürich 1985.

Arendt, Hannah: Eichmann in Jerusalem. Ein Bericht von der Banalität des Bösen, München und Wien 1964.

Arendt, Hannah: Elemente und Ursprünge totaler Herrschaft, München und Zürich 1986.

Arendt, Hannah: Macht und Gewalt, München und Zürich 1970.

Arendt, Hannah: Über die Revolution, München 1974.

Arendt, Hannah: Vita activa oder Vom tätigen Leben, München und Zürich 4. Aufl. 1985 (zuerst 1958).

Arendt, Hannah: Wahrheit und Lüge in der Politik. Zwei Essays, München und Zürich 2. Aufl.1987.

Arendt, Hannah: Was ist Politik? Fragmente aus dem Nachlaß. Herausgegeben von Ursula Ludz. Vorwort von Kurt Sontheimer, München und Zürich 1993.

Aristoteles, Nikomachische Ethik, Gr.-Dt., Hg. Olof Gigon, neu Hg. Von Rainer Nickel, Düsseldorf und Zürich 2001.

Aristoteles, Politik, Übers. von Egon Rolfes, Hamburg 1981.

Ashcroft, Bill, Gareth Griffiths und Helen Tiffin (Hg.), The Empire Writes Back. Theory and Practice in Post-Colonial Literature, London and New York 1989.

Assmann, Jan: Die Mosaische Unterscheidung oder der Preis des Monotheismus, München 2003.

Auer, Dirk: Politisierte Demokratie. Richard Rortys politischer Antiessentialismus, Wiesbaden 2004.

Babst, Dean W.: Elective Governments – a Force for Peace, in The Wisconsin Sociologist, Nr. 1, Jg. 3, 1964, S. 9–14.

Bachmann-Medick, Doris: Postcolonial Turn, in dies., Cultural Turns, Reinbek 2006, S. 184–237.

Ballestrem, Karl Graf (Hg.): Internationale Gerechtigkeit, Opladen 2001.

Ballestrem, Karl Graf: Aporien der Totalitarismus-Theorie, in Politisches Denken, Jahrbuch 1991, Hg. Volker Gerhardt, Hennig Ottmann und Martyn P. Thompson, Stuttgart 1992, S. 50–67.

Bauman, Zygmunt: Dialektik der Ordnung. Die Moderne und der Holocaust, Hamburg 2002 (zuerst 1989).

Baurmann, Michael: Der Markt der Tugend. Recht und Moral in der liberalen Gesellschaft, Tübingen 2000.

Beitz, Charles: Political Theory and International Relations, Princeton 1979.

Bendersky, Joseph W.: Carl Schmitt. Theorist for the Reich, Princeton 1983.

Benhabib, Seyla: Hannah Arendt. Die melancholische Denkerin der Moderne, Hamburg 1998.

Benjamin, Walter: Geschichtsphilosophische Thesen, in ders., Illuminationen. Ausgewählte Schriften, Frankfurt 1969, S. 268–281.

Bhabha, Homi K.: Die Verortung der Kultur, Tübingen 2011.

Blankertz, Stefan: Das libertäre Manifest. Über den Widerspruch zwischen Staat und Wohlstand, Grevenbroich 2001.

Bohman, James und William Rehg: Deliberative Democracy. Essays on Reason and Politics, Cambridge 1997.

Braun, Dietmar: Theorien Rationalen Handelns in der Politikwissenschaft. Eine kritische Einführung, Opladen 1999.

Breier, Karl-Heinz: Hannah Arendt zur Einführung, Hamburg 1992.

Breuer, Stefan: Adorno, Luhmann. Konvergenzen und Divergenzen von kritischer Theorie und Systemtheorie, in Leviathan, Nr. 1, Jg. 15, 1987, S. 91–123.

Brink, Bert van den und Willem van Reijen (Hg.): Bürgergesellschaft, Recht und Demokratie, Frankfurt 1995.

Bröckling, Ulrich, Susanne Krasmann und Thomas Lemke (Hg.): Gouvernementalität der Gegenwart. Studien zur Ökonomisierung des Sozialen, Frankfurt 2000.

Buchanan, James M.: Die Grenzen der Freiheit, Tübingen 1984.

Buchanan, James, Robert Tollison und Gordon Tullock (Hg.): Towards a Theory of the Rent-Seeking Society, College Station 1980.

Bull, Hedley: The Anarchical Society. A Study of Order in World Politics, New York 1995.

Burchell, Graham, Colin Gordon und Peter Miller (Hg.): The Foucault Effect. Studies in Governmentality, Chicago 1991.

Busch, Emil-Walter: Geschichte der Frankfurter Schule. Theorie und Kritik, München 2010.

Bush, George H. W: Remarks to the Council of the Americas, 2. Mai 1989, abrufbar unter www.presidency.ucsb.edu/ws/index.php?pid=16986, abgerufen am 31.05.2012.

Butler, Judith: Kritik der ethischen Gewalt. Adorno-Vorlesungen 2002, Frankfurt 2007.

Cassirer, Ernst: Zur Logik der Kulturwissenschaften. Fünf Studien, 6. unveränderte Auflage, Darmstadt 1994.

Castro Varela, María do Mar und Nikita Dhawan, Postkoloniale Theorie. Eine kritische Einführung, Bielefeld 2005.

Chakrabarty, Dipesh: Eine kleine Geschichte der Subaltern Studies, in ders., Europa als Provinz. Perspektiven postkolonialer Geschichtsschreibung, Frankfurt 2010, S. 19–40.

Cohen, Joshua: Deliberation and Democratic Legitimacy, in Bohman, James und William Rehg: Deliberative Democracy. Essays on Reason and Politics, Cambridge 1997, S. 67–92.

Crouch, Colin: Das befremdliche Überleben des Neoliberalismus, Frankfurt 2011.

Crouch, Colin: Postdemokratie, Frankfurt 2008.

Dach, Hans von: Der totale Widerstand. Kleinkriegsanleitung für jedermann, 2. Aufl. Bern 1958.

Dahms, Hans-Joachim: Positivismusstreit. Die Auseinandersetzungen der Frankfurter Schule mit dem logischen Positivismus, dem amerikanischen Pragmatismus und dem kritischen Rationalismus, Frankfurt 1994.

Demirovic, Alex: Der nonkonformistische Intellektuelle. Die Entwicklung der Kritischen Theorie zur Frankfurter Schule, Frankfurt 1999.

Derrida, Jacques: Lyotard und wir, Berlin 1992.

Derrida, Jacques: Politik der Freundschaft, Frankfurt 2002.

Detel, Wolfgang: Macht, Moral, Wissen. Foucault und die klassische Antike, Frankfurt 1998.

Döring, Eberhard: Karl R. Popper, „Die offene Gesellschaft und ihre Feinde". Ein einführender Kommentar, Paderborn 1996.

Döring, Eberhard: Karl R. Popper. Einführung in Leben und Werk, 2. Aufl. Bonn 1992.

Downs, Anthony: Ökonomische Theorie der Demokratie, Tübingen 1968.

Doyle, Michael W.: Liberalism and World Politics, in American Political Science Review, Nr. 4, Jg. 80, 1986, S. 1151–1169.

Doyle, Michael: An international liberal Community, in Graham Allison und F.F. Treverton (Hg.): Rethinking America's Security Beyond Cold war to New World Order, New York und London 1992, S. 307–333.

Doyle, Michael: Kant, Liberal Legacies, and Foreign Affairs, in Michael Brown et al.: Debating the Democratic Peace, 3. Aufl. Cambridge 1999, S. 3–57.

Dreyfus, Hubert L. und Paul Rabinow: Michel Foucault. Jenseits von Strukturalismus und Hermeneutik, Frankfurt 1987.

Ehrenberg, Alain: Das erschöpfte Selbst, Depression und Gesellschaft in der Gegenwart, Frankfurt und New York 2004 (zuerst als La Fatigue d'être soi, 1998).

Eribon, Didier: Michel Foucault. Eine Biographie, Frankfurt 1999.

Etzioni, Amitai: Capital Corruption: The New Attack on American Democracy, New Brunswick 1988.

Etzioni, Amitai: Critical evaluation of Stanley Milgrim's study "A Model of Significant Research", in International Journal of Psychiatry, Jg. 6, 1968, S. 279–280.

Etzioni, Amitai: Die aktive Gesellschaft. Eine Theorie gesellschaftlicher und politischer Prozesse, 2. Aufl. Wiesbanden 2009. (zuerst als The active Society, 1968).

Etzioni, Amitai: Die Entdeckung des Gemeinwesens. Ansprüche, Verantwortlichkeiten und das Programm des Kommunitarismus, Frankfurt 1998 (zuerst als The Spirit of Community, 1993).

Etzioni, Amitai: Die faire Gesellschaft. Jenseits von Sozialismus und Kapitalismus (zuerst als The Moral Dimension, 1988), Frankfurt 1996.

Etzioni, Amitai: Die Verantwortungsgesellschaft. Individualismus und Moral in der heutigen Demokratie, Frankfurt und New York 1997 (zuerst als The New Golden Rule, 1996).

Etzioni, Amitai: Martin Buber und die kommunitarische Idee, Wien 1999.

Etzioni, Amitai: Political Unification Revisited. A Comparative Study of Leaders and Forces, New York 2001.

Etzioni, Amitai: Public Policy in a New Key, New Brunswick und London 1993.

Etzioni, Amitai: The Third Sector and Domestic Missions, in Public Administration Review, Nr. 4, Jg. 33, 1973, S. 314–323.

Etzioni, Amitai: Toward a Neo-Progressive Movement, in ders., Public Policy in a New Key, New Brunswick und London 1993, S. 127–140.

Eucken, Walter: Grundsätze der Wirtschaftspolitik, 6. Aufl. Tübingen 1990.

Feyerabend, Paul: Wider den Methodenzwang. Skizze einer anarchistischen Erkenntnistheorie, Frankfurt 1979.

Forget, Philippe (Hg.): Text und Interpretation, München 1984.

Foucault, Michel: Die Gouvernementalität, in Ulrich Bröckling, Susanne Krasmann und Thomas Lemke (Hg.): Gouvernementalität der Gegenwart. Studien zur Ökonomisierung des Sozialen, Frankfurt 2000, S. 41–67.

Foucault, Michel: Dits et Ecrits. Schriften I–IV, Frankfurt 2001ff.

Foucault, Michel: Geschichte der Gouvernementalität Bd. I: Sicherheit, Territorium, Bevölkerung, Frankfurt 2004.

Foucault, Michel: Geschichte der Gouvernementalität Bd. II. Die Geburt der Biopolitik, Frankfurt 2004.

Foucault, Michel: In Verteidigung der Gesellschaft, Frankfurt 1999.

Foucault, Michel: Was ist Kritik? Berlin 1992.

Friedman, David: The Machinery of Freedom. Guide to a Radical Capitalism, 2. Aufl. Chicago 1995 (zuerst 1989).

Friedrich, Carl Joachim: Totalitäre Diktatur, unter Mitarbeit von Professor Zbigniew K. Brzezinski, Stuttgart 1957.

Fromm, Erich: Die Furcht vor der Freiheit, 6. Aufl. München 1997.

Gadamer, Hans-Georg: Und dennoch: Macht des guten Willens, in Philippe Forget (Hg.), Text und Interpretation, München 1984, S. 59–61.

Giddens, Anthony: Jenseits von Links und Rechts. Die Zukunft radikaler Demokratie, Frankfurt 1997.

Goethe, Johann Wolfgang von: Westöstlicher Diwan, Berliner Ausgabe Bd. 3, Berlin 1965.

Gramsci, Antonio: Einige Gesichtspunkte zur Fragen des Südens, in ders., Zu Politik, Geschichte und Kultur. Ausgewählte Schriften, Frankfurt 1986, S. 188–218.

Gramsci, Antonio: Gefängnishefte, Bd. 7 (Hefte 12–15), Hamburg 1996.

Gramsci, Antonio: Gefängnishefte, Bd. 9 (Hefte 22–29), Hamburg 1999.

Green, Donald P. und Ian Shapiro: Pathologies of Rational Choice Theory. A Critique of Applications in Political Science, New Haven und London 1994.

Greven, Michael Th.: Der Begriff des Politischen, in Sven Papcke und Georg W. Oesterdiekhoff (Hg.), Schlüsselwerke der Soziologie, Opladen 2001.

Gross, Raphael: Carl Schmitt und die Juden. Eine deutsche Rechtslehre, Frankfurt 2005.

Guha, Ranajit: On some Aspects of the Historiography of Colonial India, in ders. (Hg.), Subaltern Studies I: Writings on South Asian History and Society, Delhi 1982, S. 1–8.

Habermas, Jürgen und Joseph Ratzinger, Dialektik der Säkularisierung. Über Vernunft und Religion. Freiburg 2005.

Habermas, Jürgen und Niklas Luhmann: Theorie der Gesellschaft oder Sozialtechnologie. Was leistet die Systemforschung? Frankfurt 1971.

Habermas, Jürgen: Das Konzept der Menschenwürde und die realistische Utopie der Menschenrechte, in ders., Zur Verfassung Europa, Frankfurt 2011, S. 13–38.

Habermas, Jürgen: Der Universalitätsanspruch der Hermeneutik, in: Karl Otto Apel u.a., Hermeneutik und Ideologiekritik, Frankfurt 1971, S. 120–160.

Habermas, Jürgen: Dialektik der Rationalisierung, in ders. (Hg.), Die Neue Unübersichtlichkeit, Kleinere politische Schriften, Frankfurt 1985, S. 167–208.

Habermas, Jürgen: Erkenntnis und Interesse, Frankfurt 1968.

Habermas, Jürgen: Erläuterungen zum Begriff des kommunikativen Handelns, in ders. (Hg.), Vorstudien und Ergänzungen zur Theorie des kommunikativen Handelns, Frankfurt 1984, S. 571–606.

Habermas, Jürgen: Faktizität und Geltung. Beiträge zur Diskurstheorie des Rechts und des demokratischen Rechtsstaats, Frankfurt 1992.

Habermas, Jürgen: Glauben und Wissen. Friedenspreis des Deutschen Buchhandels 2001. Frankfurt 2001.

Habermas, Jürgen: Moralbewußtsein und kommunikatives Handeln, Frankfurt 1983.

Habermas, Jürgen: Philosophisch-politische Profile. Erweiterte Ausgabe, Frankfurt 2. Aufl. 1984.

Habermas, Jürgen: Theorie des kommunikativen Handelns, 2 Bände, Frankfurt 1981.

Habermas, Jürgen: Theorie des kommunikativen Handelns, Taschenbuchausgabe, Frankfurt 1995.

Habermas, Jürgen: Vorpolitische Grundlagen des demokratischen Rechtsstaates, in Jürgen Habermas und Joseph Ratzinger, Dialektik der Säkularisierung. Über Vernunft und Religion. Freiburg 2005, S. 18–37.

Habermas, Jürgen: Zur Verfassung Europas. Ein Essay, Frankfurt 2011.

Hansen, Klaus und Hans Lietzmann (Hg.): Carl Schmitt und die Liberalismuskritik, Opladen 1988.

Harsanyi, John: Can the Maximin Principle serve as a basis for morality? A Critique of John Rawls's Theory, in ders., Essays on Ethics, Social Behavior and Scientific Explanation, Dordrecht 1976, S. 37–63.

Harsanyi, John: Essays on Ethics, Social Behavior and Scientific Explanation, Dordrecht 1976.

Haus, Michael: Die politische Philosophie Michael Walzers. Kritik, Gemeinschaft, Gerechtigkeit, Opladen 2000.

Hayek, Friedrich August von: Der Weg zur Knechtschaft, München 1994 (zuerst The road to serfdom, 1944).

Hayek, Friedrich August von: Die Ergebnisse menschlichen Handelns, aber nicht menschlichen Entwurfs, in ders., Freiburger Studien. Gesammelte Aufsätze, Tübingen 1994, S. 97–107.

Hayek, Friedrich August von: Die Ungerechtigkeit der Steuerprogression, Schweizerische Monatshefte, Nr. 8, Jg. 36, 1952, S. 508–517.

Hayek, Friedrich August von: Die Verfassung der Freiheit, 3. Aufl. Tübingen 1991.

Hayek, Friedrich August von: Die verhängnisvolle Anmaßung: Die Irrtümer des Sozialismus, Tübingen 1996.

Hayek, Friedrich August von: Grundsätze einer liberalen Gesellschaftsordnung, in ders., Freiburger Studien. Gesammelte Aufsätze, Tübingen 1994, S. 108–125.

Hayek, Friedrich August von: Grundsätze einer liberalen Gesellschaftsordnung. Aufsätze zur Politischen Philosophie und Theorie. Hg. von Viktor Vanberg, Tübingen 2002.

Hayek, Friedrich August von: Mißbrauch und Verfall der Vernunft. Ein Fragment, Frankfurt 1959.

Hayek, Friedrich August von: Recht, Gesetzgebung und Freiheit, 3 Bände, Landsberg 1980/81.

Heidegger, Martin: Bauen – Wohnen – Denken, in ders., Vorträge und Aufsätze Teil II, Pfullingen 1967, S. 19–36.

Heidegger, Martin: Sein und Zeit, Tübingen 15. Aufl. 1984.

Heidegger, Martin: Vorträge und Aufsätze Teil II, Pfullingen 1967.

Hellmann, Kai-Uwe und Rainer Schmalz-Bruns (Hg.): Theorie der Politik: Niklas Luhmanns politische Soziologie, Frankfurt 2002.

Hellmann, Kai-Uwe, Karsten Fischer und Harald Bluhm (Hg.): Das System der Politik: Niklas Luhmanns politische Theorie, Wiesbaden 2003.

Hennis, Wilhelm: Max Webers Fragestellung, Tübingen 1987.

Hennis, Wilhelm: Max Webers Wissenschaft vom Menschen, Tübingen 1996.

Heuer, Wolfgang: Citizen. Persönliche Integrität und politisches Handeln. Eine Rekonstruktion des politischen Humanismus Hannah Arendts, Berlin 1992.

Hilberg, Raul: Significance of the Holocaust, in Henry Friedlander and Sybil Milton (Hg.), The Holocaust: Ideology, Bureaucracy, and Genocide, Millwood NY 1980, S. 95–102.

Hilgendorf, Eric: Hans Albert zur Einführung, Hamburg 1997.

Hinsch, Wilfried (Hg.): Zur Idee des politischen Liberalismus. John Rawls in der Diskussion, (Hg. von der Philosophischen Gesellschaft Bad Homburg) Frankfurt 1997.

Hinsch, Wilfried: Gerechtfertigte Ungleichheiten. Grundsätze sozialer Gerechtigkeit, Berlin 2003.

Hirsch, Michael und Rüdiger Voigt (Hg.): Der Staat in der Postdemokratie. Staat, Politik, Demokratie und Recht im neueren französischen Denken, Stuttgart 2009.

Hirschman, Albert: Engagement und Enttäuschung. Über das Schwanken der Bürger zwischen Privatwohl und Gemeinwohl, Frankfurt 1984.

Höffe, Otfried (Hg.): John Rawls. Eine Theorie der Gerechtigkeit. Reihe Klassiker auslegen, Berlin 1998.

Höffe, Otfried (Hg.): Über John Rawls' Theorie der Gerechtigkeit, Frankfurt 1977.

Höffe, Otfried: Herrschaftsfreiheit oder gerechte Herrschaft? Zur Kritik des Anarchismus. In ders., Politische Gerechtigkeit. Grundlegung einer kritischen Philosophie von Recht und Staat, Frankfurt 1987, S. 193–221.

Homann, Karl: Rationalität und Demokratie, Tübingen 1988.

Honneth, Axel (Hg.): Kommunitarismus. Eine Debatte über die moralischen Grundlagen moderner Gesellschaften, Frankfurt 1993.

Hook, Sidney: Out of Step. An Unquiet Life in the 20th Century, New York 1987.

Hoppe, Hans-Hermann: Demokratie. Ein Gott, der keiner ist. Monarchie, Demokratie und natürliche Ordnung, Waltrop und Leipzig 2003.

Hoppe, Hans-Hermann: Einführung: Ludwig von Mises und der Liberalismus, in Ludwig von Mises, Liberalismus, Sankt Augustin 1993, S. 7–41.

Horkheimer, Max und Theodor W. Adorno: Dialektik der Aufklärung. Philosophische Fragmente, Neuausgabe, Frankfurt 1969 (geschrieben 1944, Erstveröffentlichung 1947).

Horkheimer, Max: Die Juden und Europa, in Gesammelte Werke, Band 4, Frankfurt 1988, S. 308–331., hier S. 308f. (Erstveröffentlichung in Zeitschrift für Sozialforschung, Nr. 112, Jg. 8, 1939, S. 115–137).

Horkheimer, Max: Gesammelte Schriften, 19 Bände, Frankfurt 1986ff.

Horkheimer, Max: Gesellschaft im Übergang. Aufsätze, Reden und Vorträge 1942–1979, Hg. von Werner Brede, Frankfurt 1972.

Horkheimer, Max: Kritische Theorie der Gesellschaft, Frankfurt 1968.

Horkheimer, Max: Sozialphilosophische Studien. Aufsätze, Reden und Vorträge 1930–1972, Hg. von Werner Brede, Frankfurt 1972.

Horkheimer, Max: Traditionelle und kritische Theorie, in ders., Kritische Theorie der Gesellschaft, Bd. II, Frankfurt 1968 (zuerst 1937), S. 137–191.

Horkheimer, Max: Zur Kritik der instrumentellen Vernunft, in ders., Gesammelte Schriften Bd. 6. Frankfurt 1991.

Husserl, Edmund: Die Krisis der europäischen Wissenschaften und die transzendentale Phänomenologie. Eine Einleitung in die phänomenologische Philosophie, 3. Aufl. Hamburg 1996.

Husserl, Edmund: Formale und transzendentale Logik, Halle 1929 .

Jacobsen, Michael Hviid: The sociology of Zygmunt Bauman. Challenges and critique, Aldershot 2008.

Jay, Martin: Dialektische Phantasie. Die Geschichte der Frankfurter Schule und des Instituts für Sozialforschung 1923–1950, Frankfurt 1981.

Junge, Matthias und Thomas Kron (Hg.): Zygmunt Bauman: Soziologie zwischen Postmoderne und Ethik, Opladen 2002.

Junge, Matthias: Zygmunt Bauman: Soziologie zwischen Postmoderne, Ethik und Gegenwartsdiagnose, 2. Aufl. Wiesbaden 2007.

Kaesler, Dirk: Einführung in das Studium Max Webers, München 1990.

Kant, Immanuel: Die Religion innerhalb der Grenzen der bloßen Vernunft, Hamburg 2003 (zuerst 1793).

Kant, Immanuel: Kleinere Schriften zur Geschichtsphilosophie, Ethik und Politik. Hg. von Karl Vorländer, Hamburg 1973.

Kant, Immanuel: Kritik der reinen Vernunft, Hg. Raymund Schmidt, Hamburg 1970.

Kant, Immanuel: Über den Gemeinspruch: Das mag in der Theorie richtig sein, taugt aber nicht für die Praxis, in Kleinere Schriften zur Geschichtsphilosophie, Ethik und Politik. Hg. von Karl Vorländer, Hamburg 1973, S. 67–114.

Kant, Immanuel: Werke Bd. 11, Hg. Wilhelm Weischedel, Frankfurt 1977.

Kant, Immanuel: Zum ewigen Frieden, in ders., Werke Bd. 11, Hg. Wilhelm Weischedel, Frankfurt 1977, S. 195–251.

Kennedy, John F.: Inaugural Address vom 20. Januar 1961, abrufbar unter www.ourdocuments.gov/doc.php?doc=91, abgerufen am 31.05.2012.

Kersting, Wolfgang: John Rawls zur Einführung, Hamburg 1993.

Kersting, Wolfgang: Soziale Gerechtigkeit und Differenzprinzip bei John Rawls. In ders., Theorien der sozialen Gerechtigkeit, Stuttgart und Weimar 2000.

Kleger, Heinz: Die Rückkehr der Bürgergesellschaft, in Widerspruch, Nr. 24, Jg. 12, 1992, S. 49–61.

Krell, Gert und Harald Müller (Hg.): Frieden und Konflikt in den internationalen Beziehungen. Festschrift für Ernst-Otto Czempiel, Frankfurt und New York 1994.

Kunneman, Harry und Hent de Vries (Hg.): Die Aktualität der Dialektik der Aufklärung. Zwischen Moderne und Postmoderne, Frankfurt und New York 1989.

Kunz, Volker: Rational Choice, Frankfurt 2004.

Lake, David A.: Powerful Pacifists: Democratic States and War, in American Political Science Review, Nr. 1, Jg. 86, 1992, S. 24–37.

Lange, Stefan: Niklas Luhmanns Theorie der Politik. Eine Abklärung der Staatsgesellschaft, Opladen 2003.

Lauermann, Manfred: Versuch über Carl Schmitt im Nationalsozialismus, in Klaus Hansen und Hans Lietzmann (Hg.), Carl Schmitt und die Liberalismuskritik, Opladen 1988, S. 37–53.

Layne, Christopher: Kant or Cant. The Myth of the Democratic Peace, in International Security, Nr. 2, Jg. 19. 1994, S. 5–49.

Lee, Eun-Jeung: Anti-Europa. Die Geschichte der Rezeption des Konfuzianismus und der konfuzianischen Gesellschaft seit der frühen Aufklärung, Münster 2003.

Lemke, Thomas, Susanne Krasmann und Ulrich Bröckling: Gouvernementalität. Neoliberalismus und Selbsttechnologien. Eine Einleitung in Bröckling, Ulrich, Susanne Krasmann und Thomas Lemke (Hg.): Gouvernementalität der Gegenwart. Studien zur Ökonomisierung des Sozialen, Frankfurt 2000, S. 7–40.

Lemke, Thomas: Eine Kritik der politischen Vernunft. Foucaults Analyse der modernen Gouvernementalität, Berlin und Hamburg 1997.

Lévi-Strauss, Claude: Mythos und Bedeutung, Frankfurt 1980.

Lichtschlag, André F.: Libertarianism. Eine (Anti-)Politische Bewegung in den USA und ihre Bedeutung für Deutschland, Grevenbroich 2000.

Lindblom, Charles: The Intelligence of Democracy. Decision Making through Mutual Adjustment, New York 1965.

Linden, Hedwig: Grundannahmen bei Jean-François Lyotard und Hannah Arendt zum Totalitarismus als Metamorphosen einer Einheit von Denken und Sein, in Walter Reese-Schäfer und Bernhard Taureck: Jean-François Lyotard. Essays zur Grammatik des 21. Jahrhunderts, 3. Aufl. Cuxhaven 2002, S. 114–123.

Locke, John: Zwei Abhandlungen über die Regierung. Hg. und eingeleitet von Walter Euchner, 4. Aufl. Frankfurt 1989.

Luhmann, Niklas: Die Gesellschaft der Gesellschaft, 2 Bände, Frankfurt 1997.

Luhmann, Niklas: Die Politik der Gesellschaft, Frankfurt 2000.

Luhmann, Niklas: Die Weltgesellschaft, in ders., Soziologische Aufklärung II, 3. Aufl. Opladen 1986, S. 51–71 (Erstveröffentlichung in Archiv für Rechts- und Sozialphilosophie Jg. 57, 1971, S. 1–35).

Luhmann, Niklas: Politische Steuerung. Ein Diskussionsbeitrag, in PVS, Nr. 1, 30. Jg., 1989, S. 4–9.

Luhmann, Niklas: Protest. Systemtheorie und soziale Bewegungen. Hg. und eingeleitet von Kai-Uwe Hellmann, Frankfurt 1996.

Luhmann, Niklas: Soziale Systeme. Grundriß einer allgemeinen Theorie, Frankfurt 1984.

Lührs, Georg u.a. (Hg.): Kritischer Rationalismus und Sozialdemokratie, 2. Aufl. Berlin und Bonn 1975.

Lyotard Jean-François u.a.: Immaterialität und Postmoderne, Berlin 1985.

Lyotard, Jean-François u.a.: Sprache, Zeit, Arbeit. Gespräch zwischen Jean-François Lyotard und Giairo Daghini, in Jean-François Lyotard u.a., Immaterialität und Postmoderne, Berlin 1985, S. 35–53.

Lyotard, Jean-François: Das Patchwork der Minderheiten, Berlin 1977.

Lyotard, Jean-François: Das postmoderne Wissen. Ein Bericht, Wien 1986 (zuerst als La condition postmoderne, Paris 1979).

Lyotard, Jean-François: Der Widerstreit, München 1987.

Lyotard, Jean-François: Die Moderne redigieren, Bern 1988.

Lyotard, Jean-François: Essays zu einer affirmativen Ästhetik, Berlin 1982.

Lyotard, Jean-François: Grabmal des Intellektuellen, Graz und Wien 1985.

Lyotard, Jean-François: Memorandum über die Legitimität, in ders., Postmoderne für Kinder. Briefe aus den Jahren 1982–1985, Wien 1987, S. 57–83.

Lyotard, Jean-François: Philosophie und Malerei im Zeitalter ihres Experimentierens, Berlin 1986.

Lyotard, Jean-François: Pierre Souyri – Le marxisme que n'a pas fini, in Esprit, Nr. 1, Jg. 61, 1982, S. 11–31.

Lyotard, Jean-François: Postmoderne für Kinder. Briefe aus den Jahren 1982 – 1985, Wien 1987.

Lyotard, Jean-François: Regeln und Paradoxa, in ders., Philosophie und Malerei im Zeitalter ihres Experimentierens, Berlin 1986, S. 97–107.

Lyotard, Jean-François: Vorwort, in ders., Essays zu einer affirmativen Ästhetik, Berlin 1982, S. 7–9.

Mall, Ram Adhar: Hans-Georg Gadamers Hermeneutik interkulturell gelesen, Nordhausen 2005.

Mansfield, Edward D. und Jack Snyder: Democratization and War, in Foreign Affairs, Nr. 3, Jg. 74, 1995, S. 79–97.

Marotzki, Winfried und Heinz Sünker (Hg.): Kritische Erziehungswissenschaft – Moderne – Postmoderne, Studien zur Philosophie und Theorie der Bildung, Bd. 14, Weinheim 1992.

Marx, Karl: Das Kapital, 3 Bände, Marx-Engels-Werke (MEW) Bd. 23–25. Berlin 1962/1963/1975.

Marx, Karl: Die britische Herrschaft in Indien, in Marx-Engels-Studienausgabe, Bd. 4, Hg. Iring Fetscher, Frankfurt am Main 1966 (zuerst 1853), S. 130–136.

Marx, Karl: Die deutsche Ideologie, Marx-Engels-Werke (MEW) Bd. 3, Berlin 1969.

Marx, Karl: Zur Kritik der Hegelschen Rechtsphilosophie. Einleitung, Marx-Engels-Werke (MEW) Bd. 1, Berlin 1973, 378–391.

Maxwell, Gerald und Ruth E. Ames: Economist Free Ride, Does Anyone Else?, in Journal of Public Economics, Jg. 15, 1981, S. 295–310.

McGrath, Joseph E. und David A. Kravitz: Group Research, in Annual Review of Psychology, Jg. 33, 1982, S. 195–230.

McLean, Iain: Public Choice. An Introduktion. Oxford und New York 1987.

Mehring, Reinhard (Hg.): Carl Schmitt. Der Begriff des Politischen. Ein kooperativer Kommentar, München 2003.

Mehring, Reinhard: Carl Schmitt zur Einführung, Hamburg 1992.

Mehring, Reinhard: Carl Schmitt. Aufstieg und Fall. Eine Biographie, München 2009.

Meier, Heinrich: Die Lehre Carl Schmitts. Vier Kapitel zur Unterscheidung Politischer Theologie und Politischer Philosophie, Stuttgart und Weimar 1994.

Merkel, Wolfgang und Andreas Busch (Hg.): Demokratie in Ost und West. Für Klaus von Beyme, Frankfurt 1999.

Michels, Robert: Soziologie des Parteiwesens in der modernen Demokratie, 4. Aufl. Stuttgart 1989.

Mill, James: The History of British India, Bd. 1, London 1837.

Mises, Ludwig von: Die Gemeinwirtschaft: Untersuchungen über den Sozialismus, Jena 1922 (engl. Socialism. An Economic and Sociological Analysis, 1981).

Mises, Ludwig von: Die Wurzeln des Antikapitalismus, Frankfurt 1958.

Mises, Ludwig von: Erinnerungen, Stuttgart und New York 1977.

Mises, Ludwig von: Liberalismus, Sankt Augustin 1993 (Nachdruck der Originalausgabe von 1927).

Mises, Ludwig von: Nationalökonomie: Theorie des Handelns und Wirtschaftens, Genf 1940 (engl. unter dem Titel Human Action. A Treatise on Economics, 3. Aufl. 1966).

Morgenthau, Hans J.: Politics among Nations. The Struggle for Power and Peace. Revised by Kenneth W. Thompson, New York 1993.

Mouffe, Chantal: Exodus und Stellungskrieg. Die Zukunft radikaler Politik, Wien 2005.

Mouffe, Chantal: Über das Politische. Wider die kosmopolitische Illusion. Frankfurt 2007.

Nandi, Miriam: Gayarti Chakravorty Spivak. Eine interkulturelle Einführung, Nordhausen 2009.

Neumann, Frank: Behemoth. Struktur und Praxis des Nationalsozialismus 1933–1944, Frankfurt 1993 (zuerst 1942, erweitert 1944).

Nietzsche, Friedrich: Zur Genealogie der Moral, in ders., Werke in drei Bänden. Herausgegeben von Karl Schlechta, München: Hanser, Bd. 2, 1954, S. 761–900.

North, Douglass C.: Theorie des institutionellen Wandels. Eine neue Sicht der Wirtschaftsgeschichte, Tübingen 1988.

Nussbaum, Martha: Cultivating Humanity. A Classical Defense of Reform in Liberal Education, Cambridge und London 1997.

Nussbaum, Martha: The Study of Non-Western Cultures, in dies., Cultivating Humanity. A Classical Defense of Reform in Liberal Education, Cambridge und London 1997, S. 113–147.

Olson, Mancur: Aufstieg und Niedergang von Nationen, 2. Aufl. Tübingen 1991.

Olson, Mancur: Die Logik des kollektiven Handelns, Tübingen 1968.

Olson, Mancur: Umfassende Ökonomie, Tübingen 1991.

Opitz, Sven: Gouvernementalität im Postfordismus. Macht, Wissen und Techniken des Selbst im Feld unternehmerischer Rationalität, Hamburg 2004.

Palonen, Kari: Das „Webersche Moment". Zur Kontingenz des Politischen, Opladen und Wiesbaden 1998.

Palyi, Melchior (Hg.): Hauptprobleme der Soziologie, Erinnerungsgabe für Max Weber, Bd. 2, München und Leipzig 1923.

Papcke, Sven und Georg W. Oesterdiekhoff (Hg.): Schlüsselwerke der Soziologie, Opladen 2001.

Parsons, Talcott: On the Concept of Political Power, in ders., Sociological Theory and Modern Society, New York 1967, S. 297–354.

Parsons, Talcott: Sociological Theory and Modern Society, New York 1967.

Pies, Ingo und Martin Leschke (Hg.), Ludwig von Mises' ökonomische Argumentationswissenschaft, Tübingen 2010.

Plessner, Helmuth: Die verspätete Nation, Frankfurt 6. Aufl. 1998.

Pogge, Thomas: Internationale Gerechtigkeit: Ein universalistischer Ansatz, in Karl Graf Ballestrem (Hg.), Internationale Gerechtigkeit, Opladen 2001, 31–54.

Pogge, Thomas: John Rawls, München 1994.

Popper, Karl R.: Das Elend des Historizismus, 5. Aufl. Tübingen 1979 (zuerst 1965).

Popper, Karl R.: Die offene Gesellschaft und ihre Feinde, 2 Bände, 6. Aufl. München 1980.

Popper, Karl R.: Logik der Forschung, 8. Aufl. Tübingen 1984.

Putnam, Robert D.: Bowling Alone: America's Declining Social Capital, in Larry Diamond und Marc F. Plattner (Hg.): The Global Resurgence of Democracy, Baltimore und London 1996, S. 290–306.

Putnam, Robert D.: Bowling Alone. The Collapse and Revival of American Community, New York u.a. 2000.

Putnam, Robert D.: Making Democracy Work. Civic Traditions in Modern Italy, Princeton 1993.

Putnam, Robert D.: Symptome der Krise – Die USA, Europa und Japan im Vergleich, in Werner Weidenfeld (Hg.): Demokratie am Wendepunkt. Die demokratische Frage als Projekt des 21. Jahrhunderts, Berlin 1996. S. 52–80.

Quaritsch, Helmut (Hg.): Complexio Oppositorum, Berlin 1988.

Quaritsch, Helmut: Positionen und Begriffe Carl Schmitts, 2. Aufl. Berlin 1991.

Raimondo, Justin: An Enemy of the State. The Life of Murray N. Rothbard Amherst 2000.

Rawls, John: Das Recht der Völker, Berlin und New York 2002.

Rawls, John: Der Vorrang der Grundfreiheiten, in ders., Die Idee des politischen Liberalismus. Aufsätze 1978–1989, Frankfurt 1992, S. 159–254.

Rawls, John: Die Idee des politischen Liberalismus. Aufsätze 1978–1989, Frankfurt 1992.

Rawls, John: Eine Theorie der Gerechtigkeit, Frankfurt 1998 (Neuauflage der deutschen Erstausgabe von 1979, der eine überarbeitete Version der Originalausgabe: A Theory of Justice, 1971 zugrunde liegt).

Rawls, John: Erwiderung auf Habermas, in Wilfried Hinsch (Hg.), Zur Idee des politischen Liberalismus. John Rawls in der Diskussion, (Hg. von der Philosophischen Gesellschaft Bad Homburg) Frankfurt 1997, S. 196–262.

Rawls, John: Gerechtigkeit als Fairneß. Ein Neuentwurf, Frankfurt 2003.

Rawls, John: Nochmals: Die Idee der öffentlichen Vernunft, in ders., Das Recht der Völker, Berlin und New York 2002, S. 165–218.

Rawls, John: Politischer Liberalismus, Frankfurt 1998 (zuerst als Political Liberalism, New York 1993).

Ray, James Lee: The Democratic Path to Peace, in Journal of Democracy, Nr. 2, Jg. 8, 1997, S. 49–64.

Reagan, Ronald: Speaking My Mind. Selected Speeches, New York etc. 1989.

Reese-Schäfer, Walter und Bernhard Taureck (Hg.): Jean-François Lyotard. Essays zur Grammatik des 21. Jahrhunderts, 3. Aufl. Cuxhaven 2002.

Reese-Schäfer, Walter und Christian Mönter: Politische Ethik, Wiesbaden 2012.

Reese-Schäfer, Walter: Amitai Etzioni zur Einführung, Hamburg 2001.

Reese-Schäfer, Walter: Antike politische Philosophie zur Einführung, Hamburg 1998.

Reese-Schäfer, Walter: Das überforderte Selbst. Globalisierungsdruck und Verantwortungslast, Hamburg 2007.

Reese-Schäfer, Walter: Grenzgötter der Moral. Der neuere europäisch-amerikanische Diskurs zur politischen Ethik, Neuausgabe, Wiesbaden 2012.

Reese-Schäfer, Walter: Internationale Gerechtigkeit als Gegenstand von Theorie und Praxis universalistischer Moralität. Ein Kommentar zu Thomas Pogge, in Karl Graf Ballestrem (Hg.), Internationale Gerechtigkeit, Opladen 2001, S. 55–65.

Reese-Schäfer, Walter: Jürgen Habermas, 3. Aufl. Frankfurt und New York 2001.

Reese-Schäfer, Walter: Karl-Otto Apel zur Einführung, Hamburg 1990.

Reese-Schäfer, Walter: Kommunitarismus, 3. vollständig überarbeitete Aufl. Frankfurt 2001.

Reese-Schäfer, Walter: Kritik des Müßiggangs als Topos utopiekritischen Denkens in Hans Jonas' „Prinzip Verantwortung", in Allgemeine Gesellschaft für Philosophie in Deutschland (Hg.), Neue Realitäten. Herausforderung der Philosophie. XVI. Deutscher Kongreß für Philosophie. Sektionsbeiträge I, Berlin 1993, S. 333–340.

Reese-Schäfer, Walter: Lyotard zur Einführung, 3. Aufl. Hamburg 1995.

Reese-Schäfer, Walter: Niklas Luhmann zur Einführung, 6. Aufl. Hamburg 2011.

Reese-Schäfer, Walter: Parteien als politische Organisationen in Luhmanns Theorie des politischen Systems, in Kai-Uwe Hellmann und Rainer Schmalz-Bruns (Hg.): Theorie der Politik: Niklas Luhmanns politische Soziologie, Frankfurt 2002, S. 109–130.

Reese-Schäfer, Walter: Politisches Denken heute. Zivilgesellschaft, Globalisierung und Menschenrechte, 2. Aufl. München und Wien 2007.

Reese-Schäfer, Walter: Richard Rorty zur Einführung, 2. Aufl. Hamburg 2006.

Reese-Schäfer, Walter: The Politics of Ideas of the Prussian Reformers, in European Studies, Jg. 9, 2010, S. 175–179.

Reese-Schäfer, Walter: Zum Vergleich des Unbehagens an der Moderne und an der Postmoderne. Zygmunt Bauman und das kommunitarische Denken, in Matthias Junge und Thomas Kron (Hg.), Zygmunt Bauman: Soziologie zwischen Postmoderne, Ethik und Gegenwartsdiagnose, 2. erweiterte Aufl. Wiesbaden 2007, S. 289–316.

Reich, Robert: The Future of Success. Wie wir morgen arbeiten werden, München und Zürich 2002.

Risse-Kappen, Thomas: Demokratischer Frieden? Unfriedliche Demokratien? Überlegungen zu einem theoretischen Puzzle, in Gert Krell und Harald Müller (Hg.): Frieden und Konflikt in den internationalen Beziehungen. Festschrift für Ernst-Otto Czempiel, Frankfurt und New York 1994, S. 159–189.

Röpke, Wilhelm: Civitas Humana (Ausgewählte Werke III), 4. Aufl. Bern, 1979.

Rorty, James und Moshe Decter: McCarthy and the Communists, Boston 1954.

Rorty, Richard: Das Kommunistische Manifest 150 Jahre danach: Gescheiterte Prophezeiungen, glorreiche Hoffnungen, Frankfurt 1998.

Rorty, Richard: Der Fehlschlag – Warum eine Irak-Invasion falsch ist, Frankfurter Rundschau, 25.2.2003, abrufbar unter www.fr-online.de/spezials/der-fehlschlag,1472610,2688596,item,0.html, zuletzt abgerufen am 31.05.2012.

Rorty, Richard: Der Spiegel der Natur: eine Kritik der Philosophie, Frankfurt 1981.

Rorty, Richard: Der Vorrang der Demokratie vor der Philosophie, in ders., Solidarität oder Objektivität? Drei philosophische Essays, Stuttgart 1988, S. 82–125.

Rorty, Richard: Eine Kultur ohne Zentrum. Vier philosophische Essays und ein Vorwort, Stuttgart 1993.

Rorty, Richard: Hoffnung statt Erkenntnis. Eine Einführung in die pragmatische Philosophie, Wien 1994.

Rorty, Richard: Kontingenz, Ironie und Solidarität, Frankfurt 1989 (zuerst als Contingency, Irony, and Solidarity, 1989).

Rorty, Richard: Philosophie & die Zukunft. Essays, Frankfurt 2000.

Rorty, Richard: Philosophy and Social Hope, London 1999.

Rorty, Richard: Solidarität oder Objektivität? Drei philosophische Essays, Stuttgart 1988.

Rorty, Richard: Stolz auf unser Land. Die amerikanische Linke und der Patriotismus, Frankfurt 1999.

Rorty, Richard: The Communitarian Impulse. Vortrag am Colorado College, 5.2.1999, abrufbar: www2.coloradocollege.edu/Academics/Anniversary/Transcripts/RortyTXT.htm, zuletzt abgerufen am 31.5.2012.

Rorty, Richard: Wilde Orchideen und Trotzki, in ders., Philosophie & die Zukunft. Essays, Frankfurt 2000, S. 137–160.

Rosthorn, Arthur von: Religion und Wirtschaft in China, in Melchior Palyi (Hg.), Hauptprobleme der Soziologie, Erinnerungsgabe für Max Weber, Bd. 2, München und Leipzig 1923, S. 221–233.

Rothbard, Murray N.: Die Ethik der Freiheit, 2. Aufl. St. Augustin, 2000.

Rothbard, Murray N.: Eine neue Freiheit. Das libertäre Manifest, Berlin 1999.

Rubenstein, Richard L. und John Roth: Approaches to Auschwitz, San Francisco 1987.

Rummel, Rudolph J.: Understanding Conflict and War, Beverly Hills 1979.

Saatkamp, Herman J. Jr. (Hg.): Rorty and Pragmatism. The Philosopher Responds to His Critics, Nashville und London 1995.

Said, Edward: Orientalismus, Frankfurt 2009 (zuerst als Orientalism, 1978).

Salamon, Lester M.: Der Dritte Sektor im internationalen Vergleich – Zusammenfassende Ergebnisse des Johns Hopkins Comparative Nonprofit Sector Project, in Eckard Priller und Annette Zimmer (Hg.): Der Dritte Sektor international. Mehr Markt – weniger Staat? Berlin 2001, S. 29–56.

Sandel, Michael J.: Die verfahrensrechtliche Republik und das ungebundene Selbst, in Axel Honneth (Hg.): Kommunitarismus. Frankfurt 1993, S. 18–35.

Sandel, Michael J.: Liberalism and the Limits of Justice, Cambridge 1982.

Sarkar, Sumit: The Fascism of the Sangh Parivar, in Economic and Political Weekly, 20.1.1993, S. 164f.

Schäfer, Armin: Krisentheorien der Demokratie. Unregierbarkeit, Spätkapitalismus und Postdemokratie. MPIfG discussion paper 08/10, Köln 2008, abrufbar unter http://edoc.vifapol.de/opus/volltexte/2009/1168/pdf/dp08_10.pdf, abgerufen am 2.6.2012.

Schäfer, Thomas, Udo Tietz und Rüdiger Zill: Hinter den Spiegeln. Beiträge zur Philosophie Richard Rortys mit Erwiderungen von Richard Rorty, Frankfurt 2001.

Schäfer, Thomas: Reflektierte Vernunft. Michel Foucaults philosophisches Projekt einer anti-totalitären Macht- und Wahrheitskritik, Frankfurt 2005.

Scharpf, Fritz W.: Politische Steuerung und politische Institutionen, in PVS, Nr. 1, 30. Jg., 1989, S. 10–22.

Schlangen, Wolfgang: Die Totalitarismus-Theorie. Entwicklung und Probleme. Stuttgart 1976.

Schmidt, Alfred und Norbert Altwicker (Hg.): Max Horkheimer heute: Werk und Wirkung, Frankfurt 1986.

Schmitt, Carl: Der Begriff des Politischen. Text von 1932 mit einem Vorwort und drei Corollarien, Berlin 1979 (unveränderter Nachdruck der Auflage von 1963).

Schmitt, Carl: Der Leviathan in der Staatslehre des Thomas Hobbes, Köln 1982 (zuerst Hamburg 1938).

Schmitt, Carl: Die geistesgeschichtliche Lage des heutigen Parlamentarismus, 6. Aufl. Berlin 1985.

Schmitt, Carl: Politische Theologie II. Die Legende von der Erledigung jeder Politischen Theologie, 2. Aufl. Berlin 1984.

Schmitt, Carl: Politische Theologie. Vier Kapitel zur Lehre von der Souveränität, 4. Aufl. Berlin 1985.

Schmitt, Carl: Positionen und Begriffe im Kampf mit Weimar – Genf – Versailles 1923–1939, Berlin 1988 (zuerst 1940).

Schmitt, Carl: Tagebücher 1930–1934, Hg. Wolfgang Schuller, Berlin 2010

Schmitt, Carl: Theorie des Partisanen. Zwischenbemerkung zum Begriff des Politischen, 2. Aufl. Berlin 1975

Schuler, Thomas: Bertelsmannrepublik Deutschland. Eine Stiftung macht Politik, Frankfurt 2010.

Schumpeter, Joseph A.: Kapitalismus, Sozialismus und Demokratie, 5. Aufl. München 1980 (zuerst Capitalism, socialism and democracy, 1942).

Sen, Amartya: Die Idee der Gerechtigkeit, München 2010.

Sen, Amartya: Ökonomie für den Menschen. Wege zu Gerechtigkeit und Solidarität in der Marktwirtschaft, München 1999.

Sen, Amartya: Rational Fools: A Critique of the Behavioral Foundations of Economic Theory, in ders., Choice, Welfare and Measurement, Cambridge und London 1982, S. 84–108.

Smith, Adam: Theorie der ethischen Gefühle, Hamburg 2004.

Sorel, Georges: Über die Gewalt. Mit einem Nachwort von George Lichtheim, Frankfurt 1981.

Spiro, David E.: The insignificance of the Liberal Peace, in International Security, Nr. 2, Jg. 19, 1994, S. 50–86.

Spivak, Gayatri Chakravorty: Can the Subaltern Speak? Postkolonialität und subalterne Artikulation, Wien 2008.

Spivak, Gayatri Chakravorty: Outside in the Teaching Machine, New York 1993.

Spivak, Gayatri Chakravorty: Righting Wrongs – Unrecht richten, Zürich und Berlin 2008.

Spivak, Gayatri Chakravorty: The Postcolonial Critic, New York 1992.

Stelzer, Harald: Karl Poppers Sozialphilosophie. Politische und ethische Implikationen, Wien 2004.

Sternberger, Dolf: Staatsfreundschaft, Frankfurt 1980.

Taubes, Jacob (Hg.): Der Fürst dieser Welt. Carl Schmitt und die Folgen, München, Paderborn, Wien, Zürich 1983.

Taylor, Charles: Atomismus. in Bert van den Brink und Willem van Reijen (Hg.): Bürgergesellschaft, Recht und Demokratie, Frankfurt 1995, S. 73–106.

Taylor, Charles: Negative Freiheit? Zur Kritik des neuzeitlichen Individualismus, Frankfurt 1988.

Taylor, Charles: Quellen des Selbst. Die Entstehung der neuzeitlichen Identität. Frankfurt 1994, zuerst als: Sources of the Self. The Making of the Modern Identity, Cambridge 1989.

Thomas, Sven: Alternativen zum Tarifvertragssystem, Frankfurt 2002.

Thompson, Edward P.: The Making of the English Working Class, London 1966.

Tönnies, Ferdinand: Gemeinschaft und Gesellschaft. Grundbegriffe der reinen Soziologie, Darmstadt 1988 (zuerst 1887).

Walk, Heike und Achim Brunnengräber: Die Globalisierungswächter. NGOs und ihre transnationalen Netze im Konfliktfeld Klima, Münster 2000.

Waltz, Kenneth M.: Man, the State, and War. A theoretical analysis, New York 1959.

Walzer, Michael: Die kommunitaristische Kritik am Liberalismus, in Axel Honneth (Hg.): Kommunitarismus, Frankfurt und New York 1993, S. 157–180.

Walzer, Michael: Kritik und Gemeinsinn. Drei Wege der Gesellschaftskritik, Berlin 1990 (zuerst als Interpretation and Social Criticism, 1987).

Walzer, Michael: Sphären der Gerechtigkeit. Ein Plädoyer für Pluralität und Gleichheit, Frankfurt und New York 1992 (zuerst als Spheres of Justice, 1983).

Waschkuhn, Arno: Kritische Theorie, München und Wien 2000.

Waschkuhn, Arno: Kritischer Rationalismus, München und Wien 1999.

Weber, Max: Die protestantische Ethik und der Geist des Kapitalismus, in ders., Gesammelte Aufsätze zur Religionssoziologie I, Tübingen 1988 (zuerst 1905/1920), S. 17–205.

Weber, Max: Gesammelte Aufsätze zur Religionssoziologie I, Tübingen 1988.

Weber, Max: Gesammelte Aufsätze zur Wissenschaftslehre, Hg. Johannes Winckelmann, 6. Aufl. Tübingen 1982.

Weber, Max: Gesamtausgabe, (MWG), 41 Bände, Tübingen 1984ff. (noch nicht alle erschienen).

Weber, Max: Politik als Beruf, Nachwort von Ralf Dahrendorf, Stuttgart 1997.

Weber, Max: Schriften 1894–1922, ausgewählt von Dirk Kaesler, Stuttgart 2002.

Weber, Max: Wirtschaft und Gesellschaft, Grundriss der verstehenden Soziologie, 5. revidierte Auflage 2002.

Weber, Max: Wissenschaft als Beruf, Nachwort von Friedrich Tenbruck, Stuttgart 1995.

Wellmer, Albrecht: Der heimliche Positivismus der Marxschen Geschichtsphilosophie, in ders., Kritische Gesellschaftstheorie und Positivismus, Frankfurt 1969, S. 69–127.

Wellmer, Albrecht: Zur Dialektik von Moderne und Postmoderne. Vernunftkritik nach Adorno, Frankfurt 1985.

Welsch, Wolfgang: Unsere postmoderne Moderne, 6. Aufl. Berlin 2002.

Wiggershaus, Rolf: Die Frankfurter Schule. Geschichte. Theoretische Entwicklung. Politische Bedeutung, München 1988.

Willke, Gerhard: Neoliberalismus, Frankfurt und New York 2003.

Windfuhr, Michael: Der Einfluss der NGOs auf die Demokratie, in Wolfgang Merkel und Andreas Busch (Hg.); Demokratie in Ost und West. Für Klaus von Beyme, Frankfurt 1999, S. 520–548.

Winkler, Heinrich August: Der lange Weg nach Westen, 2 Bände, 5. Aufl. München 2002.

Wolf, Harald: „Die Revolution neu beginnen". Über Cornelius Castoriadis und „Socialisme ou Barbarie", in Archiv für Geschichte des Widerstands und der Arbeit, Bd. 15, 1998, S. 69–112.

Young-Bruehl, Elisabeth: Hannah Arendt. Leben, Werk und Zeit, Frankfurt 1986.

Yousefi, Hamid Reza und Ram Adhar Mall: Grundpositionen der interkulturellen Philosophie, Nordhausen 2005.

Personenregister

Adorno, Theodor W. 5, 14, 60, 65, 66, 69, 70, 71, 72, 73, 74, 75, 76, 77, 78, 79, 80, 81, 82, 83, 84, 85, 86, 87, 88, 89, 90, 91, 92, 93, 115, 118, 120, 136, 186, 197, 249, 259, 263, 265, 267, 273
Albert, Hans 3, 14, 65, 78, 230, 233, 234, 257, 264, 265
Apel, Karl-Otto 55, 123, 213, 228, 231, 264, 265
Arendt, Hannah 1, 2, 4, 5, 97, 98, 99, 100, 101, 102, 103, 104, 105, 106, 107, 108, 109, 110, 111, 112, 115, 117, 119, 148, 151, 269, 270, 271
Aristoteles 31, 98, 99, 106

Bauman, Zygmunt 1, 5, 65, 70, 115, 116, 117, 118, 119, 120, 121
Beitz, Charles 44, 45, 49
Benjamin, Walter 26, 36, 85, 87, 124, 133
Bhabha, Homi 203, 210, 211
Böckenförde, Ernst Wolfgang 26
Bourdieu, Pierre 5, 190
Burke, Edmund 4, 197

Cassirer, Ernst 66, 106, 196
Chakrabarty, Dipesh 203, 205, 206, 207
Cohen, Joshua 127
Crouch, Colin 215, 216, 217, 218, 219, 220, 221, 222, 223, 224

Derrida, Jacques 31, 208, 209, 213, 249, 273
Dewey, John 146, 227, 228, 229, 231
Doyle, Michael 237, 239, 241, 242, 245
Durkheim, Emile 2, 146, 255, 260

Engels, Friedrich 175, 176, 232
Erhard, Ludwig 168, 185, 270
Etzioni, Amitai 3, 118, 131, 143, 145, 146, 147, 148, 149, 150, 151, 152, 153, 154, 155, 156, 157, 158, 268, 269, 270

Foucault, Michel 1, 2, 3, 4, 56, 76, 161, 168, 183, 184, 185, 186, 187, 188, 189, 190, 209, 249, 267, 271, 273
Friedman, David 163, 164, 177, 269
Friedman, Milton 167, 168, 169, 187, 273

Gadamer, Hans-Georg 211, 212, 213, 265, 273
Gramsci, Antonio 29, 206, 208
Guha, Ranajit 206, 207

Habermas, Jürgen 4, 14, 17, 53, 55, 58, 100, 101, 103, 107, 123, 124, 125, 126, 127, 128, 129, 130, 132, 133, 134, 135, 136, 137, 138, 139, 140, 144, 149, 195, 213, 225, 234, 249, 259, 265, 267, 269, 270, 271
Hayek, Friedrich A. 2, 3, 4, 88, 144, 161, 162, 163, 164, 165, 166, 167, 168, 169, 171, 172, 175, 176, 186, 190, 255, 263, 267, 268, 269, 273
Heidegger, Martin 25, 54, 136, 211, 265
Hitler, Adolf 25, 70, 92, 110, 117, 119, 120, 233, 243
Hobbes, Thomas 25, 26, 31, 42
Hook, Sidney 231, 232
Horkheimer, Max 60, 65, 66, 67, 68, 69, 70, 71, 72, 73, 74, 75, 81, 83, 84, 85, 89, 90, 106, 120, 249, 273
Husserl, Edmund 65, 71, 77

Kant, Immanuel 3, 42, 43, 48, 65, 74, 81, 82, 87, 88, 105, 135, 136, 138, 197, 199, 234, 237, 238, 239, 240, 242, 244, 263
Keynes, John Maynard 172

Lake, David A. 237, 238, 241, 242
Laski, Harold 29
Lévi-Strauss, Claude 73
Locke, John 97, 98, 152, 161, 177
Luhmann, Niklas 1, 4, 26, 53, 54, 55, 56, 57, 58, 59, 60, 61, 62, 108, 125, 189, 198, 249, 255
Lyotard, Jean François 1, 2, 4, 60, 108, 166, 193, 194, 195, 196, 197, 198, 199, 200, 234, 267, 269, 273

Mall, Ram Adhar 203, 211, 212, 213
Marcuse, Herbert 99, 273
Marx, Karl 68, 70, 74, 76, 78, 82, 98, 101, 104, 129, 163, 175, 176, 187, 199, 203, 204, 206, 231, 260, 263, 269, 271
Michelman, Frank 127
Mises, Ludwig von 2, 4, 18, 106, 161, 164, 167, 168, 169, 170, 171, 172, 173, 174, 175, 176, 190, 237, 240, 267, 269, 273
Mouffe, Chantal 1, 25, 29, 30

Nietzsche, Friedrich 99, 106, 161, 208, 264

Parsons, Talcott 57, 61, 107
Perikles 14, 103, 106
Platon 104, 105, 106, 258, 259, 260, 261
Pogge, Thomas 44, 45, 49, 140
Popper, Karl 3, 14, 65, 69, 78, 79, 169, 230, 233, 234, 257, 258, 259, 260, 261, 262, 263, 264, 265, 267, 268, 269, 271

Rawls, John 1, 3, 4, 5, 39, 40, 41, 42, 43, 44, 45, 46, 47, 48, 49, 50, 56, 134, 136, 137, 146, 269, 270
Reagan, Ronald 216, 239, 240, 242, 254
Rorty, Richard 1, 2, 4, 150, 227, 228, 229, 230, 231, 232, 233, 234, 267, 269
Rothbard, Murray 161, 163, 164, 176, 177, 178, 179, 269
Rousseau, Jean-Jacques 42, 124, 126

Said, Edward 203, 204, 206, 210, 212
Schopenhauer, Arthur 75, 229
Smith, Adam 153, 155, 166, 168, 189, 223, 250
Sorel, Georges 35
Spinoza, Baruch 42, 88, 152, 259
Spivak, Gayatri 203, 206, 208, 209, 210
Strauss, Leo 14, 26, 36

Taubes, Jacob 26, 36
Taylor, Charles 137, 145, 269, 270
Tocqueville, Alexis de 183
Tönnies, Ferdinand 10, 21, 146, 260

Voegelin, Eric 14, 267

Weber, Max 1, 2, 5, 7, 8, 9, 10, 11, 12, 13, 14, 15, 16, 17, 18, 19, 20, 21, 79, 80, 85, 107, 115, 126, 137, 144, 153, 255, 260, 267

Sachregister

Anarchie 176, 178, 240, 269
animal laborans 98, 99
Ästhetik 7, 194, 197
Aufklärung 19, 20, 60, 70, 71, 72, 74, 75, 81, 84, 85, 116, 120, 128, 133, 195, 207, 228, 265
Autopoiesis 54, 57, 59
autoritärer Charakter 118

Barbarei 73, 115, 116, 227
Behaviorismus 107
Bürgerforen 128, 130
Bürgergesellschaft 124, 125, 129
Bürgerinitiativen 127, 128, 130, 220

Chicago-Schule 168, 169
common-sense 134, 135, 228, 229

DDR 33, 83
Deliberation 29, 123, 124, 127, 132, 154, 199, 269
Democratic Peace Theory 3, 176, 237, 240, 241, 242, 243, 244, 245, 267
Demokratie 25, 29, 30, 33, 34, 35, 36, 46, 47, 89, 102, 103, 104, 106, 123, 124, 125, 126, 127, 128, 131, 135, 146, 168, 177, 199, 200, 215, 216, 217, 222, 224, 227, 231, 237, 238, 239, 240, 241, 242, 243, 244, 245, 246, 250, 251, 252, 253, 263, 270
Diktatur 33, 34, 108, 111, 112, 120, 144, 230, 244, 270
Diskursethik 123, 127, 144
Diskurstheorie 123
Dritter Sektor 131
Dritter Weg 169, 172

Eigentum 40, 98, 163, 170, 171, 177, 178, 217
Elitendemokratie 126
Etatismus 25, 175, 179, 187
Evolution 2, 54, 56, 60, 61, 164, 168, 254

Fallibilismus 234, 264
Faschismus 35, 69, 79, 81, 83, 89, 90, 111, 185
Fortschritt 60, 66, 70, 71, 84, 85, 86, 121, 171, 173, 195, 199, 216, 257
Frankfurter Schule 2, 65, 77, 78, 79, 83, 84, 158, 185, 269
Freiburger Schule 155, 168, 184, 186
Freihandel 174, 176

Freiheit 35, 40, 44, 46, 55, 66, 68, 69, 70, 72, 76, 79, 84, 86, 87, 88, 98, 100, 105, 109, 111, 136, 138, 163, 164, 165, 167, 168, 171, 172, 174, 177, 179, 198, 240, 242, 257, 260, 262
Freund und Feind 27, 28, 30, 31, 35
Freundschaft 9, 31, 146
Frieden 3, 32, 68, 69, 138, 163, 170, 195, 237, 239, 240, 241, 243, 244, 246, 258

Geld 9, 18, 33, 61, 77, 124, 125, 133, 167, 172, 176, 198, 217
Geltung 10, 11, 12, 15, 39, 43, 65, 74, 102, 123, 124, 125, 126, 127, 128, 133, 134, 136, 153, 211
Gemeinschaft 9, 10, 11, 21, 67, 129, 138, 148, 149, 152, 156, 163, 189, 227, 233, 260
Gerechtigkeit 39, 40, 41, 42, 43, 44, 45, 47, 48, 50, 70, 138, 140, 144, 146, 156, 164, 165, 167, 168, 174, 179, 195, 198, 232, 262
Geschichtsphilosophie 76, 81, 87, 237, 257, 260
Gesellschaft 1, 4, 5, 7, 10, 11, 12, 19, 20, 21, 29, 39, 41, 42, 44, 45, 46, 47, 48, 49, 50, 53, 54, 55, 56, 58, 59, 60, 61, 65, 66, 67, 68, 69, 70, 71, 72, 76, 77, 81, 82, 84, 85, 86, 90, 93, 104, 106, 109, 115, 117, 119, 120, 121, 123, 124, 125, 127, 129, 133, 136, 137, 140, 143, 145, 147, 148, 151, 152, 153, 154, 155, 161, 162, 163, 165, 168, 171, 172, 176, 177, 178, 179, 183, 184, 186, 187, 188, 189, 195, 196, 197, 208, 216, 217, 223, 227, 229, 250, 251, 252, 253, 254, 257, 259, 260, 261, 262, 268, 269, 271
Gesetzgebung 124, 126, 133, 163, 164, 165, 167, 223, 260
Gesetzmäßigkeiten 8, 28, 109, 152, 239, 254, 257, 258, 259, 262

Handeln 4, 7, 8, 9, 10, 11, 12, 15, 32, 97, 100, 101, 102, 103, 104, 105, 106, 107, 109, 110, 118, 123, 125, 128, 134, 153, 157, 161, 163, 185, 220, 222, 249, 251, 252, 255, 259
Hermeneutik 189, 195, 211, 212, 213, 265
Herrschaft 7, 11, 12, 13, 42, 84, 104, 108, 109, 110, 111, 112, 126, 148, 163, 203, 204, 217, 244, 262, 269
Heterophobie 116
Historizismus 257, 258, 259, 263
Holocaust 1, 5, 115, 116, 117, 119, 120, 121

homo oeconomicus 188
Humankapital 188

Idealtypus 7, 9, 154
Innovation 43, 49, 54, 77, 143, 188, 195, 197, 199, 253
Interpenetration 54, 55, 56
Interventionismus 169, 175, 184, 186
Intimbereich 127
ius in bello 48

Kapitalismus 1, 7, 13, 18, 19, 59, 81, 90, 151, 163, 169, 170, 172, 176, 185, 186, 190, 197, 216, 244, 250, 257
Katechon 27
Kommunikation 57, 61, 123, 124, 127, 128, 129, 130, 148, 149, 204, 212, 213, 218, 234, 267, 274
kommunikative Macht 125, 126, 133
Kommunismus 69, 79, 110, 111, 193, 239, 257, 269
Kommunitarismus 147, 152, 155, 158, 212, 269, 270
Konflikt 27, 54, 57, 58, 60, 81, 155, 167, 174, 175, 178, 229, 239, 240, 244, 245
Konservatismus 60, 161, 267
Kontingenz 54, 55, 56, 57, 227, 229, 233
Krieg 11, 28, 30, 31, 32, 33, 46, 48, 86, 92, 106, 111, 170, 174, 177, 178, 230, 232, 237, 238, 239, 240, 241, 242, 243, 244, 245, 258
Kritische Theorie 4, 5, 65, 66, 67, 68, 69, 70, 84, 268
Kultur 49, 67, 70, 72, 73, 74, 75, 99, 116, 124, 128, 130, 150, 152, 195, 203, 206, 211, 212, 213, 227, 228, 245
Kulturindustrie 72, 73, 74, 82, 84, 89
Kulturrelativismus 231, 233

Legalität 30, 35
Legitimation 119, 125, 132, 140, 149, 153, 197, 221
Letztbegründung 233, 264
Liberalismus 1, 2, 3, 4, 29, 31, 34, 39, 40, 42, 43, 44, 45, 46, 125, 133, 135, 136, 137, 143, 145, 149, 163, 169, 170, 171, 173, 174, 175, 183, 184, 187, 189, 237, 240, 263, 265, 268, 269, 270
Lobbyismus 220, 221, 253

Macht 7, 9, 11, 12, 33, 40, 44, 46, 61, 68, 71, 78, 90, 102, 107, 110, 112, 117, 124, 125, 126, 127, 130, 133, 156, 178, 184, 195, 196, 213, 215, 216, 218, 223, 230, 232, 233, 242, 243, 245, 246, 250, 254, 262

Markt 10, 124, 125, 131, 133, 143, 144, 149, 155, 162, 163, 164, 165, 167, 170, 172, 176, 185, 186, 197, 223, 224
Marktliberalismus 2, 3, 4, 161, 168, 176, 177, 183, 269, 271
Marktwirtschaft 177, 185, 244
Marxismus 65, 66, 90, 162, 176, 189, 232, 263, 269, 270
Maximin-Regel 39, 41, 42
Menschenrechte 45, 46, 47, 49, 124, 139, 140, 178, 188, 198, 217, 228, 233
Moderne 1, 19, 65, 72, 100, 106, 115, 116, 117, 120, 126, 137, 194, 196, 197, 207, 212, 217, 260
Moral 19, 27, 28, 55, 85, 87, 92, 93, 106, 115, 116, 118, 119, 135, 146, 149, 151, 153, 162, 163, 165, 168, 198, 228, 262, 265

Natalität 100, 151
Nationalismus 150, 174, 207, 227, 244, 245
Nationalsozialismus 26, 29, 81, 89, 111, 118, 119, 120, 169, 184, 186, 231
Neoliberalismus 3, 158, 161, 168, 183, 184, 186, 187, 189, 190, 222, 263, 268
Netzwerk 128, 129, 144, 145, 274
New Deal 184, 187, 216
New York Intellectuals 107, 231
NGOs 131, 132, 217, 220

Öffentlichkeit 34, 89, 98, 103, 124, 126, 127, 128, 129, 130, 132, 134, 150, 170, 175, 216, 217, 218, 224, 229, 242, 243, 245
Ökonomie 4, 59, 61, 74, 75, 82, 109, 143, 144, 145, 149, 152, 153, 155, 157, 164, 174, 177, 188, 205, 216, 222, 253
Ordoliberalismus 168, 184, 185, 225, 268, 269, 270

Partei 4, 26, 32, 34, 54, 57, 59, 111, 112, 120, 128, 134, 139, 150, 158, 163, 165, 175, 187, 196, 215, 219, 220, 221, 224, 233, 244, 249, 250, 251, 252
Partisanenkrieg 26, 31, 32
Patriarchat 208
Polis 102, 103, 106, 239
Polytheismus der Werte 16
Positivismus 65, 76, 78, 80
Positivismusstreit 14, 65, 78, 259, 263, 265
Postdemokratie 5, 215, 218, 221, 222
Postmoderne 60, 65, 81, 86, 193, 194, 196, 197, 208, 211, 269
Postsäkularität 133, 134, 136
Pragmatismus 1, 39, 40, 78, 227, 230, 234, 267, 269
Privateigentum 47, 98, 163, 169, 241

Sachregister

Privatsphäre 127, 128, 129, 130, 133, 205, 206, 217
Produktivität 103, 155, 169, 185, 253, 254
Protektionismus 158, 174, 184, 224

Rational-Choice 157, 158
Rationalisierung 81, 84, 85, 125
Rationalismus 3, 4, 19, 29, 65, 78, 117, 152, 207, 233, 257, 259, 261, 262, 263, 264
Realpolitik 16, 17
Recht der Völker 3, 5, 44, 45, 47, 49
Rechtsschutz 127
regressus ad infinitum 261, 264

Säkularisierung 133, 134, 135
Schleier des Nichtwissens 39, 41, 43, 46
Schulpflicht 178
Sinn 5, 7, 8, 9, 10, 14, 15, 16, 17, 28, 30, 32, 34, 35, 48, 50, 57, 62, 68, 71, 78, 82, 87, 89, 90, 93, 99, 100, 101, 105, 109, 233, 250, 261, 262, 268
Sklaverei 85, 97, 99, 102, 103, 172, 177, 205
Solidarität 74, 81, 124, 125, 133, 139, 227, 229, 260
Sondereigentum 163, 170, 171, 172, 175
soziale Bewegung 58, 60, 221
Sozialismus 18, 67, 85, 151, 162, 168, 169, 170, 172, 175, 176, 197, 239, 250, 251, 257, 260, 269
Spiel 11, 34, 74, 78, 101, 126, 135, 147, 166, 168, 172, 175, 185, 196, 199, 224, 237, 245, 253, 269
Spontaneität 111, 163
Staat 4, 8, 9, 11, 12, 26, 27, 28, 29, 30, 31, 32, 44, 46, 62, 81, 104, 115, 117, 118, 124, 125, 126, 128, 131, 133, 134, 135, 139, 145, 147, 149, 154, 156, 157, 163, 164, 168, 171, 173, 174, 175, 177, 178, 179, 184, 185, 186, 187, 196, 205, 217, 218, 223, 224, 254, 260, 261, 262
strategischer Essentialismus 209
Subaltern Studies 205, 206, 207, 208, 209
Systemtheorie 1, 3, 26, 53, 54, 57, 60, 61, 62, 108, 125, 145, 196, 267, 268

Totalitarismus 106, 108, 109, 111, 112, 136, 193, 269

Umverteilung 44, 161, 215, 216, 217
Ungerechtigkeit 40, 47
UNO 130, 131, 140, 175, 198
Urzustand 39, 40, 46, 47, 48, 50
Utilitarismus 39, 40
Utopie 30, 47, 50, 68, 74, 99, 104, 105, 111, 140, 178, 179, 194, 195, 242, 269, 270

Vereinzelung 111, 154
Vergangenheitsbewältigung 89, 119
Vernunft 44, 48, 50, 55, 65, 72, 74, 87, 104, 116, 118, 120, 123, 133, 134, 135, 136, 137, 179, 188, 190, 199, 208, 233, 261, 262, 264, 265
Vertragstheorie 3, 39, 42, 106, 161
vita activa 97, 100, 172
vita contemplativa 97, 172
Volkssouveränität 125, 126, 139

Wahrheit 34, 68, 69, 85, 90, 97, 136, 184, 195, 196, 212, 219, 257
Weltbürger 139
Weltgesellschaft 30, 45, 61, 62, 138, 139
Weltinnenpolitik 139
Weltkrieg 3, 29, 69, 89, 111, 169, 170, 215, 237, 238, 239, 259, 270
Wertbeziehung 15, 16, 17
Wertfreiheit 7, 14, 15, 17, 18, 79
Wertrationalität 9, 12
Werturteilsstreit 14
Wettbewerb 34, 41, 82, 145, 155, 156, 157, 162, 167, 185, 186, 187, 218, 225, 268
Wirtschaftsethik 7, 19, 20, 151, 152, 157, 158
Wissen 39, 60, 103, 110, 134, 135, 136, 194, 195, 198, 204, 210, 219, 257
Wissenschaftsfetischismus 78
wohlgeordnete Völker 45, 48

Zeitdiagnose 217
Zivilgesellschaft 49, 123, 124, 125, 126, 127, 128, 129, 130, 132, 133, 134, 147, 148, 149, 223, 224, 269
Zivilisation 71, 117, 166, 205
Zweckrationalität 9

Printed and bound by CPI Group (UK) Ltd, Croydon, CR0 4YY
22/04/2026

14866405-0002